国民财商教育丛书

财富管理核心能力

——理财师入行必备

夏文庆 著

中国财经出版传媒集团
经济科学出版社
Economic Science Press

图书在版编目（CIP）数据

财富管理核心能力：理财师入行必备/夏文庆著．—北京：经济科学出版社，2021.3（2025.7重印）
（国民财商教育丛书）
ISBN 978－7－5218－2385－1

Ⅰ.①财… Ⅱ.①夏… Ⅲ.①私人投资－银行业务－中国 Ⅳ.①F832.48

中国版本图书馆CIP数据核字（2021）第031225号

责任编辑：王红英
责任校对：靳玉环
责任印制：邱　天

财富管理核心能力
——理财师入行必备
夏文庆　著
经济科学出版社出版、发行　新华书店经销
社址：北京市海淀区阜成路甲28号　邮编：100142
总编部电话：010－88191217　发行部电话：010－88191522
网址：www.esp.com.cn
电子邮箱：esp@esp.com.cn
天猫网店：经济科学出版社旗舰店
网址：http://jjkxcbs.tmall.com
北京季蜂印刷有限公司印装
787×1092　16开　31.25印张　670000字
2021年4月第1版　2025年7月第2次印刷
ISBN 978－7－5218－2385－1　定价：126.00元
（图书出现印装问题，本社负责调换。电话：010－88191545）
（版权所有　侵权必究　打击盗版　举报热线：010－88191661
QQ：2242791300　营销中心电话：010－88191537
电子邮箱：dbts@esp.com.cn）

自 序

"你憧憬未来的时候，不会去想着把所有的事联系起来；只有在回忆过去的时候，才会将这点点滴滴联系在一起。一定要相信，这些生活的点滴会在你未来的某一天产生联系。一定要相信：勇气、目标、生命、缘起……一切都不会令你失望，只会增加你的与众不同。"

——斯蒂文·乔布斯

一、对财富管理若干大问题的思考

2004年，是我职业生涯发展发生了重大改变的一年。在这一年，我离开工作生活了14年的澳大利亚，回到了中国香港，继续我的财富管理职业生涯，但随即感受到了前所未有的挑战：在中国香港，没有像澳大利亚那么高的税率，没有灵活且与个人税务高度相关的退休金机制和社会保障体系，甚至遗产税也在稍后被取消……而对这些社会体系和法律知识的熟练掌握，在澳大利亚理财规划行业和对一名理财师的专业性而言，是至关重要的。2006年，我回到阔别已久的上海，没有展现理财专业能力的环境，我将如何在客户面前表现出自己的专业性？这种尴尬同时也让我开始思考，财富管理是否拥有属于行业自身的核心能力（并非基本素养），并且不受地域和社会体系的限制？对于这个问题的思考和探索持续了近15年的时间，我开始认识到：当年我在澳大利亚那些自认为非常专业的知识和能力，很有可能"喧宾夺主"了，即对这些知识和能力的学习使理财师们忽略了对财富管理核心能力的追求和学习。而这一切是在我离开了澳大利亚以后才逐步认识到的，我曾经不止一次地设想，如果我没有离开澳大利亚，我对财富管理专业性的认识，很有可能就只能停留在当时我自认为很专业的这些知识和技能上。

在思考和追寻上述问题答案的同时，另外一个问题，后来也成为我长期关注的重点，那就是"财富管理应该是一个独立的行业"。从中国财富管理发展整体来看，资管新规①出台后，可能很少人去问一个问题：为

---

① 2017年11月7日，中国人民银行会同原中国银行业监督管理委员会、原中国保险监督管理委员会、中国证券监督管理委员会、国家外汇管理局等部门，发布了《关于规范金融机构资产管理业务的指导意见（征求意见稿）》，对资产管理机构提出了破除刚性兑付、严控资金池、消除多层嵌套和通道、降杠杆、降低期限错配风险、减少监管套利等要求，被视为对过去十年的资产管理大发展的一次反思和调整，被称为"资管新规"。2018年4月28日，中国人民银行联合中国银行保险监督管理委员会、中国证券监督管理委员会和国家外汇管理局发布了进一步的落地细则。

财富管理核心能力

什么资管新规，就让财富管理行业"被整顿了"？事实上，当前的中国财富管理行业还只是资产管理行业的一个销售渠道，因为绝大多数的财富管理机构最主要的工作就是销售资管产品，无论是公募的还是私募的，无论是银行资管还是券商抑或是信托资管。同时，我们还会发现，财富管理并不是我国金融监管体系中明确的被监管对象。

什么是一个独立的行业？在我的认知中，一个独立的行业应该既具备需求方和供给方等各方的参与者所形成的市场，同时，还需拥有自身独立的定位，即这个行业所提供的服务是其他行业不能或者没有提供的；而这个行业的从业者则必须具备提供此类服务的核心能力；如果不具备上述基本元素，这个行业就可能从根本上失去了生存和发展的土壤。

比如，在过去十几年中，不少理财师是以"帮助客户赚钱"为己任的。这个很容易理解：因为要销售投资产品，所以要对客户产生影响力，而"帮助客户赚钱"当然就成为产生影响力的首选路径。事实上，因为刚性兑付文化盛行，这些理财师在相当长的时间段里，可能并没有遭遇挫折，但在权益类二级市场产品的销售过程中，却屡屡让客户和自己受伤，所以，不少理财师就变成了只会卖固收类产品或者银行理财产品的销售人员。然而，与此同时，市场上还有资产管理、投资顾问这些专注于不同领域投资的行业或者专业人士，那么理财师和他们的区别在哪里呢？理财师"帮助客户赚钱"的能力及其专业度，以及所具备的市场研究分析资源，和这些专攻某些领域的投资顾问或者资产管理者比较起来，又孰高孰低呢？

又如，这几年不少对专业性有一定要求的理财师纷纷去学习"法商"或者"财税"方面的知识，应该说这是财富管理行业专业化转型中的一个好现象，通过对这些知识的学习，也许能为理财师们销售大额保单或者家族信托服务提供助力，但在法律和税务方面的专业性，理财师如何去与那些专业律师和税务会计师相比较呢？这些理财师自身的财富管理核心能力到底在哪里呢？会不会也同样出现我前面所说的澳大利亚理财规划行业的"喧宾夺主"的情况呢？

因此，财富管理行业要在中国真正落地并继续健康地发展壮大，首先要使自己成为一个"独立的行业"；需要拥有明确的定义，向公众明确自身在客户家庭财务决策中的定位并强化社会对行业的认知；而理财师则需针对客户的财务类需求，具备"鲜明的行业标签的核心能力和服务体系"。

对于这些行业发展大问题的思考和探索，成为我在过去15年中孜孜以求的动力源泉。

二、重新定义财富管理和财富管理服务

2017年，在接受一家香港的财富管理电子杂志的采访时，我被问到一个问题：当前中国的财富管理行业处在一个怎样的发展阶段？我当时画了这样一张图（见图1），并指出从行业发展规模来看，我们可能已经到了"3"这个位置，但我现在的主要工作还是处在财富管理的"启蒙阶段"。

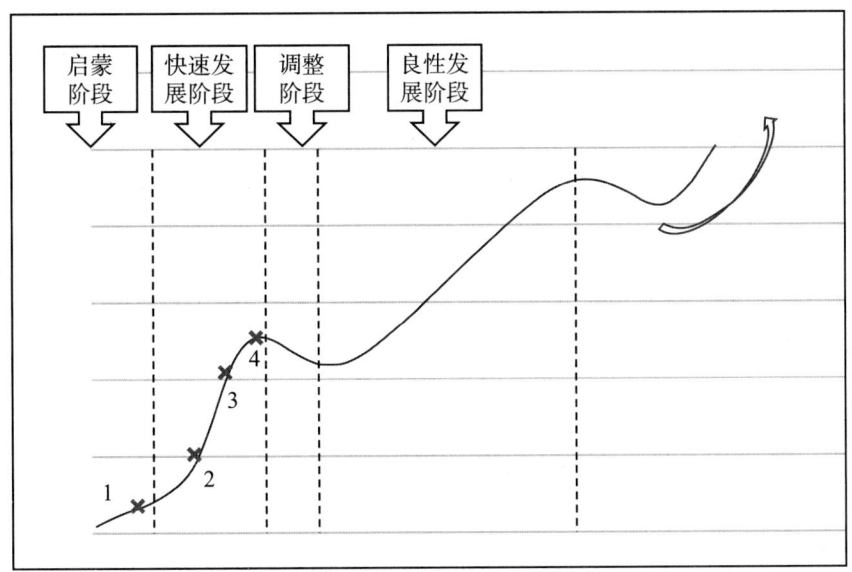

图 1　当前我国财富管理行业发展阶段和趋势

随着资管新规的出台，我想对我当时的说法进行纠正的一点是，我们很有可能已经来到了由"快速发展阶段"向"调整阶段"迈进的转折点，也就是图 1 接近"4"这个位置。而这个改变趋势的来临，一方面主要是因为资管新规出台后财富管理行业所面临的外部条件的巨大改变，另一方面则是因为这些改变所引发的思考，引致市场参与者来重新认识财富管理的本质，这也使得我长期以来所从事的财富管理启蒙工作显得更加有意义了。

财富管理在中国落地十余载，还需要启蒙吗？如果发问者和我一样接触了数以万计的从业者，并且发现很多从业人员对"财富管理是什么"这样的问题无法做出简明扼要的表述，我们就会发现，在过去十多年，中国财富管理行业真正缺少的是对专业财富管理的启蒙。

财富管理从业人员说不清楚财富管理是什么，这种现象和很多理财师的成长轨迹和职业生态有关。比如，以投资产品销售为主的理财师会认为，财富管理就是通过帮助客户进行资产配置，从而使客户的资产最大化；或者认为财富管理主要是帮助客户解决"信息不对称"的问题，并以为客户找到符合其需求的产品为己任；保险行业出身的理财师则倾向于用保险产品满足客户人生不同阶段的需求……这种情况和 2004 年我在香港的《信报经济月刊》上发表的文章《来自盲人摸象的困惑》中所描述的情况，很相似。

事实上，似乎每个人都会有一定的局限性，哪怕是在财富管理行业工作了 20 余年的我，在 2009 年出版的《理财师实务手册》一书中，也把理财规划和财富管理几乎画上了等号，这当然也和我自身的成长环境有一定的关系。

虽然一直到今天，我依然认为理财规划服务是最能体现财富管理专业性的服务内容之一，但在过去十几年，随着对财富管理理论体系更加深入地探索和研究，我的思想也发生了非常大的改变；而这一改变来自客户对财富管理服务的需求。

在实践工作中，我想任何一个理财师都能发现，我们的客户在寻求专业服务时，其希望自身的财务问题能够得到的解答的兴趣，远远超过了对理财师声称能为其提供什么服务的兴趣。换言之，我从长期的财富管理实践中得到的结论是：专业的财富管理服务只能围绕着解决客户当前所关心的财务问题得以展开！这个结论在一定程度上也解释了一些理财师为客户提供理财规划或者资产配置服务，而客户并不会感到很有兴趣的疑惑。

客户当前所关心的财务问题在很大程度上是因为客户可能正面临一些重要的家庭财务决策。这些决策可能是最近有一笔定期储蓄到期了，接下来应该如何进行投资，也可能是面临退休前工作收入和退休后社保工资的落差，我的生活品质和投资活动应该如何进行安排；可能是身边朋友最近都买了保险，我是不是也要买一点保险，也可能是想给即将嫁人的女儿一笔钱，但如何进行婚前财产保护等，因此，当我重新考虑财富管理究竟是什么的时候，我认为，当每一个家庭在面对家庭财务决策时，都应该结合自身的实际家庭财务状况，有策略有步骤地去解决这些问题，在有需要的时候，可以借助外部的资源，比如各个领域的专业人士、金融产品和服务、公证服务机构等，而这个过程就是"财富管理"。

财富管理活动可以由家庭成员自己去承担，当然也可以由经过专业教育的理财师去帮助承担，后者则被称为财富管理服务，由此形成的行业则为"财富管理行业"。

因此，财富管理服务首先是帮助客户解决各种家庭财务问题的服务，是由经过专业培训和教育的专业人士（理财师）直面客户当前的家庭财务决策，结合客户自身的家庭财务状况和财务资源，利用自身的专业能力和相应的策略、方法以及工具，帮助客户很好地解决这些问题。也只有这样，财富管理的专业性和理财师的专业价值才能得到真正的体现。

我认为我们有必要重新定义财富管理和财富管理服务了。

经过数年的不断提炼，我把专业财富管理服务定义为：由专业的理财人员，科学地规划客户现在以及未来的财务资源，并综合利用各种社会资源，帮助客户在正确的时间，以正确的方式和心态，做好每一个重要的家庭财务决策。

该定义明确了帮助客户做好每一个重要的家庭财务决策是理财师的核心目标，通过科学地规划客户现在以及未来的财务资源，并综合利用各种社会资源，是理财师在为客户提供相关服务时的具体工作过程和服务体系；同时综合利用各种社会资源还区分了理财师与投资顾问行业的律师、税务会计师、移民顾问、信托公司等其他行业专业人士的区别，以及理财师在为客户提供财富管理服务的过程中，这些专业人士和社会资源与客户的关系。其中，社会资源还包括了财税制度、社会保障体系等资源。

三、重新归纳梳理财富管理核心能力和服务体系

2009年，我的《理财师实务手册》正式出版，中国金融界的老前辈老领导刘鸿儒教授还亲自为此书做了序。我至今对刘老的厚爱心存感激。此书已脱销多年，之所以一直没有再版，是因为我还没有想好怎样把自己这些年的思考和探索融入再版的书籍中，原样再版毕竟不是我想要的。

在《理财师实务手册》一书中，我把理财规划视为财富管理服务最核心的能力，并把它当作了财富管理服务的唯一"入口"，即针对客户，理财师就首先为客户提供理

财规划服务,并根据理财规划的结果,有针对性地为客户提供投资、家庭财务保障、财富传承、生活品质安排等方面的建议。一直到今天,我还是认为这是一条正确思路,也许将来中国理财师就会用这样的方法为客户提供综合的财富管理服务;但有一点,我对行业自身发展的速度和轨迹还是有误判的。

首先,当前对理财规划(服务)的认知,无论是理财师还是客户,都是比较浅显的。理财规划的概念是和市场上几类主要的专业理财师认证教育体系一起进入国内的。但作为最先接受到理财规划教育的理财师,在实际工作中最主要的工作还是金融产品的销售,同时,绝大多数的理财师在巨大的业绩压力面前,并没有采用理财规划的方式为客户提供服务,或者利用理财规划服务的方式进行产品销售。在此情况下,客户得到理财规划教育和服务的机会就大大减少,导致了在过去十年中,理财师和客户这两个最主要的市场参与者对理财规划的认知,并没有得到提升。

其次,理财规划服务是为客户提供的一种综合服务,在服务过程中,理财师对客户的家庭财务信息的了解必须是比较深入的。但面临巨大的销售业绩压力以及部分客户的不配合,理财规划服务的实施在客户信息收集分析阶段就会遇到阻碍。

最后,不乏一些理财师确实曾经希望以理财规划的方式来服务客户,但却因为能力问题,无法得到预期的效果,从而放弃了理财规划服务的形式。国内理财师认证教育课程的时间较短,大部分是基础金融知识点,而在综合理财规划方面的学习内容,仅短短二至三日的培训内容,无法把理财规划的实用性和技巧讲得非常透彻;再加上缺乏实践,导致了理财师本身在这方面的能力也值得商榷。我每年都会担任各类理财大赛的评委,所看到各路选手的理财规划方案非常多,但呈现出来的大多是在认证课程中学到的"标准化格式",在具体内容上需要提升的空间非常大。

如果把理财规划作为财富管理服务的"唯一入口"存在"不接地气"的情况,那么财富管理的服务体系应该是怎样的呢?我最后还是在财富管理服务的缘起和客户的习惯上找到了答案。

客户在什么样的情况下,会接触到理财师?我认为,最主要的还是客户有当前在考虑的一些家庭财务问题,比如前文提到的"我该怎么做投资""我买什么保险好"等,当解决这些财务问题的复杂性超出了客户自身的财富管理能力的时候,就产生了对专业财富管理服务需求。而理财师应该做的是首先正式面对客户的实际需求,通过自身的专业能力来满足这些需求;而这些专业能力需要有鲜明的财富管理标签,以区别其他专业领域的专业人士。

客户对专业财富管理服务的需求有哪些?我对此进行了归纳,并将其分为四大类:(1)与投资有关的咨询和服务需求;(2)在家庭财富传承安排方面的咨询和服务需求;(3)对家庭财务安全的咨询和服务需求;(4)与财务资源和生活品质规划相关的财务咨询和服务需求。

其中,前两类比较容易理解;而在家庭财务安全方面,不仅包括了家庭常见的因为家庭成员人身风险所引发的家庭财务风险,还包括了因为婚姻问题产生的个人或家庭财务风险、因为企业经营风险所引发的家庭财务风险等;而与财务资源和生活品质规划相关的家庭财务需求则包括了家庭未来的理财目标、大笔支出(如买房、购车、婚礼等)、信贷决策和管理、退休或者二孩规划等。

经过分析，我发现当理财师面对其中一些需求场景的时候，也许可以跳过理财规划服务的环节给客户提供一套具体的解决方案。当然，如果经过理财规划服务的话，解决方案会更加全面。但受制于行业发展早期的特点，我认为这是一条可行的出路。同时，我又颇为惊喜地发现，当我们从客户的家庭财富管理需求出发，并从这些需求中寻找帮助客户解决问题的具体方法论和服务体系时，我提出的财富管理核心能力体系更加完善了。

所以在本书中，我将财富管理服务从一个"入口"增加到了四个，并从理财规划这一个核心能力发展成为财富管理服务的核心能力体系。在这个能力体系中，我认为一名专业理财师应该具备以下四大核心能力和基本素养。

（1）针对客户在保障已有财务资源购买力前提下的增值保值需求，设计满足这一需求的家庭投资架构的能力。投资架构的建设对客户而言，是其家庭投资活动的顶层设计，对后期的很多投资决定至关重要；对理财师而言，则是在投资架构搭建的四个主要环节中（投资目标设定、资产配置、投资方式选择和投资组合管理策略），把投资风控前置，并形成自己针对客户投资需求的服务体系。

（2）针对客户广义的家庭财产安全性保障和保全的需求，设计满足这一需求的家庭财务保障保全体系的能力；理财师可以通过风险识别、风险评估、风险转移或者降低措施以及风险保障效果评估等四个主要环节，形成自身在客户家庭财务保障保全方面的服务体系。

（3）针对家庭财务资源规划并提升家庭生活品质的需求，制定基于这一需求的综合理财规划的能力。理财规划服务本身就包含了八个主要步骤（在正文中有详细介绍），可以成为理财师比较具体的服务体系。

（4）针对客户对子女的财务支持，以及包括了财产传承和企业传承在内的财富传承安排的需求，提供进行一系列建议和安排的专业服务的能力。子女财务支持、财产传承方面涉及很多其他的法律税务方面的问题，理财师对客户家庭资源的规划能力和外部资源整合能力是关键。

（5）理财师的基本素养。其一，在财富管理服务过程中，可能涉及的各方面的知识，比如投资、税务、法律、基本计算和分析能力等。目前国内的理财师认证课程，可能是最好的获得知识架构学习的路径。我个人认为考证非常有必要。这个证书在理财师的职业生涯发展过程中会起到很好的作用；比如在工作申请的过程中，是否有专业理财师认证是会产生差距的；比这个更重要的是，通过这些知识点的学习，理财师已经具备了最基本的知识架构，虽然可能还嫌单薄，但基础显然是有了。其二，理财师是一个和人打交道的工作；沟通能力很重要；在沟通过程中了解客户的性格、为人、和你沟通过程中不断呈现出来的态度，甚至"三观"等，这些能力很重要。其三，财富管理服务虽然是一种服务，但也是一种业务。需要理财师有很好的客户开拓能力、客户维护能力、客户营销能力等业务技能。

本书主要介绍了财富管理的四大核心能力，以及理财师运用这四种能力的服务体系及比较具体的方法；关于理财师的基本素养，希望以后有机会再著书介绍。

四、财富管理核心能力的实践和运用：场景化营销

在过去近15年里，我每年在培训讲台上的时间基本上都超过600课时，并得以和数以万计的一线理财师结缘，在交流中了解他们在工作中困惑和问题，并尽自身最大的努力帮助他们解决这些问题。对财富管理理论体系和实操体系的研究工作也正是在解决这些实操问题的过程中，逐步找到思路。

通过对客户家庭财富管理需求场景的归纳和整理，并从这些需求场景出发，明确理财师在帮助客户解决家庭财务问题时的定位和专业边界，寻求和探索理财师在此过程中应该具备的方法论和服务体系，及其相关的财富管理核心能力；这一研究思路使我得以站在一定的高度和更为宽广的视野，来归纳和梳理在长期的财富管理实践中所积累的经验。

如果以产品销售为主要商业模式是行业发展早期阶段的基本特征，那么财富管理的理论研究也必须尊重这样的事实，并在这一发展阶段同样体现其价值和意义。因此，我在实务培训中结合财富管理核心能力，推出了场景化营销模式。

场景化营销模式的主要内容包括：（1）理财师通过对客户的深入了解，明确客户面对的是哪一类财富管理需求场景；（2）运用"满足该需求的方法论"对客户进行引导；（3）明确并向客户介绍自身在满足客户该需求的过程中的定位、专业边界和服务体系；（4）为客户提供专业解决方案，并在此过程中，构建有效的客户对金融产品的购买逻辑。

同时，在理财师培养过程中，通过针对客户各类财富管理需求场景的方法论和相关知识体系的学习，助其明确自身的专业能力培养方向，少走弯路；并在此基础上，有针对性地学习客户面谈中的了解客户（know your customer，KYC）、客户引导等营销技能，以及诸如电话邀约技巧、面谈流程、存量客户梳理和维护等工作技巧，对其工作方式和习惯加以引导并辅以心理建设，使其工作效率和营销成功率得以提高。

场景化营销模式在部分银行得以推广，尤其在新晋经理的培训中，得到了非常正面和积极的反馈；为解决理财师专业能力培养和职业生涯发展过程中的"业务培训碎片化""知识架构体系碎片化""营销技巧培训碎片化""思维方式碎片化"等问题，提供了可贵的实践思路。

资管新规的出台，如果从历史观的角度来看，很有可能是财富管理行业前后15年中的一个最重要的转折点。在此之前，刚性兑付文化在很大程度上不仅扭曲了普通家庭投资者对风险和收益的认知，使得客户的投资逻辑变得简单，同时，理财师在以产品销售为导向的商业模式的影响下，销售逻辑也变得简单粗暴，使得理财师的财富管理专业能力没有能够在近十年的时间里真正建立起来。

即使在资管新规出台后，行业依然还有其发展的惯性，很多客户还是会延续以前的惯性思维，机构可能还是在原来的帮助客户寻找优质底层资产的思维框架中寻找出路……但站在行业发展的高度，财富管理机构及其理财师更应该不被上述行业发展惯性中的表象所迷惑，未来的行业发展环境和过去十余年的发展基础已经完全不同，只有跳出过去乃至当前的思维方式，才能真正掌握行业发展先机。

应该说，本书不仅是我对过去二十余年执业经验的总结，也是我对财富管理和财富管理服务本质的思考、对财富管理理论体系和服务体系的探索的总结。虽然写作能力有限，但还是按教科书的方式进行写作，希望它有一天能更为广泛地用于教学和理财师的培训培养工作。写作期间数易其稿，从初稿到定稿用了三年时间，直到排版前夕，由于我国第一部法典《中华人民共和国民法典》在2021年正式实施，现行的婚姻法、继承法、民法总则、收养法、担保法、合同法、物权法、侵权责任法、民法通则将同时废止，虽然上述法律被废止，但司法解释的内容尚未同步修正，本书依据《民法典》的规定对相关条款和脚注进行了调整和修改，自认为是一部用心之作。

我希望这本书能使中国的财富管理机构和广大的理财师们看到财富管理之美，看到我们能从财富管理的立场为客户提供真正有价值的专业服务；同时，也希望能为理财师们提供一个专业修炼的方向，少走弯路，做好自己职业生涯发展的每一个选择。中国的理财师，让我们共同努力，让我们以专业能力来改善一代中国人的理财方式和习惯！

夏文庆

2020年12月30日

目 录

第一部分 重新定义财富管理 ... 1

第一章 绪论 ... 3
第一节 中国财富管理行业从"0"到"1"的历程 ... 3
第二节 行业发展早期的特点和希望 ... 4
第三节 重新定义财富管理服务 ... 6
第四节 四大财富管理核心能力 ... 8

第二部分 针对客户投资需求的方法论和服务体系 ... 9

第二章 理财师在客户投资行为中的定位 ... 11
第一节 理财师定位的常见误区 ... 11
第二节 理财师的定位、方法论和服务体系 ... 15

第三章 投资架构服务内容的逻辑背景 ... 18
第一节 长期投资的逻辑 ... 19
第二节 资产配置的逻辑 ... 21
第三节 投资方式的选择逻辑 ... 25

第四章 优化资产配置的原理和计算 ... 29
第一节 资产配置误区解析 ... 29
第二节 "均值—方差"模型的基本原理和计算步骤 ... 31
第三节 全天候策略和风险平价策略 ... 40
第四节 关于另类资产的配置 ... 42

第五章 投资方式和资产管理资源的选择 ... 45
第一节 国内当前的投资产品体系 ... 46
第二节 资产管理资源的选择原则 ... 55
第三节 产品投向和投资风格分散的重要性 ... 59
第四节 资产管理资源的定量和定性分析 ... 67

第六章　理财师的投后服务 ········ 82

第一节　投资组合管理策略 ········ 83

第二节　资产管理资源的跟踪和调整 ········ 90

第七章　财富管理机构需提供的专业支持 ········ 92

第三部分　构建家庭财务保障保全体系的能力 ········ 97

第八章　家庭财务保障保全体系概述 ········ 99

第一节　风险识别 ········ 101

第二节　风险评估 ········ 104

第三节　制定家庭财务保障保全体系 ········ 106

第四节　评估风险管理效果 ········ 107

第九章　家庭风险管理中的常用金融工具 ········ 109

第一节　保险产品和保险合同 ········ 109

第二节　家族信托 ········ 117

第三节　保险金信托 ········ 129

第四节　其他有效的民事法律行为 ········ 131

第十章　如何预防因为人身风险所引发的家庭财务风险 ········ 133

第一节　帮助客户识别因为人身风险所引发的家庭财务风险 ········ 133

第二节　帮助客户评估因为人身风险所引发的家庭财务风险 ········ 135

第三节　风险转移工具 ········ 137

第四节　利用保险产品转移因为人身风险所引发的家庭财务风险 ········ 147

第五节　评估风险管理效果 ········ 157

第十一章　如何预防婚姻问题引发的财务风险 ········ 160

第一节　婚姻关系中的财产关系 ········ 161

第二节　如何根据客户的意愿来保护其婚前财产 ········ 165

第三节　离婚时的财产保全措施 ········ 176

第四节　如何降低婚姻问题引发企业经营的风险 ········ 187

第十二章　如何预防企业经营风险传导到家庭风险管理 ········ 192

第一节　经营风险是如何成为家庭财务风险的 ········ 194

目　录

　　第二节　理财师能为企业主客户做什么 …………………… 197
　　第三节　企业经营和家庭财务的隔离墙从企业法律形态开始 …………………… 198
　　第四节　关于债务的隔离 …………………… 200

第四部分　财富传承安排的能力 …………………… 213

第十三章　财富传承过程中的不确定性和风险 …………………… 215
　　第一节　没有财富传承安排的遗产继承 …………………… 215
　　第二节　生前财富转移可能存在的不确定性 …………………… 221

第十四章　理财师在客户财富传承中的定位及服务体系 …………………… 223
　　第一节　理财师如何发现客户财富传承需求 …………………… 224
　　第二节　通过风险评估提升客户的整体财富传承的意识 …………………… 226

第十五章　财富传承安排的常用方法和工具 …………………… 231
　　第一节　遗嘱和遗嘱继承 …………………… 231
　　第二节　遗赠扶养协议：受遗赠的权利和义务 …………………… 242
　　第三节　保险产品在财富传承中的运用 …………………… 247
　　第四节　信托在财富传承安排中的运用 …………………… 254
　　第五节　股权转移中的相关文件 …………………… 259
　　第六节　保险金信托在财富传承中的运用 …………………… 261

第十六章　部分重要财产权益的继承和转让 …………………… 264
　　第一节　房产产权的转移和继承 …………………… 264
　　第二节　企业股权的继承和转让 …………………… 267

第五部分　综合理财规划能力 …………………… 281

第十七章　理财规划及其在财富管理中的重要地位 …………………… 283
　　第一节　理财规划是"行业革命"的产物 …………………… 283
　　第二节　理财规划及其服务的定义和服务内容 …………………… 286

第十八章　综合理财规划服务的基本步骤 …………………… 289
　　第一节　建立和界定与客户的关系 …………………… 289
　　第二节　收集并了解客户的财务信息 …………………… 293

第三节　客户家庭财务状况的整理和分析 ········· 295
　　第四节　调整并明确客户的财务目标 ············· 299
　　第五节　有针对性地为客户提供综合理财规划建议 ··· 301
　　第六节　以书面报告书的形式呈递各项综合规划建议 ··· 306
　　第七节　帮助客户执行具体的理财规划建议及建档 ··· 308
　　第八节　为客户提供长期持续的服务 ············· 309

第十九章　收集、整理和分析客户当前的财务状况 ······· 311
　　第一节　客户家庭财务信息的收集 ··············· 311
　　第二节　客户家庭财务信息的整理 ··············· 323
　　第三节　当前客户家庭财务信息的分析 ··········· 332

第二十章　全生涯模拟仿真的原理和结果 ··············· 339
　　第一节　全生涯财务状况模拟仿真分析法的原理 ··· 339
　　第二节　全生涯财务状况模拟仿真法的运用步骤 ··· 341
　　第三节　全生涯财务状况模拟仿真表的其他运用 ··· 351

第二十一章　从一个家族信托案例看理财规划服务的专业价值 ··· 365
　　第一节　全生涯模拟仿真法在家庭财务分析中的运用 ··· 370
　　第二节　通过综合理财规划服务降低家庭财务风险 ··· 406

第二十二章　专业理财规划报告书的撰写 ··············· 413
　　第一节　《理财规划报告书》中的常见问题 ········· 414
　　第二节　《理财规划报告书》需要拥有什么特点 ····· 416
　　第三节　如何做好《理财规划报告书》的"开场白" ··· 419
　　第四节　《理财规划报告书》"主干"的编写 ········· 424
　　第五节　一份专业的《理财规划报告书》如何"收官" ··· 466

附录一　民政局离婚协议范本 ······················· 473
附录二　遗嘱范本 ································· 475
参考文献 ··· 478
后记 ··· 480

第一部分

重新定义财富管理

第一章

職者官对父母情重

第一章

绪　　论

第一节　中国财富管理行业从"0"到"1"的历程

　　财富管理是个人或者家庭在面对家庭财务决策时，在自身的财务资源范围内，根据当前的财务状况，结合对未来的财务目标和需求，并借助各种社会资源，做出理性选择的一个过程。

　　人类社会在有了家庭财富的剩余后，就出现了财富管理的需求。在中国，个人和家庭理财的概念可以回溯几千年到《易经》或《史记》中的记载，拥有非常悠久的历史；但现代财富管理内外部环境的逐步形成，是在过去二三十年的事情；符合现代社会和金融市场特征的科学财富管理理念的引入，和中国财富管理行业的诞生和早期发展，则发生在过去十五年左右的时间里。

　　中国财富管理市场和行业的出现与两个主要需求有关：一个是改革开放40多年，个人和家庭财富的快速增长引致的日趋复杂的财富管理需求；另一个则是在我国以"支持国民经济发展，促进社会融资结构优化"为主要目标的多层次金融体系的建设进程中，所产生的多元化金融工具和居民储蓄进行有效对接的需求。

　　改革开放以来，中国个人持有可投资资产总体规模逐年增长，根据贝恩公司和招商银行联合发布的《2019年中国私人财富报告》，2018年中国个人持有可投资资产总体规模达到了190万亿元。与此同时，根据中国人民银行和国家统计局的数据，中国1990年末广义货币供应量余额约为1.53亿元，而2018年则达到了182.67万亿元，货币的快速增发、居民抵御通胀的投资需求，以及所要面对的越来越复杂的家庭财务决策，使得居民在整体上对综合财富管理服务的需求日益增加。

　　在供给侧方面，我国早期的个人理财业务主要还是银行理财产品和公募基金的销售，但自2009年以后发生了巨大的变化。而这种变化来自资产管理行业的变化。应该说，我国非金融企业社会融资规模直到今天还是以间接融资为主，优化社会融资结构成为我国金融体系建设的一项重要工作，而对资产管理业务的"松绑"可被视为我国多层次金融体系建设的一个重要标志。

自2009年起，《信托公司集合资金信托计划管理办法》得到修改；2012年第三季度，证监会先后公布《基金管理公司特定客户资产管理业务试点办法》和《证券投资基金管理公司子公司管理暂行规定》，向基金管理公司全面放开资产管理业务；此后，《证券公司客户资产管理业务管理办法》及配套的《证券公司集合资产管理业务实施细则》和《证券公司定向资产管理业务实施细则》（俗称"一法两则"）相继出台，券商资管业务进入发展快车道；证监会同时还颁布了《期货公司资产管理业务试点办法》，首次允许期货公司参与资产管理市场；原保监会也几乎在同一时间先后发布《关于保险资金投资有关金融产品的通知》《基础设施债权投资计划管理暂行规定》和《关于保险资产管理公司开展资产管理产品业务试点有关问题的通知》，保险资产管理的业务范围得以拓宽。2013年，《中华人民共和国证券投资基金法》正式颁布；2013年9月末，原银监会批准国内11家商业银行开展理财资产管理业务试点，商业银行理财也正式进入"大资管"时代。

资管业务的松绑也同样意味着投资渠道的拓宽、投资方式的多元化，以及投资产品在数量上的快速增加。尤其是产品数量的增加还意味着资金募集需求的快速增长，在此过程中，中国的财富管理行业也应运而生。

在财富管理行业发展早期，随着产品渠道的逐渐丰富，中国的财富管理行业首先满足的是资产管理业资金募集的需求和客户投资渠道信息不对称的痛点；通过向客户进行产品的推介销售向资产管理端收取手续费；形成了行业发展早期最鲜明的商业模式（即以产品销售为导向的商业模式），并取得了快速的增长。

可以说，企业在国民经济发展过程中对资金的旺盛需求、货币超发，负利率时代无处安放的居民储蓄、多层次金融体系建设的进程，不断拓宽的投资渠道和相对宽容的监管环境，大量金融产品资金募集需求的涌现，这些因素均使中国财富管理行业作为最主要的资金募集和金融产品销售渠道，完成了从"0"到"1"的过程，并共同催生了中国财富管理行业的第一次大发展。

在此过程中，银行、券商、信托等传统金融机构均不同程度地参与到财富管理业务中来，更催生了数以万计的中国第三方财富管理机构，理财师人数逐年增长，共同分享了行业的第一波发展红利。

第二节　行业发展早期的特点和希望

尽管中国财富管理行业在过去十余年中得到了快速的发展，但行业发展早期的特点和问题也在此过程中表现无遗，主要有以下两个方面。

首先，我国财富管理行业发展早期的特点体现在整个行业尚缺乏顶层设计，无论在理论研究方面还是在具体的金融监管方面，均没有明确相对具体的定位和方向。中国理财师职业化发展联合论坛行业发展研究小组在 2018～2019 年，对包括英国、澳大利亚、美国、瑞士、新加坡，以及中国的香港地区和台湾地区的财富管理业进行了调研发现，在财富管理行业较为发达的国家和地区，法律政策和监管对行业的发展进程均有着深远的影响。而在我国内地，整个行业尚停留在相关金融产品的销售渠道这一定位上，虽然在具体的金融产品销售时会受到相关政策的监管，但监管内容还只是比较粗线条的原则性内容，并未上升到具体的行为监管的层面，同时，整个行业还未进入金融监管序列，因此，金融监管在行业引领方面的作用显然还未体现出来。

与此同时，中国财富管理行业在财富管理理论研究方面还处于相对比较蛮荒的阶段。由于行业发展历史较短，具有实务经验的理财师在经验总结、理论探索和研究方面的养成，在一定程度上尚需时日；而学术界也未出现有一定的实务经验，并专职研究财富管理理论体系的学者，因此，在财富管理理论体系的研究和探索方面，也无法对整个行业产生重大的影响。

其次，整个中国财富管理行业是以金融产品，尤其是资管产品的销售渠道出现的。根据中国理财师职业化发展联合论坛在 2017 年进行的理财师职业生态调查显示[①]，92.23% 的理财师的单一收入模式是来自销售佣金。对整个行业而言，虽然形成了自己的商业模式，但这种"卖产品、拿佣金"的商业模式过于简单，最后必然产生以产品销售为导向的运营模式和服务模式。

以产品销售为导向的运营模式导致了金融服务机构在企业运营和团队建设过程中处处表现出"销售业绩高于一切"的精神，虽然在墙上也会贴着"以客户为中心"的标语，但却把自身的发展需求凌驾于客户需求之上，从而忽视了金融消费者权益的保护；而其旗下理财师则必须面对越来越沉重的销售指标压力，无暇顾及自身的职业生涯发展需求，无心经营客户并产生对其的影响力，进而对所在的行业产生悲观、消极和迷茫的情绪。

既然是产品的销售渠道，自然对金融产品产生巨大的依赖。依赖于二级市场证券产品的金融服务机构及其理财师，在熊市中"靠天吃饭"的弊端就显露出来；依赖于刚性兑付的类固收类产品的金融服务机构及其理财师，则在政策风向转变时，同样暴露出巨大的问题：相当一部分理财师因为长期销售刚性兑付的固收类产品，导致了对"银行理财产品净值化""非标固收类产品不能承诺收益"这些变化显得无所适从。同时，在产品销售过程中，理财师往往把产品特点的介绍作为最主要的销售逻辑，而没有通过对客户的深入了解，有针对性地向客户推荐相关产品；工作方式和习惯停留在相对初级的阶段，从而也制约了其销售的成功率，更重要的是这些现象极大地降低了理财师对客户的影响力。

然而，混沌中总是孕育着希望，这也是行业发展早期，尤其是临近转折点时的亮点。在过去几年中，一大批热心行业公益的理财师已经行动起来，形成相对松散的地

---

① 夏文庆：《中国理财师职业生态2018》，机械工业出版社 2018 年版。

区性乃至全国性的理财师联盟和论坛，定期组织跨地区的理财师学习和交流活动；自发组成的行业研究小组进行全国性的理财师职业化生态调研和海外行业发展调研，并得到出版界的大力支持，结集出版；微信和互联网技术的发展，使得服务于各个发展阶段理财师的各种平台不断出现，理财师在这些平台上相互学习，使用各种展业工具，获得相关资讯，答疑解惑……以专业理财师认证培训、机构内训和社会培训组成的专业理财师培养体系已经初见雏形；相当一批理财师因理念相合而走在一起，共同探索更好的财富管理服务模式和商业模式，其中还包括了和法律界、信托业、财税方面的专家的跨界合作；而以资管新规为代表的政策风向的改变，虽然对行业短期形成较大的冲击，但让更多的理财师看到行业外部环境的改变，并重新点燃希望之火；当前的财富管理行业及其从业人员的活跃度可谓空前高涨，活力四射。

第三节　重新定义财富管理服务

从海外发达国家的财富管理行业发展经验来看，个人金融服务的发展基本上经历了两个阶段：早期阶段是传统的理财顾问在各自的领域为客户提供金融产品的阶段（这个阶段和我国当前的情况非常类似，但存在的时间更长）；而在后发展起来、并颠覆传统理财顾问的服务形式就是我们现在都很熟悉的理财规划服务的阶段，因此，很多国家把当前的金融服务行业称之为理财规划行业。

海外理财规划行业的兴起，一方面是一线从业人员出于对行业现状的不满，自发地形成同盟，并制定出理财师应具备的专业标准和职业标准，对专业理财规划师进行培训认证；另一方面是立法机构和金融监管单位制定的具体法律条款和对理财师的行业准入和行为监管政策起到了引领行业发展的作用。毫无疑问，理财规划代表了当前全球财富管理行业的先进理念。

在中国财富管理行业还在启蒙阶段的时候，理财规划理念作为海外发展的经验就被引入到中国，率先进入中国的一些国际专业理财师认证培训机构，也对理财规划理念进行了启蒙的培训工作，理论上这本来是一件好事，使中国的财富管理业从一开始就有一个比较高的起点，可以使行业避免走更多的弯路。

然而，现实是骨感的。理财规划的理念和国内金融服务机构在这一时期的发展需求并不吻合。虽然大多数金融机构选派了大量的员工进行理财师认证培训，但在实际工作中，"以产品销售为导向"的商业模式依然主导了整个行业。同时，通过专业理财师认证培训率先接受到理财规划理念教育的理财师，在非常短期[①]的教育培训过程中所

---

① 我国在过去十几年中获得国内或国际认证的理财师数量，在全球范围内的增长速度也是最前列的。主要原因是国内专业理财师认证培训也是走快速增长路线，在海外需要通过几年时间进行培训和考试获得的专业理财师认证，在国内获得同等认证最快可能只需要1年的时间；海外理财师认证所需要的在理财师岗位上必须拥有2~3年的工作经验，也被降格为"在金融机构工作2~3年的时间"。

第一章 绪 论

学习到的知识和技能非常有限；再加上过去十年在资管行业盛行的刚性兑付文化，使得部分产品收益极高，但表面上几乎没有风险，理财师更乐意通过这类产品的销售来建立和客户的关系，并获得不菲的收入；这几方面的综合原因导致了对理财规划理念的认知在中国并未得到真正的提升和发展。甚至，还出现了理财师对理财规划理念的误解，认为这只是"一种理论，并不实用"。

事实上，一个行业里，如果没有理念的引导，没有行业标准的衡量，就会使从业人员无所适从。哪怕当前的工作性质只剩下销售，但销售也同样需要对客户产生专业影响力，同样也需要构建销售逻辑和客户购买逻辑，于是，在过去的十年里，一些具有一定工作经验的理财师开始寻求自身岗位需要的"专业性"，开始关注投资交易、市场趋势判断、固收类产品风险分析、法律和财税方面的知识，但碎片化的学习和个人研究资源的有限，无法使其成为每一个细分领域的专家，于是市场上出现了不少不伦不类的"资管专家"或者"风控专家"。

长期的实践经验告诉我们，帮助客户解决具体家庭财务问题的过程才是财富管理行业存在和发展必须根植的土壤；无论是理财规划还是资产配置，无论是投资产品还是保险产品，都是理财师为客户解决具体财务问题的手段和工具。中国的财富管理行业及其从业者，首先要搞清楚其中的因果关系，才会找到发展的方向。

客户的具体财务问题有哪些？本书通过对国内较有影响力的几份私人财富报告[①]的归纳总结以及长期的实务经验，将客户家庭财富管理的咨询和服务需求归纳为以下四类：（1）和投资有关的咨询和服务需求；（2）在家庭财富传承安排方面的咨询和服务需求；（3）对家庭财务安全的咨询和服务需求；（4）与财务资源和生活品质规划相关的财务咨询和服务需求。其中，前两类比较容易理解；而在家庭财务安全方面，不仅包括了家庭常见的因为家庭成员人身风险所引发的家庭财务风险，还包括因为婚姻问题产生的个人或家庭财务风险，因为企业经营风险所引发的家庭财务风险等；而与财务资源和生活品质规划相关的家庭财务需求则包括了家庭未来的理财目标，大笔支出（如买房、购车、婚礼等）、信贷决策和管理、退休或者"二孩"规划等。

在解决客户这些具体个人或者家庭财务问题时，理财师一方面需要在服务过程中体现自身的专业性，另一方面则需要综合利用各种社会资源，其中包括但不限：资产管理资源、法律资源、财税资源、来自信托或者保险的工具的使用、社会制度（包括税务优惠制度、公证制度和社会保障体系等）等。

因此，本书把专业财富管理服务正式定义为：财富管理服务是由专业的理财人员，科学地规划客户现在以及未来的财务资源，并综合利用各种社会资源，帮助客户在正确的时间，以正确的方式和心态做好每一个重要的家庭财务决定。

该定义明确了帮助客户做好每一个重要的家庭财务决策是理财师的核心目标，也

---

① 被参考的私人财富报告包括：贝恩公司和招商银行每年联合发布的《中国私人财富报告》；波士顿咨询公司和建设银行发布的《中国私人银行报告2019》等。

明确了专业理财师在客户家庭财富管理活动中的定位；通过科学地规划客户现在以及未来的财务资源，并综合利用各种社会资源，形成了理财师在具体为客户提供相关服务时的工作流程和服务体系；其中，社会资源包括了相关的法律法规、社会保障体系，包括了资产管理行业，银行信托和保险公司等在内的金融机构，以及律师、税务会计师、移民顾问等专业人士，"综合利用各种社会资源"则明确了理财师在具体服务过程中和上述社会资源的关系和区别。

第四节 四大财富管理核心能力

在实践工作中，客户通常因为自身的财富管理能力不足以解决自己所面对的财务问题，而求助于专业财富管理服务。这些个人或者家庭财务问题各有各的不同，但还是可以被大致归类为投资、财务安全、财富传承及与财务资源和生活品质规划相关的四大类咨询和服务需求。

专业理财师在帮助客户解决这些财务问题时，首先需要明确自身在客户相应的财务决策中的定位及其工作范围，同时需要具备针对每一类客户需求的方法论和服务体系及其知识架构，并结合自身作为一名专业理财师的基本素养；这样就形成了理财师针对每一类财富管理服务需求的专业能力，同时这些专业能力还需要有鲜明的财富管理标签，和其他领域的专业人士形成差异化的社会分工，并且实现功能互补。

因此，一名专业理财师应该具备针对上述四大类财富管理需求的核心能力，分别是：（1）针对客户在保障已有财务资源购买力前提下的增值保值需求，设计满足这一需求的家庭投资架构的能力；（2）针对客户广义的家庭财产安全性保障和保全的需求，设计满足这一需求的家庭财务保障保全体系的能力；（3）针对财务资源规划并提升家庭生活品质的需求，制定基于这一需求的综合理财规划的能力；（4）针对客户对子女的财务支持，以及包括了财产传承和企业传承在内的财富传承安排的需求，提供进行一系列建议和安排的专业服务的能力。

本书将在后面章节分别介绍四大财富管理核心能力的具体内容。其不仅明确了在面对客户四大类主要需求时理财师自身的定位和工作范围，也为理财师提供了针对客户相关需求的方法论和服务体系；同时，当前阶段理财师所需要销售的金融产品和服务与客户之间的逻辑关系也因此得以被建立。

第二部分

针对客户投资需求的方法论和服务体系

第二章

理财师在客户投资行为中的定位

如果一个行业不能明确自身的定位,那么它的服务目标是不清晰的;如果这个行业的定位是错位的,那么整个行业的发展和从业人员的职业生涯发展都会走不少弯路;如果财富管理服务的服务目标是帮助客户做好每一个重要的家庭财务决定,那么理财师在客户投资活动中的定位,就应该是帮助客户做好每一个投资决策。

第一节 理财师定位的常见误区

在理财师的工作中是要对客户的投资活动提供建议的,普通客户接触到投资专家的机会也比较少,于是往往就会把理财师当作了能帮他们赚钱的投资专家;再加上行业发展早期,理财师的主要工作可能就是金融产品的推荐和销售,为了要对客户产生购买影响力,一些理财师也就自然而然地把自己定位于"帮助客户赚钱的角色"上。具体的表现往往就是:在产品销售过程中,和客户谈自己对市场短期趋势的看法,并顺势向客户推荐投资产品。不得不说,这样的做法具有较为浓烈的"投机"色彩。

菲利普·凯瑞特(Philip Carret)在其《投机的艺术》(2012年)一书中指出,"买入证券或商品,意图通过价格(短期)波动盈利的动作"就可被定义为投机。而上述这些理财师"告诉客户什么时候买,什么时候卖"的行为本身,事实上就是菲利普·凯瑞特口中的"投机"行为。而这样的行为会直接导致两种情况的出现:一种情况是客户因为希望获得投机带来的收益而购买理财师建议的产品,一旦市场和预期不符,就可能发生亏损,并对理财师的能力产生怀疑,而理财师在现实情况和销售逻辑不符的情况下根本无法对客户提供投后服务;另一种情况是客户本来就对投机行为反感,不愿意接受理财师的产品建议。

虽然投机对一些客户而言确实深入人心,因为投机最诱人之处,就在于它的表象特征是似乎能让投资者快速获得收益!于是一些理财师就利用了客户的投机心理，希望借此来增加对客户的影响力，并且提升金融产品销售的成功率；但这些一心想通过"帮助客户赚钱"来获得客户信任，并且体现"自身专业价值"的理财师，又得偿所愿了吗？

现实情况似乎并不是如此。原因也很简单，因为"靠投机赚钱"是一件超出了绝大多数理财师能力的事情。

在现实生活中，专业机构投资者确实在很多时候会采用"通过证券或者商品价格的短期波动而盈利"的方式为所管理的资产增值保值，从行业分工来看，这些专业机构通常被归类为资产管理行业。一个不可否认的事实就是，专业从事资产管理行业的机构往往具备普通投资者乃至理财师并不具备的专业资源。

比如基金公司的基金经理，不仅他们自己拥有非常专业的操盘能力，他们背后往往还有宏观经济分析师团队、行业分析师团队、投资决策委员会以及各种信息来源、分析工具等。即使如此，他们也只是在各自的资产领域里从事资产管理业务（如专业从事股票投资、专业从事债券投资等），无法保证每一次的判断和决策都是正确的。

即使是一些著名的资产管理公司或者跨国金融巨头，很多时候都无法持续准确地判断市场的走势。例如，2015年10月，国际大行高盛发布了它们对黄金的预测：3个月中，跌至1100美元/盎司，12个月后跌至1000美元/盎司。持有类似观点的还包括摩根士丹利和美银美林。而此后的黄金走势却让市场大跌眼镜，在2016年7月第一周，黄金价格达到了1374.91美元/盎司，而伦敦金价2016年的全年涨幅达到8.85%。

同样，在2016年底人民币兑美元汇率不被看好，基本上是市场上的一种主流共识，结果人民币兑美元2017年全年涨幅超过6.3%，而进入2018年后，更是在2018年1月份单月大涨3.5%。

在股票市场上，2017年全球经济复苏的态势，让大多数专家在2018年初的时候对当年全球股市报以乐观态度，但事实上，2018年几乎是一场全球性的股灾。

还有一个经典的例子，拥有诺贝尔经济学奖得主、华尔街精英中的精英团队组成的长期资本管理公司（Long Term Capital）数次遭遇破产重组，他们不是没有辉煌和成功的时候，只是当"黑天鹅"出现的时候，才能发现谁在"裸跑"。

现实如此残酷，拥有如此众多专业资源的投资机构尚且如此，那么在大多数情况下单打独斗的理财师，要去扮演一个"帮助客户赚钱的专家"，实在是有点"自不量力"。

表2-1展示了资产管理服务和财富管理服务在定义、服务目标、专业要求、客户黏性、盈利模式上的区别。

第二章 理财师在客户投资行为中的定位

表2-1　　　　　　　　　　资产管理和财富管理的比较

内容	资产管理	财富管理
定义	根据对投资标的的深入了解，结合对市场的深入研究，通过投融资、交易等手段，为所管理的资金提供增值服务	通过对客户的深入了解，科学地规划客户现在及未来的财务资源；利用各种社会资源，使其在正确的时间、以正确的方式和心态，做好每一个重要的家庭财务决定
服务目标	帮助客户获得投资收益	帮助客户设计家庭财富管理顶层设计，并通过专业陪伴服务，帮助客户解决具体的家庭财务问题
专业要求	投资标的的调查研究、数据分析、趋势分析、市场判断能力、交易能力	四大财富管理核心能力和基本素养
客户黏性	以业绩表现取胜	以客户依赖取胜
盈利模式	管理费、超额收益提成等	服务（咨询、管理）费、佣金

从表2-1中我们可以看到，资产管理服务是通过对投资标的及其投资环境进行分析研究，以专业能力预判资产价格走势，并通过投资标的价格的波动，以交易能力对资产（或者客户的资金）进行增值保值的服务。

财富管理则是通过对客户的深入了解，科学地规划客户现在和未来的财务资源，并综合利用各种社会资源，帮助客户在正确的时间以正确的方式和心态，做好每一个家庭财务决定。

根据两者的定义，就资产管理服务和财富管理服务的服务目标而言，前者是"点"，即通过专业能力进行投资（或投机）；后者是"面"，包括了家庭财富管理过程中的各种需求场景和财务决定。而且资产管理者往往也只是擅长某一类资产或某一个细分领域的投资，而财富管理服务则涉及家庭财务的方方面面，即在帮助客户进行投资决策时，理财师不可能对每一个资本市场的投资都非常擅长。

一个有意思的现象是，资产管理者通常是通过设定的资产管理费以及超额收益提成形成营收模式，并以绝对回报形成客户黏性；而当前的财富管理从业人员只是通过销售佣金获得收入，所销售产品的收益情况也无法保证，却要在客户亏损时遭受客户的"诘难"。

这种角色定位错位的情况，不只是发生在个别理财师身上，同样也体现在金融机构的做法上。近年来，不少金融机构在深感一些理财师"为客户赚钱能力不足"的同时，从基层选派一些稍有能力的理财师到管理团队，由这些理财师每月撰写"投资策略报告"，希望通过这样的方式来强化基层团队的"能力"。事实上，从销售角度而言，这样的方式也存在相当大的问题。因为当一些理财师在客户面前大谈"宏观经济情况如何，一些行业发展前景如何，我们正好推出了一款这样的产品……"的时候，事实上建立的是产品和市场的关系，忽略了销售工作中最重要的客户和产品之间的逻辑关系，而客户只是得到了一种"暗示"，即"买这款产品是会赚钱的"。因此，当产品出现短期价格波动并产生亏损的时候，客户最直接的想法就是"要不要现在就赎回"并对理财师的"专业性"提出质疑。

随着产品越来越多，市场环境变得越来越复杂，把自己定位于"帮助客户赚钱"的理财师们在做上述市场预判和风控工作的时候，往往感到力不从心，对客户（或所属机构）所赋予的"赚钱"的责任也感到不堪重负。在这个时期的理财师通常都会经历"因为客户投资受损，从而被指责或者陷入自责和惶恐"的情况。一次市场短期的波动或产品风险的发生，就会使得理财师过去很多年的努力付之东流。这种结果会让很多理财师感到这个职业的巨大风险。

同时，"帮助客户赚钱"这样的定位在一定程度上，也增加了新入行的理财师的难度，因为他们一方面要立刻在客户面前"扮演"一名投机专家的角色，另一方面则对自己"是否能为客户赚钱"的能力心知肚明，难免天人交战。同时，对大多数新人而言，还有可能影响到他们未来专业能力培养的方向，因为他们即使付出了再多的努力走下去的也不是财富管理道路。这种情况如果长期无法得到改善，那么行业发展前景就堪忧了。

又有人说，理财师其实就是销售人员，靠销售金融产品和服务为生；或者把理财师定位成"帮助客户解决金融产品市场信息不对称的专业人士"。这种定位体现了我国财富管理行业发展早期，作为金融产品销售渠道的特点，但问题的关键在于：客户的需求到底是什么？是产品吗？

持这种观点的人，通常忽视了产品背后客户真正的需求。客户希望买到"能赚钱的产品"，对客户而言，是普通人一种朴素而简单的情怀；但作为从事财富管理的专业人士，如果简单地认为产品就是客户的需求，这不仅没有体现理财师的专业性，也无法对客户做出正确的引导。

事实上，客户真正面对的是投资决策的需求：我希望这笔钱能增值保值，我该怎么做？但现实情况是，客户所受到的财商教育使他们一到金融服务机构，就开口问：最近可以投点啥（产品）？于是，到 A 机构，A 机构的理财师告诉他"21 世纪，无股权不富，可以配置一些私募股权基金，我们正好有这么一款产品……"，然后在 B 机构，B 机构的理财师告诉他"最近股票市场还处于低点，可以配置一些股票基金，我们正好有这么一款产品……"，然后去 N 家机构，得到的都是产品的推荐。

这就像客户想做一盘糖醋排骨，想去购买食材，去的每个店家都在说，我的糖如何好、我的醋如何好、我的排骨如何好，最后客户听下来都觉得有道理，于是，分别在各家店里，买了糖、买了醋、买了排骨；但糖醋排骨才是客户要做的菜，唯独没有人告诉客户糖醋排骨应该怎么做！

与此同时，当理财师努力地把工作重心放在"帮助客户解决（产品）信息不对称"，甚至"帮助客户找到市场上好的产品、好的底层资产"时，很多时候也会感到力不从心。一方面是因为好的底层资产或是优异的资产管理资源并不能随意获得；另一方面，一些产品风险经过包装后，即使颇有年资的理财师很多时候也未必能真正识别出来。而客户对理财师的"承诺"却是牢记在心，当产品出现问题的时候，无论是二级市场走势不好，还是类固收产品暴雷，和客户购买产品时的预期都有非常大的落差，于是，客户首先想到的是"自己被误导了"，"维权"就变成了唯一的选择。

因此，当理财师认真去思考客户真实需求到底是什么的时候，必须承认：金融产品事实上只是一种工具，不是解决客户当前的财务问题的方法。

综上所述，无论把理财师定位于"帮助客户赚钱的角色"，还是"帮助客户解决（产品）信息不对称的专业人士"，当前中国财富管理市场对理财师的定位还存在很多误区。这种定位的错位，也导致了不少理财师陷入迷茫：不知道自己是干什么的。这在其职业生涯发展的过程中，是最致命的情绪。

第二节 理财师的定位、方法论和服务体系

在现实中，客户的实际情况是什么样的呢？当前很多客户的投资貌似是分散的，比如在多个银行里有存款，据说是为了存款保险只保50万元的原因；同时，很多客户不管有没有流动性需求，一直需要资产有高度的流动性，但事实上，高度流动性的背后，却是牺牲了投资回报；再比如，因为周围有很多销售人员，每年也都会告诉他们今年应该买什么，然后买了一大堆的产品；最后的资产配置往往是产品配置完了以后的结果，事实上，这样的产品配置本身是缺乏逻辑的。这些现象告诉我们，大多数的客户家庭其实是缺少"顶层设计"[1]的。

客户们缺乏"顶层设计"的投资决策，事实上给"明确理财师在客户投资行为中的定位"带来了契机：针对客户家庭财富管理活动中的投资需求，理财师更应该能够告诉客户"像您（家庭）这样的情况，应该这样投资！"

"一个普通家庭应该如何投资"其实是一种方法论。现代经济学之父凯恩斯曾指出，"投机是一种预测市场心理的行为，投资则是反映对整个投资周期的预期收益"。事实上，普通家庭财务资源的获得和支出的时点不均衡，投资决策的持续性[2]以及投机

---

[1] 顶层设计本是一个工程学概念，是一项工程"整体理念"的具体化。现已成为一个被各行各业广泛使用的名词。顶层设计是运用系统论的方法，从全局的角度，对某项任务或者某个项目的各方面、各层次、各要素统筹规划。顶层设计是自高端向低端展开的设计方法：一是核心理念与目标都源自顶层，因此顶层决定底层，高端决定低端；二是整体关联性，顶层设计强调设计对象内部要素之间围绕核心理念和顶层目标所形成的关联、匹配与有机衔接；三是实际可操作性，设计的基本要求是表述简洁明确，设计成果具备实践可行性，因此顶层设计成果应是可实施、可操作的。

[2] 财务资源的获得和支出的时点不均衡，意指普通家庭的收入和支出水平在不同生命周期是不平衡的，比如退休后收入将大幅下降，而大多数普通家庭依然希望维持退休前的生活品质；个别年份，比如因为子女出国留学或购房买车等大额支出，当年的收入不足以满足当年的支出需求，而需要在其他年份预留一部分财务资源等等；这种现象也导致了投资决策的持续性，即投资对普通家庭或个人而言是一个长期的过程。

能力的不足，都体现出通过长期投资获得稳定收益的重要性。

同时，历史经验教训告诉我们，一个普通家庭如果希望通过投资获得长期而稳定的收益，无论采用择时策略或者选择预期短期会涨的投资标的，都有可能受到市场短期风险和投资行为的偏差所导致的投资风险的困扰；因此，一个普通家庭在做投资决策时，更应该从全局的角度，充分考虑各类资产收益和风险的特点，事先制定针对各类风险的风控机制及其具体的方式方法，并在投资过程中，坚持自己的投资策略；这将成为一个普通家庭进行投资决策的基本宗旨。

同时，股神沃伦·巴菲特曾说："成功的投资不需要卓越的智商、不寻常的商业契机和内部消息，而是需要一个充满智慧的做（投资）决定的架构，并且还不要把自己个人的情绪带到这架构里来。"①

如果将上述宗旨具体化，并形成巴菲特所说的"投资架构"，一个普通家庭进行投资决策的方法论至少包括以下五个方面的内容：（1）设定在保障资金购买力前提下进行增值保值的投资目标；（2）根据自身的具体情况，分别设立流动性账户和长期投资资金账户，以避免长期投资资金受到家庭流动性的干扰；（3）对长期投资资金进行资产配置，以降低各类资产潜在的系统性风险对投资组合短期的影响；（4）根据在各类资产中的相应配置比例配置资金，为其合理地选择投资方式及优质的资产管理资源，形成长期投资组合；（5）制定投后管理的相关机制。

对客户家庭而言，投资架构的意义包括但不限于以下三个方面：（1）投资架构是客户家庭投资决策的"顶层设计"；（2）在投资架构的搭建过程中，将充分考虑到客户投资过程中可能会面对的各种风险（其中包括市场风险和投资者行为偏差带来的投资风险等），并将风控机制前置，即在做出投资决策前就考虑到具体的风控措施；（3）投资架构始终对客户的投资行为具有约束性，以保持其投资纪律性。

环顾当前社会中各行业的社会分工，事实上并不存在这样帮助客户搭建家庭投资架构、并在客户财富管理活动中对客户的投资行为提供专业陪伴的行业；而这恰恰将成为专业理财师在客户投资行为中的定位；而在具体引导并帮助客户构建投资架构并提供专业陪伴服务的过程中，理财师则可以形成其"针对客户投资需求的服务体系"。

因此针对客户家庭财富管理过程中的投资需求场景，理财师的服务体系和工作内容包括：（1）和客户进行充分沟通，了解客户现在的家庭财务状况和生活状况，引导客户认识到因为物价上涨所带来的对已有财务资源购买力的贬值影响，从而让客户认识到自己的投资目标是以"保障已有财务资源购买力"为前提的，这也成为客户需要配置风险性资产的重要原因；（2）帮助客户了解各类风险资产长期投资的收益和风险情况，使其了解普通投资者可以通过长期投资获得市场的平均收益，以在一定程度上保障自身财务资源的购买力；（3）根据客户短期流动性需求，帮助客户设立流动性账户，以降低长期投资资金受到家庭流动性需求的干扰；（4）根据客户的风险属性，对

---

① 本杰明·格雷厄姆：《聪明的投资者》，人民邮电出版社2016年版。

其长期投资资金提供资产配置策略,以降低各类资产的系统性风险对投资组合的影响;(5)根据各类资产在资产配置中的比例,帮助客户进行投资方式和优质资产管理资源的选择,并形成客户的长期投资组合;(6)帮助客户明确投后管理的风控机制,制定投资组合管理策略并约定资产再配置的触发机制以及资产管理资源或者产品的调整机制;(7)在客户投资过程中,尤其在客户面对短期市场波动的时候,降低情绪对其投资行为的影响。

对于理财师而言,投资架构同时也是理财师站在财富管理立场上,针对客户投资需求的服务体系;其在客户投资行为中的定位就是帮助客户搭建家庭投资架构、并在客户投资过程中提供专业陪伴服务的专业人士。

因此,在财富管理实务中,理财师首先要明确自己在客户投资行为中的定位、专业边界和服务体系,并具备帮助客户搭建家庭投资架构的核心能力;同时在服务过程中,有鲜明的财富管理标签,和其他专业人士形成社会分工和功能互补;并且获得客户的专业信任和影响力。

本书在接下来的章节中,将逐一介绍在投资架构搭建过程中理财师可采用的步骤、方法和原则,及其背后的理论支持和逻辑背景等相关内容。

第三章

投资架构服务内容的逻辑背景

据报载,厦门有一位C女士在2016年整理父亲遗物时,意外发现一张中国人民银行的存折,本金是1200元,存入时间是1973年,原来的中国人民银行营业部已经没有了,感谢中国人民银行和中国农业银行的工作人员,几经波折终于找到了原来的底单,并经过16次利率的调整,计算出利息总计1408.04元,连本带息一共2608.04元,年化利率大约为1.78%。[①]

在1973年,1200元大约是一名高薪人士一年的年薪,相比之下,如今2608元的购买力可能只够中产家庭一次家庭聚会的餐费。有意思的是,如果把这笔钱的净值按每年的收益率画出来的话,它是一直向右上方延伸的,而且从未跌过,然而,事实上,其购买力的贬值是显而易见的。这个例子告诉我们,只投资无风险低风险的资产也可能是一种风险,即物价上涨导致资金购买力贬值的风险。

然而在现实中,很多普通家庭宁愿忽视这种风险,也不愿意去做一些风险性资产的投资,最主要的原因恐怕还是对投资风险的敬畏:不懂,怕风险。当然,在现实中也确实不乏那些在投资过程中遭受了巨额亏损的投资者。

投资架构最核心的特点是风险的前置,即实施具体的投资行为前,就对各类投资风险进行有效预防。投资风险可概要地分为以下两大类。

(1) 因为价格波动所造成的投资风险;此类风险同样还可以细分为两大类风险,一类是系统性风险,另一类是非系统性风险。前者主要是因为经济和金融环境、政治因素或者重大事件导致的资产价格集体下跌的情况,如9·11恐怖袭击,或者2008年席卷全球的金融危机,或者2016年初因为熔断机制导致A股市场集体下跌,各种股票无一幸免的情况等;后者主要是因为个别投资标的本身出现了问题,比如企业经营出现问题导致股票下跌、债券违约等风险。

(2) 因为投资者的投资行为导致的投资风险。其中包括但不限于:其一,

[①] 《44年前存单,还能取出钱吗?》,载于《海峡导报》2017年8月21日。

流动性风险。比如，在投资标的刚经历暴跌处于底部，却因为急着用钱，不得不赎回的风险；同样，流动性风险还可以体现在投资者将资金投资于流动性比较差的资产（如不动产或者有一定期限的债权类品种），导致需要用钱时无法兑现或者不得不以较低价格出售；其二，投资标的过于集中的风险。比如投资者将全部或者大部分的资产均投资于股票，如果遭遇股票大跌，那么家庭资产就会遭受较大的损失；一些投资者在过去几年乐于把绝大部分资金购买类固收类产品，同样也有资金过度集中的风险；其三，杠杆过高。通过信贷资金进行投资可以盘活财务资源，可以使得投资收益放大，不失为一种投资策略；但在杠杆率过高的情况下，由于市场的不确定性，一旦市场发生变化，如投资标的大跌，或者利率上升等，都可能造成投资亏损放大，以至于不得不割肉平仓的情况发生；其四，贪和怕产生的投资风险。这是普通投资者在投资过程中最常见的情绪，也是导致亏损的主要原因，比如在市场上涨时不断追高或者加仓，一旦市场开始调整，就可能全线被套；或者在所持有的证券连续下跌，已经导致亏损的情况下，贸然"止损"，最后导致实际亏损。

无论对财富管理行业还是对专业理财师而言，在帮助客户进行投资决策的过程中，建立有效的风控机制是一项非常重要的工作，就如上述对投资风险的陈述，有效的风控机制就是一方面要控制因为价格波动所造成的投资风险，另一方面要通过专业服务，帮助客户以正确的心态做好投资决策，降低因为投资行为带来的投资风险。因此，通过投资架构的搭建，把风控机制前置，对投资者而言是做好家庭投资决策的最重要的前提之一。

事实上，无论是市场风险还是因为投资行为偏差引发的风险，在一定程度上是可以通过一些方法和手段进行有效控制的。投资架构搭建的过程，也是对客户未来的投资活动进行风险控制的过程，可以被归纳为以下四个方面：（1）通过长期投资的预期和投后管理降低因为投资行为偏差而导致的投资风险；（2）通过资产配置分散资产大类各自的系统性风险；（3）通过投资方式的选择，以拥有较多证券组合的集合类产品配置降低非系统性风险；（4）在财富管理服务中，客户的收益是通过投资组合的长期投资而获得的，这一点和资产管理服务大多数时候"通过证券的短期波动而获得盈利"的行为有本质的区别。

以下是这些风控手段背后的逻辑。

第一节 长期投资的逻辑

在财富管理行业，理财师对长期投资的理念并不陌生，但面对客户问"为什么要长期投资，长期投资是不是意味着钱就不能动了"的时候，却往往说不清其中的逻辑。

事实上，长期投资最主要的作用有两个方面。一方面，一些主要的资产大类（比如股票、债券、黄金等）在过往的长期收益率表明，其能在一定程度上抵御通胀因素，而大多数投资者的亏损往往出现在市场短期波动的时候。因此，专业理财师在帮助客户进行家庭投资架构的搭建时，抑制和平滑投资组合因为市场因素而产生的短期波动，帮助客户通过长期投资获得收益，就成为一个最主要的目标。另一方面，"避免流动性需求的干扰"也是财富管理需长期投资的主要原因。

面对因为物价上涨所带来的资金购买力贬值的风险，普通家庭只投资低风险甚至无风险资产，购买力贬值是大概率事件。而历史数据表明，大多数风险性资产在长期是能在一定程度上抵御物价上涨水平的。

同样，在1998年，美国著名的金融数据服务机构Ibbotson Associate通过研究股票不同时间范围内——1~20年的收益，结果发现时间分散的影响，长时间地持有资产可以降低损失的风险，并且认为如果期限15年或者以上，基本就可以获得正收益。

因此，对普通家庭而言，要在一定程度上降低通胀对家庭资产的影响，合理地投资一些风险性资产是必然的选择。在现实生活中，一些普通投资者可能将一些短期有流动性需求的资金，比如6个月后有购房的需求，12个月内有婚庆的需求，届时要用到的资金投资到一些短期波动比较大的风险资产（如股票）中，而当资金需求期限到的时候，如果发现所持有的资产经历大幅下跌，正在市场底部，这时候就会陷入要变现则资金已大幅缩水，继续持有却无法满足生活品质所需的尴尬。因此，对于风险资产的投资，投资者需要有长期投资的心理预期，并对家庭短期的流动性需求进行预先安排，排除在长期投资资金之外。

在1999年，著名行为金融学家费雪和斯塔特曼也提出了时间分散化策略，该策略包含了两个方面，一方面是认为股市的风险会随着投资期限的增加而降低；另一方面是建议投资者在年轻时将资产组合中的较大比例投入股市中，而随着年龄的增长则不断地减少股票在资产组合中比例[①]。

时间分散化策略在全球财富管理行业发展的过程中被视为一项重要的理论依据，并在监管理财行业的过程中被体现出来：海外监管单位通常要求理财从业人员向客户提示权益类资产的短期风险，在推荐权益类产品时，要求对客户配置于此的资金有更长的期限（通常是五年以上）。同时，长期投资成为理财师常用的帮助客户控制投资组合风险的重要手段之一。

但在现实生活中，普通投资者往往对长期投资有一定的顾虑，主要体现在"万一我要用这些钱怎么办"或者是"我不想那么长时间对自己的投资失去控制"。

事实上，理财师在为客户搭建投资架构的时候，将充分考虑到客户的流动性需求。具体的做法就是先设立客户家庭的流动性账户。流动性账户金额包括了不低于6个月的家庭支出，加上未来2~3年中家庭可能会产生的大额支出（如结婚、购房、买车、

---

① 本书作者对"投资者在年轻时应将资产组合中的较大比例投入股市中"的观点持保留态度，主要是因为根据长期的财富管理实务经验，还处在家庭生命周期早期阶段的年轻家庭或年轻投资者，还需慎重考虑该阶段较为密集的资金流动性需求，如购房、买车、子女教育等方面的支出。

生育等费用)。对于部分家庭收入不稳定的，家庭支出部分可以调整至 6～12 个月。在此基础上，把余下暂时没有计划的可配置投资资金视为长期投资资金。

这里所指的长期投资，更多的是指投资组合中涉及短期波动的资产和产品，这些产品大多数情况下也并不是不可以赎回的，如公募基金就是每日开放申赎的，但因为部分基金的投向是风险性资产，因此短期有可能遭遇较大幅度的下跌，为了更好地获得这些风险性资产被过往历史表现证明、相对比较可靠的长期收益，普通投资者不应该在市场较低价位的时候进行赎回。

因此，理财师之所以要求客户有长期投资的预期，是因为希望客户在投资过程中有良好的心态，不要因为市场的短期价格波动而产生情绪波动，在情绪波动的情况下做出非理性的投资行为。同时，在客户的长期投资组合中，也确实存在一些有一定期限的类封闭或者封闭产品，在到期前无法赎回，这也更加显示出设置流动性账户的重要性了。

同时，所谓的长期投资并不是永远持有不动。比如当客户的资产由那些专业的投资经理操作时，如果这些投资经理的状况发生改变，比如跳槽了，或投资风格出现较大的偏移，状态不佳并出现较大的判断失误时，那么持有不动就可能导致风险。再如，市场发生价格波动后，客户的资产配置比例会出现失衡的情况，这就涉及理财师在投后管理服务中应该采取怎样的投资组合管理策略来进行调整的问题了。

第二节 资产配置的逻辑

分散投资能降低投资风险，这几乎是人尽皆知的道理。"不要把所有的鸡蛋都放在一个篮子里"是一个非常有效而朴素的投资原则，但在实际生活中，分散投资的原则往往在投资过程中被投资者遗忘。

分散投资不只是简单地把资金投资于不同的资产，如果一个投资者把资金全部投资于股市某个热点板块的多个个股，说不上是一个很明智的投资方式，因为当该板块下跌的时候，可能所有的个股价格都在下跌；同样现在很多高净值客户到处寻找"好的产品"，但所配置产品均为投资于股票市场的阳光私募基金或者全部都是非标类固收产品，前者涉及股票市场的系统性风险，后者则可能涉及政策性风险和违约风险，显然也不是很明智的选择。因此分散投资也需要有一定的原则和逻辑。

在理财师的风控手段中，利用资产大类的配置来降低某一资产类别的系统性风险，是非常重要的组成部分。

假如投资者非常确信某一资产标的在一定时期内会产生最大的投资回报，他会把所有的钱都投入该资产中去。事实上很多人也确实在这样做，甚至加了杠杆，但结果往往事与愿违。原因很简单，因为投资市场的波动受很多因素的影响，投资者，尤其是普通家庭投资者，很难把握入市或变现的时机；同样，对缺乏专业支持的理财师而言，也非易事。

资产配置的本质就是利用了不同资产类别的低相关性和低因果性，来平滑整个投资组合的波动。比如经济不好的时候，股市很难有牛市，但因为宏观经济政策有可能要刺激经济增长（如在通胀可控的情况下会减息降准），这样就使得债券市场的基本面和利好预期加强了。那么当股票和债券同时配置的时候，不难看到整体的投资组合会因此获得比较稳定的收益。同样，从长期的历史数据中可以发现美股和黄金存在较低的相关性，那是因为以美元计价的黄金在美国经济低迷的时候，其价格走势往往比较给力，而在美国经济复苏强劲、美元指数高企时，黄金的价格也会比较低迷；因此，这样的两种资产同时配置在投资组合中，也能平滑投资组合的波动。同样的例子还包括 A 股市场和美股，因为经济体制和环境的不同，在一定时期也存在较低相关性和因果性。

另外，金融市场经常会谈到的"美林投资钟"（见图 3-1），也能体现长期投资和资产大类配置的重要性。虽然"美林投资钟"也指出在每一个周期表现会相对比较好的资产大类、行业及相关证券，事实上，很多时候经济周期的特点并不是那么鲜明的在投资前就表现出来，单靠美林投资钟来选择当前可能会有所表现的投资类别，还是不够的。但是美林投资钟也体现了经济周期是会轮动的，这使得长期投资有了一个很重要的基础；同时，即使在某一类资产表现不那么好的情况下，也会有其他资产表现得相对比较出色。比如说经济复苏期的债券、繁荣期的股票、过热期的大宗商品等。

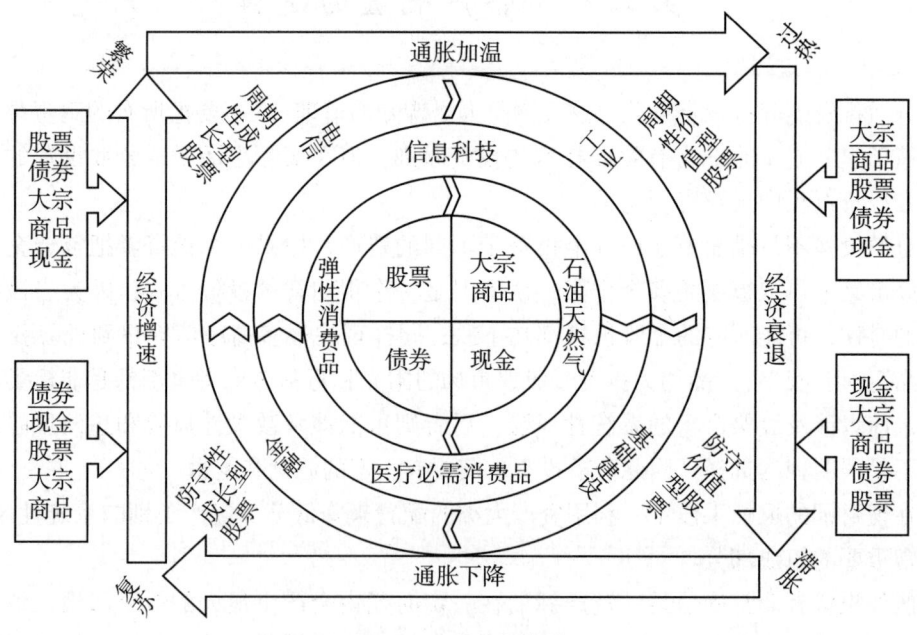

图 3-1 美林投资钟

资料来源：美林证券 2004 年公开资料。

因此，资产配置主要是资产大类的配置，可以用来降低投资过程中的各类资产自身的系统性风险。这一点对普通家庭的投资行为而言，尤为重要。

以 2018 年为例，如果将中国 A 股上证指数、美股标普 500 指数和伦敦金价三类资产的走势放在一起来看的话（见图 3-2），不难看到资产配置可以平滑投资组合风险的作用。

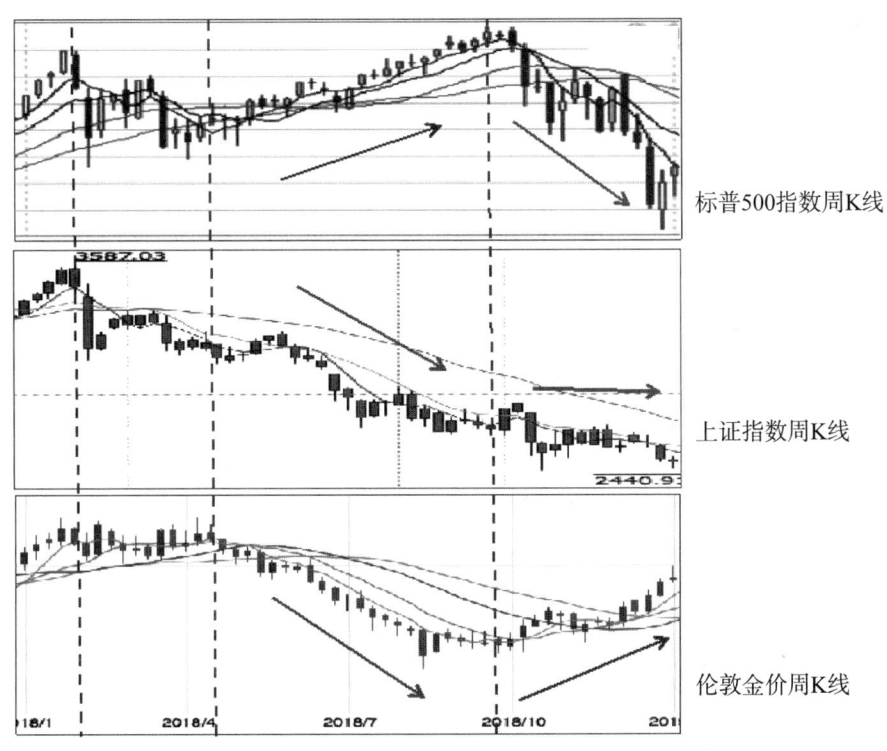

图 3-2　2018 年伦敦金、标普 500 指数和上证指数趋势比较

资料来源：Wind 资讯。

如果把 2018 年这三类资产划分成四个阶段的话，第一阶段，在 2017 年全球经济复苏态势的影响下，三类资产的开局都较为良好；到了第二阶段，中美贸易纷争的早期阶段，股票市场有所反应，但还不激烈，伦敦金价也在高位盘整；第三阶段，A 股受国内经济不振，国际贸易纠纷的影响，持续下跌，而美国则在国内税改政策刺激下，公司盈利大幅上升，加上出现回购潮，标普 500 指数走势屡创新高；黄金在此阶段则因美元指数上涨，且 2017 年所表现出来的全球经济复苏态势因贸易争端出现极大的不确定性，而连连下跌；第四阶段，美股开始分化，标普 500 指数一路下跌，但此时，A 股已在底部筑底，伦敦金价则在这个阶段出现反弹。虽然这三类资产在 2018 年均出现不同程度的负收益，但如果把三类资产配置在一起的话，投资组合在不同阶段的表现都相对平滑。

同样，图3-3中的虚线，代表了当A股、国际股票、黄金、中国债券被平均配置在一个投资组合中时（1/N平均配置法①），其投资组合收益2003~2018年的走势。从中可以看到当各类资产配置在一起的时候，投资组合收益走势的平滑显而易见。

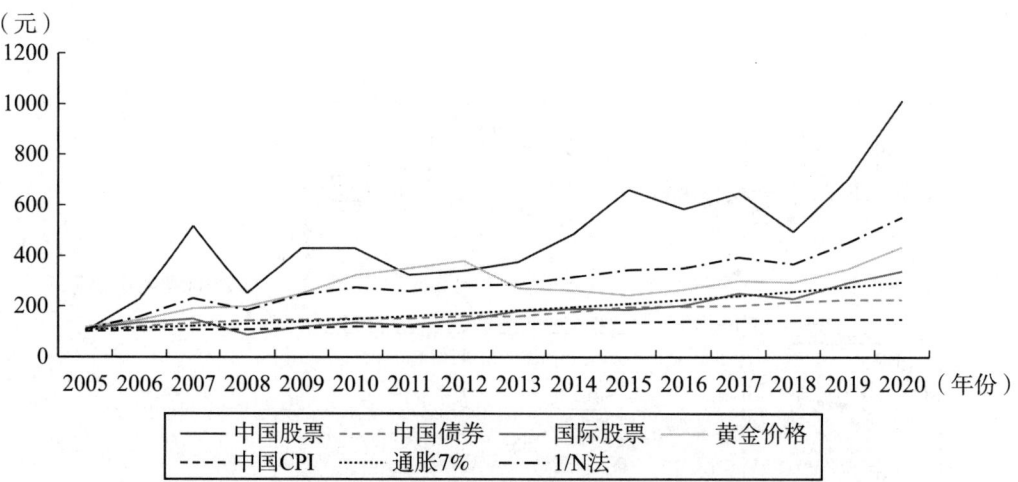

图3-3　2003~2018年，1/N配置法走势和各大类资产走势以及假设物价上涨率（7%）的对比

资料来源：A股基金：中证股票型基金指数（H11021）；中国债券：中证债券型基金指数（H11023）；国际股票：MSCI World Standard（Large-Mid Cap）Gross（990110）；黄金价格：伦敦金价。

综上所述，在客户配置了风险性资产，并希望通过长期投资获得相对稳定的投资回报的情况下，资产配置在很大程度上，能降低各类资产可能出现的短期风险乃至系统性风险，并平滑投资组合的短期波动。

与此同时，资产配置也是客户投资行为纪律性的保障。在信息技术高度发达的今天，各种市场噪声遍布社会和网络每一个角落，普通家庭投资者非常容易受到各种投资方式或者投资产品的诱惑，其程度甚至远大于对其风险的认知、理性以及自我克制。而当普通家庭投资者的资产进行了资产大类的配置以后，会受到各类资产有相关配置比例的约束，在一定程度上能约束客户在某一类资产上因为受到市场的诱惑而进行非理性的投资。因此，专业理财师们通过资产配置，可以为客户提供一个安全边际和纪律性的保障机制。

事实上，图3-3所展现的是最简单的1/N平均配置法，即如果用4类风险资产，就每一类各占25%，就可以起到降低各类资产系统性风险对投资组合的影响。但投资界和学术界在过往六十余年中，一直致力于更为优化的资产配置模型的探索和研究，希望能以更为有效的风险收益关系获得更高的效率。本书将在后面专门的章节对部分优化资产配置的理论和策略进行介绍。

---

① 1/N平均配置法，即将所有资产进行平均配置。

第三节 投资方式的选择逻辑

在前面的章节里,本书一再地强调:理财师在客户投资行为中的定位是"帮助客户搭建家庭投资架构,并提供专业陪伴服务",也因此和直接管理客户资金并进行投资活动的资产管理从业者,形成了本质的区别。如果说资产配置是帮助客户的资金进行科学的规划,明确了在每一个资产大类中应该投资的比例,理财师接下来要帮助客户解决的就是"客户应该如何去投资每一类资产"问题。

假设理财师根据一名拥有 250 万元可配置投资资金的客户的风险属性,建议其配置 40% 资金投资于中国 A 股市场,接下来的问题就是,这名客户应该如何投资这 100 万元的资金。

事实上,如图 3-4 所示,投资方式的选择可以包括直接投资、间接(或称集合)投资两大类。直接投资是投资者自己直接对投资标的进行投资,比如购房出租、开户炒股等;而间接投资则是把资金委托给专业的投资经理,让他们利用其团队的专业能力和对市场的判断,交易手段等资产管理能力帮助客户投资。也包括把不同的资产管理者的产品集合起来形成投资组合,进行投资,如常见的 FOF(Fund of Funds,基金的基金),也是一种间接投资的方式。间接投资对资金量巨大的客户而言既可以通过资管专户来投资,也可以通过集合投资产品进行投资,而普通投资者则更多通过集合投资产品(如基金)或者资产管理计划进行投资。

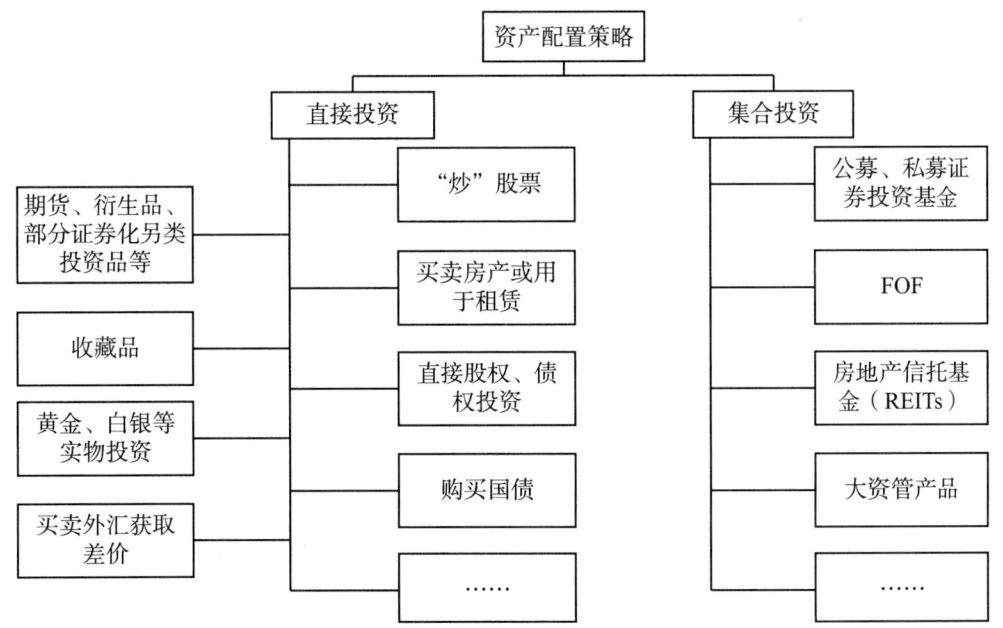

图 3-4 资产配置比例确定后,两种不同的投资方式

资料来源:笔者自制。

理论上，无论是散户还是专业投资者，在投资过程中都可能遭遇非系统性风险，即因为企业经营的问题或其他自身的原因，出现了股票价格大幅下跌，债券违约等情况；非系统性风险和系统性风险不同之处在于，前者更多地源于自身的风险，而后者则更大程度上受到经济环境和事件的推动。非系统性风险也被称之为"可分散风险"，图3-5显示了投资品种的增加会使得投资组合的非系统性风险降低，直至趋近于系统性风险。

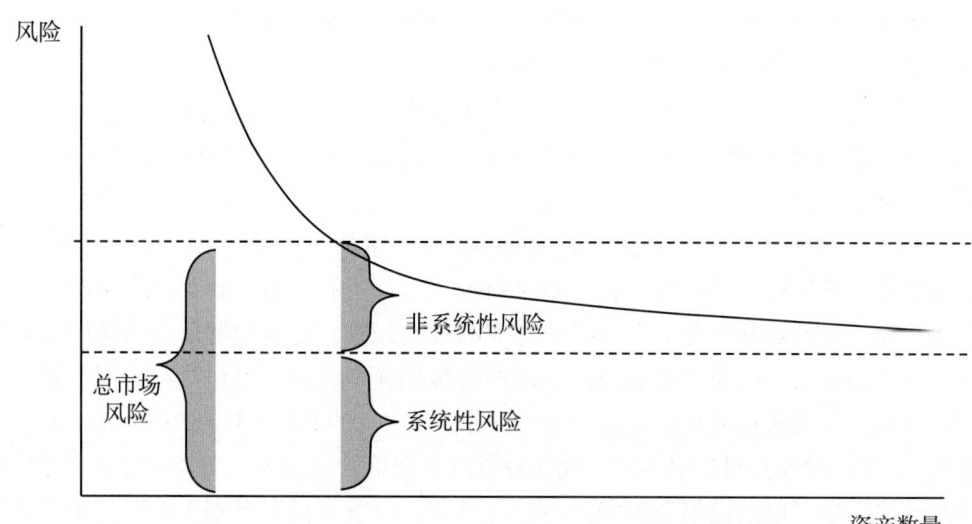

图3-5　资产数量的增加可降低非系统性风险

资料来源：笔者绘制。

以股票投资为例，虽然不少客户对"炒股票"有着极强的兴趣，但其个人的分析能力和交易能力，与专业机构投资者相比，都有比较大的局限性；同时，很多散户投资者资金有限，可以投资的证券品种也不多，如果其中一只出现非系统性风险（俗称"踩雷"）的时候，对整个投资组合的影响就会很大；而专业机构的投资组合往往配置比较多的证券，而且其研究资源和分析能力也能够支持对这么多证券的交易，因此，理财师更多时候会建议客户选择间接投资的方式，即由那些专业投资机构来帮助客户进行资产管理。

由于市场走势通常是不确定的，而每一位投资经理对市场的解读也可能不尽相同，其投资策略也是不同的，因而即使在同一市场环境下，投资经理有的可能持续看多，有的可能看空，表现不太一样。比如2016年底的A股市场的二八转换、低估值蓝筹被唤醒、带动指数不断上涨，但前期走势相当凌厉的中小创却在股指上涨的过程中，实实在在经历了一次类似股灾的大跌。在此环境中，投资经理及其所管理的产品的业绩分化也是必然的。

综上所述，理财师在帮助客户的投资决策落地时，也就是就"如何来投资股票"

第三章 投资架构服务内容的逻辑背景

"如何来投资债券市场""如何来投资海外资产"等问题进行投资方式和路径选择的时候，客户具体要怎么配置金融产品，其实也是投资方式选择的结果。换言之，基金是一种投资方式，银行理财产品也是一种投资方式，当理财师向客户建议某一个具体产品的时候，其实是在建议一种投资方式和资产管理资源的选择。

在图3-6，再一次展示了财富管理从业者和资产管理行业的社会分工和关系。

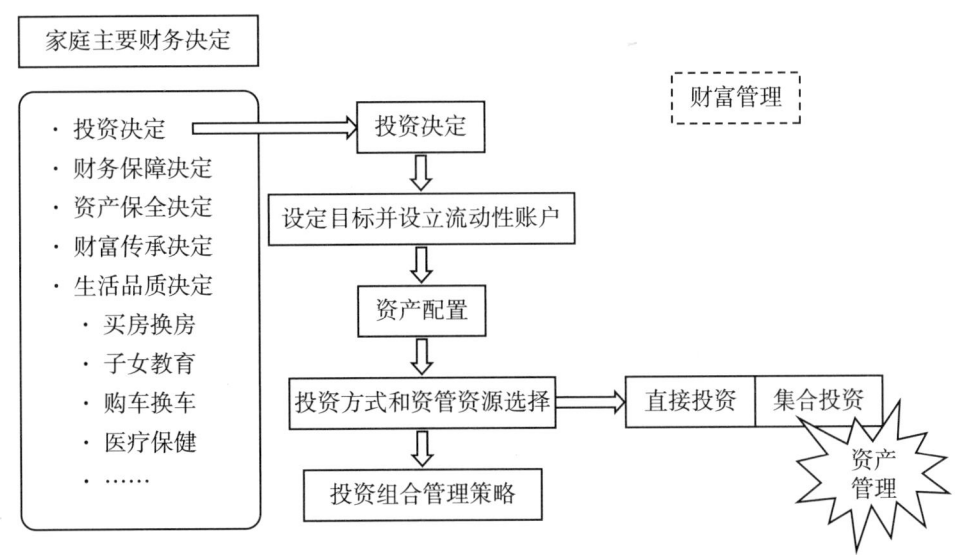

图3-6 投资架构搭建的四个主要环节，以及理财师和资产管理资源的关系

资料来源：笔者自制。

在图3-6中，专业财富管理服务的核心工作（或理财师的服务体系）就是帮助客户做正确的家庭财务决策，其中包括投资决定；理财师在客户投资行为中的定位是帮助客户搭建一个投资架构，这个架构包括：设定目标（明确通过长期投资获得市场收益，并为避免受到家庭流动性需求影响而设立流动性账户）、资产配置（长期投资资金）、投资方式和资产管理资源选择、投后管理这四个主要环节。

在具体投资过程中，理财师首先应把客户短期需要支付的资金和长期投资的资金区分出来，并为长期投资资金提供资产配置策略，在资产配置比例被明确后，投资的工作分成了两个部分，一个部分是理财师按照一定的逻辑和方法，选择合适的投资方式和资产管理者（及其产品），另一个部分是由专业的资产管理从业者在各自擅长的领域为客户赚取投资回报。

与此同时，上述"一定的逻辑和方法"结合了理财师对客户家庭财务状况和风险属性的了解、相应的资产配置策略以及投资方式（或投资产品）的选择，这样就构建起客户和产品之间最有效直接的关系。因此，即使在行业发展早期，理财师们必须要经历"产品销售导向"的阶段，这些逻辑关系也同样能帮助理财师提升销售成功率，获得销售业绩的提升。同时，理财师通过帮助客户搭建投资架构，也真正体现出作为财富管理专业人士的价值，并在提升自身对客户影响力方面有着非常积极的作用。

  关于产品选择配置的逻辑和方法，本书将在后面的章节详细介绍。

第四章

优化资产配置的原理和计算

第一节 资产配置误区解析

在过去几年中，国内理财师对资产配置有了一定的认识，也希望通过资产配置来强化综合金融产品销售的能力，但对资产配置还存在一些误区。

其中比较常见的一个误区，就是不少理财师依然不明白资产配置的本质，依然抱着"资产配置就是把未来一段时间可能表现比较好的资产配置在一起推荐给客户"的思维模式，也因此对于在未来一段时间不被看好的资产就比较坚定地予以拒绝。事实上，不仅理财师如此，社会上包括各类媒体、互联网、社交平台，也常常会把"以当前的市场环境，应该配置哪一类资产"作为主题，几乎每年年初年末都会狂轰滥炸一番。

在这种环境下，一些资历尚浅的理财师对"既然市场不看好某一类资产，为什么还要配置"这样的问题，经常百思不得其解。

首先，理财师应清醒地认识到，资产配置是理财师在对资本市场走势无法把握的前提下，根据不同资产类别的特性，来帮助客户获得长期而稳定的投资回报的一种努力。

在实际工作中，一些理财师在了解了市场上的一些观点后，经常会形成自己对某一类资产的"看法"，并以此指导客户的投资行为；于是，"对市场要有敬畏之心"，就成为说易行难的事情。事实上，市场形成一定共识预期会涨的资产，未必真的会涨；当前世界黑天鹅频频出现，地域政治扑朔迷离又无时不在深刻影响着资本市场的走势，对于市场的判断，无论是媒体、专家，还是金融机构的专业分析师，对未来的判断都有可能是错的！因为对于未来，唯一确定的就是"未来是不确定的"。即使是对市场做过一些分析研究工作的理财师，也同样要面对市场太过宽泛的问题，除非对债券、股票、大宗商品、汇率等市场都能够做到非常认真细致的分析，否则，又如何能得到一个专业的交易观点呢？

同时，既然确定了"会跌"的品种不能配置，理财师自然而然会向客户建议"会涨"的品种，这时，所配置的投资品种很可能有较高的相关性，它们同涨同跌，那么资产配置降低资产类别的系统性风险的功能又如何体现出来呢？因此，如果一名理财师希望"帮助客户配置近期'会涨'的资产"，那么对资产配置的认识显然是不够的。

对资产配置的这一认知误区，也出现在投后管理"资产配置比例的调整"的问题上。因为认为市场是不断变化的，于是一些理财师就认为"在投后管理中需要根据对市场的判断来及时调整客户的资产配置比例"，但"对市场后市进行准确预判"又成为一道理财师很难跨越的鸿沟。事实上，对于专业财富管理服务而言，市场的短期风险在投资架构的搭建过程中已经得以预见，并有针对性地采取了相应的措施，理财师在市场短期波动时的工作重心更侧重于帮助客户如何降低情绪对投资行为的影响，以帮助客户坚持原有的投资策略。而每一类资产中的调仓、止损、止盈的工作，自有资产管理资源（基金经理们）根据他们对市场的分析判断而采取相应的措施。当然，在投后管理中，当资产配置比例发生较大偏移时，理财师是要按事先制定的投资组合管理策略进行配置比例的再平衡的，但这和"调仓"在目标和方式上还是有较大区别的。

当前理财师在提供资产配置建议中的另一问题，就是先配产品，然后根据产品配置的结果，提供资产配置比例，并提供预期收益率和波动率范围。

以资产配置的本质而言，只要资产大类彼此相关性较低，哪怕前文提到的用 1/N 平均配置法，在一定程度上也能平滑投资组合短期的波动；因此，只要所配置产品的风险收益特征具有一定的低相关性，问题本身并不大。比如现在市场上比较常见的量化对冲、私募股权、非标固收等产品，理论上和传统意义上的二级市场股债类产品的相关性还是比较低的；而这些产品也是当前第三方财富管理机构最主销的产品。但这些产品和传统股债等基础资产大类还是有一定的区别的。最主要的还是这些产品本身有特殊性，比如私募股权投资，目前很多市场上的产品是单个企业的股权项目，而非标固收类产品，也大多只是单个的融资项目，非系统性风险相对较高，理论上很难称得上是资产大类中的一员；再加上并没有权威的历史数据，这些资产和其他资产大类的相关性，也只能停留在理论层面，因此，有些理财师在计算投资组合预期收益率和标准差的时候，对这些产品的预期收益率和波动率的设定没有标准可言，在专业性方面比较牵强。

同时，先配置产品，然后再根据所推荐的产品形成资产配置比例，本身是本末倒置的。就如前文所述，资产配置在一定程度上是客户投资纪律性的保障。在实际工作中，资产配置比例的设定会和客户的风险属性有密切的关系，而先配置产品，然后形成资产配置比例，在一定程度上，忽视了投资者愿意承担、能够承担的风险程度，也为投后管理服务增加了困难。

综上所述，理财师如果不能理解资产配置的原理和逻辑的话，在为客户提供服务的过程中，会产生不少问题。因此，在下面的章节中，本书将简单介绍优化资产配置的一些原理和计算方法。

第四章 优化资产配置的原理和计算

第二节 "均值—方差"模型的基本原理和计算步骤

在前文介绍资产配置逻辑的内容中,可以发现,只要所选择的大类资产具有低相关性并具有一定因果关系的特征,哪怕采用1/N平均配置法也能起到分散各大类资产系统性风险的作用;但通过科学的计算获得相对较"优"的资产配置比例,从来就是学术界和金融业孜孜以求的一项工作。

1952年3月,哈里·马科维茨在《金融杂志》第7期发表了著名的学术论文《资产选择:有效的多元化》,在这篇论文中,他把不同收益形式的投资资产混合构成投资组合,然后建立了数学模型(均值—方差模型)来说明这样的混合使投资组合的整体波动性得以减弱。

马科维茨第一次结合了基数效用和序数效用的分界,用简洁的数学形式分析了证券价值的计量问题,描述了资本资产的本质,即收益和风险。资产的收益率以按照概率加权平均的预期值为收益目标;收益率的离差以方差或标准差计量风险。所有资本资产都可以在"风险"和"收益"的二维坐标系找到其唯一的收益以及相对应的风险。

马科维兹投资组合理论是一种方法论,通过对风险和收益的量化分析,可用于各类资产的配置,这些资产可以是不同股票的配置,也可以是不同国家的股指的配置,当然,也可以是各类资产大类之间的配置。

本书把这些"不同收益形式的资产"叫作资产类别,如股票、债券、黄金等;而以相对科学合理的方式进行不同资产类别的配置叫作"优化配置";马科维茨的研究表明:不同资产类别的配置理论上可以使得投资组合的整体波动性降低,甚至在同一风险程度下,获得比单一投资更佳的收益,这一点也在实践中得到验证。比如:根据美国资本市场1970~1995年的历史数据统计,证明了75%的股票加25%的短期国债,与60%的股票加40%的长期国债,收益率和标准差完全相等;100%的美国长期国债,其波动性与83%的国债加17%的标普500股票组合的波动程度完全相等,但后者收益较高。

表4-1展示了中证股票型基金指数(代表A股资产)和伦敦金价(代表黄金资产)自2003~2016年的历史数据,得到的两类资产的历史平均收益率和标准差以及相关系数;然后以两类资产不同的配比进行模拟,形成了图4-1中的可行集①。

---

① 可行集是指资本市场上由风险资产可能形成的所有投资组合的总体。将所有可能投资组合的期望收益率和标准差关系描绘在期望收益—标准差坐标平面上,即形成图2-7中的可行集,即图中所显示的"曲线"。超过两类资产的配置可行集是坐落在一个平面上的点的集合,如图2-10所示。

表4-1　　　　　　A股资产和黄金资产的历史数据和相关系数

项目	历史报酬率	标准差	相关系数
中证股票型基金指数	23.92%	51.52%	0.187
伦敦金	10.71%	28.17%	

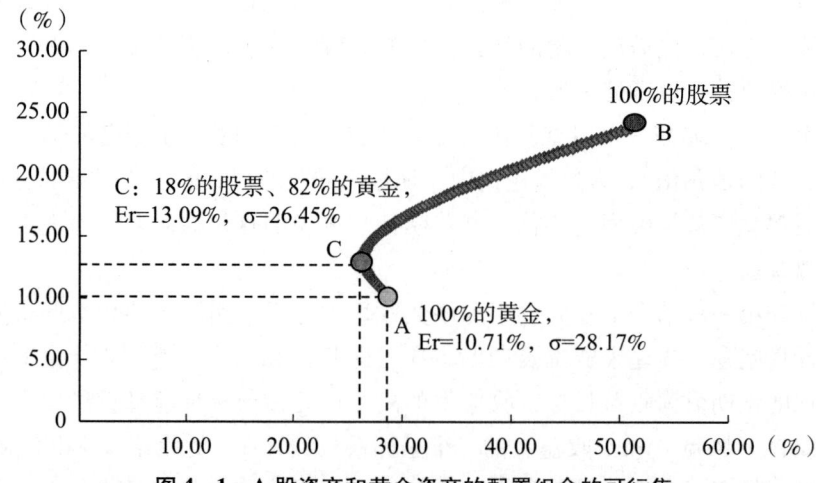

图4-1　A股资产和黄金资产的配置组合的可行集

资料来源：笔者绘制。

从图4-1中可以看到：A点是100%的资金配置在黄金，B点是100%的资金配置在股票；图中曲线（可行集）中的每一个点均为不同比例的A股和黄金的组合所形成的收益率和标准差。

通过两种资产的组合，分散化效应不仅能降低风险，甚至在理论上可以提高投资报酬率。如图4-1的C点是82%的黄金和18%的股票的组合，其投资报酬率为13.09%，略高于100%持有黄金（10.71%），而其投资组合标准差低于A点，仅为26.45%，即通过资产配置，在C点可以观察到黄金和A股的组合效应相比单纯持有黄金资产能获得更高的收益，但风险却相对较小。

产生这种现象的关键在于两类资产的相关性相对较低，因为计算投资组合标准差的时候，需要包括两类资产的协方差也就是两类资产的标准差相乘并乘以相关系数。如果两类资产之间完全正相关的话，两类资产的配置就会成为一条直线，比如图4-2中的AB这条直线。在这种情况下，如果要获得13.09%的预期报酬率，其资金分配情况应在AB这条直线上的D点，而其相对应的风险明显超过了A点组合或C点组合的风险。

第四章 优化资产配置的原理和计算

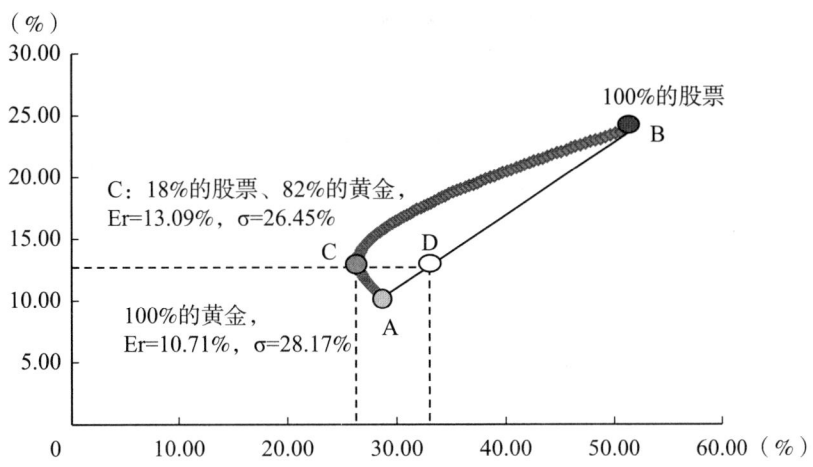

图 4－2　两类资产如果完全正相关，不同比例配置后的可行集为一条直线 AB

资料来源：笔者绘制。

而投资者如果愿意接受 D 点组合的风险的话，在低相关的两种资产组合里则可以在 E 点获得更高的投资报酬率（见图 4－3）。

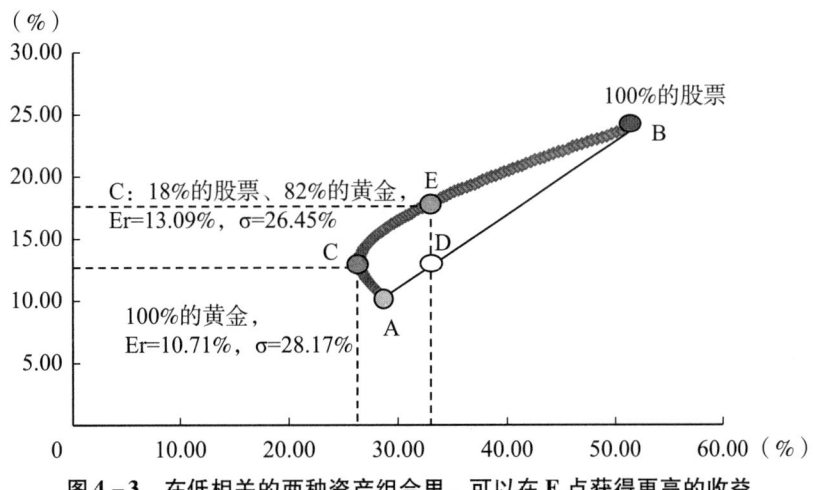

图 4－3　在低相关的两种资产组合里，可以在 E 点获得更高的收益

资料来源：笔者绘制。

图 4－2 和图 4－3 表明：资产之间的相关性是非常重要的一个指标，如果理财师把一批当前被认为在短期走势会比较好的资产凑在一起，但却没有了解它们之间的相关性的时候，资产配置没有起到任何作用，客户可能会承受更高的风险。

那么，如果在此基础上，再增加一类资产，比如以标普 500 指数代表的美股，会如何呢？三类资产的历史数据和相关性如表 4－2 所示。

表4-2　　　　　　　A股、伦敦金和美股年收益率之间相关系数

类别	A股	伦敦金	美股
A股	100	0.187	0.329876
伦敦金		100	-0.01265
美股			100

备注：历史数据：自2003～2016年。

在增加了一类资产后，可以在图4-4中观察到，出现了更多组合的可能性，以及在同等的风险下创造出更高的收益率的可能性。

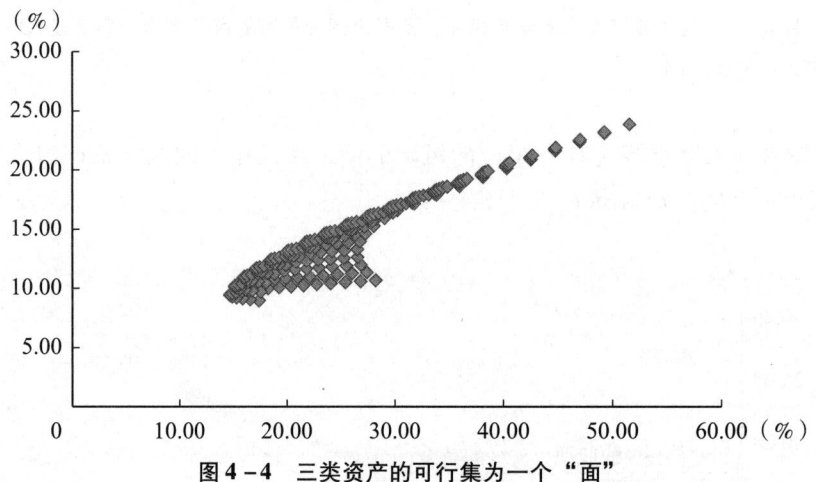

图4-4　三类资产的可行集为一个"面"

备注：上面的每一个点都代表了三类资产不同比例配置后的预期收益率和标准差。

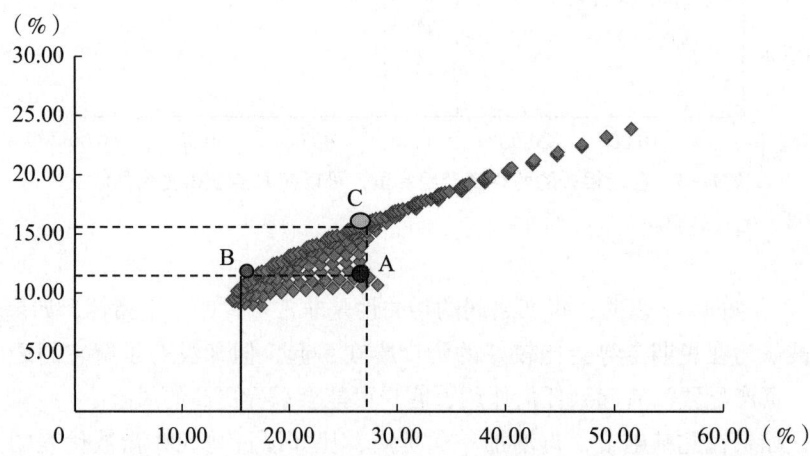

图4-5　通过上述三类资产的组合，创造出更多的在同等收益情况下，减少风险的可能性
资料来源：笔者绘制。

图 4-4 中的面，事实上是由 N 个 "小点" 组成的集合，其中每一个点均代表任意组合的收益和标准差，这在学术上被称为可行集。如果希望进一步在可行集中找到更优的配置方案，不难发现，可行集里面最外面最上面的那些点所代表的组合，相比下面的这些点都更为优化，因为如果纵向来看，在同等风险的情况下，可行集在同等风险下，最上面的那个组合是最有效的；在同等收益的情况下，最左面的应该风险最低；因此，相比这些组合，其他组合都不是那么重要了，所以，如果把最上边和最左面的所有的组合保留下来，并且连起来，就形成了这样一条曲线。这就是著名的 "有效前沿"。在给定的风险程度下，有效前沿上的每一个点所代表的风险资产的投资组合都是最有效的。

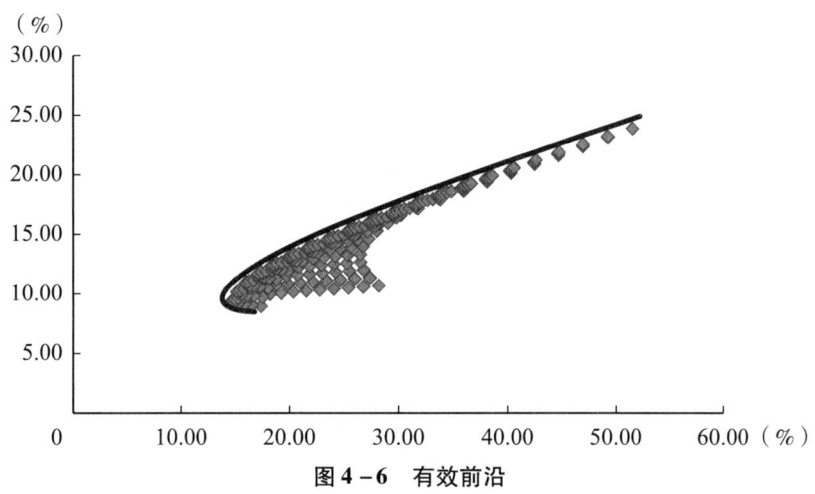

图 4-6 有效前沿

资料来源：笔者绘制。

由于有效前沿上的每一个组合都是风险资产组合，虽然在一定程度上降低了投资风险，但其短期波动有可能依然超出客户的风险承受能力和容忍态度，因此，优化资产配置的下一步就是将风险资产组合和无风险资产进行组合配置：即投资者可以根据自身的风险属性来决定多少资金配置在风险资产组合，多少资金配置在无风险资产。对于引入无风险资产，最直接的目的就是整个组合（风险资产组合加无风险资产）的波动性将进一步降低，那么有效前沿上哪一个风险资产组合是最优的呢？

在图 4-7 中，可以看到在引入无风险资产后，由于无风险资产 F 的标准差为零，其预期收益—标准差组合是在竖轴上，F 点和有效边界上的任何一点连成一条直线，都可以成为无风险资产和风险资产组合的组合。

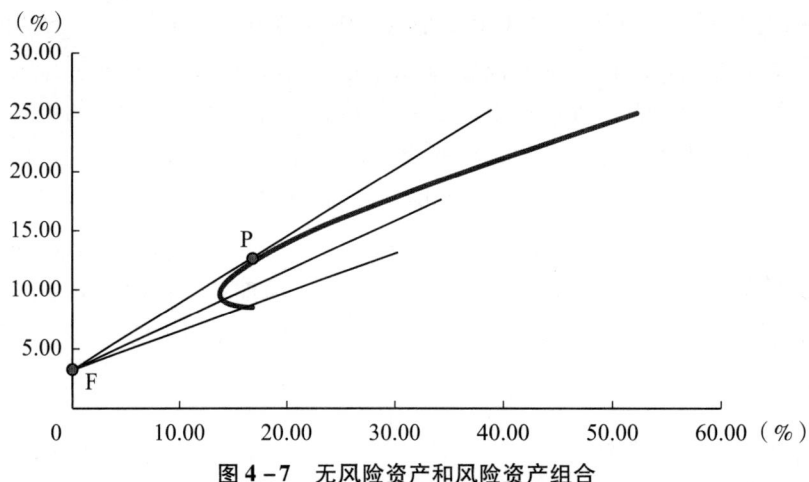

图4-7 无风险资产和风险资产组合

资料来源：笔者绘制。

在图4-7中，同样可以观察到这条直线的斜率越大，每增加一个单位的风险，获得的投资报酬率就越大，其效用就越大。而其与有效边界的切合点（图4-7中的P点）相连的直线FP，斜率最大为：$S_P = \dfrac{E(r_P) - r_f}{\sigma_P}$，这条线被称为资本市场线CML（capital market line）。

在资本市场线CML的任何一点都是无风险资产和风险资产组合获得最高的可行的报酬率和波动比率的有效组合（不考虑具有卖空机制的投资组合）。其中P点为"最优风险资产组合"。

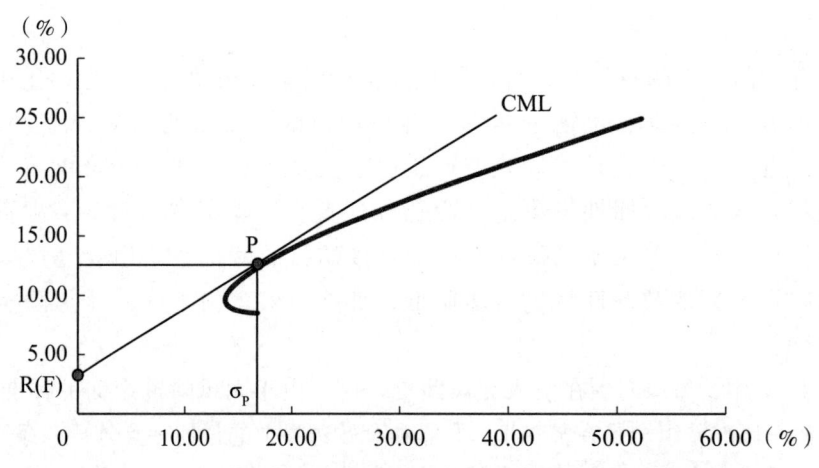

图4-8 无风险资产和风险资产组合，得到最优资产配置比例

资料来源：笔者绘制。

此时FP连线上的任何点都是"最优风险资产组合"与"无风险资产"组成的投

资组合。同时,可以观察到 P 点左面的有效前沿上的任何组合,由于资本市场线在这些组合点的上方,因此,投资者可以在资本市场线上找到同等风险但收益更高的"最优风险资产+无风险资产"组合。

此时,如果投资者把所有资金都放在无风险资产上,预期报酬率为 R(F),风险为零;如果完全放在风险资产上的话,预期报酬率为 $E(r_P)$,风险 σ_P 为。根据客户的风险属性的不同,就可以得到不同比例的无风险资产和相应的最优风险资产的组合(如图 4-9 所示)。

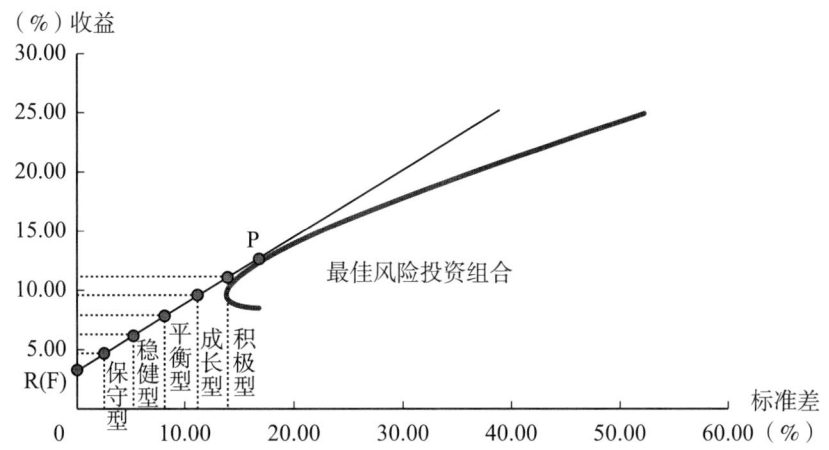

图 4-9 根据客户的风险属性可以通过无风险资产的配置,获得不同的资产配置比例

资料来源:笔者绘制。

综上所述,根据均值—方差模型,在对各类资产进行优化配置的过程中,它分成了两个相互独立的工作:首先是决定最优风险资产组合,在这里完全不考虑客户的风险厌恶程度如何,所有的客户得到同样的风险资产组合;然后,根据个人的具体风险属性,决定无风险资产和风险资产组合中的配置比例,以体现不同风险偏好的客户的具体配置比例。以上是通过均值—方差模型进行优化资产配置的基本原理①。

利用均值—方差模型进行优化资产配置比例的计算,是一项较为复杂和烦琐的过程。它具体包括以下五个步骤。

第一步:明确风险资产组合中包括哪几类不同收益形式、且相关性较低的资产类别,主要的资产类别可以包括:(1)国内股票;(2)国内债券;(3)国内货币市场证券;(4)现金;(5)不动产;(6)另类投资;(7)国际类的证券:股票、债券等。

随着中国金融市场的快速发展,我国居民投资渠道被大大拓宽,甚至可以用五花

---

① 《投资学》(滋维博迪、亚历克斯凯恩、艾伦·J. 马库斯等著),该书在全球范围内均有较大影响,是商学院、管理学院的重要教材之一;该书第四版自 1999 年翻译进入中国后,有多个再版版本。本书第六章第二部分优化资产配置原理和计算方法均有借鉴该书对马科维兹投资组合理论的介绍内容。

八门、精彩纷呈来形容。但在进行优化资产配置时，各资产类别的历史表现及其数据非常重要，否则将无法了解各类资产之间的相关性。因此，对于一些比较冷门的投资类别，因为缺乏相对的历史数据，因此，无法被纳入优化资产配置的类别里来，这也是客观因素决定的。

要了解各类资产的历史表现以及彼此的相关性，则需要对各类资产相关的指数进行采集和跟踪。一些历史较短的指数，可能会因为数据不足以表现该资产长期的走势，也会被不予考虑。同时，一个国家的证券市场指数通常会被分成不同类型，如上证50或者中证500，美股市场也会有类似纳斯达克和道琼斯指数的差别，不同板块的历史数据都会有较大的差异性，因此如果以中产家庭为单位的投资，采用综合型的指数可能更为适合（超高净值客户则因为投资金额巨大，可选择的资产大类更为丰富一些）；在相关性采样过程中，在资产管理业的实操过程中，通常会按"天涨跌幅"为单位进行相关性的计算，但以家庭为单位的财富管理中的交易频率显然会略低，同时由于不同市场有时差效应，因此在对历史数据进行采样选择时，可能更倾向于采用各类资产历史数据中的"月涨跌幅"甚至"年涨跌幅"进行相关性的计算。

第二步：利用历史数据分析各类资产的期望值、标准差以及相关系数，确定风险资产组合的有效边界。并结合无风险资产和风险资产组合，选择能满足收益目标的最优风险组合。

以两类风险资产为例，计算公式如下（假设D为债券、E为股票、M为组合）：

$$W_D = \frac{[E(r_D) - r_f]\sigma_E^2 - [E(r_E) - r_f]\text{Cov}(r_D, r_E)}{[E(r_D) - r_f]\sigma_E^2 + [E(r_E) - r_f]\sigma_D^2 - [(E(r_D) - r_f) + (E(r_E) - r_f)]\text{Cov}(r_D, r_E)}$$

其中，W_d：债券的配置比例，$E(r_D)$：债券预期收益率，$E(r_E)$：股票预期收益率，r_f：无风险资产利率，σ_D^2：债券方差，σ_E^2：股票方差，$\text{Cov}(r_D, r_E)$：股票和债券的协方差。

然后可以算出股票的配置比例 W_E：

$$W_E = 1 - W_D$$

再计算出最优风险资产组合的预期收益率和标准差：

$$E(r_M) = W_D E(r_D) + W_E E(r_E)$$

$$\sigma_M^2 = W_D^2 \sigma_D^2 + W_E^2 \sigma_E^2 + 2\sigma_D \sigma_E \rho_{DE}$$

其中，$E(r_M)$：最优风险资产组合的预期收益率，σ_M^2：最优风险资产组合的方差，σ_D：债券标准差，σ_E：股票标准差，ρ_{DE}：股票债券的相关系数。

第三步：根据客户的风险属性及其风险系数，获得无风险资产和最优风险资产组合之间的权重。计算公式如下：

风险资产配置比例：$Y = \dfrac{E(r_M) - r_f}{0.01 A \sigma_M^2}$

无风险资产配置比例：$1 - Y$

其中，A为投资者的风险系数，r_f为无风险资产利率。

第四步：计算出完整的资产组合中投资于每一种资产和无风险资产之间的投资份额：

无风险资产配置比例：$1-Y$

股票配置比例：YW_D

债券配置比例：YW_E

第五步：计算出完整资产组合的预期收益率 $E(r_M)$ 和标准差，计算公式如下：

$$E(r_M) = (1-Y)r_f + YW_D E(r_D) + YW_E E(r_E)$$

$$\sigma_W = Y\sigma_M$$

虽然马科维茨投资组合理论是投资理论方面一座绕不开的丰碑，但学术界和投资界一直以来都在不断地发现其在基本假设、具体应用过程中的问题，比如，马科维茨投资组合理论的基本假设中包括了收益和风险呈正态分布，而实际情况却并非如此，诸如此类①，并且提出新的方法论。

"均值—方差"模型在具体应用过程中的问题主要是参数设置的问题，参数（数据）误差带来的解的不可靠性和不稳定性可能限制其在资产配置策略中的运用。从上述计算公式的介绍内容中可以看到，"均值—方差"模型需要将资产的预期收益率、标准差和资产类别之间的相关系数，以及投资者的风险厌恶系数作为已知数据输入进行计算。事实上，预期数据都是未知的，而如果采用各类资产的相关历史采样数据，则会出现不同时间阶段的历史采样数据可能造成最后配置比例巨大的差异。考虑到不同市场的经济发展阶段都会有所不同，很难体现所选择的资产长期的投资回报、波动以及和其他资产的相关性。比如A股市场作为典型的新兴市场，其历年收益的标准差（波动）巨大，有很大的概率是不建议或者建议配置极低的比例。

再如，风险厌恶系数在很多文献中通常被认为在 $2\sim6$，分别对应积极型投资者、成长型投资者、平衡型投资者、稳健型投资者和保守型投资者，并由风险偏好问卷的形式获得。但在根据真实采样数据进行的模拟过程中，不难发现风险厌恶系数 $2\sim6$ 的区间具有极大的局限性，因为最后得到的针对不同风险属性的投资者的资产配置比例变化可能非常之小，显然是不适合的。有关风险厌恶系数测定的研究表明风险厌恶系数的大小可能介于 $0.5\sim25$。②

鉴于上述马科维茨投资组合理论在实际应用中所存在的问题，学术界和投资界始终在积极探索资产配资模型的优化，比如 Black & Litterman 模型（简称 B&L 模型）、目标波动率策略、风险平价策略（Risk Parity Strategy）等。

B&L模型是由 Fisher Black 和 Robert Litterman 在 1992 年提出的，其本质是在"均值—方差"模型的基础上，加入了投资者对资产的主观预期并进行量化。根据B&L模

---

① 由于针对投资组合理论进行学术研究和分析不是本书的主要目标，因此在此不予展开。

② 鉴于投资者风险评估和风险系数的不确定性，本书在第四部分"理财规划能力"的相关介绍中提出了"通过客户所需要的投资收益率来确定具体资产配置比例"的思路。

型的原理，该模型利用概率统计方法，将投资者对大类资产的观点与市场均衡回报相结合，产生新的预期回报。资产的期望收益是市场均衡收益和投资者主观期望收益的加权平均。其中，市场均衡收益是市场中实际形成的收益，通过历史数据的分析可以获得；投资者主观期望收益源于从上而下或者自下而上的基础分析。如果投资者对自己通过捕捉各种信息形成的主观判断信心很大，则主观期望收益就会被赋予较大的权重，资产的期望收益就会向主观期望收益靠拢；反之，如果投资者对自己主观判断的信心不足，资产的期望收益就会接近于市场均衡收益。也就是说，该模型是将历史数据法和情景分析法结合起来，在预期收益率和波动率的参数设置过程中，在历史数据的基础上，进行了量化计算和调整，在一定程度上削弱了马科维兹投资组合理论以输入历史数据作为参数的高度敏感性的弱点。

同时，市场上有一些资产配置模型在"均值—方差"模型的基础上，采用了目标波动率法（target volatility strategy），而非风险厌恶系数来确定不同风险属性的投资者的资产配置比例。该方法根据投资者可承受的投资组合波动范围，在资本市场线上反推到相应的无风险资产和风险资产组合的配置比例。目标波动率法在一定程度上摆脱了相对不确定的风险厌恶系数对计算过程的影响，同时也可以作为投后管理中投资组合管理策略的一部分。

第三节 全天候策略和风险平价策略

在过去20年中，桥水基金（Bridgewater Associates）① 的全天候策略和风险平价策略成为资产配置方法论的又一"热点"。它的基本概念是：基于目标风险水平，通过给不同的资产类别分配相同的风险权重，形成投资组合。

传统投资组合理论是按资产类别进行比例配置，比如股票（60%）和债券（40%）的配置，但实际上高波动性的股票风险可能是投资组合波动最主要的因素，而债券资产因为其本身波动相对稳定，对投资组合的波动影响甚微；如果股票大幅下跌，即使债券产生了一定的正收益，但因为该收益涨幅对整体投资组合的盈亏贡献较小，而使得资产配置的作用大大降低。因此，以"全天候策略"为雏形的风险平价策略，将配置的重心放在了风险权重的均衡配置上，使用最优风险目标水平作为投资的基础，从而实现投资组合的风险结构优化。在具体进行资产配置的过程中，有可能会对风险波动较小的资产（如债券资产）加杠杆，从而实现最终的风险权重平衡。

在资产配置方法论中，资产类别的相关性和因果性始终是资产类别选择的重要考

---

① 被称为"全球最会赚钱的资产管理公司"之一，由创始人雷·戴利奥（Ray Dalio）创办于1975年，起初从事咨询和风险管理业务，在1987年获得世界银行500万美元的债券管理业务，从而完成了向资产管理业务的转型。1991年设立旗下第一只旗舰基金主动管理型Pure Alpha基金，1996年推出全天候策略。在随后的20年里，资产管理规模从2亿美元上升到600亿美元。

第四章 优化资产配置的原理和计算

量因素，比如传统资产类别股票和债券，在很多时候理论上被认为具有低相关的特性，但高通胀可能对股债两类资产都不是有利的环境，而低通胀则有可能对这两类资产都是利好因素，因此在通胀因素的影响下，股票和债券可能出现股债双杀或者股债双涨的正相关特征。

基于对这一现象的深入研究和认知，全天候策略从经济增长和通胀水平两个维度，确定了四个主要的经济场景，并在资产配置过程中，予以相同的风险权重；同时，在不同的场景中选择表现出色的资产类别；以确保至少有一部分投资组合能够承受某种风险（见图4-10）。

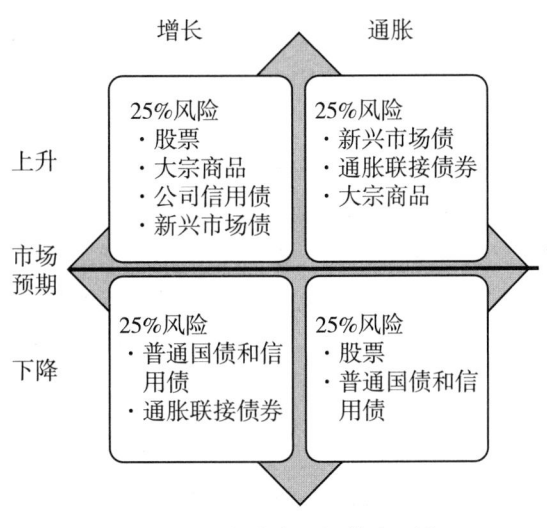

图4-10 桥水全天候策略配置

资料来源：笔者绘制。

从图4-10中可以看到，这四个经济场景以及配置的资产分别为：（1）经济高增长：配置股票、大宗商品、企业信用债券、新兴市场债券等；（2）经济疲弱：配置普通国债、信用债和通胀联接债券[①]等；（3）高通胀：配置通胀联接债券、大宗商品和新兴市场债券等；（4）低通胀：配置股票、国债和公司债等。

基于对"投资者无法准确判断市场环境和资产价格未来走势"的深刻认知，全天候策略通过对经济场景的上述归类，把在四种经济场景中可能有较佳表现的资产品种同时纳入投资组合中，达到风险结构的平衡，并在这些资产长期的表现中获得收益。

桥水基金的全天候策略在过往的实际运营中得到了很好的验证。风险平价策略也

[①] 通货膨胀率联接债券，也被称为通胀联接债，是债券本金随通胀率进行调整的债券，以使债券投资免受通胀侵蚀的风险。在高通胀环境中，股票和普通债券均可能表现不佳，通胀联接债在很大程度上会抵消股债组合留下的风险敞口，比传统投资组合理论中无风险资产可能获得更佳的收益。

成为当前投资界非常重视的投资策略之一。风险平价策略是否在中国适用也成为国内资产管理行业和学术界进行讨论的重要话题。

虽然金融资产的本质和基本原理具有一定的普适性，但目前国内市场的工具品种对于实施风险平价策略尚有一些空缺，比如通胀联接债券，虽然在美国、澳大利亚等发达国家已经颇为常见，因此在国内实施风险平价策略可能需要寻找近似的替代资产。

同时，风险平价策略引入的一个重要假设是所有被配置的资产夏普比率相同①。基于该假设，如果在同一风险水平下获得相同的收益，低风险低收益的资产可能需要增加一定的杠杆。债券（或债权）资产在所配置的资产中，往往被认为属于风险较低，同时收益也会比较低的资产，因此，成为加杠杆的主要对象之一。但如果遇到债券（或债权）违约的情况，往往会使得亏损放大。因此，在国内刚性兑付文化被打破的情况下寻找替代资产，对于有较大违约风险的投资品种，还是特别需要报以审慎的态度。

上述对"均值—方差"模型和全天候策略进行了简单的介绍，其主要目的还是希望理财师能理解资产配置的基本原理。随着投资界和学术界对投资理论的不断实践，相信未来还有更多的资产配置理论和相关投资策略不断涌现出来，其中符合中国金融体系发展特征的投资策略也一定不会缺席，因此，通过资产配置理论和投资策略方面的研究，以提升中国普通家庭投资决策质量，也将是中国财富管理行业、财富管理机构的研究部门的重要课题之一。

第四节 关于另类资产的配置

在过去十余年中，多层次金融体系建设是中国经济改革以及供给侧改革中的重中之重。随着投融资渠道的日益拓宽，金融产品越来越丰富；涌现了大量的非标准化固定收益产品（非标债权资产）、私募股权产品和量化对冲等投资品种。上述这些产品具有两个比较重要的特点：一是都属于私募产品，只有合格投资者才能投资，而且投资金额门槛比较高②；二是这些资产在国内发展历史较短，同时较短的历史业绩表现也无法体现其和其他传统资产类别的相关性。

当前大量的非标债权类产品和私募股权投资往往还只是针对单一融资项目或者单一公司的私募股权融资，即使是同类产品，所涉及的风险收益特征也不相同；虽然不少机构在销售这些产品的时候强调了这些产品和传统股债资产的低相关性，但低相关

---

① 夏普比率是资产净增长率（实际收益率减去无风险资产收益率）除以该资产的波动率，反映了单位风险资产收益率超过无风险资产收益率的程度。

② 根据《关于规范金融机构资产管理业务的指导意见》规定：投资于单只权益类产品、单只商品及金融衍生品类产品的金额不低于100万元，投资于单只混合类产品的金额不低于40万元，投资于单只固定收益类产品的金额不低于30万元。

甚至不相关,并不意味着这些资产和其他资产之间存在因果性,因此,在当前阶段,将其归类为另类资产是一种合理的选择。

对于量化对冲策略产品则另当别论。目前市场上已经出现了私募基金数据提供商和私募基金研究机构,不仅推出了国内的私募基金评级和排名,同时形成了私募基金投资策略分类体系,并对其中一部分投资策略产品编制了指数。虽然这些指数的编制历史尚短,目前的历史数据尚不能完整地覆盖所有的经济周期和经济环境,但假以时日,由不同的量化对冲策略产品形成的资产类别,完全有可能成为传统资产以外的可供配置的资产类别。

在一定的历史阶段,另类投资不乏投资价值。同时目前第三方财富管理机构和私人银行主要的在售投资产品,也是由这些另类投资产品和私募证券投资产品组成的。这就让一些在上述机构在职的理财师产生了困惑,不知道如何把投资架构的理念运用到实际工作中。

事实上,一名专业理财师在服务客户时,首先不应受到自身所属机构在售产品的局限。当理财师只是在关注如何向客户销售产品以达成业绩指标或者佣金,而非客户及其家庭应该如何进行投资活动时,理财师的视野必然是有局限的;与此同时,客户也是能分辨出来:理财师到底是在卖产品还是真心为满足客户的需求而在提供专业服务。事实上,不管一名理财师销售能力有多强,理性的客户也不会把所有的资金都配置在这些私募产品上面的。既然如此,理财师更应该站在客户的立场上,去帮助客户思考如何进行投资理财活动,并通过对客户家庭所有的投资性资产的了解,帮助客户去搭建投资架构,并体现自身的专业价值和对客户的影响力。

对于另类资产,由于其特殊性,往往以私募的形式进行募集,因此可以作为高净值客户的配置种类。① 理财师可以根据客户的风险属性和资金情况,在资产配置的框架外进行配置。表4-3、表4-4展示的是鑫舟财富②在20××年公布的资产配置策略:

表4-3 　　　　　　　　　鑫舟20××年资产配置策略 　　　　　　　　单位:%

风险属性	保守型	稳健型	平衡型	成长型	激进型
目标波动率	4.00	5.50	7.50	10.50	14.00
无风险资产	75.96	66.94	54.92	36.89	15.86
A股	12.24	16.82	22.94	32.11	42.81

---

① 根据当前的监管要求,私募产品须向"合格投资者"进行募集,并设定了投资于单个产品的金额下限(30万~100万元),因此,对可配置投资性资产较低的家庭投资者而言,一个私募产品在其投资总额中所占的比例过大,不利于风险的分散,因此,在本书关于投资组合设计原则的内容中,"先公募后私募"是其中的原则之一,这也决定了国内大部分另类资产更适合高净值客户家庭。

② 上海鑫舟投资咨询有限公司是一家专注于财富管理相关领域的企业,旗下业务包括财务规划和业务管理系统软件定制、专业理财师培训等,并拥有理财师社群运营平台鑫管家和理财师展业工具平台FinPro。每年会通过这些理财师平台向理财师社群公布当年的资产配置策略。

续表

风险属性	保守型	稳健型	平衡型	成长型	激进型
中国债券	4.78	6.58	8.96	12.55	16.73
国际股票	4.01	5.52	7.53	10.54	14.05
黄金	3.01	4.14	5.65	7.91	10.55
合计	100.00	100.00	100.00	100.00	100.00

表4-4　　　　　　　鑫舟20××年资产配置策略（含另类投资）　　　　　单位：%

风险属性	保守型≥1000万元	稳健型≥1000万元	平衡型≥900万元	成长型≥800万元	激进型≥700万元
目标波动率	4.00	5.50	7.50	10.50	14.00
无风险资产	68.36	56.90	43.94	27.67	11.10
A股	11.02	14.30	18.35	24.08	29.97
中国债券	4.30	5.59	7.17	9.41	11.71
国际股票	3.61	4.69	6.02	7.91	9.84
黄金	2.71	3.52	4.52	5.93	7.39
另类投资	10.00	15.00	20.00	25.00	30.00

　　表4-4展示的是针对高净值客户的配置需求，包含了另类投资的资产配置策略。在其投资策划书中，特别强调了："由于另类投资产品往往具有自身独特的风险收益特征，且没有相关的历史表现数据，因此该类产品的配置比例并不是通过计算得出，而是基于经验法则。因此，在本投资策划书所预期的投资组合预期收益率和目标波动率参考并没有包含另类投资产品组合的短期波动和风险。"从中也许能为财富管理机构及其理财师提供一些启发。

第五章

投资方式和资产管理资源的选择

如果把投资架构定义为普通投资者在做家庭投资决策时的"顶层设计",对普通家庭投资者而言,通过资产配置,将投资资金相对科学地配置在不同的资产类别之中,应该说是"战略层面"的,但要落实到具体的执行层面,就需要根据资产配置策略(即每一类资产的配置比例和金额),来决定每一类资产的资金将以何种方式、并将由谁来进行打理(即投资方式和资产管理资源的选择),这样才能使得投资架构落地。

前文介绍投资组合配置的逻辑时曾提到,一名客户有 250 万元投资资金,如果根据客户的风险属性,客户应该在中国 A 股类资产里配置 40% 的资金,那么理财师就需要帮助客户去思考:如何去把这 100 万元进行有效的股票投资。同时,前文也提到,这笔投资与股票市场的资金,投资方式的选择既可以直接投资,也可以间接(或集合)投资,而后者的一个比较明显的优势就是:能降低投资的非系统性风险,并能通过专业机构的资产管理能力实现较优的收益。

同时,因为间接投资就是把资金委托给专业的投资经理,而不同的投资经理又有不同的风格,因此也需要理财师对其进行进一步的分散。比如根据著名基金评级机构晨星(Morning Star)对股票基金的分类,股票基金可以分为成长型、价值型、平衡型,根据其投向的不同,又可以分为大盘、中盘和小盘,把两项分类进行综合后,就可以分为 9 种不同的投资风格,比如大盘成长型、大盘价值型、中盘成长型等。债券基金虽然和偏股型基金有所不同,但也分为普通债券基金、纯债基金等。而理财师在做产品配置建议的时候,需要利用自身对产品市场的了解,为客户进行不同风格和不同投向的产品配置,以进一步降低投资风险。

因此,投资组合的优化配置其实是投资方式和资产管理资源的选择的结果。本章的主要内容是介绍国内当前的投资产品体系和产品选择的原则和方法。

第一节　国内当前的投资产品体系

不管每个国家的金融体系有多大的差异性，金融体系最重要的基本功能就是融通资金，融资模式无外乎两种：一种是间接融资，另一种是直接融资。

间接融资是通过金融中介（如银行、农信社或者邮政储蓄机构），由最后借款人向最后贷款人进行的融资活动，如企业向商业银行进行融资等。从资金提供方的角度而言，间接融资是指拥有暂时闲置货币资金的单位（个人、企事业单位或者政府等）通过存款的形式，将其暂时闲置的资金先行提供给这些金融机构，然后再由这些金融机构以贷款、贴现等形式，或通过购买需要资金的单位发行的有价证券，把资金提供给这些单位使用，从而实现资金融通的过程。

而直接融资是不经金融中介，由政府、企事业单位及个人直接以最后借款人的身份向最后贷款人进行的融资活动，其融通的资金直接用于生产、投资和消费，最典型的直接融资就是公司上市，或者企业发行企业债券。

我国金融体系传统上是以间接融资为主，绝大部分的融资行为在银行等金融机构和资金需求方之间发生。随着我国金融市场的发展，不仅直接融资市场得到了很大的发展，非银行金融中介也得到了巨大的发展，这些都导致了企业或者个人的融资渠道得到了拓展，同时，有闲置资金的投资者也获得了更多的投资渠道，通过承担不同程度的风险，获得不同的投资回报。

这些投资渠道中，大多数是以集合投资的形式出现的。集合投资是由信托公司、券商资管等金融机构把投资者的资金集合起来，然后进行投资的形式。因为《中华人民共和国刑法》第一百七十六条有"非法吸收公众存款或变相吸收公众存款"的相关规定，因此，不是随随便便一个公司或者机构就可以向不特定人群募集资金的。而"特定投资者"则又有相应的规定。

因此当前市场的产品以募集方式而言，可分为私募型产品和公募型产品两大类。

1. 公募产品

公募是向社会公众（即普通投资者）公开募集资金的募集方式。国内公募产品主要包括了开放式基金、封闭式基金、交易型开放式指数基金（ETF）和上市开放式基金（LOF）等。随着传统封闭式基金逐步退出历史舞台，同时ETF和LOF也通常有联接基金，使得开放式基金的地位越来越重要。资管新规落地后，银行资管部门和理财子公司发行的公募净值化理财产品，预计也将成为公募产品的又一主要力量。截至2018年底，中国大陆（不含中国港澳台地区）公募基金存量达到13.03万亿元。[①]

因为公募产品涉及众多中小投资人的利益，有一定的公共产品的特点，具有较强

---

① 中国证券投资基金业协会：《中国证券投资基金业年报2019》，中国财政经济出版社2019年版。

的外部性,当投资者蒙受损失时,对社会会产生极大的负面影响。因此监管当局对公募资金的使用方向、信息披露内容、风险防范要求都非常高。

根据 2014 年 8 月 8 日正式实施的《关于公开募集证券投资基金运作管理办法及其实施规定》,可以看到公募基金在整个运作管理的每一个环节都会被严格监管,诸如:

(1) 基金管理人和托管人必须符合一定的条件。基金托管人必须为拥有基金托管资格的商业银行,而基金管理人也不能有违法违规、失信行为等情况出现。

(2) 公募基金在募集的时候,也需要符合有明确、合法的投资方向和基金运作方式;对基金名称表明基金的类别和投资特征,甚至对招募说明书、募集期限、募集总金额总人数、内部管理制度、业务环节管理都有相应的要求。

(3) 对巨额赎回(基金总份额的 10%)、基金募集期(三个月)以及必须持有 5% 的现金或者一年以内的政府债券等方面都有一定的限制。

(4) 对投资基金类别和投向也有所规定,公募基金在仓位上也有一定的限制,比如股票基金仓位不得低于 80%,一只基金持有一家公司发行的证券,其市值不得超过基金资产净值的 10%;同一基金管理人管理的全部基金持有一家公司发行的证券,不得超过该证券的 10%;基金中基金持有其他单只基金,其市值不得超过基金资产净值的 20%;不允许违反基金合同关于投资范围、投资策略和投资比例的约定。

(5) 对基金转换运作方式、合并及变更注册也有相应的规定。比如:开放式基金合同生效后,连续二十个工作日出现基金份额持有人数量不满二百人或者基金资产净值低于五千万元情形的,基金管理人应当在定期报告中予以披露等。

同时,根据我国《证券投资基金法》的规定,基金投资公司必须定期公布基金财产的资产组合季度报告、财务会计报告及中期和年度基金报告。

由此可见,公募基金在监管方面,尤其在信息披露方面的监管要求是特别严格的。根据这些公开信息,市场上也产生了对基金进行专业评估的公司(如晨星中国、招商证券、海通证券、上海证券、好买基金网、天天基金网等),对各家基金公司的每只基金进行信息汇总分析,并对基金进行评级和排行,这也为投资者进一步提供了较为客观的投资信息。也因为这些原因,公募基金发生极端事件的概率大大降低;同时,公募基金的资金门槛低,因此用很低的金额都能投资;公募基金的投向非常广泛,能覆盖基本的资产大类,从常见的股票基金、债券基金到海外全球股票、海外房地产、黄金、大宗商品等,能够满足普通家庭的资产配置需求,也因此成为普通家庭不可或缺的投资工具。表 5-1 展示了晨星(中国)研究中心 2020 年 10 月后对国内公募基金产品的分类情况。

表5-1 晨星（中国）研究中心2020年10月后对公募基金（非QDII）的分类标准

大类	晨星分类	说明
股票型基金	普通股票型	主要投资于股票类资产的基金。一般地，其股票类投资占资产净值的比例≥70%
	香港股票型	主要投资于香港上市企业的股票。一般地，其股票类投资占资产净值的比例≥70%，且不少于80%的非现金资产投资于港股
	沪港深股票型	主要投资于上海、深圳及香港上市企业的股票。一般地，其股票类投资占资产净值的比例≥70%，且不少于10%投资于香港股票
	行业股票—医药	行业股票—医药生物基金主要投资于医药、医疗及健康护理公司的股票。其中大部分投资于一系列医药及医疗仪器生产商，或有小部分基金集中投资于单一业务，例如医疗仪器或生物科技公司。一般地，其股票类投资占资产净值的比例≥70%，且不少于50%的股票资产投资于上述行业的股票
	行业股票—科技、传媒及通讯	主要投资于硬件、软件、传媒及通信公司的股票。其中大部分偏重于投资电脑、半导体、软件、网络、互联网、有线电视、无线通信、通信设备及传统电话公司，或有一些基金可能集中投资于单一业务。一般地，其股票类投资占资产净值的比例≥70%，且不少于50%的股票资产投资于上述行业的股票
	行业股票—消费	主要投资于生产或提供消费品或服务公司的股票。其中大部分投资于食品、饮料、家用电器、纺织服装、汽车及零部件、消费品零售及服务提供商等。一般地，其股票类投资占资产净值的比例≥70%，且不少于50%的股票资产投资于上述行业的股票
	行业股票—金融地产	主要投资于金融服务公司和/或房地产公司的股票。一般地，其股票类投资占资产净值的比例≥70%，且不少于50%的股票资产投资于上述行业的股票
混合型基金	积极配置型	投资于股票、债券以及货币市场工具的基金，且不符合股票型基金和债券型基金的分类标准；其股票类资产占资产净值的比例≥70%
	标准混合型	投资于股票、债券以及货币市场工具的基金，且不符合股票型基金和债券型基金的分类标准；其股票类投资占资产净值的比例<70%，其固定收益类资产占资产净值的比例<50%
	保守混合型	投资于股票、债券以及货币市场工具的基金，且不符合股票型基金和债券型基金的分类标准；其固定收益类资产占资产净值的比例≥50%
	灵活配置型	投资于股票、债券以及货币市场工具，且在各资产类别配置上比较灵活的基金
	行业混合—消费	主要投资于生产或提供消费品或服务公司的股票。其中大部分投资于食品、饮料、家用电器、纺织服装、汽车及零部件、消费品零售及服务提供商等。此类基金投资于股票、债券以及货币市场工具，且不符合股票型基金和债券型基金的分类标准；其股票类资产占资产净值的比例≥70%，且不少于50%的股票资产投资于上述行业的股票

续表

大类	晨星分类	说明
混合型基金	行业混合—医药	主要投资于医药、医疗及健康护理公司的股票。其中大部分投资于一系列医药及医疗仪器生产商，或有小部分基金集中投资于单一业务，例如医疗仪器或生物科技公司。此类基金投资于股票、债券以及货币市场工具，且不符合股票型基金和债券型基金的分类标准；其股票类资产占资产净值的比例≥70%，且不少于50%的股票资产投资于上述行业的股票
	行业混合—科技、传媒及通讯	主要投资于硬件、软件、传媒及通信公司的股票。其中大部分偏重于投资电脑、半导体、软件、网络、互联网、有线电视、无线通信、通信设备及传统电话公司，或有一些基金可能集中投资于单一业务。此类基金投资于股票、债券以及货币市场工具，且不符合股票型基金和债券型基金的分类标准；其股票类资产占资产净值的比例≥70%，且不少于50%的股票资产投资于上述行业的股票
	沪港深积极配置型	主要投资于上海、深圳及香港三地的股票、债券以及货币市场工具的基金，且不符合股票型基金和债券型基金的分类标准，其股票类资产占资产净值的比例≥70%
	沪港深保守混合型	主要投资于上海、深圳及香港三地的股票、债券以及货币市场工具的基金，且不符合股票型基金和债券型基金的分类标准，其固定收益类资产占资产净值的比例≥50%
	沪港深灵活配置型	主要投资于上海、深圳及香港三地的股票、债券以及货币市场工具，且在各资产类别配置上比较灵活的基金
	目标日期	主要为有特定退休日期的投资者提供投资于股票、债券及货币市场工具的基金，此类基金根据目标日期为投资者制定最佳的风险和收益水平。随着目标日期的临近，管理人按照预设的下滑路径，将资产类别的配置调整为更为保守的组合
可转债基金	可转债	主要投资于可转换公司债券（包括可分离交易可转债）的基金，其投资于股票和权证等权益类资产的比例不高于基金资产的20%
债券型基金	积极债券型	主要投资于债券的基金，其债券投资占资产净值的比例≥70%，纯股票投资占资产净值的比例不超过20%；其股票类资产占资产净值的比例≥10%
	普通债券型	主要投资于债券的基金，其债券投资占资产净值的比例≥70%，纯股票投资占资产净值的比例不超过20%；其股票类资产占资产净值的比例<10%，且不符合短债基金的分类标准
	纯债型	主要投资于债券的基金，其债券投资占资产净值的比例≥70%，不投资于权益类资产或可转换公司债券（可分离交易可转债的纯债部分除外），且不符合短债基金的分类标准
	短债型	主要投资于债券的基金，仅投资于固定收益类金融工具，且组合久期不超过3年

续表

大类	晨星分类	说明
货币市场基金	货币市场	主要投资于货币市场工具的基金,货币市场工具包括短期债券、央行票据、回购、同业存款、大额存单、商业票据等
另类	市场中性策略	主要投资于股票类资产,并利用空头头寸与多头头寸相匹配来减少系统性风险,一般地,相对沪深300指数的贝塔绝对值较小,通常小于0.3
商品	商品—贵金属	主要投资于一种或多种贵金属,包括金、银、铂和钯,此类基金可能通过投资于与相关大宗商品价格挂钩的衍生金融工具,或直接投资于实物金属来获得风险敞口
	商品—其他	主要投资于挂钩大宗商品的衍生金融工具,且没有包含在其他晨星商品基金类别中的基金
其他	其他	不属于以上任何分类;或由于使用特殊策略而不适合与以上分类的基金进行收益与风险评价

2. 私募产品

与公募相对的是私募,私募是面向少量的、特定的投资者募集资金的方式,参加人一般应具有一定的经济实力、风险识别和风险承担能力。如《中华人民共和国证券投资基金法》第八十八条规定:"非公开募集基金应当向合格投资者募集,合格投资者累计不得超过二百人。前款所称合格投资者,是指达到规定资产规模或者收入水平,并且具备相应的风险识别能力和风险承担能力、其基金份额认购金额不低于规定限额的单位和个人。合格投资者的具体标准由国务院证券监督管理机构规定。"

证监会于2014年8月21日公布《私募投资基金监督管理暂行办法》(以下简称《暂行办法》)第十二条,设专章对"合格投资者"进行规范,并明确规定合格投资者的具体标准:私募基金的合格投资者是指具备相应风险识别能力和风险承担能力,投资于单只私募基金的金额不低于100万元且符合下列相关标准的单位和个人:(1)净资产不低于1000万元的单位;(2)金融资产①不低于300万元或者最近三年个人年均收入不低于50万元的个人。

同时,《暂行办法》第十三条对于"视为合格投资者"的四种情形作出了明确规定,包括:"以合伙企业、契约等非法人形式,通过汇集多数投资者的资金直接或者间接投资于私募基金的,私募基金管理人或者私募基金销售机构应当穿透核查最终投资者是否为合格投资者,并合并计算投资者人数"。这是对于合格投资者认定过程中"穿透核查"原则的规定,也对很多当时把信托产品进行拆分的行为

---

① 金融资产包括银行存款、股票、债券、基金份额、资产管理计划、银行理财产品、信托计划、保险产品、期货权益等。

进行了规范。

同样的,《信托公司集合资金信托计划管理办法》第六条、《证券公司客户资产管理业务管理办法》第二十八条,以及证监会公布的"基金一对多合同内容与格式标准"等都有类似的规定。

2018年4月,《关于规范金融机构资产管理业务的指导意见》[①] 规定,对合格投资者的定义得到了统一:(1)具有2年以上投资经历,且满足以下条件之一:家庭金融净资产不低于300万元,家庭金融资产不低于500万元,或者近3年本人年均收入不低于40万元;(2)最近1年末净资产不低于1000万元的法人单位;(3)金融管理部门视为合格投资者的其他情形。

同时,合格投资者投资于单只固定收益类产品的金额不低于30万元,投资于单只混合类产品的金额不低于40万元,投资于单只权益类产品、单只商品及金融衍生品类产品的金额不低于100万元。

这些私募产品的募集工具主要包括信托集合(或单一)资金信托产品、泛资管(如证券公司、期货子公司、基金子公司)的集合(或定向)资产管理计划、私募基金以及银行资管的私募型产品等。

图5-1则展示了我国当前各类私募型产品的架构。

截至2018年底,我国非公募资产管理计划(包括基金管理公司普通专户、全国社保和企业年金、基金子公司资产管理计划、证券公司及其子公司资产管理计划、期货公司及其子公司资产管理计划)达到24.77万亿元,信托公司资金信托计划18.94万亿元,私募投资基金12.71万亿元[②]。

目前我国私募型产品的主要投向包括:股权类投资、(类)固定收益资产类投资、证券类投资等。

3. 银行资管产品

除了上述投资产品,不能不提的是我国的商业银行。现在的商业银行不仅为普通投资者提供存款,代销各类金融产品(如公募基金、保险等);同时私人银行也为私人银行客户提供私募型产品。值得一提的是,商业银行还向客户提供理财产品。截至资管新规前夜的2017年底,银行表内表外理财资金规模为29.5万亿元,超过我国资产管理总规模的1/4[③]。在此之前的十多年里,虽然大多数银行理财产品并不保本,但银行

[①] 2017年11月17日,中国人民银行、原中国银行业监督管理委员会和原中国保险监督管理委员会(后被合并为银保监会)、中国证券监督管理委员会、国家外汇管理局联合发布了《关于规范金融机构资产管理业务的指导意见(意见征求稿)》,后被称为"资管新规",2018年4月27日,中国人民银行、中国银行保险监督管理委员会、中国证券监督管理委员会、国家外汇管理局联合发布《关于规范金融机构资产管理业务的指导意见》,市场视之为资管新规的落地文件。

[②] 中国证券投资基金业协会:《中国证券投资基金业年报2019》,中国财政经济出版社2019年版。

[③] 华宝证券:《2018年中国金融产品年度报告》。

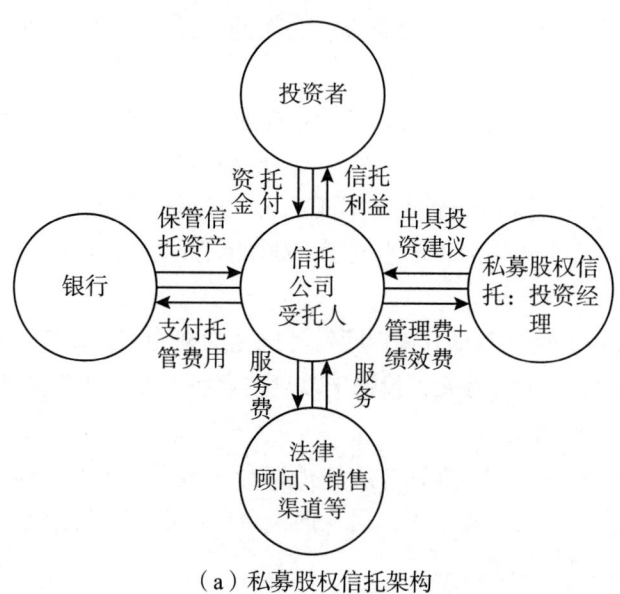

(a) 私募股权信托架构

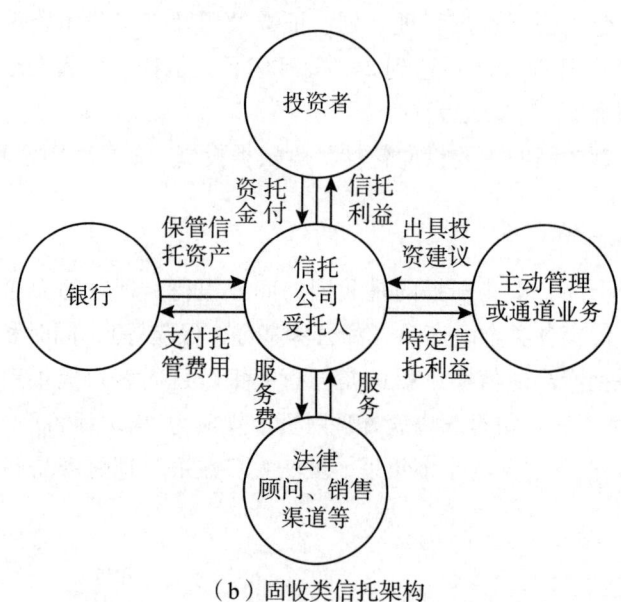

(b) 固收类信托架构

第五章　投资方式和资产管理资源的选择

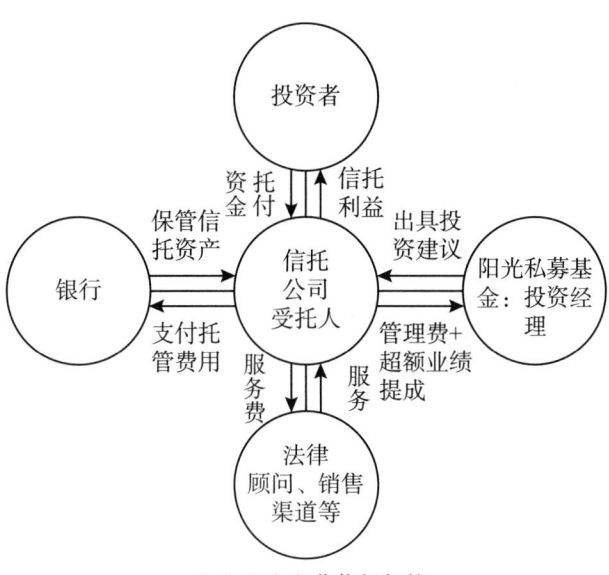

（c）阳光私募信托架构

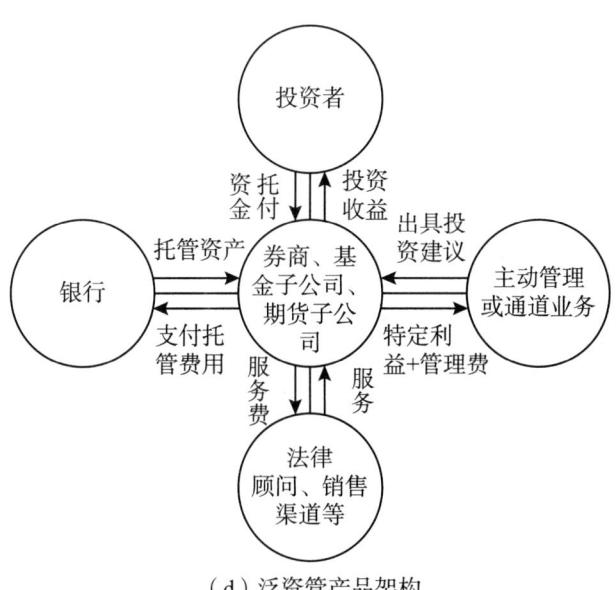

（d）泛资管产品架构

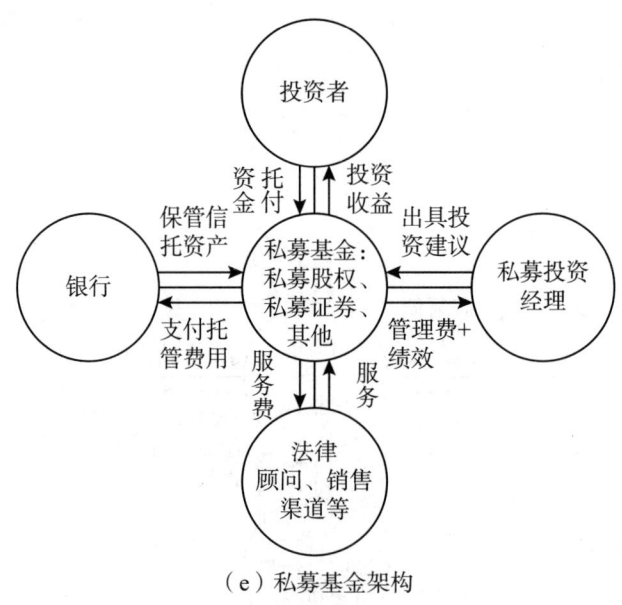

（e）私募基金架构

图 5-1　各类私募产品架构

利用"资金池—资产池①"模式，使得理财产品的（预期）收益率较存款利率高出很多，同时，几乎所有的理财产品都实现了到期兑付，银行理财产品成为普通投资者最重要的投资渠道之一。资管新规出台后，强化了对银行理财产品的要求，其中特别强调了打破刚性兑付，实现净值化管理、产品单独管理、单独建账和单独核算，明确要求不得嵌套，并鼓励通过具有法人地位的银行资管子公司开展理财业务等监管要求。从资管新规过渡期执行情况来看，不少银行的资产管理部门正积极响应资管新规的要求，同时也不断创新，除了净值化固收类理财产品外，市场上也出现了浮动收益的类纯债型净值化理财产品、类平衡型基金净值化产品。截至 2018 年底，商业银行非保本理财产品规模为 22.04 万亿元。②

综上所述，我国的资产管理行业发展迅猛，形成了银行、券商、信托公司、基金公司、期货公司、保险公司等金融机构为主要资管产品提供商的金融产品体系，也为财富管理行业提供了丰富的金融产品，这当然是好事，但对客户而言，选择越来越多，产品也可能越来越复杂，这样就更需要在理财师的专业帮助下，对自己的资金进行科学的配置并根据科学合理的逻辑对产品（或资产管理资源）进行选择。

---

① 银行通过资金池模式运作，将募集的低价、短期资金投放到长期的债权或股权项目，以寻求收益最大化，到期能否兑付依赖于产品的不断发行能力，一旦难以募集到后续资金，可能会发生流动性紧张，并通过产品链条向对接的其他资产管理机构传导。同时，产品层层嵌套，杠杆效应将不断放大，容易造成流动性风险的扩散。

② 中国证券投资基金业协会：《中国证券投资基金业年报 2019》，中国财政经济出版社 2019 年版。

第五章　投资方式和资产管理资源的选择

第二节　资产管理资源的选择原则

对于"产品配置",理财师更应视之为"投资方式和资产管理资源的选择"。比如一些理财师对"如何向一些在股票市场上搏杀的散户客户推荐基金产品"往往感到力不从心,事实上,如果从投资方式和资产管理资源的选择的角度去看问题的话,就会简单很多:客户采取的是直接投资的方式,由自己来进行资产管理,但该名客户是不是能真正胜任资产管理工作呢?其操盘方式和机构投资者是否有差别呢?同时,机构投资者所拥有的信息资源、分析资源、操盘经验,甚至资金规模等是否为其所具备的呢?如果这样看问题的话,通过间接投资的方式,由专业的机构投资者作为资产管理资源显然是更为理性的选择。当然,作为理财师,还需要帮助客户找到在不同的资产管理领域中的优质资产管理资源;具体的金融产品就是这些优质的资产管理资源的表现载体。

所谓"术业有专攻",世界上除了极个别的投资大师,很少有人在每一个投资领域都能获得辉煌的战绩。理财师们现在能触及的资产管理资源同样分成了很多种类,比如有债券型基金、股票型基金、不同策略的量化对冲基金、不同种类的投资海外的QDII基金等。于是,在帮助客户制定了资产配置策略后,同时为他们提供优质的资产管理资源的建议,成为财富管理机构及其理财师的一项非常重要的工作。

就如病人去医院要找专科医生一样,如果骨折了就要找骨科大夫,如果怀孕了就要找妇科大夫,同样,理财师需要知道客户的配置需求是什么,才能找到在这一领域比较出色的资产管理资源。图5-2所展示的是在资产配置策略(比例)被明确后,各类资产可以选择的投资品种。

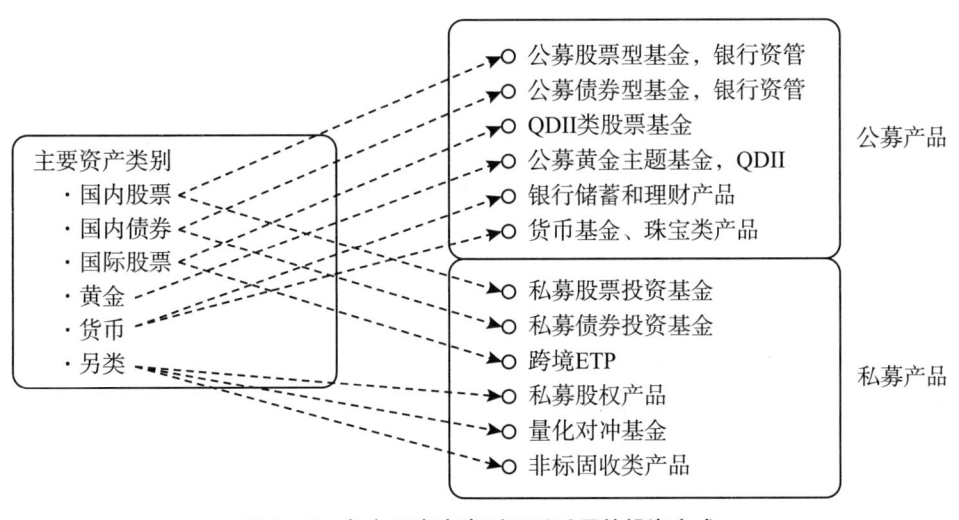

图5-2　各主要资产类别可以采用的投资方式

如图 5-2 所示，客户投资于 A 股资产的资金，其选择范围就包括了公募股票型基金和私募股票投资产品（包括各类信托、券商资管或者私募基金等），同时，现在也有不少银行资管部门（或子公司）开始发行权益类产品，银行的理财师们就可以在这些产品中去寻找适合的资产管理资源来帮助客户打理这部分资金。债券、国际股票等资产大类均是如此。

在帮助客户选择资产管理资源的时候，财富管理机构和理财师首先要考虑的是客户的投资风险管理的需求，因此需要有一些出于风控需求的配置原则，以下归纳了 4 条基本原则，供理财师们参考。

1. 50%原则（单个产品金额占比不超过资产大类的 50%）

假如一名积极型的客户需要配置 40% 的资金在中国股市里，这个客户有 250 万元投资资金，那就意味着要投资 100 万元在股票市场。那么这 100 万元该以什么样的方式进行投资呢？私募股票型产品资金门槛为 100 万元，如果配置私募产品，就只能配置一只产品，也就意味着该资产管理专家对市场的判断错了，整个股票投资就会暴露于风险之下，因此，理财师建议其建立一个公募股票型基金组合可能比投资于一只私募型股票产品更为合适。

再如，前几年起投门槛为 100 万元的类固定收益类产品非常多，而且因为当时的刚性兑付文化，这些产品基本上还都实现了兑付，但投资者依然不能忽视其资金门槛高、投向单一的特点，因为投资者的收益永远是来自未来，而未来是不确定的，以前貌似很靠谱的投资方式，未来也有可能出现风险，如果这些投向单一的产品出现问题，那么对一些家庭投资资金有限的客户而言，就意味着极大的风险。因此，非合格投资者不应去把自己大部分资金投资到单个产品中去。即使拥有 300 万元投资资金的客户，以该类产品 100 万元的入门门槛，一只产品就会占去 1/3 的配置比例；因此理财师在帮助客户选择投资产品的过程中，还是需要慎重，首先要确定资产配置比例和金额，其次投资单一产品的比例最好不要超过该类资产计划配置金额的 50%。

2. 先公募，后私募

在财富管理服务中，理财师将遇到不同财富阶层的客户，公募产品起投门槛较低，能满足投资金额较小的客户的投资需求，这是显而易见的。但对高净值客户而言，是否就可以全部配置私募产品呢？事实上，公募基金相比私募产品而言，具有信息透明、投资风格透明、没有超额业绩费[①]等特点，而且其中也不乏优质的资产管理资源。因此，除了对"合格投资者"合规要求以外，仅仅从客户的需求角度来看，当一名客户需要投资于某一类资产的投资金额被确定后，先配置公募产品，如果在客户的资金量较大，且和第一条"50%原则"不冲突的情况下，再考虑配置投资于该资产大类的私募产品，对客户而言，这是比较理性的选择。

---

① 私募资管行业通常在管理费以外收取业绩报酬费，即对产品的收益部分收取一定比例的报酬，通常在 15%~20%，常见的收取模式包括高水位净值法、赎回时提取法和份额扣取法。

3. 投资风格和投向充分分散原则

资产管理从业者在长期的投资生涯中，会逐步形成比较稳定的投资风格或者比较擅长的投资领域。投资风格体现了这些机构或者专业基金管理人在投资过程中的投资理念、择券和择时的标准和方法论，以及风险意识和风控手段等。公募基金根据合规要求本身也需要在募集的时候就向投资人明确具体的投资方向和基金运作方式，在基金名称里就表明基金的类别和投资特征，比如银华中小盘精选混合、博时信用纯债债券基金、国泰纳斯达克100指数（QDII）基金、华安易富黄金ETF等。但市场上总有主动管理型的基金经理会根据市场环境调整自己的投资方向，因此，这些基金名称中的投向未必会真实反映当下这些基金的仓位配置情况。

专业基金管理人在运作相关产品时，往往会采用不同的方法论或者投资理念。图5-3展示了股票投资基金常见的投资风格。

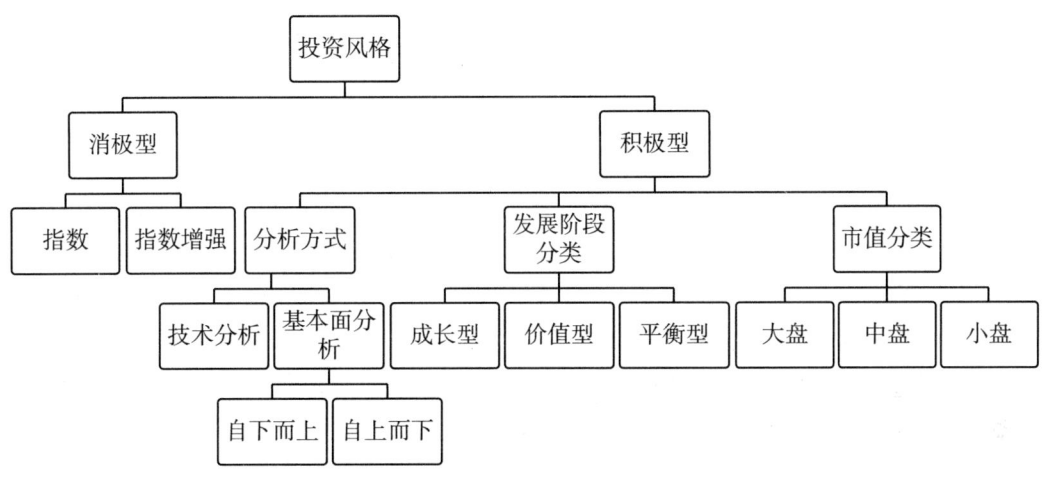

图5-3　股票投资基金常见的投资风格

由于市场环境是在不断变化的，基金经理由于自身的投资风格和市场风格不符而导致投资亏损，是一种常态；而要求基金经理根据市场环境不断变换自身的投资风格，又是不现实的；同时，基金经理对市场趋势的预判也可能是错误的，因此对普通家庭投资者而言，在同一资产大类的投资过程中，让不同投资风格的基金经理进行操盘，形成投资风格的分散，是非常重要的一项工作。

4. 需基于资产管理资源的定性和定量分析

在选择具体投资产品时，如果只是基于该产品近期的收益表现而做出选择，显然是不够的。投资界有一个非常浅显易懂的道理就是："不能看着后视镜开车"，也就是理财师们经常对客户说的："过去的投资回报不能代表未来的投资回报。"但话虽然是这么说，理财师们还是需要拿出具体的论据来向客户论证，被推荐的投资产品值得被推荐，是适合客户的，而且是比较优良的资产管理资源。这就需要理财师对具体的产品进行多维度的分析。市场上常用的"4P分析法"就是对资产管理资源进行定性和定量分析时的一个基本分析框架，如图5-4所示。

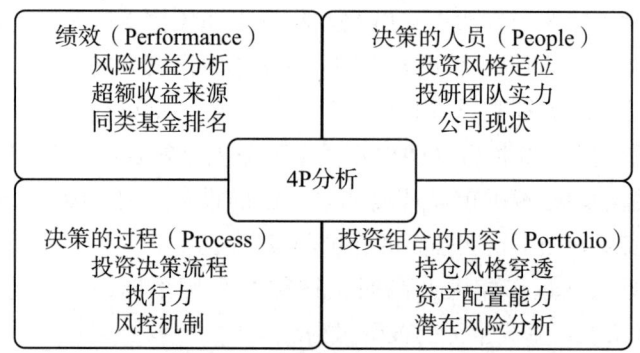

图5-4 资产管理资源定性和定量分析"4P"框架

从图5-4中可以看到，"4P"分别代表了过往的投资绩效、决策人员、决策过程和持仓情况等4个方面，其中既包含了对历史数据的定量分析，也包含了一些定性分析。在对资产管理资源进行选择时，在一定程度上具有参考意义。

"为客户选择'最好'或者'最适合'的产品"在过去很长一个发展阶段中，成为理财师们的心愿，也成为对客户的一种"承诺"。一直到现在，还是有不少理财师认为"买方投顾"是财富管理服务的"出路"之一。这在一定程度上反映出理财师对"以客户的需求为导向"的服务模式的向往，但首先，把财富管理服务定位为"买方投顾"显然限制了理财师在综合财富管理服务方面可以发挥的作用；其次，投资顾问（投顾）的定位非常容易与证券交易投顾混淆起来。

不能否认，市场上有不少投资顾问，尤其是股票交易投资顾问，在向普通家庭投资者提供相应的交易建议。但此类大多数投资顾问的服务模式是希望通过对市场趋势的判断以及证券价格的短期波动来获得盈利，以美国先锋基金创始人菲利普·卡雷特对此的定义，也就是通过"投机"来帮助客户实现盈利的。这就难免会出现"靠天吃饭"的现象，即市场好的时候门庭若市，而市场出现熊态的时候，就惨淡经营。甚至近年来在国内得到一定发展的"智能投顾"，也免不了落到这样尴尬的境地。尽管有些"智能投顾"已经包含了一定的资产配置策略，但很多投资者是冲着"智能"的标签，并抱着投机心态来使用这个投资工具的，因此，其投资行为依然是短期的投资活动，这一点很值得整个行业进行反思。

事实上，具体在对金融产品或者资产管理资源进行选择的时候，其复杂程度也可能超过大多数个体理财师的能力范围，和资产配置策略一样，财富管理机构研究部门应该对市场上的产品或资产管理资源进行专业筛选，以形成本机构的产品库，并提供给旗下的理财师。

第三节　产品投向和投资风格分散的重要性

理财师在帮助客户进行资产管理资源（产品）的选择时，投向分散和投资风格的分散是投资风险控制最重要的环节之一。在图5-3中，把股票型基金的投资风格分为两大类：消极型和积极型。所谓消极型主要体现在基金经理根据相关市场指数（如上证50指数、中证500指数等）来构建投资组合，而积极型则体现在基金经理认为可以通过专业的知识和经验以及信息资源，并基于这些信息，采用积极的选股策略而使产品收益超过市场平均收益或者跑赢所对应的指数。在此过程中，基金经理们除了分析方式上可能存在差异（比如技术面分析和基本面分析的侧重），在选股和投向策略上也可能有所不同，其中包括了证券标的的发展阶段和市值的不同等方面。

应该说大多数资产管理者在构建投资组合和基金运作的过程中，上述手段应该都会被不同程度的运用到，但不同的投资风格意味着侧重点的不同。同时，在资金募集过程中，为了帮助不同风险偏好的投资者以及满足合规要求，基金也会明确自身的具体投向，比如某些基金被称为大盘基金，某些则被称为中小盘基金等。

如果一只股票型基金在过往历史中偏重投资于处在发展成长期公司的股票，那么它的投资风格可能会被定义为成长型基金，这些公司的股票通常具有较高的业绩增长记录或者预期，并往往因为受到市场资金的追捧而具有较高的市盈率（p/e）与市净率（p/b）等特性，与此同时，这些股票通常短期波动范围或者风险较大，且很少会进行现金分红或派息；但在承担风险的同时，也易于获得较高的投资收益。

如果一只股票型基金在过往历史中偏重投资于那些处在发展成熟期的公司股票，这些公司通常具备商业模式比较成熟稳定、现金流波动较小、红利发放率较高等特征，那么它的投资风格可能会被定义为价值型基金，处在发展成熟期的公司股票一般来自传统行业，增长速度已经较慢，因为成长性较低，从而具有较低的市盈率和市净率；但公司盈利比较稳定，经常进行较为优厚的现金分红或股票转送。这类股票的价格一般波动不大，抗跌性强，在市场下跌时，经常能起到稳定市场的作用。

如果一只基金既投资于成长期公司又投资于成熟期公司，或者所投资的公司没有明显的有关发展时期的特征，这样的基金通常被称为平衡型基金。

除了在选股策略上的不同，不同投资风格的基金在投资理念上也会有一定的差异。价值型基金通常认为股票的价格在一段时间内可能会与该股票的内在价值相偏离，但从长期来看，股票价格一定会向其内在的价值回归并趋于一致。因此偏向于买入目前价格较内在价值相比显得较低的股票，预期股票价格会重返应有的合理水平。而成长型基金的投资理念是期望通过所投资公司的长期盈利潜力超过市场预期，这种超额收益可能来自产品创新、市场份额的扩大或者其他原因导致的公司收入及利润增长，并因此对所投资公司的市盈率和市净率有更高的容忍性。

成长性基金和价值型基金在不同的市场环境可能产生不同的业绩表现。比如美国在 2000 年经历了"互联网泡沫"的破裂，纳斯达克指数从终极顶点 5132 点下跌到终极低点 1108 点，在此之前美国股票市场上的成长型基金大行其道，但在 2000 年以后，则是价值型基金表现突出，图 5-5 展示了：在 1997 年进入四分位排名①前列的 81 家公司，到了第二年则只有 16 家继续在四分位排名中，到了 2000 年以后，几乎没有成长型基金公司的踪影了。

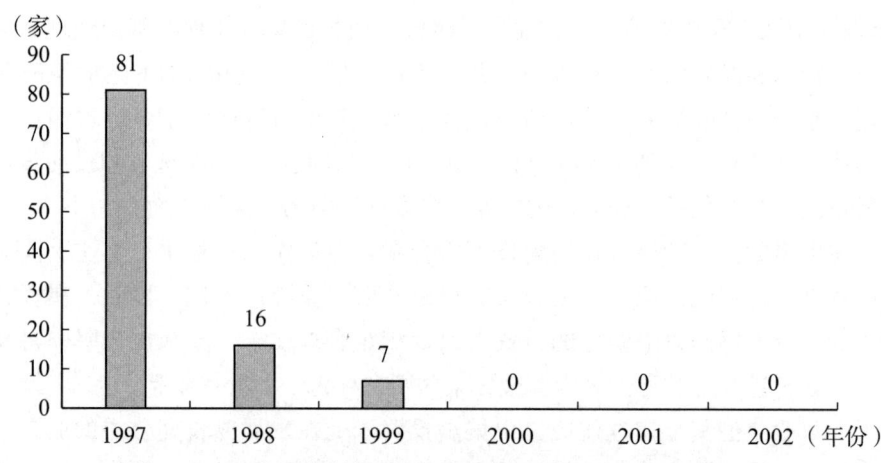

图 5-5 互联网泡沫破灭前后美国成长型基金公司排名的变化

资料来源：美国罗素组合，293 名美元基金专业操盘经理。

回到 A 股市场，在过去几年中，市场风格转换较为频繁。大盘股票和中小创（中盘、小盘和创业板）股票的表现经常出现比较大的背离（见表 5-2 所示）。

表 5-2　　上证 50 指数、沪深 300 指数、中证 500 指数和创业板指数在 2010 年至 2018 年底的盈亏情况

年份	上证 50	沪深 300	中证 500	创业板	
2010	-17.03%	-12.51%	10.07%	13.77%	背离
2011	-18.19%	-25.01%	-33.83%	-35.88%	同跌
2012	14.84%	7.55%	0.28%	-2.14%	背离
2013	-15.23%	-7.65%	16.89%	82.73%	背离
2014	63.93%	51.66%	39.01%	12.83%	同涨
2015	-6.23%	5.54%	43.12%	84.41%	背离
2016	-5.53%	-11.28%	-17.78%	-27.71%	同跌

---

①　排名前 25% 的基金。

续表

年份	上证 50	沪深 300	中证 500	创业板	
2017	25.08%	21.78%	-0.20%	-10.67%	背离
2018	-19.83%	-25.31%	-33.32%	-28.65%	同跌

注：上证 50 指数的成分股为在上海证券交易所交易、规模大、流动性好的 50 只股票，以综合反映最具市场影响力的大盘蓝筹股票的整体情况；沪深 300 指数反映的是沪深两市规模大、流动性好、交易活跃的 300 只成分股的综合情况；中证 500 指数的成分股为全部 A 股剔除了沪深 300 成分股以及总市值排名前 300 名的股票后，总市值排名靠前的 500 只股票，以综合反映 A 股市场一批中小市值公司的股票价格表现；创业板指数是从创业板股票中选取 100 只具有代表性的创业板股票以反映二板市场的整体情况，创业板上市企业较主板上市企业在上市要求上更为宽松，大多从事高科技业务，规模相对较小，盈利不突出，但具有极大的成长性。

资料来源：Wind 资讯。

从表 5-1 中可见，A 股市场在 2009 年（创业板始于 2009 年 6 月）以后，中小创上市企业股票的表现和主板大盘股票的表现，基本上处于背离状态，即使 A 股市场整体处于牛市的 2014 年，上证 50 和创业板指数之间的收益差距也超过 50%，而在 2011 年、2016 年和 2018 年三次熊市中，大盘市值股票也显示出较为抗跌的特点，亏损幅度远低于中小创股票。

如果将上证 50 和沪深 300 指数的平均收益和中证 500 和创业板指数的平均收益以图示的形式表现出来的话，背离情况则更加明显（见图 5-6）。

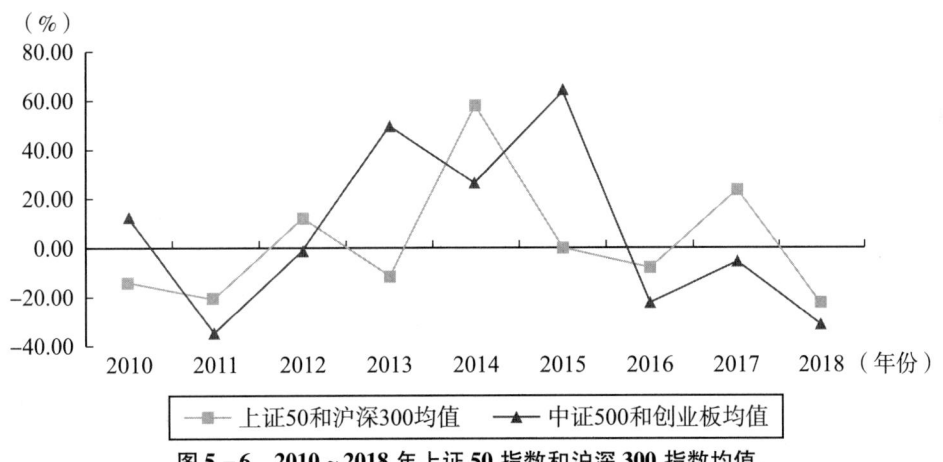

图 5-6 2010～2018 年上证 50 指数和沪深 300 指数均值，与中证 500 指数和创业板指数均值走势比较

从上述情况来看，中国普通家庭投资者在投资 A 股市场时，对所配置的产品的投资风格的分散是不容忽视的。接下来，本章将具体介绍在 A 股、国际股票、黄金以及债券投资方面，如何进行投资风格和投向的分散。

1. 中国股票

目前，由于国内公募偏股型基金信息透明的特点，催生了多个普通人均可查看的公募基金网站，其中包括了晨星基金网、天天基金网和好买基金网等。其中晨星基金网来自全球知名的基金评估机构 Morning Star，它把基金所偏重的股票市值和公司发展阶段两个维度结合起来，首创了著名的"股票投资风格箱"（见图 5-7）。

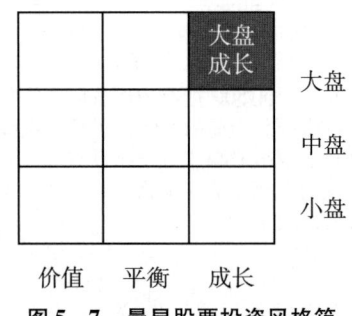

图 5-7　晨星股票投资风格箱

而东方财富的天天基金网则在每一只基金的"基金概况"中的"特色数据"栏目，介绍该基金的投资风格，并展示在过去 8 个季度的风格延续情况（见图 5-8）。

图 5-8　天天基金网基金特色数据之基金投资风格

理财师一方面可以通过上述网站了解公募偏股型基金的投资风格，另一方面也可以通过上述网站帮助客户寻找在每一种投资风格中表现出色的公募基金产品。

财富管理客户资金量有多寡，风险属性和偏好也不同。比如，针对一些资金量少，又比较偏好消极投资的客户，指数基金的综合配置就成为一种选择。比如国内沪深 300 指数，指数样本选自沪深两个证券市场，覆盖了大部分流通市值。成分股为市场中市场代表性好、流动性高、交易活跃的主流投资股票，能够反映市场主流投资的收益情况。而中证 500 指数反映的是沪深证券市场内小市值公司的整体状况，其样本空间内股票是扣除沪深 300 指数样本股及最近一年日均总市值排名前 300 名的股票，剩余股票按照最近一年的日均成交金额由高到低排名，剔除排名后20%的股票，然后将剩余股票按照日均总市值由高到低进行排名，选取排名在前500名的股票作为中证500指数样本股。

所以，当理财师把沪深300指数和中证500指数基金进行组合配置，基本上可以覆盖沪深两市的主要股票，能反映市场的整体走势。目前市场还推出了中证800指数基金，涵盖了沪深300指数和中证500指数。

当然，很多投资者更相信基金经理主动投资的能力，认为不应该只做被动投资，那么可以配置价值型和成长型的基金。

对于偏好图5-9展示了一个主动管理型股票基金的基本配置思路：可以根据客户的风险属性和资金量，优先配置综合类的大盘成长、大盘价值、大盘平衡型基金，然后再考虑中小盘成长型或平衡型基金，以及主题投资型基金；对于资金量大的客户可以考虑阳光私募基金和私募主题投资机会。对于资金量偏小的投资者，可以考虑左右两侧圆圈所涉及的基金类型，比如配置大盘价值型基金和中小盘成长型基金，或者配置中小盘平衡型基金和大盘成长型基金。

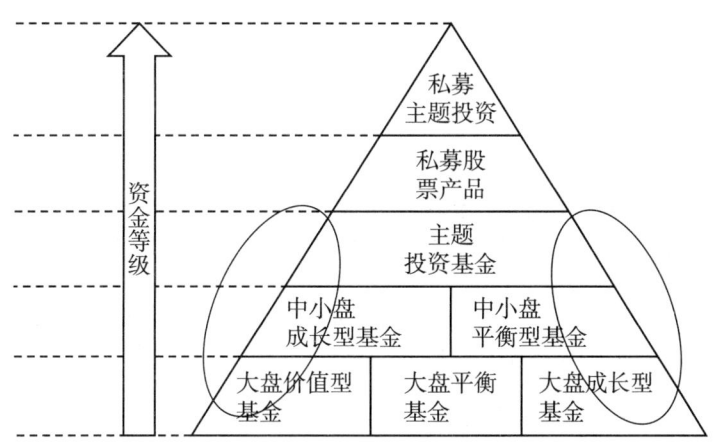

图5-9　主动管理型股票基金基本配置思路

在过去几年，我国公募基金业出现了这样的一个现象，就是基金管理规模增长远低于基金只数的增长，并且出现了大量的主题型基金，比如"军工概念基金""'一带一路'基金""大消费基金"等。应该说主题型基金也是投资基金的一种形式，但需要注意到的是主题基金虽然有热点，但在股市中投资热点会切换，有的时候一个热点主题被炒上天，获得了市场无数眼球，这时候成立主题基金募集也不是很困难，但问题是，这类主题的估值有可能已经被炒高了，然后调整或价值回归，往往会使得基金在很长一段时间里表现平平，甚至导致巨大的跌幅，而无法体现股票市场真实的收益。因此，对于一些相对长期的主题基金，不是不可以配置，但是在金额上可能会配置得相对少一些，在配置顺序上相对放后一些。

市场上也有不少资产配置策略采用了"核心—卫星"模式①，以主动管理型基金为主构建核心组合，然后根据市场预期，以行业或者主题指数基金作为战术配置工具，这样就使得主动管理型基金和被动管理型基金得到了有机的结合。

随着我国资产管理业近年来的快速发展，投资于A股市场的私募股票型基金和私募资管产品数量也不断增加。大量公募明星经理转向私募领域，也让私募股票型产品增加了人气。由于私募产品的信息透明化程度远低于公募基金，同时，私募产品在仓位控制、选股策略、证券集中度等方面相对比较灵活，对普通理财师而言，对私募股票型产品的研究客观上存在不少困难，因此财富管理机构的研究部门需要在机构层面对私募产品进行深入研究并加以选择；同时，把该类产品的选股方法、投资策略、投资风格以及其他特征详尽地告知理财师，以便于理财师在具体的工作过程中，能利用这些信息帮助客户进行有效的配置。

2. 国际股票QDII产品

在国际股票类别配置的时候，也同样需要关注到地域性和基金投向上的差别。合格境内投资者（Qualified Domestic Institution Investors，QDII），是指我国居民在人民币资本项目不可兑换、资本市场未开放条件下，投资海外市场的一种投资方式或者投资品种。

表5-3展示了晨星（中国）研究中心2018年10月后对国内公募QDII产品的分类情况。

表5-3 晨星（中国）研究中心2018年10月后对国内公募QDII产品的分类

大类	晨星分类	说明
股票型基金	亚太区不包括日本股票	主要投资于亚太区除日本以外的国家或地区的股票、股票类基金、REITs，例如中国香港、新加坡、中国台湾、韩国、澳大利亚、新西兰等。其至少有75%的资产投资于股票，其中75%的股票资产投资于太平洋国家或地区，同时也允许有少量的股票资产比例投资于日本
	大中华区股票	主要投资于中国大陆、中国香港、中国台湾等三地的企业，或者营业收入的相当比例来自这些市场的上市企业股票，或投资标的为三地企业的股票类基金和REITs等证券。其至少有75%的资产需投资于股票。其中75%的股票资产投资于上述范围企业
	新兴市场股票	主要投资于亚洲、拉丁美洲、欧洲、中东和非洲等新兴市场。至少75%资产投资股票，其中75%的股票资产需要投资新兴市场股票
	环球股票	投资于全球范围内上市公司的股票。至少有75%的资产投资于股票

---

① 核心—卫星模式的原理，即把资产分为"核心"和"卫星"两大部分，其中核心资产的作用是在风险可控的情况下，以获取稳健的长期收益；卫星资产的目的是提高整个资产组合的收益，根据市场预期投资于短期可能会有一定表现的资产。

第五章 投资方式和资产管理资源的选择

续表

大类	晨星分类	说明
股票型基金	行业股票	该类基金投资标的向一类板块倾斜。投资标的可以是股票、股票类基金、REITs等证券。基金至少有75%的资产投资于权益类证券，其中至少50%的资产投资于所倾向板块
	美国股票	主要投资于美国的公司股票或股票类基金
混合型基金	环球股债混合	该类基金同时投资全球范围内的股票和债券
	全球新兴市场股债混合	主要投资于新兴市场内的股票和债券
	亚洲股债混合	主要投资于亚太区国家的股票和债券
	大中华区股债混合	主要投资于中国大陆、中国香港、中国台湾三地的股票和债券
债券型基金	环球债券	该类基金主要投资于全球范围内以不同货币计价的债券、债券类基金等
商品基金	商品	该类基金主要投资于商品类资产，包括与商品相关ETF、共同基金以及法律允许的其他相关衍生品
其他	其他	不属于以上任何分类；或由于使用特殊策略而不适合与以上分类的基金进行收益与风险评价

资料来源：晨星中国网站（www.cn.morningstar.com）。

虽然表5-2 QDII基金分类没有明确的投资风格和上市公司股票市值分类，但根据一些产品的特性，理财师也能够通过对产品的了解而实现投资风格的分类。比如，同属美国股票的标普500指数基金和纳斯达克100指数基金也分别代表了大盘蓝筹和成长型股票；不同地域股票市场则强化了全球资产配置的相关策略，比如新兴市场股票、大中华地区、亚太区市场基金和以美国股票基金与德国DEX30指数基金为代表的成熟市场等。

当客户有部分资金已经在海外，并希望在当地进行投资的话，也可以通过比较成熟的基金研究机构如晨星（Morning Star）或者理柏（Lipper）的网站对当地的公募基金进行了解和研究，并根据上述的产品选择逻辑进行配置。

3. 黄金投资

目前中国普通投资者投资黄金资产的方式包括：实物黄金、纸黄金、黄金期货和黄金TD（即延期交收业务），以及黄金主题基金等。

实物黄金包括了金条、金币和黄金首饰等。实物黄金投资有利有弊，一方面实物黄金始终存在个人存放和安全性的问题，而且变现始终也是一个问题，大多数销售机构不接受其他机构销售的黄金，还要保存好原始发票或凭证；另一方面实物黄金确实是家庭面对一些极端风险的时候，最具有避险性质的家庭资产储备。

现在各大银行也向普通民众提供纸黄金的业务，纸黄金其实就是一种个人凭证式黄金，投资者按银行报价在账面上买卖"虚拟"黄金，可以赚取黄金价格的波动差价，但投资者的买卖交易记录只在个人预先开立的黄金存折账户上体现，不发生实物黄金提取和交割。

黄金期货和黄金TD都是属于国内可以双向交易的衍生品投资。其中黄金期货是以现货黄金市场未来某时点的金价作为交易标的的期货合约，黄金TD则是黄金延期交收业务的简称，也就是交易者可以选择合约交易日当天交割，也可以延期交割，同时引入延期补偿费机制来平抑供求波动的一种期货交易模式。虽然现在在国内做金融衍生品投资的路径也很简便，黄金期货是到期货公司开户，并在上海黄金期货交易所进行交易；而黄金TD是在银行及其合作公司开户，并在上海黄金交易所进行交易；但两者都是保证金交易，所以，既可以以小博大，也可能遭受巨亏，投资风险非普通投资者所能承受。

因此，普通投资者在完成资产配置比例的决定后，在投资组合中按一定比例配置黄金主题基金，是一个合理的选择。在财富管理实务中，理财师会遇到各种形形色色的客户，其中不乏希望储备一些实物黄金的客户；在这种情况下，假设一名拥有2000万元投资性资产的投资者，其中12.5%（250万元）的资金需要配置在黄金资产里，可以考虑配置40%（100万元）的资产在实物黄金，这部分的资产流动性很低，需要这部分资产实现套现的时候，往往是迫不得已的时候；对一名投资性资产达到2000万元的投资者，100万元资产配置在实物黄金，占比5%，应该不会有太大的影响。

剩下的150万元的黄金投资，可选择黄金主题基金进行投资。目前，国内市场的黄金主题基金，包括黄金ETF（Exchange Traded Fund）和QDII黄金主题基金。

黄金ETF是由大型黄金生产商向基金公司寄售实物黄金，随后由基金公司以此实物黄金为依托，在交易所内公开发行基金份额，销售给各类投资者，商业银行分别担任基金托管行和实物保管行，投资者在基金存续期间内可以自由赎回。黄金ETF在证券交易所上市，投资者可像买卖股票一样方便地交易黄金ETF，而且交易费用低廉，也免去了黄金的保管费、储藏费等支出。

除了黄金ETF，还有黄金ETF联接基金。这些黄金ETF联接基金是通过对目标ETF份额的投资，紧密跟踪中国黄金现货价格的表现。通常黄金EFT联接基金投资于对标ETF的比例不低于基金净值的90%。

黄金ETF为交易所场内基金，可以通过券商股票交易平台进行买卖，而黄金ETF联接基金则可以通过基金公司网站直销平台、银行网点等渠道进行申购赎回。黄金ETF联接基金的投资门槛极低，更适合普通家庭或者普通投资者投资。

国内目前比较典型的黄金ETF，两个在上海证券交易所上市，包括国泰黄金ETF和华安易富黄金ETF（以下简称"华安黄金ETF"）；另外两个在深圳证券交易所上市，分别是易方达黄金ETF和博时黄金ETF。国内4只黄金ETF基本类似，投资于黄金现货合约的比例不低于基金资产的90%。其中，主要投资品种是上海黄金交易所黄金现货实盘合约中的 Au99.99，也就是纯度不低于 99.99% 的黄金。因此在风险收益方面都比较类似。上述 4 只黄金 ETF 都有黄金 ETF 联接基金，在风险和收益方面也非常类似。

国内 QDII 黄金主题基金基本上都是老牌基金公司的产品，比如国内第一支黄金主题基金诺安全球黄金，易方达、嘉实和汇添富的黄金主题基金。其中嘉实黄金基金和诺安全球黄金比较相似，80% 的资金主要投资于海外有实物黄金支持的 ETF，是相对比较"纯粹的黄金主题基金"，业绩基准为伦敦金价折合成人民币以后的收益，因此也会受到人民币汇率的影响；而汇添富黄金及贵金属基金的特点是可以投资黄金以外的钯金和铂金等贵金属，有不超过 27% 的由黄金以外的其他实物贵金属支持的 ETF 的资产，有实物黄金支持的 ETF 资产占比不低于 70%。易方达黄金主题基金有一部分投资于海外黄金基金，另一部分可投资于黄金采掘公司的股票，显然在投资方向上和前面说的三只基金有一定的差异性。

因此，在考虑加入黄金作为资产类别的投资组合中，可以以不同的方式，如配置实物黄金、黄金 ETF 及其联接基金或者 QDII 黄金主题基金等方式进行投资。

4. 中国债券

债券基金是我国普通投资者投资债券市场的主要方式。债券基金的投资组合中往往包含了不同主体发行的债券，其中包括政府债券、金融债券和公司或企业债券等。

在表 5-2 晨星（中国）研究中心 2020 年 10 月后对国内公募基金产品的分类表中，可以观察到债券基金包含了配置型债券基金，如激进债券型基金和普通债券型基金，纯债基金和短债基金，另外还有可转债基金属于单独一类。

配置型债券基金通常会配置不超过 20% 的股票投资，而可转债基金[①]也和股票市场的走势有较高的相关性。因此，在对股票资产完成了配置后，进行债券资产配置的时候，理财师通常会使用纯债基金，即明确不投资于权益类资产或可转换公司债券，不符合短债基金的分类标准，主要资产（≥70%）投资于债券的基金。

财富管理机构的研究部门或理财师可以在产品选择的过程中，关注投资经理擅长投资的债券品种，也应该了解不同阶段投资经理在不同的债券品种的配置情况。当前一些公募基金网站都有基金详情，可以从这些网站中了解债券基金的具体情况。

资管新规出台后，各商业银行的净值化理财产品中，也不乏纯债型的投资品种，为本行的理财经理提供了更多的选择。

第四节　资产管理资源的定量和定性分析

在过去二十年中，中国资产管理行业得到了快速的发展。根据《中国证券投资基

[①] 可转债是指持有者可以在一定时期内根据约定条件和价格将之转换为公司股票的公司债券。它的可转换特征使其在所对标的股票价格上涨时，可转债价格也会上涨；反之亦然，因此和股票有较高的相关性。

金业年报（2019）》的统计数据，截至 2018 年底，中国证监会公示公募基金管理机构达到 135 家，其中基金管理公司 120 家，取得公募基金管理资格的证券公司或者证券公司资管子公司共 13 家，取得公募基金管理资格的保险公司 2 家。而已在中国证券投资基金业协会完成登记的私募投资基金管理人 24448 家，其中私募证券投资基金管理人 8989 家，私募股权、创业投资基金管理人 14683 家，其他私募投资基金管理人 776 家。

面对这么多的资产管理资源，既是中国投资者之福，又带来了选择的困难，这成为财富管理行业及其理财师的核心优势之一。

公募产品因为其严格的信息披露制度，业绩表现和历史渊源会相对比较清晰，再加上公募基金网站几乎对每一只基金都建立了档案，并有基金评估公司对产品进行评级，总体上信息比较透明；但对私募产品的选择，一方面私募产品公开的信息披露较少，另一方面数量众多，大多数资产管理机构的历史又较短，在选择上会存在一定的困难；近年来私募证券投资产品的资金募集工作有向头部集中的趋势，在一定程度上也体现出因为信息不透明，投资者更倾向于选择有一定历史并有较好的业绩表现的头部公司。

在这种情况下，单纯寄希望理财师来进行产品分析评估是不现实的，财富管理机构的研究部门的作用就非常重要了，因为每一家机构都可以由研究部门制定和形成选择产品或者资产管理资源的方法论，并以此对市场上的产品进行分析研究，形成机构层面的产品库；并把方法论和结果传达给旗下的理财师，由理财师在一线向客户解释产品推荐的逻辑和依据。

在图 5-4 中，展示了一个资产管理资源进行分析研究的"4P"框架，其中"4P"分别代表了过往的投资绩效（performance）、决策人员（people）、决策过程（process）和投资组合内容（portfolio）等四个方面的内容。其中既包含了对历史数据的定量分析，也包含了一些定性分析。

1. 定量分析

定量分析最主要的分析内容是投资绩效。虽然理财师在为客户提供服务时会强调"过去的业绩不代表未来的业绩""不要看着后视镜开车"等财商教育内容，但在具体的资产管理资源或者产品的选择过程中，这些专业机构投资者的过往历史业绩数据依然是其资产管理水平的重要体现。

毋庸置疑，基金的历史收益率是判断该产品是否值得投资的一项重要指标。因此在产品选择的时候，通常首先会考虑的就是该产品的历史回报率。

它的计算公式为：

$$收益率 = (期末投资额 - 期初投资额 + 分红) / 期初投资额 \times 100\%$$

以此可以计算出一个产品月度表现、季度表现、年度表现。

历史回报率当然是很多基金网站公布的基金档案里的重头戏，图 5-10 是晨星基金网对某一只基金的历史回报率的披露。

历史业绩（%）								2017-08-09
	今年以来	2016	2015	2014	2013	2012	2011	2010
总回报	19.34	6.46	35.18	60.25	10.36	4.99	-19.39	8.17
+/-基准指数	5.79	17.56	32.92	6.52	19.94	9.21	-1.72	25.54
+/-同类平均	10.40	17.78	11.78	28.43	-0.69	-0.79	4.94	8.12

季度回报（%）				2017-08-09
	一季度	二季度	三季度	四季度
2017 总回报	6.26	10.38	-	-
+/-同类平均	2.81	8.26		
2016 总回报	-10.06	1.38	10.19	5.96
+/-同类平均	4.71	0.09	7.31	6.22
2015 总回报	11.74	16.31	-15.73	23.43
+/-同类平均	-16.39	0.98	11.58	1.29
2014 总回报	-11.04	1.71	8.21	63.68
+/-同类平均	-6.17	-0.97	-6.05	45.80

历史回报（%）				2017-08-09
当前历史回报　上月历史回报				
	总回报	+/-基准指数	+/-同类平均	同类排名
一个月回报	1.42	-2.06	-0.49	-
三个月回报	12.94	1.13	3.59	-
六个月回报	14.09	3.61	7.00	-
今年以来回报	19.34	5.79	10.40	-
一年回报	30.00	14.98	20.33	-
二年回报（年化）	17.02	20.75	18.34	-
三年回报（年化）	43.53	28.46	26.41	-
五年回报（年化）	24.46	15.99	13.55	-
十年回报（年化）	-	-	-	-

历史最差回报（%）				2017-07-31
最差三个月回报				-15.73
最差六个月回报				-17.51

图 5-10　某只基金的历史回报率

资料来源：晨星基金网。

在这张网页里不仅披露了该基金的年度回报率、季度回报率和月度回报率的具体数据，还陈列了同类产品的回报率，以及最差的三个月和六个月的回报率。这使得投资者对该基金的表现有了非常直观的认识。

在其他基金网站，如好买基金网和天天基金网，不仅提供一只基金的阶段性表现、季度表现和年度表现，以及该基金和同类产品的平均收益和衡量指数（沪深300）的比较，同时还会提供该基金的同类产品四分位排名[①]和同类产品的排名情况（如图5-11所示）。

[①] 基金四分位排名是在同类基金中的业绩比较指标，根据同类产品的数量、业绩排名四等分，分别为1/4分位、2/4分位、3/4分位、4/4分位，对应业绩排名的 0~25%、25%~50%、50%~75% 和 75%~100%，也常用优秀、良好、一般、差进行四等分。

基金涨幅	阶段涨幅	季度涨幅	年度涨幅					
	2018年度	2017年度	2016年度	2015年度	2014年度	2013年度	2012年度	2011年度
区间回报	-33.25%	-0.12%	-13.70%	86.95%	25.03%	20.38%	2.27%	-41.78%
同类平均	-13.82%	10.53%	-7.00%	41.93%	21.10%	11.59%	3.94%	-21.14%
沪深300	-25.31%	21.78%	-11.28%	5.58%	51.66%	-7.65%	7.55%	-25.01%
同类排名	2395/2500	1968/2209	987/1418	36/784	344/561	130/498	295/419	320/320
四分位排名	差	差	一般	优秀	一般	良好	一般	差

图 5-11 某基金年度涨幅四分位排名

资料来源：好买基金网。

其中，一只基金的短期表现不应该作为衡量基金经理资产管理水平的唯一依据，相反，如果一只基金长期在同类产品中表现出色，那么会在一定程度上体现出其基金经理的资产管理水平。

同时，如果一只在过往表现非常优秀的基金出现了基金经理变更的情况，经过一段时间的观察，可以从这些数据中观察到新基金经理是否延续了原来的基金经理的风格以及和同类产品的比较情况，为理财师的投后服务提供了一定的依据。

事实上，绩效表现的分析不仅包含了收益，也需要考虑风险：即基金经理在获得收益的同时，是否承担了较高的风险。因为历史业绩表现是一个综合结果，既可能是投资专家专业能力的体现，也可能是市场的偶然性，同时一只基金的优异表现也可能是在承受极高的风险的情况下获得的。因此，在选择具体的资产管理资源的同时，必须兼顾收益和风险两个方面的考量。在风险指标中，比较常用的指标包括了标准差、最大回撤、夏普比率、索提诺比率等。[①] 基本上所有的基金网站都会提供相关的风险指标，晨星这样的基金评估公司还会推出"晨星风险评级"这样的一些风险综合指标（如图 5-12 所示）。

（1）标准差。标准差，常被称作波动幅度，标准差的标准定义是：总体各单位标准值与其平均数离差平方的算术平均数的平方根[②]，是衡量投资标的风险的常用指标。在基金表现中，是指过去一段时期内（可以是每周、每月或者每年），基金在此期间的回报率相对于平均期间回报的偏差程度大小，如果以月为单位的话，即基金每月的总回报率相对于平均月回报率的偏差程度，波动越大，标准差也越大，可以说风险也就越大。如果两只基金在同一时期获得了相同的收益率，那么标准差小的基金的资产管理水平会更加稳健一些。

[①] 考虑到本书内容的紧凑性，对这些指标的概念和原理只进行简单介绍，如读者需要更加深度地学习这些指标的原理和运用，可通过一些统计学和投资学方面的书籍进行自学，或到百度百科进行搜索。

[②] 对于标准差的计算方式，本书不将陈列具体公式。常用的计算方式可使用 Excel，罗列基金一个期间内的阶段性收益，并选择一个空格，插入函数 STDEV，计算出该基金的样本标准差。

第五章 投资方式和资产管理资源的选择

风险评估							2017-07-31
	三年	三年评价	五年	五年评价	十年	十年评价
平均回报（%）	-	-	2.72	-	-	-
标准差（%）	29.65	偏低	25.87	偏低	-	-
晨星风险系数	13.04	低	12.31	低	-	-
夏普比率	1.33	高	0.93	高	-	-

风险统计		2017-07-31
	+/-基准指数	+/-同类平均
阿尔法系数（%）	23.07	25.05
贝塔系数	1.01	0.75
R平方	90.23	53.88

同类风险排名图（最近三年）　　　　　　　　　　2017-07-31

基金
低　偏低　中　高
　　　　　　↑
　　　基金类别

风险评价				2017-07-31
二年	三年	五年	十年
★★★★☆	★★★☆☆	★★★★☆	☆☆☆☆☆

图 5－12　某基金产品的风险指标

资料来源：晨星基金网。

不同的网站也有可能采用不同的展示方式，并形成互补。比如晨星基金网只展示基金三年、五年的标准差水平（见图 5－12），而好买基金网则给出了基金过去一年、两年、三年的标准差水平（见图 5－13）。

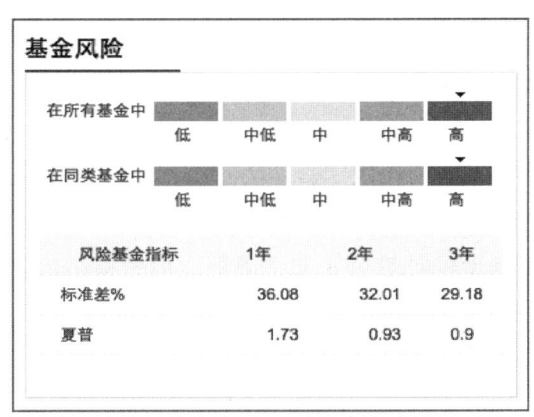

图 5－13　某只基金的风险档案

资料来源：好买基金网。

（2）夏普比率和索提诺比率空格或句号在实践中，收益和风险指标很多时候并不能单独比较，在这种情况下，夏普比率是对收益和风险进行综合评价的指标。该指标由诺贝尔奖获得者威廉·夏普于 1966 年最早提出，目前已成为国际上用以衡量基金产品绩效表现得最为常用的一个标准化指标。

夏普比率的计算是以基金净值增长率的平均值减无风险利率再除以基金净值增长率的标准差；它反映了单位风险基金净值增长率超过无风险收益率的程度：

$$夏普比率 = \frac{E(R_p) - R_f}{\sigma_p}$$

其中，$E(R_p)$：投资组合在历史采样阶段的净值增长率；R_f：同期无风险利率或比较基准增长率；σ_p：投资组合标准差。

假设以过去一年五年期国债利率作为无风险资产利率为4.17%，而A基金产品在过去一年的收益率为16.17%，标准差为10%，那么夏普比率为1.2（（16.17% - 4.17%）/10% = 1.2），代表了投资过程中，该产品的风险每增长1%，那么收益则增长1.2%。而与此同时，B产品的夏普比率为1.08的话，显然A产品可能比B产品在风险和收益的平衡方面更加有效一点。

如果夏普比率为正值，说明在衡量期内基金的平均净值增长率超过了无风险利率，在以同期国债利率作为无风险利率的情况下，说明基金表现比国债利率要好。夏普比率越大，说明基金的单位风险所获得的风险回报越高。夏普比率为负时，按夏普比率大小对基金产品进行排序就没有什么意义了。

在实际运营过程中，夏普比率没有基准，因此只有和其他同类产品的比较中才会有意义，而且夏普比率是线性的，但在有效前沿上，风险与收益之间的变换并不是线性的（这是因为投资标的有不同的相关性），因此，夏普指数在对标准差较大的基金的绩效衡量上会存在偏差。

标准差虽然是用以衡量投资收益不确定性和易变性的常用指标，但它衡量的是阶段性收益率服从正态分布为假设条件下的离散程度。而在实际投资过程中，投资收益可能未必呈正态分布的，这使得标准差作为风险度量指标，有较大的局限性；同时，标准差将正负收益偏差都视为风险，而投资者更关注的风险是投资产品的下行风险。因此学术界长期以来对风险度量做出了诸多的改进，其中就包括了用下行标准差[①]来替代标准差作为风险度量的指标，并提出了索提诺比率。

索提诺比率与夏普比率的计算公式非常类似，但索提诺比率运用下行标准差而不是样本标准差，以区别不利和有利的波动。

索提诺比率的计算公式为：

$$索提诺比率 = \frac{E(R_p) - R_f}{DD_{EX}}$$

其中，$E(R_p)$：投资组合在历史采样阶段的净值增长率；R_f：同期无风险利率或比较基准增长率；DD_{EX}：投资组合下侧标准差。

---

① 所谓下行标准差，即给定一个预期收益率，只有小于该收益率的投资收益才能被作为计算风险度量的计算因子。

和夏普比率类似,这一比率越高,表明基金承担相同单位下行风险能获得更高的超额回报率。索提诺比率可以看作是夏普比率在衡量基金质量时的一种修正方式。目前市场上的基金网站基本上没有展示索提诺比率。

(3) 贝塔系数(β)、特雷诺比率、阿尔法系数(α)和R平方(R^2)。在图5-12中,晨星基金网的风险评估中可以看到基金的贝塔系数、阿尔法系数和R^2。

贝塔系数衡量的基金收益相对于业绩评价基准收益的总体波动性,是一个相对指标。贝塔系数越高,意味着基金相对于业绩评价基准(如沪深300指数)的波动性越大。贝塔系数大于1,则基金的波动性大于业绩评价基准的波动性。反之亦然。

如果贝塔系数为1,则业绩基准上涨10%,基金亦上涨10%;业绩基准下滑10%,基金相应下滑10%。如果贝塔系数为1.1,业绩基准上涨10%时,基金上涨11%;业绩基准下滑10%时,基金下滑11%。如果贝塔系数为0.9,业绩基准上涨10%时,基金上涨9%;业绩基准下滑10%时,基金下滑9%。

如果把一只基金的超额收益(即基金的投资收益率与同期的无风险收益率之差),除以该基金的贝塔系数,即为特雷诺指数[①]。计算公式为:

$$TR = (R_p - R_f)/\beta_p$$

其中,TR表示特雷诺业绩指数;R_p表示该只基金的一定期限内的平均收益率;R_f表示在该期限内的平均无风险利率;β_p表示该基金的贝塔系数(系统风险)。

通常情况下,一只基金(尤其是公募基金)会拥有较多的证券,基金经理会通过投资组合尽可能消除投资组合的非系统性风险,使得投资组合只受与市场变动差异的系统性风险影响,因此,特雷诺比率用单位系统性风险系数β_p为衡量风险的指标,并用所获得的超额收益率来衡量投资基金的业绩。特雷诺比率越大,承担单位系统风险所获得的超额收益越高。

如果在一场大牛市中,大多数基金的收益都不错,那么是不是有基金产品超越了市场的平均表现呢?或者在市场整体低迷的情况下,是否有基金相较其他产品获得了较小的回撤呢?在这种情况下,阿尔法系数就是对基金投资的收益与证券市场的收益进行比较的常用指标之一。

阿尔法系数是基金的实际收益和按照贝塔系数计算的期望收益之间的差额。其计算方法如下:

$$\alpha = (R_i - R_f) - \beta_i(R_m - R_f)$$

其中,R_m为同类基金产品在一个时间区间里的平均收益率;R_i为i基金在同一个时间区间里的收益率;R_f为同一个时间区间里的无风险收益率;β_i为投资组合所承担的系统风险。

[①] 特雷诺比率是由美国经济学家杰克特雷诺(Jack Treynor)发明的投资回报测算指标。用于在系统风险基础上对投资的收益风险进行调整,反映基金承担单位系统风险所获得的超额收益,是衡量基金风险收益的经典指标之一。

即阿尔法系数等于实际收益和期望收益的差额，实际收益是基金的收益减去无风险投资收益；期望收益是贝塔系数和市场收益和无风险收益之差的乘积。

阿尔法系数代表了基金经理获取超额（或绝对）回报的能力。

R^2是反映业绩基准的变动对基金表现的影响，影响程度以0至100计。如果R^2值等于100，表示基金回报的变动完全由业绩基准的变动所致；若R^2值等于35，即35%的基金回报可归因于业绩基准的变动。简言之，R^2值越低，由业绩基准变动导致的基金业绩的变动便越少。此外，R^2可用来确定贝塔系数（β）或阿尔法系数（α）的准确性。一般而言，基金的R^2值越高，其两个系数的准确性越高。

（4）最大回撤。部分国内基金网站通常会展示基金的最大回撤指标。回撤是指在某一段时期内产品净值从最高点开始回落到最低点的幅度。

历史最大回撤是在选定周期内任一历史时点往后推，产品净值走到最低点时的收益率回撤幅度的最大值。关注基金的最大回撤率可以帮助理财师了解该基金风险控制能力。

最大回撤是衡量基金产品管理水平的最重要的风险指标之一。但有些资产天生波动性就比较大，比如中国A股市场，根据中证股票基金指数从2003年到2016年底的年度收益率历史数据，可以计算出其平均年度收益率的标准差高达51.52%，对于这样的资产，大多数基金经理的历史回撤都会比较高，尤其是要面对股市从6124点在短期跌至1664点，没有对冲机制的基金很难有较低的回撤。所以，最大回撤率在有对冲机制的产品（比如对冲基金或者量化投资基金）比较中，显得更加重要。

选定一个投资的时间区间和评估时点，那么最大回撤的公式可以这样表达：

$$MD = Max(D_i - D_j)/D_i$$

其中，D为某一天的净值，i为某一天，j为i后的某一天（在K线图上看，通常是从高位回落到低点的那一天），D_i为第i天的产品净值，D_j则是D_i后面某一天的净值，而MD就是最大回撤率。

如果把索提诺比率公式里的分母下侧标准差替换成最大回撤率，那么索提诺比率就变成了卡玛（Calmar）比率。卡玛比率描述的是收益和最大回撤之间的关系。计算方式为年化收益率与历史最大回撤之间的比率。卡玛比率数值越大，基金的业绩表现越好。

2. 定性分析

定量分析的局限性在于所有的分析都是基于历史数据的分析，而投资者则希望在未来的投资活动中找到优秀的资产管理资源。"4P"框架中，除了"业绩绩效"以外的"决策人员""决策过程"和"持仓情况"等三个方面，通常通过定性分析得以解决。

（1）决策人员。"谁在管理这个产品？"——决策人员是资产管理资源选择过程中最值得关注的因素之一。这个"谁"不仅包括了基金经理，还包括了其雇主（公募、私募）基金管理公司以及研究分析团队。

第五章 投资方式和资产管理资源的选择

对于决策人员的分析，一些大型财富管理机构的研究部门采用了实地调研的方式，通过精心准备的问题表单和决策人员直接沟通的形式获得第一手的信息资料；同时结合市场公开信息对资产管理资源进行全面的分析，这样的分析结果显然比较专业并符合财富管理机构对客户的尽职规范。

由于资产管理机构数量繁多，研究部门在实际操作过程中，可能会采用先收集市场信息，并初步筛选出一批机构及其产品，然后进行实地调研。这些公开信息的收集，用比较直观浅显的表达方式包括了"数星星""看奖项""列排名""搜负面"等手段。

今时今日的资讯传播非常发达，关于资产管理机构及其产品的新闻、关键人物专访甚至一些负面的消息都可能在网上被搜索到。对于公募基金，产生了天天基金网、好买基金网、晨星基金网等网站；私募基金则有私募排排网、朝阳永续等网站；在这些网站中通常也会有相关产品、新闻、排名等信息或者链接。与此同时，公募评估机构的评级和私募产品的排名，也在逐步发展成熟过程中。在海外市场中，一些投资基金公司常常会在宣传材料中，提到该公司有多少只基金是获得晨星四星、五星评级的，以表现其综合资产管理能力。

国内也已经树立起较强公信力的资管行业奖项，如"金牛奖"。金牛奖涉及基金管理公司的奖项包括"金牛基金管理公司""固定收益投资金牛基金公司""海外投资金牛基金公司""被动投资金牛基金公司""金牛进取奖"等。单只基金评选依据《中国基金业金牛奖基金分类体系》一级分类并考虑指数基金的特殊情况，按开放式股票型、开放式混合型、开放式指数型、开放式债券型、开放式货币市场基金五大类型分类实施。满足资格认定条件的参评基金数应不少于 10 只，该类别奖项才能实际进行评选。涉及单只基金的奖项分为"五年期持续优胜金牛基金""三年期持续优胜金牛基金""年度金牛基金"等。

无论是新闻、专访还是获奖信息或者基金评级等信息，都是深入了解和选择资产管理资源和产品的重要依据。

在一些公募基金网站上，往往对基金经理的背景都会有一定的介绍，如好买基金网还对基金经理经验值、盈利能力、风控能力、稳定性以及机构持股的情况进行综合评分（见图 5-14）。

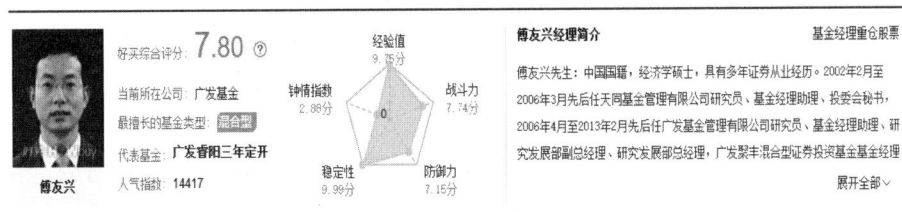

图 5-14 基金经理档案

资料来源：好买基金网。

其中,"经验值"是按基金经理的从业时间评分,经验丰富的基金经理对不同市场风格的适应度往往更好;其中的要素包括:首次任职时间、任基金经理的时间、历任公司数、跳槽频率、历史管理基金数、从业年均回报以及管理时间最长的基金等。

"战斗力"指标主要是按基金经理和同类产品的盈利能力比较评分;其中的要素包括两个维度表现:长期或短期,市场环境(分别为上涨市、震荡市、下跌市)。

"防御力"指标是按基金经理的回撤能力的评分,关注因子包括任职以来最大回撤、阶段回撤和年度回撤。

"稳定性"指标是按基金经理业绩排名的波动性评分。

"钟情指数"指标是按基金经理的机构持仓占比评分,一般认为对权益类的基金,机构持仓占比大代表了机构投资者对基金经理的青睐程度,在一定程度上认为机构投资者持仓相对比较稳定,使得基金经理能更好地发挥其资产管理能力。

上述指标通过对基金经理的几个维度同时进行评估和介绍,为理财师和投资者提供了比较完整的基金经理的相关信息。

在这些信息中,基金经理接任该基金的时间的长短是比较受关注的问题。因为前面提到过,在做定量分析时,产品的综合评级和长期业绩表现是非常重要的因素,有时一些产品长期业绩表现良好,但在近期可能更换了基金经理。这时候,对接任不久的基金经理需要有更多的考察:新基金经理以前是否有良好业绩表现,新基金经理是否能延续以前的投资风格。

(2)决策过程。在资产管理资源选择的过程中,投资风格通常是决策人员投资策略或者投资哲学的具体体现。

如前所述,由于公募基金的持仓情况比较透明,因此基金评估机构或者基金网站能够对其最近一季的基金重仓组合进行分析,对其重仓的证券进行分类,并根据这些证券的特点按不同维度进行归类,从而推导出公募基金的投资风格。理财师和投资者可以根据其风格的偏移频率决定其偏重的投资风格。[①]

对私募基金而言,由于其信息相对不透明,因此,投资者往往是通过私募基金的产品宣传资料看到其投资策略的介绍。

比如,在不少私募基金宣传资料中经常看到传统的单边看涨基金的投资策略包括自上而下(top down)和自下而上策略(bottom up)。

自下而上策略依赖证券筛选的投资策略,采用这种策略的基金最为关注的是个别公司的表现和管理,而不是经济或市场的整体趋势。自下而上的投资策略一般不是很重视将资产均衡地配置在各种行业上。

与之相反的是自上而下的投资策略。自上而下的投资策略,首先会研究经济或市场的总体趋势,以选择被认为最佳的行业进行投资,然后再从选定的行业内寻找最佳

---

① 如前文中所介绍的天天基金网基金档案中的"特色数据"中就有每只基金过去8个季度的投资风格情况的展示。

的投资工具。基金也可能会先选定投资哪一些国家，然后再选择行业，最后在每一个被选择的行业中，选定具体的投资标的。

在过去近100年的历史里，全球资产管理行业在投资策略、投资工具的综合应用等方面得到了全面的发展。尤其随着对冲策略和对冲基金①的发展，使得全球资管行业在投资策略、投资哲学、投资方法论的多元化方面得到充分展示。

国际上比较著名的投资策略分类体系包括对冲基金研究公司（Hedge Fund Research Inc.，HFR）②、摩根士丹利指数 MSCI 和晨星提出的投资策略分类体系，但其分类思想和操作过程又存在一定的差异；事实上，国际上并没有通用的分类标准。

图 5-15 展示了对冲基金研究公司对投资策略的一个分类，四个一级策略之下，各有六到七个二级策略，投资手段的多元化由此可见一斑。

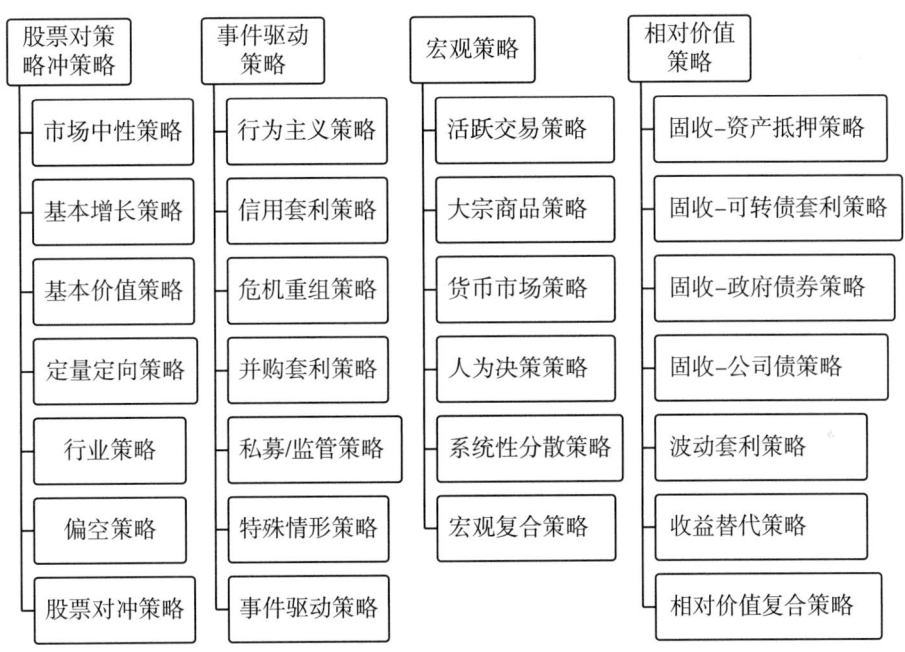

图 5-15　HFR 投资策略分类

随着中国金融市场的快速发展，国内资产管理行业的投资策略和投资风格越来越

---

① 对冲策略是指基金管理者将金融期货和期权等衍生工具和传统金融工具相结合，采用风险对冲、套期等各种交易手段赚取收益的投资方式。它的起源可以回溯到 20 世纪 20 年代，并在 20 世纪 90 年代得到快速发展，由于其风险特征，普通投资者通常被监管机构限制介入，只能向"合格投资者"进行资金募集，因此在海外发达国家对冲基金（Hedge Funds），几乎成为私募基金的代名词。

② HFR 成立于 1992 年，是一家专注于对冲基金数据的分析和指数创建的机构；其数据库包括了对冲基金的历史绩效和投资组合以及具有影响力的基金经理的操作资料；拥有完善的基金分类系统，并创建了 100 种以上的对冲基金绩效指标，使得对同类基金的绩效比较成为可能；其编制的 HFRI 基金加权综合指数（HFRI Fund Weighted Composite Index）是全球资管行业的风向指标之一。

丰富和多元化,出现了朝阳永续、私募排排网等私募基金数据提供商,并推出了国内的私募基金评级和排名。

由于国内投资标的种类、私募基金行业发展水平的阶段和特异性等因素,照搬这些投资策略分类体系并不能很好地反映国内私募基金行业的投资策略类别。因此国内私募基金研究机构,往往通过消化吸收已有的分类体系,同时结合对国内私募基金行业的整体理解及实际应用需要,自行定义私募基金投资策略分类体系。

表5-4展示了国内私募基金数据提供商朝阳永续的私募基金投资策略分类和策略特点。

表5-4　　　　　　　　　　朝阳永续私募投资策略分类

一级策略分类	二级策略分类	策略特点
股票策略	股票多头	传统的买入持有策略,投资者对后市看好,在较低的价位买入股票,在较高的价位卖出,基本不采取措施规避股票市场系统性风险
	股票多空	以股票构建多头组合的同时,通过融券、股指期货、期权构建空头组合,投资组合的风险敞口根据市场情况不断变化,从而选择规避,或部分规避股票市场系统性风险
	股票市场中性	同时构建股票多头组合和空头组合,且以几乎完全规避股票市场系统性风险为目的严格控制投资组合的风险敞口,从而获得独立于股票市场表现的稳定收益
债券基金	—	使用该策略的基金以各类债券为首要投资标的,但以现金管理为目的的产品不在此列
事件驱动	定向增发	与上市公司股票的非公开发行,锁定期结束后在二级市场上出售获利
	并购重组	参与或利用上市公司并购重组前后的股票发行、股票价格变化获利
	大宗交易	利用交易所"大宗交易"规则进行股票交易获利
	其他事件驱动	性质属于事件驱动策略,但又不属于上述事件驱动策略的情况,如困境资产策略、定增对冲策略,以及同时采用多种事件驱动策略的情况
管理期货	趋势	利用大宗商品、商品期货、外汇、金融期货价格的方向性变化获利
	套利	利用大宗商品、商品期货、外汇、金融期货之间的相对价格变化获利
	复合	同时运用上述趋势及套利策略获利
套利策略	可转债套利	通常投资范围或产品名称中主要提到投资转债套利、转债转股套利等字样
	固定收益套利	通常投资范围或产品名称中提到互换息差套利、收益率曲线套利、按揭贷款套利、波动率套利、资本结构套利、债券×套利、债券套利等字样
	ETF套利	通常投资范围或产品名称中提到ETF套利等字样

续表

一级策略分类	二级策略分类	策略特点
套利策略	分级基金套利	分级基金的套利操作，主要发生于个别板块或市场短期大幅上涨，资金追捧相关分级基金的B类份额，B类份额溢价率短期内持续快速上升，使得分级基金A类份额和B类份额相对于基础份额的整体溢价率大幅超出正常水平，在存在份额配对转换机制的情况下，场外资金将通过申购基础份额并拆分为A类份额和B类份额并在场内卖出的操作实施套利操作，以在短期内获取溢价收益
	复合套利策略	多个套利策略的复合
	其他套利策略	通常投资范围或产品名称中提到套利、套期保值等字样，但又不属于上述套利策略的情况
多策略	—	使用该策略的基金混合使用了股票策略、债券策略、事件驱动策略、债券策略、管理期货策略，和套利策略中至少两个组别的一级或二级策略
宏观策略	—	使用该策略的基金以股票、债券、大宗商品、期货、基金中的至少两种大类资产为投资标的，基于对宏观变量的分析及对持有大类资产的切换而获利。宏观策略的核心在于分析各大类资产的走势，及时正确地切换和配置各大类资产，这与投资多种大类资产的多策略，或在投资过程中考虑宏观因素的各类其他策略有明显差异
组合基金	—	使用该策略的基金以其他基金为主要投资标的，如FOF、TOT（Trust of Trusts）、TOF（Trust of Funds）等。将资金账户交由不同基金经理进行管理的MOM也归为此类
其他策略	—	该分组包括类固收产品，以及无法划分到上述投资策略的基金，主要包含以股权、新三板挂牌公司股票、期权为投资标的的证券投资基金，股权投资基金，创业投资基金和其他投资基金。此外，投资标的及投资策略不明或不好区分的基金，也会认为使用的是"其他策略"

资料来源：朝阳永续私募基金分类体系，2018年1月16日。

根据朝阳永续的私募基金分类体系，不同投资策略在概念上的划分主要有两个维度的依据，分别是投资标的和投资过程。首先，主要投资不同单一大类资产的基金，以及投资多个类别大类资产的基金，基本上会被划分到不同的投资策略；其次，主要投资同一种大类资产的基金，也会因为采用不同的投资过程而被进一步划分成不同的策略；最后，市场上的少数策略，如事件驱动策略、套利策略，因为其投资过程思想的内在相似性且采用该策略的基金数量较多，也会跨大类资产单独合并到一起；原则上，一只基金只能划为一个投资策略。①

---

① 《朝阳永续私募基金分类体系简介2018》，因为朝阳永续的私募数据库主要关注私募证券投资基金，故对私募股权投资基金、私募创业投资基金、其他私募投资基金，投资策略会直接划分为"其他策略"。

(3) 持仓情况。公募基金每个季度的重仓证券的披露信息，是目前市场上对公募基金的投资风格分类的重要元素，同时，几个基金网站也都能查到基金上一季度末的资产配置和重仓的证券情况，如图 5-16 所示即为天天基金网对某只基金在某季度的十大重仓证券，以及过去八个季度的投资风格展示，投资者可以从后者看到其投资风格的持续性。

图 5-16　基金十大重仓和投资风格

资料来源：天天基金网。

私募基金的情况有所不同。因为私募基金没有像公募基金那样严格的信息披露制度，因此私募基金的仓位情况和资产配置情况通常没有公开信息；一些网站上的信息也通常是通过私募基金的申报得到的信息。

这种情况将随着私募基金服务机构牌照的发放而得到改善。根据 2017 年中国证券基金业协会（以下简称"协会"）发布的《私募基金服务业管理办法》，私募基金服务机构是为私募基金提供基金募集、投资顾问、份额登记、估值核算、信息技术系统等服务业务的机构，虽然该管理办法同时也指出私募基金委托私募基金服务机构进行资金募集和投资顾问服务等业务，协会还会另行规定，但私募基金服务机构在帮助私募基金进行份额登记、估值核算等服务的过程中，将获得第一手的数据信息，这对未来的私募基金的数据库的完善、持仓情况，乃至投资策略和投资风格的分类都将起到积极的作用。目前已经得到牌照的机构包括银行和证券公司，也包括了像汇付信息技术有限公司和元年金融信息服务有限公司这样的独立服务机构。

历史资产配置和持仓情况毕竟是历史信息，而基金经理也随时可能调整投资仓位和资产配置情况，对理财师而言，平时在工作时应该长期关注一批基金，熟悉基金经理的投资风格，并且通过一些新闻或者专访来密切注意这些产品的投资方向和投资策略可能更为重要。

除了资产配置和持仓情况，基金的规模也是理财师应该关注的一个信息。理论上，只要在基金经理的资金管理能力范围之内，规模大小与业绩表现并无绝对关系。规模较大的基金受股票流动性限制往往换手率较低，而小规模基金由于具有"船小好掉头"的优势，换手率相对偏高。在实际投资过程中，小规模基金操作灵活快捷，在熊市优势相对明显，但赎回压力对其投资策略和业绩的影响较大；具有一定规模的基金则能更好地应对赎回压力，但由于资金规模较大，肯定会影响其业绩表现。

第六章

理财师的投后服务

理财师在针对客户投资需求的服务体系中，投后服务是不可或缺的一个环节。在这个环节中，理财师前期的推荐逻辑将经受市场的考验。如果理财师前期的建议逻辑是基于对市场短期走势的判断，往往会因为结果和预期不符，致使客户亏损，并受到客户的质疑。即使是获得短期盈利，也可能因为客户来咨询"现在是否应该落袋为安"而陷于两难，因为如果理财师说"应该继续持有"，而结果是市场跌了，客户前期的盈利可能转为亏损；而如果理财师说"应该退出市场"，但市场还在继续上涨，那么客户同样会觉得很可惜。这也是"投顾式"的服务不适合财富管理行业的一个重要原因：如果理财师尝试扮演"为客户赚钱的角色"，那么客户就会以"是否能通过你的建议赚钱"的要求来衡量理财师的价值。

"关于资本市场未来的走势，唯一能确定的就是'未来是不确定的'"。面对市场的不确定性，有些投资者希望能火中取栗，因而屡败屡战，前赴后继；同时，投资的不确定性也让很多投资者唯恐避之不及。事实上，财富管理中投资架构的搭建就是为了帮助投资者事先就将风险前置，针对投资过程中可预见到的各类风险，制定自己的投资策略，并按一定的逻辑形成投资组合；并在投资过程中，能抵御市场噪声和自身情绪的影响，按既定的投资逻辑和策略进行调整，以降低因为投资行为偏差带来的投资风险。

在理财师帮助客户搭建投资架构的过程中，对未来市场短期的波动是有预见性的：因为这种预见性，所以在投资前就已经把长期投资资金配置到相关性较低且有一定因果关系的各类资产中去了；而当一类资产遇到短期波动时，另一类资产有可能有所表现，并因此会降低投资组合的整体波动；因此当市场短期波动出现时，理财师需要提醒客户需要更关注投资组合整体的收益和风险，而不是一类资产或一类产品的盈亏。

同时，理财师在客户投资前就应和客户就整个投资逻辑有充分的沟通，尤其是市场短期波动可能对其投资产生的负面影响，并告知客户理财师在投后服务中的具体工作重点。

在客户的投资架构中，理财师在投后服务中的工作重点主要包括了两个

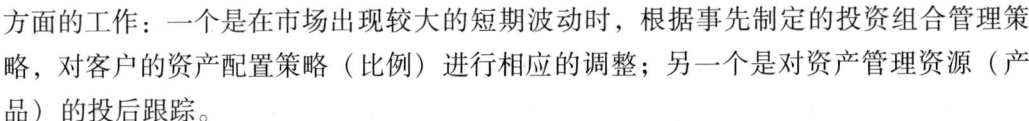

方面的工作：一个是在市场出现较大的短期波动时，根据事先制定的投资组合管理策略，对客户的资产配置策略（比例）进行相应的调整；另一个是对资产管理资源（产品）的投后跟踪。

第一节 投资组合管理策略

在实际工作中，投后服务是理财师一直很关心，同时也比较困惑的问题。尤其是当某一类资产表现不如预期的时候，客户的钱在亏损，理财师也同样在承受心理上的压力；如果轻易让客户止损，客户的亏损有可能就变成了真实亏损；而不让客户止损，那么亏损继续扩大的话，理财师会感觉自己更无法向客户交代。

事实上，"如何面对市场短期的波动"本身就是理财师需要帮助客户通过投资架构的搭建而需要得以解决的风险之一；是理财师需要在客户开始投资活动前就应该与其进行充分沟通的内容。

这个问题需要回溯到原点：即在开始为客户搭建投资架构时，理财师和客户一起明确的投资目标和投资策略到底是什么？

如前所述，搭建投资架构的目的主要是通过多种大类资产的配置，对投资进行风险控制，以期获得所配置资产的长期收益，使客户能够在一定程度上保障资金购买力并得以增值。因此，资产配置是投资架构搭建过程中的重中之重。

在资产配置过程中，理财师之所以建议客户配置相关性较低，又具有一定因果关系的资产，就是希望当一类资产发生了短期波动时，另一类资产可能因为和这类资产的低相关性而表现出不同的状态，并通过这样的一个方式来避免客户投资组合的大涨大跌，增加投资组合的稳定性。因此，理财师的投后服务的工作重心首先是保持客户资产配置策略（比例）的稳定性，而这项工作是通过理财师和客户在投资架构的搭建过程中，一起制定投资组合管理策略而体现出来的。

所谓投资组合管理策略，即投资组合配置完成后，在投资过程中，如何维护投资组合的有效运行并使之始终保持既定的投资策略的具体方法。

投资组合管理策略可以大致分为被动管理和主动管理两种。

最常见被动管理策略即是"买入持有法"。这种方法的特征是：购买初始资产组合，并长期持有这种组合，不管资产相对价值发生怎样的变化，这种战略也不特意进行积极的再平衡。买入持有法是基于所持有资产长期收益的确信，短期在牛市中，能获得牛市最大的红利；但短期在熊市中，或者熊市周期比较长的情况下，投资者必须承受投资组合的跌幅带来的煎熬，甚至可能因此而无法坚持既定的投资策略。

主动管理的策略可以非常多元化，尤其是对一些研究能力比较强的机构，可以通过定期调整资产配置策略，进而实现对投资组合的管理。

如前文所述，资产配置策略的制定不是一件简单的事情，个体理财师在实际工作中可能缺乏时间、精力、能力和资源来完成，因此财富管理机构研究部门的一个非常重要的工作职能就是为旗下理财师定期提供资产配置策略。

对广大个体理财师而言，在投后管理中资产配置的再平衡是一件非常重要的工作。其中恒定混合策略是一种非常直观且易行的方法。

恒定混合策略，即保持投资组合中各类资产的比例固定，在各类资产的市场表现出现变化时，理财师应根据原来的资产配置比例，对当前的投资组合进行相应的调整，以保持各类资产的投资比例不变。这一过程，也经常被称为资产再平衡。该策略对投资组合的调整是基于资产长期收益情况和偏好没有大的变化的假设，而非资产短期预期收益率的变化。这种方式在单边牛市有可能会导致错失资本市场的高峰，同时在单边熊市时过早补仓，但总体上会保持投资组合一定程度上的稳定性。

恒定混合策略可以定额调整，也可以按设定的调整周期进行调整。

定额调整是理财师和客户约定资产大类配置的比例偏移度达到什么程度时，可以考虑进行比例调整；比如，股票类资产偏移正负3%~5%时，就进行调整；定期调整就是理财师和客户约定一个周期，可以是半年也可以是一年，或者一个季度都可以，但不建议调整太频繁，然后定期调整资产配置的比例。

以下是一个投资组合根据恒定混合策略定期（1年）进行调整的表现，以帮助理财师了解恒定混合策略的具体操作方法，及其在2005~2018年的表现。

假设在2005年底，理财师采用1/N法为一名风险属性为平衡型的客户设计了一个100万元的资产配置组合，其中无风险资产为50%，A股股票、中国债券、国际股票、黄金资产平均各占12.5%。

经过了2006年一年的投资，无风险资产、A股股票、中国债券、国际股票、黄金资产的收益分别达到了3.47%、122.63%、14.94%、17.12%和23.2%，[①] 组合整体回报达到了23.97%，投资总金额升至123.97万元（如表6-1所示）。

表6-1　　　　　　　　　案例组合在2006年的表现和调整

项目	2005年底		2006年底至2007年		
	配置比例（%）	配置金额（万元）	总金额（万元）	比例（%）	调整后金额（万元）
无风险资产	50.00	50	51.74	41.73	61.99
A股	12.50	12.5	27.83	22.45	15.50
中国债券	12.50	12.5	14.37	11.59	15.50

---

① 本案例采用了中证股票基金指数（H11021）、中证债券基金指数（H11023）、摩根士丹利全球标准（大中盘）指数（MSCI World Standard（Large + Mid Cap）Index, 990100）、伦敦金价、三年期国债利率自2006年至2018年的历史数据，分别代表A股、中国债券、国际股票、黄金资产和无风险资产的表现。以下各类资产历年之涨跌幅均为对标指数的涨跌幅。

续表

项目	2005 年底		2006 年底至 2007 年		
	配置比例（%）	配置金额（万元）	总金额（万元）	比例（%）	调整后金额（万元）
国际股票	12.50	12.5	14.64	11.81	15.50
黄金	12.50	12.5	15.40	12.42	15.50
总计			123.97	1.00	123.97
现金收益			3.47%		
A 股			122.63%		
中国债券			14.94%		
国际股票			17.12%		
黄金			23.20%		
投资组合收益率			23.97%		

在经历了如此涨幅后，投资者通常既对未来的投资收益抱有极高的预期，同时又有"市场是否见顶"的忧虑（典型的贪和怕的心理），包括理财师在内的专业人士其实对资本市场未来的走势也不确定，如果根据对市场走势的预期来进行调整，难免出现投资行为上的偏差。如果理财师事先和客户约定了采用恒定混合管理策略的话，只需关注客户当前的资产配置比例的偏移情况。

如表 6-2 所示，在 2006 年底的时候，原来无风险资产 50% 的占比，A 股股票、中国债券、国际股票、黄金资产平均各占 12.5% 的投资组合，经历一年的投资，已经发生了很大的偏移，无风险资产占比降至 41.73%，A 股升至 22.45%，中国债券降至 11.59%，国际股票降至 11.81%，黄金资产比例降至 12.42%。

一个比较明显的情况就是 A 股资产目前远超原来的持仓比例，而无风险资产比例也比原来的有所下降，整体上会增加客户投资组合的风险，因此，调整的必要性得以体现出来。

具体调整的方法相对比较简单，即把当前的资产配置比例调整到原来的比例，比如降低 A 股资产持仓比例至 12.5%，由当前的 27.83 万元降至 15.5 万元；增加债券资产、国际股票资产、黄金资产至 15.5 万元（分别占总持仓 12.5%），增加无风险资产至 61.99 万元（占总持仓 50%）；客户以这样的投资组合进入 2007 年。

2007 年是资本市场大爆发的一年，各主要资产大类均获得了较大的收益。其中 A 股资产涨幅达到 128.33%，债券涨幅 18.22%，国际股票涨幅 8.73%，黄金资产涨幅 31.92%，投资组合整体涨幅 25.72%，投资金额升至 155.86 万元（如表 6-2 所示）。

表 6-2　　　　　　　　　　　案例组合在 2007 年底的表现和调整

项目	2005 年底		2006 年底至 2007 年			2007 年底至 2008 年		
	配置比例（%）	配置金额（万元）	总金额（万元）	比例（%）	调整后金额（万元）	总金额（万元）	比例（%）	调整后金额（万元）
无风险资产	50.0	50	51.74	41.73	61.99	64.86	41.62	77.93
A 股	12.5	12.5	27.83	22.45	15.50	35.38	22.70	19.48
中国债券	12.5	12.5	14.37	11.59	15.50	18.32	11.75	19.48
国际股票	12.5	12.5	14.64	11.81	15.50	16.85	10.81	19.48
黄金	12.5	12.5	15.40	12.42	15.50	20.44	13.12	19.48
总计			123.97	100.00	123.97	155.86	100.00	155.86
现金收益			3.47%			4.64%		
A 股			122.63%			128.33%		
中国债券			14.94%			18.22%		
国际股票			17.12%			8.73%		
黄金			23.20%			31.92%		
投资组合收益率			23.97%			25.72%		

以历史的眼光去看 2007 年底的资产配置调整，2008 年将迎来进入 21 世纪以来最重要的一次全球性的金融危机。但站在 2007 年底，以当时的眼光来看未来，则依然充满了各种不确定性，但因为 2007 年整体资本市场的表现，大多数人没有意识到巨大的风险正在迎面走来。

但对投资架构理念的信奉者而言，这一切都不重要，因为短期的风险已经在投资架构搭建的过程中被预见，并且有针对性地进行了预防措施；而恒定混合策略并不需要理财师基于市场未来走势的判断进行调整，而只需更关注客户的资产配置比例的偏移情况。

回到 2007 年底，由于各类资产涨幅不一，股票和黄金资产的持仓比例均超过了原来的比例，而债券、国际股票以及无风险资产持仓比例均低于原来的比例，因此，根据恒定混合策略的具体调整的方法依然相对比较简单，降低 A 股资产、黄金资产持仓比例至 12.5%，A 股资产由当前的 35.38 万元降至 19.48 万元；黄金资产由当前的 20.44 万元降至 19.48 万元，分别增加债券资产和国际股票资产至 19.48 万元（分别占总持仓 12.5%），增加无风险资产至 77.93 万元（占总持仓 50%）。

2008 年全球金融危机使权益类资产均承受了巨大的考验，截至 2018 年底，A 股市场跌幅达到 51.42%[①]，国际股票跌幅达到 67.6%，与此同时，债券资产和黄金资产与权益类资产的低相关性也体现出来，分别获得 6.46% 和 4.32% 的涨幅，客户投资组合

---

① 因为此处采用的是中证股票基金指数，所以跌幅低于沪深 300 指数当年 64.18% 的跌幅。

第六章 理财师的投后服务

整体跌幅为 10.83%，投资金额降至 138.98%，相比两年前的本金，投资组合涨幅依然达到 36.98%（如表 6-3 所示）。

表 6-3　案例组合在 2008 年底的表现和调整

项目	2005 年底 配置比例（%）	2005 年底 配置金额（万元）	2006 年底至 2007 年 总金额（万元）	2006 年底至 2007 年 比例（%）	2006 年底至 2007 年 调整后金额（万元）	2007 年底至 2008 年 总金额（万元）	2007 年底至 2008 年 比例（%）	2007 年底至 2008 年 调整后金额（万元）	2008 年底至 2009 年 总金额（万元）	2008 年底至 2009 年 比例（%）	2008 年底至 2009 年 调整后金额（万元）
无风险资产	50.00	50.00	51.74	41.73	61.99	64.86	41.62	77.93	82.14	59.10	69.49
A 股	12.50	12.50	27.83	22.45	15.50	35.38	22.70	19.48	9.46	6.81	17.37
中国债券	12.50	12.50	14.37	11.59	15.50	18.32	11.75	19.48	20.74	14.92	17.37
国际股票	12.50	12.50	14.64	11.81	15.50	16.85	10.81	19.48	6.31	4.54	17.37
黄金	12.50	12.50	15.40	12.42	15.50	20.44	13.12	19.48	20.32	14.62	17.37
总计			123.97	100.00	123.97	155.86	100.00	155.86	138.98	100.00	138.98
现金收益			3.47%			4.640%			5.40%		
A 股			122.63%			128.33%			-51.42%		
中国债券			14.94%			18.22%			6.46%		
国际股票			17.12%			8.73%			-67.60%		
黄金			23.20%			31.92%			4.32%		
投资组合收益率			23.97%			25.72%			-10.83%		

回到当年客户在 2008 年底的资产配置比例，A 股资产占比只有 6.81%，国际股票占比 4.54%。此消彼长之下，中国债券和黄金资产占比分别为 14.92% 和 14.62%（标准配置为 12.5%），无风险资产占比也达到了 59.1%（标准配置为 50%）。

根据恒定混合策略的原则，理财师需要在大跌后加仓 A 股和国际股票资产，并降低债券、黄金和无风险资产的配置比例到原来的标准配置比例（如表 6-3 所示）。

择时投资的信奉者往往对此无法理解，一是为什么不在权益类资产下跌之初就清仓？二是为什么在经历了如此大跌、市场尚未企稳时就加仓？事实上，原因只有一个，那就是如果没有时光隧道，绝大多数人对未来是无知的。清仓很容易，但什么时候回来呢？

最后的结果证明，理财师更需要做的是自身能力范围中的职责，即紧盯客户能承受的风险程度并在资产配置比例发生偏移时，将其调整到客户能承受的风险范围之内。2009 年底的投资结果对恪守这一职责的理财师是一种奖励。

2009 年的权益类资本市场，因为各国政府对金融危机做出的快速反应而强烈反弹，A 股资产涨幅达到 71.17%，国际股票类资产也达到 23.54%，金融危机带来的避险情绪使得黄金资产涨幅达到 25.04%，大幅降息和流动性投放也促使债券资产获得 5.04% 的涨幅，客户整体投资组合涨幅达到 17.26%，投资金额涨至 162.97 万元（如表 6-4 所示）。

表6-4　案例组合在2009年底的表现和调整

项目	2005年底配置比例(%)	2005年底配置金额(万元)	2006年底至2007年 总金额(万元)	2006年底至2007年 比例(%)	2006年底至2007年 调整后金额(万元)	2007年底至2008年 总金额(万元)	2007年底至2008年 比例(%)	2007年底至2008年 调整后金额(万元)	2008年底至2009年 总金额(万元)	2008年底至2009年 比例(%)	2008年底至2009年 调整后金额(万元)	2009年底至2010年 总金额(万元)	2009年底至2010年 比例(%)	2009年底至2010年 调整后金额(万元)
无风险资产	50.00	50.00	51.74	41.73	61.99	64.86	41.62	77.93	82.14	59.10	69.49	71.80	44.06	81.48
A股	12.50	12.50	27.83	22.45	15.50	35.38	22.70	19.48	9.46	6.81	17.37	29.74	18.25	20.37
中国债券	12.50	12.50	14.37	11.59	15.50	18.32	11.75	19.48	20.74	14.92	17.37	18.25	11.20	20.37
国际股票	12.50	12.50	14.64	11.81	15.50	16.85	10.81	19.48	6.31	4.54	17.37	21.46	13.17	20.37
黄金	12.50	12.50	15.40	12.42	15.50	20.44	13.12	19.48	20.32	14.62	17.37	21.72	13.33	20.37
总计			123.97	1.00	123.97	155.86	100.00	155.86	138.98	100.00	138.98	162.97	100.00	162.97
现金收益				3.47%			4.64%			5.40%			3.33%	
A股				122.63%			128.33%			−51.42%			71.17%	
中国债券				14.94%			18.22%			6.46%			5.04%	
国际股票				17.12%			8.73%			−67.60%			23.54%	
黄金				23.20%			31.92%			4.32%			25.04%	
投资组合收益率				23.97%			25.72%			−10.83%			17.26%	

如表 6-5 所示，如果每年均以这样的方式进行投资和调整，截至 2018 年底，整个投资组合从本金 100 万元涨至 239.29 万元，年平均收益率为 7.38%，标准差为 10.14%。更重要的是，只有在 2008 年、2011 年和 2018 年三个年份投资组合收益为负，而总投资金额从没有低于 100 万元。

表 6-5　案例组合根据恒定混合策略定期调整，2005~2018 年的增长情况

年份	投资总额（万元）	年收益率（%）
2005	100	
2006	123.97	23.97
2007	155.86	25.72
2008	138.98	-10.83
2009	162.97	17.26
2010	176.18	8.10
2011	175.13	-0.60
2012	186.29	6.37
2013	191.08	2.57
2014	206.54	8.09
2015	220.59	6.80
2016	226.28	2.58
2017	243.16	7.46
2018	239.29	-1.59
平均年收益率		7.38
标准差		10.14

从上述的例子中，理财师也可以看到以下四个特点：（1）在市场走势不清晰的情况下，通过制定恒定混合策略，能使理财师和客户拥有一个进行资产配置调整的基准；（2）虽然我国资本市场依然拥有非常鲜明的新兴市场特征，但通过资产配置加上恒定混合策略，理财师依然能帮助客户获得长期而相对稳定的投资收益；在整个投资过程中，投资组合的波动范围得到了有效的控制，使投资者能坚持既定投资策略的概率大大上升；（3）调整频率也是值得重点考量的问题。如果只是单纯地进行定期调整，尤其是以年为单位的调整，有可能过长，在市场发生突变的情况下，或者某类资产所占比例有了较大的偏离的时候，理财师应适时进行资产配置的再平衡；（4）恒定混合策略是基于客户风险属性以及长期资产配置策略不变的假设，但资本市场瞬息万变，保持不变的资产配置策略（比例）可能并不恰当。因此，理财师的投后服务应和机构定期发布的资产配置策略结合起来，以解决上述假设的问题。

基于以上对恒定混合策略的介绍，在用恒定混合策略进行具体的资产配置动态调整工作时，理财师需要做到以下四点：（1）需要在实施投资规划前，把投资组合管理策略和客户进行充分的沟通；（2）可以和客户约定定期对资产配置比例进行调整，也可以和客户约定资产大类配置的比例偏移度达到什么程度时进行调整；（3）在具体调整时的衡量标准，可以是在年初确定的资产配置比例，也可以是根据市场状况重新调整后的配置比例；（4）密切关注每一个资产管理资源（投资经理）的表现以及市场风格的切换，如有需要进行适时的调整。

第二节　资产管理资源的跟踪和调整

在投后管理中，理财师除了要密切关注客户资产配置比例的偏移情况，还需要关注具体金融产品或资产管理资源的变化情况。

对资产管理资源的跟踪和调整，在很大程度上是基于投资组合配置的过程，这些资产管理资源或产品入选的理由；在本书第七章的内容中，介绍了资产管理资源选择的条件和原则，其中包括但不限于：（1）单个产品金额占比不超过整个资产大类所占金额的50%；（2）投资风格和投向的分散；（3）对资产管理资源定量定性分析的结果等。

因此，当一个产品或资产管理资源入选的条件发生变化时，理财师就需要采取相应的措施，这些措施主要是做出以下决定：（1）该资产管理资源是否应该继续留在客户的投资组合里？（2）如果是的话，那么金额是否需要进行调整？（3）如果不是的话，那么替代品种是什么？

因此，当单个投资产品金额超过了整个资产大类所占金额的50%时，需对所选择的产品金额进行相应的调整；但其投资风格是否发生变化，业绩表现是否符合预期，主要基金管理人或团队是否发生变化等，均可能会影响到该产品是否应该继续留在客户投资组合中的决策。

在投后管理中，如果一名股票型基金经理的风格多变，可能未必受到理财师的青睐；相反，往往会成为被理财师调出客户投资组合的理由。鉴于不同市值和不同发展阶段的上市公司在资本市场的历史表现，本书第七章中特别强调了投资风格分散的重要性，而基金经理在风格上出现变化，在很大程度上会打破投资组合的原有的平衡。事实上，一名风格多变的基金经理在理财师进行资产管理资源选择的时候，就可能被排除在选择范围之外。而在投资过程中，一个投资产品的风格发生变化，很有可能是因为两个原因：一个是市场环境发生了巨大的变化，导致基金经理根据自身对市场趋势的理解而对投资风格进行了调整；另一个是由于原有的基金经理离职，新任的基金经理有不同的投资理念和风格。因此，理财师在帮助客户进行投后管理的时候，对基金经理的变动是极其敏感的。

在实际工作中，理财师往往对基金经理出现变动或者投资风格出现偏移，还是具有一定的容忍度的。尤其是当市场环境确实正在发生较大的变化，而基金经理过往的经验和表现又值得信赖，并且以往的投资风格相对平稳，理财师往往会对其进行一段时间的观察后再采取行动；同样，理财师对新任基金经理也会给予一定的观察期，以观察该产品是否延续了原来的基金经理的投资风格，并在同类产品中依然保持领先。

在投后管理中，一只产品的短期表现不佳并不成为对其进行调整的原因。尤其是当其投资风格难以在当前的市场环境中有所发挥的时候。比如在"白马股"行情中，中小盘基金可能会表现得差强人意；在加息周期中，债券基金往往表现低迷等。因此，一只投资产品在投资过程中有短期波动，属于正常情况，反而当一只产品逆势获得远超同类产品的业绩时，理财师会开始观察该产品的投资风格和投向是否和预期的有所不同。

第七章

财富管理机构需提供的专业支持

不得不承认，在实际工作中，投资架构的服务体系中有两项工作对个体理财师而言，还有较大的局限性，这两项工作分别是资产配置策略的形成和具体产品库的选择和跟踪。

个体理财师如果希望自己来进行资产配置模型的设计，难度还是非常之大。其局限性包括了以下三个方面。（1）资产类别的选择：可能需要对具有代表性的各类资产指数的采集、计算、研究和跟踪，仅这项工作的工作量可能占据理财师大量的时间和精力。（2）计算的复杂性：前文提供的"均值—方差"模型的计算方法，只是代表了两类风险资产的组合，如果是三类风险性资产（甚至更多）的话，则需要用矩阵进行计算；如果是采用风险平价策略的话，对风险权重的计算也同样颇为复杂；一个有效的方法就是通过数学建模，利用信息研发技术降低计算的复杂性，但个体理财师显然很难胜任这项工作。（3）参数设置：对个体理财师而言，即使有计算模型，在参数设置方面，其中包括资产大类的选择、历史数据的采样、对市场趋势判断的量化处理等，也同样涉及非常大的工作量。这在一定程度上也有可能超出个体理财师能力范围。

同样，如何在数以万计的产品中帮助客户选择适合的产品或资产管理资源？无论在此过程中所涉及的复杂性和专业性，还是对各类产品信息资源的需求，如果完全让个体理财师来承担这样的工作，都将极大地分散其真正为客户提供服务的时间和精力。因此，财富管理服务机构理论上应该设有专门的研究部门和投资决策委员会来帮助理财师完成上述两项工作。

在"以产品销售为导向"的商业模式大行其道的发展阶段，财富管理机构的研究部门有极大的可能在公司高层的授意下，被利益和机构自身的发展需求"绑架"，产品佣金的多寡难免会成为产品库建设的一个非常重要的因素。而这样做的结果，往往会导致一些理财师对机构产品库的不信任，致使理财师沉迷于对产品的研究筛选工作，而没有以更高的工作效率进行客户服务或者销售的工作，这也是当前财富管理机构应该自省的一个问题。

第七章　财富管理机构需提供的专业支持

一个财富管理机构的存在意义何在？如果只是为了销售产品拿点佣金，那么能走多远？随着资产管理行业的快速发展，投资渠道越来越丰富，并出现产品同质化现象；对一个财富管理机构而言，产品供应能力当然很重要，但很难成为其核心竞争力。

而理财师在一线直接面对客户，他们在服务客户的过程中所展现的投资理念和方法论，及其为客户推荐的资产配置策略和具体产品（组合）的逻辑，直接关系到客户的体验和黏性，以及他们在客户家庭财务决策过程中的专业价值；而理财师在客户心目中的专业价值提升，将直接对机构的品牌和专业口碑产生巨大的正面效应。一个机构拥有专业的理财师，并拥有极大黏性的客户群体，这才是财富管理机构健康发展的决定性因素。

从这个角度来看，财富管理机构高层以及研究部门更应该换一种思维，思考如何能为理财师做好"后勤保障"工作，而这种后勤保障工作的核心是如何为一线理财师提供专业支持和服务。

针对客户的投资决策需求，财富管理机构及其研究部门为理财师所提供的专业支持和服务包括但不限于以下内容和步骤：（1）明确投资理念：由机构高层、研究部门以及理财师代表组成投资决策委员会，协商制定本机构的投资理念，即从机构角度出发，认为一个普通家庭或者个人应该如何进行投资；①（2）理念的宣导：把具体的投资理念及其理论支持、方法论、逻辑和具体的工作步骤等核心内容，在旗下理财师及其团队中进行充分的宣导；（3）制定资产配置策略：如前文所述，机构研究部门应该着重于资产配置模型的研发和不同时期、针对不同风险属性客户群体的资产配置策略的研究，并定期向理财师公布本机构的资产配置策略；（4）明确产品种类：研究部门应根据本机构的投资理念和资产配置策略，决定产品的种类，这些产品种类可以分别根据资产大类中比较鲜明的投资策略、投资风格、投向（包括地域和投资标的种类）等因素进行分类（如图7-1所示）；（5）明确每一类产品的选择要求：每一类产品的选择条件和要素有所不同，研究部门应该根据自身需求，明确每一类产品的定量分析因子；（6）形成备用产品库：引进相关产品数据库（如公募、私募基金数据库等），通过上述选择因子，在每一类产品中筛选出一批优秀的产品，形成备选产品库；（7）明确主推产品库：备用产品库的基础上，由投资决策委员召开产品评审会，在备选产品库的基础上，依据定性分析的标准，对备选产品进行评审，筛选出每一类主推产品；（8）明确主推理由逻辑：为每一个主推产品撰写上架的逻辑和理由（而不是简单地把产品发行方的宣传单发给理财师），以便于理财师能快速了解产品的特点和优势，并能快速有效地对客户进行推荐；（9）产品跟踪：研究部门应有专人或信息采集工具，对在推产品进行跟踪以及时发现资产管理资源的变化和异动，如基金经理离职、基金管

---

① 本书的投资架构的概念在一定程度上提供了一种可行的思路，但它可能并不是唯一的。各财富管理机构应该基于自身对普通家庭和个人应该如何进行投资决策的认识，形成自身的投资理念，这一点对旗下的理财师，尤其新到岗的理财师具有非常重要的意义；也是财富管理机构企业文化和客户服务文化的重要组成部分。

理公司出现负面新闻、产品业绩下滑、投资风格波动、重仓品种"踩雷"等;(10)定期召开产品评审会:投资决策委员会的产品评审工作会议应定期进行。一方面对在架产品进行评估,对产品形态和运营状况发生变化和异动的产品做出是否保留的决策;另一方面对新上架产品进行评审。

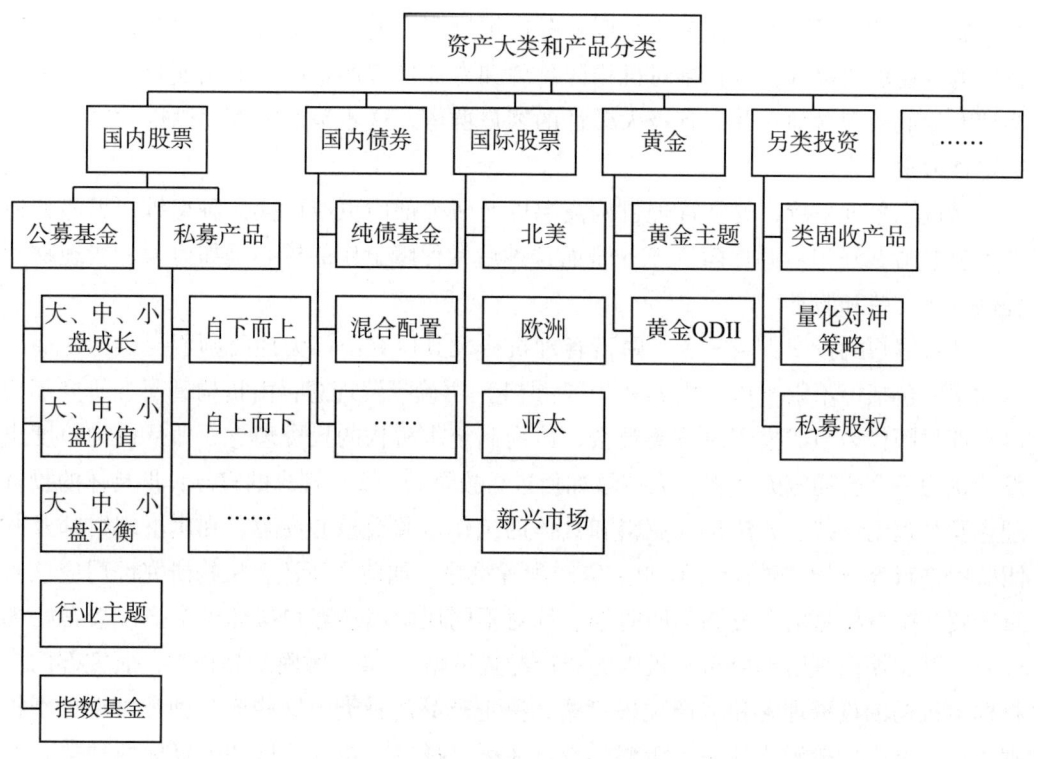

图 7-1　资产大类和产品分类方向

除了上述基本职能外,财富机构研究部门应该关注到一线理财师在服务客户的过程中,会面对客户对各类投资产品的咨询,比如有其他机构的理财师也向客户推荐了一个产品,而客户在投资前希望有其他理财师对该产品进行一些分析等。

前面曾有述及,随着国内投融资渠道的日益拓宽,涌现了大量的非标准化固定收益产品、私募股权产品等投资品种。其中非标债权类产品和私募股权投资往往还只是针对单一融资项目或者单一公司的私募股权融资,即使是同类产品,所涉及的风险收益特征也不统一;在资管新规明确提出"打破刚兑""卖者尽职"的大环境下,显然对机构研究部门和理财师都提出了更高的要求。

鉴于这些另类投资品种的多元性,在本书的内容中没有特别涉及对这些产品的研究分析方法,但对这些在销售或有意引进另类投资品种的财富管理机构而言,研究部门一方面应加强对此类产品进行研究分析的能力,并形成机构内部对此类产品进行风险收益分析的方法论和评审机制,做好风控工作,以保护客户的权益和机构的声誉,

第七章　财富管理机构需提供的专业支持

并强化理财师对机构产品库的信心；另一方面也可以将对这类产品的分析框架及其方法论分享给理财师，以便于理财师在有客户咨询其他机构推荐的产品时，至少能根据分析框架对这些产品进行分析，强化理财师的单兵作战能力。

例如，表7-1展示了对房地产非标类固收产品的基本分析框架。

表7-1　　　　　　　　房地产类固收产品基本分析框架

项目质量	借款人实力	担保能力	监控措施
业态分布	股东背景	抵押担保	收入监控
地理位置	年度销售规模	保证担保	指标监控
当地政策	开发商排名	质押担保	募集方式
开发成本			发行机构
租金			

研究部门既可以根据上述4大类15小类制定本机构的选择条件和指标，对本机构的备选产品进行评审，并在有需要时进行实地调研；同时，也可以把如何运用这样的分析框架的具体方法传授分享给旗下理财师，使其能够面对客户的产品咨询时，至少能根据该框架为客户提供一个相对客观的基本分析；当然，由于不了解其他机构的风控措施和调研情况，理财师未必需要直接回答客户是否应该投资该产品。

第三部分

构建家庭财务保障保全体系的能力

第八章

家庭财务保障保全体系概述

美国社会心理学家、人格理论家和比较心理学家亚伯拉罕·马斯洛（Abraham H. Maslow）的动机理论（又称需求层次论）认为，人类动机的发展和需求的满足有密切的关系，需求的层次有高低的不同，低层次的需求是生理需求，向上依次是安全需求、社交需求、尊重和自我实现的需求（见图8-1）。

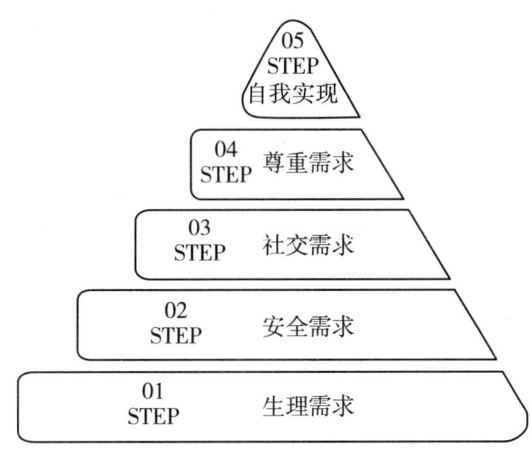

图8-1 马斯洛五大需求

资料来源：戴维·霍瑟萨尔著，郭本禹等译，《心理学史》，人民邮电出版社2011年版。

马斯洛认为低层次的需求基本得到满足以后，它的激励作用就会降低，高层次的需求会取代它成为推动行为的主要原因。根据图8-1所示，马斯洛认为，生理需求是个人生存的基本需要，如衣食住行等。在生理需求得到满足后，人们往往会追求安全需求，包括心理与物质的安全保障；然后是社交需求，需要友谊和群体的归属感，人际交往需要彼此认同、互助和赞许；尊重需求，包括受到别人的尊重和自己内在的自尊心的需求；最后是自我实现需求，指通过自己的努力实现自己对生活的期望和创造潜能的充分发挥，从而对生活和工作真正感到意义和价值。

中国改革开放40多年，不仅使得中国成为全球第二大经济体，同时，也造就了巨额的民间财富。马斯洛需求层次理论也解释了当前社会上很多高净值客户对财富安全方面的需求明显高于早些时候。很多私人银行报告、对高净值客户的问卷调查等都证明了这种需求越来越受到重视；[①] 这些现象是必然的，因为当基本生理需求得到相对普遍的满足后，安全性需求就会越来越受到普通家庭的重视。

所谓"人无近忧，必有远虑"，在财富管理实务工作中，不难看到一些个人或家庭在改革开放早期就获得了巨额的财富，但在经济结构转型过程中，这些财富不增反降，导致本已达到的生活品质都打了折扣。其背后故事可能各有各的不同，不变的是这些故事里都有各式各样风险的发生，最后传导到家庭财务中来。因此，对客户而言，无论是在创富阶段还是守富阶段，都需要关注自身家庭中各类潜在的风险，并积极地采取预防措施和风险管理，这一需求也使得财富保障保全工作成为最重要的家庭财务决策之一。在此过程中，普通家庭或个人往往受限于自身的专业知识、时间、精力和各方面的资源，对专业的财富管理服务的需求也应运而生。

尽管如此，在现实生活中，客户往往不愿意主动谈及自身对未来财务安全的顾虑，除非是在风险已经发生的情况下，才会寻求专业人士的帮助，即使在这个时候，理财师很多时候也不是第一选择，比如客户有可能会寻求律师的法律援助等。但理财师需要关注的还是自身在客户家庭财务决策中的定位，只要这些风险和家庭财务决策有关，无论是否已经发生，都在理财师的职责范围之内：如果没有发生，就需要尽可能地对潜在的、可能对客户家庭财务产生重大影响的风险进行识别和评估，并提出针对性的预防保障措施建议；如果风险已经发生，也应该评估该风险对家庭财务的影响，并帮助客户做好补救措施，比如在客户家庭已经出现离婚析产[②]的情况下，理财师就应及时提醒客户收集整理有关夫妻共同财产的证据，并在必要时可以采取诉讼保全措施。因此，理财师需要具备一套针对客户财富安全、风险管理需求场景的服务体系。

专业理财师同样是普通人，不可能预知客户及其家庭未来会有怎样的风险，但职责所在，理财师需要根据客户的情况，帮助客户识别各种潜在的、有可能传导到家庭财务中来的风险；并利用自身在金融、税务、法律等方面的专业知识，以及保险、家族信托等金融产品资源，帮助客户有针对性地对每一类潜在风险积极采取预防和保障措施，并在风险骤然而至时，及时提供家庭财产保全的相关建议，从而形成客户家庭的财务风险保障和保全体系。这不仅是理财师必须要具备的财富管理核心能力之一，也是其自身专业价值的重要体现。

理财师针对客户家庭财务风险管理需求场景的服务体系，可被归纳为四个主要步骤：（1）风险识别；（2）风险评估；（3）搭建家庭财务保障保全体系；（4）评估风险管理效果。

---

① 国内常见的高净值客户财富管理需求报告包括了招商银行和全球知名咨询公司联合推出的《中国私人财富报告》、兴业银行和建设银行分别和波士顿咨询公司推出的《中国私人银行市场报告》等。

② 析产是指财产共有人通过协议的方式，根据一定的标准，将共同财产（如夫妻共同财产）予以分割，分属各共有人所有。

第八章 家庭财务保障保全体系概述

第一节 风险识别

在"以产品销售为导向"的商业模式的影响下，一些理财师往往在对客户的情况不是很了解时，就向客户介绍自己的产品（如保险产品、家族信托等）。虽然很多客户家庭并非不需要这些风险管理工具，但却因为理财师的介绍没有针对性，而让客户忽视了这些风险保障或者风险隔离工具的真正作用。就像医生不会见到病人就开始介绍某一种药品的功能一样，理财师也同样不应该没有针对性地对客户开出"药方"。

在医生的专业知识范围中，对各种病症及其症状和治疗方法的掌握，是不可或缺的；同样理财师首先要了解普通家庭可能会存在的"风险场景"，即"一个普通家庭可能会存在哪些潜在的、对家庭财务产生影响的风险"；并需掌握对这些风险场景的应对和预防有相应的策略和方法及其所涉及的金融产品、法律工具和其他资源。

风险识别的工作，是在对客户家庭的生活状况和财务状况进行深入了解的过程中，理财师需要敏锐地去发现客户可能存在的家庭财务风险，并在此基础上有针对性地对客户进行引导。

普通家庭常见的风险场景包括但不限于以下四种情况。

1. 家庭成员人身风险所引发的家庭财务风险

在现实生活中，意外、疾病每天都在发生，在医学昌明的今天，很多外伤可以被治愈，很多重大疾病如果及时治疗，也可以幸免，但需要钱！尤其是对小康家庭而言，一次意外、一场重大疾病就可能毁了一个家庭的生活品质、子女的教育水平和整个家庭的未来，因此普通家庭需及时尽早地对此做好准备，这也是小康家庭必须要做的家庭财务决策。而对高净值家庭，在家庭成员发生人身风险时，虽然治疗所需的费用可能并不能撼动其家庭财务的根基，但家庭资产流动性的管理、医疗资源的获取等方面，客户依然需要理财师的专业协助。

2. 因为企业经营出现问题，经营风险传导成为家庭财务风险

对企业主家庭而言，经营风险传导到家庭，最后成为家庭财务风险的例子不胜枚举。2011年前后，我国正处于经济结构转型时期，浙江几千家民营企业因为融资难而自发形成了互保联保圈，其中一家企业向商业银行申请贷款，联保圈所有成员都需承担连带责任。此种融资方式最大的问题在于，担保链上一家企业出现问题，就会牵连其他承担担保责任的企业。结果，危机出现，导致了浙江数千家企业倒闭。毫无疑问，这些企业主的家庭财务也同样遭遇了财务危机。

虽然企业的融资、经营、现金流和债务管理等经营决策均不属于家庭财富管理的范畴，但如果企业经营决策影响到家庭财务，其后果可能导致家庭财务遭受重创；而专业理财师的工作就是帮助企业主客户未雨绸缪，针对企业经营风险传导到家庭的潜在风险，及时做好家庭的财产保障工作。

3. 因为婚姻关系出现问题，离婚导致家庭财务发生巨变。

根据国家民政部的统计数据，近年来我国离婚人数逐年攀升（如图8-2所示）。离婚意味着析产，其中部分个人财产因为和婚后财产混同，而成为夫妻共同财产，导致个人财产流失，无法得以保全。一些普通家庭往往忽略这种风险场景的预防措施，在离婚析产的过程中又没有采取积极的财产保全措施，最后导致个人或者家庭财产的流失。同样，当父母在对子女进行婚前馈赠或者财富传承时，如果没有考虑到子女婚姻潜在的风险，也可能导致家族资产的流失。事实上，无论婚前和个人财产的保护保全，还是父母对子女的馈赠和财富传承，都属于家庭财务决策。因此，理财师应主动提醒并帮助客户家庭做好这一方面的预防措施。

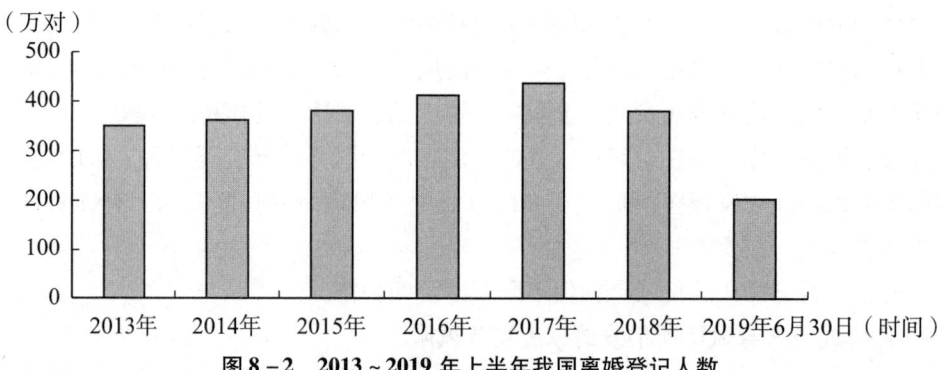

图8-2 2013～2019年上半年我国离婚登记人数

资料来源：民政部网站。

4. 缺乏税务知识，税务筹划中的风险

依法纳税，无论是在国内还是在国外都是居民应尽的义务。虽然在新个税法①颁布执行后，我国加大了个税改革的步伐，但总体而言，还是相对简单直接的。但随着经济发展，国民财富大幅上升，无论是长期居住的生活环境还是子女留学的需求，对不少高净值客户家庭而言，都有了更多的选择。其中不乏海外移民的家庭和进行海外资产配置的家庭，以及在海外置业供子女留学时居住的家庭。相比国内税法的相对简单直接，不少其他国家的税法复杂而烦琐，如果不能了解资产所在地的税法，无论是在财富传承的过程中，还是在赠与或者其他资产正常转移的过程中，很有可能导致超出预期的纳税义务。而在进行税务筹划过程中，随着美国的外国账户税收遵从法（FATCA）和世界经济合作与发展组织（OECD）的通用报告准则（CRS）的颁布执行，全

---

① 2018年底，我国颁布了《中华人民共和国个人所得税法实施条例》以及《个人所得税专项附加扣除暂行办法》。从2019年1月1日开始，全面实行《中华人民共和国个人所得税法》。

球税务透明化的大幕已然揭开①,任何跨境逃税避税的行为将无处遁形。这无疑也增加了客户进行家庭财务决策的难度,使其对专业财富管理服务的需求进一步得以提升。

除了上述主要风险场景外,普通客户家庭同样会面对投资风险和在财富传承过程中可能存在的不确定性,以及在现实生活中一些家庭可能还涉及个别家庭成员不当行为所造成的家庭收支失衡的风险,比如家人涉赌、涉毒、挥霍等(如图8-3所示)。

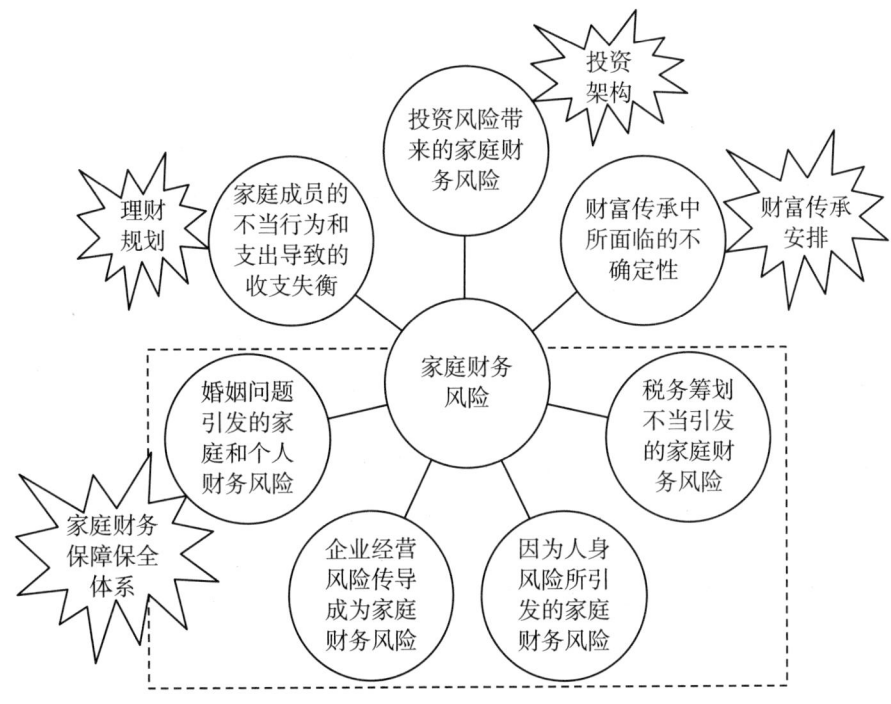

图8-3 普通家庭潜在的主要家庭财务风险以及相应的财富管理核心能力体系

图8-3同样显示,风险管理可以被认为是专业的财富管理服务中最主要的工作内容。本书所论述的每一种财富管理核心能力,都涵盖了客户各种家庭财务决策中的风险管理工作。②

同时,上述风险场景在风险归类上还属于一级风险,事实上,每一类一级风险还

---

① 美国在2012年通过外国账户税收遵从法,2013年1月起生效,要求全球金融机构向美国通报美国人和美国税务居民在海外的金融资产信息,以供美国政府查看。2014年以来,经济合作与发展组织(OECD)颁布了《金融税务信息自动交换标准》以及通用报告准则,这是指导各参与国(司法管辖区)定期对税收居民金融账户信息进行交换的准则,以打击利用跨境金融账户逃税避税的行为。

② 在本书论述的财富管理核心能力体系中,第二部分"投资架构的搭建能力"已经涵盖了投资风险管理的内容;第四部分"理财规划能力"将涵盖了"规划家庭财务资源,实现客户家庭一生收支平衡"的内容;第五部分"财富传承安排的能力"将涵盖了"如何降低财富传承不确定性"的风险管理内容。本部分"构建家庭财务保障保全体系的能力"所论述的内容,主要包括"因为人身风险所引发的家庭财务风险""婚姻问题所引发的家庭财务风险""企业经营风险传导到家庭的风险""因税务筹划不当所导致的资产流失的风险"。

包含了次级风险，比如在"因人身风险所引发的家庭财务风险"中，还包含了至少三种常见的次级风险；在"企业经营风险传导到家庭的风险"中，企业经营风险的传导路径也往往不同，有可能是因为企业主承担了企业所需融资的无限连带责任，也可能是因为企业主违规经营最后导致对企业主个人的行政处罚或者民事诉讼赔偿等。

作为财富管理从业者，理财师应该对上述每一类一级风险场景及其每一类次级风险都谙熟于心，在为客户提供专业服务时，不仅要敏锐地发现客户潜在的风险，更需要帮助客户在风险发生之前就采取有效的预防措施。

在财富管理工作中，客户的家庭决策往往不是独立的，同样家庭财务风险也不是独立的，而是具有传导性的。比如，当婚姻问题导致离婚析产，可能会引发企业经营风险，最后企业经营出现问题，也会再次传导到家庭和个人的财富水平。再如，因为家庭主要成员遭遇人身风险，导致身故，对小康家庭而言可能会导致家庭收入的大幅减少甚至灭失；而对企业主家庭而言，如果没有做好财富传承的安排，有可能出现亲属和配偶之间对企业经营权的争夺，然后导致企业经营风险，最后还是体现在家庭的财务资源的流失上。

风险识别工作是客户家庭保障保全体系建设的第一步，只有帮助客户了解自己可能面对的风险，理财师才能够有针对性地帮助客户采取有效的预防措施。但在实际工作中，在理财师获得客户完全的信任之前，客户通常不会主动和理财师交流被其视为"家丑"或者"秘密"的信息，因此，理财师首先要深入了解客户的家庭财务状况和生活状况，敏锐地从客户的身份（如企业主）、婚姻状态、子女情况等内容找到切入点，以自己对风险的认知水平，提醒客户关注可能存在的风险，并提示客户家庭财务风险保障和保全的重要性。

第二节 风险评估

风险评估是理财师帮助客户家庭构建家庭财务保障保全体系的第二步。风险评估是理财师在帮助客户进行了风险识别（让客户意识到自己可能面对哪些潜在的家庭财务风险）后，对每一类潜在风险发生时的损失程度，结合家庭财务的其他因素进行全面考量，评估发生风险的危害程度，并决定是否需要采取相应的措施；换言之，理财师需要在风险评估环节，和客户一起明确哪些风险是必须要采取相应的预防措施的。

在财富管理实务工作中，与客户谈潜在的家庭财务风险时，不管是理财师还是客户，都不是让人感到愉悦的事情。即使理财师根据客户的情况，提醒客户需要关注一系列风险因素，一些客户会表现出不置可否甚至反感的态度，其中的原因主要还是侥幸心理作怪。

在思考风险预防这个问题时，主要涉及两个维度：一个是风险发生的概率；另一个是风险发生后对自身家庭财务产生的伤害程度。之所以一些客户会存在侥幸心理，

第八章 家庭财务保障保全体系概述

往往是因为他们认为这些风险发生的概率比较低，但他们忽视了另一个维度，那就是有些风险虽然发生概率可能较低，但一旦发生，可能是自己和其他家庭成员根本承受不起的。

同时，理财师在展业过程中，也存在一些问题。其中较为常见的问题就是"把产品当作切入点"。比如在没有评估潜在风险对客户家庭可能造成的伤害程度，就武断地向客户宣告"每个家庭都需要保险"，并推荐相关的产品；但事实上，对一些高净值客户家庭而言，客户认为有些风险自己是能够承受的，并因此不重视理财师的建议，甚至还根据自身的主观认知，质疑理财师是否存在销售产品的动机。

因此，理财师需要通过风险评估帮助客户意识到：对于风险的预防，不能只是依赖对其发生概率的主观判断，还必须考虑到风险发生后的伤害程度，并从自身能否抵御这种风险的角度出发，做出是否要对其采取预防措施的决定。

在风险评估的过程中，理财师可能需要对每一类风险进行定量和定性分析。事实上，有些风险所产生的伤害程度是可以量化的，比如因为人身风险导致的家庭财务风险，当客户家庭主要收入来源者因为意外或者疾病导致身故，从而给家庭带来财务资源的损失；理财师可以根据家庭的具体需求或者客户未来可能带来的收入，通过计算来量化潜在的风险可能对家庭产生的资金缺口；但有些风险所产生的伤害则无法量化，无法用金钱来衡量。

风险评估环节也是理财师在提醒客户关注自身潜在家庭财务风险的基础上，对客户进一步采取积极的预防措施进行引导的过程。引导需要一定专业的技巧，其中TOPS原则就是营销专家常用的技巧，其中强调了在为客户提供专业解决方案前，必须要做到获得客户的信任、了解到客户关心的人或事，并以此触动客户的不安，形成有意识的需求。

（1）建立信任：理财师应通过对客户的家庭状况的深入了解和高度关心来获得客户的信任。在这个过程中理财师应多问少说，要有聆听的耐心和技巧。

（2）寻找机会：理财师应在寒暄的过程中去寻找对客户而言是重要的、所关心的、所担心的需求。

（3）触动不安：在了解了客户最关心的问题的基础上，理财师可以就"这些问题不能得到解决的后果"向客户发问。比如一名客户在前期沟通中表现出非常强的家庭观念，但却从没有做过任何商业保险，那么理财师可以问客户"您有没有想过，在您的收入因为意外或疾病而中断的话，您的孩子、妻子和老人将陷入怎样的境地"。触动不安的问题可能并不"和谐"，也就是因为这种不和谐，客户才会真正地去思考这些问题。同时，理财师在提问后，应适当地给予客户一定思考的空间，保持缄默，耐心等待准客户的反应。在此过程中，如果有对风险进行定性和定量分析的话，理财师就可以把这些分析拿出来和客户进行沟通和交流，以客观的数据和分析的逻辑来进一步引导客户。对一些资历较浅的理财师而言，总觉得难以问出口，怕破坏了气氛，怕客户不悦，但问这些问题是一名专业人士的责任，如果客户因为理财师没有强烈的建议而忽视了对风险的防范，理财师才没有对客户真正负责！

（4）提供解决方法：在客户意识到那些潜在的、但一旦发生就会对自身的家庭财务状况产生极大的影响、并影响到自身的生活品质或者子女的教育和未来的风险，并产生一定不安情绪的时候，可能也是其"构建家庭财务保障保全体系"的需求真正产生的时候，也是理财师提供专业解决方案的时候。

在此需要强调的是，客户家庭潜在的财务风险，在客户真正意识到并希望采取一定的预防措施之前，并不自动地产生"构建家庭财务保障保全体系"的需求，这种需求在很大程度上需要被引导出来。因此，理财师不应在没有对客户进行风险识别、风险评估、没有针对性的情况下，就贸然对客户提供解决方案或者产品。否则，解决方案或者产品被客户接受的概率会大大降低。

第三节　制定家庭财务保障保全体系

家庭财务保障保全体系是针对客户家庭财务的"安全性"需求，在理财师和客户共同识别家庭潜在的财务风险、并评估了其对家庭财务的损害程度的基础上，运用理财师在金融、法律、税务等方面的专业知识、外部资源以及工具，对那些可能对家庭财务造成较大损害程度的风险，采取具体的预防措施，而这些措施的组合就成为客户家庭的财务风险管理体系。

面对各种家庭财务风险，理财师的建议包括但不限于以下三种（见图8-4）：
（1）风险自留：当某类风险对客户家庭财务的影响甚小，以至于客户家庭的财务资源和家庭情况足以应对，无论风险发生的概率高低，基本上可以采取风险自留的方式；
（2）采取措施：当某类风险对客户家庭财务的影响甚大，以至于客户家庭的财务资源

		损失程度	
		低	高
损失概率	高	★ 采取措施性价比低 ★ 尽可能控制 ★ 自留	★ 自留无法承受 ★ 尽可能采取措施 ★ 尽可能控制
	低	★ 有能力控制 ★ 采取措施性价比低 ★ 自留	★ 自留无法承受 ★ 尽可能采取措施 ★ 尽可能控制

图8-4　针对不同维度风险的态度

和家庭情况无法应对，无论风险发生的概率高低，基本上需要采取相应的预防措施；
（3）控制风险：针对因为风险发生概率较高但损失程度较低，而采用风险自留措施的风险，或者损失程度高但采取一定措施后，依然无法完全覆盖损失程度的风险，客户也应该积极控制风险的发生。

帮助客户积极采取预防措施的具体方法，所采用的手段莫过于通过金融工具或者法律安排实现风险转移和风险隔离，使其产生的影响最小化。我国改革开放后，法制建设和金融体系的建设都得到了全面的发展和优化，使居民的家庭财务风险管理拥有了非常好的基础。

搭建一个家庭财务保障保全体系需要的金融工具和法律安排，包括但不限于以下几种：（1）保险工具；（2）信托或家族信托；（3）保险金信托；（4）遗嘱；（5）意定监护公证；（6）协议文件等。

应该说，几乎没有什么金融工具或者法律工具是能解决所有问题的，但这些工具的组合使用，则可以多维度地帮助客户防范家庭财务风险，并最终形成家庭财务保障保全体系。这从另一个侧面也说明了家庭财务保障保全体系不是一个固定的模式，而需根据每个客户家庭的具体情况以及存在的潜在家庭财务风险进行量身定制。

第四节 评估风险管理效果

在为客户量身定制了多维度的家庭财务保障保全体系后，对风险管理本身的合规性、可能产生的效果、成本和其他因素的影响，理财师也应该在具体实施前就有一定的评估，并向客户进行披露：

1. 合规性

目前市场上经常能见到一些产品宣传资料，据称可以避债、避税或者说已经有针对CRS的相关策略等，对这些宣传是否属实，本书无法做出评论；但需要提醒理财师的是：为客户提供服务并不是说不择手段，只为达到目的就可以的，事实上，任何在合规性上有问题的手段和方法，在规避一种风险的同时，又有可能产生另一种风险，因此，这是理财师在实际工作中必须要有清醒认识的。

2. 针对性

理财师需要评估家庭财务保障保全体系可能产生的效果，并向客户一一进行说明。这需要理财师针对客户家庭存在的潜在风险逐条进行比对，逐一把潜在的风险场景和风险发生后客户家庭能得到的补偿或应对措施进行比较，一方面明确告知客户哪些潜在风险已经在一定程度上得以转移或者降低，另一方面也需要把那些风险自留的，或者在当前情况下无法得以完全规避的，以及未来需要调整家庭财务风险管理策略的情形，一一向客户加以说明。

3. 成本合理性和可行性

理财师需对客户家庭进行风险管理的成本进行评估。无论是购买保险还是进行信托架构设计，或是利用外部法律、税务专家的服务，甚至理财师自身的持续咨询服务费用，都可能产生成本，理财师同样需要对所产生的成本对客户的影响进行评估，一方面保证这些成本在客户承受范围之内，另一方面也帮助客户能了解其中的合理性和可行性。

理财师为客户搭建家庭财务保障保全体系过程中的工作步骤，在实际工作中，家庭财务风险管理是一项持续的工作。周围的环境随时都在改变，如以前没有 CRS 或者 FATCA，那么这些全球税务透明化的举措对客户原来的风险保障保全体系是否会产生影响？再如，国内家族信托在制度建设上和商业模式上还有较多可以优化之处，那么当这些变化来临时，对已经在运行过程中的家族信托肯定也会产生影响等。

因此，理财师的工作不仅是帮助客户对各种潜在的家庭财务风险积极地采取预防措施，并且需要在长期的服务过程中，及时地应对外部环境和客户自身情况出现的变化，评估这些内外部因素对客户家庭财务的影响，并提出相关的策略和建议，帮助客户做好家庭财务决策，使客户的家庭财务资源得以保障保全；这样的专业服务体系才是完整的。

第九章

家庭风险管理中的常用金融工具

陈志武先生在其《金融的逻辑》①一书中指出：整个人类文明化的进程，实际上可以被理解为人类和风险抗争的历史。这些风险来自社会、自然和自身的生老病死，当风险事件影响人的消费和生存并使得幸福感下降时，风险就成了问题。在现代金融发展以前，人类找到的许多规避风险的手段都是以牺牲人的自由为前提的，而现代金融市场的发展，使人的自由获得解放。

对一个普通家庭而言，如果说财富管理是通过对自身的财务资源进行优化配置以获得更高的幸福感，那么在财富管理过程中搭建自身家庭的财务保障保全体系，就是为了把未来潜在的风险事件对家庭的消费和生存的影响降到最低。在这个过程中，现代金融业的发展和法治社会的建设提供了重要的条件。其中保险产品、保险金信托、家族信托等金融产品和服务，以及可以充分体现当事人意愿的遗嘱、意定监护公证、契约、公司章程、股东协议等其他民事法律安排，都成为当前最常用的家庭财务风险管理工具。

第一节 保险产品和保险合同

一、保险的起源及其运用场景的延伸

保险，作为我们生活中一种非常重要的家庭财务保障工具，因为它自身的特点，它的运用场景也是在不断衍生和发展的。

在人类社会的发展过程中，人类自始至终都在和天灾人祸抗争。因此，从古代就有保险思想和原始形态的互助型保险方法的存在。比如，古埃及的石匠群体中，就有向会员收集会费并在个体石匠身故的时候向遗属支付抚恤金的互助基金组织。

---

① 陈志武：《金融的逻辑》，上海三联书店2009年版。

海洋保险是所有保险种类中起源最早的。早在1384年,在意大利佛罗伦萨诞生了世界上第一份具有现代意义的保险单。这张保单承保一批货物从法国南部阿尔兹安全运抵意大利的比萨。在这张保单中有明确的保险标的、明确的保险责任,如"海难事故,其中包括船舶破损、搁浅、火灾或沉没造成的损失或伤害事故"等。[1]

到了15~17世纪的大航海时代,由欧洲发起的广泛跨洋活动与地理学上的重大突破(如发现美洲大陆等)极大地促进了地球上各大洲之间的沟通,并随之形成了众多新的贸易路线,东西方之间的文化、贸易交流大量增加,不仅使殖民主义和自由贸易主义开始抬头,同时也增加了海事保险的需求。

很有意思的是,人寿保险最早的保险标的是从非洲作为货物运往美洲的非洲奴隶,后来船员也可以投保,这是最早的人身保险的原始形态。到了1693年,著名的天文学家哈雷,以西里西亚的布雷斯劳市的市民死亡统计为基础,编制了第一张生命表,精确表示了每个年龄的死亡率,提供了寿险计算的依据。18世纪四五十年代,辛普森根据哈雷的生命表,作成依死亡率增加而递增的费率表。之后,陶德森依照年龄差等计算保费,并提出了"均衡保险费"的理论,从而促进了人身保险的发展。1762年伦敦公平保险社成立,这是真正根据保险技术基础而设立的人身保险组织。[2]

1666年9月2日,伦敦城被大火整整烧了五天,20多万人流离失所,无家可归。在这种状况下,就有聪明的商人开始推出住宅火险。后来逐步发展为财产保险。

17世纪中叶,意大利银行家伦佐·佟蒂提出了一项联合养老办法,这个办法后来被称为"佟蒂法",并于1689年正式实行。佟蒂法规定每人交纳法郎,筹集起总额140万法郎的资金,保险期满后,规定每年支付10%,并按年龄把认购人分成若干群体,对年龄高些的,分息就多些,佟蒂法的特点就是把利息付给该群体的生存者,如该群体成员全部死亡,则停止给付。这应该是最早的生存保险了。

从保险的起源和发展过程中可以看到,保险的运用场景从航海过程中的风险保障到人身风险的保障,从住宅火险的保障到生存保险的出现,都是人们为了转移潜在的风险而衍生出来的。

随着保险行业的发展,保险产品逐步增加了储蓄和投资的功能,比如除了传统的风险转移、保障功能之外,储蓄分红型险种还拥有保费保值、定期返还并外加分享红利的特点;投连险和万能险有保险和投资双重功能,并由客户承担投资风险的特点。

到了今天,现代保险的基本职能包括了财产保险的经济补偿和人寿保险的保险金给付功能。一方面,当投保人和保险人约定的保险事故发生后,保险公司根据保险合同的约定进行赔偿或保险金给付;另一方面,为了满足被保险人在一定期限内的现金需求,一些保险产品会在投保人和保险人约定的期限内,向被保险人给付保险金,比如分红保险、年金保险等。这些职能被有效地运用在家庭财富管理中,使得保险成为

---

[1] 《海上保险(Marine Insurance)》词条。

[2] 《生命表》词条。

家庭风险管理的重要工具之一。

随着保险行业在中国的发展,保险的作用越来越深入人心;人寿保险因为人身风险(如身故、疾病、伤残)所导致的家庭财务风险方面依然是最重要的工具。同时,保险在资产隔离、财富传承甚至在防范因为婚姻问题而导致的家庭财务风险方面也被认为有非常重要的作用。

二、保险合同的法律关系

保险合同是一份由投保人和保险公司共同签订的一份契约(或合同)。保险合同的法律关系和一般法律关系一样,由主体、客体和内容这三个部分组成。保险合同的主体为保险合同的当事人和保险合同的关系人;保险合同的客体是被保险人在保险标的上的保险利益;保险合同的内容就是保险合同主体间的权利和义务关系。

保险合同的当事人就是投保人和保险人(即保险公司)。由于保险合同可以为自己的利益亦可为他人的利益而订立,因此有时还有受益人的存在。同时,保险合同保障标的是约定风险事故在其财产或其身体上发生的人,即被保险人。

如果被保险人和投保人为同一人,当然为合同当事人。如被保险人并非投保人,则和受益人一样属保险合同关系人。

除当事人、关系人外,由于保险合同的专业性,因此在保险合同的订立和履行过程中,保险代理人、保险经纪人、保险公证人等相关专业人士,成为补助人。

保险合同约定了投保人按合同约定按期支付保费的义务和责任,同时也约定了保险人按合同约定支付保险金的义务。因此,保险人在何种情况下支付保险金完全看保单是怎么约定的。

保单的约定事项也就是保险合同的基本内容,主要包括下列十项。

(1)保险合同当事人和关系人的名称和住所。这是关于保险人、投保人、被保险人和受益人基本情况的条款,其名称和住所必须在保险合同中详加记载,以便保险合同订立后,能有效行使权利和履行义务。因为在保险合同订立后,凡有对保险费的请求支付、风险增加的告知、风险发生原因的调查、保险金的给付等,都会涉及当事人和关系人的姓名及住所事项,同时也涉及发生争议时的诉讼管辖和涉外争议的法律适用等问题。

(2)保险标的。保险标的明确,有利于判断投保人对保险标的是否具有保险利益。所以,保险合同必须载明保险标的。财产保险合同中的保险标的是指物、责任、信用;人身保险合同中的保险标的是指被保险人的寿命和身体。

(3)保险责任和责任免除。保险责任是指在保险合同中载明的对于保险标的在约定的保险事故发生时,保险人应承担的经济赔偿和给付保险金的责任。责任免除是对保险人承担责任的限制,即指保险人不负赔偿和给付责任的范围,包括:①不承保的风险;②不承担赔偿责任的损失;③不承保的标的;④投保人或被保险人未履行合同规定义务的责任免除。

（4）保险期间和保险责任开始时间。保险期间是指保险合同的有效期间，即保险人为被保险人提供保险保障的起讫时间。这是保险人履行保险责任的基本依据之一。在保险实务中，保险责任的开始时间可能与保险期间一致，也可能不一致。如寿险合同中部分规定有观察期，保险人承担保险责任的时间自观察期结束后开始。

（5）保险价值。保险价值是指保险合同双方当事人订立保险合同时，作为确定保险金额基础的保险标的的货币估计价值。在财产保险中，一般情况下，保险价值就是保险标的的实际价值；在人身保险中，由于人的生命难以用客观的价值标准来衡量，所以不存在保险价值的问题，发生保险事故时，以双方当事人约定的最高限额核定给付标准。

（6）保险金额。保险金额是保险人计算保险费的依据，也是保险人承担赔偿或者给付保险金责任的最高限额。在不同的保险合同中，保险金额的确定方法有所不同。比如，在人身保险中，是根据被保险人的经济保障需要与投保人支付保险费的能力，由保险双方当事人协商确定保险金额。

（7）保险费以及支付办法。保险费是指投保人支付的作为保险人承担保险责任的代价。保险合同中需要规定保险费的交纳办法及交纳时间。比如，长期寿险既可以订约时一次性趸交保险费，也可以订约时先付第一期保险费。在订约后的双方约定的期间内采用定期交付定额或递增、递减保险费等办法。

（8）保险金赔偿或给付办法。保险金赔偿或给付办法即保险赔付的具体规定，是保险人在保险标的遭遇保险事故，致使被保险人经济损失或人身伤亡时，依据法定或约定的方式、标准或数额向被保险人或其受益人支付保险金的方法。

（9）违约责任和争议处理。违约责任是指保险合同当事人因其过错致使合同不能履行或不能完全履行，即违反保险合同规定的义务而应承担的责任。争议处理条款是指用以解决保险合同纠纷适用的条款。争议处理的方式一般有协商、仲裁、诉讼等。

（10）订立合同的年、月、日。

在实际工作中，理财师经常会看到客户在填写保单申请时，因为所需信息比较多而出现"嫌烦"的情绪。在这种情况下，理财师一定要向客户强调，配置保险产品是为了保障其家庭潜在的财务风险，同时，填写申请表格其实是向保险人申请签订合约的过程，而且投保人有"如实告知"[①]的法律义务；在客户单方面填写了申请表格之后，保险人还要评估自身的风险，然后才决定核保是否通过并与其正式签约。所以，投保人在决定配置保险以后，需要认真对待保单申请表的填写，尽到如实告知的义务，在这一点上，理财师要给客户足够的心理预期。

[①] 《中华人民共和国保险法》第十六条：订立保险合同，保险人就保险标的或者被保险人的有关情况提出询问的，投保人应当如实告知。

同时，保险合同作为我国法律中唯一的有规制的射幸合同①，保险利益是其中一个非常重要的元素。《中华人民共和国保险法》（以下简称《保险法》）规定：人身保险的投保人在保险合同订立时，对被保险人应当具有保险利益②；并规定了投保人在订立合同时，对本人、配偶、子女、父母；除此以外，与投保人有抚养、赡养或者扶养关系的家庭其他成员、近亲属；与投保人有劳动关系的劳动者，具有保险利益。除前款规定外，被保险人同意投保人为其订立合同的，视为投保人对被保险人具有保险利益。订立合同时，投保人对被保险人不具有保险利益的，合同无效。③

三、保险合同主体的权利和义务

《保险法》自 1995 年开始实施以来，先后经过了 4 次修订，同时，最高人民法院先后出台了 3 部《保险法司法解释》。这些法律以及相关文件明确了保险合同中各当事人的权利和义务，这些权利和义务的明确，有效地保证了保险活动的进行，保护了保险合同中当事人和关系人的合法权益，使得保险产品成为财富管理过程中不可或缺的有效工具。

对理财师而言，了解并掌握各当事人和关系人的权利和义务，以及之间的关系，不只是非常重要的基础知识；同时，对理财师在保单合同订立和履行的过程中，是否能合规且专业地扮演好自身的角色，将起到决定性的作用。

（一）保险人的义务和权利

保险人又叫承保人，是指经营保险业务的组织和法人。通常是指与投保人订立保险合同，并承担赔偿或者给付保险金责任的保险公司。

1. 保险人的义务

保险人的义务包括：（1）赔偿和给予保险金的义务，承担保险赔偿（给付）的义务是保险人依照法律规定和合同约定所承担的最重要、最基本的义务。也是保险人履行保险合同义务的具体体现。这一点在我国《保险法》几乎在开篇时就进行了明确的规定④；（2）说明告知合同内容的义务；（3）及时签单的义务；（4）对于被保险人的任何信息和涉及保险条款相关协定内容等的保密义务。

---

① 保险合同是一种射幸合同（ALeatory Contract）。在拉丁文中 Alea 是骰子的意思，现实生活中，人们基于经济利益或娱乐的目的，经常会对一些偶然性事件的结果进行押注交易，如赌博或者期指买卖等。通常，人们把这种主观上具猜测性和客观上具不确定性的事项称为机会性事项，参与此类机会性事项的活动，有一个学理上的名字，即为射幸。射幸合同有两个重要的特点，一个是合同主体都有给付义务，但并不等价，比如投保人支付的保费和保险人支付的保险金不仅不等价，而且还具有巨大的差别，保险金可以达到保费的十倍甚至数十倍。同时，因为射幸合同基于偶然事件的发生，当事人有可能获得巨大的利益，也有可能一无所获。
② 《中华人民共和国保险法》第十二条。
③ 《中华人民共和国保险法》第三十一条。
④ 《中华人民共和国保险法》第二条、第九条。

上述四条保险人主要义务中,第二至第四条和理财师的工作有着非常紧密的联系。在实际工作中,理财师无论是作为在法律关系上接受保险公司委托的保险代理,还是在法律关系上接受客户委托的保险经纪,在订立合同的过程中,都需要具有向客户就保单内容如实说明的义务、及时签单以及保密的义务。

保险人的说明义务有特定含义,指保险人在合同订立阶段,保险人向投保人负担对合同条款进行明确陈述、解释的义务。

由于保险在通常情况下都是格式合同。格式合同是采用格式条款订立的合同,而格式条款是"当事人为了重复使用而预先拟定,并在订立合同时未与对方协商的条款"。《中华人民共和国民法典》①(以下简称《民法典》)通过对格式条款的多重限制,保障了接受格式条款合同方的权利:"采用格式条款订立合同的,提供格式条款的一方应当遵循公平原则确定当事人之间的权利和义务,并采取合理的方式提示对方注意免除或者减轻其责任等与对方有重大利害关系的条款,按照对方的要求,对该条款予以说明。"② 这就明确了提供格式条款一方的提示和说明义务。

因此,《保险法》第十七条规定,保险人有说明合同内容的义务;第十八条规定,对于免责条款,保险人必须予以明确说明,未明确说明的,该条款不发生效力。

而这项工作在很大程度上都是由保险代理人或者保险经纪完成。理财师在这个过程中,也需要拥有相应的保险代理人或者保险经纪资质。

在此需要强调的是"法律规定的保险说明义务"是"主动说明",而非"提醒",对于免责条款保险人必须使投保人了解条款内容,而不是仅仅给予机会;保险人及其代理人必须主动说明,不需要投保人询问。面对有关"说明义务"的争议,保险人及其相关代理人和经纪人应当承担已经履行的证明义务。

2. 保险人的权利

保险人在承担相应的义务的同事,当然也拥有相应的权利,保险人的权利包括:(1)对保险标的的检查、建议权。比如在人寿保险的合同订立过程中,保险公司会在投保人被保险人填写保单申请后,提出体检、提供相应的财产证明等要求;(2)投保人、被保险人违约时的增加保险费或合同解除权。比如投保人长期不交保费,并未在保险人建议的规定时间里补交保费、恢复合同效力的,就属于违约行为,保险人可以解除保单合同;(3)经被保险人同意采取安全预防措施权;(4)危险增加而增加保险费或合同解除权;(5)代位赔偿请求权;(6)除合同有相反约定外,保险标的部分损失时,保险人有权终止合同。保险人终止合同的,应提前15日通知投保人并退还相应的保险费。

---

① 《中华人民共和国民法典》于2021年1月1日施行。根据该法典第一千二百六十条的规定,自《民法典》施行后,现行《民法总则》《民法通则》《婚姻法》《继承法》《收养法》《担保法》《合同法》《物权法》《侵权责任法》将同时废止。《民法典》的编纂仅仅对上述九部法律进行了适当的修改,以在一定程度上保持法律的稳定性和延续性;最高人民法院原来根据上述法律制定的司法解释在《民法典》施行后并非当然失效,只要是不与《民法典》相冲突的规定,仍然可以继续适用。

② 《中华人民共和国民法典》第四百九十六条格式条款是当事人为了重复使用而预先拟定,并在订立合同时未与对方协商的条款。

（二）投保人的义务和权利

1. 投保人的义务

我国《保险法》在明确保险人的权利和义务的同时，也明确了投保人的权利和义务，投保人的义务包括：（1）有按约定交付保费的义务；（2）如实告知的义务；（3）及时通知的义务；（4）提供证明和资料的义务；（5）对因为自己违法而取得赔偿或给付予以退赔的义务。

这些义务都非常简单明了，在实际工作中，理财师（或者保险代理人、保险经纪）在保险合同订立的过程中扮演了桥梁的工作，有义务提醒客户有这些相关的义务。尤其是"如实告知义务"，比如《保险法》第三十二条明确规定："投保人申报的被保险人年龄不真实，并且其真实年龄不符合合同约定的年龄限制的，保险人可以解除合同，并按照合同约定退还保险单的现金价值。"在过去的保险纠纷中，少数保险代理人或经纪人出于自身利益的考量，不仅不提醒客户负有如实告知的义务，甚至还诱导客户做出不实陈述，这不仅有违职业道德，同时也为客户和保险人带来无法弥补的损失，显然是极不可取的行为。

2. 投保人的权利

投保人也拥有相应的权利，其中包括：（1）请求保险公司承担必要、合理费用；（2）请求保险公司降低保险费。被保险财产的危险程度明显减少时，保险公司应当降低保险费，并按日计算，退还相应的保险费；（3）请求复效。在分期付款的人身保险合同中，如果投保人超过60日不缴纳续期保险费，合同效力中止。但自合同效力中止之日起两年内，投保人有权提出恢复合同的请求；（4）拥有自主性。在保险事故发生前，投保人可以任意解除保险合同。但《保险法》第三十四条也规定了"按照以死亡为给付保险金条件的合同所签发的保险单，未经被保险人书面同意，不得转让或者质押"；（5）保单现金价值的归属和给付。《保险法司法解释（三）》明确了保单现金价值是投保人在保险期间早期支付的超过自然保费部分的金额的积累，属于投保人。同时，保单现金价值只有在退保或者保险合同解除时才会产生（这同时也带来另一个问题，如果保单现金价值属于投保人，那么投保人负债保单是否能做到债务隔离呢？这部分内容，本书在后面的章节里将进一步进行分析）；（6）在被保险人同意的情况下，指定和变更受益人；（7）投保人对被保险人的保险利益只需要在订立合同时成立。根据《保险法》第三十一条第三款和《保险法司法解释（三）》的有关精神，只需投保人在订立保险合同时对被保险人具有保险利益；而在合同存续期间丧失了保险利益的话，合同效力不受影响。

（三）被保险人的义务和权利

1. 被保险人的义务

对于被保险人也会有相应的义务和权利，被保险人的义务包括但不限于下列五条：

(1) 投保前进行如实告知的义务；(2) 出险后尽快通知保险人的义务；(3) 提供保险事故理赔相关证明、资料的义务；(4) 被保险人职业发生变化或保险标的风险因素增加或减少通知的义务；(5) 当保险人行使保险代位权的时候（即保险人代替被保险人向造成损害的第三人行使赔偿请求权的时候），被保险人有协助义务。

2. 被保险人的权利

被保险人也拥有相应的权利，比如：(1) 被保险人是否同意决定了保险合同是否有效，在人身保险合同中，以死亡为给付保险金条件的合同及其保险金额，在未经被保险人同意并认可的情况下，保险合同是无效的；(2) 指定或变更受益人，在人身保险合同中，被保险人有权指定或变更受益人，而投保人指定或变更受益人，必须事先征得被保险人的同意。而且，"被保险人同意"的形式非常灵活，无论是书面形式、口头形式或者其他形式，甚至明知他人代其签名而未表示异议的，或者同意投保人指定的受益人，都可被认定被保险人同意投保人为其订立保险合同；(3) 被保险人在某些情况下享有保险金受益权。比如被保险人没有指定受益人；受益人先于被保险人死亡，并没有指定其他受益人；受益人依法丧失受益权或放弃受益权，并没有其他受益人，在这几种情况下，根据《保险法》规定，保险金即作为被保险人的遗产，由保险公司向被保险人的继承人履行给付义务。

（四）受益人的指定和变更、确认以及权利

1. 受益人的指定

受益人，是指人身保险合同中由被保险人或者投保人指定的享有保险金请求权的人，受益人由被保险人指定，可以是投保人，也可以是第三人。同时，根据受益权的特点：一是受益人的受益权具有排他性，其他人不能剥夺、分享受益人的受益权；二是受益人领取的保险金不是遗产，当被保险人在投保时没有指明受益人时，他的法定继承人可以继承人的身份继承该保险金。

保险合同的受益人并不等于继承人，继承人是根据我国《继承法》，对被继承人的遗产享有继承权的人；而保险合同的受益人是通过指定的方式订立的，是针对保险金而言的，即继承人经指定可以成为保险合同的受益人，但继承人并不当然地成为保险合同的受益人。

理财师同样还需要关注的是，在人寿保险合同中，被指定的受益人是被保险人死亡后，根据合同有权领取保险金的人，因此只有在被保险人死亡时，保险金才归受益人享有。而被保险人生存时的保险金给付，保险金归被保险人所有，保险公司不接受其他受益人的指定。

《保险法司法解释（三）》中还明确了发生保险事故时受益人身份如何确认的问题：投保人和被保险人为同一主体时，根据保险事故发生时与被保险人的身份关系确定受益人，当投保人与被保险人为不同主体的时候，根据保险合同成立时，与被保险人的身份关系确定受益人。

例如，5年前，张女士以投保人的身份为自己购买了保额为30万元的两全型人寿保险，并指定身故受益人为其丈夫王先生。5年后，张女士与丈夫王先生因感情不和协议离婚。离婚7个月后张女士因车祸不幸身故。丧事办完后，张女士父母在整理遗物时发现了这张保险单，于是立即向保险公司申请理赔。王先生知道此事后，也同时提出了领取保险金的申请，理由是保单上的受益人是王先生。

然而，《保险法司法解释（三）》认为：当投保人和被保险人为同一主体时，根据保险事故发生时与被保险人的身份关系确定受益人；张女士的保单投保人和被保险人即是同一人，因此受益人的确定，需要视其在保险事故发生时与张女士的关系，而此时，张女士已经与王先生离婚，虽然她忘记了在离婚后立刻变更受益人，但从法律角度而言，王先生已不被视为张女士过世前希望指定的受益人，而张女士的父母可能才更符合张女士真实意思表示的受益人。

反之，如果"当投保人与被保险人为不同主体的情况下"，比如在这张保单中，王先生是投保人，张女士为被保险人，则需要根据"保险合同成立时"与被保险人的身份关系，确定受益人；显然在保险合同成立时，王先生和张女士依然在婚姻关系存续期间，因此，王先生作为保单受益人的主张就有极大的可能得到法院的支持。

因此，理财师需要在向客户提出投保建议时，就应未雨绸缪地考虑到上述因素，并在婚姻关系发生变化后，更需要提醒客户关注已投保的保单情况：在婚姻状况发生了重大变化的情况下，及时对受益人做出变更是非常有必要的。

2. 受益人的变更

投保人、被保险人可以在保险合同订立的前、后选择指定或变更的方式确定受益人，并通知保险人；指定或变更受益人的工作甚至可以通过遗嘱的方式进行指定或者变更，待遗嘱产生效力时，由遗嘱继承人通知保险人，受益人的指定和变更才会发生效力。需要强调的是，投保人指定和变更受益人，无论在保单合同订立前后，还是通过遗嘱指定，都需要被保险人的同意，否则不产生效力。

上述投保人、被保险人、受益人和保险人等各当事人之间的权利和义务及其背后的法律原则，是保险成为不可或缺的风险管理工具之一的基础和源头；同时，它们也体现出理财师作为保险合同的辅助人，在保险合同订立的前后所起到的重要作用；而理财师将这些保险工具的特点在各种风险场景中的灵活使用，也将充分体现出理财师的专业价值所在。

第二节 家族信托

近年来，"家族信托"逐渐成为财富管理行业的热点名词。信托是源自英美法系的一个法律概念，意指委托人基于对受托人的信任，将其财产权转移给受托人，由受托人按信托文件的约定，为受益人或特定目的而管理或者处分信托财产，并将管理或处分的财产和收益交付给受益人的行为。

我国在2001年颁布实施了《中华人民共和国信托法》（以下简称《信托法》），用以调整信托关系和规范信托行为。自《信托法》颁布以来，我国的信托行业及其信托公司得到了快速的发展。尤其是信托公司办理的集合资金信托计划业务，得以快速增长；广大民众通过这种以信托作为法律形式合法募集资金并进行资产管理的业务（又称信托资管产品），而对信托有了初步的了解。

此处要介绍的家族信托，严格意义上来说，并非一个法律概念，也非信托资产管理产品，而是普通家庭利用信托财产的独立性原则和信托行为灵活性，以实现家庭特定财富管理目的一种信托行为。

一、信托的起源

关于信托的起源有很多种说法，从古埃及一直到古罗马都有类似信托的形式出现。但学界公认的观点是："现代意义上的信托制度"起源于英国的尤斯制度（USE）。

在1066年诺曼人入侵后，征服者威廉一世入主英格兰，并采取大规模的分封行动。他将英格兰境内1/5的庄园和全部的森林留给自己，其余的则作为"打江山"的回报，分封给了180名效忠于他的臣属，并交换他们继续的效忠和服务。

在西欧早期的分封制度中，分封者一方面对受封者提供保护，另一方面也往往享有诸多权利，其中包括司法管辖权、附加金和继承金（类似现代的税金）、封臣年幼继承人的监护权，可要求受封者提供武装支持等。而受封者也可将自己的封地再分给自己的下属，成为次级分封。如此层层分封，直至最底层，使每个人都享有若干封地，同时也都要对其分封者（领主）履行约定的义务。

在这种组织形式中，土地的实际权利人仅仅是土地的保有人，而非土地的所有人，而终极的绝对所有权仍属于国王；即理论上，国王拥有全部土地的所有权，而现实是个人实际掌握各自土地上的权利；尽管后者在事实上相当于所有权，但为了可以区分于国王的所有权，所以又不能称之为所有权。这种封地制度使英美财产法从一开始就倾向于把实物土地的所有权和土地上的权益分离开来。[①]

对各级土地保有人而言，在实际土地使用过程中的风险还是很大的。因为当时国王颁布的制度规定，土地不可以通过遗嘱的形式自由的分配，而必须遵循长子继承制，即当土地占用人过世后，必须由长子继承，并且还要缴纳一定额度的税款（继承金）；如果子女未成年的话，封主可以获得受封者未成年继承人的监护权的形式，将该土地收益归于自己。这个制度当然也有其时代的合理性，比如可以保证土地的完整性，不会因为若干代的继承而四分五裂；但从另一方面来看，却使得被继承人希望去世后所

---

① 冉昊：《论两大法系财产法结构的共通性——英美法系双重所有权与大陆法系无权债券二元划分的功能类比》，载于《环球法律评论》2006年第1期。

第九章 家庭风险管理中的常用金融工具

有子女都能得到照顾的期望无法实现。

同时，因为宗教信仰的因素，当时很多信徒在死后纷纷捐赠自己的土地给教会，而教会却无须交税，自然侵犯到君主和领主的利益。到了亨利三世时代，凡以土地让与教会者，必须经君主及领主允许。

除此之外，英国贵族之间冲突不断，一旦某个领主选错了支持的对象，其后果很可能是其领地被剥夺，其家庭和后代也失去了赖以生存的领地。因此一些领主也会采用一些折中的方法，比如先将领主权移交给年幼的子女，然后以自己的监护权对领地进行实际的管理并获取收益，直至去世；但这些方法依然无法根据领主们自身的意愿而照顾到其他的家人。

因此，英国的法官们所创造的尤斯制度背景是非常复杂的，但最重要的因素还是在于：当时封地制度所附带的义务和规定，极大地约束了当时各阶层人士的自由，使其照顾家人、财富传承或其他特殊目的的安排无法实现，于是希望通过制度性的改变，保障其自身和家人的利益。

尤斯制度的具体内容是：凡要以土地权益转移给受益人的（可以是教会，也可以是其他人），可不作直接的让渡，而是先赠送给第三者，并表明其赠送目的是受益人的利益；第三者必须将从土地上所取得的收益转交给受益人。其中，第三者可能是多人，可以共同共有。①

在尤斯制度下，如果教众希望把土地捐献给教会且又不触发《没收条例》，就可以先把土地赠送给第三者，然后明确第三者必须把土地收益转交给教会即可。同时，当时的教会也会利用尤斯制度把教会的财产交给第三者管理，以杜绝僧侣腐败。

但凡事都有利弊，当时出现了不少第三者被利益所诱惑，违反先前的约定，而把利益留给自己的现象。在当时普通法②的司法环境下，如果把土地权益赠送给了第三者，在法律层面就属于第三者的财产。该种情况颇似当前经常谈到的"公司股份代持"行为的风险，经过工商登记的股东，在法律层面即是公司股份的合法拥有者。因此在得不到当时的法律救济的情况下，当事人就只能求助于国王，因为国王被视为是"一切正义的源泉"。

在亨利二世时代，为了强化王室权威并征收税收，国王经常做领地巡回，每到一

---

① 共同共有就是指两个以上的人，对全部共有财产不分份额地享有平等的所有权。共同共有人对共有财产的全部享有权利，承担义务，只要共同共有关系存在，共有人对共有财产就不能划分各有多少份额，或者哪个部分属于哪个共有人所有。有几个共有人的好处是，当其中一个去世时，财产依然是共有财产，不会触发纳税义务或者被领主没收，最多也只要再增加一个共有人即可，除了极端事件的发生，通常不会发生所有共有人同时去世的情况，因此土地权益也就可以根据委托人的意愿永远传承下去了。同样地，如果要把土地捐献给教会，又不触发《没收条例》，也可以先把土地赠送给第三者，然后明确第三者必须把土地收益转交给教会即可。

② 1066年，威廉一世征服英国后，实行了王权相对强大的中央集权制，但在一定程度上，还是保留了地方自治权和英国人的习惯法。在亨利二世时代，建立了统一的司法机关"中央巡回法院"，削弱了领主们的司法审判权，吸收骑士和富裕农民作为参加陪审活动，法官们经常聚集并交换意见，彼此认可各自的判决并引以为未来的判决依据，并逐步形成了以判例法形式出现的普通法。这是当时由英国王室法庭实施于全国的普遍适用的习惯法和判例法。

处,便不时有子民因不公之事,诉到御前,而国王作为最高司法权的拥有人,便会做出裁决,这个裁决也因此凌驾于普通法庭的判决。

到了爱德华一世统治英格兰期间（1272~1307年）,国王对日益增多的案子不堪重负,于是将原本属于国王的最高司法权部分下放到了大法官手里,后来又设了一个助理机构"大法官秘书处"（The Chancery）,来协助大法官处理案件。到15世纪的初期,大法官秘书处演变成为衡平法院,衡平法院制度因此最终确立下来。从衡平法院的诞生的历史来看,衡平法其实是因为在当时的普通法对人们的正当权益无法提供保障,并缺乏救济措施的情况下,通过王权来实现自然正义的产物。而衡平法体系的诞生在法律层面成为尤斯制度的法律保障机制。

于是,衡平法院、衡平法体系就和尤斯制度及其之后产生的信托制度联系在了一起,衡平法院的法官们历时数个世纪,对尤斯制度加以改造,使之朝体系化的信托制度迈进。在随后的发展过程中,欺诈法令的起草、信托设立的规范、信托分类的完善、财产转移的调整等方面都得到逐渐完善,这些来自司法经验总结后的结果均在不同程度上催生了现代意义上的信托制度。

在亨利八世时代,国王曾授意议会颁布了一个《尤斯法》,但这部《尤斯法》并不是为了发展尤斯制度,而是因为亨利八世认为尤斯制度其实是钻了法律的空子,需要加以"规范",于是《尤斯法》规定:如果当事人把财产过渡到第三者名下,但又让当事人指定的受益人受益的话,那么就相当于当事人直接赠与了受益人。这种"实质重于形式"的"穿透"原则,使得尤斯制度本来的用途就失效了。

《尤斯法》的出台,引起了很多贵族的反对,在5年后的1540年,亨利八世不得不向不断抗争的贵族阶层妥协,颁布了《遗嘱法令》（The statute of wills）,该法令首次规定财产权人可以通过遗嘱方式自由处分其财产,但是对于通过遗嘱方式处分的财产,国王保有征税的权力。颇有意思的是,即使当时尤斯制度被《尤斯法》所限制,但规避《尤斯法》的努力从来都没有停止过,比如当时的律师们就创造出"尤斯的尤斯"（The USE upon USE）,也就是在第一层第三者和受益人之后,再进行加层。其实也颇似当今很多法律和税务专家专注于如何优化客户资产持有结构并进行税务筹划的活动。

对于信托起源的了解,有助于理财师更为深入地了解现代信托制度在"保障家庭财产、照顾家人、使家庭财务免受风险"的功能和作用。所幸的是,当前我国的法制建设进入一个前所未有的高度,并在进一步的完善过程中,使得普通家庭的财富管理工作有了更多可以合理合法使用的工具,来规避各种潜在的家庭财务风险。

二、我国信托的定义和信托法律关系

根据《中华人民共和国信托法》第二条对信托的定义:信托是指委托人基于对受托人的信任,将其财产权委托给受托人,由受托人按委托人的意愿以自己的名义,为受益人的利益或者特定目的进行管理或者处分的行为。

从上述定义中，可以看到信托的主体包括委托人、受托人和受益人，信托的客体主要是指信托财产。信托关系的设立主要是由委托人提供信托财产，指定受托人和受益人及其享有的受益权。受托人主要承担根据信托文件对信托财产进行管理、处分的责任。与此同时，信托关系中还可能包括有决策（参与）权的第三方，如保护人、执行人等。

相比古老的尤斯制度，现代信托在受托财产的形式和范围上有了很大的发展。信托财产理论上既可包括有形财产，如股票、债券、物品、土地、房屋和银行存款等；也可包括无形财产，如保险单、专利权商标、信誉等，甚至包括一些自然权益（如当事人去世前立下的遗嘱为受益人创造了一种自然权益）。在我国，信托财产的具体范围并没有被具体规定，但必须是委托人合法所有的财产。① 法律法规禁止流通的财产不能作为信托财产；法律法规限制流通的财产须依法经有关主管单位批准后，方可作为信托财产。② 信托主体和客体之间的关系如图9-1所示：

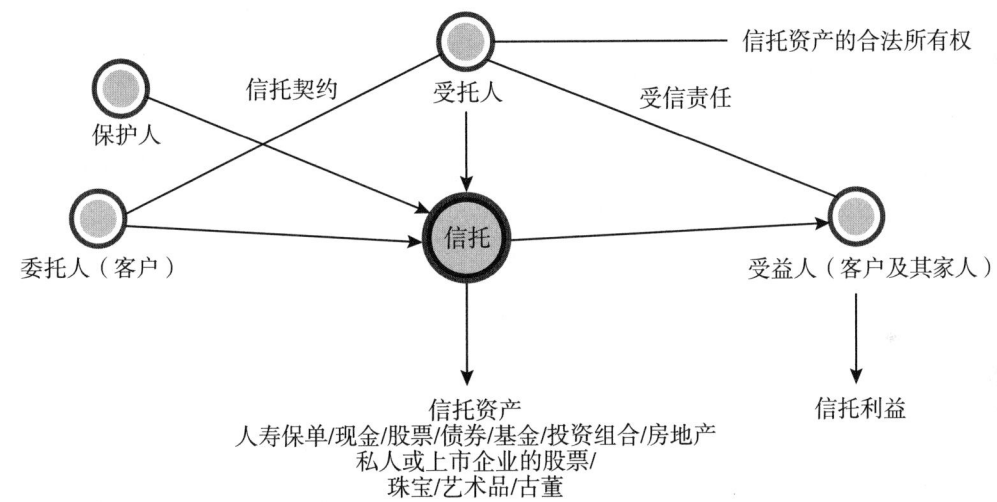

图9-1 信托主体和客体之间的关系

1. 委托人的权利

我国《信托法》第十九条规定，委托人应当是具有完全民事行为能力的自然人、法人或者依法成立的其他组织。委托人在设立信托后，依然拥有以下相关权利：③

（1）委托人有权了解其信托财产的管理运用、处分及收支情况，并有权要求受托人作出说明；并有权查阅、抄录或者复制与其信托财产有关的信托账目以及处理信托事务的其他文件。（2）因设立信托时未能预见的特别事由，致使信托财产的管理方法

---

① 《中华人民共和国信托法》第七条。
② 《中华人民共和国信托法》第十四条。
③ 《中华人民共和国信托法》第二十条至第二十三条。

不利于实现信托目的或者不符合受益人的利益时，委托人有权要求受托人调整该信托财产的管理方法。(3) 受托人违反信托目的处分信托财产或者因违背管理职责、处理信托事务不当致使信托财产受到损失的，委托人有权申请人民法院撤销该处分行为，并有权要求受托人恢复信托财产的原状或者予以赔偿；该信托财产的受让人明知是违反信托目的而接受该财产的，应当予以返还或者予以赔偿。① (4) 受托人违反信托目的处分信托财产或者管理运用、处分信托财产有重大过失的，委托人有权依照信托文件的规定解任受托人，或者申请人民法院解任受托人。(5) 设立信托后，有下列情形之一的，委托人可以变更受益人或者处分受益人的信托受益权：② ①受益人对委托人有重大侵权行为；②受益人对其他共同受益人有重大侵权行为；③经受益人同意；④信托文件规定的其他情形。

2. 受托人的法律义务

我国《信托法》规定，受托人应当是具有完全民事行为能力的自然人、法人。法律、行政法规对受托人的条件另有规定的，从其规定。从我国当前的情况来看，营业性信托业务必须拥有相关管理部门颁发的"信托牌照"，因此营业信托几乎为拥有信托牌照的信托公司所垄断。《信托法》对受托人的义务也作出了明确且详细的规定：③

(1) 受托人应当遵守信托文件的规定，为受益人的最大利益处理信托事务。受托人管理信托财产，必须恪尽职守，履行诚实、信用、谨慎、有效管理的义务。

(2) 受托人除依照本法规定取得报酬外，不得利用信托财产为自己谋取利益。受托人违反前款规定，利用信托财产为自己谋取利益的，所得利益归入信托财产。

(3) 受托人不得将信托财产转为其固有财产。受托人将信托财产转为其固有财产的，必须恢复该信托财产的原状；造成信托财产损失的，应当承担赔偿责任。

(4) 受托人不得将其固有财产与信托财产进行交易或者将不同委托人的信托财产进行相互交易，但信托文件另有规定或者经委托人或者受益人同意，并以公平的市场价格进行交易的除外。受托人违反前款规定，造成信托财产损失的，应当承担赔偿责任。

(5) 受托人必须将信托财产与其固有财产分别管理、分别记账，并将不同委托人的信托财产分别管理、分别记账。

(6) 受托人应当自己处理信托事务，但信托文件另有规定或者有不得已事由的，可以委托他人代为处理。受托人依法将信托事务委托他人代理的，应当对他人处理信托事务的行为承担责任。

(7) 同一信托的受托人有两个以上的，为共同受托人。共同受托人应当共同处

---

① 该申请权自委托人知道或者应当知道撤销原因之日起一年内不行使的，归于消灭。
② 《中华人民共和国信托法》第二十五条至第五十一条。
③ 《中华人民共和国信托法》第二十五条至第四十二条。

理信托事务，但信托文件规定对某些具体事务由受托人分别处理，从其规定。共同受托人共同处理信托事务，意见不一致时，按信托文件规定处理；信托文件未规定的，由委托人、受益人或者其利害关系人决定。共同受托人处理信托事务对第三人所负债务，应当承担连带清偿责任。第三人对共同受托人之一所作的意思表示，对其他受托人同样有效。共同受托人之一违反信托目的处分信托财产或者因违背管理职责、处理信托事务不当致使信托财产受到损失的，其他受托人应当承担连带赔偿责任。

（8）受托人必须保存处理信托事务的完整记录。受托人应当每年定期将信托财产的管理运用、处分及收支情况，报告委托人和受益人。受托人对委托人、受益人以及处理信托事务的情况和资料负有依法保密的义务。

（9）受托人以信托财产为限向受益人承担支付信托利益的义务。

（10）受托人有权依照信托文件的约定取得报酬。信托文件未作事先约定的，经信托当事人协商同意，可以作出补充约定；未作事先约定和补充约定的，不得收取报酬；约定的报酬经信托当事人协商同意，可以增减其数额。

（11）受托人违反信托目的处分信托财产或者因违背管理职责、处理信托事务不当致使信托财产受到损失的，在未恢复信托财产的原状或者未予赔偿前，不得请求给付报酬。

（12）受托人因处理信托事务所支出的费用、对第三人所负债务，以信托财产承担。受托人以其固有财产先行支付的，对信托财产享有优先受偿的权利。受托人违背管理职责或者处理信托事务不当对第三人所负债务或者自己所受到的损失，以其固有财产承担。

（13）设立信托后，经委托人和受益人同意，受托人可以辞任。受托人辞任的，在新受托人选出前仍应履行管理信托事务的职责。

（14）受托人有下列情形之一的，其职责终止：①死亡或者被依法宣告死亡；②被依法宣告为无民事行为能力人或者限制民事行为能力人；③被依法撤销或者被宣告破产；④依法解散或者法定资格丧失；⑤辞任或者被解任；⑥法律、行政法规规定的其他情形。

受托人职责终止时，其继承人或者遗产管理人、监护人、清算人应当妥善保管信托财产，协助新受托人接管信托事务。

受托人职责终止的，依照信托文件规定选任新受托人；信托文件未规定的，由委托人选任；委托人不指定或者无能力指定的，由受益人选任；受益人为无民事行为能力人或者限制民事行为能力人的，依法由其监护人代行选任。

原受托人处理信托事务的权利和义务，由新受托人承继。

受托人因除了死亡、失去完全民事行为能力以外的其他情形之一，职责终止的，应当作出处理信托事务的"报告"，并向新受托人办理信托财产和信托事务的移交手续。该"报告"经委托人或者受益人认可，原受托人就"报告"中所列事项解除责任。

但原受托人有不正当行为的除外。共同受托人之一职责终止的,信托财产由其他受托人管理和处分。

3. 对受益人及其受益权的相关规定

我国《信托法》明确了受益人是在信托中享有信托受益权的人。受益人可以是自然人、法人或者依法成立的其他组织。①《信托法》对受益人有如下规定:

(1) 委托人可以是受益人,也可以是同一信托的唯一受益人。受托人可以是受益人,但不得是同一信托的唯一受益人。受益人自信托生效之日起享有信托受益权。信托文件另有规定的,从其规定。

(2) 共同受益人按照信托文件的规定享受信托利益。信托文件对信托利益的分配比例或者分配方法未作规定的,各受益人按照均等的比例享受信托利益。

(3) 受益人可以放弃信托受益权。全体受益人放弃信托受益权的,信托终止。部分受益人放弃信托受益权的,被放弃的信托受益权按下列顺序确定归属:①信托文件规定的人;②其他受益人;③委托人或者其继承人。

(4) 受益人不能清偿到期债务的,其信托受益权可以用于清偿债务,但法律、行政法规以及信托文件有限制性规定的除外。

(5) 受益人的信托受益权可以依法转让和继承,但信托文件有限制性规定的除外。

(6) 受益人可以部分行使《信托法》所规定的委托人享有的权利(即本章节"委托人权利"第1、2、3、4条)。受益人行使上述权利,与委托人意见不一致时,可以申请人民法院作出裁定。

如果受托人有《信托法》第二十二条第一款所列行为(即本章节"委托人权利"第3条"关于撤销受托人行为的相关权利"),共同受益人之一申请人民法院撤销该处分行为的,人民法院所作出的撤销裁定,对全体共同受益人有效。

三、信托行为及其灵活性

"信托行为"是以设定信托为目的而发生的法律行为。我国《信托法》第六条强调:设立信托,必须有合法的信托目的。同时,有下列情形之一的,信托无效:②

(1) 信托目的违反法律、行政法规或者损害社会公共利益;(2) 信托财产不能确定;(3) 委托人以非法财产或者本法规定不得设立信托的财产设立信托;(4) 专以诉讼或者讨债为目的设立信托;(5) 受益人或者受益人范围不能确定;(6) 法律、行政法规规定的其他情形。

我国《信托法》同时规定,设立信托,应当采取书面形式。书面形式包括信托合同、遗嘱、法律或行政法规规定的其他书面文件等。采取信托合同形式设立信托的,

---

① 《中华人民共和国信托法》第四十三条。
② 《中华人民共和国信托法》第十一条。

信托合同签订时，信托成立。采取其他书面形式设立信托的，受托人承诺信托时，信托成立。①

设立信托，其书面文件应当载明下列事项：②

（1）信托目的；（2）委托人、受托人的姓名或者名称、住所；（3）受益人或者受益人范围；（4）信托财产的范围、种类及状况；（5）受益人取得信托利益的形式、方法。

除上述所列事项外，可以载明信托期限、信托财产的管理方法、受托人的报酬、新受托人的选任方式、信托终止事由等事项。

根据民法"契约自由，意思自治"的原则，信托行为通过制订信托契约，可以比较充分地体现委托人的意愿和信托目的，因此在信托的运用中具有较高的灵活性，使其在财富管理活动中有非常多的运营场景，例如照料家人、财富传承、税务筹划、避免婚前婚后财产混同、财产（债务）隔离等，使得家族信托成为财富管理活动中最重要也是最常见的工具之一。

我国《信托法》第十五条规定，"设立信托后，委托人死亡或者依法解散、被依法撤销、被宣告破产时，委托人不是唯一受益人的，信托存续，信托财产不作为其遗产或者清算财产"。其中表现出来信托的存续期限要长于委托人的自然寿命，因此，也使之成为家庭财富传承中的一个最重要的工具。

四、信托财产的独立性原则

对于信托财产的所有权属问题，在法学界依然还存在很大的争议。因为信托源于英美法系，并形成了"普通法上的所有权"和"衡平法上的所有权"的二元结构，即：受托人拥有信托财产在普通法上的所有权，因此除非信托合同有不同的规定，受托人能行使普通法上所有权人有关此项财产的一切权利；但受托人并不享有财产的受益权；该受益权即衡平法上的所有权，归属信托合同指定的受益人。

然而在信托制度被大陆法系国家移植的过程中，上述信托财产二元所有权理论和大陆法系"一物一权"原则具有一定的冲突性。

大陆法将其所调整的现实生活中的财产权分为两类，即物权和债权，并分别确定它们的基本特征和权利内容，有关财产的权利都必须纳入这两种权利的一种，接受法典的调整。因此，有专家认为：当出现一种新的财产权利时，必须先分析其性质到底是物权还是债权，然后才能将其正确定位并接受法典的调整。同时，在法律传统上，大陆法系的思维方式讲究从概念到具体的"要件导向"模式，法官面对案件必须先确定它属于哪类法律关系，然后严格根据抽象的法律条文的规定对该案件进行裁决。因

---

① 《中华人民共和国信托法》第八条。
② 《中华人民共和国信托法》第九条。

此，当大陆法系国家引入信托制度时，信托财产所有权必须被纳入民法典的调整范围中，这样才能让它在大陆法的体系之下良好的运行。①

危薇和吴磊在其《信托本质之探讨》一文中对信托财产权属的观点进行了探讨和分析，归纳如下：

观点一：受托人对信托财产享有所有权，受益人享有针对受托人的请求取得信托收益的债权。该观点认为：委托人将财产或财产权转移给受托人或进行其他处分，该行为具有物权的效力，受托人对信托财产享有了一种完全的物权（所有权）。而基于一物一权原则，受益人就不能再对信托财产享有所有权，而只能享有针对受托人的请求取得信托收益的债权。

这种论点的争议在于：所有权的权利范围包括对财产的占有、受益、使用和处分，但在信托关系中，受托人只能为受益人的利益对信托财产进行管理和处分，但并未拥有受益权；而且法律也明确规定了受托人必须将自有资产和信托资产相隔离，因此受托人并不拥有完全的所有权。而受益人也不是只享有对受托人请求支付信托收益的权利，还可以对受托人实施信托的行为进行监督；其所享有的权利远大于一般债务不履行之损害赔偿请求权。

观点二：信托财产实际所有权归受益人所有。在信托关系中，受托人只是名义上的所有权人，所以受益人是以财产所有人的身份取得信托财产的收益。受托人只是受益人的代理人。

对于这种观点的争议在于：信托设立后，首先受益人在法律层面上显然不是信托财产的所有人；其次，委托人是现有财产的所有人，其对信托财产的支配自由显然优先于只有期待权的受益人，比如在信托存续期间和信托存续期满后的受益人不一致的情况下，信托财产的所有权归属于受益人很难成立。

观点三：委托人对信托财产享有所有权，受托人享有管理经营权，受益人享有债权。委托人通过信托文件将信托财产委托给受托人占有、使用、管理和处分，同时又通过信托文件将受托人的经营管理处分信托财产的权利控制在信托文件规定的信托目的之内。同时，委托人拥有法律所赋予的对受托人进行监督，甚至在一定条件下更改受益人的权利，因此委托人拥有信托财产的所有权。在他益信托中，受益人最终获得财产所有权的原因是委托人通过受托人所进行的赠与，受益人权利的范围和大小受委托人制约，因此受益人享有的是债权。

对于该观点的争议在于：虽然对受托人的权利性质和来源进行了较为合理的解释，但没有为受益人对信托财产享有的权利和对受托人进行监督的权利作出合理解释。

综上所述，法学界对于"信托财产所有权属的问题"依然存在较大的争议，我国

---

① 危薇、吴磊：《信托本质之探讨》，载于《北京科技大学学报（社会科学版）》2015年第4期。

法律也没有予以明确。①

在财富管理领域，信托财产权属的不确定性并不代表家族信托全部的功能，无论是信托行为的灵活性，还是当前我国《信托法》所明确的信托财产独立性的原则，依然可为绝大多数家庭所用。

信托财产的独立性原则具体表现为：

（1）信托财产与属于受托人的财产相区别。② 受托人接受了信托资产后，承担了管理、处分信托资产的责任，但受托人必须将信托财产与其固有财产区别管理，分别记账，不得将其归入自己的固有财产。当受托人发生破产清算的话，信托财产将不受其影响。

（2）信托财产与委托人未设立信托的其他财产相区别。③ 设立信托后，委托人死亡或者依法解散、被依法撤销、被宣告破产时，委托人是唯一受益人的，信托终止，信托财产作为其遗产或者清算财产；委托人不是唯一受益人的，信托存续，信托财产不作为其遗产或者清算财产；但作为共同受益人的委托人死亡或者依法解散、被依法撤销、被宣告破产时，其信托受益权作为其遗产或者清算财产。

（3）虽然我国《信托法》规定：受益人不能清偿到期债务的，其信托受益权可以用于清偿债务，但法律、行政法规以及信托文件有限制性规定的除外。④ 但受益人虽然对信托财产享有受益权，但这只是一种利益请求权或期待权，例如，受益人可按照信托文件规定向受托人主张支付信托利益，或在信托终止后获得信托财产实际所有权（信托文件约定信托终止时信托财产归属于其他人的除外）。因而，在信托存续期内，受益人并不享有信托财产的所有权。

除此以外，当信托成立以后，除了我国《信托法》规定的四种情况外，各方当事人的债权人都无法主张权利，大多数情况下也无法向法庭申请强制执行。这四种可以对信托进行强制执行的情形包括：（1）设立信托前债权人已对该信托财产享有优先受偿的权利，并依法行使该权利的；（2）受托人处理信托事务所产生债务，债权人要求清偿该债务的；（3）信托财产本身应担负的税款；（4）法律规定的其他情形。⑤

上述信托财产的独立性原则使家族信托成为家庭财务保障保全体系建设和财富传承安排中最重要的风险隔离工具之一，并在以下家庭财富管理活动中得以普遍运用：（1）财产（债务）隔离；（2）婚前财产和婚后夫妻共同财产的隔离；（3）信托财产和委托人（或受益人）遗产的隔离。

---

① 本书无意对该问题的观点争议进行深入的探讨，但该问题也许是未来在考虑"被执行人的信托财产性权益是否能被强制执行"之类的问题时，必然要经受司法实践考验的一个问题。同时，我国《信托法》赋予了委托人极具支配性的权利，而且《信托法》规定的四种"可以强制执行的情形"中的第四种情形为"法律规定的其他情形"，既为未来《信托法》的修订和司法解释的出台留下了一定的空间，也留下了一定的不确定性。
② 《中华人民共和国信托法》第十六条。
③ 《中华人民共和国信托法》第十五条。
④ 《中华人民共和国信托法》第四十七条。
⑤ 《中华人民共和国信托法》第十七条。

五、当前我国家族信托发展的制约因素

虽然《信托法》出台至今已近20年，但对于家族信托的发展而言，依然还处在相当早期的阶段。在当前的实务操作过程中，还存在以下制度建设以及商业层面等多个方面的因素的制约：

1. 信托登记制度有待进一步完善

《信托法》对信托财产独立性原则予以了明确，但信托财产的独立性又有可能被恶意利用损害他人利益，因此，如果要实现信托财产与信托当事人的自有财产相分离的事实，也就需要使信托财产为外部所知，因而信托登记制度就变得尤为重要，通过登记，明确哪些财产是信托财产，哪些财产是当事人的自有财产，就会比较清晰。但我国家族信托登记制度目前尚未被真正建立。

自《信托法》正式颁发实施以来，我国一直在加速完善信托登记制度工作，中国信托登记有限责任公司于2016年12月26日正式成立，2017年8月，银监会颁布了《信托登记管理办法》，虽然这一登记管理办法主要还是针对信托产品的全国性统一登记，但还是被视为我国信托登记制度正式破题，对推动信托财产的登记制度具有长远的意义。

2. 信托非交易过户制度和信托税收制度有待进一步完善

当前，在股权或者不动产转移到家族信托中的时候，会视同第三方之间的交易过户，涉及较高的交易税务成本，使得设立家族信托的成本较高。

例如，当委托人需要把非上市公司股权纳为信托财产时，意味着以受托人（信托公司）的名义收购该类资产，委托人需缴纳相应的所得税与增值税。

如把房地产纳入家族信托的话，委托人除了支付房地产交易契税，还要替（以机构形式存在的）家族信托每年缴纳不菲的房地产税。按照相关规定，机构持有的房地产，每年需按照房地产原值×（1－10%或30%）作为应纳税额，按1.2%税率缴纳房地产税，这笔税费须由委托人支付。

3. 受托人的局限性

在商业层面，当前我国常见的信托关系中，受托人依然多是有资质的信托公司。虽然已经有不少信托公司视家族信托业务为一种业务创新，并开始办理相关业务。但由于当前业务量和其他业务比较起来依然较小，[①] 而在设立家族信托业务的过程中，作为受托人，信托公司往往还承担了对各信托主体和第三方[②]以及信托财产的尽职调查义

[①] 根据普益标准发布的专题研究报告显示，截至2017年，约30家信托公司开始办理家族信托业务，存量家族信托规模合计约500亿元。

[②] 对家族信托的投资管理中涉及第三方监管或者享有决策（参与）权的第三方（如保护人）进行尽职调查的内容包括但不限于：该第三方的身份基本信息，是否具有完全民事行为能力，从事职业或主营业务是否与信托财产投资运作范围存在利益冲突，是否可从信托财产投资中获取利益或者与之有相竞争，是否违反相关投资标的的实际控制权（如上市公司控制权）的合规要求等。

务,比如反洗钱和涉恐融资调查、信托财产的来源和合法性,信托财产的权利负担、委托人纠纷情况等,成本较高,收益和成本有失衡的现象。因此,对信托财产金额有较高的门槛(不低于1000万元人民币),同时,信托公司对信托财产的形式和范围也有较多的限制,比如只接受货币资金或金融资产。

我国《信托法》明确规定了具有完全民事行为的自然人和法人均可担任受托人,[①] 在司法实践中,也有具体的遗嘱文件在法院两审中被认定为有效信托文件的案例,[②] 因此,根据我国当前《信托法》的规定,并非只有拥有信托牌照的信托公司可以担任受托人的角色。从海外经验来看,自然人(包括亲朋或律师)、家族基金会等也可担任受托人的角色。

如果自然人也能在信托关系中担任受托人的角色,上述商业层面的因素无疑将得到极大改善,设立家族信托的门槛将极大地降低,有助于家族信托的普及和发展。而且目前也已经有律师事务所在推动相关的业务方向。然而,我国家族信托的发展毫无疑问还是在一个初级阶段,不仅在制度层面有待完善,而且民众对信托的认知、受托人的管理能力和制度约束也有待提高;但假以时日,相信中国的家族信托一定会成为普通家庭最重要也最为普及的风险管理工具之一。

第三节 保险金信托

近年来,我国金融服务行业也在不断探索更多更好的创新服务来面对市场的需求,其中保险金信托就是一项相对比较新的金融服务,成为理财师又一个非常重要的工具。

所谓的"保险金信托",是以保险金或保单受益权作为信托财产,由委托人和信托机构签订信托合同,当达到保险合同约定的赔偿或给付条件时,保险公司将保险金交付于信托受托人(也就是信托公司),由受托人依信托合同约定的方式管理、运用信托财产,并于信托期间和终止时将信托资产及运作收益交付信托受益人(见图9-2)。

保险金信托通常包括以下三种模式。

(1)第一种是先设立家族信托,然后由家族信托同时作为投保人和身故保险金受益人,受托为被保险人投保并支付保险费和管理分配保险金;比如客户可以根据自身的需求设立家族信托,然后可以再通过家族信托作为投保人,自己为被保险人进行投保,并指定家族信托为受益人。出险后,所有的保险受益权进入信托,然后再根据信托协议进行分配。

---

① 《中华人民共和国信托法》第二十四条。
② 《李某、钦某某等遗嘱继承纠纷二审民事判决书》,(2019)沪02民终1307号,上海市第二中级人民法院。

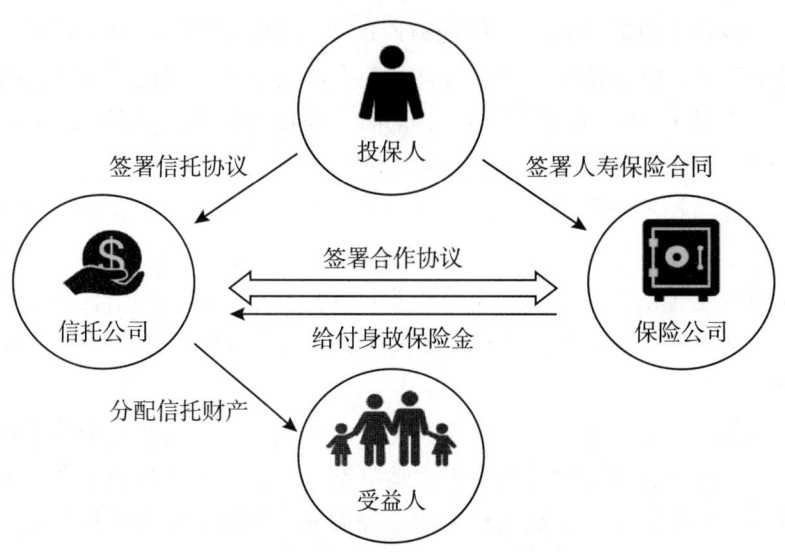

图 9-2 保险金信托各方主体示意图

（2）第二种模式是先订立保险合同，再由保单受益人作为委托人、以保险金为信托财产订立信托合同，例如，由客户先购买某保险公司的终身寿险产品，与此同时，客户和另一信托公司签订人寿保险信托合同，依据保险金信托合同将该信托公司指定为保单受益人。保险公司在保单出险后，按保单约定的条件，将理赔金交付于受托人（信托公司），由受托人依照信托合同约定的方式管理、运用信托财产，并按约定将信托财产及其收益按时间、按条件交付信托受益人。

（3）第三种模式是先进行投保，再以保险金为信托财产订立信托合同，并将保单受益人变更为信托受托人，受托人在身故保险金理赔后，受托负责保险金后续管理和分配。

在现实生活中，虽然保险和家族信托一样在一定条件下都具有一定的风险隔离的作用，而且保险还具有保费和保险金杠杆倍数高的特点，但保险工具作为一种标准化产品，在灵活性方面是有所欠缺的，例如，在采用传统保险（尤其是像身故险）的情况下，一旦出险，保险公司就会按保单协议把保险金支付给指定受益人。而当指定受益人为未成年人，或者年龄相对比较年迈并需要赡养的家人的时候，受益人一下子拿到保险金而自己又无能力打理这笔钱，免不了也会有人觊觎财产，动了不安分的心。而家族信托虽然灵活性较高，信托财产也具有独立性原则，但因前述种种原因，资金门槛和成本较高，而使大量的普通客户家庭被拒之门外。

保险金信托将保险工具和信托的特点进行了无缝连接。应该说家族信托的运用场景基本上都可以体现在保险金信托上，并大大降低了当前家族信托的门槛。当前国内设立家族信托通常需要以 1000 万~3000 万元以上，相比之下，保险金信托的门槛低了很多，由于保险的杠杆功能，部分保险金信托的门槛只需约 100 万~300 万元保费即可订立定制的保险金信托计划。

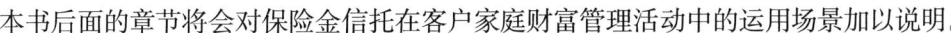

第九章 家庭风险管理中的常用金融工具

本书后面的章节将会对保险金信托在客户家庭财富管理活动中的运用场景加以说明。

第四节 其他有效的民事法律行为

契约自由原则既是近代民法最重要的三大原则之一，该原则的核心是契约关系应根据契约当事人的自由意志而决定，包括了缔约的自由、对象选择的自由、内容的自由和方式的自由。我国《民法典》明确提出："民事主体按照自己的意愿依法行使民事权利，不受干涉。"① 因此，人们可以通过各种具有法律效力的契约、合同、协议，来体现自身真实意思的表示，根据自身的意愿来进行具体的财务安排。

民事主体通过意思表示设立、变更、终止民事法律关系的行为，在《民法典》中被定义为民事法律行为。②

无论是前述的保险产品的购买、信托契约的制订还是保险金信托的安排，均以当事人和保险公司、信托公司通过签订合同这一民事法律行为，约定了彼此的义务和权利，并形成了合同关系。

同时，民事法律行为可以基于双方或者多方的意思表示一致成立，也可以基于单方的意思表示成立。③ 因此，当事人还可以根据自身的意愿为特殊目的，和其他的民事法律行为主体（自然人、法人、非法人组织等）进行缔约，比如签订《婚前财产协议》《婚姻财产约定协议》《股东协议》《股东互保协议》《意定监护协议》等，或者通过制定个人遗嘱以表达自身的愿望和对遗产的安排等。

只要具备我国《民法典》中民事法律行为有效的要件，其中包括：（1）行为人具有相应的民事行为能力；（2）意思表示真实；（3）不违反法律和行政法规的强制性规定，不违背公序良俗；④ 该民事法律行为就被认为有效。

但"民事主体从事民事活动，不得违反法律，不得违背公序良俗"⑤ 这一点在《民法典》的第一章"基本规定"中就得以强调。

同时，我国《民法典》也是调整民事主体之间合同关系的基本法律，主要针对的是婚姻、收养、监护等有关身份关系的协议以外的，平等主体的自然人、法人、其他组织之间设立、变更、终止民事权利义务关系的协议。⑥

当民事主体在从事其他的民事法律行为时，还可能涉及并必须遵守《民法典》中与继承、婚姻等事项的有关规定及其司法解释，《中华人民共和国公司法》（以下简称

---

① 《中华人民共和国民法典》第一百三十条。
② 《中华人民共和国民法典》第一百三十三条。
③ 《中华人民共和国民法典》第一百三十四条。
④ 《中华人民共和国民法典》第一百四十三条。
⑤ 《中华人民共和国民法典》第八条。
⑥ 《中华人民共和国民法典》第四百六十四条。

《公司法》),《中华人民共和国公证法》(以下简称《公证法》),以及前述的《保险法》《信托法》等一系列的相关法律、法规和相关性文件的规定。

在家庭财富管理过程中,这些具有法律效力的民事法律行为,以及因此而形成的协议、合同、契约、单方的意思表示,都成为家庭财务风险管理的主要手段和工具。

第十章

如何预防因为人身风险所引发的家庭财务风险

我们生活在一个大时代里,快速便捷的交通工具使得现代人的活动半径超过了历史上任何一个时代,各种技术的升级换代、消费升级让现代人的生活和以前相比有了天翻地覆的变化。与此同时,因为现代人活动量的增加,人类生态环境的变化也使得各种人身风险频频发生。

应该说人类对风险还是有一些认识的,也可能会尽量规避这些风险,例如父母会告诫孩子尽可能不要去参与危险的极限运动,成年人也应该尽量多吃些干净清淡的食物等。但人身风险的发生,很多时候并不是以人们的意志为转移的,如意外伤害、罹患重大疾病、身故等风险每天都在我们身边发生。人身风险固然可怕,但很多家庭在家庭成员遭遇人身风险后,还往往引发家庭财务风险,比如在一些小康家庭里,由于家庭主要收入来源者因为意外或者疾病导致身故,从而使得家庭收入大幅减少甚至灭失,导致家庭财务收支的失衡,不仅家庭生活品质无法保障,甚至老人的赡养、子女的教育等都可能出现资金缺口。

理财师在家庭财务风险管理方面的一项非常重要的工作就是要帮助客户尽可能降低这些人身风险所引发的家庭财务风险。

第一节 帮助客户识别因为人身风险所引发的家庭财务风险

人身风险是指在日常生活以及经济活动过程中,人的生命或身体遭受各种形式的损害,造成人的经济生产能力降低或丧失的风险,包括死亡、残疾、疾病、生育、年老等损失形态。而不同形态的人身风险可能导致不同的家庭财务风险,即前文所提到的次级风险。

针对"因家庭成员的人身风险所引发的家庭财务风险",主要包括三种常

财富管理核心能力

见的情况：[1]（1）家庭主要收入来源者因为意外或疾病导致身故，使家庭收入大幅减少甚至灭失的风险（以下简称第一种风险）；（2）家庭成员罹患重大疾病，需要支付大笔医药治疗费用，使得家庭出现巨大的流动性缺口的风险（以下简称第二种风险）；（3）家庭主要家庭来源者因疾病或意外失能（即没有身故，但失去了收入），但还需要支付高额医疗费用和保持家庭生活品质的风险（以下简称第三种风险）。

在了解了客户的家庭财务状况和生活状况后，理财师可以通过一一对应，来帮助客户识别潜在的、因为人身风险所引发的家庭财务风险。

【风险案例分析一】

小王今年28岁，出生在农村家庭，自幼学习成绩良好，考到上海读书，研究生毕业后在一家证券公司任职，年收入20万元。

目前单身且还未有女朋友。父母均为60岁，尚在农村务农。

小王平时相当节俭，工作几年的积累加上投资所得，大约有25万元的资产，没有负债。

小王一直认为自己是"一人吃饱，全家不饿"，那么他有家庭的财务风险和责任吗？

像小王这样的例子，上述三个潜在风险中，小王对第一种风险显得不屑一顾，觉得自己是单身，即使万一他不幸身故，他还有二十多万元的储蓄，可以把钱留给父母养老，也在一定程度上尽到了自己的赡养义务。

但如果第二种情况发生，也就是如果他罹患重大疾病大病的话，手上25万元有可能还是不够的，父母没有很多积蓄，可能要把老家的房子卖掉，甚至借钱来为他治病。无论病有没有治好，父母都会欠下一大笔债。对于这样的情况，小王是不应该无动于衷的。

相较于第三种风险，第二种风险可能还不是最糟糕的。第三种情况是，如果小王因意外或者疾病失能，不仅会失去工作收入，同时还要维护自己的生活品质和长期的医疗费用。小王当然可以像鸵鸟一样，把头埋在沙子里，漠视一切风险，不去做任何的防范措施，但如果小王是一个有责任心的人，相信他会理解这不只是和他自己有关，而且关乎他身边爱他支持他的家人。

像小王这样的例子其实很多，有一些父母是城市里的退休人员，比小王父母好一点的是他们有社保，若在平时，父母一般都有退休工资，还能满足日常开销，但一旦家里有人罹患重大疾病，父母一定会把所有积蓄拿出来，甚至还有可能背债。所以，很多家庭财务风险并不是那么遥远，就像每天都有那么多人出了意外或者被查出来罹患了重大疾病一样。

如果不能把每一类的次级风险和小王的具体情况一一对应，而一味地对小王讲"保险很重要"或者"每个人都必须要有保险"，对小王的影响会相当有限。事实上，

---

[1] 夏文庆：《理财师实务手册》，北京大学出版社2009年版。

第十章 如何预防因为人身风险所引发的家庭财务风险

客户通常也会自己去评估各种人身风险对自己家庭的影响,只是没有想得如理财师这般周全,比如小王觉得自己还很年轻,罹患重大疾病的概率很低,即使真的出了什么意外身故了,自己也小有储蓄,能为父母的养老尽点力;因此,自觉不需要任何风险管理措施。更何况,小王身在大城市,物价高,自己在不久的未来可能就要面对恋爱、结婚、购房等一系列的重大支出,对风险转移的成本显然也比较敏感。

因此,理财师在风险识别环节要做的工作包括将客户的具体情况放到每一类风险场景中进行一一识别,并告知客户:在风险管理中,比风险发生概率更为重要的是风险的损害程度;只有在场景化的分析中,客户才能真正感受到风险管理的重要性。

第二节 帮助客户评估因为人身风险所引发的家庭财务风险

【风险案例分析二】

李霞和志文今年均35岁,结婚多年,是丁克一族。

李霞大学毕业后在一家公司担任文员的工作,税后年收入7.6万元。志文在一家IT公司担任技术总监,税后年收入达到36万元;两人收入各占家庭薪酬收入的17.43%和82.57%。

两人都为独生子女,双方父母已退休,有退休工资,有医疗保障。父母工资和资产都不多;夫妇两人最主要的资产就是三套房子,自住房价值400万元,还有190万元贷款(每年还贷费用占家庭总收入35%左右),另两套房现值分别为120万元和200万元,其中120万元的那套房子目前由李霞父母居住,后一套房在出租,租金为每年3.6万元。

目前夫妻两人除了支付贷款,几乎所有的收入均用于生活基本开支和维护生活品质需求,并没有什么储蓄。

根据上述情况,理财师同样可以通过上述三种常见的次级风险来评估每个家庭成员潜在的人身风险可能对家庭财务造成的影响,并帮助客户来管理和转移这些风险。

无论李霞还是志文,事实上,每个家庭成员都有可能因为意外或者疾病导致身故,或者需要大笔诊疗金来医治,但由于家庭财务对每个人的收入依赖度不同,所以,对家庭财务的影响也是不同的。

李霞虽然自身的收入不高,但因为先生是被她发掘出来的"潜力股",所以,当先生收入上去后,自我感觉一直很好。所以当理财师与其讨论"因为人身风险所引发的家庭财务风险"时,觉得"没问题啊","他如果出了问题,我还有房产呢",确实,从李霞的角度来说,如果志文因为意外或者疾病导致身故,因为还有两套房子,加上没有孩子，虽然生活质量会下降，总体影响还不是很大。但理财师在风险评估的过程中，可能需要提醒李霞：志文的收入占家庭收入的82.57%，留下巨大的收入缺口，李霞的收入勉强可以覆盖平时的家庭基本支出，但无力偿还房贷。即使卖掉一套房，也同样需要考虑到志文对父母赡养义务（遗产分割）、丧葬费用等开支，结合家庭短期现金流动性的情况以及未来存在的不确定性，生活品质下降是必然的。接下来李霞面对的问题是：是否还愿意采取风险自留的方式面对这样的风险，抑或是支付一定的风险转移成本来转移此类风险？

同时，如果志文身患重大疾病，需要一大笔诊疗资金时，李霞准备好了吗？这个时候，首先暴露出来的是家庭投资方式的缺陷。过去40年，房价在很多客户眼里只涨不跌，所以也愿意把所有的资金都投资了房产，但在风险发生时，家庭财产的流动性是有非常大的局限性的。当然这个时候也可以求助父母朋友，但如果希望自己能解决的话，最直接的方式就是：卖掉那套400万元的房子，先还掉一半贷款，剩下的给志文治病，自己先住到出租房里（同时会失去每年36000元的租金收入），同时，志文在治疗阶段是没有收入的，因此原来的生活品质是根本无法保持的。如果志文在医治后，暂时没有了生命危险，但已经失能，无法从事原来的工作岗位，同时未来还需要支付长期的治疗费用，在这种情况下，李霞是否应该事先做一些预防措施？

从志文的角度来看，因为自身收入较高，如果李霞身故，足以支付房贷和其他生活品质支出，对家庭的经济影响尚且不大。但如果李霞身患重大疾病，也是由于现金流动性不足，可能需要卖掉一套房子。从这几个角度来看，他们家对第二、第三种风险的防范能力就显得远远不够了。

从上述例子来看，客户自己原先并没有觉得有什么潜在的风险，即使能想到的，也觉得自己有足够的能力来应对，但现实的严酷有的时候真的会让所有没有计划和准备的人在沙滩上裸跑，因此，不管客户在开始的时候有多么不愿意和理财师讨论"因为人身风险所引发的家庭财务风险的问题"，理财师都需要正视这些风险，因为没有相对完善的家庭财务风险保障规划，客户家庭其他的财务决策做得再好，都有可能因为不可预见的人身风险的发生而功亏一篑。

无论风险案例一中的小王还是风险案例二中的李霞和志文，和平时说的高净值客户还是有一定距离的。现实中，一些高净值客户往往对"因为人身风险所引发的家庭财务风险"不是很关注，因为自觉已经在创富阶段积累了大量的财富，即使主要收入来源者身故了，对其他家庭成员而言，在生活品质方面可能影响并不是很大；即使家庭成员罹患重大疾病了，也可能会有足够的资金来支付医疗支出，而不对家庭生活品质造成太大的影响。

事实上，无论是高净值的还是小康家庭的家庭成员如果发生人身风险，多少都会对客户家庭造成一定的影响，那么就要看看客户的资产金额和流动性能否从容面对这样的风险，像小康家庭，通常影响会比较大，那么就要采取一定的风险管理措施来转

第十章 如何预防因为人身风险所引发的家庭财务风险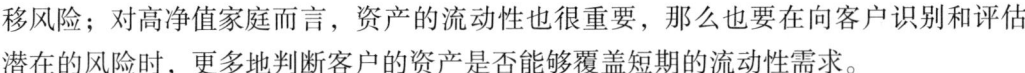

移风险；对高净值家庭而言，资产的流动性也很重要，那么也要在向客户识别和评估潜在的风险时，更多地判断客户的资产是否能够覆盖短期的流动性需求。

总之，理财师不要总是因为客户家庭"没有配置保险产品"就武断地认为客户家庭处在风险之中；通过对次级风险的逐一识别和评估，理财师能将客户置身于风险场景之中思考自己的应对措施，如果发现应对措施中有漏洞，例如短期的资金流动性缺口，缺乏遗嘱安排等，这样才能引起客户对家庭财务风险管理的重视；从而理财师的专业价值才能显现出来，对客户的建议才能有较大概率被客户接受。

第三节 风险转移工具

对因为人身风险所引发的家庭财务风险，人身保险毫无疑问是最重要的风险转移工具。人身保险是以人的寿命和身体为保险标的的保险。当人们遭受不幸事故或因疾病、伤残、年老以致丧失工作能力、死亡或年老退休时，根据保险合同的约定，保险人（保险公司）对被保险人或受益人给付保险金或年金，以解决其因病、残、老、死所造成的经济困难或家庭财务风险。

社会上常常有很多对保险的偏见，一方面是因为保险从业人员相对比较积极的营销方式，让一些客户感到不适；另一方面大众对保险还是存有很多误区，比如客户愿意比较各家保险公司产品的保费，事实上，同类产品的保费高低差距并不大，但很多时候，客户比较的却是不同种类的产品，可能造成了沟通上的分歧；或者客户投保后，被保险人出现人身风险，但该人身风险并非在所投保单的保障范围之内，使得客户心理出现落差，认为"保险都是骗人的"。

事实上，保险工具可能是最能体现契约精神的金融工具之一，投保人和保险公司通过保险协议约定保障的范围和给付条件，一旦保障范围内的风险发生并符合给付条件，保险公司会按约理赔。

保障标的和保障范围不同，就会有不同的保险产品种类：如果按照保障范围可以分为人寿保险、健康保险和人身意外伤害保险；而根据保费缴纳和保险公司支付保险金的方式的差异，还可以分为定期保险、终身保险、两全保险等。一种保险产品会包括上述两个维度，比如定期寿险，终身重大疾病保险等。在以下内容中，将介绍针对三种常见次级风险的保险工具。

一、人寿保险

人寿保险是以人的寿命作为标的，且以被保险人的生存或死亡为给付条件的人身保险，也经常被称之为"身故险"。无疑，这类产品是可以用来转移第一种风险的，也就是家庭主要收入来源者因为意外或者疾病导致身故而引发的家庭财务风险。根据保费缴纳和保险公司支付保险金的方式的不同，还可以分为定期寿险、终身寿险、两全寿险等。

1. 定期寿险

所谓的定期寿险，就是投保人和保险人约定每年定期缴纳保费，保险期间和保费缴纳期限相同，如果被保险人在保单规定的期间发生死亡，身故受益人有权领取保险金，如果在保险期间内被保险人未死亡，保险公司无须支付保险金也不返还保险费。

定期寿险通常会有一定的期限，如10年、25年、30年，或者到一定的年龄，比如65岁，在保险期间内，投保人有每年缴纳保费的义务，而保险人则在约定条件下有支付保险理赔金的义务。

如图10-1所示，这是一个期限为25年，采用均衡保费的例子，下方短柱子即为投保人需要每年缴纳的保费，上方的较长的柱子代表一旦被保险人身故，保险公司将支付的理赔金（并不是每年可以拿回这么多钱，这只是表明，在保险期间内，如果被保险人身故并符合约定条件，身故受益人都可以获得25万元的保险金）。

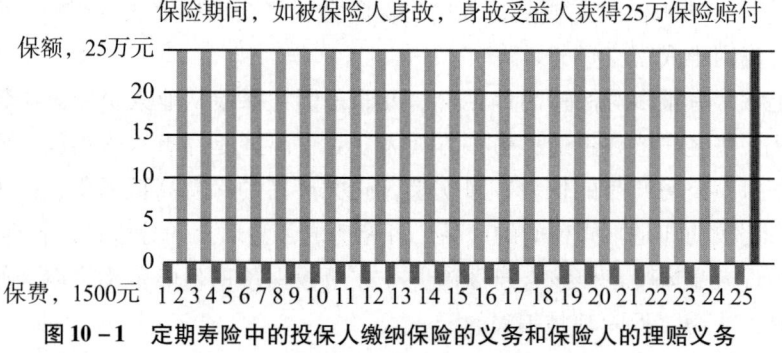

图10-1　定期寿险中的投保人缴纳保险的义务和保险人的理赔义务

其中定期寿险的约定条件通常也是保险公司的免赔条款，每家保险公司不完全一样，但基本内容会包括：（1）投保人或受益人对被保险人的故意行为；（2）被保险人自本合同生效或效力恢复之日起二年内的自杀、故意自伤身体；（3）被保险人的不当行为，如犯罪、服用、吸食或注射毒品，酒后驾驶、无照驾驶及驾驶无有效行驶证的机动交通工具，有的公司还包括殴斗或酒醉行为等；（4）被保险人患获得性免疫缺陷综合征（艾滋病）或感染获得性免疫缺陷综合征病毒（HIV呈阳性）期间；（5）战争、军事行动、暴乱或武装叛乱，核爆炸、核辐射或核污染。

在定期寿险保险到期后，保险公司的保障义务和投保人缴纳保险的义务均得以解除。一些客户可能会反映：我年轻的时候，身故的概率低，怎么年老的时候反而不保了呢？事实上定期寿险背后也有一定的逻辑，那就是在被保险人年纪大了以后，其获得收入的能力就会下降（比如只是领取微薄的退休金了），而其对家庭的责任也在下降，一是因为家庭财富的积累，二是子女可能已经独立，房贷也已经还清，因为个人身故而导致家庭财务陷入困境的风险也大大降低了，因此，定期寿险的主要作用还是针对保障被保险人在其对家庭财务影响较大的期间的身故保障。而且定期寿险的保费相对其他种类的身故险更为低廉,是大多数年轻家庭也都能承担得起的,所以,理财师通常会建议还在早期财务积累阶段的年轻家庭配置定期寿险,随后视家庭需求比如增加了贷款、生儿育女后再考虑增加保险额度。

2. 终身寿险

如果客户认为定期寿险的保障期限还不够,希望买了保险后,能在以后只要发生身故,都能为家庭留下一笔保险金,那么,这时候可以考虑终身寿险。所谓的终身寿险是一种不定期的死亡保险。保险责任从保险合同生效后一直到被保险人死亡之时为止。由于人的死亡是必然的,因而终身保险的保险金最终必然要支付给受益人。由于终身保险保险期长,所以它的费率肯定会高于定期保险。

如图 10-2 所示,这是一个缴费 30 年,采用均衡保费的终身寿险产品的例子,下方短柱子即为投保人需要每年缴纳的保费(2500 元),上方的较长的柱子代表一旦被保险人身故,保险公司将支付的理赔金(25 万元),其中,保费只缴纳到被保险人 60 岁,但保险公司的理赔义务直至终身(同样,图 10-2 中的长柱并不是每年可以拿回这么多钱,而是如果被保险人身故并符合约定条件,身故受益人都可以获得 25 万元的保险金)。一个比较明显的现象就是:终身寿险因为保险人承担了更多的保障义务(也有观点因此认为终身寿险有一定的储蓄功能),因此其保费也较高。终身寿险不止在转移"因为身故而引发家庭财务风险"方面被广泛应用,由于大多数国家不认为有明确受益人的寿险保险金是遗产,因此通常会免征遗产税,因此,终身寿险也成为很多家庭进行财富传承的阳光避税工具。

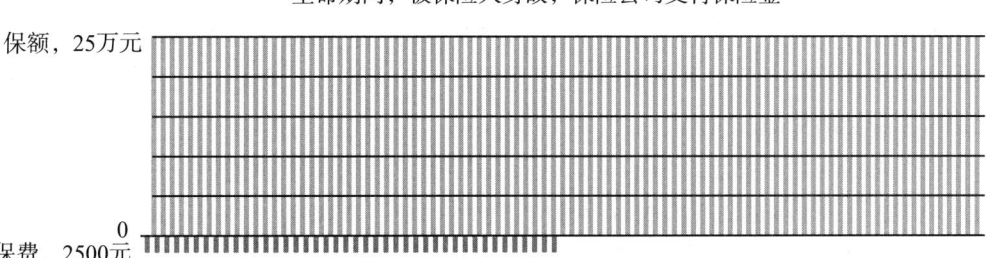

图 10-2　终身寿险中的投保人缴纳保险的义务和保险人的理赔义务

3. 两全寿险

两全寿险又被称为"生死两全保险",是指如果被保险人在保险合同约定的期间里身故的话,身故受益人则领取保险合同约定的身故保险金;如果被保险人继续生存至保险合同约定的保险期期满,则投保人领取保险合同约定的保险期满金的人寿保险。

如图 10-3 所示,这是一个缴费 30 年,保额为 25 万元,采用均衡保费的两全寿险产品的例子,下方短柱子即为投保人需要每年缴纳的保费,上方的较长的柱子代表一且被保险人身故，保险公司将支付的理赔金（同样，图10-3中的长柱并不是每年可以拿回这么多钱，而是如果被保险人身故并符合约定条件，身故受益人都可以获得25万元的保险金）。而保险期满后，被保险人依然生存，那么投保人将从保险人处获得25万元保险金。由于投保人获得的保险金的日期是确定的，同等条件下，两全身故险通常比终身寿险和定期寿险可能更贵一点。从中可以看到两全险有一定的强制储蓄功能，除了保障因为身故风险所引发的家庭财务风险，满期金还能用于养老、财富传承等规划。

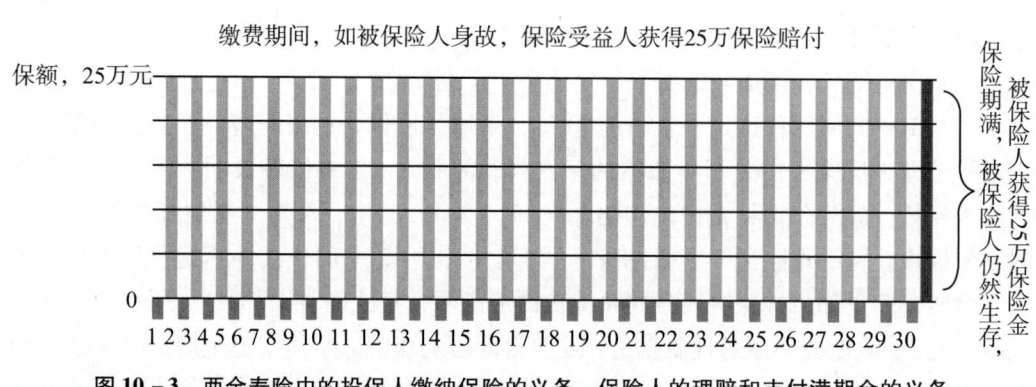

图10-3 两全寿险中的投保人缴纳保险的义务、保险人的理赔和支付满期金的义务

4. 人身意外伤害保险

中国人对生死的表达比较含蓄，通常会说"万一出了意外"这样的表述，因此，当谈到第一种风险的转移时，一些人会首先想到"意外险"。在保险行业中，确实是有"人身意外险"或者"人身意外伤害险"这样的险种，但此"意外"而非彼"意外"。

人身意外伤害保险是指被保险人在保险有效期内，因遭受非本意的、外来的、突然发生的意外事故，致使身体蒙受伤害而残废或死亡时，保险公司按照保险合同的规定给付保险金的保险。

值得关注的是：在定义中的"意外"是特指"遭受非本意的、外来的、突然发生的意外事故"，而不是普通人平时泛称的"出乎意料"的意思，在后者的语境中，往往包括了"因病身故""自杀身故"等意思，但人身意外伤害险显然只包括了"非本意的、外来的突然发生的意外事故"，如交通事故、走在路上被掉下来的招牌砸到等。因此，显而易见，人身意外伤害险的保障范围比传统的定期寿险、终身寿险以及两全寿险要单一得多。而一些更加明确的险种，如自驾意外险，则更加单一，保险公司只会在因为"驾驶过程中发生的意外事故导致身故"的风险出现后，才履行赔付义务，其他则不会理赔。

因此，对客户家庭而言，这些听上去保额很高，保费很便宜的保险产品，事实上并不能完全有效覆盖家庭主要收入来源者身故导致的家庭财务风险。但以意外身故险或者意外伤害险作为传统身故险的补充，还是有必要的。比如，如果一名客户因为工作需要,经常自驾到邻近城市,因此,在配置了定期寿险外,又配置了一款交通意外险,这是完全可以的。

通过对四种身故险的介绍,可以看到因为家庭主要收入来源者因为意外或者疾病而导致身故,从而使家庭收入大幅减少甚至灭失的风险,是可以通过身故险进行转移的。而具体为客户建议配置哪一种类型的产品,理财师就需要根据客户的具体情况和客户的意愿进行分析,并结合相关产品的特点向客户提供具体的建议。

二、健康保险

健康险通常被用来转移客户家庭的第二种风险,即家庭成员因为罹患重大疾病而导致家庭医疗费用大幅增加的风险。健康险承保的主要内容有两大类:一是由于疾病或意外事故而发生的医疗费用(如商业医疗险等);二是由于疾病或意外伤害事故所致的其他损失(如重大疾病险和防癌险等)。

1. 重大疾病保险

重大疾病保险(简称"重疾险")的保险标的是"被保险人是否罹患保单所约定的重大疾病",即只要被保险人罹患保险条款中列出的某种疾病,都可获得保险公司的定额补偿。这里的重点是"定额",如果约定的保额是10万元,保险公司的理赔金就是10万元。现实生活中,在家人罹患疾病后,家庭里的各项支出都可能增加,而不仅仅是治疗费用。因此,定额赔付可以让患者家庭灵活地运用保险金,一方面可以用于治疗,另一方面可以暂缓家庭的现金流缺失。

重大疾病保险显然能在一定程度上转移或者缓解第二种风险:即家庭成员因为意外或者疾病导致家庭医疗费用大幅增加的风险。

和身故保险一样,重大疾病保险也可以分为定期重大疾病保险,两全重大疾病保险和终身重大疾病保险。这三大类的保险产品特点和相对应的身故险基本类似,只是这里保险标的是针对被保险人罹患保单约定的重大疾病(如图10-4所示)。

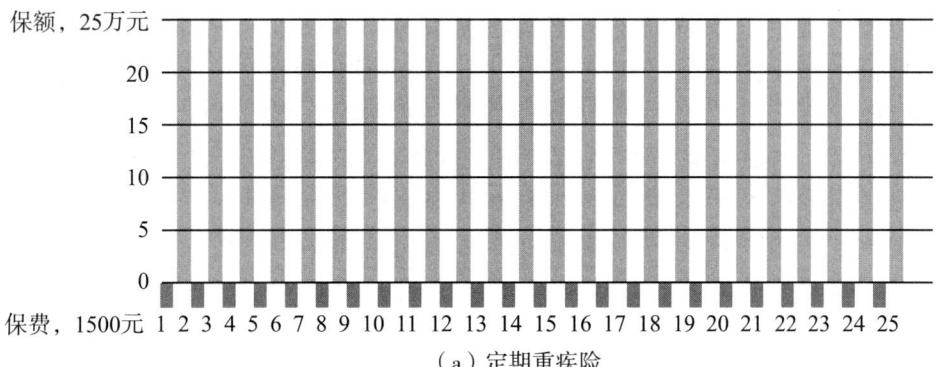

(a)定期重疾险

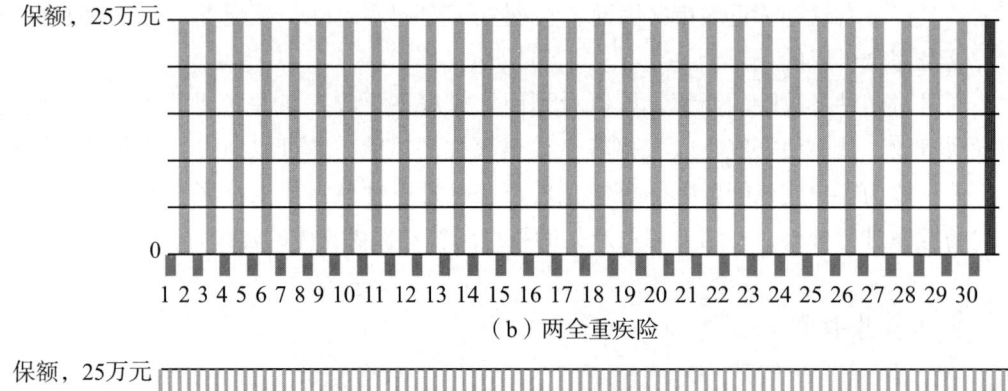
(b)两全重疾险

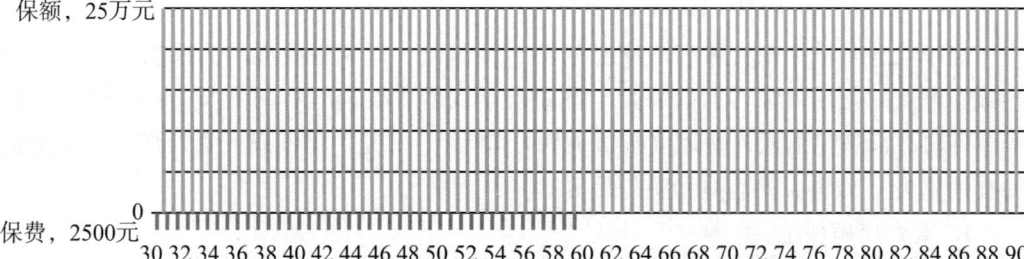
(c)终身重疾险

图10-4 定期重疾险、终身重疾险、两全重疾险的缴费和理赔方式

对于身故险的需求，很多家庭随着家庭财富的增加，子女的逐步独立，以及对被保险人（也就是家庭主要收入来源者）的收入依赖逐步降低，身故险的需求也会逐步降低的。但对于重大疾病险的需求则不一样，因为医疗费用不会降低，甚至有时还会以超过普通通胀的水平增长。因此，有经验的理财师通常会在客户步入中年，在50岁以前就增加一定的重大疾病保险额度。而在这个年龄进行重大疾病险的加保工作，保费往往比较高，定期重疾险接下来的保险期间相对有限，终身重疾险的保额也往往跟不上医疗费用上涨率。这个时候，一些有经验的理财师会建议客户采用两全重大疾病险：一方面在具体保障期内加大保障的金额；另一方面利用两全重疾险的储蓄功能为未来的医疗费用做专项储蓄。

在步入中年后，大多数客户的家庭财务状况已经有了比较好的沉淀，比如房贷已经支付完毕，孩子也已经接近毕业等，因此，两全重疾险相对昂贵的保费对家庭的负担会显得轻一些。同时，经过20年的缴费期，如果期间没有出险，那么期满时，投保人通常可以拿回和保额相当的一笔保险金。现实中，在被保险人65岁或者70岁后，大多数保险公司已经不再接受重大疾病保险了，因此，这一笔钱就可以作为未来的健康养生或者诊疗专项资金。在没有发生风险前可以做一些投资，以弥补通胀对医疗费用的影响；在风险真的发生时，就有了一笔可以动用的专项资金。因为在退休后10~15年往往是疾病发生概率较高的阶段，有一笔专项医疗资金，对家庭或者个人都是一个不错的选择（如图10-5所示）。

第十章 如何预防因为人身风险所引发的家庭财务风险

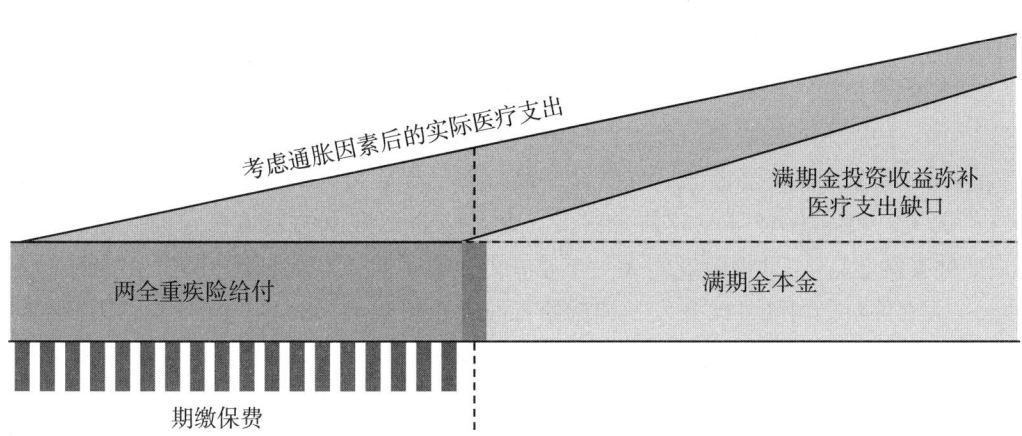

图 10-5 利用两全重大疾病险的储蓄功能为未来的医疗养生费用准备专项资金

2. 商业医疗险和"百万医疗险"

商业医疗险，包括了普通医疗险、手术医疗险、意外伤害医疗险等。相比重大疾病险或者身故险都是以定额的方式支付给投保人或者受益人，医疗险通常是以补偿的方式，或者直接一点是"报销"的形式进行理赔。

普通医疗险负责被保险人因疾病和意外伤害支出的门诊医疗费和住院医疗费。一般采用补偿方式给付医疗保险金，并规定每次最高限额。意外医疗险负责被保险人因遭受意外伤害支出的医疗费，通常作为意外伤害保险的附加责任。保险金额可以与基本险相同，也可以另外约定。一般采用补偿方式给付医疗保险金，不但要规定保险金额即给付限额，还要规定治疗期限。手术医疗险属于单项医疗保险，只负责被保险人因施行手术而支出的医疗费，无论是门诊手术治疗还是住院手术治疗。手术医疗保险可以单独承保，也可以作为意外保险或人寿保险的附加险承保。采用补偿方式给付的手术医疗保险，只规定作为累计最高给付限额的保险金额，定额给付的手术医疗保险，保险公司只按被保险人施行手术的种类定额给付医疗保险费。

理财师需注意的是，有的商业医疗保险产品可能只对社会保障医疗保险（以下简称"医保"）无法报销的部分进行赔付，甚至有时还不是全部赔付，而是由实际支出金额减去医保的部分，然后再减去免赔额（或乘以一个百分比）的方式进行赔付。免赔额是指保险合同里规定的对约定数额以下的损失不承担赔偿责任。如果一名被保险人因病住院共花费人民币 3 万元，社保保险部分为 2.4 万元，剩下 6000 元。如果免赔额为 1000 元的话，商业医疗保险的报销额为 5000 元。

近年来，我国保险市场还出现了"百万医疗险"，其特点包括：低保费（通常数百元）、高保额（100 万元起）、不限治疗手段、不限社保用药（自费药进口药均可报销）等，甚至一些特殊门诊（如恶性肿瘤门诊化疗、门诊手术、肾透析等）费用，也属于可报销范围；同时，免赔额通常在 1 万元以上。

百万医疗险保障范围较广，但却保费低廉，主要原因是我国有普惠的社会保障医疗保险，如果是普通小病的话，通过医保报销后基本达不到理赔条件，因此保险公司的赔付成本相对较低；同时不少百万医疗险通过互联网在线销售，对保险公式而言理论上营销成本也相对较低。

当前，传统人寿保险公司和财产保险公司均有推出百万医疗险。人寿保险公司的产品开发通常基于人寿经验表，保费会略高。财产保险公司则通常按赔付率和预定核保利润进行定价，保费可能较前者略低。财产险公司推出的百万医疗险，通常属于"短期健康险产品"，即保险期间为一年或者一年以下且不含保证续保条款的健康险品种。但人寿保险公司既可以开发长期健康保险，也可以开发短期健康保险，因此保单中是否明确"保证续保"就成为两者最重要的区别。

短期健康保险无法"保证续保"或者"承诺续保"，成为其最大的短板，投保人只能每年进行投保，因此也会有担心保险公司停售该产品，或者自身的身体状况发生变化，保险公司拒绝核保的情况出现。因此百万医疗险在面世之初，引起了市场广泛的争议，一些专业保险代理人或经纪人也会因为该产品"不能保证续保"而使客户错失了标准化、可以保证续保的产品机会，因此，对该类产品表示质疑。但百万医疗险面世至今也一直在不断地发展和优化，目前市场上已经有部分保险公司推出了可以连续6年续保的产品。更重要的是，该类保险的独特定位逐步为市场所接受。

事实上，每一款新产品的开发都有其背后的逻辑和定位，如果受到消费者和市场的欢迎，也必然有其存在的理由；百万医疗险也是如此。虽然免赔额略高，有些小病医疗费用达不到理赔要求，但从财富管理角度而言，这些小病医疗费用并不是家庭财务的真正风险。而对于一些小康或以下的家庭而言，通过百万医疗险，以非常低的经济代价获得较高的保险杠杆，在一定阶段内（可以投保期间）转移了部分因为大病医疗可能带来潜在家庭财务风险，其实也未尝不是一个理性的选择；这也是百万医疗险真正的市场定位，也是其在普通家庭财务保障保全体系中的定位。

3. 高端医疗保险

最近几年市场上的高端医疗险也颇受高净值客户的欢迎。究其背后的原因主要是两个：一个是较高保险额度和覆盖面；另一个是部分高端医疗险提供专家门诊绿色通道，在一定程度上解决了客户"就医难"的问题；同时国内大陆地区的高端医疗险大部分都能做到门诊和住院费用直付，免去了申请理赔的麻烦。

表10-1展示了国内某高端医疗险的保险利益（即保险公司最高的报销额度）情况，它分为三大类，分别是中国大陆、国际计划（除美国、加拿大以外的）、全球计划，每一类都分别有三个档次，比如中国大陆计划，保险利益分别是最低档的60万元、中档的200万元和最高档的600万元，国际计划和全球计划分别是800万元、1600万元、2500万元（见表10-1）。

第十章　如何预防因为人身风险所引发的家庭财务风险

表 10-1　　　　　　　　国内某高端医疗险保险利益　　　　　　　　单位：万元

中国计划 （除香港、澳门、台湾外）			国际计划 （除美国、加拿大外）			全球计划 （保险期间内，被保险人需在中国 大陆居住超过 8 个月以上）		
计划一	计划二	计划三	计划四	计划五	计划六	计划七	计划八	计划九
60	200	600	800	1600	2500	800	1600	2500

当然保障金额的不同，保费肯定是不一样的，保险利益越高，保费肯定也越高；同时保费和被保险人的年龄也相关，年纪越大，保费也会越高，同时，保费每五年上涨一个阶梯。

该高端医疗险的住院医疗费用的覆盖程度还是非常高的，其中包括：住院病房费用、重症监护病房费用、医院杂项费用（如诊疗、看护、手术室费用等）、住院物理治疗费用、救护车费用、手术费用、麻醉费用、主诊医师费用、家庭看护（每一病症最高赔偿期 90 天，每天给付 680 元）、近亲属陪宿费用、入院前和离院后治疗费用等，全部都全额赔付（见表 10-2）。

表 10-2　　　　　　　　某高端医疗险的住院医疗费用保障

自付比率	无
住院病房费用（每一病症无赔偿天数限制）	标准私人病房
重病监护病房	全额赔付
医院杂项费用（处方药、住院诊疗费用、看护/护理费用、病房消耗材料和杂项费用、手术室费用）	
住院物理治疗**	
救护车费用	
手术相关费用	
麻醉费用	
住院主诊医师费用	
家庭看护**（每一病症最高补偿期为 90 天，每天给付 680 元）	
近亲属陪宿费用**（每一病症最高补偿期为 90 天）	
入院前或日间手术前求诊费用（住院前 90 天内）	
入院前或日间手术前检查检验费用（住院前 90 天内）	
离院后治疗（离院后 90 天内）	
住院精神病治疗（初次投保时，自生效起等待期为 12 个月，每一保险年度最高赔付天数为 30 天；累计保险年度下，终身最高赔付天数不超过 100 天）	

其他主要利益还包括：器官移植、非住院肾透析及癌症治疗、紧急意外门诊和牙科门诊等全额赔付，24小时紧急救援服务不设限定，癌症治疗最低档赔付是50万元，但最高可以达到200万元。

事实上，上述产品只是诸多高端医疗险中的一员，市场上不乏保险利益比此更高的高端医疗险产品。

对很多家庭而言，在家人罹患疾病后存在"就医难"的问题，而相当大一部分高端医疗险（也包括一些重大疾病保险）产品，为被保险人提供就医绿色通道。绿色通道服务无须专门付费，是保险公司为客户提供的就医协助服务，让有合作意愿的专家为保险公司的客户开通就医通道，其中包括了特需挂号、特约门诊、预约手术、预约床位等服务。这对很多高净值客户而言，虽然因为人身风险所引发的家庭财务风险其实并不是很大，但他们需要的是更好的医疗资源，很多高端医疗险是能够满足客户这一需求的，这也使得高端医疗险变成了一种生活品质所需。

4. 针对某类重大疾病的险种

当前市场上还有一些针对某类重大疾病的险种（如防癌险、恶性肿瘤险等）或者针对妇幼疾病的一些险种。首先，这些保险产品也是具有保障功能的，如果罹患了和保险公司约定的疾病，保险公司也会按约定的保险金额理赔；然而，这些保险产品保障范围显然比重大疾病保险更为单一一些，所以，它们的保费会更便宜，保额也会更高。

这类保险产品和重大疾病保险产品相比，貌似保险金额高，价格方面更占优势，但由于保障范围相对较窄小，因此对客户家庭所起到的保障作用是有局限性的。例如，市场上有针对恶性肿瘤的保险产品，当然恶性肿瘤也有很多种，而且是最常见的重大疾病，但如果理财师的客户罹患的恰恰不是恶性肿瘤而是肾衰竭或者心肌梗死呢？结果当然就不会理赔，所以，有经验的理财师通常会采用保障范围更加广泛的重大疾病保险，对客户进行第一层的保障；如果有需要的话，可以再酌情增加诸如此类的针对某一类疾病的险种作为补充。

三、失能收入保险

失能收入保险称为收入损失保险、收入保障保险，是指以因保险合同约定的疾病或者意外伤害导致工作能力丧失为给付保险金条件，为被保险人在一定时期内收入减少或者中断提供保障的保险。失能保险也是健康保险的一种，在国外已经有100多年的发展历史，非常流行，甚至还可以对保费进行税前抵扣。其主要目的是为被保险人因丧失工作能力导致收入的丧失或减少提供经济上的保障，但不承担被保险人因疾病或意外伤害所发生的医疗费用。由于该类保险可以帮助被保险人很大程度上规避由于其发生意外或罹患疾病，导致无法从事原来的工作的风险，也就是本书前面提到的第三种风险。

失能保险通常有以下一些特点：（1）通常保险人会考虑被保险人的税前工作收入以及工作性质（以衡量其风险程度）；（2）和人身保险合同不同的是收入补偿保单不是

定额给付性合同，一般其给付额都有一个最高限额（如不高于被保险人税前收入的75%、65%），被保险人一般不能就同一份收入重复投保，如果重复投保，保险人可能按比例分摊保险责任；(3) 收入补偿保险一般都会有免责期，又称等待期间，这是指在被保险人因疾病或意外伤害事故不能继续工作后，在一段时间内将无法立即申请理赔，等待期间一般为30天、60天、90天等，等待期间越长，保费越低；(4) 收入补偿保险的给付期限从13周、25周、52周，到2年、5年，至65岁甚至终身，给付期限越长，保费越高；(5) 在一些国家，对被保险人的收入被认为是应税收入，将被课税，同时其保费也得以在税前扣除。

目前国内寿险市场上尚无真正意义上的收入补偿保险，但市场上曾出现了以附加险形式出现的附加型失能险，该产品的特点如下：(1) 在保险期间内，被保险人若患癌症、意外残疾，被保险人可获得月度利益给付金额，直至利益给付期间结束为止；若在利益给付期间内身故，由受益人继续按月领取，直至利益给付期间结束；(2) 满期健康恭贺金：生存至保障期满且未发生上述理赔，将获得健康恭贺金；金额等于300%月度利益给付金额；(3) 以上利益不可同时兼得，若在利益给付期间内，受益人也身故，则由其指定的受益人一次性领取剩余未领取的月度利益给付金额的现值之和；(4) 投保选择：保险期间=缴费期间，可选择10年、15年、20年，缴费期内保证续保，均衡费率，最高续保至65岁，利益给付期间可选择5年或10年；(5) 投保年龄：18~50岁；(6) 月度利益给付金额最小1000元，最大20000元。

但上述失能险并没有在市场上流行起来，甚至从收集到的信息来看，该产品已经停售。从海外经验来看，失能险或者收入保障型保险对普通家庭而言是非常重要的风险保障产品，因为此类保险对第三种风险确实能起到非常重要的作用；但国内保险公司迟迟没有推出类似的产品，应该不是需求端的问题，而是存在一些客观上的技术原因，不得不说是一种遗憾。①

第四节　利用保险产品转移因为人身风险所引发的家庭财务风险

一个家庭有众多的成员，每一个家庭成员遭遇人身风险的时候，都有可能产生家庭财务风险。而要防范这类财务风险，理财师需要帮助客户识别并评估每一位家庭成员在身故、伤残、罹患重大疾病时，可能对家庭财务造成的影响；同时提供风险转移工具的具体建议。商业人身保险产品显然是风险转移最重要的工具。每个家庭可能需要一个保险产品组合来转移这些潜在的风险。

---

① 当然，只要需求是客观存在的，产品供给端是不会放弃此类保险产品的研究和探索的，一直以来，始终有不少保险公司也在考虑以年金附加险的形式，为客户提供具有收入补偿或者医疗护理费用补偿功能的保险品种。

在客户家庭财务保障保全体系的搭建过程中，保险产品的建议是一项非常重要的工作，而且这种建议需要非常具体，并具备可操作性。理财师需要针对每一位家庭成员可能带来的潜在财务风险提出相关建议。具体需要明确的内容包括但不限于以下10项内容：（1）针对的主要风险以及被保险人：评估每一位家庭成员潜在的人身风险可能引发的家庭财务风险（三大类次级风险），并明确可能引发风险的当事人为被保险人；（2）保险种类：是寿险还是健康险，是定期、终身还是两全险等；（3）保险公司及其产品名称：具体的保险公司和保险产品的名称；（4）保障额度：当风险发生后的给付额度、满期给付额度或者保险利益的计算方式；（5）保障期间：保险公司和投保人约定的保障期间，至被保险人的约定年龄或未来多少年或终身保障；（6）缴费方式：趸交还是期缴，如果是期缴的话，缴费周期是年缴还是月缴；（7）缴费期间：缴多少年；（8）保费：保费金额、每缴费周期；（9）投保人：投保人是根据我国《保险法》和保险人（保险公司）签订保险契约，并负有支付保费义务的自然人或法人，必须和被保险人有保险利益关系；①（10）受益人：是指由被保险人或者投保人指定，在保险事故发生或者约定的保险期限届满时，依照保险合同享有保险金请求权的人，因为客户的情况不同，在受益人的选择方面，差异性较大，理财师应和客户进行充分沟通，在提出专业性建议的同时，充分体现客户的愿望。

在接下来的章节中，本书以风险案例二中的李霞和志文家庭为例，展示上述10项内容的分析和建议过程。

一、识别和评估主要风险，明确被保险人

识别和评估主要风险，明确被保险人这一环节，是理财师需要帮助客户明确哪一位家庭成员的潜在人身风险可能引发家庭财务风险。家庭财务风险通常是指该人身风险发生以后，可能使得家庭维持原有的生活品质产生的资金缺口。在【风险案例分析二】中，因为李霞家庭没有孩子，所以，最主要的还是在于夫妻二人发生身故、罹患疾病、失能等人身风险后，家庭可能出现的资金缺口。表10-3显示了对李霞和志文的情况所作的模拟分析：

表10-3　　　　　　【风险案例分析二】李霞和志文的风险识别和评估分析

潜在风险来源	情况分析
假如李霞身故	李霞的收入占家庭收入的17.43%，假如风险发生，志文的收入可以覆盖平时的家庭支出和房贷还款。但同样需要考虑到李霞对父母的赡养义务（遗产分割）、丧葬费用等开支，结合家庭短期现金流动性的情况，以及未来存在的不确定性，酌情考虑风险是否需要转移的问题

---

① 在人寿保险中，保险利益即为投保人或受益人对于他人的继续生存而能享有的财务利益。保险契约的订立，投保人或被保险人或受益人对其所投保的保险标的必须具有保险利益，否则保险契约不能生效。

第十章 如何预防因为人身风险所引发的家庭财务风险

续表

潜在风险来源	情况分析
假如志文身故	志文的收入占家庭收入的82.57%,假如风险发生,家庭将出现巨大的收入缺口;李霞的收入勉强可以覆盖平时的家庭基本支出,但无力偿还房贷还款。即使卖掉一套房,也同样需要考虑到志文对父母赡养义务(遗产分割)、丧葬费用等开支,结合家庭短期现金流动性的情况,以及未来存在的不确定性,生活品质下降是必然的,强烈建议风险的转移
假如李霞罹患重大疾病	由于家庭资金流动性问题比较突出,虽然短期也能用信用卡或者父母储蓄支撑一段时间,在此期间通过卖掉出租房来满足流动性需求并缓解家庭的资金缺口,但房租收入和李霞收入的灭失,使得家庭收入下降;而且因为家里有病人,势必也会对志文的工作产生一定的负面影响;有可能需要考虑额外的家政服务支出和医院看护支出等费用;在医疗资源的使用上还是必须考虑家庭的财务状况;因此强烈建议转移此项风险
假如志文罹患重大疾病	由于志文的收入是家庭收入的主要来源,而李霞的收入不仅无法应对志文的治疗费用,甚至无法支付每个月的房贷;在这种情况下,卖房几乎是唯一的选择;而且,卖的很有可能是现在自住的400万元的大房,卖房所得还掉190万元贷款,还剩210万元,用于志文的治疗和未来的生活所需,相对还比较从容一些;但如此一来生活品质的下降不可避免,因此强烈建议转移此项风险
假如李霞失能	短期治疗费用使家庭资金流动出现问题的风险同样存在;如果该风险已通过保险产品得到一定程度的转移,李霞因为疾病或者伤残而失去工作能力,家庭还会可能产生出其他费用(如长期医疗费用、护理费用和家政支出)的增加。如果只考虑李霞潜在的失能风险时,由于志文的收入相对较高,如果控制好生活支出预算、流动性并做好债务管理,在恰当的时候,可以考虑将出租房变现,因此是可以考虑风险自留的。但还有一种更糟糕的情况,也就是李霞和志文同时失能的情况,虽然概率也许很低,但一旦发生,对家庭的影响将是巨大的
假如志文失能	在这种情况下,最大风险还是来自志文收入的降低或灭失,资产基本在房子上,流动性不强,加上家庭可能产生出其他费用(如长期医疗费用、护理费用和家政支出)的增加,可能会使得家庭财务陷入困境。卖掉自住大房几乎是唯一的选择,但还贷后到手只有210万元,对需要支付长期治疗和看护费用的家庭绝对是一件不容易的事情

当客户根据上述六种情况的分析,决定对具体的潜在风险采取风险转移措施时,理财师就需要为客户建议具体的风险转移工具(即保险产品),而风险来源所涉及的家庭成员将成为被保险人。

二、明确具体保险品种和保额

以目前市场上的产品情况来看,针对第一种风险,身故险中的定期寿险比较适合志文,主要考量因素是因为家庭目前主要的资产都在房产上,而且储蓄也均用于还房贷，而且夫妻两个都希望能尽快还清贷款。因此，保费相对较低、保额相对较高的定期寿险是比较适合的品种。同样考虑到风险转移成本（保费）的因素，针对第二种风险，建议夫妇二人同时购买定期重大疾病险；针对第三种风险，建议夫妇二人同时配置高端医疗险；如表10-4所示。

表10-4 【风险案例分析二】建议配置险种和被保险人

潜在风险	建议配置的险种	被保险人
1. 假如李霞身故	无	—
2. 假如志文身故	定期寿险	志文
3. 假如李霞罹患重大疾病	定期重大疾病险	李霞
4. 假如志文罹患重大疾病	定期重大疾病险	志文
5. 假如李霞失能	高端医疗险	李霞
6. 假如志文失能	高端医疗险	志文

根据前面分析下来的思路，建议志文配置定期寿险，夫妇二人同时配置定期重大疾病险，在逻辑上应该比较容易接受，但在配置了重大疾病险后，为什么还要配置高端医疗险呢？

首先是因为高端医疗险和重大疾病险的支付方式是不同的，前者是"报销型"的，后者是定额的，也就是只要志文罹患重大疾病，保险公司就需要按约定的金额进行理赔。而当志文罹患和保险公司约定的重大疾病后，在这种情况下，通常也属于失能状态，因此，志文一方面是可以通过高端医疗险支付其医疗支出，同时，通过重大疾病保险获得一笔定额保险金作为失能后生活支出的补偿。

同时，需要注意的是，商业医疗险的作用是"报销"已经产生的医疗费用，因此，如果该医疗费用已经由一份保险完全报销，通常无法从另一份医疗保险中再报销一次；除非出现一份医疗保险不足以全部报销产生的医疗费用，另一份医疗保险才可能用于剩余部分的报销。这一点和重大疾病保险也存在区别。因为重大疾病保险是以"被保险人是否罹患了保单约定的重大疾病"为给付条件的，因此，如果购买的多份重大疾病保险符合给付条件的话，都可以向相应的保险公司申请理赔。

在现实中，不少客户家庭会提出是否可以用价格亲民的百万医疗险作为主要医疗险。在前面的介绍百万医疗险的章节中，本书强调了该类保险相对独特的定位，对一些保费成本对家庭财务影响较大的家庭，以极小的经济成本对重大疾病治疗费用进行转移，是可行的。然而，从财富管理角度而言，家庭风险管理就是尽可能地降低未来的不确定性给家庭财务带来的影响。百万医疗险虽然有其自身的定位和特点，但毕竟还是存在"保险公司停售该产品""无法保证续保"等不确定性因素，因此，如果在客户家庭经济条件允许的情况下，理财师应向客户指出上述不确定性因素，并向客户提

第十章 如何预防因为人身风险所引发的家庭财务风险

供确定性相对较强的产品选择。在理财师进行"风险管理效果评估"时,理财师需要评估风险转移成本对家庭财务的影响,对于"客户家庭的经济条件是否允许"的问题,就能得出具体的答案。

至于李霞,由于收入相对较低,无论是因为身故还是失能导致其收入灭失,只要志文的收入能够持续,应该对家庭财务的影响不是很大。但还有一种极端情况是如果志文的收入已经灭失的情况下,李霞也出现了失能的情况,那么仅靠重大疾病险的保障是远远不够的。因此,建议李霞也配置高端医疗保险。

三、明确保险金额、保费额度、缴费方式和保障期间

通过分析【风险案例分析二】中志文和李霞需要配置的保险产品已经明确:志文需要配置定期寿险、定期重大疾病险以及高端医疗险,而李霞则需要配置定期重大疾病险和高端医疗险。

接下来的环节就是确定相应的保额。首先要确定的是志文的定期寿险额度。对于身故险的保额,传统的做法有"双十原则",精算的方式有生命价值法和遗属需求法两种。

1. 十倍收入法

所谓的"双十原则",就是普通家庭,需要用家庭收入的 1/10 用来购买保险,身故险的额度是家庭主要收入者收入的 10 倍。换言之,以志文的收入,需购买 360 万元身故险。其中,一个家庭是否一定要用 1/10 的收入来买保险,有待商榷;但理财师在进行"风险管理效果(成本)评估"时,如果客户所付出的保费成本低于其家庭收入的 1/10 的话,通常被认为是可以接受的。同时,10 倍收入的寿险额度背后有它的逻辑:它是假设被保险人身故,遗属得到 10 倍收入的保险金,如果用以投资,假设每年获得 10% 的收入,那么就相当于每年 36 万元的收入,替代了被保险人的收入。

2. 遗属需求法

遗属需求法,是计算家庭主要成员身故后,其遗属一生的生活财务需要的资金扣除家庭在事件发生前的累计投资净值后的额度。由于案例二中的李霞是职业妇女,而且是一个丁克家族,遗属需求法的概念在这里还不是很明显,但如果这是一个三口之家,遗属需求法的作用就会更加明显一些,因为如果家里还有孩子且没有财务独立的话,遗属需求会包括孩子未来的生活费用、教育费用甚至婚嫁费用等支出。同时,由于已累积的资产净值可以供养遗属生活开支,通过遗属需求法计算出来的额度其实就是支持其遗属继续实现家庭的理财目标所需的资金缺口。

假设李霞家庭当前的生活开支除房贷以外是每年 18 万元,其中也包括志文个人开支,假设志文个人开支占 40% 的话,遗属每年的需求约 18×60% = 10.8 万元,如果志文希望李霞至少能保持现有的生活品质的话,那么假设李霞预寿 90 岁,现在 35 岁,那么还有 55 年。总计开支为 10.8×55 = 594 万元。其中李霞自己有收入,假设薪酬收入

每年 6 万元，离退休还有 20 年，退休后假设工资 4.8 万元一年，预寿 90 岁，那么需要减去（594 − 20×6 − 35×4.8）= 594 − 120 − 168 = 306 万元。但李霞当前的生活支出里显然没有考虑房贷支出，而遗属需求法通常会要求考虑到房贷和子女教育这些刚性支出，因此，李霞家庭虽然没有孩子，但房贷是要加上去的，因此，306 + 190 = 496 万元。同时，家庭里还有一套投资性房产（出租房），和两套自用性房产（父母居住的一套和自住一套），其中投资性房产可套现用于生活所需，当然父母居住的那套也最终可以用于生活所需，遗属需求法通常会减去这些可用于生活所需的资产，因此，496 − 320 = 176 万元，176 万元就是通过遗属需求法的方式得到的最终保额。

在现实生活中，李霞的工资会有一定的涨幅，生活开支也会涉及通胀，而且这些开支是一年一年支出的，可能还需折合成今天的价值（现值），所以上述计算其实就是假设了工资增长率＝通过膨胀率＝预期投资报酬率（即折现率）的。如果考虑到上述因素的话，可能需要用货币时间价值的概念来计算了（考虑到本章节内容的紧凑，这里暂时先不考虑货币时间价值的计算，本书后面的章节会通过《理财规划能力篇》全生涯模拟仿真法来体现对这些因素的考量）。

3. 生命价值法

生命价值法是通过计算家庭主要成员在未来的净收入（收入 − 个人支出 = 净收入）的折现值来评估家庭未来收入的缺口。

同样，通过生命价值法来精算所需求的保额的话，也会涉及货币时间价值计算，否则直接把志文的工资乘以退休前的年份 20 年，就得到 720 万元的答案，就显得简单粗暴了。考虑到货币时间价值的话，生命价值法可能需要考虑志文收入未来 20 年中不同阶段的收入增长率的假设，并减去自身的支出，最后还要以预期收益率折算成今天的现值。

假设未来的折现率（预期投资报酬率）为 10%，工资增长率为 3%，未来 20 年每年 36 万元的收入，用于个人的支出为 7.2 万元，净收入为 28.8 万元，以下列公式进行计算的话，所需保额为 326.47 万元：

PV（10% − 3%，20，−28.8，0，1）= 326.47（万元）

根据上面所有的假设以及粗略的计算，可以通过三种方法获得不同的保险额度，如表 10 − 5 所示：

表 10 − 5　　【风险案例分析二】中的三种不同寿险保额的计算方法

方法	计算方式	假设条件	身故险额度
十倍收入法	年收入×10 倍	无	360 万元
遗属需求法	= 遗属一生的生活财务需要的现值 − 家庭已累计投资净值	工资增长率 = 通过膨胀率 = 预期投资报酬率（折现率）	176 万元
生命价值法	= 未来的收入的现值 − 个人支出现值	折现率（预期投资报酬率）为 10%，工资增长率为 3%，未来 20 年，每年净收入为 28.8 万元	326.47 万元

第十章　如何预防因为人身风险所引发的家庭财务风险

明确客户的具体保额需要考虑两个方面的因素，一个是由于上述风险所造成的家庭财务的潜在资金缺口，另一个是客户对保费的承担意愿和能力。对于客户对保费的承担意愿和能力在评估风险管理效果的时候会体现出来，但在为客户进行风险识别和风险评估时，理财师应向客户如实地披露分析的结果。

表 10-5 所展示出来的额度，还是有较大差异性的，以遗属需求法计算出来的额度，差不多只是其他两种方法的 60%~65%，这当中最主要的原因就是在于遗属需求法考虑了李霞家庭已经积累的财富，认为这部分的资产可以作为以后的遗属生活所需，因此，所需要的保额比只考虑了志文收入的另两种方法少了近一倍。这时，理财师需要和客户进行沟通，采用何种保额是比较适合其意愿的，当然客户最后也会考虑到保费和核保过程的因素。因为 400 多万元保额的保单保费也会相对较高，而且核保过程中也需要提供相关的资料以证明被保险人的"生命价值"。在这里假设李霞家庭选择了保额为 176 万元的方案。

根据目前某国内保险公司定期寿险的保费标准，缴费期间和保障期间均为 60 岁，相应的保费额度为 7040 元/年。

对于李霞夫妇的重大疾病保险，由于疾病种类繁多，无法进行明确的计算。根据《2017 年中国卫生健康事业发展统计报告》的数据显示，2017 年，医院次均门诊费用 257 元，按当年价格比上年上涨 4.7%；人均住院费用 8890.7 元，按当年价格比上年上涨 5.6%，日均住院费用 958.8 元。

表 10-6 是在网上流传较广的一个近年重大疾病治疗费用的清单，常见的治疗费用为 5 万~50 万元。

表 10-6　　　　　　　　　　近年重大疾病治疗费用清单

疾病种类	治疗费用
恶性肿瘤	12 万~50 万元
急性心肌梗死	10 万~30 万元
脑中风后遗症	10 万~40 万元
重大器官移植术	20 万~50 万元
干细胞移植术	20 万~50 万元
冠状动脉搭桥术	10 万~30 万元
终末期肾病	10 万元/年
良性脑肿瘤	5 万~25 万元
重型再生障碍性贫血	15 万~40 万元

其中，绝大部分重大疾病需要长期的药物和康复治疗，80% 以上进口治癌特效药不在社保医疗报销范围内，心脏移植、肺脏移植、CT/伽玛刀、核磁共振等治疗项目为

社保不报销或者部分报销项目。

因此，建议志文和李霞至少需要 30 万~50 万元的重大疾病险保额。根据目前某国内保险公司定期重大疾病保险的保费标准，缴费期间和保障期间均为 30 年，李霞和志文的期缴保费分别为 4040 元/年和 5000 元/年。

至于高端医疗险，目前市场上比较多，如果以前文曾提到过的国内某高端医疗险为例，它提供三个不同的医疗资源的等级，每一级又有三个子计划，最贵的第一等级保障提供全球性的医疗资源，即在全球任何地方都可以进行治疗，最高报销限额可以达到 2500 万元；第二等级的是除了美国加拿大以外的全球计划，这是因为美加医疗费用超贵的原因，这一等级保额和保费较第一等级的便宜一些；当然最便宜的是不用海外医疗资源，就在除港澳台地区以外的中国医疗系统中进行治疗的第三等级，当然这是最便宜的，但其保额限度也有 60 万元至 600 万元等。根据李霞家庭的情况，建议投保限额为 200 万元的第三等级的保障计划。

根据该高端医疗保险的保费标准，每年缴费，每五年保费上涨一个阶梯，未来 5 年二人的保费分别为 16842 元/年和 17800 元，可至 75 岁。

综上所述，理财师可为客户提供的保额建议以及相关的保费额度如表 10-7 所示：

表 10-7　　　　　　　　【风险案例分析二】保额和保费建议

潜在风险	建议配置的险种	被保险人	保额	保障期间	缴费方式和期间	保费
假如李霞身故	无	—	—	—	—	—
假如志文身故	定期寿险	志文	176 万元	至 60 岁	每年，至 60 岁	7040 元
假如李霞罹患重大疾病	定期重大疾病险	李霞	40 万元	30 年	每年，30 年	4040 元
假如志文罹患重大疾病	定期重大疾病险	志文	40 万元	30 年	每年，30 年	5000 元
假如李霞失能	高端医疗险	李霞	最高保险额度 200 万元	至 75 岁	每年，至 75 岁	16842 元
假如志文失能	高端医疗险	志文	最高保险额度 200 万元	至 75 岁	每年，至 75 岁	17800 元

四、明确受益人和投保人

对于客户家庭如何来支付保费，受益人如何确定，在实际工作中，理财师首先要关注客户家庭的收入结构，同时也要了解在主要收入来源者之间是如何安排家庭各项开支的支付的。现代年轻家庭中既有采用 AA 制的，也有由夫妇其中一人统一管理的。在实际工作中，客户在如何支付保费上，自然会有其自己的意愿和想法，而理财师在这里要做的，是帮助客户了解投保人、被保险人和收益人之间的关系，以帮助客户作

第十章 如何预防因为人身风险所引发的家庭财务风险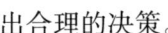

出合理的决策。

根据我国《保险法》规定，所谓受益人，是指人身保险合同中由被保险人或者投保人指定的享有保险金请求权的人，投保人、被保险人可以为受益人，也可以是第三人。如果投保人或被保险人未指定受益人，则保险金被认定为遗产，则他的法定继承人即为遗产继承人。受益人的受益权具有排他性，其他人不能剥夺、分享受益人的受益权；受益人领取的保险金不是遗产，和《继承法》中的继承人的范畴还是有很大的区别。

投保人是指与保险人订立保险合同，并按照保险合同负有支付保险费义务的人。投保人有三个特点或者条件：(1) 投保人必须履行缴纳保费的义务；(2) 投保人必须具备完全民事行为能力；(3) 投保人在订立保险合同时必须对被保险人具有保险利益。[①] 具有保险利益的关系人包括本人、配偶、子女、父母；或者其他与投保人有抚养、赡养或者抚养关系的家庭其他成员、近亲属；与投保人有劳动关系的劳动者。

就李霞家庭的情况来看，无论李霞还是志文都可以成为投保人。支付保单的费用基本上可以被认定是夫妻共同财产。但有一个情况是理财师必须要关注的，那就是如果万一未来婚姻状况发生变化的话，可能会出现至少三个方面问题：其一，在离婚后，夫妻之间的保险利益就不存在了，在这种情况下，原来的保单是否依然有效？其二，如果投保人继续为离婚配偶缴纳保费，并且自己还是受益人，那么作为被保险人的一方，是否愿意，是否能对原来的保单进行修改？其三，如果是以夫妻共同财产支付的保费，在婚姻破裂并且离婚的情况下，保险现金价值应该如何分配？

根据我国《保险法》规定，保险合同是可以变更和撤销的。《保险法》第二十条规定："投保人和保险人可以协商变更合同内容。变更保险合同的，应当由保险人在保险单或者其他保险凭证上批注或者附贴批单，或者由投保人和保险人订立变更的书面协议。"同时，《保险法》第四十一条规定："被保险人或者投保人可以变更受益人并书面通知保险人。保险人收到变更受益人的书面通知后，应当在保险单或者其他保险凭证上批注或者附贴批单。投保人变更受益人时须经被保险人同意。"

关于保险合同的解除，《保险法》第四十七条也明确了，投保人解除合同的，保险人应当自收到解除合同通知之日起30日内，按照合同约定退还保险单的现金价值。

因此，如果投保人、被保险人两者为同一人，均为夫妻一方，离婚并不影响保险合同的继续履行；即使受益人为另一方，投保人也可以通知保险公司进行受益人的变更。在【风险案例分析二】中，志文购买了定期寿险，投保人和被保险人都是志文自己，而受益人是自己的父母和李霞，如果家庭发生婚变，而且志文希望保险合同继续履行的情况下，志文可以通知保险公司进行受益人的变更。但如果双方同意进行退保的话，那么，退保获得保险费或者现金价值，按夫妻共同财产分割处理。

如果投保人和被保险人并非同一人，例如双方协议由志文作为投保人，为李霞进

---

① 《中华人民共和国保险法》第三十一条。

行投保，受益人为李霞的父母。在此情况下，如果婚姻破裂并导致离婚，确实会造成保险利益的灭失，但并不代表保险合同的当然失效。在此情况下，双方可通过保险合同的转让来实现对保险合同利益的分割，实际也就意味着投保人的变更。对离婚的夫妻双方来说，通过转让取得保险合同的一方，理应按照双方均认可价格，支付相应的折价给对方。

尽管如此，无论投保人的变更还是受益人的变更，或者是退保，都是相对比较麻烦的事情，如果双方届时坚持己见，在现实中因此而引发纠纷的情况也屡见不鲜。因此理财师有必要在建议之初就对此有所考量，就李霞家庭而言，如果双方能达成一致，还是各自作为保单的投保人和被保险人较为妥当。

在受益人方面，在所推荐的产品中，在没有发生身故的情况下，定期重大疾病保险和高端医疗险的保险金均属于生存保险金，李霞和志文分别成为各自生存保险金的受益人应该不会有异议；而志文的定期寿险则涉及身故保险金，同时，不少重大疾病险在被保险人身故的情况下也包含了身故保险金的给付，就涉及身故受益人的确定。

假设志文希望其身故保险金主要用于偿还贷款并使李霞保持既有的生活品质，志文可指定太太李霞为主要受益人，并在分配比例上进行明确，例如指定李霞获得80%，其父母分别为10%。

假设李霞所配置的定期重大疾病险，在被保险人身故的情况下，保险人也会做出全额赔付；这部分的保险金额不是很高，可以由李霞来决定最后受益人的受益比例，例如指定志文获得20%，李霞的父母分别获得40%。

综合上述分析，如表10-8所示，理财师可就保单的受益人和投保人提出相关建议了。

表10-8　【风险案例分析二】投保人和身故受益人

潜在风险	建议配置的险种	被保险人	保额	保障期间	缴费方式和期间	保费	投保人	身故受益人
假如李霞身故	无	—	—	—	—	—	—	—
假如志文身故	定期寿险	志文	176万元	至60岁	每年，至60岁	7040元	志文	李霞80%，父亲10%，母亲10%
假如李霞罹患重大疾病	定期重大疾病险	李霞	40万元	30年	每年，30年	4040元	李霞	志文20%，母亲40%，父亲40%
假如志文罹患重大疾病	定期重大疾病险	志文	40万元	30年	每年，30年	5000元	志文	李霞80%，父亲10%，母亲10%

第十章　如何预防因为人身风险所引发的家庭财务风险

续表

潜在风险	建议配置的险种	被保险人	保额	保障期间	缴费方式和期间	保费	投保人	身故受益人
假如李霞失能	高端医疗险	李霞	最高保险额度200万元	至75岁	每年，至75岁	16842元	李霞	—
假如志文失能	高端医疗险	志文	最高保险额度200万元	至75岁	每年，至75岁	17800元	志文	—

第五节　评估风险管理效果

评估风险管理效果是指对风险管理策略的适用性及收益性情况的分析、检查、修正和评估。风险管理效益的大小，取决于是否能以相对较小或者客户愿意接受的成本取得最大安全保障，同时在实务中还要考虑风险管理和整体目标是否一致，是否具有具体实施的合规性、针对性以及成本合理性和可行性。这一工作包括以下三个方面的内容。

一、风险管理效果评估

风险覆盖评估主要针对客户面临的主要风险，验证风险管理方案对这些风险的覆盖情况。理财师需要在这一过程中，对每一位家庭成员可能存在的潜在风险是否得到有效转移进行评估。由于国内保险产品线的局限，如果一些风险尚不能完全覆盖，理财师也应对客户进行如实披露，例如，在【风险案例分析二】中，对于因为家庭成员失能而导致长期收入灭失的风险，目前国内保险产品中无法全部转移此类风险，因此选择了高端医疗险来弥补部分支出，此类信息需要如实对客户进行披露。

如果志文60岁以前不幸身故，保险公司会根据其定期寿险赔付176万元，根据定期重大疾病保险赔付40万元，总计216万元，其中李霞为指定受益人获得80%，父母各获得10%；李霞可以获得172.8万元，基本覆盖当前的房贷。同时，志文父母总计获得52万元，以备赡养之需。

如果李霞不幸身故，保险公司根据其定期重大疾病保险的约定支付40万元，其中志文获得20%，用以后事的料理；李霞父母分别获得16万元，总计32万元，以备赡养之需。

如果志文或者李霞不幸罹患重大疾病，乃至失能的情况下，保险公司根据其所购买的高端医疗险，在保障金额内覆盖其大部分的治疗费用，同时根据其所购买的定期重大疾病保险的约定，会分别支付40万元，以解决家庭资金流动性问题。

虽然未来还存在各种不确定性，但通过上述保险安排，因为人身风险所引发的家庭财务风险在很大程度上得以转移。

二、成本合理性评估

在现实生活中，由于大多数家庭的财务资源是有限的，因此没有一个家庭的财务决策是独立的。客户的家庭财务保障体系的成本，不仅是客户会考虑的，理财师也需要评估其对客户家庭财务的影响。

理财师在提出具体的风险转移建议时，同样需要考虑到相关的支出预算是否合理。从经验法则来看，保障型保险的保费预算低于客户家庭可支配收入的10%，基本上被认为是可以接受的。在【风险案例分析二】中，李霞家庭的保费预算总计50722元，占到其可支配收入的7.55%左右，显然从理财师的角度而言，这个比例是可以接受的，当然还需要和客户达成一致。

在本书"理财规划能力篇"的内容中，将会介绍利用全生涯模拟仿真法来明确客户的财务目标和每年的支出预算，并进行综合分析。在向客户提供了家庭财务保障建议后，理财师应该把建议的保险预算列入每年的现金流里，并观察内部报酬率和可配置投资性资产的变化。在加入了保险预算后，全生涯模拟仿真的内部报酬率会相应增加，例如从原来的6.5%增加到6.8%，如果这两个预期报酬率都在客户风险承受范围内的话，理财师可以对客户进行解释，通过家庭财务保障规划，可以把不可控的人身风险转换成了相对可控的投资性风险。关于这部分内容，本书会在后面的"理财规划能力篇"再进行专门的介绍。

三、其他考虑因素

在理财师利用保险工具帮助客户转移"因为人身风险所引发的家庭财务风险"时，同样还需要考虑到其他一些因素，例如以下三种常见的情况。

1. 客户已经拥有一些商业保单

随着国人保险意识的日益加强，在客户遇到专业理财师以前就拥有商业保险保单的情况越来越多。理财师应当认真评估已有保单对客户潜在的财务风险的覆盖情况，并尽可能在原有保单的基础上进行加保或增加新的保险产品。如果有必要进行保单转换的，要关注到在转换期间不要让客户"脱保"，新旧保单一定要有连贯性，通常在新保单核保成功后，老保单才可以终止。同时，理财师还要关注到客户在转换过程中可能存在的损失，比如原保单的现金价值的损失等，对此理财师负有如实告知的义务。

2. 客户已经拥有工作单位的团体保险的情况

当前市场上团体保险的保障种类已逐渐扩大，有的团险包括了寿险、重大疾病险、意外险和医疗险，甚至企业员工的配偶也可以加入团体保险中来。虽然这部分的保费支出对企业而言是无法税前扣除的，但是团险保费相对较低廉，个人无须就这个部分利益而交个人所得税。

对于一些企业主而言，如果企业的运营和盈利情况比较稳定，且前景无忧，确实可以考虑通过企业的团体保险进行一部分的保障。

但对于普通员工而言，理财师应当向客户明确团体保险的局限性：一旦工作单位有变动，或者事业方面有一些变化，如创业或失业，原有的团体保险的保障就不存在了，如果此时年龄已大，或者已经有一定的慢性疾病的话，商业保险的核保就会相对复杂，甚至有被拒保的可能性，并且保费也会随着被保险人年龄的上升而增加；因此在普通员工家庭中，建议还是要以商业保险作为主要的保障手段。

同时，团体保险的一些保障内容，和商业保险还是有一定的差异性的，理财师必须关注到这些区别，并对客户尽到如实告知的义务。

3. 人身风险的其他影响

在本节中，理财师的保险产品建议基本上是以弥补家庭资金缺口为主要目标的，但在实际生活中，因为人身风险而产生的其他影响可能依然存在。例如【风险案例分析二】中的李霞家庭，如果李霞不幸身故的话，对志文的财务影响不是很大，因此理财师认为可以风险自留；但她显然还有对父母的赡养义务，而且，如果李霞身故的话，其个人遗产按法定继承顺序的话，父母和配偶同为第一顺序继承人，是有权利主张遗产继承权的。如果没有遗嘱或者其他规划和安排，李霞父母可能还会为未来可能存在的不确定性担忧，甚至家庭出现纷扰。反之亦然，虽然志文在投保的产品中明确了李霞为主要受益人，但该款项只够偿还房贷，志文的父母也同样对志文的个人遗产拥有遗产主张的权利，这样的话，志文希望李霞拥有原来的生活品质的意愿就会打折扣，在这种情况下，遗嘱显然依然是不可或缺的。

在实际生活中，还有更为糟糕的情况，例如家庭成员中有人由于人身意外而突然成为植物人，或因为疾病成为无民事行为能力人，在这种情况下，在其个人名下的资产就无法进行处置，事先制定意定监护公证的重要性也就体现出来了。

因此，当理财师在为客户针对其"因为人身风险所引发的家庭财务风险"时，也需要对客户其他的家庭财务事项做出提醒，本书在后面的章节中也会进一步进行阐述。

第十一章

如何预防婚姻问题引发的财务风险

根据民政部的统计数据显示,我国离婚率自2003年起连续15年上涨,截至2018年,当年依法办理离婚手续的夫妻达到446.1万对。① 离婚率的增加显然和社会观念的转变,人们自主意识的增强有着莫大的关系。但婚姻问题也往往伴随着财务纠纷,根据最高人民法院对外发布的《司法大数据离婚纠纷专题报告》显示,2017年全国离婚纠纷年度一审审结案件量为140余万件;在离婚后财产纠纷中,2015年案件量较之2014年同比上升11.7%,2016年1月至9月案件量较之2015年同期上升26.3%;在离婚后损害赔偿纠纷中,2015年案件量较之2014年同比上升达到32.4%,而2016年1月至9月案件量较之2015年同期上升50.5%。

在现实生活中,有的时候是家庭的财务问题引发了婚姻关系的恶化;同时,也可能是因为婚姻问题,引发了个人或家庭的财务遭受损失。

【风险案例分析三】②

在娱乐精神不死的新媒体时代,每天都在上演剧情大戏。比如,著名影星王某几年前在微博上发了一份离婚声明,声称其妻马某与经纪人宋某的婚外不正当两性关系,严重伤害了婚姻、破坏了家庭,所以郑重决定解除其与马某的婚姻关系,解除宋某的经纪人职务。该条声明迅速在网上传播,不到20小时,点评超过150万条,成为当时最引人关注的社会新闻。

王某随即向法院提出离婚诉讼,要求解除双方的婚姻关系,依法分割夫妻共同财产,并要求获得子女的抚养权,要求对方支付子女抚养费至其满18周岁。王某在起诉称,马某不仅出轨,更有隐藏、转移夫妻共同财产的行为。

王某作为一个从农村走出来的孩子,经过奋斗打拼,成为一位几乎家喻户晓的著名影星,在其提供的要求分割的夫妻财产中,就包括9套房屋,其

---

① 民政部:《2018年民政事业发展统计公报》。
② 骆海江:《王××离婚案法律问题分析详解》,百度文库,https://wenku.baidu.com/view/3d4a7cf830b765ce0508763231126edb6f1a768d.html。

第十一章　如何预防婚姻问题引发的财务风险

中包括美国洛杉矶的一处房产，多家公司股权和出资，两辆豪车，包括爱马仕、LV、TIFFANY在内的奢侈品牌的珠宝、首饰、名表、包、服饰等，此外还有存款、股票、理财产品、保险、原创设计品牌等。有媒体根据他所缴纳的24.9万元的诉讼费来推测，其身价在1亿元以上。

然而此次婚变所暴露出来的，不仅是身边两个最亲近的人的背叛，还有其个人多年来在财富管理过程中风险防范意识的缺乏。

从拿25元/天的群众演员收入开始，王某在事业上不可谓不拼，在演艺事业大获丰收的同时，还投资、参股了影业公司等多家公司，身价、收入也水涨船高，但专注事业的同时，在公开的资料上并没有看到其有任何明确的风险防范措施，这很值得大家深思。

王某和马某于2009年结婚，但在2008年，王某已经以800万元的身价进入福布斯名人榜单，那么那些婚前财产有没有得以保护，还是被后来的作为夫妻共同财产的收入混同？在婚姻关系存续期间，每年以千万元计的演艺收入和投资收入，有没有得到有效的管理？在掌握了配偶出轨的证据后，在对外发出声明前，有没有采取必要的保全措施以保护夫妻共同财产不被转移？在婚姻出现问题后，有没有对无辜子女的未来作出相应的安排？在离婚对财产进行分割时，如何把财产分割对自身的演艺事业和投资的影响降到最低？

这些问题，其实都是家庭财富管理风险管理的一部分，不仅是王某需要面对的，也是社会上很多家庭和个人都需要面对的问题。

站在财富管理角度，理财师更关注的是个人或家庭财务风险的诱因，无论是当客户表露出对婚姻问题可能导致的财务风险的担忧时，还是理财师敏锐地发现了客户在这方面潜在的风险，都需要向客户提出相关的建议。因此，理财师需要对相关的法律及其司法解释有比较深入的了解，对婚姻关系中的财产关系有较清晰的认识，同时也要掌握和运用婚前财产保护、离婚财产保全等方面的方法和策略，以及在此过程中可能涉及的金融工具和相关协议。同时，理财师需与法制建设过程中的相关法律条款的变化与时俱进，例如2021年1月1日开始正式实施的《民法典》与修订前的《婚姻法》相比，经过修订的法条多达47条，理财师需要及时了解并在工作中帮助客户了解这些法条的变化对其的影响。

第一节　婚姻关系中的财产关系

婚姻关系中的财产关系，也叫夫妻财产关系，是指夫妻双方在财产、抚养和遗产继承等方面的权利义务关系。这些权利义务源于夫妻的人身关系，是夫妻人身关系的直接后果。

一、夫妻共同财产和个人财产

在夫妻财产方面,既有夫妻共同财产,也有仅属于夫妻一方的财产。

根据我国《民法典》的相关规定,夫妻在婚姻关系存续期间所得的财产,包括:①(1)工资、奖金、劳务报酬;(2)生产、经营、投资的收益;(3)知识产权的收益(指婚姻关系存续期间,实际取得或者已经明确可以取得的财产性收益);(4)继承或受赠的财产,但遗嘱或赠与合同中确定只归夫或妻一方的除外;(5)其他应当归共同所有的财产等。《关于适用〈中华人民共和国婚姻法〉若干问题的解释(二)》(以下简称《婚姻法司法解释(二)》)和《关于适用〈中华人民共和国婚姻法〉若干问题的解释(三)》(以下简称《婚姻法司法解释(三)》)就此项进行了补充,其中还包括:②

(1)一方以个人财产婚后取得的收益;

(2)男女双方实际取得或者应当取得的住房补贴、住房公积金;

(3)男女双方实际取得或者应当取得的养老保险金、破产安置补偿费;

(4)发放到军人名下的复员费、自主择业费等一次性费用。③

夫妻共同财产和家庭财产、其他家庭成员的财产应予以区别。家庭共同财产为全体家庭成员共有。夫和妻作为家庭成员,也可能是家庭共同财产的主体,比如房产证里既有夫妻的各自的名字,还有儿女的名字,或者一方父母的名字,而且明确是共有关系的话,该房产属于家庭共有的财产。对属于未成年人的财产,夫妻应以法定代理人的身份代为管理。

同时,在婚姻关系财产中,还有一些是属于夫或妻个人所有的,例如:(1)一方的婚前财产(及其孳息和自然增值部分);(2)一方因身体受到伤害获得的赔偿和补偿;(3)遗嘱或赠与合同中确定只归夫或妻一方的个人财产;(4)一方专用的生活用品;(5)其他应当归一方的财产。④

同时,《婚姻法司法解释(二)》还规定了:军人的伤亡保险金、伤残补助金、医药生活补助费也属于个人财产。⑤

上述夫妻财产关系是根据我国《民法典》及其婚姻法司法解释,或者其他相关法律文件进行规定的,因此是法定的。与此同时,我国《民法典》还规定,夫妻可以约

---

① 《中华人民共和国民法典》第一千零六十二条。
② 《关于适用〈中华人民共和国婚姻法〉若干问题的解释(二)》第十一条。
③ 《关于适用〈中华人民共和国婚姻法〉若干问题的解释(二)》第十四条:人民法院审理离婚案件,涉及分割发放到军人名下的复员费、自主择业费等一次性费用的,以夫妻婚姻关系存续年限乘以平均值,所得数额为夫妻共同财产。其中平均值是指将发放到军人名下的上述费用总额按具体年限(人均寿命70岁与军人入伍时的实际年龄的差额)均分得出些数额。
④ 《中华人民共和国民法典》第一千零六十三条。
⑤ 《关于适用〈中华人民共和国婚姻法〉若干问题的解释(二)》第十三条。

定婚姻关系存续期间所得的财产以及婚前财产归各自所有、共同所有或部分各自所有、部分共同所有。约定应当采用书面形式。没有约定或约定不明确的，适用《民法典》第一千零六十二条、第一千零六十三条（即上述法定条款）的规定。夫妻对婚姻关系存续期间所得的财产以及婚前财产的约定，对双方具有约束力。夫妻对婚姻关系存续期间所得的财产约定归各自所有的，夫或妻一方对外所负的债务，第三人知道该约定的，以夫或妻一方所有的财产清偿。①

最高人民法院《关于人民法院审理离婚案件处理财产分割问题的若干具体意见》也提出："夫妻双方对财产归谁所有以书面形式约定的，或以口头形式约定，双方无争议的，离婚时应按约定处理。但规避法律的约定无效。"

二、夫妻共同财产的处理权

我国《民法典》第一千零六十二条规定，夫妻双方对夫妻共同财产有平等的处理权。夫妻双方中任何一方均不得擅自处理共有财产（夫妻另有约定的除外）。

【风险案例分析四】②

某教授在和其前妻离婚前与一名空姐L交往两年，其间购买了两套上海的住宅，分别登记在L和L的父亲的名下。但随后两人感情出现问题，教授就希望收回当时赠与的房产。显然L并不认同，因此诉诸法院，L以当初赠与为由进行抗辩，教授败诉。

赠与不是不能撤销，但是需具备一定的条件。根据我国《民法典》规定，在严重侵害赠与人或者赠与人的近亲属；对赠与人有扶养义务而不履行；不履行赠与合同约定的义务；而且赠与人在自知道或者应当知道撤销原因之日起一年内行使撤销权③的情况下，赠与是能够收回的。

教授显然当年在赠与时并没有附加任何其他约定，所以败诉理所当然。

但此后，教授前妻以"非法处置夫妻婚内财产"对教授提出诉讼，即教授在与其前妻婚姻关系存续期间是擅自处分了夫妻共同财产，并对L进行了赠与行为。根据最高人民法院《婚姻法司法解释（一）》的相关规定：夫或妻非因日常生活需要对夫妻共同财产作重要处理决定，夫妻双方应当平等协商，取得一致意见。④因此，未经配偶同意的处分行为属于无效，因此，法院判决L和其父返还购房款。

【风险案例分析四】表明，法律对夫妻共同财产的处理权是有非常明确的规定的，即在婚姻关系存续期间，如果要处分夫妻共同财产，必须获得夫妻双方同意，而其中

---

① 《中华人民共和国民法典》第一千零六十五条。
② 《郎××伙同前妻把送给空姐的财产拿回来的经过（附判决书）》，搜狐网，2019年01月23日。
③ 《中华人民共和国民法典》第六百六十三条。
④ 《关于适用〈中华人民共和国婚姻法〉若干问题的解释（一）》第十七条。

一方不得擅自处理。

但与此同时，也规定了夫妻不能以上述理由来对抗"善意第三人"。所谓的"善意第三人"，即无权处分他人动产或不动产的占有人，不法将动产或不动产转让给第三人（受让人）以后，如果该受让人在取得该动产或不动产时出于善意，则可依法取得对该动产或不动产的所有权，原所有人不得要求受让人返还财产，而只能请求转让人（占有人）赔偿损失。

根据《民法典》的规定，善意取得须具备以下条件：（1）第三人受让该不动产或者动产时是善意的；（2）以合理的价格转让；（3）转让的不动产或者动产依照法律规定应当登记的已经登记，不需要登记的，已经交付给受让人。①

三、对夫或妻一方的财产的有关规定

在【风险案例分析三】中，由于前妻马某的出轨情节，舆情几乎一边倒地站在王某一边，所以马某应该净身出户的说法也喧嚣尘上。但根据我国《民法典》的基本原则和规定，只要是夫妻共同财产，无论其对财产收益贡献的大小，离婚双方对共同财产的分割权利是均等的。当然这也并不意味着平均分配，一般情况下，人民法院会根据财产存在形式的不同、双方实际需求的不同、双方过错及贡献大小等因素进行区别处理。

虽然《民法典》规定，一方专用生活物品属于个人财产，但通常一方专用物品通常指当事人日常生活所需、价值并不大之用品，在具体的司法实践中，也通常会把这部分的专用物品判给使用该用品的当事人。值得注意的是，在王某向法院提出要求分割的财产中，特别将部分"贵重物品"进行了分类。这些贵重物品包括了豪车以及大量的名牌包和珠宝首饰等。这些物品应该有相当一部分属于其前妻马某的平时长期佩戴或者专用的物品。由于这些物品价值较高，在分割过程中，如果仅仅因为该物品是某人专用就判给某人，显然可能会对另一人造成不公。因此在具体的司法实践中，还需看几个方面的因素，例如，该类物品是否由夫妻共同财产进行购置，如果是的话，除非该专用贵重物品或者奢侈品是一方以其婚前财产购置，否则就需按夫妻共同财产进行分割。

2011年7月由最高人民法院颁发的《婚姻法解释（三）》中，明确了父母对子女赠与房产的条款，如果婚后由一方父母出资为子女购买的不动产，产权登记在出资人子女名下的，视为只对自己子女一方的赠与，该不动产应认定为夫妻一方的个人财产。

在此之前，如果父母在子女婚前的赠与，属于子女婚前财产是比较明确的；但在子女婚后的赠与，如果没有明确约定的，那么还是属于夫妻共同财产。但《婚姻法解

---

① 《中华人民共和国民法典》第三百一十一条。

释（三）》明确了房产赠与，并以子女名字进行产权登记的，属于子女的个人财产。其背后的逻辑应该是：以自身子女而不是子女夫妻的名义进行登记，本身就是一个比较明确的意思表示。

在现实生活中，存在情侣间一方在结婚前要求在房产证上加上自己的名字才同意结婚的情况。如果双方还未登记结婚，因此还不属于配偶，尚未成为另一方的直系亲属，在这种情况下，如果在房产证上加上未婚情侣的名字，属于赠与行为，也被视同为房产过户行为或买卖行为，并涉及相关的服务费和缴税义务（营业税和个人所得税）。而一旦完成了非直系亲属的更名，意味着权利的转移，是不可任意撤销的。而如果双方约定了该赠与行为，但尚未经过公证或者办理房产变更登记，则可以任意撤销。[①]

四、婚姻财产的继承权

我国的《民法典》有明确的规定，夫妻有相互继承遗产的权利。夫妻一方死亡后，另一方再婚的，有权处分所继承的财产，任何人不得干涉。[②] 涉及继承的内容，本书在后面《财富传承安排能力》中还将有比较详细的介绍。

第二节　如何根据客户的意愿来保护其婚前财产

在财富管理实务工作中，理财师经常会面对客户的"婚前财产保护"的需求。例如，父母在考虑适婚子女婚嫁金的过程中，会担心万一子女的婚姻不如预期，最后导致离婚的话，原本希望能支持子女生活品质的婚嫁金是否会在离婚时被作为夫妻共同财产进行分割；再婚人士则可能考虑到前段婚姻的子女的福利问题，对婚前财产的保护意识也会相对比较高。在这些情况下，理财师需要根据客户的意愿，提供相关的专业建议，帮助客户尽可能保护其婚前财产。

我国《民法典》明确规定了夫妻一方的婚前财产是属于夫妻一方个人的财产。婚前财产的保护，首先要解决的是个人财产和婚姻关系存续期间的夫妻共同财产的认定的问题。在现实生活中，在《民法典》出台之前夫妻共同财产在婚姻关系存续期间是不可分割的。当夫妻二人离婚或者在其中一方身故的情况下，通常会涉及财产性质的认定，并据此对婚姻关系存续期间的夫妻共同财产进行分割，而个人财产依然归个人所有。

一方的婚前财产是指一方婚前已经取得的财产或财产权利，其中包括了个人所有

---

① 《中华人民共和国民法典》第六百五十八条。
② 《中华人民共和国民法典》第一千零六十一条、第一千一百五十七条。

的财产，如动产与不动产、工资、奖金，从事生产、经营取得的收益，知识产权的收益，因继承或赠与所得的财产、资本收益，以及包括了债权在内的财产权利和其他合法收入等。

　　从法律规定来看，婚前财产不会因为婚姻关系的存续而转变成婚后夫妻共同财产，① 这一点是没有疑问的。然而，在婚姻关系存续期间，尤其是夫妻双方感情较为融洽的阶段，个人财产也可能用于夫妻共同生活；因此在婚姻一旦出现问题，进入离婚程序并需要对夫妻共同财产进行认定分割的时候，就有可能出现婚前婚后财产混同的情况。如果其中一方主张婚前财产的权利，根据民事诉讼"谁主张，谁举证"的原则，② 则需提供相关的证据，如果无法举证，就可能被认定为是婚姻关系存续期间的夫妻共同财产。婚前个人财产在婚后共同生活中自然毁损、消耗、灭失，离婚时一方要求以夫妻共同财产抵偿的，法院不予支持。③

　　同时，《婚姻法司法解释（三）》也规定，夫妻一方个人财产在婚后产生的收益，除孳息和自然增值外，应认定为夫妻共同财产。④

　　所谓的孳息，也就是原物中产生的收益。比如鸡生蛋、羊长毛，这是属于天然孳息，同时，还有依照法律关系产生的收益，也被称之为法定孳息，例如存款利息、有价证券收益、股权分红、未经共同经营管理的房屋租金等收入。

　　自然增值是指该增值发生的原因是因通货膨胀或市场行情的变化而致，与夫妻一方或双方是否为该财产投入物资、劳动、努力、投资、管理无关。例如，夫妻一方个人婚前所有的房屋、古董、字画、珠宝、黄金等随着市场价格的上涨而产生的增值。

　　如果夫妻一方或者双方为增值付出了劳动、努力或者管理的话，婚前财产的收益，基本上就不属于孳息和自然增值，而属于婚姻关系存续期间的夫妻共同财产。《民法典》也明确了"投资收益"为夫妻共同财产。⑤

　　需要进行婚前财产保护的场景，通常包括但不限于以下4种情况。

　　（1）对子女的财务支持。中国父母往往倾其所能地帮助自己的子女成家立业，对子女的财务支持可能出现在子女婚后，也可能出现在婚前。但父母同时又会担心，一旦子女的婚姻出现问题，又出现婚前婚后财产混同的情况，那么在离婚时，就会对夫妻共同财产进行分割，自己原来对子女的财务支持也会付之东流。不仅如此，父母对子女的财务支持很多时候还不只是以货币形式，对子女的赠与可能还包括公司股权、房产等其他形式的财富，因此往往会有希望对子女婚前财产予以保护的需求。

---

　　① 《关于适用〈中华人民共和国婚姻法〉若干问题的解释（一）》第十九条：婚姻法第十八条规定为夫妻一方所有的财产，不因婚姻关系的延续而转化为夫妻共同财产。但当事人有约定的除外。
　　② 《中华人民共和国民事诉讼法》第六十四条第一款："当事人对自己提出的主张，有责任提供证据。"
　　③ 最高人民法院《关于人民法院审理离婚案件处理财产分割问题的若干具体意见》第十六条，1993年。
　　④ 《婚姻法司法解释（三）》第五条。
　　⑤ 《中华人民共和国民法典》第一千零六十二条。

（2）男女双方贫富差距悬殊。在经济高速发展的社会环境中，无论是通过创业致富还是受父母余荫所赐，不少人在婚前已经非常富有，而结婚对象却与其相较贫富差距悬殊。

（3）再婚者。多数再婚者在再婚前大多有自己的财产，而且还有可能在前段婚姻中已有子女，家庭成员关系相对复杂。而且因为有过婚姻，对婚姻破裂可能导致的经济纠纷有一定的警惕意识，同时，也会希望婚前财产能对前段婚姻的子女提供财务支持。如果其中一方有婚前债务的话，为了避免婚后双方的财产混同而被执行还债，另一方更应进行婚前财产的保护。

（4）夫妻双方共同创业或进行投资的情况。在现实生活中，公司股份和经营收入已成为夫妻共同财产中最复杂的形式，也是离婚财产纠纷矛盾的焦点。采取必要的婚前财产保护措施，理顺夫妻之间的财产关系，不仅可以对日后公司股份和经营收益进行合理分配，在面对相关偿债义务的时候，也可以有所防范。

在财富管理活动中，婚前财产保护措施既包括了比较常见的婚前（婚后）财产协议和公证，也包括了利用保险产品和信托行为进行资产隔离的方法；对于企业主家庭而言，为了明确股权的婚前财产性质，也可以在婚前获得的股权方面，通过股东协议和公司章程作出相应的安排。

一、婚前财产协议和婚姻财产约定

在海外发达国家，签订婚前财产协议是婚前财产保护措施中比较常见的方式。坊间比较熟悉的案例包括"传媒大亨"默多克和邓文迪，著名影星汤姆·克鲁斯和其第三任太太凯蒂·霍尔姆斯的离婚，其中都有婚前财产协议的影子。国内家庭也可就婚前财产的归属和婚姻财产约定签订相关的协议。

同时，我国法律也允许夫妻双方就婚后财产关系进行约定：婚姻关系存续期间所得的财产以及婚前财产，各归各自所有、共同所有或者部分各自所有、部分共同所有。

因此，通过签订婚前财产协议或婚姻财产约定协议，夫妻双方可约定：（1）婚前财产的归属；（2）婚后获得的财产（比如公司股权、父母的赠与、知识产权等）归属权；（3）婚前财产在婚后的增值（例如婚前个人股权在婚后的分红以及股权增值等）归属权或其他方面的问题。

签订婚姻财产协议可以在婚前，也可以在婚后。除了前述"需要进行婚前财产保护"的四种情况外，以下几种情况也应考虑签订财产协议。

（1）涉外婚姻。各国法律在婚姻财产方面的规定有所不同，国家或地区在夫妻财产（或债务）的认定上有一定的差异。因此，对配偶所在国家或地区的婚姻财产关系有所了解，并在此基础上签订婚姻财产约定协议，可避免出现不必要的财产纠纷。

（2）共同买房或购置其他重要资产。夫妻双方往往为了结婚而共同出资，或由双方父母共同出资购买房产、汽车等财产，有可能在未来出现财产权属的纠纷。所以通过婚前或婚后财产约定协议，对于财产的出资情况及归属有明确的约定，是较为理性的选择。

（3）有附条件的赠与。夫妻一方，愿意在夫妻感情生活符合预期的情况下，有条件地将自己的财产赠与另一方，可以在婚前婚后财产协议书中进行约定，比如当婚姻关系存续至五年时，一方部分或全部的个人婚前财产转化为夫妻共同财产等。

（4）采用婚后夫妻财产约定制的夫妇。可在婚后通过财产协议进行约定和公证。

在符合民事行为有效要件的前提下，[①] 婚前财产协议和婚姻财产约定不需要公证，只要是书面形式并有签字即可，但经过公证的婚前财产协议显然保护力度更强一些。

二、婚前财产公证

婚前财产的保护措施里，进行婚前财产的公证，是相对比较明确且有效的一种方式；即由公证机关依法对将要结婚的男女双方就各自婚前财产和债务的范围和权利归属问题、所达成的协议的真实性、合法性给予证明。

当前，我国婚前财产公证包括两种形式：第一种是未婚夫妻在结婚登记前达成协议，办理公证；第二种是夫妻双方在婚姻关系存续期间达成协议，并办理公证。具体的步骤包括以下四步。

第一步，当事人要准备好以下几种材料：（1）个人的身份证明，如身份证、户口簿，已婚的还要带上结婚证；（2）与约定内容有关的财产所有权证明，如房产证、未拿到产权证的带购房合同和付款发票；（3）双方已经草拟好的协议书，协议书的内容一般包括当事人的姓名、性别、职业、住址等个人基本情况，财产的名称、数量、价值、状况、归属，上述婚前财产的使用、维修、处分的原则等。一般双方当事人的签名和订约日期空缺，待公证员对协议进行审查和修改后，再在公证员面前签字。

第二步，准备好上述材料后，双方必须共同亲自到公证处提出公证申请，填写公证的申请表格。委托他人代理或是一个人来办婚前财产公证，不予受理。

第三步，公证申请被接待公证员受理后，公证员就财产协议的内容，审查财产的权利证明，查问当事人的订约是否受到欺骗或误导。当事人应如实回答公证员的提问，公证员会履行必要的法律告知义务，告诉当事人签订财产协议后承担的法律义务和法律后果，当事人配合公证员做完公证接谈笔录，并在笔录上签字确认。

第四步，双方当事人在公证员的面前在婚前财产协议书上签名。至此，婚前财产公证的办证程序履行完毕，两周后当事人可凭收费单据领取公证书。

其中双方拟定的协议书，也可视之为夫妻双方的约定。除了就婚前财产做出约定以外，夫妻双方也可以就婚后双方所得财产的所有权归属等问题进行约定。

有学者曾认为，婚前财产公证使婚姻更加注重金钱与财产，为脉脉温情的爱情婚

[①] 《中华人民共和国民法典》第一百四十三条，即民事法律行为有效要件。

姻罩上了一层冰冷的面纱,但从理性的角度来看,在客观上它明确了夫妻共同财产与夫妻婚前个人财产及婚后个人财产的界限,减少了财产纠纷,无人可以否定其合理、公正的一面。

三、保险+遗嘱(或其他约定协议)

在实际生活中,也确实存在当事人因为担心影响夫妻之间的感情而对婚前公证有顾虑。

【风险案例分析五】

王强是一个单身父亲,今年43岁,虽然只是一个职业经理人,但因为老宅拆迁、自己多年的积蓄等原因,也拥有了千万身家(除了自己所居住的房产,还拥有近600现金,无任何贷款或者其他债务①)。女儿小娴12岁,秉承着"女儿要富养"的想法,对女儿百依百顺,宠爱有加。去年王强认识了比自己年轻10岁的小张,双双共坠爱河,并准备领证结婚。王强很爱小张,但也不是没有担心,因为小张毕竟比自己年轻10岁,而且未婚;同时也在担心未来万一婚姻出现问题,自己的身家会被分走一半;同时,万一自己出现人身风险,小娴的未来无法保障。

根据王强的情况,要解决自己的后顾之忧,首选当然是办理婚前财产公证。但办理婚前财产公证,也有一些问题。其中,让王强难以启齿的是小张是冒着"不受父母祝福"的压力,坚持要和王强结婚的。因为王强有婚史,而且还有一个即将进入叛逆期的女儿,小张父母的担心是显而易见的。在这种情况下,让王强去和小张谈婚前财产公证,王强显然开不了口,甚至不敢开口,因为,万一小张因此对他有了负面的想法,自己有可能会失去这段爱情。同时,即使进行了财产公证,但难免和未来婚后的夫妻共同财产混同,这样的话,问题依然没有能够得到妥善解决。

根据**【风险案例分析五】**所介绍的情况,理财师建议:王强可考虑配置大额年金保险,自己作为投保人,而被保险人和生存受益人为女儿小娴,身故受益人则是自己,同时王强需就保单财产权益的归属制定遗嘱。

所谓的年金保险是指,在被保险人生存期间,保险人按照合同约定的金额、方式,在约定的期限内,有规则地、定期地向被保险人给付保险金的保险。

年金保险可以有确定的期限,也可以没有确定的期限,但均以年金保险的被保险人的生存为支付条件。在年金受益人死亡时,保险人立即终止支付。通常采取的是按年度

---

① "无偿债义务"的前提条件在当前的司法环境中已非常重要,浙江省高级人民法院发布《关于加强和规范对被执行人拥有的人身保险产品财产利益执行的通知》,江苏省高级人民法院也发布了类似通知,在相关省份,保险产品财产权利可能因为债权债务关系而被强制执行。在本书第十二章中将会有较为详细的论述。

周期给付一定金额的方式，因此称为年金保险。目前国内的很多大额保单都是年金保险。

投保年金保险对于年金购买者来说是相对安全可靠的。因为保险公司必须按照法律规定提取责任准备金，而且有保险公司之间的责任准备金储备制度保证，即使投保客户所购买年金的保险公司停业或破产，其余保险公司仍会自动为购买者分担年金给付。

年金类大额保单通常有以下几个特点[1]：（1）缴费期一般较短，趸交、三年、五年、十年比较常见，以三年、五年为主；（2）一般没有风险保险额度，当被保险人身故时，通常给付本金及已经获得的年金和分红；（3）现金价值较高，交期越短，现金价值就越高，趸交产品的现金价值甚至达到本金的90%以上；（4）一般都提供保单贷款，贷款提供方一般是保险公司，贷款比例为现金价值的80%至90%，贷款利息相对不高；（5）一般都有保底收益，即确定定期给付的年金，可以锁定收益，获得确定的现金流。

国内的年金常见的又有两类，一类是"保底年金＋每年分红"，另一类是"固定年金＋万能储蓄账户"，后者没有分红，但固定年金较保底年金在回报率上要高一些，同时年金默认进入万能险储蓄账户进行投资获取收益，根据万能险账户的特点，可以较自由地领取。

在【风险案例分析三】中，如果王强采用年金保险的形式对其婚前财产进行安排，则可以有效地解决他当前面临的问题：

（1）首先解决的是免于婚前财产公证的尴尬。由于保单当事人中没有小张，因此，小张是无须告知的。如果觉得夫妻之间不应存在秘密，即使告知小张有这样一张保单存在的话，这样一份保单有也可以作为"小娴未来的教育和生活支出已经有较为妥善的安排，而无须婚后家庭在财务上有更多顾虑"的表示，这样对王强和小张之间的关系乃至和未来岳父岳母之间的关系，显然是有益无害的，可免除要求做婚前公证的尴尬。

（2）指定生存受益人为小娴，领取的年金是小娴的财产，在其未成年时，王强作为监护人有管理权而无所有权，即使未来遇到离婚需要分割财产的情况出现，可免后顾之忧。

（3）同时，年金是按期支付的，也可避免女儿在成年后将其挥霍一空的情况出现。

（4）即使是在小娴未来结婚时，这部分由父亲作为投保人的保险财产作为婚前财产的性质也非常明确，同时，年金收入作为生存受益金，其较强的人身属性也可被推定为个人婚前财产。

（5）即使小娴出现身故风险，王强自己则是指定的身故受益人。

根据我国《保险法》规定：任何单位和个人不得非法干预保险人履行赔偿或者给付保险金的义务，也不得限制被保险人或者受益人取得保险金的权利。[2] 在保单存续期间，王强以婚前财产购买年金保险，来安排对小娴的财务支持的目的基本上可得以实

---

[1] 曾祥霞、贾明军、刘长坤、陈云：《大额保单操作实务》，法律出版社2016年版。
[2] 《中华人民共和国保险法》第二十三条。

现。同时,这样一份年金保单,在达成以上众多目的的同时,也可以在有需要的时候,进行保单质押获得贷款,来解决家庭流动性问题。如果因为家庭共同生活所需而进行的借贷活动,属于夫妻共同债务,其利息和本金将来用夫妻共同财产偿还也是名正言顺的,在一定程度上,也保证了这部分婚前财产的相对独立性。

然而,如果要达到婚前财产完全隔离,并按当事人王强的真实意愿来表达对女儿小娴的爱和对其实现财务支持的话,单靠一张保单可能还无法真正做到万无一失。例如,如果王强自己在小娴成人以前就过世的话,虽然保单合同还将继续有效,但需要更改投保人。

根据我国《保险法》规定,投保人、被保险人在订立保险合同时需要保险利益。因此如果被保险人小娴还未成年,新投保人必须为被保险人的父母或者监护人。而且在实际办理中,投保人变更手续需要原投保人的法定继承人同意并签字;办理时还得提供原投保人的死亡申请书。根据我国《民法典》规定,第一顺序继承人有配偶、子女、父母,[①] 因此,如果王强没有遗嘱的话,配偶小张、女儿小娴、王强之父母均为法定继承人,届时,多位继承人在投保人变更问题上是否能达成一致,存在较大的不确定性。同时,新投保人还拥有解除保险合同获得保单现金价值的权利,[②] 造成王强希望对小娴进行财务支持的意愿是否能得以圆满实现存在一定的不确定性。

因此,王强还需要以订立遗嘱的方式,明确说明:年金保单的现金价值和投保人的权益归女儿一人所有;如果女儿还未成年则由王强的父亲或者母亲作为监护人,代为持有直至小娴年满十八岁等。

在【风险案例分析五】中,小娴还是一名未成年子女,如果理财师有客户作为父母希望给即将踏入婚姻殿堂的成年女儿一大笔嫁妆,但又一怕女儿挥霍,二怕万一女儿的婚姻出现问题,婚前财产得不到保障。其实,原理是一样的:

(1)由父亲(或母亲)作为投保人,和保险公司签订大额分红型年金险保单,被保险人是子女,并指定子女为生存受益人,指定父亲(或母亲)为身故受益人。与此同时,签订一份遗嘱,明确如果投保人过世,保单权益和现金价值归子女所有,与子女配偶无关,以保证保单财产明确归自己的子女所有。

(2)作为投保人,保单的掌控权还在父亲或者母亲手上,但子女每年只可以获得年金收入,既可避免子女将本金挥霍一空,同时,保险财产作为子女的"非婚后共同财产"的性质也比较明确。

(3)子女每年都可以获得一定额度的年金收入,用于生活品质支出,保证一生衣食无忧。

(4)如果万一子女先于投保人身故,投保人为身故受益人,获得所有的身故保险金。如果投保人先于子女过世,通过遗嘱明确投保人的变更和保单权益的归属。

---

① 《中华人民共和国民法典》第一千一百二十七条。
② 《中华人民共和国保险法》第十五条。

（5）如有需要，父母也可以在任何时候变更投保人，将保单投保人变更为子女，并配合签订一份赠与协议，明确赠与自己的子女，以保证保单权益归自己的子女所有。

通过这样的"保单+遗嘱"等法律文件的安排，一方面能在子女婚姻幸福的情况下，为其创造每年可以固定领取的现金流，另一方面也能在子女婚姻出现状况的时候，保证其婚前财产的独立性。

四、利用家族信托或保险金信托隔离婚前财产

在财富管理实务中，由于信托财产的独立性和信托行为"意思自治"带来的灵活性，家族信托也被广泛地用于婚前财产的保护，并同时兼具多方面的优势，其中包括但不限于：

（1）如果委托人在婚前将财产委托给受托人，这些资产即成为信托财产，在法律层面有效地将其和委托人的其他未设立信托的资产相区别，同时也独立于委托人婚后的夫妻共同财产。

（2）信托财产可以受托人的名义进行投资，在信托中的财产收益归属信托财产，并不属于夫妻共同财产。

（3）无须准配偶同意，如果有需要还可以保证财产的私密性。

（4）如果父母希望对子女进行财务支持，可通过制定或变更信托契约条款，指定子女为受益人，由信托定期支付定额资金，即可实现前述"年金保险+遗嘱"可以达成的效果，且具有较高的灵活性。以【风险案例分析五】为例，如果王强考虑到和小张婚后可能又有子女出生，并希望新生子女也能受益于其婚前财产的话，可以设立信托，并只需在信托合同中增加相关条款并增加一名受益人即可；即使新生子女在信托设立后才出生，也可以通过变更受益人的方式实现上述意愿；当然变更受益人或处分受益人的信托受益权必须符合我国《信托法》第五十一条的相关规定。[①] 相比之下，如果王强已经把所有的婚前财产购买了保险，受标准化产品的限制，就很难利用这部分资金对新出生的子女提供财务支持。

（5）利用家族信托，可实现有附加条件的赠与。比如可通过信托契约，有条件地指定配偶为信托受益人。在信托契约里约定，在未来两人共同生活期间，配偶作为信托受益人，每年可以从信托拿到一笔钱，直到婚姻关系不再持续等。

同样，保险金信托也同样可以被运用于婚前财产保护，只是保险金信托是当事人先购买保险，然后以保险金或保单受益权作为信托财产，再由受托人依信托合同约定的方式管理、运用信托财产，并于信托期间和终止时将信托资产及运作收益交付信托

[①] 《中华人民共和国信托法》第五十一条规定设定信托后，有四种情况，委托人可以变更受益人或者处分受益人的信托受益权：（1）受益人对委托人有重大侵权行为；（2）受益人对其他共同受益人有重大侵权行为；（3）经受益人同意；（4）信托文件规定的其他情形。

第十一章 如何预防婚姻问题引发的财务风险

受益人。家族信托在婚前财产保护方面的功能,基本上可以体现在保险金信托上,并大大降低了当前家族信托的资金门槛。

五、其他有关安排

对企业主而言,婚前财产存在的形式会更加多元化,除了货币资产、金融资产、不动产等资产外,还有非常重要的一部分资产,即公司股权。因此,其婚前财产保护的方式和策略也可能更多元化一些。

【风险案例分析六】

据网络媒体报道:某上市公司创始人刘某于2015年8月领证步入婚姻殿堂。但据该公司公开资料显示,2015年5月,该公司董事会批准了一项针对公司董事长兼CEO刘某的一项为期10年的薪酬计划。根据该计划,刘某每年基本工资为1元人民币,且没有现金奖励。此外,刘某已被授予2600万股上市公司股权,相当于公司所有流通股的0.9%,价值26.5亿元。该消息指出,该计划相当于刘某在婚前提前支取了自己10年的薪水和奖金,这部分收入将被记入刘某的婚前财产,因此该计划被认为是刘某进行财产保护的一种措施。

后来,该消息被证伪,① 首先刘某获得的是公司的期权,即刘某有权选择在约定期限内,以约定的价格购买公司的股票;而"价值26.5亿元"一说,其实是刘某未来的行权成本:刘某被授予2600万股A级普通股期权,并有权以每股A级普通股16.70元或每股ADS 33.40元②的价格行权;其次,我国《民法典》在夫妻共同财产和个人财产的规定中,对股票期权的性质并没有明文规定;而在现实中,存在期权的获取是否在婚内、婚内是否可行权、行权行为是否发生在婚内等不同的情形,因而会比较复杂,并不能明确为婚前财产。

关于股票期权是否属于夫妻共同财产的认定,可通过期权取得时间和行权时间这两个维度展开五种情形进行分析:(1)婚前取得股票期权:①在婚前行权(第一种情形),②在婚内行权(第二种情形),③在离婚后行权(第三种情形);(2)婚后取得股票期权:①在婚内行权(第四种情形);②在离婚后行权(第五种情形)。

第一种情形(婚前获得期权,并在婚前行权的),属于个人财产;第四种情形(婚内获得期权,并在婚姻存续期间行权的),属于夫妻共同财产;这两种情况目前来看没有大的争议。

---

① 雷建平:《刘××提前锁定25.6亿婚前财产?》,腾讯科技网站,2015年8月11日。
② ADS(American Depository Share)是美国存托股份,是指外国公司授权美国的受托人在美国发行的,以美元计价的所有权证书。受托人发行ADS需要以该外国公司的股票作为抵押。

但对第二种、第三种情形婚前取得期权，无论是在婚姻存续期间行权还是在离婚后行权，目前在司法实践中尚有较大分歧①。

一种观点认为：股票期权取得在婚前，但收益的形成和取得是在婚姻关系存续期间，持有人配偶的家庭劳动付出和支持等行为和行权有密切关系，且因其具有一定风险性，婚姻关系存续期间，夫妻双方风险共担，故而婚后行权所获收益应纳入夫妻共同财产分配。② 目前较多法院在司法实践中采取了这种立场。

而另一种观点则认为：我国《民法典》第一千零六十二条所规定的夫妻共同财产的范围仅限于财产，并没有包括权利。因此我国《婚姻法》上能因婚姻关系而改变财产归属性质的仅限于财产而非权利；而将权利排除在夫妻共同所有范围之外，是法律价值选择的结果。权利和财产的本质区别就是权利的自由意志，即权利体现着权利所有人的自由，包括权利的行使与放弃、行使时间、行使方式等。③ 同时在司法实践中，也有相应案例表达了"婚前获得的股票期权其实质是一种受益权即享受期权项下的股票因价格上涨而带来的利益的权利"的观点，因此认为婚前所获得股票期权收益属于婚前个人财产。④

对于上述分歧，有专家提出了"股票期权行权收益为法定孳息"的观点（以下简称"法定孳息说"），⑤ 即主张将股票期权视为"原物"，行权收益则为法定孳息。根据这一观点，凡是在婚前取得期权，则其收益为持有人个人财产；但若该期权行权是在婚姻存续期间（或离婚后）进行，且持有人配偶（在婚姻存续期间）付出较多家务劳动，则期权持有人应予以补偿；反之，凡股票期权是在婚姻存续期间获得，则无论何时行权，其收益均为夫妻共同财产，如表 11 - 1 所示。

表 11 - 1　　　　　　《期权行权收益是否属于夫妻共同财产》观点归纳

期权获得时间	期权行权时间	情形分类	财产归属
婚前	婚前	情形一	个人财产
	婚内	情形二	个人财产（对婚姻存续期间配偶的付出予以补偿）
	离婚后	情形三	个人财产（对婚姻存续期间配偶的付出予以补偿）
婚内	婚内	情形四	夫妻共同财产
	离婚后	情形五	

---

① 叶秀旻：《离婚中的股权分割（四）：涉及身份关系的股权分割问题》，新浪博客，http://blog.sina.com.cn/s/blog_146ea96940102xtyw.html，2018 年 10 月 12 日。
② 张峰：《浅议股票期权在离婚财产中的分割》，载于《经济导报》2015 年 8 月 28 日，第 E1 版。
③ 王佳强：《股票期权在离婚案件中分割》，华律网，https://www.66law.cn/goodcase/18733.aspx，2013 年 3 月 29 日。
④ 南京市鼓楼区人民法院（2015）鼓民初字第 1348 号。
⑤ 陈历代：《期权行权收益是否属于夫妻共同财产》，中国法院网，http://xyzy.chinacourt.gov.cn/article/detail/2013/07/id/1021985.shtml，2013 年 7 月 5 日。

应该说，法定孳息说对婚前取得的股票期权性质认定，以及对持有人的救济措施都有一定的合理性。但在第五种情形（即婚内取得期权，离婚后行权）的情况，可能还会出现更为复杂的情形：婚姻有长短，如果股票期权持有人在婚内获得期权，但婚姻存续期间很短，然后又进入另一段婚姻，并在再婚后经历了较长时间后行权。如果以法定孳息说为依据，该股票期权行权收益属于第一段婚姻的夫妻共同财产，虽然在离婚时无法确定其价值，但如果在离婚后行权，依然属于夫妻共同财产。因此，前配偶可以提出对此夫妻共同财产提出分割主张。分割完毕后，持有人获得的分割部分属于持有人在第二段婚姻中的个人财产，对其第二段婚姻配偶及其付出显然不公。

同时，上述五种情形中尚未考虑其他可能需要被考虑的要素，如第三种情形（婚前取得期权，离婚后行权）因为 2009 年广东省高级人民法院针对某一具体案件对中级人民法院的批复,[①] 而通常被认定为夫妻共同财产。但该批复还提出了另一个考虑要素，即婚内是否可行权，以及案件当事人在婚姻存续期间可以行使部分期权并获得实际财产权益的事实。同时，该批复在进行总结性陈述时指出："（当事人）在婚姻关系存续期间可通过行使股票期权获得的该部分股票财产权，属于婚姻关系存续期间明确可以取得的财产性收益，宜认定为夫妻共同财产。"而婚前取得股票期权婚内不可以行权，或者婚内可以行权但因为客观条件（如市场价格低于行权价格）而没有行权的诸多情况其实并没有被明确。在司法实践中，反而有"在离婚时尚未满足行权条件，离婚后依据离婚后的行为表现行权且用个人财产行权的，属于个人财产"的判例。[②]

综上所述，由于我国法律对股票期权的性质认定没有作出明文规定，因此，在司法实践中，各地法院和法律从业者的观点也有较大的分歧，但相信这些问题会在我国法制建设的进程中得以解决。

针对【风险案例分析六】的情况，刘某所在公司只是宣布了一个针对刘某的"薪酬计划"，但实际上刘某需要在未来十年中，每年可获得 10% 的期权，因此，其取得股票期权的时间、可行权的时间、实际行权的时间，再加上期间是否会出台针对"离婚时股票期权分割"的司法解释，其实都是未知之数。但有一点是可以肯定的，相比一头扎进婚姻殿堂而没有对婚后财产（婚后可能被授予的股票期权）的归属采取任何防范措施，这样的"薪酬计划"安排还是可以被视为财产保护的一种合理手段的。

除了上述的方法和特殊安排外，如果要保护一方婚前财产，婚前财产和婚后夫妻共同财产还有必要进行明确的隔离。理财师需要提醒客户注意以下几个方面：（1）留下婚前财产的凭证，如银行存款可以让银行打印账户余额，并盖章；如果一方婚前财产中包括了二级市场股票，虽然股票投资在婚后的收益大多数情况下还是会被认定为

---

① 广东省高级人民法院《关于婚前取得的股票期权，离婚后行权所得能否确认为夫妻共同财产问题的批复》（粤高法民一复字〔2009〕5 号）。
② 北京市海淀区人民法院（2016）京 0108 民初 34393 号。

夫妻共同财产，但并不妨碍其留下证券公司对账单作为婚前财产的证据；即使在婚后有可能追加婚后财产进入证券账户，但按婚前财产和婚后财产的投入比例进行分割也是法院常见的一种裁定方式；（2）将婚前财产账户和婚后财产账户隔离，婚后的收入开支均使用婚后财产账户；（3）婚后也可以拥有个人财产，如果要使用个人婚前财产账户购买个人专用物品的话，尽可能使用银行转账，以留下证据。

第三节 离婚时的财产保全措施

在我国离婚率持续上升的今天，虽然理财师的客户在面对离婚的时候，可能首先想到的是律师的法律咨询服务，但离婚就意味着对夫妻共同财产进行分割，涉及客户的财务决定，因此，在财富管理实务中，理财师不仅要帮助客户就婚前或个人财产的权益提供预防和保障措施建议，同时，在客户面对婚姻破裂的情况时，同样需要向客户提供财产保全措施的建议。

一、离婚的形式和离婚协议的内容

在我国，离婚的形式包括了双方协议离婚、起诉离婚两种形式。

如果夫妻二人均自愿离婚，应当鉴定书面离婚协议，并亲自到婚姻登记机关申请离婚登记。婚姻登记机构收到双方的离婚登记申请三十日内，任何一方不愿离婚的，可以向婚姻登记机关撤回离婚登记申请。同时，在规定期满三十日内，双方应当亲自到婚姻登记机关申请发给离婚证；未申请的，视为撤回离婚登记申请。而民政局婚姻登记机关查明确系夫妻双方自愿，申请书是双方真实意思的表达，并且对子女的抚养、财产以及债务处理等事项协商一致的，予以登记，发给离婚证。[①] 这种形式因此被称为"协议离婚"或"登记离婚"。

如果其中夫妻一方要求离婚，另一方不同意离婚；或者虽然双方都同意离婚，但在共同财产的分割和对子女的抚养、教育、医疗费等的问题上未达成协议，离婚诉讼当事人可向人民法院递交离婚诉讼状，称为"起诉离婚"。

人民法院受理后一般采取两种方式解决：一是调解离婚，是指离婚的双方当事人在法院的调解下，就财产分割、子女养育等问题达成一致，人民法院批准其离婚并制作离婚民事调解书，作为双方当事人的离婚法律文书。二是判决离婚，是指人民法院在调解无效的情形下，就离婚案件的具体情况和夫妻共同财产和子女养育等作出离婚判决。

无论协议离婚还是起诉离婚，都需要对夫妻共同财产进行分割，对子女的养育问题、债务问题以及相关的经济帮助和精神赔偿达成一致并形成离婚协议。

---

① 《中华人民共和国民法典》第一千零七十六条、第一千零七十七条、第一千零七十八条。

离婚协议的主要内容包括：(1) 离婚双方的基本信息；(2) 明确双方自愿离婚的意愿；(3) 子女抚养、抚养费和探望权的约定；(4) 夫妻共同财产的处理；(5) 债务的处理；(6) 一方隐瞒或转移夫妻共同财产的责任；(7) 经济帮助及精神赔偿；(8) 违约责任的约定；(9) 协议生效时间的约定；(10) 争议解决办法；(11) 双方签名和签名时间（详见本书附录一：民政局离婚协议范本）。

离婚协议是对于离婚时应该处理相关事项的约定，属于合同性质，受我国《民法典》的约束和调整。

二、离婚析产

在夫妻离婚或者大家庭分家过程中，由于共有财产分属各共有人所有，因此需要通过协议的方式，根据一定的标准予以分割，这个过程被称为析产。在离婚程序中，离婚夫妻需对属于一方的个人财产逐一认定并就个人在夫妻共同财产所占的份额达成一致，是为离婚析产。[①]

婚姻关系存续期间产生的夫妻共有财产会以不同的形式存在，例如货币、股票、房产、公司股权或其他的财产权利等。而其中不乏个人财产在婚姻关系存续期间的实质性投入，因此离婚析产是一个较为复杂的过程。

在本章第二节中，本书已经通过【风险案例分析八】介绍了离婚时股票期权的常见认定方式和争议，以下将对房产、有价证券、企业股权以及共同债务等具有一定复杂性的财产分割认定问题，逐一进行介绍。

（一）对离婚房产的分割和补偿方法

房产对大多数普通家庭而言，往往是最重要的财产之一。除了我国《民法典》对夫妻财产关系的规定，《婚姻法司法解释（二）》和《婚姻法司法解释（三）》对房产也有多项补充规定。

但在现实中，房屋产权的性质有差异，包括商品房产权和房改房产权等；房产购置的出资人和出资时间也可能有不同，有夫妻共同出资、一方出资、双方父母出资、一方父母出资，一方支付首付婚后夫妻共同还贷等情况；同时，产权登记的时间也可能存在不同，如婚前就获得全部产权，婚后获得产权，父母房产婚后过户等情况。因此，离婚时的房产分割时的情况较为复杂，引起的财产纠纷也比较多。

在司法实践中，如果待分割的房屋为商品房的，《婚姻法解释（三）》中确立了"出资与登记相结合"的分割原则。

《婚姻法解释（三）》规定：婚后由一方父母出资为子女购买的不动产，产权登记在出资人子女名下的，可按照婚姻法第十八条（第三项）的规定，视为只对自己子女

[①] 也有观点把离婚析产单指夫妻双方因离婚后彼此就个人对房屋所占份额进行转移的一种登记手续。

一方的赠与，该不动产应认定为夫妻一方的个人财产。由双方父母出资购买的不动产，产权登记在一方子女名下的，该不动产可认定为双方按照各自父母的出资份额按份共有，但当事人另有约定的除外。①

同时，《婚姻法解释（三）》还规定了：夫妻一方婚前签订不动产买卖合同，以个人财产支付首付款并在银行贷款，婚后用夫妻共同财产还贷，不动产登记于首付款支付方名下的，离婚时该不动产由双方协议处理。依前款规定不能达成协议的，人民法院可以判决该不动产归产权登记一方，尚未归还的贷款为产权登记一方的个人债务。双方婚后共同还贷支付的款项及其相对应财产增值部分，离婚时应根据《民法典》第一千零八十七条规定的原则，② 由产权登记一方对另一方进行补偿。③

上述两条法律补充规定从我国的实际出发，将产权登记主体与出资情况联系起来，使离婚时商品房产权归属拥有了相对统一的原则。

根据上述法律条款的精神和其他法律规定，可对以下机关法律条款没有明确规定的情况对离婚房屋产权归属进行分别认定：

（1）如果一方或其父母在婚前全资购买商品房，产权登记在其名下的，属于一方的个人财产；即使在婚后才取得房屋产权证的，并不能使婚前财产转化为夫妻共同财产，因此仍属于其婚前个人财产。

（2）如果双方在婚前全资购买商品房，产权登记在一方名下的。因为在婚前购买，不属于婚姻关系存续期间所得的财产，不能认定为夫妻共有财产；在离婚时，如果另一方能提供有效证据，证明该房产属于共同拥有的，则按购买时的双方出资比例进行分割。

（3）如果一方在婚前出资支付商品房购买首付，产权登记在首付出资方名下，但在婚后以夫妻共同财产偿还房贷，且尚有房贷余额的，按《婚姻法司法解释（三）》第十条的规定，产权归于首付出资方；尚未归还的贷款为产权登记一方的个人债务；并根据《民法典》第一千零八十七条规定的"照顾子女和女方权益"的原则，由产权登记一方对另一方进行补偿。

（4）如果在婚前产权登记已在双方名下的，属于共同财产。即使是其中一方承担了全部出资，因为在产权证上加名，则属于对另一方的自愿赠与行为，④ 属于共同财产。如果是在婚后加名的话，同样视为赠与行为，属于夫妻共同财产。两种情况在离婚时需要进行分割。在房产权证上加上另一方的名字时，可约定具体份额，离婚时按约定份额分割；如果没有约定，则视为共同共有，离婚时平均分割。

---

① 《关于适用〈中华人民共和国婚姻法〉若干问题的解释（三）》第七条。
② 《中华人民共和国民法典》第一千零八十七条：离婚时，夫妻的共同财产由双方协议处理；协议不成时，由人民法院根据财产的具体情况，照顾子女和女方权益的原则判决。夫或妻在家庭土地承包经营中享有的权益等，应当依法予以保护。
③ 《关于适用〈中华人民共和国婚姻法〉若干问题的解释（三）》第十条。
④ 根据我国《民法典》第二百零八条、第二百零九条和第二百一十七条。

（5）如果双方在婚后全资购买商品房，但其中部分款项来自一方婚前财产或将婚前房屋变卖后的价款的房屋的，因该类房屋系婚后共同出资购买，属夫妻共同财产；但由于夫妻一方婚前财产属个人财产，由此婚前财产转化为不同形式但仍然是个人财产，因此可能将这一部分价款对应的房屋比例及相应的增值在分割时判归这一方所有。

（6）如果离婚分割房产为房改房的话，① 一方婚前承租、婚后用共同财产购买的房屋，即使房屋权属证书登记在一方名下，仍应当认定为夫妻共同财产。② 在离婚财产分割时，虽然房改房在购买时享受了优惠政策，但分割时仍应按商品房市场价来分割。

（7）房屋本是一方父母所承租的公房，离婚夫妻在夫妻关系存续期间用夫妻共同财产购买了该房屋。根据《婚姻法司法解释（三）》的规定：婚姻关系存续期间，双方用夫妻共同财产出资购买以一方父母名义参加房改的房屋，产权登记在一方父母名下，离婚时另一方主张按照夫妻共同财产对该房屋进行分割的，人民法院不予支持。购买该房屋时的出资，可以作为债权处理。③ 如果房产登记于离婚子女名下的话，因一家只能享受一次房改福利，故在离婚时应对其配偶予以适当的补偿。

（8）对于集资福利房的离婚分割，一般只考虑出资时间和结婚时间。在签订购房合同时，合同里会涉及购房人的工龄，如果是在婚后，就会涉及夫妻二人的工龄。尽管在购房时享受了不同的优惠政策，但在离婚时，通常以市场价来分割房屋。

（9）如果涉及的离婚房产为拆迁安置房。婚前一方的个人房产，婚后被拆迁安置的情况下，如果安置房屋仅考虑面积因素，且不存在房屋补差价问题，房屋产权登记依然在一方名下的，安置房应认定为个人财产。如果用夫妻共同财产补房屋差价，所补差价的比例部分应认定为夫妻共有财产。

（10）如果涉及的离婚房产是一方婚前承租的公房，婚后拆迁安置的情况，如果是婚后共同出资，并获得一部分产权的，出资部分房屋产权就是夫妻共有财产。如果没有出资问题，只是房屋拆迁后继续承租的，离婚时双方在一定条件下都有承租的权利。一方婚前承租的公房，承租权为该方个人财产，如果该部分权利转化为拆迁款或者安置房，都属于个人财产。

（11）如果婚前房产在一方的父母名下，婚后拆迁安置后，安置房登记在子女名下的，需要参考赠与房屋的情形。婚后房屋产权更名，如果在自己子女名下的，属于对自己子女的赠与行为，属于个人财产；同时，此种情况要注意子女在婚后对于房屋是否有装修、翻建等情形，以确定另一方是否应当予以分割。如果没有明确对自己子女的赠与，属于对夫妻的赠与行为，属夫妻共同财产。

---

① 房改房意指按照房改政策购买的房屋，部分通过集资建房性质购买的房屋也属于房改房。购买房改房的价格一般都会参考工龄、职务、级别等因素，有较强的福利性质，购买价格也远低于市场价，其中包括成本价购买、标准价购买及标准价优惠产权购买等。
② 《关于适用〈中华人民共和国婚姻法〉若干问题的解释（二）》第十九条。
③ 《关于适用〈中华人民共和国婚姻法〉若干问题的解释（三）》第十二条。

综上所述,《民法典》及其原《婚姻法》三部司法解释,对离婚房产分割及其离婚夫妻个人财产和夫妻共同财产的认定规则,已经相对比较明确。在司法实践中也形成了不少判定规则,但由于我国特殊国情,还有一些值得关注的情况,如以下几个方面:

1. 离婚时尚未取得房屋所有权的情况

根据《婚姻法司法解释(二)》的规定,离婚时双方对尚未取得所有权或者尚未取得完全所有权房屋有争议且协商不成的,人民法院不宜判决房屋所有权的归属,应当根据实际情况判决由当事人使用。当事人就前款规定的房屋取得完全所有权后,有争议的可另行向人民法院提起诉讼。① 因此,离婚时对于没有取得房屋产权证的(其中包括"小产权房"②的情况),物权尚未明确,法院也不能直接判决房屋所有权的归属。但现实中,使用权还是需要有归属的,并由获得使用权的一方对另一方按相应的使用价值进行相应的补偿。然而,该补偿有可能与房屋按实际的产权价值分割差距较大,从而损害了不使用一方的权益;同时,还可能出现获得使用权的一方不积极去办理产权证的情况。即使产权证在离婚后得以办理,很有可能需要当事人就所有权分割再进行诉讼。

2. 协议不成可以提出诉讼

在现实生活中,存在双方对夫妻共同财产中的房屋价值及归属无法达成协议的情况,并提出相关诉讼。因此,《婚姻法司法解释(二)》同时也规定了:双方对夫妻共同财产中的房屋价值及归属无法达成协议时,人民法院按以下情形分别处理:③(1)双方均主张房屋所有权并且同意竞价取得的,应当准许;(2)一方主张房屋所有权的,由评估机构按市场价格对房屋作出评估,取得房屋所有权的一方应当给予另一方相应的补偿;(3)双方均不主张房屋所有权的,根据当事人的申请拍卖房屋,就所得价款进行分割。

3. 离婚房屋经济补偿问题

同时,在离婚房产归属问题解决后,很多时候还涉及一方对另一方的补偿。但现实生活中,补偿的计算方式有很多种,各地各级法院及其法官所认定的补偿方式也并不统一。

以《婚姻法司法解释(三)》第十条所规定的情形为例,夫妻一方婚前个人财产支付首付款并在银行贷款购房,婚后用夫妻共同财产还贷,不动产登记于首付款支付方名下的,如果离婚时夫妻不能达成协议的,人民法院可以判决该不动产归产权登记一方,尚未归还的贷款为产权登记一方的个人债务。双方婚后共同还贷支付的款项及其相对应财产增值部分,离婚时应根据婚姻法第三十九条第一款规定的原则,由产权登记一方对另一方进行补偿。这种情形所涉及的补偿计算方法有很多种,以下提供两种

---

① 《关于适用〈中华人民共和国婚姻法〉若干问题的解释(二)》第二十一条。
② 小产权房是指农村集体土地上建设的房屋,未办理相关证件,未缴纳土地出让金等费用,产权通常由乡政府或村委会办理。按国家相关要求,小产权房不得确权发证,不受法律保护。
③ 《关于适用〈中华人民共和国婚姻法〉若干问题的解释(二)》第二十条。

补偿计算方法，以供参考：

（1）夫妻共同支出款项的一半除以离婚时房屋已经产生的总成本，再乘以房屋现值，① 计算公式为：

$$补偿额 = 夫妻共同支付款项（包括本息）/（房屋购买价 + 全部应付利息）× 房屋评估现值 × 50\%$$

其中：

①夫妻共同支付款项（包括本息）虽然只是提出了本息，如果婚前购房，但婚后才产生交易费用的，则也应包含在内；②全部应付利息应指婚姻关系存续期间为该房屋贷款支付所有的利息；③房屋购买价意指购买时的房屋价格，如果是婚前一方购买，婚后共同还贷的情况，则是指结婚时的房产估值；④房屋评估现值可以是离婚时卖掉房屋的价格、拍卖房屋的价格、评估房屋的价格或是双方协商一致认可的房屋价格。

（2）以不动产升值率计算非产权登记方所得补偿②，计算公式为：

$$补偿额 =（不动产升值率 × 共同还贷本金）/2$$

其中：

①不动产升值率 = 不动产现价/房产成本价值；②房产成本价值 = 不动产购买价 + 交易成本费用 + 共同已还利息；③交易成本费用包括契税、印花税、营业税、评估费、中介费等。

同时，我国《民法典》还规定：离婚时，夫妻的共同财产由双方协议处理；协议不成时，由人民法院根据财产的具体情况，照顾子女和女方权益的原则判决。③ 这一条款在司法实践中也被广泛地运用。

（二）对有价证券的分割

根据《婚姻法司法解释（二）》的相关规定：夫妻双方分割共同财产中的股票、债券、投资基金份额等有价证券以及未上市股份有限公司股份时，协商不成或者按市价分配有困难的，人民法院可以根据数量按比例分配。④

据此，夫妻离婚时，可由离婚夫妻双方协商有价证券的市场价格以及所持有的夫妻共同财产的价值，并认定各自的份额。若协商不成，可由法院确定一个分割的时间点，确定在这一时间点上的股票价格，作为确定股价和分割的依据。因股票等有价证券需要进行上市交易后才可实现其价值和分割，因此，法院在处理时，一般会采取在谁名下的股票判归谁所有，由另一方拿取对价款的方式，而不是采用硬性地判决双方各拥有一半数额股票的分割方式。

股票等有价证券通常在个人账户名下，个人婚前的有价证券价值，始于婚前，财

---

① 北京市高级人民法院一庭在 2014 年 11 月 17 日发布，后为浙江省高院发文明确采用。
② 《不动产婚内共同还贷及增值的计算》，载于《民事审判指导与参考》2016 年第 1 辑。
③ 《中华人民共和国民法典》第一千零八十七条。
④ 《关于适用〈中华人民共和国婚姻法〉若干问题的解释（二）》第十五条。

产性质并没有改变，仍属于个人婚前财产。个人财产因投资产生亏损的话，依照最高人民法院《关于人民法院审理离婚案件处理财产分割问题的若干具体意见》第十六条的规定，婚前个人财产在婚后共同生活中自然毁损、消耗、灭失，离婚时一方要求以夫妻共同财产抵偿的，法院不予支持，应由其婚前财产所有人自行承担。但根据《婚姻法司法解释（二）》第十一条第一项的规定，一方以个人财产投资取得的收益为夫妻共同财产。

在现实生活中，常常出现个人账户设立于婚前，但在婚后，夫妻以共同财产进行追加投资的情况。在这种情况下，追加部分以及整个有价证券账户在婚后所产生的收益均属于夫妻共同财产，并在离婚时进行分割。

事实上，无论是否有婚后追加投资，有价证券的分割方式均以结婚登记日为起算点，婚前的有价证券市值为个人财产，离婚时有价证券的市值与结婚时的市值的差额，为夫妻共同财产。账户持有者需给予另一方该差额50%的折价款。

（三） 对企业股权或份额的分割规则

企业的法律形式包括了有限责任公司、合伙企业、个人独资企业等。如果涉及分割夫妻共同财产中以一方名义在有限责任公司的出资额，另一方不是该公司股东的，我国《婚姻法司法解释（二）》列举了几种情况，并作出了相应的规定：①

（1）夫妻双方协商一致将出资额部分或者全部转让给该股东的配偶，过半数股东同意、其他股东明确表示放弃优先购买权的，该股东的配偶可以成为该公司股东。（2）夫妻双方就出资额转让份额和转让价格等事项协商一致后，过半数股东不同意转让，但愿意以同等价格购买该出资额的，人民法院可以对转让出资所得财产进行分割。过半数股东不同意转让，也不愿意以同等价格购买该出资额的，视为其同意转让，该股东的配偶可以成为该公司股东。

用于证明前款规定的过半数股东同意的证据，可以是股东会决议，也可以是当事人通过其他合法途径取得的股东的书面声明材料。

在现实中，还存在离婚时夫妻双方都是有限责任公司的持股股东的情况，根据浙江智仁律师事务所的智仁家事团队通过对中国裁判文书网上公布的2014~2015年期间，杭州地区婚姻类财产纠纷案件裁判文书（共计286份）的分析，总结出法院常见的三种判决观点：②

（1）对夫妻双方均有经营能力的，不因离婚影响共同经营的，保持企业的整体不变，直接分割股权，双方各持一定份额的股权共同经营，按比例分配盈余；（2）对夫妻公司中一方仅是挂名不参与经营也无经营能力的，双方婚后无法共同经营的，将公

---

① 《关于适用〈中华人民共和国婚姻法〉若干问题的解释（二）》第十六条。
② 浙江智仁律师事务所家事部发表《婚姻案件财产类纠纷裁判规则大数据分析（杭州地区2014-2015）》，杭州律师网，杭州市律师协会主办，http://www.hzlawyer.net/news/detail.php?id=12028。

司股权绝大部分归有经营能力的一方所有，另一方持小部分股权，分得绝大部分股权的一方给对方适当补偿，如补偿数额较大，为保护企业的正常运转，采取较长时间的分期支付方式。(3) 对公司账目不齐全，经营状况不佳的，夫妻双方及其他股东均同意清算解散公司的，可在公司解散并清算后分配公司剩余财产。

同时，我国《婚姻法司法解释（二）》对涉及分割夫妻共同财产中以一方名义在合伙企业中的出资，另一方不是该企业合伙人的情况也作出了相应的规定：①

当夫妻双方协商一致，将其合伙企业中的财产份额全部或者部分转让给对方时，按以下情形分别处理：（1）其他合伙人一致同意的，该配偶依法取得合伙人地位；（2）其他合伙人不同意转让，在同等条件下行使优先受让权的，可以对转让所得的财产进行分割；（3）其他合伙人不同意转让，也不行使优先受让权，但同意该合伙人退伙或者退还部分财产份额的，可以对退还的财产进行分割；（4）其他合伙人既不同意转让，也不行使优先受让权，又不同意该合伙人退伙或者退还部分财产份额的，视为全体合伙人同意转让，该配偶依法取得合伙人地位。

对于夫妻以一方名义投资设立独资企业的，《婚姻法司法解释（二）》规定：人民法院分割夫妻在该独资企业中的共同财产时，应当按照以下情形分别处理②：（1）一方主张经营该企业的，对企业资产进行评估后，由取得企业一方给予另一方相应的补偿；（2）双方均主张经营该企业的，在双方竞价基础上，由取得企业的一方给予另一方相应的补偿；（3）双方均不愿意经营该企业的，按照《中华人民共和国个人独资企业法》等有关规定办理。

（四） 对个人和夫妻共同债务的认定

在现实中，往往出现夫妻一方在离婚或者继承过程中，对另一方所负的债务不予认可的情况。这种现象既存在以不认可为由刻意避债的情形，也存在一方举债时，另一方确不知情的情况；甚至有其中一方为了多分夫妻共同财产份额而伪造债务的情况，而原《婚姻法》并未对夫妻债务认定的具体规定。最高人民法院通过司法解释和发布指导性案例等多种形式，逐步构建起了夫妻共同债务认定的裁判规则。

其中《婚姻法司法解释（二）》第二十四条及其补充条款规定：对婚姻关系存续期间的债务作出了相应的规定：债权人就婚姻关系存续期间夫妻一方以个人名义所负债务主张权利的，应当按夫妻共同债务处理。但夫妻一方能够证明债权人与债务人明确约定是个人债务，或者能够证明"夫妻在婚姻关系存续期间所得的财产约定归各自所有，而第三人知道该约定"的情形的除外。

长期以来，原《婚姻法司法解释（二）》第二十四条颇受学界和法律实务界的非议。认为其在一定程度上过度保护了债权人的利益，而没有在债权人和离婚当事人之

---

① 《关于适用〈中华人民共和国婚姻法〉若干问题的解释（二）》第十七条。
② 《关于适用〈中华人民共和国婚姻法〉若干问题的解释（二）》第十八条。

间取得平衡；同时，回避了一些现实生活中常见的问题上的态度，例如，夫妻中的另一方对举债方的债务毫不知情，且没有分享该债务带来的物质利益；婚姻关系存续期间，一方因非法目的举债；与第三人串通虚构债务等。

最高人民法院审判委员会在2017年2月20日公布了《最高人民法院关于适用〈中华人民共和国婚姻法〉若干问题的解释（二）的补充规定》（以下简称《婚姻法司法解释二补充规定》），一方面对原《婚姻法司法解释（二）》第二十四条补充规定了"非法债务不受保护"的两条条款，[①] 同时下发了《最高人民法院关于依法妥善审理涉及夫妻债务案件有关问题的通知》，明确提出：债权人主张夫妻一方所负债务为夫妻共同债务的，人民法院应当结合案件的具体情况，根据相关法律规定，结合当事人之间关系及其家庭情况、借贷金额、债权凭证、款项交付、当事人的经济能力、当地或者当事人之间的交易方式、交易习惯、当事人财产变动情况以及当事人陈述、证人证言等事实和因素，综合判断债务是否发生。同时，该通知强调了人民法院要树立生存权益高于债权的理念，对夫妻共同债务的执行涉及夫妻双方的工资、住房等财产权益，甚至可能损害其基本生存权益的，应当保留夫妻双方及其所扶养家属的生活必需费用。执行夫妻名下住房时，应保障生活所必需的居住房屋，一般不得拍卖、变卖或抵债被执行人及其所扶养家属生活所必需的居住房屋。

2018年1月16日，最高人民法院审判委员会通过了《关于审理涉及夫妻债务纠纷案件适用法律有关问题的解释》，再次对夫妻共同财务的认定提出规定，内容如下：

第一条　夫妻双方共同签字或者夫妻一方事后追认等共同意思表示所负的债务，应当认定为夫妻共同债务。

第二条　夫妻一方在婚姻关系存续期间以个人名义为家庭日常生活需要所负的债务，债权人以属于夫妻共同债务为由主张权利的，人民法院应予支持。

第三条　夫妻一方在婚姻关系存续期间以个人名义超出家庭日常生活需要所负的债务，债权人以属于夫妻共同债务为由主张权利的，人民法院不予支持，但债权人能够证明该债务用于夫妻共同生活、共同生产经营或者基于夫妻双方共同意思表示的除外。

其中，明确了以"家庭日常生活需要"作为夫妻共同债务的认定和裁量依据，并向债权人提出了举证责任。

在《民法典》颁布实施后，吸收了现行裁判规则的有效做法，在一千零六十四条里进行了明确："夫妻双方共同签名或者夫妻一方事后追认等共同意思表示所负的债务，以及夫妻一方在婚姻关系存续期间以个人名义为家庭日常生活需要所负的债务，属于夫妻共同债务。夫妻一方在婚姻存续期间以个人名义超出家庭日常生活需要所负的债务，不属于夫妻共同债务；但是，债权人能够证明该债务用于夫妻共同生活、共

[①] 即夫妻一方与第三人串通、虚构债务，第三人主张权利的，或夫妻一方在从事赌博、吸毒等违法犯罪活动中所负的债务，第三人主张权利的，人民法院均不予支持。

同生产经营或者基于夫妻双方共同意思表示的除外。"

对于"婚后家庭共同生活"的范围，早在1993年11月，最高人民法院即印发了《关于人民法院审理离婚案件处理财产分割问题的若干具体意见》的通知，其中第十七条明确了：夫妻为共同生活或为履行抚养、赡养义务等所负债务，应认定为夫妻共同债务，离婚时应当以夫妻共同财产清偿。

因此，根据上述法律依据的推断，以下几种情况则可被认定为夫妻共同债务：

（1）婚前一方借款购置的房屋等财物已转化为夫妻共同财产的，为购置财物借款所负债务，视为夫妻共同债务；① （2）夫妻一方在婚姻关系存续期间对外举债，如果夫妻双方在离婚时对此无异议或被另一方追认的，认定为夫妻共同债务；（3）夫妻一方在婚姻关系存续期间以个人名义超出家庭日常生活需要所负的债务，举债方或债权人能够有效举证证明：该债务用于夫妻共同生活、共同生产经营，或者基于夫妻双方共同意思表示的，属于夫妻共同债务；（4）夫妻共同从事生产、经营活动所负的债务，或者一方从事生产经营活动，经营收入用于家庭生活或配偶分享所负的债务；（5）夫妻一方在婚姻关系存续期间以个人名义为家庭日常生活需要或共同生活所负的债务，属于夫妻共同债务。其中包括但不限于以下情况：（1）因抚养子女、赡养负有赡养义务的老人所负的债务；（2）夫妻一方或者双方治病以及为负有法定义务的人治病所负的债务；（3）为支付夫妻一方或双方的教育、培训费用所负的债务；（4）为支付正当必要的社会交往费用以及衣食住行等日常所需所负的债务等。

以下几种情况可被认定为个人债务：（1）夫妻一方在婚前的债务，债权人或举债方不能够证明所负债务用于婚后家庭共同生活的，属于个人债务（例如一方婚前购置房屋等财产负担的债务，而该房屋没有用于婚后共同生活的情况）；（2）夫妻一方在婚姻存续期间对外举债，另一方能够证明债权人与债务人明确约定是个人债务，或者能够证明属于债权人知道夫妻在婚姻关系存续期间所得的财产归各自所有约定的，属于个人债务；（3）双方约定由个人承担的债务，属于个人债务，但以逃避债务为目的的除外；（4）夫妻一方因为赌博、吸毒、酗酒等不合理开支，或违法行为所欠债务（例如夫妻一方实施违法犯罪行为、侵权行为所负的债务等），属于个人债务；（5）夫妻一方在婚姻关系存续期间以个人名义超出家庭日常生活需要和共同生活目的所负的债务，举债一方或债权人无法有效举证证明该债务用于夫妻共同生活、共同生产经营的，属于个人债务，例如：①未经另一方同意，一方擅自资助没有抚养义务的亲朋，并因此负担债务的情况；②未经另一方同意，一方独自筹资从事生产或者经营活动所欠下的债务，且其收入确未用于共同生活的情况等；（6）附随遗嘱或赠与合同中确定只归夫或妻一方的财产而来的债务，属于个人债务。

---

① 最高人民法院《关于人民法院审理离婚案件处理财产分割问题的若干具体意见》第十八条。

三、理财师在客户离婚财产保全方面的作用

在财富管理实务中，理财师很有可能是掌握客户家庭信息最多的专业人士。当客户面对离婚时，理财师可以帮助客户及时了解离婚的程序，通过自身的专业知识对家庭财产进行初步的离婚析产分析，帮助客户了解夫妻共同财产的分割原则。

由于我国属于大陆法系国家，在法律形式上，对重要的部门法制定了法典，并辅之以单行法规，构成较为完整的成文法体系；并具有立法与司法分工明确的特点，即法官没有立法权，必须遵从法律明文办理案件。因此所颁行的法典必须完整、清晰、逻辑严密。但现实中，随着经济的发展和人们思想观念的转变，立法和不断涌现的新生事物和社会矛盾相比，难免会出现滞后的情况；同时还需要在不同的当事人权益之间取得平衡；因此有可能对包括离婚析产在内的民事行为造成一定的困扰。但从我国法制建设的发展进程来看，各类法律正在被修订，司法解释及其补充条款不断出现，呈现出非常积极的一面。

对于财富管理从业人员而言，也应该与时俱进，关注法律的优化进程，及时了解和掌握新颁行实施的法律，并融会贯通，帮助客户了解这些法律上的变化对其家庭财务决策的影响，并提出专业的财富管理建议。

在现实生活中，离婚后的财产纠纷也屡见不绝，其中比较常见的包括其中一方隐匿、转移夫妻财产，导致另一方的权益受损；或在离婚过程中，遗漏了夫妻财产；或是其中一方拒不履行原来离婚协议等。

浙江智仁律师事务所的智仁家事团队通过对中国裁判文书网上公布的 2014~2015 年杭州地区婚姻类财产纠纷案件裁判文书（共计 286 份）进行分类、整理、分析，总结出杭州地区离婚案件财产纠纷的基本状况、法院判决观点及法律适用依据，发布了《婚姻案件财产类纠纷裁判规则大数据分析》[①]（以下简称"该分析报告"）。其中在所有样本的诉讼理由中认为原来的协议或者调解过程中遗漏夫妻财产的占 20%，隐匿、转移夫妻财产的占 13%，违背离婚协议的占 65%（见图 11-1）。

在该分析报告全部案件样本中，75% 的离婚财产纠纷案件来自协议离婚，20% 的离婚财产纠纷案件来自调解离婚；几乎所有的诉讼原因都是离婚协议中未完全列明财产。而诉讼离婚之后发生的纠纷仅占 5%，因为在法院审理过程中一般都会查明双方的财产。

---

① 浙江智仁律师事务所家事部：《婚姻案件财产类纠纷裁判规则大数据分析（杭州地区 2014~2015）》，杭州律师网，http://www.hzlawyer.net/news/detail.php?id=12028。

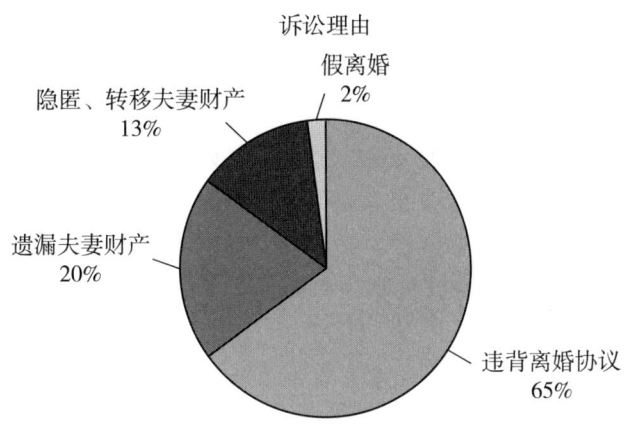

图 11-1　离婚财产纠纷案样本中的"诉讼理由"占比情况

该分析报告同时指出导致财产纠纷的情况主要包括以下三类：（1）协议约定一方获得房产，但另一方在离婚后拒绝协助办理房产证，导致房产无法完成过户，引发诉讼；（2）约定一方支付赔偿金或者违约金，后拒绝支付导致诉讼；（3）离婚协议约定不明或一方隐匿财产，未将所有的财产都列入协议，之后引发诉讼。

我国《民法典》明确规定：夫妻一方隐藏、转移、变卖、毁损夫妻共同财产，或伪造债务企图侵占另一方财产的，分割夫妻共同财产时，对隐藏、转移、变卖、毁损夫妻共同财产或伪造债务的一方，可以少分或不分。离婚后，另一方发现有上述行为的，可以向人民法院提起诉讼，请求再次分割夫妻共同财产。[①]

上述数据表明，在离婚过程中，盘点并厘清夫妻双方财产关系是何等重要。因此，当理财师了解到客户可能面对离婚的情形的时候，需提醒客户做好离婚前的准备工作，其中包括但不限于以下三个方面：（1）盘点家庭财产，无论是个人财产还是夫妻共同财产，均需盘点清晰，并持有凭证，以防止对方隐匿资产；（2）咨询专业律师，尤其在看到突然出现的债务，或者资产被转移等情况时，应及时和律师进行沟通，并听取律师的专业意见；（3）即使判断对方是过错方，也应该掌握真凭实据。

同时，客户离婚后，意味着一个全新的生活历程的开始，需要理财师重新帮助制订未来的理财规划。因此，客户在离婚的过程中，不仅需要律师的专业法律咨询服务，同时也需要理财师的积极协助。

第四节　如何降低婚姻问题引发企业经营的风险

在现实生活中，因为婚姻问题引发企业经营风险，最后导致个人或者家庭财务受

---

① 《中华人民共和国民法典》第一千零九十二条。

到影响的例子很多。

【风险案例分析七】①

非上市公司中,某国内大型连锁餐饮企业的创始人之一潘女士即是一个典型的例子。据媒体报道,早年潘女士和先生蔡某加入潘女士兄长的甜品屋,三人共同创业,股权结构为潘女士夫妇和潘女士兄长各占50%。随后公司获得巨大的成功,引入风险投资,连锁门店在全国遍地开花。但与此同时,蔡某不仅出轨,而且在外包养情人并生有非婚生子女,夫妻感情跌至冰点。2006年9月潘女士和蔡某正式离婚,在离婚过程中,潘女士因为希望得到子女的抚养权而作出的妥协,放弃了自己拥有的25%的股权,但此举给了前夫蔡某叫板公司控制权的资本,最后搞成公司股权之争。接踵而来的是夫妻反目、兄弟成仇、对簿公堂,进而演变为潘女士家族与前夫两个家族间旷日持久的内斗,最后蔡某还因为涉嫌挪用、侵占公司资金等6宗罪,身陷囹圄;而该公司上市未成、风投退出,公司发展因此受到了巨大的影响。

从上述例子中,不难看清离婚夫妻共同财产的分割不能草率,尤其是企业家,需要对公司、家庭、自身未来的生活做全盘的考量。

对于防范因为婚姻问题引发的企业经营风险,最常用的两个策略就是:(1)夫妻签订婚前或婚后财产协议;(2)通过信托行为隔离持有股权。

签订婚前或者婚后财产协议的内容,在本章第三节"婚前财产保护"的内容中已经有所介绍。企业主家庭可通过签署财产协议,包括股东与配偶、与其他股东及公司签署相关协议,以明确股权的归属,保障企业不会因为股东婚姻问题或者离婚造成重大影响。

在财富管理行业,另有一个为人津津乐道的经典案例,即某国内大型房企夫妇通过事先的信托安排,巧妙地化解了因为婚姻问题引发的企业运营和股权价值的风险。

【风险案例分析八】

香港上市公司、著名房企龙湖地产创始人吴女士与丈夫蔡先生共同持有该上市公司75.6%的权益,2012年11月中下旬,被香港媒体爆出夫妇二人已经离婚。通常这种上市公司大股东婚姻破裂的情况,会导致股价下跌(甚至剧跌)的现象。因为投资者一方面会担心离婚事件会对公司运营产生影响,尤其是如果夫妇二人都是公司的重要运营者的话;另一方面会担心其中一方可能在二级市场抛售公司股票,导致股票下跌。同时,该上市公司曾经发售的2016年到期7.5亿美元以及2019年到期4亿美元的两期债券中,均设定了"控制权转换"的相关条款,按照此条款,如果夫妇二人持有的股份低于50.1%,或者评级机构在6个月内下调评级,则构成违约,如果违约的话,公司必须以票面101%的价格回购上述美元债券。因此在一定程度上造成投资者的恐慌。

---

① 《潘××:我宁愿从未这么有钱》,载于《南方人物周刊》2012年11月19日。

第十一章 如何预防婚姻问题引发的财务风险

随后,龙湖地产公关发言人承认了夫妇二人确实已经离婚,但表示,自上市时起,吴女士和蔡先生的股权一直分属两个家族信托持有,且蔡先生从未在公司担任职务,对公司运营没有影响;同时,蔡先生已签署协议书,让吴女士暂时掌管该28%股权,故此事不涉及股权变动。公司的表态使得消息传出后股价在第一天下跌4.2%后随即企稳,避免了股价的大幅波动。

该案例也使得信托作为非常重要的避险工具得到了验证,同时,也使其成为家族信托运用中的一个典范。不仅如此,该家族信托架构的设计也体现了国内企业海外上市的路径。该信托架构设计如图11-2所示。

龙湖地产在国内的前身为重庆龙湖企业拓展,早在2001年吴女士夫妇已经基本上全资控股了重庆龙湖企业拓展。2002年,吴女士和蔡先生在香港注册成立了嘉逊发展,成立时的资本金只有200万元,吴女士占60%,蔡先生占40%。随后嘉逊发展成为龙湖地产境外投资平台,在龙湖地产在国内迅速发展的几年里,通过逐步增加注册资本金获得重庆龙湖企业拓展91.3%的股份,并成为吴女士夫妇旗下国内庞大的地产王国的控股公司,而另外8.7%的股份也都在吴女士夫妇手上。

龙湖地产的首发招股说明书显示,2007年11月,吴女士与蔡先生在开曼群岛上注册了纯属空壳的龙湖地产,其股权由两家英属维尔京群岛(The British Virgin Island, BVI)成立的注册公司(以下简称"BVI公司")Charm Talent、Precious Full持有。

2008年1月,吴女士与蔡先生在英属维尔京群岛又注册了一个名为Long for Investment的公司,该公司股权由龙湖地产100%控股。

2008年6月,Long for Investment收购了夫妇俩打算用于上市的资产——嘉逊发展的全部已发行股本。Long for Investment收购了嘉逊发展后,又将股权分别以19.2亿港元和12.8亿港元的价格转让给Charm Talent和Precious Full这两家BVI公司。

几乎与此同时,吴女士与蔡先生将上述两家公司持有的股权再次进行了转让。吴女士将Charm Talent所持有的所有嘉逊发展的股份以零代价的馈赠方式全部转让给SilverSea,这是汇丰国际信托(HSBC International Trustee Limited)的全资子公司,结算为吴氏家族信托;而蔡先生也将Precious Full所持有的全部嘉逊发展股份转让给Silverland,同样是汇丰国际信托的全资子公司,结算为蔡氏家族信托。信托成立之后,吴女士和蔡先生都不再直接控制龙湖集团的股权。

同时,在这一架构下,无论吴蔡两人的身份性质发生了何种变化,公司股权最终都需要通过两个家族信托汇于一体产生效力,这在一定意义上保障了两大股东行动的一致性(见图11-2)。

在该信托中,汇丰国际信托作为受托人不参与主动管理,只是完全按照委托人吴女士与蔡先生的意愿,以事先约定的条款运作信托财产(龙湖地产股权),但有权就有关信托的任何事宜根据其本身判断全权酌情作出决定。

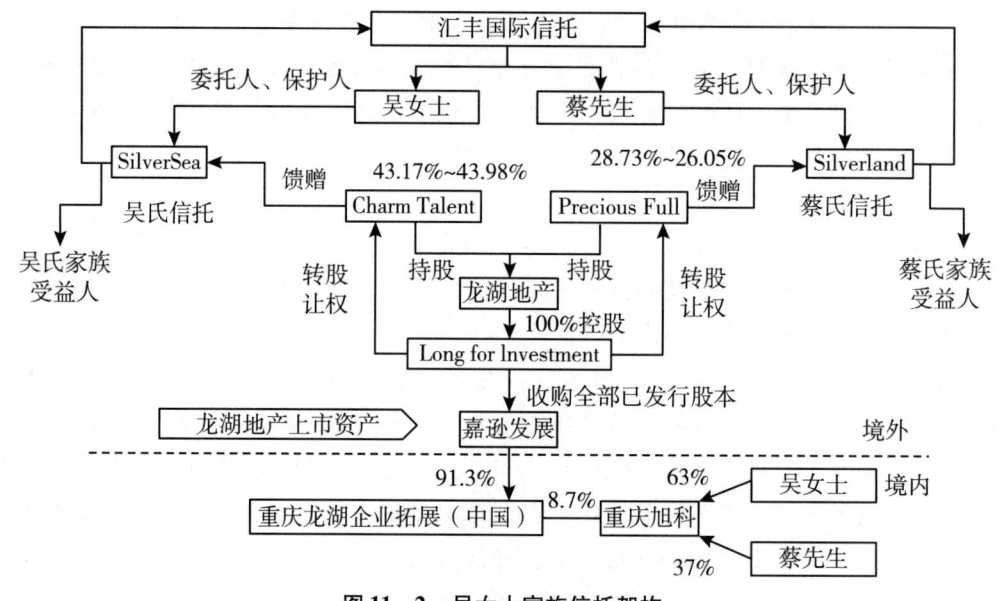

图 11-2　吴女士家族信托架构

信息来源：来自公开信息。

在吴氏家族信托中，委托人是吴女士，受托人是汇丰国际信托，受益人是吴氏家族成员以及员工股权激励信托 FitAll,[①] 保护人是吴女士，主要信托财产是持有上市公司龙湖地产 46% 的股权。

在蔡氏家族信托中，委托人是蔡先生，受托人汇丰国际信托，受益人主要是蔡氏家族成员，保护人是蔡先生，信托资产是持有上市公司龙湖地产 31% 的股权。

从【风险案例分析八】中可以看到，信托财产的独立性获得了充分的体现，两个家族信托持有的上市公司股权不但独立于各自持有的其他财产，而且独立于夫妻财产，因而在双方离婚后不涉及股权的分割问题。同时，龙湖地产家族信托将信托与龙湖地产的经营管理、股权行使以及员工的股权激励等联系在一起，缓解了由此给龙湖地产经营管理和股价带来的影响。甚至，从长远来看，这一家族信托的订立使得双方对未来的继承问题也在一定程度上得以解决：如果继承人不愿承担公司的经营之责，通过该家族信托已经有效地隔离了家族成员的股东身份和管理者的身份。

然而，从上述信托架构设计来看，所采用的是离岸信托，即在离岸属地成立的信托（关于离岸信托的介绍，详见本书第十二章的内容）。国内的家族信托起步较晚，还有较多需要进一步完善之处（详见本书第九章第二节）。其中，当前绝大部分办理家族信托业务的信托公司只接受现金或有价证券作为信托财产，而未上市股权被纳入国内

[①] 根据龙湖地产招股说明书，龙湖地产半数以上员工通过信托形式持有龙湖地产 2.35% 的股权，这部分股票的市值在龙湖地产上市时已经达到 8 亿多港元。通过这个家族信托，龙湖地产还一并解决了公司董事及主力员工的股权激励问题，有利于促进公司及股份的价值。

信托资产的案例，数量极少，且成本较高。①

但在财富管理实务中，客户的避险需求是显而易见的，因此，理财师需要从客户的实际需求出发，在现有的环境下，根据客户的实际家庭财务状况，帮助客户做好相关的风险管理工作。

---

① 《房地产、非上市公司股权纳入到家族信托"破局"》，腾讯证券 https：//finance. qq. com/a/20170811/008439. htm，2017 年 8 月 11 日。

第十二章

如何预防企业经营风险传导到家庭风险管理

根据兴业银行和波士顿咨询公司（BCG）联合发布的2015年中国私人银行全面发展报告，在201万户的高净值家庭中，在创富阶段以经营公司获利（包括公司上市或者出售企业）的家庭达到了66%（见图12-1）。

在"大众创业、全民创新"的热潮中，人们从媒体或者社会上经常听到创业者的励志故事，但在这些跌倒爬起，最后事业有成的创业故事中，人们看到的往往只有创业者成功的光环，而忽略了创业者背后的家庭的支持。事实上，创业绝对不是一个人在战斗：在每一个创业者的背后，都有家庭的付出。有的创业者在此过程中，失去了家庭；有的则在创业成功后，忘记了家庭；事实上，一个人即使再成功，失去了那份相濡以沫的家庭支持，人生都是有缺憾的。

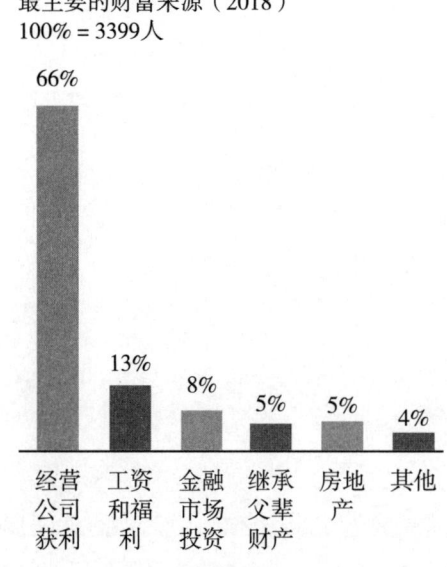

第十二章 如何预防企业经营风险传导到家庭风险管理

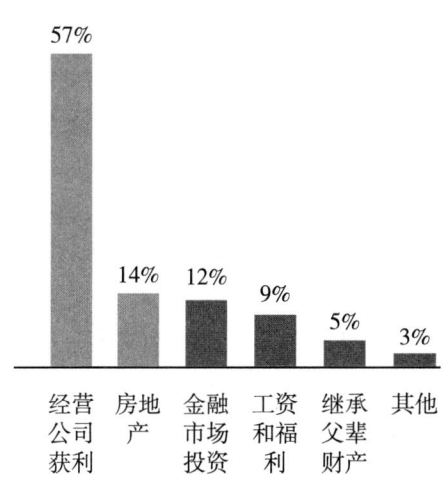

图 12-1 企业主家庭是高净值客户群体中的主要组成部分

资料来源：中国建设银行和波士顿咨询公司联合发布的《中国私人银行 2019：守正创新，匠心致远》。

站在家庭财富管理的角度来看，创业的过程始终充满风险。从创业开始，就需要一笔不菲的运营资本金，而这将成为创业者家庭的一项重要的家庭财务决策，因为创业失败的话，这笔投入就会血本无归。而且很多时候，创业者往往还会失去原本相对稳定和相对较高的收入。

即使有天使轮融资，企业如果一开始就能获得比较稳定的收入，那还好一点，但更多时候，企业从成立到获得盈利期间还有一个过程；如果原来的资本金和天使轮融资无法支撑到全面盈利的时候，就会面临下一轮的融资。如果从银行或者金融机构融资，那么就需要抵押，常见的抵押品，无非是家庭里的房产；是不是要拿家里的房产进行抵押,又是一项重要的家庭财务决策。即使通过风险投资融入了资金,不少企业也往往倒在"C轮死"[①]的宿命上。

在企业经营过程中,中国的企业主家庭前有制度性缺陷所造成的"原罪",后有经济结构转型过程中的各种困境;在企业资金链出现问题时,又往往先以家庭资产充当救急资金;在无法补全资金缺口时,各种铤而走险,作出非法集资、借高利贷等非理性的决定;在面对催债时,既没有破产保护的制度安排,又无法得到司法机关的人身安全的有效保障,在经济下行的客观环境下,在出现资金流动性问题后,企业主家庭应如何理性地做好企业融资和家庭财务风险管理之间的平衡,是以帮助客户做好每一个重要的家庭财务决策为己任的财富管理行业及其从业人员必须要认真思考和面对的命题。

第一节 经营风险是如何成为家庭财务风险的

外人看企业主往往觉得光鲜亮丽,但实则步步惊心。在经营过程中的一招不慎,就有可能导致企业的损失,甚至影响到家庭财务。有一些情况可能是不得已为之,如一些企业主在经济面对结构转型的阶段,一方面不愿意放弃自己一手打拼出来的企业,同时,也希望能对员工有一些交代,遂千方百计获得外部资金,结果不仅以家庭财产进行无限连带责任担保,甚至还有可能涉及非法融资,或者借高利贷的行为;也有一些情况是企业主为了能快速获利,非法经营,或采取不当经营行为,或偷税漏税等,这些行为则更加危险,一旦东窗事发,轻则倾家荡产,重则锒铛入狱。

以下即为财富管理实务中常见的对家庭财务造成重大影响的几种情况。

(1) 公司法人人格混同。公司法人人格混同是指股东与公司之间资产部分、人事交叉、业务相同,与其交易的第三人无法分清与股东还是与公司进行交易的情形。《中华人民共和国公司法》规定:"公司股东应当遵守法律、行政法规和公司章程,依法行使股东权利,不得滥用股东权利损害公司或者其他股东的利益;不得滥用公司法人独立地位和股东有限责任,损害公司债权人的利益,逃避债务,严重损害公司债权人利益的,应当对公司债务承担连带责任。"[②] 这也是公司法人格否认制度,即当股东滥用公司独立法人人格谋取私利,损害债权人或社会公共利益时,通过否认公司的法人人格来直接追责滥权股东。人格否认制度的运用在现实中比较复杂,比较常见的情况包括:①财产混同,例如,股东财产与公司财产不分家,公司账务管理混乱,双方使用同一账户;或企业主以个人账户收取企业应收款项等,如果是一人有限责任公司的,

---

[①] 意指在两轮融资(A轮、B轮)过后,被投企业估值已高,如果企业盈利状况或市场占有率没有较大改善,往往无法获得第三轮(C轮)融资,这样就会面临资金链断裂、创业失败的情况。参见王冉:《警惕C轮死》,载于《创业家》2015年第3期。

[②] 《中华人民共和国公司法》第二十条。

如果股东不能证明公司财产独立于股东自己的财产，也应当对公司债务承担连带责任；① ②业务混同，例如，公司被控股股东支配或操纵，公司业务与其他关联公司业务不分，存在大量的、不公允的关联交易；③一人组成多个公司，各个公司表面上独立，但实际上财务不分、人员不分、资产不分等。

（2）股东出资不足或者出资不实。企业股东在公司设立过程中有出资不足（即股东未按足额缴纳公司章程中规定的各自所认缴的出资额），或出资不实（即作为设立公司出资的非货币财产的实际价值显著低于公司章程所定价值）的情况下，会影响交易安全和第三人的权益，便需补足其差额，并向已按期足额缴纳出资的股东承担相应的民事责任。②

（3）以无限连带责任承诺获取企业融资贷款。在企业经营过程中，因企业出现流动性危机，或者因企业扩张需求，以家庭资产做抵押或者作出无限连带责任承诺，进行借贷（甚至高利贷）的行为。

（4）为他人的民间借贷行为作无限连带责任的担保。2011年前后，我国正处于经济结构转型时期，浙江几千家民营企业因为融资难而自发形成了互保联保圈：其中一家企业向商业银行申请贷款，联保圈所有成员都需承担连带责任。此种融资方式最大的问题在于，担保链上一家企业出现问题，就会牵连其他承担担保责任的企业。结果，危机出现，导致了浙江数千家企业倒闭。毫无疑问，这些企业主的家庭财务也同样遭遇了财务危机。

（5）因不当经营行为导致行政管理部门对股东或个人的经济处罚。行政处罚是指行政主体依照法定职权和程序对违反行政法规范，尚未构成犯罪的相对人给予行政制裁的具体行政行为。根据《中华人民共和国行政处罚法》（以下简称《行政处罚法》）第八条第二款的规定，罚款是行政机关对行政违法人强制收取的一定数量金钱，剥夺一定财产权利的制裁方法，适用于对多种行政违法行为的制裁。

例如，由某著名影星赵某夫妇控股的龙X传媒和万好万家集团有限公司签订《股份转让协议》，后者为上市公司万X文化的控股股东，并由后者拟向龙X传媒转让其持有的1.85亿股万X文化无限售条件流通股，占万家文化已发行股份的29.135%。交易完成后，龙X传媒将成为万X文化的控股股东。

然而，经证监会稍后查实，龙X传媒在自身境内资金准备不足、相关金融机构融资尚待审批、存在极大不确定性的情况下，以空壳公司收购上市公司，且贸然予以公告，披露的信息存在虚假记载、误导性陈述及重大遗漏，对市场和投资者产生严重误导。因此证监会对作为公司大股东的赵某夫妇进行了行政处罚"市场禁入5年"以及相应的罚款。

（6）上市公司股东或高管因市场不当行为导致民事经济赔偿诉讼。同样是上述案

---

① 《中华人民共和国公司法》第六十四条。
② 《中华人民共和国公司法》第二十八条。

例,2019年1月18日,上市公司万X文化(现更名为祥X文化)发布公告称,公司收到杭州中级人民法院发来的17份《民事判决书》及相关法律文书,该法院对17名原告起诉该公司证券虚假陈述责任纠纷一案作出一审裁决,判决该公司赔偿原告合计48.8万元,并由赵某承担连带责任。截至公告日,祥X文化共计收到511起证券虚假陈述责任纠纷案件(含已撤诉案件1起),诉讼金额共计6054.19万元(其中17起已收到一审判决书,其他尚未开庭)。2019年7月16日,该案二审依然以祥X文化和赵某上诉失败而告终。媒体预计此次符合条件索赔的投资者人数及其金额将会非常大。①

(7)因涉嫌经济犯罪导致的对股东个人的经济处罚。根据《中华人民共和国刑法》(以下简称《刑法》)规定,单独或者合谋,集中资金优势、持股或者持仓优势或者利用信息优势联合或者连续买卖、操纵证券、期货交易价格或者证券、期货交易量,情节严重的,处五年以下有期徒刑或者拘役,并处或者单处罚金;情节特别严重的,处五年以上十年以下有期徒刑,并处罚金。②

比如曾经在证券市场叱咤风云的私募一哥、上海泽熙投资管理公司掌门人徐某因为操纵证券市场罪成立,不仅被判处有期徒刑5年6个月,同时还被课以罚金110亿元。③

有专家曾列举改革开放早期民营企业家的五大原罪,分别是:偷税漏税、行贿、非法集资、非法经营、和虚假注册抽逃资金。④ 应该说,改革开放40余年,我国的法制建设随着经济改革的不断深入,也在不断地健全和完善的过程中,但不得不承认的是,民营企业的宏观生存环境依然还存在很多问题。在这个过程中,企业主一方面本身应该遵纪守法,以长期健康的发展为目标,做好公司治理工作,杜绝不当经营行为;另一方面也要珍惜来之不易的家庭财富,为和自己一起打拼的家人的幸福着想,在经营过程中谨慎小心,避免经营风险最后被传导到家庭,导致家庭财务受到损害,这不仅违背了创业时的初衷,也伤害了家人。

对专业理财师而言,其首要社会分工就是帮助客户家庭做好每一个重要的家庭财务决策,因此在面对企业主客户时,同样会遇到客户将其家庭财务资源运用到企业经营方面的决策,同时,要帮助客户做好企业经营风险传导到家庭财务的风险管理工作。

---

① 《赵×败诉,17名小股民赢了!还有数百起同类官司在路上》,北京日报客户端 https://baijiahao.baidu.com/s?id=1623074197296888974&wfr=spider&for=pc,2019年1月19日。

② 《中华人民共和国刑法》第一百八十二条。

③ 此处的罚金和前述的罚款的性质并不相同。罚金是我国《刑法》的一种附加刑,其法律依据为《刑法》和《刑事诉讼法》,由法院在《刑事判决书》中作出判决;行政部门作出罚款决定的法律依据是《行政处罚法》;人民法院也会在民事案件中作出罚款判决,其法律依据为《民事诉讼法》和《行政诉讼法》。

④ 朱耿洲:《民营企业逃不出的"篱笆"——五大原罪》,https://wenku.baidu.com/view/89fb35bdf121dd36a32d82e7.html?re=view。

第二节　理财师能为企业主客户做什么

现实中，不少资历尚浅的理财师在面对家庭财富等级远高于自己的客户时，会有一定的自卑心理，认为客户比我富有，还需要我吗？事实上，所谓术业有专攻，就是每个人在社会上承担的角色不同，各自专业的领域也有不同，对于客户而言，他们可能是某制造领域的专家工程师，也有可能是在某一领域的商业奇才，但即使他们创业并使家庭拥有了较多的财富，还是需要管理好这些财富，管理好家庭流动性，还是需要搭建家庭的投资架构和家庭财务保障保全体系等，这就财富管理的领域了，而客户在这个领域需要的就是具有专业称职的理财师了。

不少国内理财师认证课程都会介绍理财师如何在客户要创业时，提供所谓的"创业建议"；而这些"建议"通常是一些有限责任公司和合伙企业的基本常识，包括这两种形式的企业时如何被征税的、如何融资、如何选择创业项目等，但对理财师实际工作的意义并不大。

在财富管理实务工作中，确实存在客户在自己只有一些创业想法的时候，就和比较熟悉的理财师进行交流。理财师在遇到这种情况时，首先掌握各种企业法律形态的特点、税务义务以及融资的渠道等基本知识还是非常重要的，但理财师真正的作用，是将客户的创业想法视之为一项当前客户家庭所面临的财务决策，并根据客户的家庭财务状况，充分向客户提供创业这件事本身对客户家庭财务的影响的分析和建议。在扮演这样的角色的时候，就需要理财师运用财富管理中的另一核心能力——理财规划的技能，在全生涯模拟仿真过程中，对客户未来几年的收支、现金流情况进行模拟，使客户看清未来几年家庭的收支情况和生活品质的变化，明确各大类支出的预算、收入的结构，并模拟出在最差的情况下，客户及其家庭可能需要作出的应对措施（这部分的内容在本书介绍理财规划能力的篇章中）。

如果客户已经创业并且小有成就，专业财富管理服务的内容不仅包括帮助客户做好已积累的财富的投资决策，同时，理财师也要在客户作可能影响到其家庭财务的经营决策时，帮助客户把关，尽可能地不要让经营风险传递到家庭财务中来；其中风险管理的工作，应当以预防为主，即通过家庭财务保障保全体系的建设，对各种潜在风险有针对性地采取预防措施，将企业经营活动所产生的风险和家庭财务进行有效的隔离。

站在客户角度而言，要做到风险隔离，既包括财产（债务）的隔离，也包括"责任的隔离"，其中包括了刑事赔偿责任隔离、民事赔偿责任隔离、行政处罚责任隔离和因为法人人格否定制度带来的债务隔离等（见图12-2）。

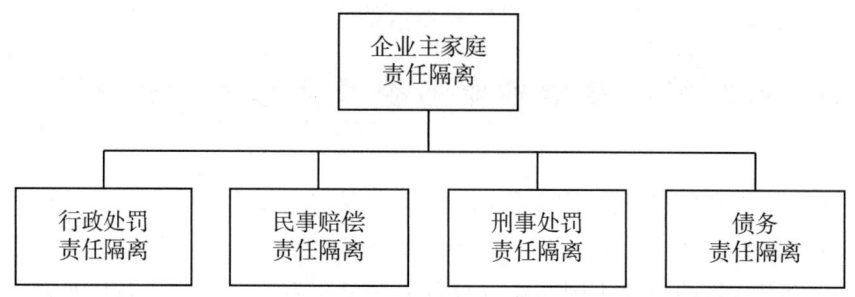

图 12-2　预防企业主家庭经营活动风险传导路径的核心：责任隔离

责任既源自法律的规定，也源自行为的结果，所以，理财师需要关心客户在企业经营过程中的行为。例如，在面对企业家客户的时候，专业理财师通常会有两个不得不问的问题："您现在是如何把企业经营决策和家庭财务分开的"，"采取过一些什么样的措施"。如果客户从来没有想过这个问题，理财师就需要和客户分享把两者分开的重要性：因为经营风险有可能会传导到家庭，从而使得家庭财务出现风险，并影响家庭成员包括客户自身的生活品质，使得客户原先希望通过创业实现自身抱负和改善家庭生活品质的初衷落空。

让客户分清楚家庭财务和企业经营的分界线的同时，理财师也向客户明确了自己在客户财务决定中的定位，让客户了解当他的一些经营决策涉及家庭财务资源的时候，通过专业财富管理服务可以帮助他了解这样的决策对家庭财务的影响。

第三节　企业经营和家庭财务的隔离墙从企业法律形态开始

把企业经营和家庭财务相隔离，首先应该在创业初期就从企业法律形态的选择开始。企业法律形态是由法律规定的企业形态，设立企业只能选择法律规定的企业组织形式，不能随心所欲塑造任意的企业形态。根据企业是否独立享有权利、承担义务和责任，可以把企业分为法人企业和非法人企业。

根据我国《民法典》第五十七条规定，法人是具有民事权利能力和民事行为能力，依法独立享有民事权利和承担民事义务的组织。有限责任公司是典型的法人企业，根据我国《公司法》，有限责任公司是每个股东以其所认缴的出资额对公司承担有限责任，公司法人是以其全部资产对公司债务承担全部责任的经济组织。也就是说成立有限责任公司，一旦公司承担债务，对公司股东的个人或者财产在理论上是不会产生连带责任的。当然，也有例外，比如约定了公司债务由个人财产作连带责任担保的；或者滥用股东权利损害公司、其他股东或公司债权人的利益的情况。

而合伙企业则属于非法人企业。非法人企业的出资人通常会涉及无限连带责任。

第十二章　如何预防企业经营风险传导到家庭风险管理

【风险案例分析九】

本书在第十二章【风险案例分析四】中曾介绍过某教授和其女友的案例。该教授通过其前妻的法律诉讼,追回了婚姻关系存续期间对女友赠送的房款以后,还进行了一项诉讼。在该项诉讼中,教授起诉其女友L为法人代表的一人独资有限公司,声称自己2011年向该公司购买了1600万元的铜制佛像等物品,当时自己向民生银行借款900万元付了第一笔,但物品一直没交割,故要求该公司退钱,并由前女友L承担连带责任。

L承认确有其事,但抗辩说,该款项实际使用人是教授,这笔钱早就在获款当天,就按教授的指令转付教授儿子控制的公司。最后一审法院认为,合同具有相对性,本案所涉买卖合同对教授与该一人独资公司产生合同约束力。而该公司与案外人教授之子控制的公司之间之争议属另一法律关系,不应影响本案合同之效力认定。同时,该公司也未能举证证明教授系款项实际占有使用人,也无证据证明其转款系依据教授的指示,故其抗辩不得对抗教授之主张。同时,公司系有限责任公司,其作为依法成立的独立民事主体应以公司全部资产对公司债务承担责任,股东以其出资额为限对公司承担责任。因此,对于教授要求其前女友承担连带责任的请求,缺乏法律依据,法院难以支持。

因此,一审判决:由一人独资公司返还教授900万元,并按照银行同期贷款利率支付利息;教授的其余诉讼请求(包括法人代表承担无限连带责任的主张)不予支持。一审判决后,教授提起上诉称:依据法律规定,该公司为一人有限公司,其股东应当证明公司财产独立于股东财产,否则应当对债务承担连带责任。

二审中级人民法院在判决书中认为,根据我国《公司法》第六十三条的规定,一人有限责任公司的股东不能证明公司财产独立于股东自己的财产的,应当对公司债务承担连带责任。在本案中,该公司仅有教授前女友一个股东,属于一人有限责任公司,作为该公司的唯一股东,对于其个人财产与公司财产相互独立,应当承担举证责任。但其在本案一审、二审期间均未提供任何证据证明其个人财产独立于公司财产,应当由其承担举证不能的责任。教授要求其前女友L与该一人独资公司承担连带还款责任的上诉请求于法有据,法院应予支持。

【风险案例分析九】 体现了公司股东承担有限责任和无限连带责任的区别:有限责任公司在法律形态方面就已经做了企业和个人财产分离的工作,而股东要承担无限连带责任的企业则是没有隔离的。即使是有限责任公司(尤其是一人独资公司),也需要对"个人财产并不混同于公司资产"承担举证责任。

出资人需要承担无限连带责任的还包括普通合伙企业合伙人,以及有限合伙企业中的普通合伙人。

合伙企业也是一种企业的法律形态。是指由各合伙人订立合伙协议,共同出资,共同经营，共享收益，共担风险，并对企业债务承担无限连带责任的营利性组织。合伙企业分为普通合伙企业和有限合伙企业。

根据《中华人民共和国合伙企业法》（以下简称《合伙企业法》）规定：普通合伙企业由普通合伙人组成，合伙人对合伙企业债务承担无限连带责任。有限合伙企业由普通合伙人和有限合伙人组成，普通合伙人对合伙企业债务承担无限连带责任，有限合伙人以其认缴的出资额为限对合伙企业债务承担责任。①

而且普通合伙企业的合伙人对外都承担无限连带责任。例如，老王和另外两位朋友一起成立了普通合伙企业，结果业务很难展开，然后欠下上游企业一大堆债务后宣布破产，那两位朋友本来就不富裕，个人资产无法抵偿企业所欠债务，而老王却家境富裕，这时，虽然老王已依约还清应分摊的债务，但对外还是有义务先用其个人财产为不富裕的两人付清所欠的合伙债务，当然老王还是可以对其他二人拥有财产追索权。所以，对外，如果老王作为普通合伙人被债权人追偿，老王就要先还清合伙企业对外的债务；然后对内，老王可以根据合伙协议对其他二人进行追偿。

综上所述，可以看到创业者在建立企业经营和家庭财务的隔离墙的起点在于企业法律形态的选择。法人企业（如有限责任公司）天然地将企业和出资人个人财产隔离开来，这是法人制度成为世界各国规范经济秩序以及整个社会秩序的一项重要法律制度的原因之一。

当然，人们不选择有限责任公司，而选择合伙企业或者其他企业形态的原因也有很多，其中包括税务上的考量，也包括其他的一些规定。比如我国律师事务所采用合伙人制度，普通合伙人因需承担无限责任迫使律师在职业过程中更加专业谨慎；同时，合伙制企业无须缴税，所有的收入税务穿透到个人进行缴纳，而不像企业股东在企业和个人两个层面双重纳税，因此也特别适合以人为核心资产的中介机构。

然而，市场上大多数企业都是有限责任企业，企业经营风险就不会传导到家庭中来了吗？答案显然是否定的。在前述的很多例子中，还是看到了企业经营风险的传导。因此，企业法律形态的选择只是开始而已。

第四节 关于债务的隔离

一、债务发生的原因

在本章第二节《理财师能为企业主客户做什么》的内容中，有提到企业主家庭风险隔离既包括财产（债务）隔离，也是一种责任隔离，其中包括了刑事赔偿责任隔离、

---

① 《中华人民共和国合伙企业法》第二条。

第十二章　如何预防企业经营风险传导到家庭风险管理

民事赔偿责任隔离、行政处罚责任隔离，和因为法人人格否定制度带来的债务隔离等。前三项责任隔离与违规经营、不法经营多少有一定的关系，对此，专业财富管理服务不仅不应为此"保驾护航"，同时还需要在实务工作中，帮助客户人认识到违规或者不法经营活动的后果，使其远离这些行为。而债务隔离，则是近年来财富管理行业讨论较多的热点话题。

债，从经济意义上而言，就是必须偿还的资金。从企业会计角度而言，是因为过去的交易或者事项，需要企业承担并预期会导致经济利益流出的义务，既包括因为经营行为产生的各种借款、生产原料应付款项及预收款项等；也包括因不当经营行为而受到的行政罚款，合同违约金或者民事赔偿责任等。个人债务也是如此，债务是个人或者家庭需要承担并预期导致家庭财务资源流出的义务。

其中，除了契约（比如借贷合同）是引起债务债权关系最主要的原因以外，债发生的原因在民法债编中还包括了不当得利、侵权行为和无因管理等。

侵权行为可分为一般侵权行为和特殊侵权行为。在一般侵权行为中，当事人一方因自己的过错而给他人造成人身和财产损失时，就负有赔偿的责任，如果没有过错，就不需负赔偿责任。而在特殊侵权行为中，只要造成了他人的损失，就算当事人自己不存在过错，仍要负赔偿责任。

不当得利是指既没有法律上的原因，也没有合同上的原因，取得了不当利益，而使他人受到损失的行为。在不当得利的情况下，不当得利人负有返还的义务。

无因管理是指未受他人委托，也无法律上的义务，为避免他人利益受损失而自愿为他人管理事务或提供服务的事实行为，是大陆法民法中债的发生根据之一。构成条件：（1）管理人没有法定或约定的义务，也未受本人委托；（2）管理人从事管理他人事务的事实行为，包括对他人财产或事务的料理、保护、利用、改良、处分、帮助或服务等，至于管理人自己是否受益则在所不问；（3）管理人具有为他人管理的意思，其目的在于为他人谋利或免使他人利益受损，不具备这一要件者不属于无因管理。根据大陆法各国的民法规定，无因管理事实将在管理人与本人之间引起债的关系；本人负有偿付费用并赔偿管理人损失的债务。

因此，创业者在经营企业的过程中，谨慎小心是一个非常重要的原则。一旦因为侵权行为或者取得不当利益，很有可能会使企业遭受比盈利更大的损失，结果就是得不偿失。

在债权债务关系中，债权人是债的关系中有权利要求债务人为或不为一定行为的当事人。负有履行义务的债务人如果不履行义务，债权人有权请求司法机构强制其履行。强制执行是指由法院强制执行债务人的财产，折抵债务，如果债务人没有财产可供执行，就会暂不执行，一旦发现债务人有可执行的财产，法院就会执行。如果债务人阻挠执行，法院可以对他采取强制措施。其间，如果债权人由于对方不履行义务而遭受到经济上的损失，也有权要求赔偿。

如果客户经营的企业是有限责任公司，公司作为具有独立民事行为能力、独立承担民事法律后果的法人，将以公司所有财产承担所有的债务；如果有公司股东出资不足或者出资不实的，则需要补足缴纳公司章程中规定的各自出资额。

但如果是有约定股东或者法人代表承担无限连带责任的话，那么就会由股东或法人代表的个人资产来偿还，换言之，也就牵涉家庭财务的损失，进而成为家庭财务风险了。同时根据我国《公司法》中所规定的法人人格否定制度：公司股东滥用公司法人独立地位和股东有限责任，逃避债务，严重损害公司、其他公司股东和债权人利益的，或是出现人格混同情形的，公司股东应当对公司债务承担连带责任。

二、"保险避债"的不确定性

在过去几年里，有关保险产品能"避债"的说法突然间就口耳相传，传播一时。这背后的主要原因还是来自保险公司的产品销售策略，以及当银保业务做起来后，在民间具有极强公信力的商业银行也开始使用此类话术，因此，保险能"有债不还、有税不交"就被传播开来了。

所谓的"保险避债"之所以被宣传得那么理直气壮，是因为有以下相关的法律依据。

（1）我国《保险法》第十五条规定："保险合同成立后，投保人可以解除合同，保险人不得解除合同。"该条文被作为"保险避债"法律依据的逻辑是：只要投保人不解除合同，保险公司是不可以单方面在投保人没有同意的情况下解除合同的；换言之，也就排除了投保人之债权人要求保险公司解除保险合同，以保单现金价值来抵偿债务的可能性。

（2）我国《保险法》第二十三条规定："任何单位和个人不得非法干预保险人履行赔偿或者给付保险金的义务，也不得限制被保险人或者受益人取得保险金的权利。"该条文被作为"保险避债"法律依据的逻辑是：被保险人或受益人取得保险金的权利不受非法干预和限制，因而可以对抗相关债权人。

（3）根据我国《民法典》第五百三十五条规定：人寿保险属于"专属于债务人自身的债权"，不被代位索偿。① 因此，债权人不能直接向保险公司进行代位索偿。

（4）我国《保险法》第四十二条规定：如果保险合同指定受益人，且受益人没有放弃或依法丧失受益权，被保险人身故保险金不是被保险人遗产。该条文被作为"保险避债"法律依据的逻辑是：如果指定了受益人的话，保险金是受益人的财产，和投保人的债权人没有关系；如果没有指定受益人的话，虽然保险金本来是要成为遗产的，

---

① 《中华人民共和国民法典》第五百三十五条的原文是：因债务人怠于行使其到期债权，对债权人造成伤害的，债权人可以向人民法院请求以自己的名义代位行使债务人的债权，但该债权专属于债务人自身的除外。而债务人自身的债权在最高人民法院《合同法司法解释一》第十二条被明确为：扶养关系、抚养关系、赡养关系、继承关系产生的给付请求权和劳动报酬、退休金、养老金、抚恤金、安置费、人寿保险、人身伤害赔偿请求权等权利。

第十二章 如何预防企业经营风险传导到家庭风险管理

而且继承人既然享受了继承的权利，当然也要继承义务，但受益人还可以自行决定是否领取保险金，如果决定放弃的话，也排除了债权人的干预。

除了上述条款，在司法实践中也确实有相关的案例。杨某向其朋友张某借款 7 万元做生意，其后不久，杨某向某人寿保险公司投保人身保险，并指定其子（时年 5 岁）为受益人。2006 年 4 月杨某暴病身亡，杨某的妻子张某作为其子的法定代理人领取了保险金十多万元。消息传出后，张某向法院提起诉讼，要求以杨某之子所得的十多万多元保险金偿还其债务。法院经过审理，认为杨某投保时已经明确指定其子为受益人，因此这笔保险理赔金不是杨某的遗产，而属于杨某之子个人所有，并做出驳回张某诉求的判决。①

事实上，将上述法律条款和案例作为保险可以"避债"的法律依据，存在非常大的争议。在司法实践中，被执行人的保险财产利益被执行的案例也比比皆是。

【风险案例分析十】②

2006 年，戴某与其丈夫齐某因做钨矿生意欠阳某预付款 35.6 万元。2006 年 4 月 25 日，戴某向"A 保险公司"投保三份 HF 两全保险，趸缴保费 40 万元。2006 年 4 月 27 日，债权人阳某向公安机关报案称，其被齐某骗走货款 35.6 万元。公安机关立案侦查并冻结戴某前述三份保险合同。2006 年 10 月 23 日，阳某向法院起诉，要求戴某及其丈夫齐某归还借款 35.6 万元及利息 8.18 万元。

法院于 2007 年 1 月 12 日作出支持阳某诉讼请求的民事判决，后该判决依法生效。法院又于 2007 年 3 月 27 日下发《民事裁定书》和《协助执行通知书》，提取戴某在 A 公司的保单现金价值 37.6 万元。A 公司按照法院《协助执行通知书》要求，将前述三份保单的现金价值 37.6 万元转至法院指定账户。

戴某认为法院无权执行其享有的保单权益，而 A 公司应向法院提出执行异议，遂向法院提起诉讼，要求 A 公司承担赔偿责任。

在一审判决中，法院认为：

（1）戴某与 A 公司签订的三份保险合同因法院向 A 公司发出《协助执行通知书》并依法提取现金价值而被解除；（2）法院依法对戴某所持的大额保单进行强制性提取现金价值的行为属于司法行为；（3）A 公司协助办理的行为是履行《民事诉讼法》第二百一十九条所确定的法定义务，并无不当。一审法院遂判决驳回戴某的诉讼请求。

随后，原告对一审判决进行了上诉，理由如下：

（1）根据《民法典》和《保险法》的规定，法院没有强制解除保险合同的权力；（2）根据保险合同约定，在保险事故发生前，投保人享有获得保单现金价值的权利，这是一种债权，而不是其存储在 A 公司的存款；（3）投保人缴纳的保险费在保险合同

---

① 《保险金能否作为遗产还债》，载于《河北工人报》2008 年 8 月 5 日。
② 《保险公司应依法协助人民法院执行公务》，载于《中国保险报》2014 年 4 月 16 日。

成立后已属于 A 公司所有，A 公司作为执行保单现金价值的利害关系人，未向法院提出执行异议，也未向提出复议，侵犯了投保人的合法权益。

在二审判决中，法院以以下根据，判决驳回上诉，维持原判：（1）法院依法强制执行戴某在 A 公司的保单权益的行为是法律赋予的权力，属司法行为；（2）A 公司根据法律规定，协助法院提取保单现金价值也是履行法律规定的义务，并无不当；（3）法院依法提取保单现金价值后，戴某与 A 公司之间的保险合同因失去保险费这一基本构件而被解除，戴某不再享有相应的保险权益。

从上述案例来看，由于法院认为"依法对戴某所持的大额保单进行强制性提取现金价值的行为属于司法行为"，显然并不属于《保险法》第二十三条所提到的"非法干预"。

根据我国《民事诉讼法》有关规定，① 被执行人未按执行通知履行法律文书确定的义务，人民法院有权向有关单位查询被执行人的存款、债券、股票、基金份额等财产情况。人民法院有权根据不同情形扣押、冻结、划拨、变价被执行人的财产。人民法院查询、扣押、冻结、划拨、变价的财产不得超出被执行人应当履行义务的范围。

就被执行人的保险财产利益而言，强制执行就是法院向保险公司下发《协助执行通知书》，《协助执行通知书》是具有法律效力的文书，如果有关单位和个人拒绝协助执行或妨碍执行的，需承担相应的法律责任。根据《民事诉讼法》的相关规定，② 人民法院依法可对拒绝协助执行的单位予以罚款；对仍不履行协助义务的，可以予以拘留；并可以向监察机关或者有关机关提出予以纪律处分的司法建议。从这个角度来看，保险公司协助执行是一种法律义务，法院的行为则是"合法干预"。

同时，债务人虽然不能根据《民法典》第五百三十五条规定以自己的名义提出代位索偿，但并不等同于债务人的保险财产利益不能被法院强制执行，事实上，人民法院的《民事裁决书》和《协助执行通知书》则起到了类似的功能。

上述案例二审判决书中，对于《保险法》第十五条关于"保险人不得解除合同这一条款"，因为保险公司协助法院是履行法律规定的义务，法院依法提取保单现金价值后，保险合同失去保险费这一基本构件而被解除，因此也没有得到体现。因此，尽管我国法律体系和以案例作为法律渊源的英美法系有非常大的差异，在具体的司法实践中，所谓"保单避债"的功能存在较大的不确定性，是不争的事实。

同时，这种不确定性还体现在各地高级人民法院目前对被执行人之人身保险财产利益进行强制执行的态度并不完全一致。

例如，北京市高级人民法院在其《北京市法院执行工作规范》中，则明确了"对

---

① 《中华人民共和国民事诉讼法》第二百四十二条。
② 《中华人民共和国民事诉讼法》第一百一十四条。

第十二章 如何预防企业经营风险传导到家庭风险管理

被执行人所投的商业保险，人民法院可以冻结并处分执行人基于保险合同享有的权益，但不得强制解除该保险合同法律关系。保险公司和被执行人对理赔金额有争议的，对无争议部分予以执行；对有争议部分，待争议解决后在决定是否执行"。①

广东省高级人民法院则在《关于执行案件法律适用疑难问题的解答意见》中表示，首先，虽然人身保险产品的现金价值是被执行人的，但关系人的生命价值，如果被执行人同意退保，法院可以执行保单的现金价值，如果不同意退保，法院不能强制被执行人退保。其次，如果人身保险有指定受益人且受益人不是被执行人，依据《保险法》第四十二条的规定，保险金不作为被执行人的财产，人民法院不能执行。最后，如果人身保险没有指定受益人或者指定的受益人为被执行人，发生保险事故后理赔的保险金可以认定为被执行人的遗产，可以用来清偿债务。

目前对被执行人拥有的人身保险产品财产利益可被执行的态度比较明确的地方高级人民法院包括浙江省高级人民法院（以下简称"浙江高院"）和江苏省高级人民法院（以下简称"江苏高院"）。

其中浙江高院《关于加强和规范对被执行人拥有的人身保险产品财产利益执行的通知》（以下简称"浙江高院相关通知"）明确指出："投保人购买传统型、分红型、投资连接型、万能型人身保险产品、依保单约定可获得的生存保险金，或以现金方式支付的保单红利，或退保后保单的现金价值，均属于投保人、被保险人或受益人的财产权。当投保人、被保险人或受益人作为被执行人时，该财产权属于责任财产，人民法院可以执行。"

浙江高院相关通知中不仅包括了分红型、投资连接型和万能型保险，还包括了传统型保险；同时，不仅包括以现金方式支付的保单红利，或退保后保单的现金价值，还特别强调了生存保险金。但问题是有一些险种，如重大疾病险，其生存保险金的受益人通常是被保险人，如果被保险人因罹患重大疾病而获得理赔的话，这种生存保险金可能涉及当事人的生存权利。

对此，江苏高院在 2018 年 7 月 9 日下发的《关于加强和规范被执行人所有的人身保险产品财产性权益执行的通知》（以下简称"江苏高院相关通知"）中特别指出：②"对于被保险人或受益人为被执行人的重疾型保险合同，已经发生保险事故，依保险合

---

① 《北京市高级人民法院关于印发修订后的〈北京市法院执行工作规范〉的通知》，第四百四十九条，2013年修订。

② 江苏省高级人民法院《关于加强和规范被执行人所有的人身保险产品财产性权益执行的通知》第一条：保险合同存续期间，人身保险产品财产性权益依照法律、法规规定，或依照保险合同约定归属于被执行人的，人民法院可以执行。人身保险产品财产性权益包括依保险合同约定可领取的生存保险金、现金红利、退保可获得的现金价值（账户价值、未到期保费），依保险合同可确认但尚未完成支付的保险金，及其他权属明确的财产性权益。人民法院执行人身保险产品财产性权益时，应遵守《中华人民共和国民事诉讼法》第二百四十三条、《最高人民法院关于人民法院民事执行中查封、扣押、冻结财产的规定》第五条的规定。例如，对于被保险人或受益人为被执行人的重疾型保险合同，已经发生保险事故，依保险合同可确认但尚未完成支付的保险金，人民法院执行时应当充分保障被执行人及其所扶养家属的生存权利及基本生活保障。

同可确认但尚未完成支付的保险金，人民法院执行时应当充分保障被执行人及其所扶养家属的生存权利及基本生活保障。"

同时，浙江高院相关通知中，将所涉及的各类保险的财产利益笼统地明确为"均属投保人、被保险人和受益人的财产权"；在保险实务中，被保险人通常只是一个被保险的标的，如果被保险人不是同时又是投保人或者受益人的话，在保单合同中并不不存在财产权；同时，受益人也只有在符合一定条件下，才可能获得相关保险金利益，因此是一种期待权。因此，在江苏高院相关通知中对此进行了进一步的明确："保险合同存续期间，人身保险产品财产性权益依照法律、法规规定，或依照保险合同约定归属于被执行人的，人民法院可以执行。"

浙江、江苏两地高院的相关通知均要求投保人先行退保或被"强制解除"，如果被执行人下落不明，或者拒绝签署退保申请书的，由执行法院向保险机构发出执行裁定书、协助执行通知书要求协助扣划保险产品退保后可得财产利益，保险机构负有协助义务。明确了人民法院有权强制解除保单合同的权利。

其中江苏高院相关通知中强调了当投保人为被执行人，且投保人与被保险人、受益人不一致时，人民法院扣划保险产品退保可得财产利益时，应通知被保险人和受益人；并提出被保险人、受益人同意承受投保人合同地位、维系保险合同的效力，并向人民法院交付了相当于退保后保单现金价值的财产替代履行的，人民法院不得再执行保单的现金价值。

与此同时，浙江、江苏两地高院的相关"通知"对保险机构负有"协助法院查询、冻结、处置被执行人拥有的人身保险产品财产利益的义务"进行了明确，并要求："保险机构对人身保险产品财产利益的协助冻结内容，既包括不允许被执行人提取该财产利益，也包括不允许将保单约定有权获得该财产利益的权利人变更为被执行人以外的第三人，或对保单约定的红利支付方式进行变更。""保单尚在犹豫期内的，保险产品退保后，人民法院可执行被执行人缴纳的保险费。超过犹豫期未发生保险事故的，只能执行保单的现金价值，负有协助义务的保险机构应当根据相关法律法规的规定和保单的约定计算确定保单的现金价值，提供给执行法院"。并进一步强调："如果保险机构没有正当理由拒绝履行协助执行义务的，执行法院可依据《中华人民共和国民事诉讼法》第一百一十四条的规定对相关保险机构采取民事制裁措施。"

综上所述，虽然各地高级人民法院对强制执行被执行人的保险财产利益的态度还有一些差异，但从江浙两省高院相关通知的相关内容和发布时间来看，人民法院的执行规范是在不断的具体和优化中的。虽然法律界对江浙两地相关通知还存在一定的分歧，但江浙两省是我国经济发达地区，对其他省份高院的态度也会有一定的引领作用。因此，从目前情况来看，所谓"保险避债"这一功能是否真正成立，存在非常大的不确定性。

第十二章　如何预防企业经营风险传导到家庭风险管理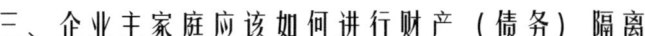

三、企业主家庭应该如何进行财产（债务）隔离

在财富管理实务中，"避债"一说和"通过合法合规的风险管理，将个人或家庭的部分财产和其自有财产相隔离"有本质的区别，前者存在"损害债权人利益"的前提故意，而后者是指将当事人通过合法安排，将用于未来基本生活品质保障所需的资产和可能因潜在的债权债务关系而被索偿的资产进行隔离；但即使是后者，还需结合具体情况才能明确该行为是否属于恶意避债，抑或是合理的资产隔离。

企业主身份特殊，既涉及普通家庭存在的各类潜在风险，同时还可能存在企业经营风险传导到家庭的风险。因此，需尽早地采取财产隔离措施，作为家庭财务保障保全体系的一部分。

企业主家庭在进行财产（债务）隔离问题时，需要考虑两个重要的因素，其中一个是时间，另一个是具体的方法。

根据我国《民法典》的相关规定，因债务人放弃其到期债权或者无偿转让财产，对债权人造成损害的，债权人可以请求人民法院撤销债务人的行为。债务人以明显不合理的低价转让财产，对债权人造成损害，并且受让人知道该情形的，债权人也可以请求人民法院撤销债务人的行为。①该条款实际上赋予了人民法院对相关债务人行为的撤销权。因此，当债务债权关系已经确立的情况下，再进行财产隔离，可能为时已晚，除非隔离出去的这部分资产本来就不是可能被索偿的责任资产。

因此，当理财师在面对已经拥有了一定财富的企业主客户时，不能只是扮演投资顾问的角色，更不要以投资顾问之名行产品销售之实，而需提醒客户：不要单纯只考虑资产增值保值的问题，而是尽可能从家庭生活品质需求出发，将一部分未来需要用以子女教育和未来自身生活品质等刚性需求的财产分离出来；以免在企业经营过程中万一不得已建立了债务债权关系，再去做这一切，就会把事情搞得很复杂。所以，企业主家庭应该在企业经营较为稳健的时候，就应该及早进行家庭财产（债务）的隔离工作。

实现家庭财产（债务）隔离的方式有很多种，其中比较常用的包括：通过形式上的赠与进行财产转移以及隔离以及设立家族信托等。其中赠与转移后的财产包括由他人代持、赠与由他人购买保险或保险金信托两种常见方式。

1. 赠与并由他人代持

当前国内没有赠与税，为通过形式上的赠与由客户自己所信任的人代持部分财产提供了便利。但代持最大的风险莫过于"弄假成真"。因为在法律层面上，这些财产已经成为被赠予人的财产；而通过签订协议来明确自身对财产的拥有权和控制权，又无法使得这部分财产被真正地隔离。同时，代持的风险形式又非常多样化，例如被赠与人突然死亡，被赠与的财产成为其遗产，而被其他继承人分割继承的风险；甚至出现

---

① 《中华人民共和国民法典》第五百三十八条。

被赠与人有心觊觎并吞没财产的情形，法律上并不能保障财产的安全。

2. 赠与并由他人购买保险或保险金信托

正因为代持形式的风险，通过保险、保险金信托等金融工具及其法律属性来保障被隔离财产的安全性，才得以被广泛地采用。

当前市场上，还是有不少保险债务隔离策略，这些策略通常让最有可能成为潜在债务人的家庭成员置身于保险合同之外，并由子女或者父母充当保险主体，例如，由该家庭成员的父母担任投保人而购买年金保险，被保险人和受益人均为其未成年子女，为子女提供未来的教育或生活品质所需，并通过投保人制定遗嘱或其他协议明确该保单利益在任何情况下（包括投保人过世等情形）属于其子女所有；同时，对于一些已经在履行的保单合同，也可以依法进行投保人或受益人的更改，使最有可能成为潜在债务人的家庭成员置身于保险主体之外等。

上述方法理论上是可行的。如果企业经营风险转移到家庭，企业主的个人财产和夫妻共同财产都有可能被强制执行，因此企业主和其配偶将会是家庭中最有可能成为债务人的家庭成员；而作为投保人的企业主父母在保险合同中的财产利益，和子女（尤其是未成年子女）的预期受益权益，除特殊情况外，成为被执行财产的概率较低。在企业主及其配偶是被保险人情况下，如果保单合同有指定受益人，且投保人另有他人，因被保险人身故而获得的保险金属于指定受益人而非其遗产；如果被保险人因诸如重大疾病出险而获得的生存保险金，根据江苏高院的相关通知的精神，人民法院执行时也应充分保障被执行人及其所扶养家属的生存权利及基本生活保障。

但在此需要特别强调的是：这些购买保险产品或者更改投保人或受益人的行为尽可能在债务债权关系建立之前实施，而不是"临时抱佛脚"。如果债务债权关系已经成立，这些赠与或者更改投保人或者受益人的行为，同样也会有瑕疵。

综上所述，保险产品在企业主家庭预防企业经营风险传导到家庭的风险方面，确实可以起到保护家庭财产（债务）隔离机制的作用。虽然在债权债务关系建立之前购买保险的保费在转移形式上也通常是先通过赠与来实现的，但和赠与由他人代持不同的是：保险产品的法律关系性质在很大程度上保障了该部分财产的安全，并实现了当事人的主观意愿和对未来的家庭财务安排；显然，要比通过赠与由他人代持更具安全性。这可能是对"保险避债"这一说法更为合理的诠释。

3. 利用家族信托或离岸信托架构实现财产（债务）隔离

在财富管理实务中，利用家族信托或离岸信托架构实现财产（债务）的隔离是最为常见的方式之一。在本书第九章《家庭风险管理中的常用金融工具》中特别介绍了家族信托和信托财产的独立性，以及相关的案例。其中特别介绍了龙湖地产创始人吴女士和蔡先生建立的家族信托架构设计，使其成功降低了"因为婚姻问题导致的家庭财务风险"对企业的影响。同时，值得一提的是，经过家族信托架构的设计，上市公司股权由家族信托实际持有，使个人和家庭的部分资产得以隔离，在一定程度上，也将有效降低企业经营风险对个人或家庭财务的影响。

第十二章 如何预防企业经营风险传导到家庭风险管理

吴女士和蔡先生的家族信托属于典型的离岸信托。在一些特定的国家和地区，家族信托的发展时间比较长，各方面的客观条件比较成熟；同时一些国家和地区利用税收优惠政策吸引了大量的高净值群体及其资金，在当地注册公司或信托。

开曼、百慕大、英属维尔京群岛（The British Virgin Island，BVI）被称为全球三大"避税天堂"。根据开曼群岛的税收规定，岛内税种只有进口税、工商登记税、旅游者税等几个简单的税种，并未开征个人所得税或企业所得税等税种。

任何国籍的人都可以在开曼群岛注册公司。只要年满18岁的人士都有资格申请在开曼群岛注册公司并成为该公司的董事。而且注册开曼群岛公司不需要验资，所以不论客户是否有资金，没有最低资本要求，注册资金无须验资及到位、无需有经营场地，而且还能以中文名注册。所以，成立之初的开曼公司龙湖地产几乎是一家空壳公司，由在BVI注册的两家公司（Charm Talent和Precious Full）分别控股。

事实上，Charm Talent和Precious Full这两家在BVI注册的公司都是"特殊目的实体"（Special Purpose Vehicle，SPV）。SPV通常指仅为特定、专向目的而设立的法律实体。SPV除了设立时的特定目的外，往往没有独立的经营、业务等职能。SPV的设立目的和使用场景很多，其中包括间接收购、资产剥离、规避法律法规以及风险隔离等。其中风险隔离或者破产隔离应该是主要目的。

案例中的嘉逊发展也是一家SPV，根据国内相关规定，中国企业虽然也可以直接申请境外上市，但程序复杂、要求很高，但通过内资公司股东在香港设立的SPV公司（如嘉逊发展）完成对国内要上市实体的控股，然后与境内公司并表，然后在港交所上市，显然简易很多。

但嘉逊发展并没有直接在港交所上市，而是由开曼公司龙湖地产成立了另一家全资控股的在BVI注册的公司Long for Investment，并由Long for Investment收购了嘉逊发展的全部股本，这一层设计主要的目的还是为了公司的资产注入和抽离操作可不受上市地区法律法规的约束。

Long for Investment收购了嘉逊发展后，又将股权分别以19.2亿港元和12.8亿港元的价格转让给Charm Talent和Precious Full；而这两家SPV公司几乎在同时又分别把刚到手的股权以零价格的方式赠与给了汇丰国际信托下的两个BVI子公司（Silversea和Silverland），即吴、蔡两个家族的家族信托。①

从案例中的嘉逊发展、Long for Investment、Charm Talent和Precious Full等SPV的运用中，可以看到国际超高净值群体在利用信托行为进行资产隔离时，几乎每一个层级都考虑到了风险隔离的具体措施。

虽然我国《信托法》对于信托财产权属的问题没有进行明确，但对信托财产的独

---

① BVI、开曼这些"避税天堂"在股权收购转让过程中的作用也得以体现，因为在这些国家和地区并没有资本利得税和印花税等相应的税项。而根据中国香港地区《税务条例》，股权转让属于由出售资本所得的利润，也不在征收范围之内。根据香港《印花税条例》，转让香港SPV公司的股份属于香港证券转让，故只需要缴纳印花税，相应税款为买卖各方需要交纳总额为5港元另加转让证券价值的0.2%的印花税而已。

立性原则却已非常明确。当信托成立以后，根据我国《信托法》第十七条的相关规定，除了"设立信托前债权人已对该信托财产享有优先受偿的权利，并依法行使该权利的""受托人处理信托事务所产生债务，债权人要求清偿该债务的""信托财产本身应担负的税款""法律规定的其他情形"这四种情况外，各方当事人的债权人都无法主张权利，[①] 大多数情况下也无法向法庭申请强制执行。

但从中也可以看到，在债权债务关系建立之前就尽早对部分财产进行隔离的重要性，如果已经有债务人对信托财产享有优先受偿的权利，然后再去建立家族信托，就财产隔离或债务风险隔离方面而言，信托财产还会有被强制执行的风险。对此我国《信托法》第十二条也规定了：委托人设立信托损害其债权人利益的，债权人有权申请人民法院撤销该信托。

同时，即使采用了信托行为进行财产（债务）隔离，但信托架构设计上的错误，也可能导致前功尽弃。例如，我国《信托法》第十五条虽然规定了信托财产与委托人未设立信托的其他财产相区别。但设立信托后，委托人死亡或者依法解散、被依法撤销、被宣告破产时，委托人是唯一受益人的，信托终止，信托财产作为其遗产或者清算财产；作为共同受益人的委托人死亡或者依法解散、被依法撤销、被宣告破产时，其信托受益权也会作为其遗产或者清算财产。

再比如受到国际媒体广泛关注的俄罗斯富豪维克托罗维奇·普加乔夫（Viktorovich Pugachev）的虚假信托案。

【风险案例分析十一】

根据公开的信息显示，普加乔夫早年在俄罗斯创办了国际工业银行，2004年6月，普加乔夫离开国际工业银行，并成立了联合工业企业公司，将原国际工业银行的工业部分资产转移到该公司。随后又通过一系列的资本运作手段，掏空了国际工业银行，转移资金购置了大量国外资产。

稍后由于国际工业银行无法按期偿还总额为320亿卢布的抵押贷款而被深入调查。后经调查发现，国际工业银行早已成为空壳，超过99%的资产均为借债，最大的债权人为北方钢铁公司和苏霍伊设计局。几个月后，莫斯科仲裁法院宣布国际工业银行破产。

于是为了逃避俄罗斯政府对其行为的清算和追缴，普加乔夫在2009年加入法国国籍，并于2012年书写声明放弃俄罗斯国籍，还出售了他在俄罗斯最大的资产——叶尼塞工业公司100%的股权，据悉该笔交易金额超过了20亿美元。

可是，不论他做出了何种看似为弥补的举动，也没能停止俄当局对其在国际工业银行破产案件上的追索。

2011～2013年，他在新西兰设立了5个信托，以保留在伦敦、瑞士和法国的剩余

---

① 《中华人民共和国信托法》第十七条。

第十二章 如何预防企业经营风险传导到家庭风险管理

价值 9500 万美元的资产。身为委托人的普加乔夫，同时也是信托的保护人和受益人。由于保护人拥有无理由更换受托人的权力，稍后为了可以更好地控制相关资产，普加乔夫解雇了最初的受托人，于是受托人向新西兰高等法院发起诉讼，要求其说明白解雇的问题；官司虽然赢了，但这一举动却成为"他仍旧是信托实际控制人"的证据，使其债务人在英国和威尔士高等法院提起的诉讼中得以胜诉。主审法官作出了 104 页的判决书，判定这 5 个信托为虚假信托。

随着国家的强盛，国人财富得以快速的积累，在海外建立离岸信托已经成为不少高净值客户人群的刚性需求。【风险案例分析十一】中所提的私人信托即是在英美法系国家新西兰成立的信托。值得理财师关注的是，英美法系国家和大陆法系国家对信托行为的调整和规范，有较大的差异性。

在英美法系国家法律制度下，对信托内部利益的平衡与协调尤为关注，[1] 例如一方面赋予委托人弹性设计信托目的的自由，但另一方面为了平衡受益人的利益免于因委托人无限扩张自由的倾向而受到过度伤害，各国在信托法中均有限制委托人自由的设计，使信托受整体受益人利益的限制；例如赋予受益人信托关系终止的权利，禁止永久权规则[2]等。

同时，在英美法下，信托的一切功能都是通过受托人对信托财产的处分管理行为得以实现的，赋予了受托人对信托财产的管理极大的自由裁量权；而委托人原则上不得干涉信托财产的管理处分，除非委托人在信托文件中保留了部分相关权利。

上述受托人以及受益人之间的利益关系得到相应机制的平衡，使得委托人在信托设立后的自由和权利得到约束，因此，可以被视为"信托财产独立于委托人"的必要条件。[3]

因此，当客户需要设立离岸信托时，理财师需要提醒客户关注不同国家信托法律的特点，不要一厢情愿地认为"搭建了信托架构就既可以隔离资产，免被债权人索偿，又可以心安理得地控制和享受自己的资产"，这种想法并不符合客观规律，其信托行为也未必符合相关的法律原则和规定。

综上所述，理财师在财富管理实务中，需要通过自己的专业知识和职业素养，一方面提醒客户尽早运用相关策略以及相关的保险或者信托等金融工具对家庭财产进行隔离；另一方面则需要在落实具体策略的过程中，和律师、信托公司以及其他相关专业人士一起深入探讨，为客户提供合理、合规、合法的家庭财务决策依据。

---

[1] 查志刚：《论信托法中信托利益冲突与平衡》，载于《金融理论与实践》2007 年第 11 期。

[2] 在英美法下，禁止永久权原则是协调并平衡委托人控制财产的自由和受益人自由及社会经济政策之间的冲突的产物，主要包括以"反恒久归属原则"限制委托人控制财产未来归属的自由，以"反转移限制原则"以限制委托人禁止财产流通的自由，以"反积累原则"限制委托人强制财产持续累积的自由。

[3] 与其不同的是，我国《信托法》赋予了委托人过多的权利，并通过限制受托人的自由来提高信托的安全性。但与此同时，在未来考虑"信托财产权最终归属""是否可以强制执行"等问题时，也会有较大的争议。该部分内容可作为本书第九章中对信托财产权属问题讨论的补充。

第四部分

财富传承安排的能力

第十三章

财富传承过程中的不确定性和风险

近年来，随着我国创富一代集体步入退休阶段，其积累的大量财富也逐渐在向下一代转移，财富传承成为社会讨论热点。

广义的财富传承，不仅包括家庭或者家族财富的代际传承和抚养义务，同时也包括财富持有人对配偶的扶养和对家中老人的赡养之责。因为财富的持有形式、内容和价值的不同，同时又要体现财富持有人自身的意愿，进行财富传承安排的方式或繁或简，但毫无疑问，是每个家庭都会遇到的、重要的家庭财务决策之一。

被普遍采用的财富传承的安排方式，不仅包括了财富持有人身后的遗产继承和遗赠，也包括了生前财富转移。如果没有进行科学合理公正的安排，不管是哪一种形式，均可能造成家庭的财富流失、家庭成员不睦乃至出现纠纷、对簿公堂等情况。

第一节 没有财富传承安排的遗产继承

根据我国相关法律，遗产继承的方式包括了遗嘱继承、遗赠、遗赠抚养协议和法定继承等形式。

至于没有财富传承安排的遗产继承，主要的风险包括但不限于以下几个方面：（1）没有经过任何安排的遗产继承，就需要通过法定继承来分配财产，而法定继承能未必能真正体现当事人生前的意愿；同时，法定继承也未必符合遗属们的心意，可能导致家庭矛盾重重，亲情不在，甚至对簿公堂；（2）对于企业主家庭，则涉及企业经营权的传承，如果没有进行科学理性的安排，企业经营可能会受到极大的影响，从而影响整个家族的财富；（3）无力顾及继承人在继承了遗产后，婚前财产的保护、子女挥霍等方面的问题；（4）在有遗产税的税务环境下，有可能需要支付巨额的税费。

一、法定继承无法充分体现被继承人的意愿

根据《民法典》的相关规定，如果公民身故后留有合法有效的遗赠扶养协议或遗嘱的，财产继承应按遗赠扶养协议或遗嘱的内容执行。法定继承是指被继承人无遗赠扶养协议或无遗嘱继承，由法律直接规定继承人的范围、继承顺序、遗产分配原则的一种继承方式。

法定继承实际发生的条件主要有以下几种情况：[1]（1）被继承人生前没有立下遗嘱；（2）遗嘱继承人放弃继承或受遗赠人放弃受遗赠；（3）遗嘱继承人丧失继承权或者受遗赠人丧失受遗赠权；（4）遗嘱继承人、受遗赠人先于遗嘱继承人死亡；（5）遗嘱无效部分所涉及的遗产；（6）遗嘱未予处分的遗产。

所谓法定继承人是指依照法律规定，有权继承被继承人遗产的被继承人亲属。主要包括被继承人的配偶、子女、父母、兄弟姐妹、祖父母和外祖父母等。[2]

配偶是指被继承人死亡时与其保持婚姻关系的人，即被继承人的妻子或丈夫。子女是指与被继承人有最近血缘关系的直系血亲，根据我国继承法的规定，子女包括婚生子女、非婚生子女、养子女和有扶养关系的继子女。丧偶儿媳对公婆、丧偶女婿对岳父母尽了主要抚养义务的，也属于法定继承人的范围，与子女享有平等的继承权。父母对子女的遗产享有继承权。但是子女被他人收养后，生父母与生子女之间的权利义务关系随即解除，生父母和生子女之间，互相不再享有继承权，父母的范围包括生父母、养父母和继父母。与继子女形成扶养教育关系的继父母，对继子女的遗产享有继承权，同时对婚生子女的遗产也享有继承权。兄弟姐妹之间是血缘关系最近的旁系血亲，其范围包括同父母的、同父异母、同母异父的兄弟姐妹、养兄弟姐妹和有扶养关系的继兄弟姐妹。祖父母、外祖父母是指被继承人的二亲等[3]的直系尊血亲。[4]

根据我国《民法典》，被继承人有第一顺序继承人（也就是配偶、子女和父母）存在时，其遗产由第一顺序的继承人继承；没有第一顺序的继承人，或第一顺序的继承人全部放弃或丧失继承权时，第二顺序的继承人方能继承被继承人的遗产，即有第一顺序继承人的话，第二顺序继承人并不参与到遗产继承。兄弟姐妹、祖父母和外祖父母都属于第二顺序的法定继承人。

夫妻在婚姻关系存续期间所得的共同财产，除有约定的以外，如果分割遗产，应当先将共同所有的财产的一半分出，划归配偶所有。

---

[1] 《中华人民共和国民法典》第一千一百五十四条。
[2] 《中华人民共和国民法典》第一千一百二十七条。
[3] 罗马法计算血亲亲属的等级，通常以自己作为一代，向上数，一代就是一亲等，比如父母是一亲等，祖父母、外祖父母就是二亲等，向下也是如此。
[4] 我国《民法典》第一千一百二十八条还明确了：被继承人的子女先于被继承人死亡的，由被继承人的子女的直系晚辈血亲代位继承；被继承人的兄弟姐妹先于被继承人死亡的，由被继承人的兄弟姐妹的子女代位继承。

第十三章 财富传承过程中的不确定性和风险

【财富传承案例一】

李大军先生和其父李老先生都是大学里的教授,但李老先生已经退休。一年暑假期间,李大军带着独子李小军和父亲李老先生一起出外旅游。不幸遭遇山洪暴发,全部遇难而亡。由于无人生还,当时三人死亡的先后时间无法确定。

李老先生所遗留的遗产有房屋一套价值300万元,其他存款和证券投资80万元;李大军家庭全部资产包括一套500万的房产以及存款和证券投资价值约300万元;李小军也有个人财产1.5万元。

李大军已婚,育有一子,就是在事故中一起身亡的李小军,此次李太太因为工作无法成行,算是逃过一劫。大军早年丧母,但有一位亲姐姐(且称之为李姐);李老先生在他那一辈是两兄弟,下面有一个弟弟,也到了花甲之年。李姐在一日之间,失去了父兄和小侄子,悲痛万分,但在悲痛之余,也想到了遗产的分割问题。按她的想法,在兄长过世后,父亲的所有财产,应该全部归她,兄长的财产就归李太太,也就是李大军的妻子。但李老先生的弟弟在此时也提出了自己的主张,认为自己唯一的哥哥过世了,自己也应该继承一些遗产。但在司法实践中,上述遗产应如何分割?

在【财富传承案例一】中,由于所有遇难者都没有遗嘱,所涉遗产全部应按法定继承方式处理。由于死亡是继承开始的时间,所有遗产的确定以及继承人的确定都以死亡为起点,因此该案首先就要确定这几个死者死亡的先后时间。但当时并没有目击证人,所以根本无法判定死亡的时间。

根据《民法典》的规定及原《继承法》的最高人民法院的解释:"相互有继承关系的数人在同一事件中死亡,难以确定死亡先后时间的:(1)推定没有其他继承人的人先死亡;(2)都有其他继承人,辈分不同的,推定长辈先死亡;(3)辈分相同的,推定同时死亡,相互不发生继承。①"

由此可以确定李老先生最先身故,其次是李大军,最后身故的是李小军,然后,可以再根据死亡的先后时间,来确定他们各自的遗产的继承人和分割情况:

(1)李老先生的第一顺序继承人是李大军和李姐这两位子女,而其弟因为是第二顺序继承人,根据第二顺序继承人要在"第一顺序的继承人全部放弃或丧失继承权时"方能继承的原则,因此李老先生的弟弟首先是出局了;(2)李大军的第一顺序继承人:因为母亲早逝,李老先生被判定先亡,因此也只有两位:李太太和李小军;(3)李小军的第一顺序继承人:只有一位,即母亲李太太。

因此具体的分割情况为:

(1)李老先生的遗产分割:李老先生的遗产可以总计80万元加一套价值300万元的房产。作为第一顺序继承人的李大军、李姐两位应平分上述遗产,每人可得一半,

---

① 《中华人民共和国民法典》第一千一百二十一条,《中华人民共和国继承法司法解释》第一部分第二条。

价值约190万元。由于李大军已死亡，因此李大军所得的190万元遗产应转由他的继承人继承；（2）李大军遗产分割情况：李大军家庭资产总计800万元，由于这些财产是夫妻共有财产，李大军的遗产只是夫妻财产总额的一半400万元，由于李大军的死亡时间在李老先生之后，作为第一顺序的法定继承人是配偶李太太和儿子李小军，分别分得财产各200万元，另外李大军从李老先生处分得的190万元，也应由李太太和李小军各得95万元；（3）李小军的遗产分割情况：李小军有属于自己名下压岁钱1.5万元，加上从父亲处得到的遗产295万元，共计296.5万元，全部由他的第一顺序的法定继承人母亲李太太继承。

对于李老先生的房产的分割问题，我国《民法典》规定："不宜分割的遗产，可以采取折价、适当补偿或者共有等办法处理。"[1] 根据这一规定，遗产分割的方式主要有以下四种。

（1）实物分割。遗产分割在不违反分割原则的情况下，可以采取实物分割的方式。现金也是实物，而且是可以分割的实物；与之相对的不可分物，如冰箱、电视机等则不能作总体的分割，只能作个体的分割，然后再采取折价补偿的办法。

（2）变价分割。对不宜实物分割的遗产，可以将其变卖，换取价金，再由各继承人按照自己应得的遗产份额的比例，对价金进行分割，各自取得与应得遗产份额相对应的价金。

（3）补偿分割。对不宜分割的遗产，如果继承人中有人愿意取得该遗产，则由该继承人取得该遗产的所有权。取得遗产所有权的继承人按照其他继承人应继份的比例，分别补偿给其他继承人相应的价金。

（4）保留共有的分割。遗产不宜实物分割，继承人又都愿意取得遗产，或继承人愿意继续保持遗产共有状况的，则可将其作为共同所有的财产，由各继承人按各自应得的遗产份额，确定该项财产所应享有的权利与应分担的义务。

同时，我国《民法典》规定，遗嘱中没有指定遗产分割方式的，由继承人具体协商遗产的分割方式；继承人协商不成的，可以通过调解确定遗产分割的方式；调解不成的，则通过诉讼程序，由人民法院确定遗产的分割方式。[2]

通过上述分析，祖孙三代的遗产分割结果是：

（1）李姐得到了父亲价值190万元的遗产，而李老先生的房产就价值300万元，因此，如果要房产的，就需要进行分割补偿其中的差价，如果双方决定卖掉，可以在卖房款扣除所有费用后，进行平均分割。

（2）李太太，作为李大军的妻子和李小军的母亲，在经历了人生最大不幸的同时，获得了591.5万元遗产，加上夫妻共同财产400万元，总计约991.5万元，约合所涉及的全部财产的83.92%。

---

[1]《中华人民共和国民法典》第一千一百五十六条第二款，原《中华人民共和国继承法》第二十九条第二款。
[2]《中华人民共和国民法典》第一千一百三十二条。

【财富传承案例一】是在中产家庭里发生的事情，但如果是在家族企业家庭发生的，那么情况会复杂得多。据报载，我国一位富豪及其独子在乘坐直升机时不幸遇难，留下数10亿元的家庭财产，这当然是很不幸的意外事故。这位富豪的父亲依然健在，其父亲和遗孀都是第一顺序继承人，但粗略计算一下，如果没有做好财富传承安排的话，那么富豪遗孀可能会分得5/6的资产。如果把事情再想得复杂一点，假设这位富豪经营的是一家家族企业，遗孀只是在家里相夫教子，而父兄却在企业发展过程中都作出了巨大的贡献，虽然他们也会有各自的股份，但富豪极大可能会是控股股东，未来的企业经营权怎么办？万一遗孀未来改嫁了呢，整个家族的财富是不是就会易手呢？虽然这是一种假设的情况，但从中可以看到没有进行财富传承安排的巨大风险。

二、未成年继承人可能出现的问题

在法定继承的案例中，还有一种情况也同样需要关注，那就是继承人还未成年。

【财富传承案例二】

娱乐圈中某位著名演员Y在十多年前因病猝死。Y生前有两段不成功的婚姻，并分别育有两个女儿。坊间传闻，第二段婚姻是因为女方和另一圈内人走到了一起，而导致了离婚。离婚后，女儿们都分别跟着各自的母亲生活。也因为婚姻上的不成功，Y后来和另一位女性朋友长期同居直至过世，并未成婚。Y过世前没有留下遗嘱，于是两个女儿就成为第一顺序法定继承人，其中小女儿尚未成年。在遗产处理的过程中，Y的家人（Y还有一名兄长）出现了很多"主观"的想法，其中包括认为如果小女儿继承了父亲的遗产，这部分遗产的控制权就有可能落入法定继承人的母亲和继父的手上，而他认定他们是Y前段婚姻的破坏者，以后这些财产是否会真正地用于Y的小女儿身上都不好说。再加上旁人和媒体的推波助澜，结果是不仅家里的私事被闹得满城风雨、路人皆知，而且亲人间还对簿公堂，对亲情、社会关系、家族名誉都造成了很大的伤害。

从【财富传承案例二】中，也同样可以看到财富传承安排的重要性，而且是越早安排越好，否则单靠法定继承，就会有很多人参与到遗产分割的事务中来，例如长辈、亲戚、朋友，这些人都会有不同的主观认知，甚至掺杂私心，即使他们都觉得自己的想法就是被继承人的意愿，在处理遗产继承的问题上可能更多地体现他们的主观意愿，而不是真正的被继承人的主观意愿，就不可避免地出现上述这些问题和纷争。

同时，值得关注的是Y过世时的那位同居女友，作为陪伴Y走过人生最后一个阶段的人，因为法律不承认同居关系，因此没有获得任何的遗产，相信也未必是Y的真实意愿。

同时，在企业股权的赠与和继承方面，如果企业股权继承人未成年，虽然我国《公司法》没有对公司股东的行为能力提出要求，但因公司章程可能对此另规定，或被其他股东反对，而在履行法定程序时遭遇阻挠。反对者通常会认为未成年人难以胜任公司经营方面的决策；如果未成年继承人的法定代理人同时也为公司股东时，在公司利益和股东利益不完全一致时，可能出现大股东利用自己的职务之便和信息优势侵害小股东利益的行为。

三、财富传承相关的纳税义务

纳税在任何年代任何国家都是公民应尽的义务。在海外一些国家和地区，和财富传承相关的纳税义务主要是遗产税和所得税，其中包括赠与所得和股权转让所得相关的税务，而我国当前并没有征收赠与税和遗产税，但国家要开始征收遗产税的说法一直不绝于耳。

一些国家和地区在过去十几年中陆续废除了遗产税，其中包括新加坡、澳大利亚、瑞典、意大利和中国香港地区等。撤销遗产税的原因，一说是和其他国家进行税务竞争，有钱人希望自己能多留一点财产给后代，就会移民税收低或者没有遗产税的国家，因此就会给没有遗产税的国家带来资金和金融服务的繁荣；另一说是因为遗产税可能会伤害中产阶级，因为富豪可能以复杂的税务筹划来规避遗产税，例如中国台湾某位首富过世后，最后缴纳的遗产税只有区区5亿新台币，而中产阶级则无法支付高昂的成本来降低遗产税。

同时，在一些有遗产税的国家，遗产税的征缴一般需要先缴税，而遗产中往往还包括住宅、企业股权等流动性较差的资产。继承人只能以所继承的遗产来进行抵税。例如，日本前首相田中角荣去世后，留下65亿日元的遗产，其女田中真纪子只能拿田中旧宅的大部分进行抵税，成为现在的东京目白台运动公园。即使是贵为日本皇后的美智子及其三位兄弟姐妹，在其父亲正田英三郎去世后，也要面对高达17亿日元遗产税。最后，也是拿正田公馆抵税，改名为合欢树之庭公园，并对外开放。

因此，遗产税即使对富人而言，同样也可能因为流动性而不得不做出一些违心的决策。在美国，商业银行还有专门为遗产税提供的专项信用额度，即遗产继承人可以申请银行贷款来支付税金，当然前提还是要以不动产进行抵押。

因此税务筹划在这些国家和地区是财富传承安排的标配服务。税务筹划，是指在纳税行为发生之前，在不违反法律、法规（税法及其他相关法律、法规）的前提下，通过对纳税主体（法人或自然人）的经营活动或投资行为等涉税事项作出事先安排，以达到少缴税或递延纳税目标的一系列谋划活动。根据这一定义，税务筹划首先是在纳税义务发生之前，然后在不违反法律法规的前提下进行的筹划活动。

如果不进行财富传承安排和税务筹划，台湾地区的王永庆家族缴纳了119亿新台币的遗产税，韩国LG集团已故前会长具本茂的三位子女继承了其父约合人民币108亿元的遗产而需要支付约合人民币 55 亿元的遗产税等情形，就成为前车之鉴。虽然我国目前尚未征收遗产税，但在进行财富传承安排时，将其作为一个考虑因素，也是有其必要性的。

第二节　生前财富转移可能存在的不确定性

近年来，由于相当大一部分创富一代集中进入退休年龄，而他们的子女也大多成年，因此生前财富转移的序幕已被拉开。例如，我国曾经一度登临"首富"宝座的万达的王健林、娃哈哈的宗庆后及碧桂园的杨国强等知名企业家都在自己年富力强的时候，就通过股份转让、资金投入等方式，大力扶持其二代继承人。

生前财富转移在理财师为客户提供的综合服务中，也经常会被视为"对子女或者子女家庭的财务支持"。从生前财富转移的角度来看，如果缺乏科学理性的财富传承安排，至少会发生以下这些方面的风险：（1）对子女的财务支持超出了自己能力范围，导致自身的生活品质受到较大的影响；（2）在拥有多个子女的情况下，可能出现"顾此失彼"的情况，并出现家庭矛盾；（3）生前财富转移可能出现在子女婚前，如果没有做好相应的婚前财产保护的工作，有可能导致财产的流失；（4）生前财富转移也可能出现在子女进入婚姻之后，没有指定赠与对象，就可能成为子女的夫妻共同财产；当子女婚姻出现问题时，导致财产流失；（5）子女意外过世，转移到子女名下的公司股权成为遗产，导致对公司控制权的丧失；（6）子女大肆挥霍、不思进取，不求上进等。

上述六个方面的风险在实际生活中时有发生，如父母在女儿结婚时，将会提供一部分现金和一套房产作为陪嫁，如果没有考虑到婚前财产的保护，万一女儿结婚后出现婚姻问题，现金部分就可能会被婚后财产混同，而在离婚时被认为是夫妻共同财产，而导致流失。如果女儿在婚后需要变卖这套婚前住房，再购置一套新房时，如果不是全部用个人财产购买，也有可能导致新购买的资产变成夫妻共同财产，更糟糕的是，新购买资产系双方合资购买：合资部分可能是另一方的个人财产，也可能是夫妻共同财产，而数额不限，即使一方出资大部分，对另一方只出资一小部分，也算是共同购买。对共同购买的财产，双方可以约定财产份额，但如果没有约定的话，则将被视为共同共有，将来分割的时候每人一半。因此，如何保护好子女的婚姻个人财产，在进行赠与安排的时候，也是父母要操心的事情。

同时，如果是企业主家庭的话，生前财富转移可能还涉及公司股权的赠与。虽然我国《公司法》并未设置有关股权赠与的直接相关条款。但实际上，股权赠与、股权继承等都应属于特殊形式的股权转让，股权赠与可被视为一种无偿的股权转让。因此，将股权转让给子女应该算赠与，而有偿股权转让则可能涉及相关纳税义务。

根据我国《公司法》第七十一条的规定，有限公司的股东之间可以相互转让其全部或部分股权；股东向股东以外的人转让股权，应当经其他股东过半数同意。股东应就其股权转让事项书面通知其他股东征求同意，其他股东自接到书面通知之日起满三十日未答复的，视为同意转让。其他股东半数以上不同意转让的，不同意的股东应当购买该转让的股权；不购买的，视为同意转让。经股东同意转让的股权，在同等条件下，其他股东有优先购买权。两个以上股东主张行使优先购买权的，协商确定各自的购买比例；协商不成的，按照转让时各自的出资比例行使优先购买权。公司章程对股权转让另有规定的，从其规定。

因此，股权赠与需要符合公司章程的规定，并履行相关的法定程序，否则赠与可能是无效的。同时，股权赠与还涉及公司管理权和治理权的问题。

综上所述，由于我国民众受传统思想的影响，对涉及生死的财富传承问题往往抱有回避的态度，同时对财富传承也存在较多误区。因此，理财师对客户进行财富传承方面的财商教育可能是实务工作中一项非常重要的内容。理财师需要敏锐且主动地在和客户沟通的过程中，发现其财富传承安排的需求，并以自身对风险的认知水平，对客户进行积极的引导，使客户意识到尽早进行财富传承安排的重要性，最终帮助客户进行妥善的财富传承安排。

第十四章

理财师在客户财富传承中的定位及服务体系

现实生活中,在财富传承中的分配问题上引发的家庭纠纷和诉讼,在社会上屡见不鲜,当这些问题出现时,专业律师往往成为普通人进行相关咨询的首选。同时,因为设立遗嘱、办理意定监护公证等一系列民事行为,都受到相关法律的规范和调整,因此,社会上不少民众会认为财富传承和理财师的关系并不大,反而更应该咨询律师。

事实上,也正是因为当事人没有事先对财富传承中的不确定性予以重视并进行妥善安排,才导致了问题的发生,最后不得不借助法律救济和律师的专业能力来解决争端。因此,理财师和专业律师在家庭财富传承安排中的社会分工是明确的,即理财师可以从财富管理角度来提醒并帮助客户进行财富传承安排,并在此过程中,可以借助法律咨询(律师)资源,共同来帮助客户做好相关决策。而在财富传承出现问题的时候,再由律师来提供专业的服务,通过庭外调解和诉讼的方式解决具体的争端。

财富传承是普通家庭一项极为重要的家庭财务决策;而理财师作为帮助客户做好每一个家庭财务决策的财富管家,在财富传承安排过程中将起到非常关键的作用。

当前国人对财富传承的意识还相对薄弱,理财师在了解客户的过程中,就可以提醒客户进行财富传承安排的重要性,对已经作了一定安排的客户,则可以利用自身的专业能力对客户已经作出的安排进行检视,并帮助客户进一步完善其财富传承安排。

在帮助客户进行财富传承安排时,理财师充分掌握客户家庭财务信息的优势将得以充分的发挥;尤其是在客户财务资源有限的情况下,如何平衡客户财富传承的意愿和自身生前生活品质目标,更是理财师通过客户家庭的全生涯理财规划从一开始就可以帮助客户予以明确的。而这些优势均非家事律师可比。

在客户家庭财富管理活动中,不仅需要合理地规划其现在以及未来的财务资源,还需充分地利用各种社会资源,来科学地做好每一个重要的家庭财务决策。专业律师在法律方面的知识和司法实践经验当然也非理财师可比，因此当理财师在遇到复杂问题时，律师就像投资过程中的基金经理一样，成为客户和理财师可运用的社会资源。因此，在客户财富传承安排过程中，理财师不能简单地把客户推荐给律师就认为已经完成了理财师的职责，而是要充分发挥自身的财富管理核心能力，协调和其他的专业人士的关系，共同帮助客户做好家庭的财富传承安排。

由于人身风险无处不在且无法完全避免，财富持有人突然身故或因意外或疾病而丧失民事行为能力，从而导致财富分配和传承方式不符合被继承人主观意愿的情况在现实生活中比比皆是。如果没有事先做好财富传承安排，一个家庭不仅将面临巨大的家庭财务风险，同时也可能引发家庭亲人之间的纠纷，或视为路人，或对簿公堂，其后果可能完全背离财富持有人的初衷和意愿。因此，尽早帮助客户妥善地进行财富传承安排是专业理财师帮助客户实现在正确的时间、以正确的方式和心态做好每一个家庭财务决定这一服务目标的重要组成部分。

因为缺乏事先妥善的安排而导致财富传承过程中存在巨大不确定性，财富传承安排也属于家庭风险管理工作中的重要环节之一，由于这项工作的重要性，本书将帮助客户进行财富传承安排的能力作为专业理财师必须拥有的财富管理四大核心能力之一。

在具体实务工作中，理财师针对客户财富传承需求的服务体系，也将类似于本书第三部分"构建家庭财务保障保全体系的能力"所提到的四个主要环节，分别是：风险识别、风险评估、提供具体的财富传承安排建议、风险管理效果评估等。其中具体工作内容包括：（1）风险识别，并在此过程中发现客户财富传承需求，并提高客户的财富传承规划意识；（2）风险评估，帮助客户了解财富传承过程中的不确定性和风险；（3）提供具体建议，帮助客户了解财富传承的方式，以及相关的法律规定，并在此过程中，帮助客户做好诸如按赠与人的意愿来制定生前财富转移或者遗产分配方案、帮助客户做好财富传承过程中的风险防范工作、做好财富传承的成本控制等财富传承的各项准备工作；（4）风险管理效果评估，就具体建议的合规性、针对性、成本合理性和可行性进行总结性陈述，强化客户尽早进行财富传承安排的紧迫性和必要性。

第一节 理财师如何发现客户财富传承需求

理财师在任何时候，都需要深入地了解客户。如果不能深入地了解客户当前的财务状况和亟须解决的财富管理问题，理财师的任何建议都不会有针对性，从而也无法展示其专业价值，进而无法对客户产生影响力。对客户的投资需求如此，对客户的家庭财务保障保全体系的需求如此，对财富传承需求也是如此。

第十四章 理财师在客户财富传承中的定位及服务体系

与此同时,一个普通家庭的财富管理需求往往不是独立的,因此从长期的财富管理实务经验来看,理财师可以从本书所归纳的四大财富管理核心需求的任一角度切入客户的财富传承需求发现过程中。

一、了解客户投资需求的时候

理财师对客户家庭财务状况的深入了解,很多时候是从投资的角度切入的,因为当前在很多客户眼里,理财师还是(或类似)投资顾问的角色,无论是在银行、券商等财富管理部门,还是在第三方财富管理机构,客户通常会首先咨询:"你们现在有什么好的产品可以投资的?"这一需求显然也为理财师提供了一个很好的了解客户当前投资情况的机会。

在深入了解客户当前的投资情况的时候,理财师能够比较全面地了解客户的资产负债情况,并因为要帮助客户搭建投资架构,所以会了解客户的资金在未来三到五年中是否会使用,这时客户可能会提出"子女马上要结婚了,所以要准备婚嫁金",或者"会为子女提供什么样的财务支持,例如送房、送现金"等问题。一般情况下,理财师在了解客户投资情况时候,可能未必就急着去谈财富传承安排的问题,因为理财师还是需要把控和客户面谈的节奏的:在了解客户的过程中,那么就好好地了解客户,不要把话题扯到另一个主题中去。同样,当理财师了解完了客户的投资情况,并对投资架构的理念进行了充分引导且一定程度上和客户达成了一定的共识后,再把话题转到刚才客户说的要给子女提供什么样的财务支持上来。

二、帮助客户构建家庭财务保障保全体系的时候

在帮助客户进行家庭财务保障保全体系搭建的时候,无论是因为人身风险所引发的家庭财务风险,或是企业经营风险传导到家庭的风险,还是因为婚姻问题所引发的家庭财务风险等,均可引导到客户家庭的财富传承安排的需求发现过程中来。

因为人身风险所引发的家庭财务风险,涉及客户身故、罹患重大疾病或者失能等风险场景,理财师在帮助客户进行风险转移的时候,同样要让客户考虑到在身故事件发生后,是否有指定遗嘱并做好了家庭财富传承的相关安排;在失去民事行为能力后,是否进行"意定监护公证"等,并通过这些场景引导客户进行合理的财富传承安排。

当客户是一名企业经营者时,理财师一定要提醒客户关注企业经营风险传导到家庭的风险。同时向客户了解是否关注过企业股权和经营权传承的问题,做过哪些准备。如果客户已经做了一些股权转让方面的工作,那么理财师可能需要把生前财富转移过程中的不确定性,比如婚前财产的保护、子女身故、子女婚姻出现问题等风险和客户进行分享,并提醒其关注到这些风险,尽早地做出准备。

同样的，当客户准备对子女提供财务支持时，考虑到子女的婚姻问题可能引发的财产流失的风险场景，理财师也可以帮助客户了解这其实也是财富传承的一部分，并引导客户对财富传承进行妥善的安排。

三、当客户家庭有理财规划需求的时候

当客户进行退休规划或者其他和生活品质相关的理财规划的时候，理财师需要通过综合理财规划来有效地配置他们的家庭财务资源。在这个过程中，理财师可以把客户的生前财富转移或者对子女的财务支持视为客户家庭的理财目标，同时为客户规划未来遗产继承安排。在此过程中，理财师需要提醒客户各类可能存在的风险，并就如何防范此类风险和客户达成一定的共识。最后，在理财规划报告书中明确相关的建议。

在帮助客户分析家庭未来的财务资源（收入）时，往往会涉及这些财务资源可能具备的纳税义务，此时就可能为理财师提供了一个介绍我国个税改革状况的机会，其中也会谈到遗产税，并提醒客户关注财富传承安排的问题。

第二节　通过风险评估提升客户的整体财富传承的意识

儒家血亲伦理对中国文化影响至深，民众并不缺乏财富传承的想法和需求。理财师在工作中，也经常会遇到客户的一些具有财富传承特征的家庭财务决策，例如，帮助儿女置业，或者在儿女结婚时提供一笔较大的资金用于儿女婚后的生活等。但在作这些决策的过程中，容易产生财富传承安排"碎片化"的现象，而使客户的财富传承安排没有经过相对统一的考量。

与此同时，在现实生活中，民众对财富传承的认识，可能还存在不少误区，具体表现为：（1）财富传承就是遗产继承；（2）财富传承只和富豪们有关系，我的钱不多，所以和我没关系；（3）我还身强力壮的，考虑什么财富传承；（4）财富传承就是怎么规避遗产税，现在没有遗产税，问题还不大，未来遗产税颁布了，到时也许需要等。

这些认知误区，显然会对其进行整体的财富传承安排产生"拖延"，以至于当一些风险发生的时候，客户家庭面对较大的风险；同时，这些认知误区也对理财师的财富管理服务产生较大的障碍。因此，理财师首先需要在和客户沟通的过程中对上述认知误区予以澄清，并以此来提升客户对家庭整体财富传承的认知和意识。

第十四章 理财师在客户财富传承中的定位及服务体系

一、财富传承不只是遗产继承

【财富传承案例三】

　　李先生今年 70 岁，年轻的时候是一名电力系统的工程师，改革开放后，先是自己出来做乡镇企业的"星期日工程师"，后来下海创办了一家科技型企业。虽然同期发展的几个同类公司已经上市，甚至有的已成为百亿估值的企业，但李先生觉得企业又不缺钱，上市做什么，于是企业每年 1000 多万的营业额，稳稳当当地做了近 20 年，规模始终不是很大，当然为家庭还是创造了不少财富。李先生至今也是每周七天都泡在公司里，因为他还是公司最重要的技术专家和决策者，公司里缺他不可。直到有一天，已经有了自己的事业并且在海外定居的女儿回家时问了他一句话："爸，你退休后，这个公司怎么办？"老人家一下子有点懵，因为自己是真的没认真想过这件事情："女儿女婿都是学艺术的，又不是理科生，不可能回来接班；难道我要做到寿终正寝吗？如果我退休了的话，那么公司就关掉了吗？"突然觉得自己半辈子的心血就这样收场，未免太可惜了。

　　这么多年，李先生竟然没有想到找个接班人吗？说到接班人，李先生就生气，因为他也曾培养了一个接班人，也就是他一手带出来的徒弟，竟然辞职了，还到他们公司对面开了一家公司，挖走他不少客户和生意，对公司的业务产生了不小的影响。

　　对创业者而言，虽然企业为自己和家庭创造了不少财富，但真正有价值的可能还是公司的发展和公司股权的估值。**【财富传承案例三】**中的李先生虽然很勤奋，但每个人都会有做不动的那一天，如果早一些年去认真地去想一想"未来谁可以接我的班"，就会发现家里无人能接他的班，那么怎样才能保住企业股权的价值并顺利退出呢？这样去想的话，就一定会想到企业上市，让自己的股权成为可流通的证券，自己或者家人就可以随时在二级市场退出，并完成这部分财富的传承。因为上市虽然是企业融资手段，但也是帮助企业创始人或者创始团队顺利退出的一种手段。

　　同时，如果公司的战略目标清晰，而不只是每年做点业务，赚点钱，那么公司的团队也会更加有凝聚力。以李先生的徒弟为例，如果公司有上市的目标和计划，同时施行股权激励，虽然不能保证他们师徒关系不会出现这样的结局，但至少徒弟在辞职的时候，会对自己在公司的发展前景多一层考虑或者顾虑。

　　从**【财富传承案例三】**中，理财师们可以看到，客户对财富传承的认识不应该只是停留在"我过世后财产如何安排""等我老了以后再说"的问题，而是需要尽早地就意识到家庭财务决策；而这个财务决策，在很大程度上也会影响他们在事业上的发展目标和方向。

　　理财师在实际工作中，经常会遇到像**【财富传承案例三】**中李先生这样的企业主客户,对很多企业主而言,经营好这样一家小而美的公司,其实也未尝不是一种不错的选择;事实上,也不是所有企业都能上市。但是,理财师在财富管理服务中,需要提醒客户,在企业发展到一定规模的时候,就要尽早考虑到财富传承的问题。因为只有这样,才能多一个维度对企业经营方向和目标进行更深层次的思考,对企业经营有益无害,而且在作了坚持走"小而美"路线的企业经营决策后,即使在退休时放弃企业经营管理权时,也会有更好的心态。

二、财富传承不只是豪门大户才需要考虑的问题

信息爆炸时代,财富传承是一个受到社会热议的主题。在这些讨论财富传承的文章或帖子中,财富传承往往被上升到"家族财富传承"的高度,"老洛克菲勒的家族资产传承的故事""李嘉诚的家族信托安排"等豪门大户的案例被屡屡提及,似乎财富传承只会发生在那些豪门大族,也使得部分普通家庭客户认为自己钱不多,产生现在不需要考虑作此类安排的想法。

事实上,因为没有对财富传承进行妥善安排,从而产生巨大不确定性,甚至导致亲人之间产生巨大纠纷的案例,不胜枚举。如果关心一下国内各大卫视的家庭调节类节目,就不难发现,它不仅会发生在豪门或者企业主家庭,同样也会发生在普通中产阶级家庭。

例如,在江西卫视的《金牌调解》2017年的一集节目中,三位亲姐妹在父亲去世几周后就产生了巨大的纠纷,甚至发生肢体冲突,还拨打了110报警,最后一起上了《金牌调解》节目。导致三姐妹反目成仇的原因是:父亲原先有一份遗嘱,说好留下的遗产会由三姐妹平分。但后来因为二妹的性格倔强,可能和父亲发生了矛盾,导致父亲在离世前重新立了遗嘱,把二妹排除在了遗产继承人之外,最后的结果当然是性格倔强的二妹不依不饶,最后搞得亲情不再。

这还是有遗嘱的情况下导致的家庭纠纷,这种结果显然是老人家生前不希望看到的,哪里有父母会希望自己的子女搞得形同陌路,甚至大打出手呢?但上述的这种情况,在现实生活中并不少见。

三、"没有遗产税"不是"不做财富传承安排"的理由

因为没有在生前进行财富传承的安排,导致继承人需要支付大笔的遗产税并产生家族纠纷的例子很多,例如中国台湾地区的台塑董事长王永庆在92岁高龄去世时,竟然因为种种原因没有作任何的财富传承安排,一方面导致了家族之间因为争产而引发的纠纷,另一方面直接导致当地税务部门对遗产征收了119亿新台币的遗产税,创下中国台湾地区最高遗产税的记录。

我国虽然当前没有开征遗产税和赠与税,但即将推出遗产税、赠与税的声音一直

不绝于耳。虽然，财富传承过程中，避税应该说不是唯一甚至不是最重要的动机，但尽可能降低财富传承的成本，将自己一生累积的资产让后人受惠，还是大多数人希望看到的。

虽然有许多前车之鉴，但大多数客户在其身强力壮的时候，较少会考虑到财富传承的安排问题。甚至在中国传统习俗的影响下，不少人还认为这是一件不吉利的事情。即使在资讯如此发达的今天，在没有进行财务传承安排而导致不良后果的信息被得以广泛传播的情况下，很多客户还是听听就算了，或者想过就算了而没有实际的行动，但风险也在不断地发生，当自己成为这些风险中的当事人时，就为时已晚了。

同时，随着不断改革开放，我国居民中已经有相当一部分人在海外购置房产，或者进行全球资产配置。虽然中国目前尚无遗产税和赠与税，海外也有不少国家和地区（如澳大利亚、加拿大、新西兰、意大利以及中国香港）取消了遗产税，但在我国居民海外投资或者置业的国家中，有遗产税或者赠与税的国家更多，例如美国、日本等。在这些国家拥有一定资产的中国客户，一旦出现身故，而又未做好相应安排的话，继承人则可能面对高额的遗产税征收的问题，甚至会出现因为无力支付遗产税导致继承人放弃遗产的情况。

因此，理财师应该在服务过程中提醒客户"没有遗产税"不是"不做财富传承安排"的理由。

四、充分体现财富持有者的主观意愿和心态

在财富管理实务中，理财师会遇到不同的客户，并且客户对财富传承有着不同的态度和心态；而尽早并妥善地完成财富传承安排，可以充分地体现财富持有者的主观意愿和心态。

"我现在还身强力壮，以后会考虑这个问题的"，有这样想法的客户不在少数。但当一些人身风险发生的时候，例如本书第十章【风险保障案例一】中当事人因为意外导致成为植物人的情况，则就失去了以自身主观意愿进行财富传承的机会，甚至还导致家人之间不断地相互提出诉讼。

同时，没有一个家庭财务决策是独立的，财富传承也不例外。但现实中，有不少父母对子女的财务支持超出了自身的能力，自己节衣缩食甚至老无所依，但却对子女有求必应，在一定程度上催生了"啃老一族"。

但有另一些客户则反其道而行之，如晚清第一名臣曾国藩曾说："子若有用，留钱何用？子若无用，留钱何用。"林则徐也曾说："子孙若如我，留钱做什么？贤而多财，则损其志。子孙不如我，留钱做什么？愚而多财，益增其过。"一些客户会认为个人财富始终是社会财富的重要组成部分，因此也会有其社会属性的特征。因此，他们会把创造价值作为实现自身价值的重点，也因此他们希望把巨额财富用于慈善也就顺理成

章了。同样,当今社会也有不少客户习惯于通过财富去购买自身不具备的价值,那么和前者相比就存在天然的财富观上的差异。而这种差异对服务于客户的理财师而言是很难,甚至是无法去扭转的。

但理财师可以做的是,帮助客户更加理性地看待财富传承的本质,以全方位理财规划来帮助客户看到自己所作的每一个决定对家庭生活品质的影响,例如对子女的财务支持程度对自身生活品质的影响,慈善决定对家庭财务所造成的影响,纳税义务对家庭财务可能产生的影响,从而在理性的思考过程中,让自己的财富体现出更高的价值。

同时,财富传承涉及财富的分配,虽然每个人都有自己的好恶,但在财富分配的过程中,客户可能要考虑的不仅仅是个人主观的偏好,而是要从大局、从后果去考虑,最终实现财富分配的公平性和可行性,这样才能顺利地完成财富传承,而避免家庭或者家族陷入争产的纠纷中去。无论上述哪一点,当事人的心态都是尤为重要的。

综上所述,专业理财师不仅需要在客户面对一些具有财富传承特征的家庭财务决策时,敏锐地从发现这些决策本身可能存在的问题,并向客户提出专业建议;同时,也因为这些家庭财务决策并不是独立的,而需要通过风险评估,帮助客户提升整体财富传承安排的意识,帮助客户尽早地做好家庭整体财富传承安排,使客户在正确的时间,以正确的方式和心态做好财富传承安排的各项决策。

第十五章

财富传承安排的常用方法和工具

在以产品营销为导向的商业模式大行其道的行业早期发展阶段，当理财师发现客户的财富传承需求时，通常就会向客户推荐大额保单或者家族信托，似乎这两项工具就解决了客户所有的财富传承问题。但问题是，财富传承对客户而言是一件大事，而且有可能是一项"系统性工程"，如果不能比较完整地提供财富传承的专业建议，很多时候反而会导致保单和家族信托的建议不被客户接受。

事实上，在财富传承过程中被广泛使用的工具，不仅包括了保险、家族信托，还包括了遗嘱、意定监护公证或委托书，以及其他的相关协议等。由于遗产继承或者生前财富转移都是受到相关法律调整和规范的民事行为，上述工具在运用过程中，均具有较强的法律关系性质，因此了解并掌握这些工具的法律关系知识也是理财师知识架构中必不可少的组成部分。

第一节 遗嘱和遗嘱继承

在2018年大热的美国动画片《寻梦环游记》表现了墨西哥人对死亡的一种传统认识：人死后，一个人的亡灵需要还在世界上活着的人记得自己，才能在亡灵世界里继续"存活"，否则，就会在亡灵世界里"终极死亡"随风飘走。当然我国传统上是没有这样的认识的，但大多数人应该还是希望在自己过世后，依然被世界上的人所铭记。因此，财富传承，不仅是当事人给世界上自己所爱所关心的人的最后的祝福，也是当人生走到尽头前，完成自我实现的一种需求。如果这些祝福和需求在生前没有得到充分的表达和理性的处理，不仅会给活着的人带来很多不必要的困惑甚至纠纷，对当事人而言，也不得不说是一种巨大的遗憾。

在现实生活中，遗嘱就成为这种祝福和当事人的主观需求最直接的表现形式，同时也是通过遗产继承方式进行财富传承的最重要的工具之一。

一、遗嘱及其相关人等

设立遗嘱，是指遗嘱人生前在法律允许的范围内，按照法律规定的方式对其遗产或其他事务所作的个人处分，并于遗嘱人死亡时发生效力的法律行为。因此遗嘱是基于拥有完全民事行为的遗嘱人单方面的真实意思表示；应由遗嘱人本人亲自作出，不能由他人代理。

根据我国《民法典》规定："自然人可以立遗嘱将个人财产指定由法定继承人的一人或者数人继承"，是为"遗嘱继承"；[1] 因此遗嘱继承人是法定继承人中的一位或者数位，是基于与被继承人的继承法律关系继承遗产。

同时，《民法典》还规定了："公民可以立遗嘱将个人财产赠给国家、集体或者法定继承人以外的人"，是为"遗赠"。遗赠是指被继承人以遗嘱方式将其财产的全部或部分赠与特定的、法定继承人以外的公民或法人的一种处分自己财产的方式。接受遗赠的个人、国家或者集体就是受遗赠人。受遗赠人是基于被继承人遗嘱的指定从遗产执行人处取得遗赠财产，而不直接参与继承。同时，《民法典》首次将遗嘱信托写进了法律，确立了遗嘱信托的合法性。

设立遗嘱的方式可以由遗嘱人经公证机关办理公证遗嘱；也可以是自书遗嘱，由遗嘱人亲笔书写，签名，注明年、月、日；或者在两个以上见证人在场见证的情况下，由其中一人代书，注明年、月、日，并由代书人、其他见证人和遗嘱人签名，是为代书遗嘱。《民法典》颁布实施后，打印遗嘱也同样可行，但同样需要两个以上见证人在场见证，遗嘱人和见证人应当在遗嘱每一页签名，注明年、月、日。

遗嘱人还可以在两个以上见证人在场见证的情况下，以录音、录像或口头形式形成遗嘱。其中遗嘱人和见证人应当在录音录像中记录其姓名或者肖像，以及年、月、日；口头遗嘱在危急情况解除后，遗嘱人能够用书面或者录音录像形式立遗嘱的，所立的口头遗嘱无效[2]。

在立下遗嘱后，遗嘱人可以撤回、变更自己所立的遗嘱。立遗嘱后，遗嘱人实施与遗嘱内容相反的民事法律行为的，视为对遗嘱相关内容的撤回。立有数份遗嘱，内容相抵触的，以最后的遗嘱为准。[3]

其中，继承人、受遗赠人，或与继承人、受遗赠人有利害关系的人不能成为见证人；而且见证人应当是能够理解遗嘱的内容、具有完全民事行为能力的成年人。[4]

在现实中，有一些客户也会请见证律师担任遗嘱见证人，这个流程就会相对比较专业和复杂，其中包括了做询问笔录、审查委托人的相关材料，例如身份证件、结婚

---

[1] 《中华人民共和国民法典》第一千一百三十三条。
[2] 《中华人民共和国民法典》第一千一百三十七条。
[3] 《中华人民共和国民法典》第一千一百四十二条。
[4] 《中华人民共和国民法典》第一千一百四十条。

证、合法财产的相关证明,如果立遗嘱人有一些身体状况的,还可能要求出具医学证明或者出具承诺书,签订见证协议和授权委托书,为遗嘱人做遗嘱笔录、作为见证人签字盖章(或按手印),制作见证书,全程录像,递交并留档等。

我国《民法典》用五个条文规定了遗产管理人制度,其中包括遗嘱执行人在继承开始后即成为遗产管理人,没有遗嘱执行人的,继承人应当及时推选遗产管理人,继承人未推选的,由继承人共同担任遗产管理人,没有继承人或继承人放弃继承的,由被继承人生前住所的民政部门或者村民委员会担任遗产管理人,对遗产管理人的确定有争议的,利害关系人可以向法院申请指定遗嘱管理人。

遗产管理人应当履行的职责包括:(1)清理遗产并制作遗产清单;(2)向继承人报告遗产情况;(3)采取必要措施防止遗产毁损、灭失;(4)处理被继承人的债权债务;(5)按遗嘱或依照法律规定分割遗产;(6)实施与管理遗产有关的其他必要行为。同时,遗产管理人可以依照法律规定或者按照约定获得报酬。

二、个人遗产的范围和认定

根据我国《民法典》已经不再使用列举的方式,遗嘱中所处分的财产须为遗嘱人的个人合法财产。个人遗产包括了当事人的收入,房屋、储蓄和生活用品,林木、牲畜和家禽,文物、图书资料,著作权、专利权中的财产权利,法律允许公民所有的生产资料,以及其他合法财产等。

同时,根据我国《民法典》的相关规定,以下这些财产不属于遗产的范畴:

(1)遗产不应包括被继承人与他人共有财产中属于他人所有的财产部分。我国《民法典》规定:"夫妻在婚姻关系存续期间所得的共同所有的财产,除有约定的以外,如果分割遗产,应当先将共同所有的财产的一半分出为配偶所有,其余的为被继承人的遗产。遗产在家庭共有财产之中的,遗产分割时,应当先分出他人的财产"。

(2)遗产不应包括被继承人生前已赠给他人的财产。死者生前已赠与他人的财产,其所有权自赠与之时起,就已经转移了,被继承人随即丧失了这部分财产的所有权,因此,不能再把这部分财产作为死者的遗产。即使立遗嘱后,如果遗嘱人实施与遗嘱内容相反的民事行为,也将被视为对遗嘱相关内容的撤回。

(3)遗产不包括被继承人死亡后,有关单位发给其家属的抚恤金、生活补助费、空难死亡补偿金等。抚恤金、生活补助费是国家或有关机关对死者家属所给予的一种物质帮助和精神抚慰,这种抚恤并不属于死者本人的财产,而是属于死者家属的,所以不作为遗产继承。

(4)遗产不应包括被继承人的某些不可转让的人身性质的财产权,例如公民享有的受抚养、被赡养的权利,领取养老金的权利,以及与工作或一定职务相联系的经济

---

① 《中华人民共和国民法典》第一千一百五十三条。

待遇。

（5）遗产不应当包括被继承人生前只享有使用权而没有所有权的财产。比如被继承人生前租、借他人的财产，其所有权属于出租人或出借人，死者生前只有使用权，被继承人死亡之后，应当交还给出租人或出借人，而不应当由继承人继承。同时，根据我国《宪法》规定，我国的土地属于国家和集体所有，任何组织或个人不得侵占、买卖、出租或以其他方式非法转让土地。土地所有权不发生继承问题。目前，农民的宅基地、耕种的自留地、自留山等，农民只有使用权，而没有所有权，也不得作为遗产处理。但在一定条件下，承包的林地虽然不能继承，但林地承包收益权和树木是可以继承的。

（6）遗产不包括被继承人与保险公司签订的人身保险合同中的保险金。因为人身保险合同，一般都在签订时已经明确指定了受益人。被继承人死亡，其保险金就属于指定的受益人所有，不能作为遗产，也无须用来偿还死者个人生前所欠的债务。

（7）遗产还应扣除被继承人的债务和应纳税款。对于遗产已被分割而未清偿债务的情况，"如有法定继承又有遗嘱继承和遗赠的，首先由法定继承人用其所得遗产清偿债务；不足清偿时，剩余的债务由遗嘱继承人和受遗赠人按比例用所得遗产偿还；如果只有遗嘱继承和遗赠的，由遗嘱继承人和受遗赠人按比例用所得遗产偿还"。[1]

（8）遗产应当先扣除依法应给予法定继承人之外的，依靠被继承人抚养或者对被继承人尽抚养义务较多的人的份额，比如为胎儿保留的必要的遗产份额等。[2]

同时，遗产分割应当有利于生产和生活需要，不损害遗产的效用。不宜分割的遗产，可以采取折价、适当补偿或者共有方法处理。

三、遗嘱有效的要件

设立遗嘱是一种民事法律行为，但一份有效的遗嘱，还需符合相关的有效要件，比如：（1）遗嘱人须有遗嘱能力；（2）遗嘱须是遗嘱人的真实意思表示；（3）遗嘱的形式需合法；（4）遗嘱的内容需合法，例如，不得取消缺乏劳动能力又没有生活来源的继承人的继承权，遗嘱中所处分的财产须为遗嘱人的个人财产，须不违反社会公共利益和社会公德等。

遗嘱人必须是完全民事行为能力人。按照我国《民法典》的规定，年满18周岁的自然人为成年人。具有完全民事行为能力，可以独立进行民事活动，是完全民事行为能力人。已满16周岁不满18周岁的未成年人，以自己的劳动收入作为其主要生活来源的，在法律上也视为完全民事行为能力人。[3]

---

[1] 《最高人民法院关于贯彻执行〈中华人民共和国继承法〉若干问题的意见》中第六十二条。
[2] 《中华人民共和国民法典》第一千一百五十五条。
[3] 《中华人民共和国民法典》第十七条、第十八条。

与此同时，完全民事行为能力还包括了能够辨识自己行为的含义，因此立遗嘱人在制定遗嘱的时候需要心智状况良好，头脑清晰。《最高人民法院关于贯彻执行〈中华人民共和国继承法〉若干问题的意见》第四十一条规定："遗嘱人立遗嘱时必须有行为能力。无民事行为能力的人所立的遗嘱，即使其本人后来有了行为能力，仍属无效遗嘱。遗嘱人立遗嘱时有行为能力，后来丧失了行为能力，不影响遗嘱的效力。"

其次，遗嘱必须是立遗嘱人真实的意思表示，我国《民法典》明确规定："遗嘱必须表示遗嘱人的真实意思，受胁迫、欺骗所立的遗嘱无效。伪造的遗嘱无效。遗嘱被篡改的，篡改的内容无效"。①

同时，遗嘱的形式要合法，即符合前文所述对公证遗嘱、自书遗嘱、打印遗嘱、代书遗嘱、录音录像遗嘱和口头遗嘱的相关规定，如见证人、签名、日期等。

最后，遗嘱的内容必须符合我国《民法典》和其他相关法律的规定。例如，遗嘱中所处分的财产必须为遗嘱人可以合法处分的财产，如果遗嘱人生前的行为已经导致了遗嘱中处分的财产灭失、部分灭失或所有权转移或部分转移的，遗嘱视为撤销或部分撤销；② 再如，遗嘱应当对缺乏劳动能力又没有生活来源的继承人保留必要的遗产份额，这是我国《民法典》第一千一百四十一条的强制性规定。如果发生这种情况，遗产处理时，应当为该继承人留下必要的遗产，所剩余的部分，才可参照遗嘱确定的分配原则处理。

与此同时，继承法是民法的一部分，民法中的"自愿原则"就是在民事活动中当事人的"意思自治"，即当事人可以根据自己的判断，去从事民事活动，国家一般不干预当事人的自由意志，以充分尊重当事人的选择。但"意思自治"原则在很多时候可能会受到一定限制，例如对当事人主观意愿上的限制，当事人必须是善意和合法，且不违反社会公共利益和社会公德的，即"公序良俗原则"。

【财富传承案例四】③

发生在四川某地的张某诉蒋某遗产纠纷案就是这方面比较经典的案例。此前，张某和比她大30岁的黄某曾长期公开同居，而蒋某是黄某的原配妻子。黄某后患病过世，但在生前曾立下遗嘱，将其所得住房补贴金、公积金、抚恤金、自己所用的手机一部，以及自认为有一半权益的房产出让价的一半，共计总额6万元的财产赠与张某所有，并由当地公证处对该遗嘱出具了公证书。但直到过世，黄某和蒋某始终没有离婚。黄某过世后，张某向原配蒋某宣布了遗嘱内容，并以侵害财产权为名，对蒋某提出了诉讼。

---

① 《中华人民共和国民法典》第一千一百四十三条。
② 《中华人民共和国民法典》第一千一百二十二条，《最高人民法院关于贯彻执行〈中华人民共和国继承法〉若干问题的意见》第三十九条。
③ 《张学英诉蒋伦芳案一审民事判决书》，四川省泸州市纳溪区人民法院，（2001）纳溪民初字第561号，此案例被称为"公序良俗第一案"。

人民法院在该案一审判决书中指出：

（1）该案中实质赠与财产的内容上存在有违国家法律规定的地方，如：①抚恤金不是个人财产，它是按照国家有关规定，死者单位对死者直系亲戚的抚慰金，不属遗赠财产的范围。②遗赠人黄某的住房补助金、公积金是黄某与蒋某夫妻关系存续期间所得，应为夫妻共同财产，遗嘱人生前在法律的允许范围内，只能按照法律规定的方式处分其个人财产。遗嘱人黄某在立遗嘱时未经共有人蒋某同意，单独对夫妻共同财产进行处理，其无权处分部分应属无效。③关于本案所涉及的售房款，虽然该房产属于蒋某所继承的财产，但根据当时的情况，属于夫妻共同财产。蒋某将该房以8万元的价格卖给他人，但经扣除交易费用和税费，以及将其中3万元赠与给了蒋某和黄某的养子，因此早就不足8万元；而且黄某在立遗嘱时未经共有人蒋某的同意，并私自作出处分决定，侵犯了蒋某的合法权益。④当地公证处在未查明事实的情况下，便对其遗嘱进行了公证显属不当，违背了《四川省公证条例》第22条："公证机构对不真实、合法的行为、事实和文书，应作出拒绝公证的决定"的规定，显属不当。

（2）该经过公证的遗嘱确实是遗赠人黄某的真实意思表示；但遗赠属于民事法律行为，民事行为是当事人实现自己权利、处分自己的权益的意思自治行为；当事人的意思表示一旦作出就成立。但遗赠人行使遗赠权不得违背法律的规定，（原）《民法典》第八条规定，民事主体从事民事活动，不得违反法律，不得违背公序良俗。

（3）本案中，遗赠人黄某长期与原告非法同居，是一种违反我国（原）《婚姻法》的行为。遗赠人黄某基于与原告张某有非法同居关系而立下的遗嘱，是一种违反公共秩序和社会公德的行为。同时，本案被告蒋某在遗赠人黄某患肝癌晚期住院直至去世期间，一直对其护理照顾，履行了夫妻扶助的义务，遗赠人黄某却无视法律规定，违反社会公德，将财产赠与其非法同居的原告张某，实际上损害了被告蒋某合法的财产继承权，因此黄某的遗嘱行为违反了法律的原则和精神，损害了社会公德，破坏了社会公共秩序，应属无效行为。

据此，当地法院在一审驳回原告张某的诉讼请求。一审落败后，张某向当地中级人民法院提起上诉。二审法院在查明本案的事实后，以与一审法院同样的理由，作出维持原判的终审判决。

从【财富传承案例四】中，可以得到以下三个方面的启示。（1）我国民法中的自愿原则是充分尊重当事人的选择的，当事人可以根据自己的判断，去从事民事活动，国家一般不干预当事人的自由意志。因此，通过遗嘱，具有民事行为能力的被继承人可以把自己的真实意思表示充分地表达出来；其中，在继承过程中，我国法律也并没有限制被继承人把财产遗赠给不具有继承权的其他人。

（2）在制定遗嘱前，对遗赠的财产的归属问题要予以明确，如果遗嘱人对遗嘱处分的财产没有合法处理权，即使表达了这种意愿，也是无效的。

（3）要关注到"意思自治原则"的限制。这不仅在很大程度上需要当事人的选择是善意合法的,同时要考虑到"社会公共利益和社会公德",这是一个更大的范围了,但都是对意思自治原则的限制。如果在遗嘱表达上没有注意到这一方面的限制,最后的结果不仅不能体现出自己的真实意思表示,甚至还在精神层面、财富层面伤害了很多人。①

因此,在财富管理实践中,理财师可以在了解客户的过程中,向客户了解"是否已经做了财富传承方面的安排,比如是否制定了遗嘱?"然后在具体为客户设定未来的财务目标的时候,向客户了解"在财务上有没有对子女进行财务支持的想法",以及"在百年后,对财富传承有什么想法?"并在 KYC 环节中,可以对客户进行一些关于财富传承的财商教育,并从客户家庭潜在的风险隐患中,去发现客户财富传承安排的需求。

即使客户表示已经制定了遗嘱,但还是可以在获得客户允许的情况下,再了解得深入一点。作为财富管理从业人员,当客户已经制定了遗嘱的话,那么遗嘱是否有效,会不会有一些不妥当的地方,也是理财师需要去提醒客户的。当然客户可能并不愿意披露遗嘱的信息,但可以根据客户的具体情况,比如子女的情况,夫妻的情况,法定继承后的情况等,让客户得以自我印证其在财富传承方面的安排是否妥当。

四、遗嘱的内容

一份遗嘱总体上应该包括情况说明、财产状况、遗嘱受益人以及财产分配情况、对其他事情的处理意见、遗嘱的制定、保管和执行、日期和签名等方面的内容。

【财富传承案例五:遗嘱】见附录二。

从附录二中可以看到,一份遗嘱的内容和注意事项包括但不限于以下五个方面:

(1) 遗嘱应包括一份简单清晰的情况说明,内容包括立遗嘱人的姓名、年龄、性别等;立遗嘱人的家庭情况;订立遗嘱的原因以及遗嘱法律效力说明等。

(2) 遗嘱应详细说明所处分的财产状况:即遗嘱处分的财产当前的状况的描述,其中包括名称、数量、所在地点,以及是否共有、是否有抵押或贷款等情况。

(3) 遗嘱应详细说明对遗产的分配方案,其中包括对共有财产的处置,和共有人是否达成一致;对个人财产的分配方案说明,具体的遗嘱继承人或受遗赠人以及他们的身份关系和身份证明;附加条件等。

(4) 遗嘱可对其他事务表达处理意见。例如,在实际操作过程中,一些财产是不可分割的,但如果在法定继承的环境里,当事人的配偶是有权要求对所有的财产进行分割,财产不可分割的话,那么就要变价分割、补偿分割,或者保留共有的分割。

---

① 虽然本案根据(原)《民法通则》第七条的相关规定进行了最终的判决,但在法学界一直有争议,部分法学专家认为:民法基本原则只有在法律缺乏明文规定的时候,用以填补法律漏洞,而对遗嘱的有效性是有明确的法律规定的。在司法实践中,近年来也有类似案件在法院判决中被认为遗赠有效。

又如，在遗嘱示范模板中，特别强调了在和配偶协商以后，在配偶遗产分配到位的前提下，再对由子女继承的财产进行具体的明确。

(5) 遗嘱须明确遗嘱的份数、保留，以及是否有执行人或管理人执行等；有遗嘱执行人或遗产管理人的，应当写明其姓名、性别、年龄、住址等；最后是遗嘱设立的日期以及遗嘱人的签名。

五、共同遗嘱

在财富管理实践中，一个家庭所拥有的大部分甚至全部财产都可能是夫妻共同财产。在家庭财产全部是夫妻共同财产的情况下，如果夫妻一方设立了遗嘱，那么其配偶是否也需要制定遗嘱？如果是的话，其内容大概率应该是一致的，那么夫妻是否可以制定一份遗嘱呢？这种情况叫作共同遗嘱。

共同遗嘱，又称合立遗嘱，是指两个或者以上的遗嘱人共同订立的一份遗嘱。共同遗嘱又有形式上的共同遗嘱和实质意义上的共同遗嘱之分。所谓的形式上的共同遗嘱是指内容各自独立的数份遗嘱记载于同一份遗嘱中；而实质意义上的共同遗嘱是指两个或者两个以上的遗嘱人，将其内容共同或者相关的意思表示形成一个整体的遗嘱意思表示，并通过同一份遗嘱上表达出来。

形式上的共同遗嘱其实是几份独立的遗嘱，这几份遗嘱产生的法律效果是互不影响的。而实质意义上的共同遗嘱在内容上通常包括：(1) 相互指定对方为自己的遗产继承人；(2) 共同指定第三人为遗产的继承人；(3) 相互指定对方为自己的遗产继承人并规定后者过世后将遗产留给其他继承人或受遗赠人。

无论在我国还是国际上，对共同遗嘱的合法性和有效性，在学术上有争议，在实际法律中的处理也不同。比如德国、朝鲜以及英美国家的判例中是承认共同遗嘱的效力的，但在日本、法国、瑞士等国家则是不承认共同遗嘱的效力。而我国的继承法则没有明文规定共同遗嘱，在学术界也有不同的声音，否定的一方主要的论点是遗嘱是单方法律行为，而共同遗嘱作为双方或者多方的法律行为，直接引用遗嘱的规则有可能会造成遗嘱理论的混乱。如果共同遗嘱人之一死亡后，另一方再婚再度生育，就有可能希望更改或者撤销遗嘱，把自己的财产（其中包括前段婚姻所继承的遗产）留给第二段婚姻所育子女的可能性，这样必然使得先亡者的意愿和最终继承人权利无法得到保护；而肯定的一方，则认为共同遗嘱适应我国家庭共同财产的性质，和我国的传统习惯也协调一致，并且有利于保护配偶和未成年子女的利益。

事实上，我国继承法也没有排除共同遗嘱的有效性。既有在司法实践中被法院认定共同遗嘱有效的具体判例,① 但在现实生活中也确实存在共同遗嘱人之一死亡后,另一方希望更改或者撤销遗嘱的情况。如果从家庭财务风险管理的角度来看待这个问题,在设立遗嘱的过程中,为了避免潜在的继承纠纷,可能还是更倾向于把夫妻各自的遗嘱分开来设立。如果当事人有配偶未来可能再婚、子女权益无法得到保护的担心,则可以尽早在遗嘱中明确子女的部分继承权;如果当事人心甘情愿地把绝大部分的遗产都由配偶继承的,那也是其自身的真实意思表示,并无不妥。

六、遗嘱公证

遗嘱公证是指公证处根据立遗嘱人的申请,依法证明遗嘱人设立遗嘱行为的真实性、合法性的活动。虽然没有法律规定"遗嘱必须经过公证才有效",但为了保证遗嘱的有效性和未来能够比较顺利地执行,遗嘱公证正受到越来越多人的重视。

我国原《继承法》曾规定,在各类遗嘱形式中,公证遗嘱具有最高法律效力,"自书、代书、录音、口头遗嘱,均不得撤销、变更公证遗嘱"。②

但公证遗嘱也需要合法合规,从【财富传承案例四】中,也可以看到人民法院认为"当地公证处在未查明事实的情况下,便对其遗嘱进行了公证,违背了《四川省公证条例》的相关规定,显属不当"。在该案一审判决中,法院还指出,该公证处在当年5月作出的撤销该案所涉及公证书中的抚恤金、住房补贴金、公积金中属于遗嘱人配偶的决定,③ 实质上变更了遗赠人的真实意思,根据2000年3月1日司法部颁发的《遗嘱公证细则》第二十三条的规定,公证机关对公证遗嘱中的违法部分只能撤销其公证证明。作为公证机关直接变更遗赠人的真实意思没有法律依据。因此,无论遗嘱人还是公证处,都需根据法律的相关规定和程序展开设立公证遗嘱的具体工作。

办理遗嘱公证,可由遗嘱人住所地或遗嘱行为发生地的公证处受理。办理遗嘱公证,申请人应亲自到公证处提出申请,并提交相关证明材料,其中包括:(1)户口簿或居民身份证;已出境的,提供护照或有效旅行证件、通行证的复印件,已注销户口的,应提交原户籍所在地公安派出所出具的户籍记载情况的证明;(2)遗嘱涉及的财产清单及财产的所有权证明;(3)书面遗嘱,在公证过程中需要完整并真实;(4)遗嘱公证申请书,内容包括遗嘱人的姓名、性别、年龄、居所地、家庭状况、工作单位、遗嘱涉及的财产状况等;(5)其他公证处认为需要提供的证明和材料。

如果遗嘱人有困难不能亲自前往的,可以书面或者口头形式请求有管辖权的公证

---

① 《97份判决实证研究:共同遗嘱的效力与启示》,作者袁芳在聚法网以"共同遗嘱"为关键词、"遗嘱纠纷"为案由,共计搜得97份民事判决书,其中90%被法院认定"有效"。搜狐公众平台,2017年10月19日,https://www.sohu.com/a/199017152_654986。

② 但这个规定在《民法典》颁布实施后被删除。主要原因还是它带来的负面效应,例如有老人或行动不便的人,如果要改变遗嘱内容,只能再次设立遗嘱,造成诸多不便,也限制了人们处理自己财产的自由。

③ 泸州市纳溪区公证处(2001)泸纳撤证字第02号《关于部分撤销公证书的决定》。

处指派公证人员到其住所或者临时处所办理。

遗嘱人未提供遗嘱或者遗嘱草稿的,公证人员可以根据遗嘱人的意思表示代为起草遗嘱,公证人员代拟的遗嘱,应当交遗嘱人核对,并由其签名;公证遗嘱采用打印形式,遗嘱人根据遗嘱原稿核对后,应当在打印的公证遗嘱上签名,遗嘱人不会签名或者签名有困难的,可以盖章,遗嘱人即不能签字又无印章的,应当以按手印的方式代替。

公证遗嘱生效前,遗嘱公证卷被列为密卷,不得对外借阅,公证人员也不得对外透露遗嘱内容。

如果遗嘱申请人要撤销或者变更遗嘱,必须经过再公证,数份遗嘱中有公证遗嘱的,公证遗嘱为有效遗嘱,其他遗嘱形式不能撤销公证遗嘱。

综上,在财富管理实践中,理财师在了解客户家庭财务信息的过程中,可以向客户了解是否有遗嘱,有几份遗嘱,遗嘱是否已经经过公证,经过公证的遗嘱是否有被撤销和变更,如果有的话,有没有再公证,并在此过程中向客户解释遗嘱公证的必要性和相应的流程。

七、继承权公证

当遗嘱人过世,遗产继承人需要办理继承权公证,并以此作为财产的过户等财产所有权转移的依据。

继承权公证是指公证机关根据当事人的申请,依法确认当事人是否享有遗产继承权的证明活动。无论是法定继承还是遗嘱继承,都需要进行继承权的公证。

有遗赠内容的遗嘱被公证后,受赠人在遗赠人身故后申办公证书的,公证员不能出具继承权公证书,而应办理确认遗赠事实和遗赠内容,及遗赠受领人自愿接受赠与的公证书。这也是受遗赠和继承的区别之一。

申请办理继承权公证,应当到有管辖权的公证处提出申请。如果若干个当事人申请办理继承同一被继承人的遗产,应当共同到公证处提出申请。

申请时,当事人应递交公证申请书,以及其他的证件和材料,例如:(1)当事人的身份证明,如工作证、身份证、户口簿等;(2)被继承人的死亡证明,如有关医院出具的死亡证明书、尸体火化证明书或有关派出所出具的注销户口证明,如果被继承人是被宣告死亡的人,当事人应提交人民法院关于宣告死亡的判决书;(3)被继承人所留遗产的产权证明,如房产所有权证书、银行存款单、股票号码与数额等;(4)被继承人生前立有遗嘱的,当事人应提交遗嘱原件;(5)当事人与被继承人关系的证明,代位继承人申办公证的,还应提供继承人先于被继承人死亡的证明以及本人与继承人关系的证明。

而公证机关办理继承权公证时的审查重点包括了:(1)被继承人死亡的时间、地点、死因,以及所留遗产的范围、种类和数量;(2)被继承人生前是否立有遗嘱,遗嘱是否真实、合法，有无变更或撤销的情况，以便确认其效力；（3）公证申请人是否属于法定继承人范围或者遗嘱中被指定的继承人、代位继承人或者转继承人；（4）当事人接受或放弃继承的意思表示是否真实；（5）是否遗漏了合法继承人，以避免因为疏忽而侵害他们的合法权益，甚至引起纠纷。

根据我国现行的继承权公证程序，需要全部继承人（无论其是否为遗嘱继承人）共同配合前往公证处进行继承权公证，领取继承权公证书后才能进行继承财产过户。中国是住房自有率非常高的国家，在遗产继承时，住房产权往往是最重要的遗产之一，但在整个继承权公证中，只要有一位继承人不予配合，或者长期联系不上、无法到场，就无法办理继承过户手续。

在现实生活中，继承人之间就遗嘱的有效性或继承权公证问题互相起诉到法院，进行旷日持久的继承诉讼大战的情况屡见不鲜，尤其是财产多、继承人多的情况；而诉讼程序严谨又具有一定的复杂性，平均审理期限长达两到三年。而且继承权公证需要所有继承人到场，那么私密性就无从谈起了。

同时，公司股权往往也是高净值客户遗产的重要组成部分，股权继承除了看遗嘱外，还需要提交公司章程的规定。即使遗嘱人在遗嘱中声明将股权由某人继承，但该继承人是否能够继承，还要看公司章程中是否对继承股东资格作出了一定的限制。

继承权公证可能涉及相关费用。2013年前的继承权公证费用是按继承遗产的2%收费的，按这个收费标准，1亿元需要200万元费用；目前，遗产继承公证费已经进行了调整，根据国家发改委网站消息，国家发展和改革委员会、财政部发出《关于降低部分行政事业性收费标准的通知》，各类公证收费将大幅下调，证明财产继承、赠与、接受遗赠的收费标准，由之前实行的按受益额的2%收取下调为：（1）受益额20万元以下的部分，按不超过1.2%收取；（2）超过20万元不满50万元的部分，按不超过1%收取；（3）超过50万元不满500万元的部分，按不超过0.8%收取；（4）超过500万元不满1000万元的部分，按不超过0.5%收取；（5）超过1000万元的部分，按不超过0.1%收取；（6）证明单方赠与或受赠的，减半收取。如果是1亿元的话，继承公证的费用约在15.64万元。

本章节主要介绍了遗嘱继承和遗赠的法律特征、遗嘱的内容、所处分的财产范围、遗嘱和继承权的公证，及其相关的法律规定。从中可以看到遗产继承的相关的整套流程和注意事项。

在普通家庭进行财富传承安排过程中，设立遗嘱是最为普遍的一种方式。遗嘱可以在财富持有人具备完全民事行为能力、思路清晰的情况下，真实地记录其对身故后个人财产进行分配的主观意愿。通过遗嘱的设立，财富持有人可以将其身故后的个人财产分配给法定继承人，也可以将个人财产作为遗赠，赠给国家、集体和法定继承人以外的其他人。

设立遗嘱是一项民事法律行为，遗嘱生效还需符合民事行为生效的要件，无论是遗嘱设立的形式还是遗嘱的内容都必须符合相关法律及其原则的要求；而且遗嘱所处分的财产必须是遗嘱人拥有处分权的个人财产。因此，遗嘱人需认真思考财产分配方案潜在的不确定性并采取预防措施，同时，必须重视设立遗嘱过程中的每一个细节，以保证遗嘱的有效性和遗嘱继承的顺利实施。

从家庭风险管理的角度来看，设立遗嘱很有可能只是客户进行财富传承安排的第一步；在稍后的章节中，也会进一步介绍遗嘱继承可能存在的不确定性；但无论如何，设立遗嘱依然是财富传承过程中不可绕过的一个环节，理财师应帮助客户尽早通过设立遗嘱，以避免突然身故后法定继承可能带来的不确定性。

因此，理财师在了解客户的过程中，就应比较深入地了解客户是否设立了遗嘱，并就设立遗嘱过程中的法律规定、步骤以及注意事项和客户进行沟通交流，以帮助客户更多地了解财富传承的方式和工具，以及相关的法律知识；并在客户有需要时，提供有经验的律师资源，一起帮助客户完成遗嘱的设立。

第二节　遗赠扶养协议：受遗赠的权利和义务

依照我国《民法典》的相关法律规定，公民可以与扶养人（或集体所有制组织）签订遗赠扶养协议。按照协议，扶养人（或集体所有制组织）承担该公民生养死葬的义务，同时享有受遗赠的权利。① 继承开始后，按照法定继承办理；有遗嘱的，按照遗嘱继承或者遗赠办理；有遗赠扶养协议的，按照协议办理。② 同时既与人签订了遗赠扶养协议，又立有遗嘱的，继承开始后，如果遗赠抚养协议与遗嘱没有抵触，遗产分别按协议和遗嘱处理；如果有抵触，按协议处理，与协议抵触的遗嘱全部或部分无效。③

【财富传承案例六】④

徐某在父母离婚后，随母亲到美国生活。徐父在离婚后没有再婚，一直一个人生活。2008年的时候，徐父被查出患有癌症，身边没有其他亲人照顾，就与某养老院签订了遗赠抚养协议，协议中约定：养老院负责徐父日常生活起居、未来生病医疗以及死后送葬。徐父过世后将其的一套私产房赠与给养老院。签完协议后，徐父住进养老院养老，养老院也一直按照协议要求照顾老人的生活。

几年后，徐某回国探亲，得知父亲病重，就一直到养老院悉心照顾父亲，徐父感动之余，就立下遗嘱，遗嘱载明其名下的那套房产死后由徐某继承。

2018年1月，徐父因病去世，患病期间一直生活在养老院。养老院与徐某就房产

---

① 《中华人民共和国民法典》第一千一百五十八条。
② 《中华人民共和国民法典》第一千一百二十三条。
③ 《最高人民法院关于贯彻执行〈中华人民共和国继承法〉若干问题的意见》第五条。
④ 鑫霆律师事务所：《遗赠扶养协议和遗嘱冲突如何处理》，http://lawyers.66law.cn/s2908f1f3d203d_i732400.aspx，2020年4月3日。

继承问题发生了分歧，徐某认为自己是亲生女儿，且父亲生前立有遗嘱，明确由其来继承房产，况且自己也尽到了一定的赡养义务，当然可以继承遗产。

律师分析如下：

（1）遗产的范围。遗产是被继承人死亡时遗留的合法个人财产。徐父生前的房产是其个人财产，在其死亡时变成遗产，合法的继承人都有权分得一部分产权。

（2）继承的方式及冲突解决方式。我国的遗产继承方式有三种：遗嘱继承、法定继承、遗赠抚养协议。遗赠扶养协议，是遗赠人与扶养人之间订立的、确定遗赠与扶养民事权利义务关系的协议。这里的"扶养人"是指法定继承人以外的其他公民或集体所有制组织。三者的关系是遗嘱或遗赠抚养协议排除法定继承方式，也就是说继承关系中，如果被继承人生前留有遗嘱或者遗赠抚养协议，那就遵从前者，如果被继承人未有遗嘱或遗赠抚养协议就按照法定继承。

（3）在本案中，既存在遗嘱，也存在遗赠抚养协议，原则上二者的执行是互不干涉，各自执行。但问题是现在遗嘱和遗赠抚养协议存在冲突，如果冲突是部分冲突，那在遗嘱中冲突的部分就无效，如果全部冲突，那整个遗嘱全部无效。

综上分析，徐父所立的遗嘱和遗赠抚养协议都是真实有效的，但遗嘱内容与遗赠抚养协议内容有冲突，只能按照遗赠抚养协议约定的内容执行，因此该套房产应当归养老院所有。

遗赠扶养协议是相互附有条件的有偿协议，扶养人承担遗赠人生养死葬的义务，并于遗赠人死后取得相应遗产，其法律效力高于法定继承和遗嘱继承，遗赠扶养协议一经签订，双方必须认真遵守协议的各项规定。如果扶养人不履行扶养义务，经被扶养人的亲属或有关单位请求，人民法院可剥夺扶养人的受遗赠权。如果遗赠的财产发生灭失，扶养人有权解除遗赠扶养协议，并要求受扶养人补偿已经支出的扶养费用。

【财富传承案例七】①

2005年，张某因拆迁获得了安置房一套。其继女夫妇提出与张某签署遗赠扶养协议，承诺对张某进行赡养照顾直至终老，待张某去世后，将该安置房屋中所属财产遗留给继女夫妇所有，张某遂同意并签署了该份协议。

该份遗赠扶养协议约定：张某在百年之后将拆迁所得三居室一套遗赠给继女夫妇，继女夫妇负责张某生养死葬、日常生活照顾、衣食住行等一切。如果张某违约，有生之年将房屋赠与他人，将承担房屋30%的违约金，如继女夫妇未尽赡养义务，张某有权取消遗赠扶养协议。

2015年，张某起诉要求解除与继女夫妇二人签订的《遗赠抚养协议》，提出：继

---

① 《张×与刘×等遗赠扶养协议纠纷一审民事判决书》，北京市门头沟区人民法院，（2015）门民初字第3555号，2015年10月26日。

女夫妇从未对张某夫妇进行过照顾，并多次向张某借钱不还，协议签订后对张某更没有尽到相应的扶养义务。而且自己和配偶每月退休金收入高达七千余元，而继女夫妇连工作都没有，自己不需要被告夫妇赡养，而继女夫妇也没有能力赡养原告。

被告夫妇在庭上辩称：虽然没有对张某进行金钱赡养，但是赡养还包括劳务和精神方面，而且夫妇二人实际自2000年就开始履行照顾赡养张某的义务，已经履行了15年；而且签署的遗赠扶养协议约定了解除条件。因此，认为原告起诉的事实、理由不成立，遗赠扶养协议是双方真实意思表示，不同意原告的诉讼请求。

最后，法院认为，原、被告于2015年6月10日达成遗赠扶养协议，要求被告夫妇对原告张某进行日常生活照顾，该协议是双方真实意思表示。两个月后张某以被告夫妇不尽扶养义务，自己有固定收入无须扶养为由，要求解除其与被告夫妇之间的遗赠扶养协议。本院认为，由于遗赠扶养协议具有一定的人身属性，在张某要求解除协议的情况下，被告夫妇难以继续对张某进行扶养，而且自协议订立至张某起诉至法院间隔时间较短，被告夫妇亦未提交证据证明其对张某尽到扶养义务，故根据相关规定判决：解除张某与被告夫妇于2015年6月10日签订的《遗赠抚养协议》。[①]

在现实生活中，常常出现遗赠扶养协议相关的纠纷和诉讼。在吴强兵和江锦莲发布的《遗赠扶养协议纠纷调研报告》[②]中，将近年遗赠扶养协议纠纷案件的主要特征描述如下：

（1）法律关系复杂：遗赠扶养协议绝大多数存在于遗赠人与自然人扶养人之间，少数存在于遗赠人与集体所有制组织之间。扶养人多为遗赠人较为亲近的亲戚。有些案件中既有遗嘱又有遗赠扶养协议，有些案件中还存在多份遗赠扶养协议。各种法律关系交织在一起，厘清十分不易。

（2）协议形式多样：遗赠扶养协议纠纷案件中，协议的订立以书面形式为主，也有采用口头约定、音像固定等。书面形式有手写的或打印的，亦有打印与手写混同的，经过公证的极少。协议名称更是五花八门，比如遗赠扶（抚）养协议、协议书、收养协议、房地产继承书、遗赠书、分家单等。协议的内容也各不相同，有仅涉及生养死葬、死后取得遗产的；亦有规定协议如何履行，出现违约时，应如何处理的。

（3）争议焦点集中：该类案件当事人的起诉理由主要是对协议效力有争议、扶养人未尽到扶养义务、扶养人无法继续履行协议、扶养人侵占遗赠人财产、遗赠人恶意处分约定遗产、遗赠人另立遗嘱或与他人另立遗赠扶养协议等。争议焦点则是集中在

---

① 《民法典》第一千一百四十四条对这种情况予以了明确，遗嘱继承或遗赠附有义务的，继承人或者受遗赠人应当履行义务，没有正当理由不履行义务的，经利害关系人或者有关组织请求，人民法院可以取消其接受附义务部分遗产的权利。

② 《遗赠扶养协议纠纷调研报告》，作者：吴强兵、江锦莲，北京市第三中级人民法院，该调研报告以"遗赠扶养"为关键词，利用北京法院"搜案"系统进行搜索，搜得2008~2013年审理的相关案件共计214件，逐案过滤后，剔除不属于遗赠扶养协议纠纷的案例，并以符合条件112例案件作为样本，介绍了该类案件的基本情况、分析了审判难点，并提出了裁判思路和立法建议。

协议的认定、协议的性质、协议的效力、扶养人是否合理履行扶养义务、遗赠人是否履行保证约定遗产完整之责等。

（4）调撤难度大：协议双方在共同生活的过程中，因多方面的原因造成履约困难，各自解约的决心较大，在解约后的经济赔偿问题上难以形成统一意见。且遗赠扶养协议所涉及的标的多为房产，经济利益较大，当事人矛盾较深，调解工作存在较大困难。有些案件即便经过法院做工作撤诉了，但矛盾和问题没有解决，再次起诉的概率高。

在该调研报告中，吴强兵、江锦莲两位法官对上述特征以及审理难点进行了如下原因分析：

（1）遗赠扶养的履行基础薄弱：首先，从情感上来看，遗赠扶养与家庭养老有别，家庭养老建立在血缘之上，扶养人与被扶养人之间存有亲缘伦理关系，感情基础深厚；而遗赠扶养协议以契约为基础，双方为达成互利而联系到一起，缺乏像家庭成员之间的天然情感，责任感脆弱。其次，解决途径单一。遗赠人与扶养人之间长期存在供养关系，难免出现生活矛盾，扶养人如不能提供令遗赠人满意的经济扶养、生活照料、精神安慰，或是遗赠人随意处分协议财产，因双方的信赖基础缺乏，以致矛盾发生后，难以找寻可信的中间人从中调和，像居委会、村委会等基层组织的调解能力弱化，协议双方的纠纷只能通过诉讼的方式解决。

（2）法律规范缺失：①未明确遗赠扶养协议性质。遗赠扶养协议涉及的是遗赠人生前的权利、义务以及死后的财产处理等事项，并置于相关法律之中。但是未明确其性质为何，致使裁判者存在"财产合同"与"身份合同"的认识差异，从而影响到法律的适用问题。

②对遗赠扶养协议的主体规定较窄。从我国现行相关法律规定的字义来看，遗赠人应限定为非法定扶养人、拥有一定财产、需要扶养的自然人，扶养人须是法定继承人以外的公民或集体经济组织。但随着非公有制经济的发展，民事主体类型更加丰富，集体经济组织的限定无法满足政策的需要；同时，司法实践中不乏被继承人与部分继承人，或与继承人之外的其他人签订扶养协议的情况，如果准用遗赠扶养协议的规定，似有类推之嫌，如果否认扶养协议的效力，又有违遗赠人的意志，造成两难境地。

③关于遗赠扶养协议的订立、履行、解除的规定缺乏。首先，关于协议的订立。相关法律及其高等法院意见对遗赠扶养协议的生效要件没有明示，如实质要件中缔约人的行为能力是否应当完全，裁判者多借助原《民法典》及司法部《遗赠扶养协议公证细则》的规定，要求缔约人必须是完全民事行为能力人。但缔约人为非完全民事行为能力人的，其与他人签订的协议效力应如何认定；存在多个法定监护人时，协议签订是否需要所有监护人代为签订；部分监护人代为签订的，效力又该如何认定，这都是摆在裁判者面前的难题。形式要件上，遗赠扶养协议应否以书面形式订立，是否需要进行见证、公证。

其次，关于协议的履行。扶养人需要按照协议约定的内容对遗赠人进行扶养，如约定不详时，扶养的标准应如何把握，是否囿于生养死葬，除了物质供给以外，是否还包括精神性扶养；协议约定的财产应如何进行日常管理，收益应如何进行分配；遗赠人生前处分约定财产应恪守哪些必要的限制，这些都是需要立法予以明确的。

最后，关于协议的解除问题。《最高人民法院关于贯彻执行〈中华人民共和国继承法〉若干问题的意见》第五十六条规定："扶养人或集体组织无正当理由不履行，致协议解除的，不能享受遗赠的权利，其支付的供养费用一般不予补偿；遗赠人无正当理由不履行，致协议解除的，则应偿还扶养人或集体组织已支付的供养费用。"该规定赋予了协议人在"无正当理由不履行，致协议解除"情形下的单方解除权，但对"无正当理由不履行"的具体情形没有涉及；因扶养人原因致协议解除的"一般不予补偿"的后果，应如何去把握也未明示。如果双方协议解除合同的，供养费用应当如何补偿；扶养人先于遗赠人死亡的，协议是否当然解除，解除后的供养费用应如何补偿等，均有待法律的补充。

（3）履行监督保障机制缺乏：目前，遗赠扶养协议的履行主要依靠的是协议双方的自觉、自愿，至于协议的履行程度，则无人从旁加以监督。由于遗赠人多为老弱病残，在协议履行过程中，如果扶养人不履行或者不完全履行扶养义务，甚至存在杀害、虐待、遗弃、威逼利诱遗赠人的情形，作为弱者的遗赠人有难不敢申，显得孤苦无助，往往难以维护自己的利益。甚至发生扶养人骗取信任，取得财产后一走了之，导致遗赠人处于生活无着落之境地的情况。由于遗赠扶养协议的履行存在阶段性，扶养人履约在先，遗赠人履约在后，扶养人的利益也同样存在风险。如果遗赠人生前不遵守协议的约定，随意处分、隐匿、毁损约定财产，扶养人未能及时发现，其应有的权利也将难以实现。

从上述调研分析来看，虽然在我国现行法律允许公民签订遗赠扶养协议，但尚存在履行基础薄弱，法律规范缺失，以及履行监督保障机制缺乏等方面的问题。这也是理财师在财富管理实践中必须要予以关注的。因此，在法制建设有待进一步完善的情况下，理财师在帮助有需要的客户提供遗赠扶养协议方面的建议时，无论客户是遗赠人还是扶养人，均须注意以下几个方面的问题：

（1）对有意和法定继承人签订遗赠扶养协议的客户，理财师应提醒客户：法定继承人是否可以成为遗赠扶养人，在司法实践中尚有一定的争议。因为从我国现行相关法律规定的字义来看，扶养人须是法定继承人以外的公民或集体经济组织。因为法定继承人与被继承人之间具有法定的互相扶养和互相继承的权利义务关系。因此，在现行法律之下，还是以遗嘱作为财产分配的形式为宜，但同时可以由法定继承人之间签署赡养协议，并规定具体的扶养义务。

（2）尽量征求其他法定继承人的同意并通知其他法定继承人到场，以避免遗赠人过世后的遗产继承纠纷。

（3）为避免扶养人的客观因素影响，如扶养人已婚，或有成年子女与之共同生活的，要征求其配偶及成年子女的意见，并应与其配偶共同为一方，与遗赠人签订协议。

（4）在遗赠扶养协议中，明确约定遗赠的财产范围，且必须是遗赠人个人所有。

（5）在明确遗嘱扶养协议的内容时，双方的意思表示、权利和义务要非常明确，协议条款要完备。例如：①扶养人履行经济供养、生活照料、精神慰藉、死后丧葬事宜等以及协议双方约定的其他义务和履行方式；如不生活在一起的话，扶养人须定期看望遗赠人；遗赠人葬礼的标准等。②在协议中须明确，如果扶养人不履行扶养义务的，遗赠人有权请求解除遗赠扶养协议，遗赠人亦不得违反约定对遗产进行随意处分，并负有死后将遗产遗赠扶养人的义务，双方权利的实现均有赖于对方义务的履行；并明确在原定的扶养条件不足以维持扶养或者履行能力出现变化时，协议双方亦有权要求变更协议等。③扶养人的权利也可以在协议中予以明确，如协议双方可对遗赠财产的日常管理和收益等进行约定。遗赠人应善意且不损害扶养人的利益，不得将约定财产无偿赠与、低价出售他人、放弃到期债权或毁坏该财产，也不得在该财产上设定担保及用益物权等。④在遗赠扶养协议中，明确具体的解除方式，明确协议经双方协商一致后可以解除，解除后果可由双方协定；同时明确单方解除的条件，例如，遗赠人恶意处分协议标的物的；遗赠人毁损协议标的物的；遗赠人就约定遗产立有多份遗赠扶养协议，未告知扶养人的；遗赠人无故不接受扶养人扶养，经催告仍不接受的，扶养人可单方解除协议。同时，扶养人故意杀害遗赠人的；扶养人虐待、遗弃遗赠人，情节严重的；扶养人无正当理由不按约定履行扶养义务，经催告仍不履行的，遗赠人可单方解除协议等。⑤明确解除后果。例如，明确遗赠扶养协议解除后，协议尚未履行的，终止履行；已经履行的，根据履行实际情况和解除原因进行处理。在双方协议解除或法定解除情况下，遗赠人应当对扶养人已经履行的扶养义务予以适当金钱补偿。如果协议一方单方解除协议的，通知到达对方时协议即行解除。如因扶养人的过错致协议解除的，扶养人不得就其已履行的义务要求遗赠人补偿；协议解除如系遗赠人的过错所致，遗赠人应对扶养人已经履行的扶养义务的价值进行全额补偿，扶养人请求损害赔偿的，可视遗赠人的履行能力酌定等。

（6）协议如设立了担保条款，担保人的意思表示须真实，同时还应提供担保人的财产情况。

（7）尽可能完善遗赠扶养协议的签订形式，由遗赠人亲笔书写后，由遗赠人与扶养人双方共同签字盖章。如遗赠人不能亲笔书写的，也可以由没有利害关系的第三人代书或者电脑打印，并由两名无利害关系的第三人在场见证，并由见证人和代书人签字摁印。协议双方可以在遗赠扶养协议签订后前往公证机关进行公证。

第三节　保险产品在财富传承中的运用

一、保险产品作为财富传承工具的主要特点

作为家庭风险管理最主要的工具之一，保险产品在减少财富传承安排的不确定性

方面依然扮演了重要的角色。其背后的主要原因首先还是因为保险合同的法律关系性质[①]决定了保单的主体仅限于保险合同的当事人和保险合同的关系人，在受益人的确定性和私密性方面，能较为明确地体现财富持有人对个人财产进行分配的主观意愿；其次，在实际操作过程中，只要符合保险合同中的给付条件，保险人在给付过程中的效率较高，而且没有额外成本；最后，根据我国《保险法》的相关规定，[②] 保险金只有在没有指定受益人、受益人先于被保险人死亡或者受益人丧失、放弃受益权，且没有其他受益人的情况下，才可以作为被保险人的遗产。海外有较多国家也有类似规定，因此购买身故保险（通常是终身寿险）被认为是降低遗产税的一种有效手段。

同时，根据最高人民法院《关于保险金能否作为被保险人遗产的批复》规定，人身保险金能否列入被保险人的遗产，取决于被保险人是否指定了受益人。指定了受益人的，被保险人死亡后，其人身保险金应付给受益人；未指定受益人的，被保险人死亡后，其人身保险金应作为遗产处理，可以用来清偿债务或者赔偿。

本章第一节在介绍遗嘱继承时，曾有介绍遗嘱继承和继承权公证过程中可能存在的不确定性。例如在继承权公证的过程中，所有的继承人都是要到场的，因此私密性就无从谈起了。而保单在被保险人身故后，保险公司会将保险理赔金按投保人指定的顺序和份额直接交给受益人，而受益人之间无须见面，在一定程度上可避免潜在的纠纷。

同时，遗嘱继承的办理时间较长，从办理继承权公证到办理各种财产的过户手续，前后的时间较长，如果遇到纠纷，那就需要更长时间了，两至三年是正常的。相较之下，保险的理赔通常在几周内就可以完成，就相对快很多。

最后，财富传承的成本包括了遗嘱制定过程的律师费用和公证费用，如果未来开征遗产税的话，那么财富传承的成本会更高。但保险金给付本身没有费用，同时，如果符合相关条件，保险金不属于遗产，就无须支付上述的这些费用和税赋。

二、满足私密性需求的同时，还需关注的事项

在财富管理实践中，理财师可能面对客户各种不同的需求。比如，随着经济的快速发展，社会风气不断开放，从明星到企业家到金融高管的各种绯闻、桃色新闻充斥着各种媒体，离婚率逐年递增，这些现象显然使一些客户的社会关系也变得复杂起来，他们往往对财富传承过程中的私密性问题也越发变得敏感和谨慎。对理财师而言，显

---

① 在本书第九章第一节的内容中，曾介绍了保险合同的法律关系：保险合同的法律关系和一般法律关系一样，由主体、客体和内容这三个部分组成。保险合同的主体为保险合同的当事人和保险合同的关系人；保险合同的客体是被保险人在保险标的上的保险利益；保险合同的内容就是保险合同主体间的权利和义务关系。

② 《中华人民共和国保险法》第四十二条：被保险人死亡后，遇有下列情形之一的，保险金作为被保险人的遗产，由保险人向被保险人的继承人履行给付保险金的义务：（1）没有指定受益人的；（2）受益人先于被保险人死亡的，没有其他受益人的；（3）受益人依法丧失受益权或者放弃受益权，没有其他受益人的。受益人与被保险人在同一事件中死亡，且不能确定死亡先后顺序的，推定受益人死亡在先。

然无法以主观的道德标准来评判是非对错,但需站在公正客观的立场,指出客户在财富传承安排中可能存在的不确定性,以帮助客户做出正确的选择。

在现实生活中,客户可能会表露出希望对一些家庭成员以外的人士进行财务支持和照顾主观意愿,比如前段婚姻所生子女,或者对其生活上或者精神上曾有过支持和帮助的朋友,等等。但又希望这些活动具有一定的私密性,免得事后惹起纷争,使得自己的主观愿望无法实现。

在这种情况下,理财师首先应提醒客户,客户只能对属于其个人的财产进行支配,受我国《民法典》和其他相关法律法规保护的夫妻共同财产,或者其他共有财产,在未得到共有人同意的情况下,无论以什么形式对其进行处分,都可能是无效的行为。即使购买保险也是如此,保险作为一种金融资产,在保险公司可以用姓名、身份证号进行查询,保费扣款记录在银行有交易流水可以查询,财产共有人在获得证据后,完全可以向人民法院主张自身的权利。

其次,保险合同法律关系中的客体是被保险人在保单合同上的保险利益。理财师需提醒客户在订立保险合同时,是否具备对被保险人的保险利益。

根据我国《保险法》第十二条的规定:人身保险的投保人在保险合同订立时,对被保险人应当具有保险利益;并规定了投保人在订立合同时,对本人、配偶、子女、父母,除此以外,与投保人有抚养、赡养或者扶养关系的家庭其他成员、近亲属、与投保人有劳动关系的劳动者,具有保险利益。除前款规定外,被保险人同意投保人为其订立合同的,视为投保人对被保险人具有保险利益。订立合同时,投保人对被保险人不具有保险利益的,合同无效。[①]

虽然"被保险人同意投保人为其订立合同的,视为投保人对被保险人具有保险利益",然而,如果被保险人并非完全民事行为人,投保人和被保险人之间也不存在扶养关系,保险合同也可能无效,保险公司不承担保险责任。

最后,如果当事人希望通过保单来实现身后对一些身份比较敏感的朋友的财务支持和照顾的话,采用终身寿险比较常见。但在实际理赔操作中,受益人需要提供被保险人的死亡证明,而死亡证明通常是在配偶或者亲属手上,这时候出现超出当事人预期的问题。在实务操作过程中,有保险业人士提出可以将该保单和家庭中的其他保单买在一家保险公司,在其他保单理赔过程中,保险公司已经有了当事人的死亡证明,因此也可以顺利理赔。但因为保单时间跨度较长,其中也同样存在一定的不确定性,因此理财师需要提醒客户慎重考虑。

三、保险产品和其他工具的搭配使用

无论是客户家庭财务保障保全体系的搭建还是财富传承的安排,都是系统性的工

[①] 《中华人民共和国保险法》第三十一条。

作，客户家庭财富越多，家庭关系越复杂，单个产品或者产品种类就越无法作出全面的安排。

例如，以本书第三部分"构建家庭财务保障保全体系的能力"之【风险保障案例七】的情况为例，单身父亲王强一方面希望避免"婚前财产公证"带来的尴尬，另一方面希望能对前段婚姻的女儿进行未来进行财务支持的案例。其中提到了"年金保险+遗嘱"的组合方式，以实现上述目标，即王强作为投保人，以女儿小娴为被保险人和生存受益人，同时，自己作为身故受益人，配置大额年金保险。

这样的安排，使得王强避免了婚前财产公证的尴尬。指定生存受益人为小娴，领取的年金是小娴的财产，在其未成年时，王强作为监护人有管理权而无所有权，即使王强再婚却出现离婚的情况，这部分婚前财产也不属于其婚后财产，免于被分割。同时，年金是按期支付的，也可避免女儿在成年后将其挥霍一空的情况出现。而小娴如果出现身故风险，王强自己则是指定的身故收益人。

而遗嘱在此案例中的作用则是为了应对王强作为投保人在小娴成人以前就过世的情况。因为届时保单合同虽然还将继续有效，但需要更改投保人，而且新投保人必须为被保险人的父母或者监护人。而且在实际办理中，投保人变更手续需要原投保人的法定继承人同意并签字；办理时还得提供原投保人的死亡申请书。由于新投保人还拥有解除保险合同获得保单现金价值的权利，根据我国《民法典》规定，届时现配偶和王强之父母均为法定继承人，多位继承人在投保人变更问题上是否能达成一致，将会存在较大的不确定性。因此，王强在购买年金保险的同时，还需要以订立遗嘱的方式，明确说明年金保单的现金价值和投保人的权益归女儿一人所有；如果女儿还未成年则由王强的父亲或者母亲作为投保人代为持有直至女儿年满十八岁。

虽然【风险保障案例七】的出发点是在于婚前财产保护，但之所以要进行婚前财产保护，其背后的最终目的还是在于保障女儿小娴未来的生活品质，其实也是一种生前财富赠与和传承行为，理财师可以从该案例中看到保险和遗嘱共同使用的效果。

四、关于保险"避税"

近年来，关于"保险工具可以避税"一说喧嚣尘上，事实上逃税或者美其名曰避税和税务筹划，是有本质区别的。

税务筹划，是指在纳税行为发生之前，在不违反税法及其他相关法律法规的前提下，通过对纳税主体（法人或自然人）的经营活动或投资行为等涉税事项作出事先安排，以达到少缴税或递延纳税目标的一系列谋划活动。

因此税务筹划首先是在纳税义务发生之前，然后在不违反法律法规的前提下进行的筹划活动。

保险金给付形式很多，既包括身故理赔金，也包括年金、两全保险到期生存金、分红以及分红的累计生息等，在实际执行过程中，保险的年金、分红、收益等目前还没有征缴的明确规定。1998年发布的《国家税务总局关于未分配的投资者收益和个人人寿保险收入征收个人所得税问题的批复》曾指出："对保险公司按投保金额，以银行同期储蓄存款利率支付在保期内未出险的人寿保险保户的利息（或以其他名义支付的类似收入），按'其他所得'应税项目征收个人所得税，税款由支付利息的保险公司代扣代缴。"但这一条款于2019年已被废除。① 即使未来开征此类保险收入所得税的话，如果保险红利采用直接购买保额的形式，或者直接以保额分红的形式，最终以保险理赔金的形式支付给受益人，依然可能规避相应的个人所得税。

我国个人所得税相对比较简单明了，进行税务筹划的空间并不大。但我国在2017年4月，由国务院常务会议决定，财政部、税务总局、保监会三个部门联合发布通知，从当年7月1日起，将商业健康保险个人所得税税前扣除试点政策推至全国，对个人购买符合条件的商业健康保险产品的支出，允许按每年最高2400元的限额予以税前扣除。

我国当前没有遗产税，但不管未来会不会开征遗产税，根据我国《个人所得税法》第四条第五款的规定，保险赔款免缴个人所得税，这一点是比较明确的。同时，《保险法》第四十二条指出，被保险人死亡后，有三种情况之一的，才属于被保险人的遗产，分别是：（1）没有指定受益人，或者受益人指定不明无法确定的；（2）受益人先于被保险人死亡，没有其他受益人的；（3）受益人依法丧失受益权或者放弃受益权，没有其他受益人的。

因此，除了上述三种情况，身故理赔金均不用缴纳遗产税。无疑，这为通过保险产品进行（可能开征的）遗产税筹划活动提供了巨大的想象空间。

其中一个思路是：利用保险的杠杆功能，来为未来可能开征的遗产税做税金准备。

由于一些国家的遗产税需要先缴税，然后才能继承，而遗产中往往还包括住宅、企业股权等流动性较差的资产。在本书第十三章中有介绍日本前首相田中角荣去世后，其女田中真纪子只能拿田中旧宅的大部分进行抵税；美智子皇后的父亲正田英三郎去世，子女们也是拿正田公馆抵税的案例。

在这种情况下，通过配置大额终身寿险，以被继承人为被保险人，指定继承人为身故受益人，如果预计要届时要支付5000万元遗产税的，假设以10倍杠杆来算的话，只需要500万元，就可以在被继承人过世的时候，由受益人直接从保险公司获得5000万元的身故理赔金，既不算遗产，又可以增加支付税收的能力。即使届时依然没有开征遗产税，这部分的财产也能顺利地按被继承人的意愿得到传承。

目前终身寿险保单一般都是期缴方式，因此前期的保额杠杆比较大，但随着缴费年限的增加，已交保费越来越多，杠杆比例就会逐年下降。同时，该类保险对核保最大年龄还是有规定的，超出规定年龄的话，最后保额杠杆就发挥不了作用。

---

① 《财政部税务总局关于个人取得有关收入适用个人所得税所得项目的公告》，财政部　税务总局公告2019年第74号。

因此，可考虑采用趸交的方式购买终身寿险，并通过保单贷款套现现金价值的70%~80%，用以进行其他投资，而投资收益则用来支付保险公司保单贷款的利息。国内保险公司贷款利率2020年约为4.85%~6%；如果套现资金每年投资收益能覆盖保单贷款利息的话，那么保额杠杆就可达到较高的倍数。如果投资发生亏损或者收益低于保单贷款利率，客户可能需要另行支付保单贷款利息。

这样安排的还有一个好处就是保单贷款最后是可以由遗产进行偿还的，遗产应税额度相应就随之降低了。而因为被继承人过世，其指定受益人可以获得全额保险理赔金，在其他法律环境不变的情况下免于被征缴遗产税。

【财富传承案例八】①

据媒体报道，张先生是一名43岁的企业主，早年移民香港，但常驻广州。他希望以最低投入购买一份大额保单，主要目的是为两个未成年的孩子提供一份保障。香港的保险公司服务人员为他提供了一份保费融资的计划。

根据该计划，建议张先生购买的是一份万能寿险附加终身寿险的保单，保额为600万美元，张先生为投保人，也为被保险人，指定两个子女为受益人。这笔保单的保费为197.6万美元，杠杆约为1:3。

该计划还提供了一份保费融资建议。即以保单抵押，获得相当于保费80%的资金，共计158.08万美元，利息是Libor+1%，以当时的利率约为1.8%。② 通过这样的融资安排，张先生为该份保单实际支付了约40万美元；相当于以15倍的杠杆，获得了高达600万美元的一份高额保单。

与此同时，保险公司承诺，张先生每年可以获得不少于"保单发行首日退保价值"2.15%的收益，按年复利。"保单发行首日退保价值"是保费减去保费费用、保险费用和行政费用及退保费用后所得。

张先生以后每年需支付融资金额158.08万美元的贷款利息。但这笔贷款也可以用以投资，如果每年的投资收益加上"保单发行首日退保价值"每年2.15%的利息收入，能覆盖保费融资成本，张先生即可以较低的成本获得了一份大额保单。

根据上述建议，被保险人一旦出险的话，保险指定受益人则获得保险理赔金600万美元，这部分资产以现有的各国遗产税制度而言，免征遗产税是大概率事件。同时，贷款部分未来由遗产偿还，可进一步降低遗产应税额度。

【财富传承案例八】是一个香港保险的案例。近年来不断有中国内地人士赴香港购买保险，其中原因很多，不能一言蔽之。事实上，中国内地的保单同样可以进行保费

---

① 陈莹莹：《解密香港大额保单遗产税规避路径 杠杆达15倍》，东方财富网，http://insurance.eastmoney.com/news/1215，20130104266398482.html。

② Libor（London Interbank Offered Rate），伦敦银行同业（短期资金）拆借利率，是国际金融市场中大多数浮动利率的基础利率。

融资，但由于香港作为亚洲金融中心，需要保障货币汇率稳定和资本的自由进出，因此在货币政策上紧随美国，其同业拆借利率 Hibor 也要跟美元联邦基准利率保持一致，美国的长期低利率政策使中国香港的利率和内地相比相对较低。

相对较低的保费融资利率，成为该案例的关键，但也同样存在不确定性，原因有二。一是客户尚在壮年，如果不出意外的话，该终身寿险的出险会是在数十年以后，如果出现加息周期，每年需要支付的融资利息可能会超出客户想象。以 1998 年为例，1 年期 Libor 除了 10 月份为 4.865% 以外，全年都在 5% 以上，最高是 4 月份的 6.024%。如果按 12 个月的均值 5.622% + 1% 来计算张先生的保费融资利息的话，将超过 10.468 万美元。二是如果资本市场出现较大的短期波动，投资收益出现亏损，张先生在短期可能会需要另行筹资支付融资利息。同时，即使长期保持低利率政策，汇率也是一个不确定因素。当然，每个客户的风险承受能力和容忍态度、需求和想法都可能不同，在财富管理实践中，理财师需站在专业立场上，向客户提供符合其自身实际情况的建议，并明确提示客户相关的风险，帮助客户作好相关的家庭财务决策。

综上所述，保险合同的法律关系性质和保险金的给付功能，使得保险产品还是理财师帮助客户家庭进行财富传承准备的一种重要的工具。主要体现在：(1) 通过指定子女为被保险人和受益人，以保险年金或分红类产品，在子女不同的人生阶段，提供财务支持，使其拥有良好的生活品质，实现生前财富转移的功能；(2) 以自己为被保险人，并指定受益人的方式，配置终身寿险，为自己的身后事做好安排，利用身故保险金为自己的临终关怀（部分终身寿险可以在被保险人临终阶段即可给付）、丧葬费用做出准备，降低家属的负担；(3) 同样以终身寿险的方式，利用保险杠杆为指定受益人（包括配偶和子女）留下一笔保险金，而身故保险金有较大的概率无须缴纳可能开征得遗产税；(4) 和其他的工具（如遗嘱、家族信托等）同时配置，解决财富传承过程中的问题。

与此同时，理财师在利用保险产品帮助客户进行财富传承的安排的时候，也需要关注到保险产品其他的一些特点。例如：(1) 保险作为一种标准化产品的局限性，其部分功能或者产生的现金流可能符合客户的特定需求，但还是要注意到它们的灵活性及其是否能体现客户的最终目标。(2) 在客户为了财富传承的目的而配置保险的情况下，受益人和被保险人同时死亡，且不能确定死亡顺序的，死亡顺序的认定上和法定继承有所不同，例如：被保险人和受益人在同一场空难中死亡的，根据我国《保险法》，将推定受益人死亡在先，而因被保险人身故而作出的理赔，将成为遗产。(3) 通过合规合理的手段来降低财富传承过程中的成本，固然很重要，但财富传承的目的还是希望以此生所积累的财富，让子女家人受益，并在此过程中，尽可能降低不确定性；目前我国是否开征遗产税尚无定论，如果开征了，届时相关法律，如《保险法》《民法典》或《税法》等会不会因此进行修订，现在也无法臆测，现在就是为此目的进行了税务筹划，也只能算是未雨绸缪。(4) 理财师不应为客户提供"碎片化"的财富传承安排建议，即使客户只是进行了保险产品的配置，但依然要提醒客户财富传承安排是一项"系统性工程",并提醒客户尽早设立遗嘱、进行意定监护公证等相关的工作。

第四节　信托在财富传承安排中的运用

我国《信托法》第十五条规定,"设立信托后,委托人死亡或者依法解散、被依法撤销、被宣告破产时,委托人不是唯一受益人的,信托存续,信托财产不作为其遗产或者清算财产"。其中表现出来信托的存续期限要长于委托人的自然寿命,因此,也使之成为家庭财富传承中的最重要的工具之一。

本书第九章介绍了信托的起源、我国信托的定义和信托法律关系、信托行为及其灵活性、信托财产的独立性原则,以及当前我国家族信托发展的制约因素。从中也可以看到家族信托之"信托关系不会因委托人或受托人死亡、破产或丧失行为能力而消灭""在符合规定的情况下,不得对信托财产强制执行"等资产保护功能,而通过设立信托及其与遗嘱、意定监护协议、保险等工具的组合使用,进行财富传承安排,已经成为当前无论中外的高净值客户家庭最为普遍采用的方式之一。

一、信托法律关系在财富传承安排中的体现

通过信托行为进行财富传承安排,可以采用常见的普通家族信托,也可以采用遗嘱信托。我国《民法典》颁布实施后,明确了:"自然人可以依法设立遗嘱信托。"[①]

所谓的遗嘱信托,是通过遗嘱而设立的信托,即委托人预先以立遗嘱的方式,将财产的规划内容,包括交付信托后遗产的管理、分配、运用和给付等,详细地记述在遗嘱中,待委托人过世,遗嘱生效,将遗嘱中所委托的财产委托给受托人,由受托人依据信托的内容,也就是委托人遗嘱所交办的事项,管理和处分财产。遗嘱信托和普通家族信托最大的不同点在于,遗嘱信托是在委托人死亡后信托协议才生效。

【财富传承案例九】[②]

2003年12月30日,梅艳芳身患重病去世。在12月初时,梅艳芳立下遗嘱及信托基金,将自己两处物业赠予好友刘某,预留170万港元给4名外甥及侄女作教育经费,剩余遗产委托汇丰国际信托有限公司管理,每月支付给母亲覃女士(以下简称"梅母")7万港元作为生活费,直至母亲去世。待梅母去世后,所有资产扣除各项开支后全部捐献给妙境佛学会(如图15-1所示)。

---

① 《中华人民共和国民法典》第一千一百二十三条。
② 《梅艳芳遗产案》,https://baike.baidu.com/item/梅艳芳遗产案/10495588? fr = aladdin。

第十五章 财富传承安排的常用方法和工具

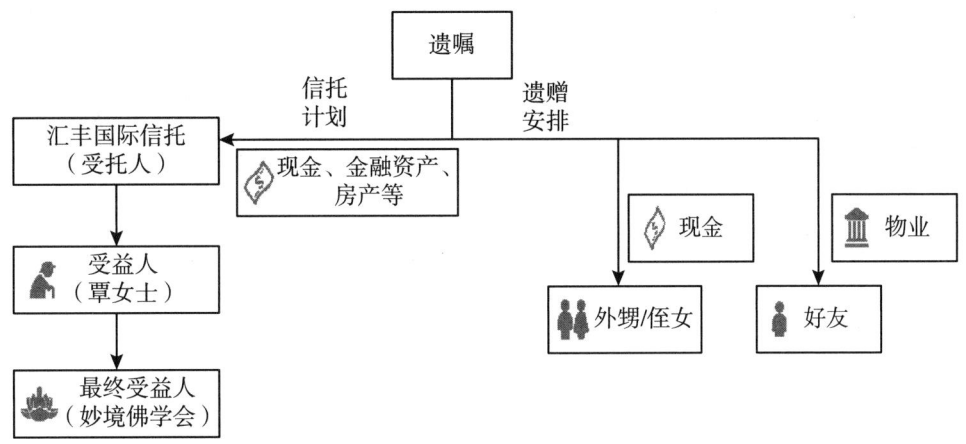

图15-1 梅艳芳遗嘱内容图

2004年初，梅母向法院提起诉讼，坚称梅艳芳是在神志不清的状态下签订遗嘱，故法庭应判遗嘱无效，希望由自己独得亿元遗产，但被法庭驳回。2006年3月和2007年8月，梅母又将遗嘱执行人、主诊医师、遗产受益人一并告上法院，质疑三方串通欺骗梅艳芳立下遗嘱窃取其遗产。对于梅母控告，三被告坚称梅艳芳立下遗嘱时神志清醒，不把遗产交给母亲打理，是因为担心母亲不善理财，花尽遗产后生活无依。从2004年到2011年近8年的时间里，梅母多次起诉，尽被驳回，然后上诉，但均无法撼动梅艳芳遗嘱信托的有效性。

但出于人道主义精神和对梅艳芳生前希望照顾母亲的遗愿的尊重，法官将给予梅母的生活费增加到每月12万港元，双方庭审费用从梅艳芳信托资金中收取。由于香港高昂的律师费用与梅母连绵不绝的官司，导致信托基金所剩无几。信托基金曾1.4亿港元卖出一套物业，并多次拍卖梅艳芳私人物品。

2011年5月，香港高等法院下达终审判决书，梅母再次被裁定败诉。

【财富传承案例九】中，当事人梅艳芳在遗嘱中明确了对亲友的遗赠，其中包括将自己两处物业赠与了好友刘××，并预留了170万港元作为4名外甥和侄女的教育经费，并以剩余的资产作为信托财产，设立了信托。

如果梅艳芳的信托在其过世前已经成立，相应的资产也已经划入信托，可以在一定程度上降低遗产继承的成本。

香港自1915年开征遗产税，并于2006年2月11日被正式取消。而梅艳芳是在2003年12月30日去世，当时还有遗产税，免税金额为750万港元。因此，梅艳芳通过信托的安排，在一定程度上，降低了财富传承的成本：因为信托资产已经不再属于遗产的范畴，170万港元给外甥和侄女的教育金应该在免税金额范围内，即使赠与好友的两个物业超过750万港元免税金额，涉税的部分也相当有限。

但如果该信托是根据其遗嘱成立的信托，即遗嘱信托，意味着在其过世后，其遗产才被划入信托,虽然信托的有效性没有问题,但还是有可能涉及遗产税的缴纳义务,这一点和生前设立信托有所区别。

在信托的法律关系中,信托的主体包括委托人、受托人和受益人,在【财富传承案例九】中,梅艳芳是委托人、汇丰国际信托是受托人,梅母和妙境佛学会是受益人,但二者的受益方式有所不同,梅母每月都将获得约定金额的信托收益,但妙境佛学会则是在梅母过世后,相关信托终止,在扣除相关费用后,一次性获得剩余的信托财产。而信托的客体主要是指信托财产(见图15-2)。

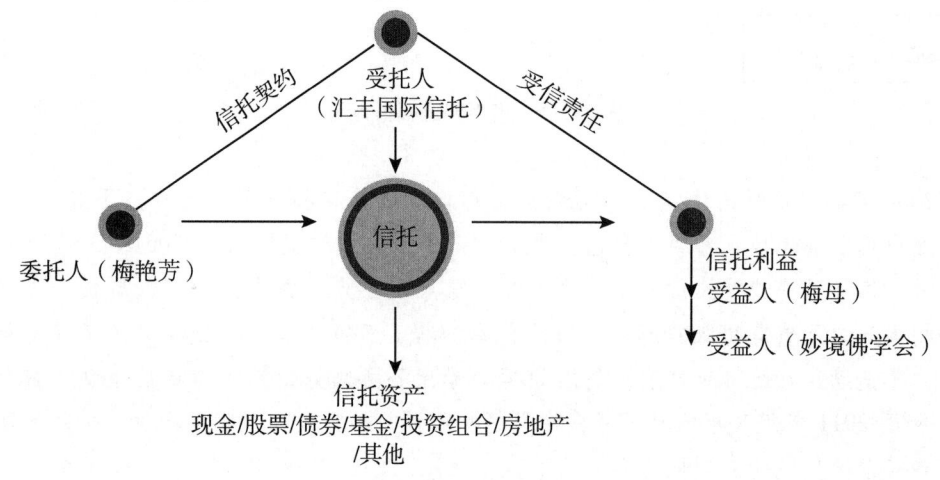

图15-2 梅艳芳信托架构

信托法律关系中的内容,即信托协议的相关约定和信托协议履行过程中各主体当事人的权利和义务。【财富传承案例九】中,当事人梅艳芳的遗嘱表达得非常清晰,并从中可以看到以下三个方面的安排。

(1)安排年老母亲的生活。梅艳芳在世的亲属包括了梅母和两位兄长。母亲有养育之恩,梅艳芳非常清晰地表达了为老人养老送终的遗愿,因此,通过遗产信托的安排,尽到女儿的赡养义务。

(2)防止母亲挥霍。梅母"不善理财",且对长子较为偏爱,而长子在过往有过多次经商失败的经历,因此梅艳芳担心母亲拿到遗产后,无法把钱用在养老上,待遗产花尽,又老无所依,因此,以其遗产支付梅母每月7万港元生活费的方式,来确保母亲的生活品质。

(3)捐献。通过信托安排,在母亲过世后,将所有的信托财产扣除开支捐给妙境佛学会。

【财富传承案例九】中,尽管因为梅母执着的争产行为,导致了近八年的持续诉讼,但整个的信托架构依然经受住了各种考验,比较完整地体现了当事人梅艳芳生前的意愿。

第十五章 财富传承安排的常用方法和工具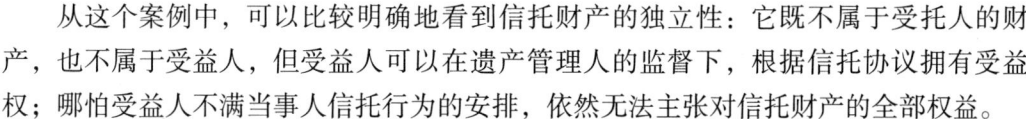

从这个案例中，可以比较明确地看到信托财产的独立性：它既不属于受托人的财产，也不属于受益人，但受益人可以在遗产管理人的监督下，根据信托协议拥有受益权；哪怕受益人不满当事人信托行为的安排，依然无法主张对信托财产的全部权益。

同时，在信托存续期间，信托财产作为信托法律关系中的客体，不管其形态发生怎样的变化，它仍是信托财产，其性质不发生变化。例如【财富传承案例九】中，信托财产包括了其南区寿山春道的故居，随着房价飙涨，当信托财产中的现金因为多年的诉讼费用已经所剩无几的时候，故居被拍卖，价格达到1.47亿港元，该信托财产设立之时是不动产，后来卖掉变成资金，或者再以资金买成股票债券等证券组合，或者把投资组合再次变现，都不影响其作为信托财产的本质。

在此过程中，受托人的权利和义务也得以表现，在信托财产所剩无几之时，以受托人的名义对信托财产中的房产和部分私人用品进行拍卖处分，以增加信托财产的流动性，用以向受益人支付信托收益和其他管理和诉讼费用等支出。

二、信托监察制度的运用

在【财富传承案例九】中，当事人在进行财富传承安排的过程中，其主观意愿是得到了比较明确的表达，但应该还是低估了家人事后反应的程度，导致最后连年的诉讼成本使得信托财产大幅缩水；同时，梅母的代理律师也指出，基于梅艳芳的受教育水平，她对处理遗产信托基金经验不足，可能不理解信托基金行使权力的范围以及在日后如何处理她的遗产等相关事宜，因此认为梅艳芳当年是在不太了解的情况下，将遗产转托给信托基金的，而受托人却多年没有详细交代信托基金的运作情况。

相比之下，和梅艳芳同时代的香港娱乐圈明星沈殿霞则在进行财富传承安排时，采用了信托监察人安排，由唯一受益人的亲生父亲和几位朋友组成了信托监督人委员会，对遗产信托的运营行使管理职能。

【财富传承案例十】

沈殿霞在2008年2月因为罹患肝癌过世，留下6000万至1亿港元的资产。此时，沈殿霞已经离婚，有一个女儿，当时已经20岁。

沈殿霞在过世前对自己的身后事作了具体的安排。其中最不放心的就是女儿：一怕她挥霍，二怕她被人骗，同时叮嘱她不要懒，要做有用的人。于是在信托协议中规定，信托每月会向其女儿支付2万港元，并在有需要时，比如结婚时，可以一次性拿走多少钱；等她35岁后，才可以真正继承所有遗产。同时，在律师的见证下，订立了信托，将所有资产装入信托，并由女儿的亲生父亲和其他几位朋友亲属成立了信托监督人委员会。

信托关系的设立主要是由委托人提供信托财产，指定受托人和受益人及其享有的受益权。受托人主要承担根据信托文件对信托财产进行管理、处分的责任。与此同时，信托关系中还可能包括有决策（参与）权的第三方，如监察人、保护人等。

监察人或者保护人，是指由委托人依照法律和信托文件的规定，保全信托受益权、监督受托人、管理信托事务的人。在慈善信托中，通常称之为监察人，而在私益信托中，则称之为保护人。

在财富传承安排中，委托人可以直接在信托文件中指定信托保护人，被指定者即成为信托保护人，无须征得其他任何人的同意。同时，委托人也可以不直接指定信托保护人，而是在信托文件中规定选任信托监察人的范围和具体方法，由受托人或委托人指定的其他人按照规定选任。

信托保护人可以是一人，也可以是二人以上。法律对信托保护人没有规定资格限制，依照民法一般原理，具有完全民事行为能力的成年人，除宣告破产且尚未解除责任者外，均可担任信托监察人。

信托保护人独立于委托人、受托人和受益人，他（们）可以以自己的名义行使权力并采取法律行动，但其目的不是为了让自己享有信托利益，而是监督受托人适当管理、处分信托财产，分配信托利益，促使受托人为受益人的最大利益管理信托事务。信托保护人以自己的名义依法提起诉讼或者其他法律行为获得的利益，应纳入信托财产或者交付受益人。

为确保和监督受托人适当管理和处分信托财产，信托保护人可以行使受益人享有的监督权，监督受托人依照信托文件履行信托义务，但信托监察人独立于受益人，不能享有受益人的实质权利，如信托利益享有权、终止信托的权利等，特别是信托受益权是受益人单独享有的权利，不能由他人享有。

如果信托保护人是两人以上，且信托文件或者人民法院指定信托保护人时没有规定其行使权力的方法的，一旦他们行使上述职权时意见不一致，应当如何处理，目前尚不明确；而根据《信托法》一般原理，私益信托的共同受托人必须达成全体一致才能作出决定，在这种情况下，应当要求信托监察人过半数同意，即可行使职权。不足半数的，不宜强行行使职权，以免造成对受益人不利的后果。

三、信托行为的灵活性保证了客户个性化需求的满足

如果说信托的法律关系和监察制度保证了信托作为财富传承安排主要工具的运行，信托行为作为民事法律行为，所具备的"契约自由，意思自治"原则，则赋予了信托行为高度的灵活性，可以比较充分地体现委托人的意愿和信托目的，使其在财富管理活动中有非常多的运营场景，例如在本书第三部分《构建家庭财务保障保全体系的能力》中，信托在避免婚前婚后财产混同、在企业和家庭之间建立风险隔离墙等风险保障场景当中得以广泛运用，同样，也使得它成为财富传承安排中最重要也是最常见的工具之一。

信托的灵活性相较保单合同显然要高很多。保单合同是格式化合同，因此很多规

则是非常明确且不容更改的；例如年金或者分红的额度，并不是由投保人说了算的。而信托委托人在制定信托协议时，则可以完全按其自身的意愿来进行设计。信托在财富传承安排中运用场景包括但不限于以下几个方面：

（1）通过家族信托安排生前的财产转移，逐步完成家族（或子女）未来对企业控制权的掌控。例如，在本书第十一章【风险保障案例十】中，著名房企龙湖地产创始人吴亚军女士与其前夫蔡先生通过设立各自的家族信托，并由家族信托持有其分别拥有的上市公司股权，保证了公司股权架构的稳定，避免了因创始人婚姻破裂而可能引发的股权争夺，成功化解了婚变对上市公司的不利影响。

值得一提的是，2018年11月22日，龙湖集团发布公告称："董事会已获汇丰国际信托知会，作为家族财富及传承计划的一部分，原吴女士家族信托持有的全部发行股本于11月21日派至女儿蔡某设立的信托。上述事项后，龙湖集团实际控制人未发生改变，不影响龙湖集团运营。"龙湖集团在发布上述公告当日股价下跌了2.5%，但隔天股价开始反弹，此次家族财富转移对公司的影响较小，吴亚军通过家族信托实现了财富的平稳传承。

（2）通过信托对子女乃至后代进行财务支持。例如，在子女（后代）全生涯的重要节点提供财务支持，如从信托支付子女（后代）的教育费用，在婚嫁时，安排一笔婚嫁金；在期望子女（后代）创业的时候，安排信托支付一笔创业资金等；委托人即使已经不在人世，依然可以表示对隔代子孙的祝福。

（3）可以通过信托协议对受益人进行约定相应的附加条件，对受益人的优异表现进行奖励，同时也可以对受益人的品行进行约束。但需要关注的是，附加于信托利益之上的条件必须合法或符合公共政策，否则可能被判定无效。

（4）可对受益人的受益金额计算通胀调整。例如，梅艳芳和沈殿霞的信托安排中，均未关注到通胀因素，因此曾有专业人士认为，在此类信托设计过程中，最好能让这些生活费按一定额度递增来降低通胀对收支的影响，否则，在高通胀下，受益人生活品质难免可能会受到影响。当然，从另一角度来看，如果当事人希望子女能自立，而不要舒舒服服地靠信托利益过日子，变成懒人，也是一种为人父母的用心良苦。

（5）利用信托财产的独立性，在合法合规的情况下，使其和委托人的遗产相隔离，以降低财富传承的税务成本；同时，也可以通过信托帮助受益人降低其他的潜在风险，如在本书第三部分所介绍的相关家庭财务风险。

第五节　股权转移中的相关文件

企业主家庭是我国高净值客户群体主要的组成部分，同时企业股权也是这些家庭最重要的资产之一。在本书第三部分《构建家庭财务保障保全体系的能力》中，也曾介绍企业股权的分割、赠与等内容。在家庭财富传承安排过程中，企业股权的转移是一项非常重要的工作：既可能出现于企业股东身故后，遗产继承人对公司股权的继承，也可能出现在企业股东在进行退休安排时，将企业股权或控制权转移到子女手中的情形。

对于上市公司股权而言，可以通过二级市场普通交易，"协议大宗交易"和"协议转让"的方式完成股权的转移（在本书第十六章第二节中对此有较为详细的介绍）。

而对有限责任公司股权的继承和转移，我国现行《公司法》则有较为明确的规定。

对于有限公司股权的继承，我国《公司法》有较为明确的规定，如"自然人股东死亡后，其合法继承人可以继承股东资格；但是，公司章程另有规定的除外"[1]。

对于股权转让，我国现行《公司法》也有明确规定："有限责任公司的股东之间可以相互转让其全部或者部分股权。股东向股东以外的人转让股权，应当经其他股东过半数同意。股东应就其股权转让事项书面通知其他股东征求同意，其他股东自接到书面通知之日起满三十日未答复的，视为同意转让。其他股东半数以上不同意转让的，不同意的股东应当购买该转让的股权；不购买的，视为同意转让。经股东同意转让的股权，在同等条件下，其他股东有优先购买权。两个以上股东主张行使优先购买权的，协商确定各自的购买比例；协商不成的，按照转让时各自的出资比例行使优先购买权。公司章程对股权转让另有规定的，从其规定"[2]。

在上述和股权继承和转让有关的法律条款中，均谈到了"公司章程另有约定的除外"，由此可见，公司章程在财富传承过程中的重要性。

公司章程，是指公司依法制定的、规定公司名称、住所、经营范围、经营管理制度等重大事项的基本文件，也是公司必备的规定公司组织及活动基本规则的书面文件。公司章程是股东共同一致的意思表示，载明了公司组织和活动的基本准则，是公司的宪章。我国现行《公司法》规定："设立公司必须依法制定公司章程。公司章程对公司、股东、董事、监事、高级管理人员具有约束力。"[3]

公司章程的法律地位、主要内容及修改程序、效力都由法律强制规定，任何公司都不得违反。与此同时，公司章程也具有一定的自治性，主要体现在：它是由公司依法自行制定的，是公司股东意思表示一致的行为规范；作为公司内部规章，其效力仅及于公司和相关当事人；同时，它是一种法律以外的行为规范，由公司自己来执行，而非国家强制力来保证实施。

《公司章程》会载有股东的权利和义务、出资转让以及高级管理人员资格和义务等内容的具体规定。通常情况下，财富传承安排中的公司股权转移和上述内容有较大的关系。

现行《公司法》明确规定在公司章程无特殊限制的情形下，股东资格可被继承，

---

[1] 《中华人民共和国公司法》第七十五条。
[2] 《中华人民共和国公司法》第七十一条。
[3] 《中华人民共和国公司法》第十一条。

且可排除其他股东主张优先购买权，但有限责任公司亦可在章程中对于股权继承作出限制性规定，比如公司章程规定"股东资格必须经超过半数股东同意，否则，不可继承""股东资格继承人的相关资质"等条款；但此类限制应该在被继承人在世时，就得以制定，同时，公司章程应当同步规定，在限制股权继承情形下，被继承人股权的退出事宜，如公司回购或公司其他股东受让等。

因此，当事人在进行股权转移安排时，应检视公司章程是否有限制性规定，并及时作出应对措施。公司成立后对《公司章程》的修改，无须全体股东一致同意，而是采用"少数服从多数"的原则，但修改后的公司章程，对不同意的少数股东也同样具有约束力。

同时，最高人民法院关于适用《中华人民共和国公司法》若干问题的规定（四）第十六条规定："有限责任公司的自然人股东因继承发生变化时，其他股东主张依据公司法第七十一条第三款规定行使优先购买权的，人民法院不予支持，但公司章程另有规定或者全体股东另有约定的除外"。

因股东之间的约定而签署的相关协议，也被称为股东协议。通常情况下，有限公司股东在设立公司之前，就会有相关的约定，并签署股东协议；比如约定有哪些出资人、总出资额是多少、各个股东的出资比例如何，以及股东的权利义务等；因为公司章程是设立公司必备的法律文件，因此在制定公司章程时，股东之间的相关约定就会全部或者大部分被吸纳到公司章程中来。但有一些在公司章程中不宜出现或者不能吸纳的内容，在全体股东之间依然有效，并具有法律效力。

从法律性质而言，股东协议并非有限责任公司设立的必备法律文件；从约束力而言，股东协议仅对在股东协议上签字的股东具有约束力。由于我国工商登记部门不接受"个性化的"公司章程，因此股东协议往往成为公司股东们根据实际需要进行各种具体约定的重要载体。

因此，在进行股权继承安排的时候，也应考虑到股东协议是否有对股权继承或者转让的相关规定，并采取相应的措施。同时，对股东协议的修改，必须要全体股东完全达成一致才有效。

第六节　保险金信托在财富传承中的运用

保险金信托是指委托人以保险合同的保险金或者其他财产性权益请求权为信托财产，委托信托公司作为受托人，指定其直系亲属或者第三人作为信托受益人而设立的私益信托。在本书第九章的内容中，已经比较详细介绍了保险金信托的特点和法律关系性质，以及它在不同的家庭财务风险场景中的运用。保险金信托，因涉及两份合同的签订，即保险合同和信托协议（如图15-3所示），从而具备保险和信托的相关特点；在本章前两个章节中也对保险合同和信托在家庭财富传承中的应用场景进行了介绍。

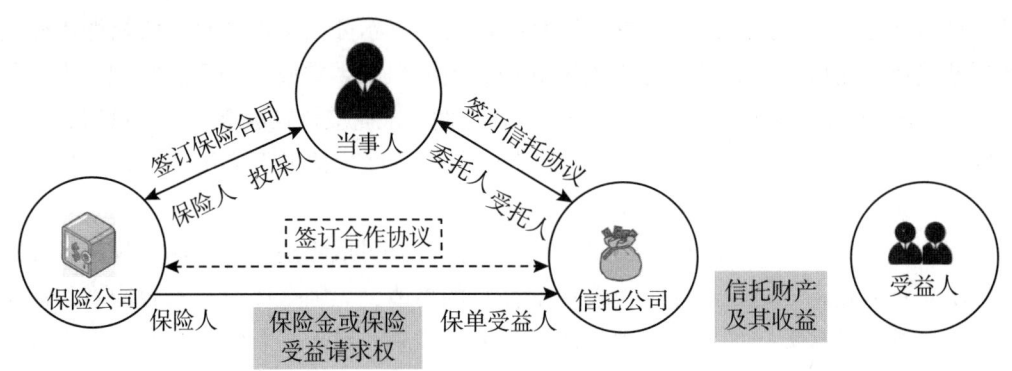

图 15-3 保险金信托结构

虽然，我国市场上的保险金信托还属于较新的金融产品，但因其兼具了保险和信托的特点，并可利用保险杠杆大大降低家族信托的资金门槛，相信在未来的发展中，将在财富传承安排中得以广泛的应用。

保险金信托在财富传承安排中的应用场景可包括但不限于以下几种场景：

（1）为身故后的家庭财务进行安排。当事人可作为投保人与保险公司签订身故险合同，并以保单财产性权益或者身故保险金受益请求权为信托财产，和信托公司签订信托意向书，在保险合同生效后，更改保险合同受益人为信托，并和信托公司签订信托协议，完成保险金信托的设立。在信托协议中，指定子女为信托受益人。即使在当事人身故后，依然以信托受益权向子女乃至后代提供财务支持，使其受到良好的教育并拥有较高的生活品质，同时还发挥了保险杠杆的作用。

（2）为未来可能开征的遗产税降低纳税金额，或准备税金。根据我国《信托法》第十五条的规定，"设立信托后，委托人死亡或者依法解散、被依法撤销、被宣告破产时，委托人不是唯一受益人的，信托存续，信托财产不作为其遗产或者清算财产"；而为财富传承为目的而设立保险金信托，委托人基本上不会是唯一受益人，因此，信托财产不作为其遗产，故而可降低遗产税纳税金额。在操作上，和第一种场景相同，在目的上可以兼而有之。虽然身故保险的保险金也有较大概率被排除在遗产税纳税义务以外，但在受益人范围上存在较大的局限性，而保险金信托则可突破此局限性。

（3）实现生前财富转移，使子女受到良好的教育并拥有较高的生活品质。当事人可以子女为被保险人，和保险公司签订大额年金保险合同；并以年金保险财产性权益或年金保险生存金请求权作为信托财产，设立保险金信托；指定或者更改保险受益人为信托；并明确相关子女为信托受益人，以信托受益权向子女定期定额提供财务支持。

（4）因为信托财产的独立性原则，使其有别于信托受益人的其他财产，如受益人的夫妻共同财产等。

（5）因为信托行为的灵活性，可以根据实际需求灵活约定各项条款，包括信托期限、收益分配条件和财产处置方式等，如可约定受益人获取收益的条件如"学业规划""结婚""年龄阶段规定"等，以此来避免继承人好逸恶劳，将遗产挥霍一空，或者避

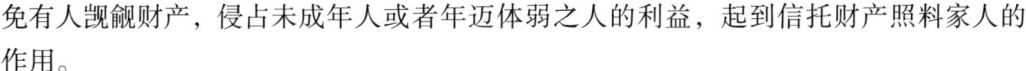

免有人觊觎财产，侵占未成年人或者年迈体弱之人的利益，起到信托财产照料家人的作用。

（6）由于信托财产不属于遗产，避免了遗产公证的需求，因而使得一些私密性需求得以满足。

（7）利用股东互保保障股权利益的传承。

保险金信托在财富传承安排的上述运用中，前几项运用场景相对比较容易理解，这里介绍一下利用保险金信托进行股东互保的情况。

在全民创业、万众创新的经济形势下，出现了大量的创业公司，这些创业公司往往因为其发展潜力而吸引到了风险投资，这样就会出现公司估值较高，但现金储备却相对比较匮乏的情况。

这些公司的创业团队往往有几位创始人组成，那么如果其中一人过世的话，其在公司的股权就变成了遗产。如果其家人希望以现金形式退出的话，公司有可能就无法支付其退出的对价，即使有钱支付，当然也会对企业经营现金流产生影响。而其他股东最不希望看到的是，过世股东的遗属还有可能在公司无法支付对价的情况下，根据公司章程把股权转让给新股东（新股东还有可能是公司的竞争对手）。根据《公司法》第七十一条的规定，"其他股东半数以上不同意转让的，不同意的股东应当购买该转让的股权，不购买的，视为同意转让"，这样的话，甚至可能导致公司股权结构发生变化，导致公司的发展出现危机。

在这种情况下，如果公司股东希望未雨绸缪，在事先就排除此类风险的话，那么可以通过保险金信托的方式来进行股东互保。

假设甲先生、乙小姐和丙女士三人创办了一家公司，三人各善所长，性格互补，配合默契，但也同时担心未来万一其中一人意外过世，在股权继承过程中，遗属和公司的其他两位股东发生冲突和矛盾，因此希望能事先采取预防措施。

具体的做法可以是：（1）常用保险：终身寿险；（2）保费出资：由每位股东自己拿钱出来，由甲、乙两位出资为丙投保，或由甲、丙出资为乙投保，或由乙、丙出资为甲投保；（3）确定投保方式和被保险人；（4）保额：根据公司估值和份额分别投保，未来在公司估值上升后可以酌情加保；（5）受益人：保险金信托（可以和相关的保险公司和信托公司同时签订协议）；（6）其他法律协议：①信托协议：分别明确三位股东的遗属为信托受益人，同时明确，信托财产受益人获得信托利益分配的条件是把过世的股东的公司股权无偿转让给生存的两位股东（即保费出资人），如果过世股东遗属拒绝转让股份，信托受益人将变更为生存股东；②相关合同：就股东互保的初衷和股东间达成的共识，签署合同，明确每位股东在出资购买其他股东保险时的条件和利益；（7）公司章程：①在公司章程中明确股东权利（包括优先购买权和出售权、优先认购权、反稀释权等）；②明确因公司股权继承、转让、出售等导致股权结构发生改变的民事法律行为的具体条件、限制和共识；等等。

第十六章

部分重要财产权益的继承和转让

随着我国经济的快速发展，家庭财产的范围和持有财产的形式也越来越多元化。在进行财富传承安排时，一些重要的财产的分配转移，不仅涉及相关法律对财产归属的认定，同时，也涉及财产权属转移的相关程序和证据的提供。

第一节 房产产权的转移和继承

随着房价不断上涨，房产已经成为大多数家庭最重要也是最有经济价值的财产，同时，也造成财富传承过程中出现了较多产权纠纷的财产。

一、不动产登记制度

根据我国现行法律，在进行财富传承安排时，无论是通过生前的产权变更还是过世后的继承和遗赠，不动产权的变更须以不动产登记作为公示手段，作为不动产物权变动的生效要件；① 如不登记，当事人之间即使有交付的行为或者订有契约，在法律上依然不发生物权变动的效力。同时，不动产登记所记载的权利事项，即使在实体上存在着由于登记原因不成立、无效或被撤销的情形，也不得以其不成立、无效或被撤销对抗善意第三人，在法律上有绝对效力。

在2015年3月以前，房屋产权的主要证明文件是房产证和国土证，房产证记录的是房产信息，国土证则记录的是土地信息，因此在房产交易时都要求有"双证"。在2015年3月以后，我国开始实行了不动产登记，并颁发《中华人民共和国不动产权证》（以下简称"不动产权证"）。对于"双证"，

---

① 我国《民法典》第二百零九条规定：不动产物权的设立、变更、转让和消灭，经依法登记，发生效力；未经登记，不发生效力，但法律另有规定的除外。属于国家所有的自然资源，所有权可以不登记。

不动产登记机构以"不变不换"的原则进行换证,即权利不变动,簿证不更换,在依法办理变更登记、转移登记等登记时,"双证"将更换为新的不动产权证。

根据我国《不动产登记暂行条例》,房屋产权的变更,当事人或者其代理人应当向不动产登记机构进行申请登记。① 申请人应当提交下列材料,并对申请材料的真实性负责:② (1) 登记申请书;(2) 申请人、代理人身份证明材料、授权委托书;(3) 相关的不动产权属来源证明材料、登记原因证明文件、不动产权属证书;(4) 不动产界址、空间界限、面积等材料;(5) 与他人利害关系的说明材料;(6) 法律、行政法规以及本条例实施细则规定的其他材料。

不动产登记机构应当在办公场所和门户网站公开申请登记所需材料目录和示范文本等信息。

二、在房产产权传承中的惠民政策

随着我国国力不断强盛,法制建设不断优化,政府出台了大量的利民政策,其中在近亲属之间的房产产权转移的税务政策,以及司法部废止《司法部、建设部关于房产登记管理中加强公证的联合通知》的通知,为财富传承安排提供了极大的便利。

自然人的房产转让通常涉及缴纳个人所得税、增值税、土地增值税、契税和印花税等。但当前我国相关法律法规对近亲属之间以继承或赠与方式转让不动产提供了税收优惠:

(1) 个人所得税:房屋产权所有人将房屋产权无偿赠与配偶、父母、子女、祖父母、外祖父母、孙子女、外孙子女、兄弟姐妹,双方不征收个人所得税。③

(2) 增值税:离婚财产分割;无偿赠与配偶、父母、子女、祖父母、外祖父母、孙子女、外孙子女、兄弟姐妹;无偿赠与对其承担直接抚养或者赡养义务的抚养人或者赡养人;房屋产权所有人死亡,法定继承人、遗嘱继承人或者受遗赠人依法取得房屋产权等家庭财产分割情形的个人无偿转让不动产、土地使用权时,免征增值税。④

(3) 土地增值税:根据规定,以继承、赠与方式无偿转让房地产的行为不征收土地增值税。⑤

(4) 契税:受赠方属于继承法规定的法定继承人(包括配偶、子女、父母、兄弟姐妹、祖父母、外祖父母),继承土地、房屋权属,不征契税。

(5) 印花税:按照"产权转移书据"贴花,税率为0.05%。

2016年7月司法部发布关于废止《司法部、建设部关于房产登记管理中加强公证

---

① 《不动产登记暂行条例》第十五条。
② 《不动产登记暂行条例》第十六条。
③ 《关于个人无偿受赠房屋有关个人所得税问题的通知》。
④ 《营业税改征增值税试点过渡政策的规定》。
⑤ 《中华人民共和国土地增值税暂行条例实施细则》。

的联合通知》的通知,该通知中曾明确规定继承房产、为处分房产而设立的遗嘱、接受赠与房产、涉外和涉港澳台的房产所有权转移等四种情形必须进行公证。而该通知的废止表明上述四种情形将不再进行强制性公证。这一举措不仅使房产产权变更的程序更加简便,同时也降低了经济成本。然而,如果当事人认为在办理的过程中存在潜在的不确定性,为了避免可能出现的争议,公证依然是非常有效的手段。

三、因继承和受遗赠而产生的房产权属变更登记

我国《不动产登记暂行条例实施细则》第十四条规定:因继承、受遗赠取得不动产,当事人申请登记的,应当提交死亡证明材料、遗嘱或者全部法定继承人关于不动产分配的协议以及与被继承人的亲属关系材料等,也可以提交经公证的材料或者生效的法律文书。其中,继承、接受遗赠取得不动产权利的,人民法院、仲裁委员会生效的法律文书或者人民政府生效的决定等设立、变更、转让、消灭不动产权利的等情形,可由申请人单方提出申请。[①]

根据上述规定,当事人可自行提供相关材料,去当地不动产登记机构申请房屋过户登记。相关材料包括:(1)所有继承人或受遗赠人的身份证、户口簿或其他身份证明;(2)被继承人或遗赠人的死亡证明,包括:①医疗机构出具的死亡证明;②公安机关出具的死亡证明或者注明了死亡日期的注销户口证明;③人民法院宣告死亡的判决书;④其他能够证明被继承人或受遗赠人死亡的材料等;(3)所有继承人或受遗赠人与被继承人或遗赠人之间的亲属关系证明,包括:①户口簿、婚姻证明、收养证明、出生医学证明;②公安机关、居委会、村委会、被继承人或继承人单位出具的证明材料;③其他能够证明相关亲属关系的材料等;(4)放弃继承的,应当在不动产登记机构办公场所,在不动产登记机构人员的见证下,签署放弃继承权的声明;(5)继承人已死亡的,代位继承人或转继承人可参照上述材料提供;(6)被继承人或遗赠人享有不动产权利的材料;(7)被继承人或遗赠人生前有遗嘱或者遗赠扶养协议的,提交其全部遗嘱或者遗赠扶养协议;(8)被继承人或遗赠人生前与配偶有夫妻财产约定的,提交书面约定协议等。

如果当事人自愿前往公证机构办理相应的继承权公证,则可以凭公证文书办理房屋过户手续。具体内容可参照本书第十五章第一节关于遗嘱公证和继承权公证的内容。

如果涉及诉讼继承,被继承人或受遗赠人可根据人民法院的生效文书,如判决书、调解书等,去房管部门申请房屋过户登记。

---

① 《不动产登记暂行条例》第十四条第二、第三款。

四、因赠与而产生的房产产权变更登记

如果房产本身是夫妻共有财产，但当前在不动产登记簿证中只有一方姓名，在婚姻存续期间希望加上另一方姓名的，只需携带结婚证、房屋两证（或不动产权证）、身份证原件及复印件到当地不动产登记机构"变更登记"窗口办理增名手续即可。这种情况并不属于赠与，或继承和受遗赠。

但在房产本身属于夫妻一方个人财产，但希望在不动产登记簿证中加入另一方姓名的，属于赠与行为。

同属于赠与行为的还包括，在不动产登记簿证上加上子女、父母以及其他亲朋好友的姓名，或者直接过户的情形。例如，在婚前希望加入恋人姓名的情形等，均属于赠与。

在赠与的情况下，双方需要签订一份赠与合同，且赠与合同需办理公证手续，并缴纳公证费和相关税费（近亲属之间的赠与可享受前述税务优惠）。

同时，在该房产尚有银行贷款的情况下，还需向银行申请，要求变更房贷合同中的借款人和抵押人，获得银行批准后再到不动产登记机构办理相关更名手续。

第二节　企业股权的继承和转让

对于企业主家庭，不仅存在潜在的企业经营风险传导到家庭的风险，也存在婚姻问题引发的企业经营风险问题；同时，在进行财富传承安排时，不仅涉及股权的财产性权的转移，可能还涉及经营管理权的转移，及其过程中潜在的各种不确定性。

企业股权主要是公民向不同组织形式的企业进行投资，并因此而取得的获取收益和参与企业经营的权利。

根据企业经济组织信用基础的不同，可分为人合公司和资合公司。以股东信用作为公司信用基础的属于人合公司，合伙企业是较为典型的人合公司；以资产金额作为信用基础的属于资合公司，股份有限公司即为典型的资合公司。

法学界对有限责任公司的属性则有不同的观点，有学者因为其股东数量较少，股东之间基于信任而建立公司，而认为更具人合公司的特征；也有学者认为有限责任公司股东以出资比例承担有限责任是其为资合公司最根本的特点。但更多的学者倾向于第三种观点，即有限责任公司兼具人合型和资合性的特点。

因为不同企业经济组织的人合性和资合性特点，因为股权转让和继承的方式和程序均有不同。如具有人合性特点的合伙企业和有限责任公司在发生股权转让和继承时，需兼顾到企业的人合性，立法者也多会在设定法律原则的基础上，允许企业或公司其他股东有一定的自治权，在公司信息登记方面也会提出相应的要求；因此此类企业股

权的继承和转让具有一定的复杂性。

而股份有限公司作为典型的资合公司，一方面法律从发展市场经济的角度会允许甚至鼓励股权的流转，另一方面从保护继承人权益的角度，也不会对股权的继承产生障碍；因此会只对企业股权的转让和继承程序和场所进行规范；而继受人只需遵循相应的规范完成转让和继承手续、缴纳相关税金和手续费即可，例如未上市股份有限公司的股权转让甚至不需要进行工商登记变更，因此，存在的不确定性较低。

本节将就有限责任公司、上市（股份有限）公司，以及合伙企业股权的继承、转让（含无偿赠与），逐一进行介绍。

一、有限责任公司股权的继承、转让和赠与

在财富管理实践中，涉及继承、转让或赠与（无偿转让）的公司股权，比较常见的还是非上市公司的股权，有限责任公司就是其中比较典型的组织形式。

有限责任公司兼具资合性和人合性的特点，其资合性是指公司股东以其出资额为限承担有限责任，人合性是则指其股东之间存在类似合伙成员的相互关系，有限责任公司在建立时往往基于股东之间的信任，并多靠内部契约进行约束；所有权与经营权并未完全分离，即股东往往还是公司的主要经营管理者，资本与劳动结合较为紧密。因此，有限责任公司股权不仅包含了财产性权利，同时还可能包括非财产性权利，例如质询权、表决权、监察权、请求召开股东会的权利等。

有限责任公司股权还具有分割性，比如在符合法律规定和公司章程的情况下，股东可以部分转让其拥有的公司股权，而原股东和继受部分股权的股东都享有独立的股权；因此在股权继承的场景中，也会出现多位继承人依法继承已故股东所持有的股权的情形。

同时，当一名股东拥有的公司股权因为财富传承的原因进行转移时，公司其他股东往往会产生不同程度的顾虑，例如，继受人是否具备相应的能力和资格？或者出现多位继承人，使得股东人数超过限制等情形。因此，公司股东们可能会通过《公司章程》以签订股东协议的方式，事先对公司股权的继承和转让作出明确的规定和限制，而这些限制也同样受到我国相关法律的保护。有限责任公司股权的上述种种特征，无疑使其在继承、转让和赠与过程中，变得相对比较复杂。

（一）有限责任公司股权的转让和继承的基本原则

对于有限责任公司股权转让的基本原则，我国现行《公司法》第七十一条作出了明确的规定："有限责任公司的股东之间可以相互转让其全部或者部分股权。股东向股东以外的人转让股权，应当经其他股东过半数同意。股东应就其股权转让事项书面通知其他股东征求同意，其他股东自接到书面通知之日起满三十日未答复的，视为同意转让。其他股东半数以上不同意转让的，不同意的股东应当购买该转让的股权；不购

买的，视为同意转让。经股东同意转让的股权，在同等条件下，其他股东有优先购买权。两个以上股东主张行使优先购买权的，协商确定各自的购买比例；协商不成的，按照转让时各自的出资比例行使优先购买权。公司章程对股权转让另有规定的，从其规定。"

因此，如果公司股东因为退休或财富传承的需求，希望通过转让的形式将所拥有的公司股权转移到子女手上，如果子女已经是公司股东的，基本上不会有太大的障碍。如果子女并非公司股东的，原则上也可征得半数以上股东的同意，并进行转让。

同时，因为上述法律条款规定"经股东同意转让的股权，在同等条件下，其他股东有优先购买权"，因此，如果当事人希望在财富传承过程中以较低的成本进行转让或者无偿转让（即赠与），必须获得半数以上股东同意。

对于有限责任公司股权继承的基本原则，我国《公司法》第七十五条也作出了明确的规定："自然人股东死亡后，其合法继承人可以继承股东资格；但是，公司章程另有规定的除外。"同时，最高人民法院也有"有限责任公司的自然人股东因继承发生变化时，其他股东主张依据公司法第七十一条第三款规定行使优先购买权的，人民法院不予支持，但公司章程另有规定或者全体股东另有约定的除外"的相关规定。①

（二）有限责任公司股权传承的步骤及其重点注意事项

虽然对于有限责任公司股权继承和转让的基本原则相对比较明确，但在实际操作过程中，当事人依然还需关注到继受人的指定和安排、《公司章程》和股东协议对公司股权继承和转让的限制、继承程序中的不确定性、转让过程中的税收等问题的影响。作为客户的财富管家，理财师需提醒客户在公司股权传承安排的每一个环节中关注到这些问题，帮助客户按部就班地进行公司股权的传承决策。

1. 明确公司股权发生转移的主要场景

当客户在考虑财富传承安排时，往往只是想到了自己身故后的公司股权继承的问题。但事实上，公司股权发生转移的场景不仅只是在继承的情形下，客户退休的时候，或者当客户突然丧失了民事行为能力的时候，均可能出现公司股权的转移。因此，作为财富传承的一部分，理财师应提醒客户针对不同的场景，作出自身真实的主观意思表达，尽早设立遗嘱、安排意定监护公证，指定适合的继受人，制定并实施继受人的培养计划，并作出周密的安排部署。

2. 慎重考虑继受人的指定和相关安排

当事人应对心目中的继受人进行慎重的评估，并针对继受人的实际情况，开始进行具体的公司股权传承的安排。

在考虑继受人的问题时，由于有限责任公司股权的传承安排，不仅涉及股权本身的财产性权利，还涉及股东身份在公司未来长期发展中的作用，同时，在一定程度上，

---

① 最高人民法院关于适用《中华人民共和国公司法》若干问题的规定（四）第十六条。

还需得到公司其他股东的认同和接受。因此,理财师应提醒客户站在公司长期发展的角度,对继受人的主观意愿、品行和能力进行慎重评估。

在现实中,子女希望自身有独立发展的空间,而不愿意接父母班的情况屡见不鲜;而因为父辈过世而勉强接班的情况下,其结果也往往不如父母预期。因此当事人在进行公司股权传承安排前,应和继受人进行沟通,以深入了解其主观意愿,并在此基础上作出自己的判断。

同时,当事人应认真评估公司股权继受人的品行和能力,是否和作为股东所需的经营管理能力和领导力相匹配。公司股权的经济利益在很大程度上将体现于公司长期稳定的增长,如果负责主要经营管理的股东能力不足以担负起公司长期发展的重任,导致公司运营效率和盈利能力低下,公司股权的经济利益和价值也会因此逐步降低甚至消亡。因此,如果经过慎重评估后认为,继受人之品行能力无法担当大任的情况下,将股东资格和经营管理权相分离也不是一种不可行的选择,使继受人能真正享受到公司股权的长期增长价值。

接班人的培养工作也是财富传承安排的一项非常重要的工作。当事人应尽早对公司股权的接班人进行培养,例如安排其进入公司,在各主要岗位进行学习和锻炼,在适当的时候,进入决策岗位,逐步通过公司股权转让的方式,使其成为股东,并进一步使其成为一名合格的经营管理者。

在发生继承的场景下,因为已经在进行财富传承的安排,因此发生法定继承的概率较低。但有几种情况还是需要值得关注。

例如,一方面,在继承发生之时,子女还未成年。因未成年人不属于完全民事行为能力人,虽然《国家工商行政管理总局关于未成年人能否成为公司股东问题的答复》中曾答复称:"《公司法》对未成年人能否成为公司股东没有作出限制性规定。因此,未成年人可以成为公司股东,其股东权利可以由法定代理人代为行使。"但另一方面,对于公司而言,未成年人通过继承的方式加入公司,可能不利于公司的日常管理和决策,未成年人的法定代理人不一定能积极行使相关权利、履行相关义务,因此在《公司章程》中,有可能对未成年子女的继承情形作出限制。因此,当事人在考虑继承场景下,对未成年子女的继承作好相应的安排。

同时,现代家庭的子女并不多,而继承人如果是公务员或现役军人的,根据我国《公务员法》和《中国人民解放军内务条令(2010)》的相关规定,并不能从事营利性活动而无法继承有限责任公司的股东资格(但可继承股权对应的财产权益)。因此,在设立遗嘱时,当事人应将公司股权尽可能分配给无上述身份障碍的继承人或者受遗赠人。

在进行公司股权传承安排时,当事人还需注意到有限责任公司股东的法定人数上限(50人),如指定继承人为多人的,可能会使得公司的股东人数突破该上限,而在实践中,工商部门可能不同意在此情形下办理登记。因此,在指定继承人的过程中,需安排由一个(或部分)继承人继承股东资格,其他继承人继承股权收益,或由部分股东代持。

3.《公司章程》和股东协议对公司股权继承和转让的限制

当客户在进行有限责任公司股权进行传承安排的时候,理财师应提醒客户,需检视自身的财富传承意愿是否和本公司的《公司章程》和股东协议中的相关规定有相冲突之处,并采取相应的措施,其中包括但不限于:和其他主要股东协商,修改《公司章程》中的相关条款,或和其他股东达成共识,调整股东协议中的相关条款。

我国现行《公司法》在立法上既明确了自然人股东合法继承人获得股东资格的权利,同时,也允许公司股东基于有限公司的人合性在公司章程上就股东资格继承问题作出排除性规定。① 同时,《公司法》通过第七十一条的规定,一方面对公司股权转让提出了明确的规定,另一方面也提出"公司章程对股权转让另有规定的,从其规定",均体现了立法者对有限责任公司人合性的保护。

尽管如此,《公司章程》和股东协议对有限责任公司股权的继承和转让的限制也不是任意绝对的。② 在司法实践中,人民法院在过往判例中多次对《公司章程》中对股权转让"过度限制"和"绝对禁止"的条款均持否定态度,比如认为"股权转让需经董事会决议的程序客观上限制了公司法赋予有限责任公司股东依法转让股权的法定权利,因此该规定不但与公司法相悖,而且完全不具有合理性,亦不属于当事人可以自由约定的内容范畴……"③;或认为"……《公司法》肯定和鼓励股权资本的流动,公司章程在《公司法》规定之外设定的对股权转让的禁止性限制性条件不应和《公司法》第七十二条第二款的规定发生根本性冲突,否则,《公司法》第七十二条第二款的规定则没有必要存在……"④ 等。

同理,对于《公司章程》限制或排除股权继承中的财产性权利,以及自然人股东死亡后修订的《公司章程》所作出的限制或排除股权继承的规定,在司法实践中,往往也会因为违背了继承人法定的继承权利而被人民法院判决无效。

在现实中,《公司章程》作出此类限制性规定主要还是针对股权的身份性内容。例如,在《公司章程》未作出限制性规定的情形下,因继承发生的股东资格变动,无需经得其他股东的同意,其他股东亦无优先购买权;这样的结果有可能使其他股东并不愿意合作的对象以继承方式加入公司,并对公司的长期经营决策造成影响。公司股东为了避免因股权被继承而影响公司的经营、管理和决策,以及长期的健康发展,在《公司章程》中可明确约定股权不得继承;或对于被继承人的资质条件进行限制,明确规定股东的资质条件,以使不符合相关条件的继承人无法成为公司股东。根据我国现行法律的相关规定,这是被允许的。

---

① 《中华人民共和国公司法》第七十五条。
② 《公司章程限制股权转让条款莫触"红线"》,https://www.sohu.com/a/244873435_290358,2018 年 8 月 2 日。
③ 张×诉大川馨涂料贸易(上海)有限公司等股权转让纠纷【(2012)沪一中民四(商)终字第 S1806 号】。
④ 山西必高汽车集团有限公司与山西新亨运汽车服务有限公司股权转让纠纷【(2014)并民终字第 427 号】。

但值得注意的是，如果《公司章程》对股权继承作出限制性规定的，应当同时规定了被继承股权在此情形下的退出事宜，比如由公司进行股份回购或由其他股东受让等。在此情形下，继承人所继承的股份之财产性权利还是得以保护的。

（三）股权继承和转让的程序及其中的不确定性

有限责任公司股权的转让，因为拥有股权的当事人依然可行使其股东权利，存在的不确定性相对较少。有限责任公司股权的转让包括外部转让和内部转让。外部转让是指公司股东向公司股东以外的人转让全部或者部分公司股权，内部转让是指公司现有股东之间的股权转让。

在财富传承安排过程中，如果公司股东的继受人（如子女或配偶）还未成为公司股东的，属于外部转让，其程序如下：（1）由转让股权的股东向公司董事会提出申请，并由董事会提交股东会讨论表决；获得半数以上股东的同意，且其他股东放弃优先购买权；（2）双方签订股权转让协议，对转让股权的数额、价格、程序、双方的权利和义务作出具体规定，使其作为有效的法律文书来约束和规范双方的行为，股权转让合同应当遵守合同法的一般规定；（3）公司对股权转让的变更记载，包括注销原股东的出资证明书，向新股东签发出资证明书，对公司股东名册进行变更登记，注销原股东名册，将新股东的姓名或名称，住所地及受让的出资额记载于股东名册，并相应修改公司章程；①（4）到工商局办证大厅窗口领取并填写《公司变更登记申请表》，并加盖公章；（5）到工商局办证大厅办理变更营业执照（需准备《公司变更登记申请表》、整理公司章程修正案、股东会决议、股权转让协议、公司营业执照正副本原件等申请材料）；（6）到税务局变更公司税务信息；（7）到银行变更公司基本户信息。

上述程序中，第三步是公司方面作出接纳继受人为新股东的核心环节，第四至第七步则是具体的公司信息登记的更改修订。

有限责任公司股权如果在股东之间转让，比如在财富传承安排过程中，子女已经是公司股东的，属于内部转让，无须经过股东会表决同意，只需股东之间协商并通知公司及其他股东即可进入后续程序；内部股东之间不引起股东名称发生变化的股权转让，无须办理工商变更登记。②

对于有限责任公司股权的继承，继承人在继承事由发生后，应尽早积极联系公司，要求公司配合办理工商变更登记；然后，由公司董事会召集全体股东召开股东会，按照《公司法》及《公司章程》关于股东表决方式和表决权的规定，对是否同意继承人

---

① 此项为我国《公司法》第七十二条规定的法定程序："依照本法第七十一条、第七十二条转让股权后，公司应当注销原股东的出资证明书，向新股东签发出资证明书，并相应修改公司章程和股东名册中有关股东及其出资额的记载。对公司章程的该项修改不需再由股东会表决。"

② 根据《中华人民共和国公司登记管理条例》（2014年修订）第九条对"登记事项"的规定仅包括"有限责任公司股东的名称或姓名"，而不包括股东认缴和实缴的出资额以及对应股份。因此，有限责任公司股东姓名没有发生改变的，无须工商登记变更。

第十六章 部分重要财产权益的继承和转让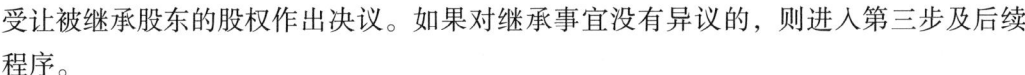

受让被继承股东的股权作出决议。如果对继承事宜没有异议的，则进入第三步及后续程序。

如果根据《公司章程》的有关限制继承的规定或因继承人的军人或公务员身份无法继承相应股权的，则可根据《公司章程》或股东协议的约定，通过公司回购或者其他股东出资购买被继承股东的股权，所得转让费作为死亡股东的遗产由其继承人继承。

然而，在股权继承的过程中，因为拥有股权的股东已经离世，无法发挥其对公司董事会和其他股东的影响力，而现行《公司法》第七十五条只是明确了股权的可继承性，但并未明确规定股权继承的相关程序，因此在现实中尚存在一定的不确定性。

例如很多公司在设立时直接使用工商局提供的《公司章程》范本，此类范本通常未对股权继承事宜进行任何特别约定，在此情形下，如果公司其他股东不愿意接受继受人因继承而成为公司新股东，则可能在此过程中进行拖延，使继承人无法召开股东会，从而使其股东身份无法得以确认，也无法行使其股东权利，或者迟迟不配合办理工商变更手续，在这种情况下，继承人往往还需诉诸人民法院要求确权。即使继承确权诉讼获得法院的支持，无疑也会增加继承人和公司的讼累，同时，也可能影响公司的经营和管理。

因此，如果当事人在检视《公司章程》和股东协议中的相关规定时发现问题，应通过自身对公司及其他股东的影响力，对《公司章程》中的相关条款进行重新修订和补充，或和其他股东达成共识，调整股东协议中的相关条款；例如在《公司章程》中对在发生继承事宜时，对继承人应当履行什么程序、提供什么材料等内容予以明确。

（四）有限责任公司股权继承和转让的纳税义务

理财师应提醒客户有限责任公司股权继承和转让的相关纳税义务。与此相关的主要税项包括：营业税、个人所得税、印花税等。

在营业税方面，根据国家税务总局 2002 年发布的《关于股权转让有关营业税问题的通知》，股权转让不征收营业税。

在个人所得税方面，根据国税总局关于股权转让个人所得税的相关规定：① 股权转让收入是指转让方因股权转让而获得的现金、实物、有价证券和其他形式的经济利益，取得的股权转让相关的各种款项，包括违约金、补偿金以及其他名目的款项、资产、权益等，以及纳税人按照合同约定，在满足约定条件后取得的后续收入，均应当并入股权转让收入；按照公平交易价格计算并确定计税源依据。计税依据明显偏低且无正当理由的，主管税务机关可采用列举的方法核定。所称正当理由，是指以下情形：将股权转让给配偶、父母、子女、祖父母、外祖父母、孙子女、外孙子女、兄弟姐妹以及对转让人承担直接抚养或者赡养义务的抚养人或者赡养人。同时，对于其他情形的

---

① 《股权转让所得个人所得税管理办法（试行）》第七、第八、第九、第十一、第十二、第十三条，国家税务总局公告 2014 年第 67 号。

自然人股东将股权无偿赠与他人的，受赠人因无偿受赠股权取得的受赠所得，按照"财产转让所得"项目缴纳个人所得税，税率为20%。

按照该规定，在股权继承的情形下，按合同价格转让属于上述股权转让中的正当理由，可按所签订的合同确定的价格计算个人所得税，如没有增值，则不需缴纳个人所得税；在自然人股权以平价和低价转让且属于正当理由的情况下，依然无须缴纳个人所得税，但需要主管税务机关确认。另需注意的是，对于通过无偿转让（赠与）获取的不征税的股权再转让的，以股权转让收入减除受赠、转让股权过程中缴纳的税金及有关合理费用后的余额为应纳税所得额，按20%的适用税率计算缴纳个人所得税。

在印花税方面，根据《国家税务局关于印花税若干具体问题的解释和规定的通知》规定，财产所有权转移书据的征税范围是：经政府管理机关登记注册的动产、不动产的所有权转移所立的书据，以及企业股权转让所立的书据。适用税率按所载金额万分之五贴花。

二、上市公司股权的继承和转让

在我国，目前为证券交易提供集中登记、存管与结算服务的是中国证券登记结算有限责任公司[①]（以下简称"中国结算"）；在其于2011年7月发布的《证券非交易过户业务实施细则（适用于继承、赠与、依法进行的财产分割、法人资格丧失等情形）》第二条中规定，登记在中国结算开立的证券账户中的A股股票（不含非流通股）、债券、基金（限于证券交易所场内登记的份额）等证券，因发生证券继承、赠与依法进行的财产分割、法人资格丧失等情形之一涉及证券持有人变更的，申请人（作为过出方和过入方）可以申请办理非交易过户登记。

但对于赠与情形，中国结算暂仅受理"经省级（含）以上民政部门或作为受赠方基金会的业务主管单位确认的向基金会捐赠涉及的过户登记申请"。因此，在家庭财富传承安排中，上市公司实际控制人的股份更多地采用转让或者继承的方式。

以深圳证券交易所为例，如在深交所上市的上市公司实际控制人拟向受让人协议转让的股份数量低于5%的，可以依据《深圳证券交易所交易规则（2016修订）》采取"协议大宗交易"的模式进行转让。

转让股份高于上市公司总股本5%的协议转让（以下简称"协议转让"），并可按以下流程进行申请办理：[②]

（1）向中国结算深圳分公司提交"股份持有查询申请表""股份持有人证券账户

[①] 中国证券登记结算有限责任公司（China Securities Depository and Clearing Corporation Limited，CSDC），是根据我国《证券法》和《公司法》组建的公司，上海证券交易所和深圳证券交易所为公司两大股东，各占50%的股份，中国证监会为其主管部门。

[②] 此部分内容主要参考了北京道可特律师事务所：《上市公司控制人如何向子女传承股份》，https://cj.sina.com.cn/article/detail/5622814640/226917，2017年4月23日。

第十六章 部分重要财产权益的继承和转让

卡原件及复印件""股份持有人有效身份证明文件及复印件"等申请资料，提出查询拟转让股份持有状况的申请，并取得中国结算深圳分公司出具的"拟转让股份的持有证明"。

（2）如因协议转让导致受转让者（如子女）持有上市公司的股份达到30%以上时，应当进行要约收购；须提供"要约收购报告书""法律意见书""财务顾问报告"以及其他文件。

（3）就实际控制人股份变动事项进行信息披露并公告。

（4）签订股份转让协议后，向深圳证券交易所申请确认股份转让的合规性。申请文件包括：①股份转让确认申请表；②股份转让协议正本；③股份转让双方有效身份证明文件及复印件；④股份转让双方的证券账户卡；⑤结算公司出具的拟转让股份的持有证明文件；⑥本次股份转让的公告；⑦拟转让股份由上市公司董事、监事、高级管理人员持有的，需要提供上市公司董事会的相关证明文件；⑧属于上市公司收购的，需提供已公告的收购报告书；触发要约收购义务的，还应当提供要约收购结果公告；⑨如转让行为需国资委、财政部、商务部等行政主管部门批准的，应当提供相关批文原件及复印件等。

（5）由深圳证券交易所对转让申请材料进行形式审核，自受理申请后的3个交易日内出具确认意见（证券交易所对股份转让的确认书），申请人缴纳经手费和确认费。

（6）向中国结算深圳分公司申请办理股份转让过户登记须提交的文件包括：①股份转让过户登记申请表；②股份转让协议正本；③证券交易所出具的股份转让确认书；④股份转让双方有效身份证明文件及复印件；⑤股份转让双方的证券账户卡原件及复印件；⑥本次股份转让的公告；⑦如涉及限售股转让，还需提供个人所得税完税凭证和经主管税务机关确认的《限售股转让所得个人所得税清算申报表》；⑧拟转让股份由上市公司董事、监事、高级管理人员持有的，需要提供上市公司董事会的相关证明文件；⑨属于上市公司收购的，需提供已公告的收购报告书，触发要约收购义务的，还应当提供要约收购结果公告；⑩如转让行为需国资委、财政部、商务部等行政主管部门批准的，还应当提供相关批文原件及复印件；⑪如委托代办，提供经公证的授权委托书、代办人身份证明文件。

（7）在结算公司缴纳手续费和印花税。

（8）结算公司对过户申请材料进行形式审核，审核通过的，于3个交易日内办理过户登记手续并获得证券过户登记确认书。

对于上市公司实际控制人股份的继承，手续相对简便很多。例如，因继承导致在一个上市公司中拥有权益的股份超过该公司已发行股份的30%的，可免于提交豁免要约收购的申请，直接向证券交易所和证券登记结算机构申请办理股份转让和过户登记手续。①

---

① 《上市公司收购管理办法（2014 修订）》第六十三条第二款。

相关流程如下所示:

(1) 上市公司须就实际控制人股份继承导致股份变动事项进行信息披露,经证券交易所确认;并获得证券交易所确认文件。

(2) 向结算公司申请办理过户并提交材料,申请材料包括:①《证券非交易过户登记申请表》(涉及多个继承人的,需全部继承人共同申请);②能够说明遗产归属的法律文件(继承公证书、生效的法院判决、法院调解书);③证券交易所出具的确认文件;④继承人的身份证明文件原件及复印件;⑤过户双方证券账户卡原件及复印件;⑥如涉及限售股继承,还需提供个人所得税完税凭证和经主管税务机关确认的《限售股转让所得个人所得税清算申报表》;⑦如委托代办,提供经公证的授权委托书、代办人身份证明文件;⑧结算公司要求的其他材料。

(3) 在结算公司缴纳手续费和印花税。

(4) 结算公司对过户申请材料进行形式审核,审核通过的,于3个交易日内办理过户登记手续,并取得证券过户登记确认书。

在此过程中,根据2007年国家工商行政管理总局发布的《关于未成年人能否成为公司股东问题的答复》,我国《公司法》对未成年人能否成为公司股东没有作出限制性规定。因此,未成年人也可以成为公司股东,其股东权利可以由法定代理人代为行使。同时,根据《中国结算深圳分公司证券非交易过户业务指南》第17条的规定,如未成年人继承的股份需过户至法定监护人名下的,则应在继承公证书中明确说明。换言之,如在继承公证书中无明确说明,未成年人继承的股份应当登记在未成年人名下。

在协议股份转让和股权继承过程中,均可能涉及相关的纳税义务,结算公司和证券交易所也将收取一定的费用。纳税义务主要是印花税和个人所得税。

协议股份转让和股权继承均涉及印花税,税率为0.1%,分别由转让人和继承人行使纳税义务。

在个人所得税方面,根据《关于个人转让上市公司限售股所得征收个人所得税的通知》,对个人在深圳证券交易、上海证券交易所转让从上市公司公开发行和转让市场取得的上市公司股票所得,继续免征个人所得税。

然而,由于限售股不是在上市公司公开发行时买进的,所以不适用免税政策,转让人应当缴纳个人所得税,税率为20%。应纳税所得额为"限售股转让收入"减去"限售股原值"及"合理税费"。

其中"限售股转让收入",是指转让限售股股票实际取得的收入;根据《深圳证券交易所上市公司股份协议转让业务办理指引(2016修订)》第8条规定,上市公司股份协议转让应当以协议签署日的前一交易日转让股份二级市场收盘价为定价基准,转让价格范围下限比照大宗交易的规定执行。按照深圳证券交易所的交易规则,有价格涨跌幅限制(10%)证券的协议大宗交易的成交价格,在该证券当日涨跌幅限制价格范围内确定;即协议转让的下限价格不能低于上一日收盘价的90%。

"限售股原值",是指限售股买入时的买入价及按照规定缴纳的有关费用;"合理税费"是指转让限售股过程中发生的印花税、佣金、过户费等与交易相关的税费。股份继承涉及限售股的，继承人同样需缴纳个人所得税，计税标准和协议转让相同。

在协议转让和继承上市公司实际控制人股份的过程中，中国结算分公司会向转让双方，或继承人收取过户费；证券交易所会收取经手费，在协议转让的情况下，还会向转让双方收取"合规性确认费"，但上述费用均不高于10万元。

三、合伙企业份额的转让和继承

合伙企业是指由两个及以上的公民订立《合伙协议》，共同出资，共同经营，共享收益，共担风险的营利性组织，分为普通合伙企业和有限合伙企业，因此合伙人也分普通合伙人和有限合伙人。

合伙企业最主要的特征就是人合性，所有合伙人基于信任而签订《合伙协议》，共同出资而设立。各合伙人在合伙企业运营过程中，原则上享有参与执行和监督合伙事务的权利；收益共享，风险共担；普通合伙企业由普通合伙人组成，合伙人对合伙企业债务通常承担无限连带责任。有限合伙企业由普通合伙人和有限合伙人组成，普通合伙人对合伙企业债务承担无限连带责任，有限合伙人以其认缴的出资额为限对合伙企业债务承担责任。

《合伙协议》是合伙企业所有合伙人协商一致，以书面方式订立的契约，是确定合伙人之间权利义务关系的基本依据，是对合伙企业经营管理的纲领性的指导文件，在法律上对所有的合伙人均有约束作用。同时，它是在设立合伙企业并向企业登记部门备案登记时的必备文件。

我国《合伙企业法》第十八条明确了《合伙协议》应当载明的十项内容，其中包括了"入伙和退伙"，和合伙企业财产份额的继承和转让有较大的关系。

正因为合伙企业典型的人合性特征，因为财富传承安排而导致的合伙企业财产份额的继承和转让，势必会引新合伙人入伙，而合伙企业的设立是以合伙人之间的相互信任关系为基础的，而且全体普通合伙人都要对合伙企业债务承担无限连带责任，因此对合伙人人选更加重视和慎重，也往往在《合伙协议》中加入对合伙人财产份额继承和转让的限制。

如果合伙人因为财富传承安排而转让合伙企业财产份额，《中华人民共和国合伙企业法》（以下简称《合伙企业法》）第二十二条作出了明确规定："除合伙协议另有约定外，合伙人向合伙人以外的人转让其在合伙企业中的全部或者部分财产份额时，须经其他合伙人一致同意。合伙人之间转让在合伙企业中的全部或者部分财产份额时，应当通知其他合伙人"。

由此可见，合伙企业财产份额的转让和有限责任公司的股权转让类似，也分为内部转让和外部转让。内部转让即合伙人向其他合伙人转让其财产份额，外部转让是将合伙企业财产份额转让给他人。

在内部转让的情况下，不会有新的合伙人加入合伙企业中，不会破坏原有合伙人间的信任关系和合伙企业的稳定，因此，相对简单，只需通知其他合伙人即可。

而在外部转让的情况下，新的合伙人加入可能会影响合伙人之间关系的稳定，以及合伙企业的正常经营和发展，则需经其他合伙人一致同意。我国《合伙企业法》第二十三条也规定了："合伙人向合伙人以外的人转让其在合伙企业中的财产份额的，在同等条件下，其他合伙人有优先购买权；但是，合伙协议另有约定的除外"。因此，在以财产份额转让的方式进行传承的情况下，获得其他合伙人的一致同意是必要条件。

如果是有限合伙企业中的有限合伙人，由于其不执行合伙事务，同时仅以其出资额为限对合伙企业债务承担责任。所以有限合伙人的个人情况对合伙企业的影响较普通合伙人小。因此，对有限合伙人向合伙人以外的人转让其财产份额的限制，并不像对普通合伙人那么严格，只须提前30日通知其他合伙人即可。[1]

对合伙企业财产份额继承的情况，我国《合伙企业法》第五十条作出了相对比较明确的规定："合伙人死亡或者被依法宣告死亡的，对该合伙人在合伙企业中的财产份额享有合法继承权的继承人，按照合伙协议的约定或者经全体合伙人一致同意，从继承开始之日起，取得该合伙企业的合伙人资格。有下列情形之一的，合伙企业应当向合伙人的继承人退还被继承合伙人的财产份额：

（1）继承人不愿意成为合伙人的；

（2）法律规定或者合伙协议约定合伙人必须具有相关资格，而该继承人未取得该资格；

（3）合伙协议约定不能成为合伙人的其他情形。

合伙人的继承人为无民事行为能力人或者限制民事行为能力人的，经全体合伙人一致同意，可以依法成为有限合伙人，普通合伙企业依法转为有限合伙企业。全体合伙人未能一致同意的，合伙企业应当将被继承合伙人的财产份额退还该继承人。"

综上所述，合伙企业财产份额的继承和转让和有限责任公司股权的继承和转让有一定的相似之处，《合伙协议》在合伙企业中的地位也类似《公司章程》之于有限责任公司。我国法律均在保护继承人的权益和企业股份流转的同时，赋予具有人合性特征的企业及其股东（合伙人）一定的自主权。

然而，合伙企业的财产份额和有限责任公司股权两者虽然均为股东（合伙人）的合法财产权利，但两者的法律特点还是有所不同。有限责任公司是企业法人，有独立的法人财产，享有法人财产权；公司以其全部财产对公司的债务承担责任，公司股东以其出资额为限承担公司债务。而合伙财产的法律性质表现为合伙人对合伙财产的共有关系。合伙企业的债务首先由合伙企业以合伙财产清偿，不足清偿的部分由普通合伙人负连带清偿责任；[2] 除入伙协议另有约定的，新合伙人也将对入伙前合伙企业的债

---

[1] 《中华人民共和国合伙企业法》第七十三条。

[2] 《中华人民共和国合伙企业法》第三十八至四十条。

第十六章 部分重要财产权益的继承和转让

务承担无限连带责任。[1]

同时，虽然我国现行《合伙企业法》将合伙人的出资、以合伙企业名义取得的收益和依法取得的其他财产（也称合伙经营积累），均归为合伙企业的财产，[2] 但合伙人出资的范围较广，例如合伙人可以用货币、实物、知识产权、土地使用权或者其他财产权利出资，也可以用劳务出资，这势必在合伙企业在向没有或不愿取得合伙人资格的继承人退还合伙财产份额时，造成一定的困惑。例如被继承合伙人是以知识产权或者土地产权的使用权等财产权利出资的，这些财产的财产权依然属于被继承合伙人或其继承人，合伙企业只享有使用权或管理权，在此情形下，如果继承人要求返还原物，则可能对合伙企业的经营产生较大的影响。因此，合伙企业合伙人在签订《合伙协议》时，需对在这些情形下的具体方式和金额核定标准，逐一进行明确。同时，这些问题也是合伙人在进行自身的财富传承安排时，必须要关注到的问题。

在纳税义务方面，2019年1月1日正式实施的《中华人民共和国个人所得税法实施条例》第六条第八款明确了合伙企业中的财产份额转让所得需缴纳个人所得税。自然人合伙人转让投资资产按"财产转让所得"，允许税前扣除财产原值和合理费用，以20%的税率缴纳个人所得税。

就目前而言，我国法律法规并未对合伙企业份额转让所得金额的确认原则，进行明确的规范。在实务操作过程中，一般是参考《股权转让所得个人所得税管理办法（试行）》里对于股权转让所得的确认，即"股权转让收入是指转让方因股权转让而获得的现金、实物、有价证券和其他形式的经济利益"。同时，因为财富传承安排而出现的"转让收入偏低"也往往具备该试行管理办法中所指"正当理由"，[3] 而无须进行核定（详见本章中对"有限责任公司股权的转让和继承"的介绍）。

在印花税方面，合伙企业财产份额转让属于产权转让，本应按产权转移书据缴纳印花税，但却未被纳入2018年11月发布的《中华人民共和国印花税法（征求意见稿）》的正列举范围。

---

[1] 《中华人民共和国合伙企业法》第四十四条第二款，但也有学者提出该条款和我国《继承法》第三十三条有一定的冲突，该法条规定："继承遗产应当清偿被继承人依法应当缴纳的税款和债务，缴纳税款和清偿债务以他的遗产实际价值为限……"。

[2] 《中华人民共和国合伙企业法》第二十条。

[3] 即"继承或将股权转让给其能提供具有法律效力身份关系证明的配偶、父母、子女、祖父母、外祖父母、孙子女、外孙子女、兄弟姐妹以及对转让人承担直接抚养或者赡养义务的抚养人或赡养人"，属于正当理由。

第五部分

综合理财规划能力

第十七章

理财规划及其在财富管理中的重要地位

第一节 理财规划是"行业革命"的产物

理财规划的概念出现于20世纪70年代。在全球各主要发达国家的财富管理行业发展历史中,在理财规划服务出现之前,社会上的各类为民众提供服务的专业人士不断增加,从早期的保险从业人员、银行信贷经理、税务会计师和律师等,到股票经纪、投资顾问、基金经理,以及对冲基金经理等。然而,这些被称之为"传统财务顾问"的专业人士在不同的领域各自为战,客户自身往往是在没有专业帮助的情况下调配各种社会资源,来进行家庭的财富管理活动;这个时期也被称为"传统财务顾问阶段"。[1]

随着社会的发展、私人财富的积累、各种社会资源的不断增加以及外部环境(如法律、税务等)的持续改变,个人或家庭的财富管理需求变得越来越多元,且越来越复杂;无疑对客户自身的财富管理意识和能力也不断提出了新的要求和挑战。

与此同时,在各自领域为客户提供财富管理服务的机构以及传统财务顾问,一方面享受着因行业垄断而带来的高额服务费用和产品销售佣金,另一方面则不断爆出因为自身利益而伤害客户权益的各类丑闻。在这种情况下,对个人金融服务业进行全面改革以强化金融消费者权益保护的呼声日益高涨,全球各发达国家先后出台了个人金融服务监管的改革措施。

在一些为客户提供传统财务顾问服务的行业内部也出现了改革的呼声。1969年12月12日,以劳伦·丹顿(Loren Dunton)为首的13名金融服务行业的精英在芝加哥聚集在一起,讨论了"提升行业专业服务能力"这一行业命题,提出了"为客户以其人生(全生涯)为长度的综合金融服务"的服务

---

[1] M. Cull,《The Rise of the Financial Planning Industry》, Australian Accounting, Business and Finance Journal, Volum 3, Article 4, University of Western Sydney.

目标,并成立了金融咨询协会(Society for Financial Counseling)。这场会议促成了美国现代理财规划行业(Financial Planning Industry)的诞生,并被载入行业发展历史,被称为"芝加哥十三人会议"。①

在这次会议中,与会者在"教育是提升金融服务专业化发展的关键"这一问题上达成了共识。于是,金融咨询协会稍后就成立了国际金融咨询学院(International College for Financial Counseling)和国际金融理财顾问协会(International Association of Financial Counselors)。前者为教育培训机构,主要向从业人员提供教育培训;后者则是向从业人员提供专业理财规划师认证的机构。1970年,国际金融理财顾问协会更名为国际金融理财规划协会(International Association of Financial Planning),国际理财咨询师学院更名为理财规划学院(College of Financial Planning)②,并推出了第一部理财规划师的职业标准教材《理财规划师指南》(A Financial Planner's Guide),在20世纪80年代初,理财规划学院和多所大学建立了合作关系,在学术界的助力下,理财规划逐步成为一门学科。

理财规划师的职业标准在随后五十年的发展中,得以不断完善,并加入了理财规划师道德规范与职业守则(The Code of Ethics and Professional Responsibility),通过CFP®认证③在全球各国(如中国、英国、澳大利亚、新加坡、瑞士、加拿大等24个国家和地区④)得以复制和传播,成为全球财富管理行业发展过程中的一个标杆;同时也成为各主要发达国家金融监管机构对个人金融服务进行行为监管的重要依据之一。⑤

为了迎合监管机构的合规要求,也为了满足其自身的长期发展需求,各类提供财务顾问服务的机构也作出了相应的调整,一方面成建制地将传统财务顾问转型为理财规划师,通过教育培训使其比传统财务顾问具备更为广泛的金融专业知识和能力,另一方面则推出了更为人性化的产品和服务。再加上客户在自身的财富管理活动中,逐步发现自身的能力已无法跟上外部环境的变化,因此,理财规划师作为客户"主要财务顾问的使用率"大幅增加,理财规划行业应运而生。⑥

理财规划行业和理财规划服务的出现,在一定程度上结束了早期传统财务顾问在

---

① Brandon Jr, E.D., & Welch, H.O.: *The History of Financial Planning: The Transformation of Financial Services*, John Wiley & Sons, 2009.

② 1985年理财规划学院成立了国际金融理财标准和实操委员会(International Board of Standards and Practices for Certified Financial Planners, IBCFP),并将两者分割开来,由后者拥有国际金融理财师CFP认证的权利和标志。IBCFP稍后又更名为国际金融理财师标准委员会(Certified Financial Planner Board of Standards, Inc., CFP Board)。2004年,国际金融理财标准委员会(Financial Planning Standard Board)成立,负责美国以外地区CFP商标的授权使用和管理。

③ CFP即Certified Financial Planner,直译为"经过认证的理财规划师",中国金融理财标准委员会在引入该认证时,将其翻译为"国际金融理财师"。

④ 截至2018年10月。

⑤ 毕倩雯:《美国篇:全球行业标准的制定者》,收录于中国理财师职业化发展联合论坛行业研究报告《财富管理全球经验》。

⑥ 夏文庆:《澳大利亚篇:金融服务业制度的领跑者》,收录于中国理财师职业化发展联合论坛行业研究报告《财富管理全球经验》。

第十七章 理财规划及其在财富管理中的重要地位

不同的领域各自为战的局面，开创了理财师为客户提供综合金融服务的先河。它提出了理财师帮助客户"合理规划其有限的财务资源，并使其满足人生不同阶段需求"的理念，使客户在作具体家庭财务决策的过程中，更具针对性和合理性。因此，理财规划的出现可被视为一场"行业革命"的产物。

根据海外行业发展经验，在理财师的实际工作中，依然同时为客户提供有限财务咨询服务和综合理财规划。前者通常是客户出于对自身财务隐私的保护或其他因素的考量，只愿意提供一部分信息供理财师参考，理财师则基于所提供的有限信息提出自己的专业建议，有时也被称为"单目标理财规划"；例如，有的客户只想让理财师帮助他作好某一个投资决定，或只希望理财师帮他梳理一下家里的人寿保险，并作一些加保的决策等。

而综合理财规划服务的核心是理财师帮助客户对其家庭财务资源和财务目标进行合理的规划，因此无论客户需要解决的是哪一方面的家庭财务问题，理财师都会引导客户提供全部的家庭财务信息，使理财师能更加全面地考虑各种所涉及的因素，并在客户家庭财务资源进行合理规划的前提下，再对客户提供综合的专业建议。

由于综合理财规划服务需要客户家庭的几乎全部财务信息，同时，理财师也会需要一定的时间准备相应的规划，因此在实操过程中，即使在理财规划行业发展了几十年的海外发达国家，理财师依然会经常遇到"不愿花太多的时间和精力在综合理财规划上"的客户，因此"有限财务咨询服务"就成为一种选择。同时，在监管方面，监管单位也会要求理财师就"是否获得客户全部财务信息而提供建议"的情况加以区分，因此，会要求理财师在并未获得客户全部财务信息的情况下，向客户提供"有限财务咨询建议报告书"。

我国专业财富管理行业尚在发展早期，虽然较早地引进了理财规划师的相关认证，但综合理财规划服务并未得到广泛的宣传和推广，甚至绝大多数理财师的综合理财规划的实践和能力也有待提高，因此，主动寻求综合理财规划服务的客户也会相对比较少。而有心希望通过综合理财规划服务帮助客户解决问题的理财师，也常常会在客户信息收集过程中引起客户的疑惑，因为客户往往不明白，其心目中一个简单的投资产品咨询或者保险产品咨询，理财师为什么需要收集那么多的信息？

也正是因为上述原因，本书将普通家庭财富管理活动中的主要场景进行了归纳，除了前面所介绍的投资、家庭财务保障保全和财富传承等需求场景外，将客户家庭财富管理活动中涉及财务资源和生活品质规划的需求场景纳入其中，形成了理财师针对上述四大类客户家庭财富管理需求场景的方法论和服务体系，希望这一财富管理核心能力体系能帮助理财师在具体实操过程中得以充分的发挥。

第二节　理财规划及其服务的定义和服务内容

中国内地、香港特区和台湾地区均有行业组织和机构分别引入 CFP® 认证,并把 "Financial Planning"分别翻译成金融理财、财务策划和理财规划,同时分别根据自身的理解,对理财规划和理财规划服务作出了定义。

台湾理财顾问认证协会将理财规划作为客户家庭财富管理活动中的一项重要的内容进行了定义:"理财规划是科学地规划我们现在及未来的财务资源,使其满足人生不同阶段的需求,以达到预定目标,使我们能够财务独立自主"。

中国金融理财标准委员会和香港财务策划师学会则是针对专业理财规划服务作出了相关的定义;其中,香港财务策划师学会的定义指出:"财务策划是指运用科学公正的财务分析程序来对个人的财务计划、投资策略等进行合理的规划和管理,以实现其长期理财和生活目标的专业个人理财服务。"

相较之下,中国金融理财标准委员会对理财规划服务的定义相对比较完整,它指出:"金融理财是一种综合的金融服务,是由专业的理财人员通过分析和评估客户财务状况和生活状况、明确客户的理财目标、最终帮客户制定出合理的、可操作的理财方案,使其能满足客户人生不同阶段的需求,最终实现人生在财务上的自由、自主、自在。"该定义明确了理财规划服务的"综合金融服务"属性,并且对该服务的步骤和过程以及目标都作了简单扼要的介绍。

上述定义,均凸显了财富管理活动中的"规划"工作的重要性,及其为个人或者家庭长期(不同生命周期)的理财和生活目标而服务的宗旨。同时,中国金融理财标准委员会的定义鲜明地提出,理财规划服务是一种综合金融服务;而台湾理财顾问认证协会的定义中提到"科学地规划我们现在以及未来的财务资源"这一点可圈可点,它明确了理财规划工作所规划的主体,即"我们(客户)现在以及未来的财务资源"。

在具体实践过程中,根据国际金融理财师标准委员会在 2008 年提出的理财规划服务标准流程,理财规划服务可分为六个步骤,分别是:(1)建立和界定与客户的关系;(2)收集客户信息,了解客户的目标和期望;(3)分析和评估客户当前的财务状况;(4)制定并向客户提交个人理财规划方案;(5)执行个人理财规划方案;(6)监控个人理财规划方案的执行。

上述六个步骤在一定程度上勾勒出理财规划服务的内容,但在具体实操过程中,综合理财规划服务显然不是按上述步骤走一次"程式化的过场"那么简单,而"为客

第十七章　理财规划及其在财富管理中的重要地位

户提供一份理财规划报告书"也非理财规划服务的全部。①

如果把客户未来的人生比作一次旅行，而理财师需要在客户踏出第一步以前为他进行合理的规划，理财师首先需要告诉他现在在哪里，未来要去哪里；其对应的相关工作就包括了对其目前家庭财务状况和未来的生活品质目标进行信息收集。

然后，在对上述信息进行了整理和分析后，理财师将告诉客户现在的状况（比如健康状况、旅费和装备情况），并且能告诉他是否能去成自己要去的地方；其对应的相关工作就包括了对客户的家庭财务信息进行分析，指出其存在的不合理性以及风险，并根据其现在及未来的财务资源，对其进行财务目标的评估和分析。

在此基础上，理财师还需进一步告诉客户"如果不能去成，还能去哪儿？""如果目标定得太低，还有什么可能性？"等问题；所对应的工作就包括了根据客户的财务资源，并结合客户自身的意愿，（向上或向下）调整并明确客户的理财目标（如家庭生活品质目标和投资目标等）。

在目标得以明确的前提下，理财师将会就接下来的方向和路径，以及在旅程中可能遇到的问题，为客户提供具体的建议（即帮助客户了解"如何去"的问题）；所对应的相关工作就包括了为客户提供投资架构、家庭财务保障保全体系、财富传承安排等方面的具体建议。

接下来，理财师会以书面的形式为客户提供一份"旅行攻略"；所相对应的工作即将上述这些综合分析和路径规划及其建议，以理财规划报告书的形式提供给客户。

如果客户有对"旅行攻略"调整的需求，理财师会依然站在自身的专业立场，并结合客户的调整需求，对"旅行攻略"进行调整，并和客户最终达成一致，且帮助客户一起开始这趟旅程；相对应的工作即进一步明确理财规划报告书中的客户目标和具体的专业建议，并开始执行这些具体的建议。

在开始旅行后，理财师将始终陪伴在客户的身边，根据"旅行攻略"一步一步走向客户崭新的旅程，在此过程中，始终帮助客户保持既定的方向，并及时根据内外部环境的改变，而调整旅行攻略；所对应的工作即在未来为客户提供长期的持续财富管理服务，以帮助客户作好每一个重要的家庭财务决定，以最终帮助客户实现人生不同阶段的目标。

综上所述，就理财规划服务的内容来看，它是基于对客户家庭财务状况和生活品质目标的充分分析和评估，且对客户有限的财务资源进行合理规划后，就客户家庭的

---

① 由于本书作者每年均会担任各类理财规划大赛的专家评委，曾有机会阅览较多的参赛理财师所制定的理财规划，也在其中发现了几个比较重要的问题：首先，不少参赛理财规划报告书的内容往往是在对客户的家庭财务信息进行了简单分析后，就直接开始逐一地为客户提供投资、保险、退休等规划建议，而忽略了"理财师对客户的财务资源进行合理规划"这一最核心的内容；其次，不少理财师往往只针对"客户提出来的部分理财目标能否实现"而进行了评估，而对"以客户所拥有的财务资源可以享受到怎样的生活品质"没有进行具体的补充和规划；最后（但不是唯一的），无论是客户家庭财务状况的分析，还是在"没有对财务资源进行规划、明确客户未来的理财和生活目标的前提下所提出的相关建议"，貌似很全面，但每个部分均为独立的内容，各自为战，显得"碎片化"，而非一个逻辑缜密且完整的规划，甚至容易出现前后矛盾的情况。

各类财务决策提供有针对性的建议，并帮助客户执行具体的规划建议，在客户家庭未来的生命周期中，提供持续规划和调整服务的综合金融服务。

对一个普通家庭而言，在没有理财规划框架的情况下，其各项家庭财务决策，均有可能是"碎片化"的，并因此在财务资源的配置上顾此失彼，最后导致自身的财务目标无法实现。财富管理实践经验告诉我们：没有一个家庭财务决策是独立的；无论是投资还是家庭风险管理决策，都可能受到其有限的家庭财务资源的局限。因此，对家庭现在以及未来的财务资源进行合理的规划和配置，并据此明确未来的生活品质目标实现的时间和预算，是每个家庭最重要的家庭财务决策之一，也是综合理财规划服务的核心。

在此过程中，不难看到本书前面所介绍的理财师帮助客户搭建投资架构的能力、帮助客户构建家庭财务风险保障保全体系的能力、帮助客户进行财富传承安排的能力和综合理财规划服务之间的关系。综合理财规划服务在很大程度上成为前述各项工作的前提和基础：理财师通过对客户的财务资源进行合理的规划，并以此形成了客户其他各项家庭财富管理活动的框架，有机地把各类家庭财务决策结合起来，形成了一个整体。

无论从社会分工层面还是从专业能力层面，综合理财规划服务都是最具财富管理特色的专业服务。无论中外，社会上其他领域的专业人士受自身时间、精力和专业能力的限制，均未能像理财师这样，向客户提供通过对客户有限的财务资源的科学规划，使其满足人生不同阶段需求的综合性专业服务。因此，综合理财规划能力可以被认为是专业理财师最核心的一种财富管理服务能力。

第十八章

综合理财规划服务的基本步骤

目前国内对理财规划服务的教育和普及工作，基本上是由各类专业理财师认证课程在承担。各类理财师认证课程对理财规划服务的步骤的介绍，虽然不完全统一，但与国际金融理财标准委员会的六步骤大同小异，其中不乏可优化的空间。[①] 因此在此基础上，本书将理财规划服务的步骤扩大到八个主要步骤（以下简称"理财规划服务八步骤"），以进一步强调理财规划服务的服务宗旨和内容：(1) 建立和界定与客户的关系；(2) 收集客户的家庭财务信息、财务目标以及当前亟须解决的问题；(3) 整理和分析客户家庭财务状况，并评估其实现各项财务目标的可行性；(4) 调整并明确客户的财务目标；(5) 就所明确的各项财务目标，提出综合理财规划建议；(6) 以书面的理财规划报告书的形式，呈递并解释综合理财规划建议；(7) 帮助客户执行具体的理财规划建议及事项；(8) 为客户提供长期的财富管理服务，根据客户在人生每一个阶段的具体情况，持续调整理财规划的内容，并帮助客户作好每一个重要的家庭财务决定，以实现一生财务资源的有效运用。

第一节 建立和界定与客户的关系

理财规划服务，乃至财富管理服务，建立和界定与客户的关系都是理财

[①] 不能否认该流程是 FPSB 经过多年的优化后提出来的，但在向其他国家传播时，整个流程略显简洁和笼统，以至于缺乏实践经验的理财师对其中一些比较主要的内容存在较大的误区。例如，对客户而言，当前对理财规划服务的认知是极其有限而且模糊的，因此，理财师如果在实践中不能以"当前亟须解决的家庭财务问题"作为切入点，在了解客户家庭财务信息的时候，可能就会遇到阻碍；同时，只是分析和评估客户当前的财务状况是不够的，更需要就客户的财务目标（尤其是"当前亟须解决的家庭财务问题"）进行可行性分析，并明确切实可行的财务目标，然后才能在此基础上制定相应的理财规划方案。再如，第四步制定并向客户提交个人理财规划方案，其真实含义其实是要在理财师对客户的财务资源进行了合理的规划后，和客户就具体的目标达成共识的基础上，再制定相应帮助客户实现这些目标的具体建议。然而，在现实中，这一步往往在被误读为"为客户提供一份理财规划报告"，甚至为客户提供一份理财规划报告就变成了理财规划服务的全部，而对客户的各项理财目标的规划却是"碎片化"的，等等。在阅读后面的章节后，相信读者应该能理解本书作者对理财规划工作步骤进行调整的苦心。

师在面对客户时要做的第一件事情。这个步骤包括两个主要环节：一个是理财师通过客情关系建设拉近和客户之间的关系；另一个是在此过程中，理财师需要明确地告知客户自身在客户家庭财富管理活动中的定位和专业边界，以界定和客户的关系。

客情关系建设，应该说这是任何服务性工作的首要步骤。这种客户关系建立的过程是客户和专业理财师从不认识到熟悉，从熟悉到了解，从了解到理解的过程。客户关系的基础是信任，能不能获得客户的信任，和理财师在和客户接触过程中的表现有着直接的关系。理财师要在客户面前表现什么、如何表现，是一名专业理财师最基本的专业素养之一。

在财富管理实践中，曾有海外机构提出了要向客户提供 PEFECT 服务的口号，包括了在和客户接触的过程中要做到：（1）礼貌（polite）；（2）高效（efficient）；（3）友好（friendly）；（4）热情（enthusiastic）；（5）关爱（care）；（6）珍惜（treasure）。

无须更多解释，从字面上一方面可以感受到 PERFECT 服务对理财师在服务态度上所提出的要求，相信这也是客户希望看到的理财师的状态；但在另一方面，如果一名理财师在友好热情的外表下隐藏着为其自身谋利益的动机，这种客户关系必然是不可持续的。在国内财富管理业务发展的初级阶段，金融机构的业绩压力沉重，导致了一些从业人员在和客户接触的过程中，往往以销售达标为主要目的，"礼貌""友好""热情""关爱"却成为手段。事实上，如果理财师和客户的关系只是出于理财师自身的营销目的，这样客情关系实质上是一种虚伪的关系，是缺乏持续性和黏性的，这是专业理财师在工作中必须要警醒的。

同时，PERFECT 服务不能只是理财师在表面上所呈现出来的一种服务态度，而是从内心表达出来的一种要帮助客户作好每一个家庭财务决定的意愿。这种意愿通常还伴随着理财师解决客户家庭财务问题的专业能力。因为，专业服务中的客户关系基础，始终是服务提供者满足客户需求的专业能力。

因此，专业理财师在和客户接触的过程中，一方面要体现出 PERFECT 服务的状态，获得客户的信任和好感，以便于在和客户沟通的过程中，深入了解客户所面对的问题和家庭财务状况；另一方面则要帮助客户了解专业理财师帮助客户解决这些问题的路径和方法论，并提出自己的见解和观点，在专业胜任能力上获得客户的认同，这才是建立客户关系的基础。

另外，理财师需要让客户知道自身在其家庭财富管理活动中的定位，针对客户不同财富管理需求的服务体系和专业边界，并和客户达成共识，即界定自身和客户的关系。

在现实中，不少理财师在接受了专业理财师认证教育后，通常也曾向客户提出"帮您制定一份理财规划"这样的建议，但结果往往差强人意。其中一个比较主要的原因在于，理财规划的理念和作用在我国民众中并未得以普及，客户往往并不是很理解一份理财规划能为他带来什么。同时，理财规划服务是一项综合性非常强的专业服务，理财师所有的规划建议都基于对客户家庭财务信息以及对未来各类理财目标的全面深入的了解。因此理财师往往在客户的家庭财务信息收集的环节里，就会发现客户所表

第十八章　综合理财规划服务的基本步骤

现出来的不耐烦和迷茫，因为他不知道为什么理财师需要那么详细的信息。①

因此，建议理财师不要一上来就直接告诉客户"我为您制定一份家庭理财规划"，或者向客户介绍理财规划服务，而应从客户当前亟须得到解决的问题出发，无论是他们想要作投资决定也好，还是想了解如何作好家庭财务保障（买保险），抑或是想了解如何进行财富传承安排等，理财师首先需要正视这些和客户当前的所思所想有关的需求，以本书前面章节所述的针对客户各类家庭财富管理需求的方法论，告诉客户解决这些问题的思路和方法论，以及自身的服务体系和专业边界。同时，在此基础上，让客户了解没有一个家庭财务决定是独立的，强调客户家庭的财务资源和这些家庭财务决定之间的关系，帮助客户全面了解这个财务决定对家庭财务的影响。从而进一步由客户来选择是单独地解决当前所面临的家庭财务问题，②还是通过理财规划服务来综合性地解决其家庭财务管理工作中的所有问题。

综上所述，在理财师"建立和界定和客户的关系"的过程中，理财师须关注以下六个方面的行为：

（1）首先，理财师应努力树立自身的专业形象和品牌。形象大师罗伯特·庞德曾说："7 秒钟就决定了第一印象，而且你永远没有第二次机会给对方留下第一印象。"因此，专业理财师在自身的穿着、肢体语言上都要表现出其专业简洁整齐的形象，这是理财师个人素质和修养的体现，同时也代表了所属金融机构的形象。因此，专业理财师在客户心目中的形象对于客户关系建设至关重要。在这方面，客户的个人的素质、偏好固然很重要，但对一名专业理财师而言，更重要的是自己对自身工作性质的准确定位。

（2）专业理财师的工作状态在客户接触的过程中起到非常重要的作用。一名睡眼惺忪或者尽显疲态的理财师，不仅有悖商务礼仪的要求，同时也是对客户的不敬。专业理财师应在和客户接触的过程中，精神饱满，谈吐清晰，让客户感受到理财师对工

---

① 这个问题也引申出一些即使在海外发达国家理财规划行业中，也可能未能得以解决的问题。本书作者在海外执业期间也曾遭遇如此困惑。例如，一名客户有一笔 50 万元的定期存款到期了，于是希望理财师能为他提供一些投资建议。在此场景中，如果理财师直接向客户提供理财规划服务，并希望通过理财规划服务帮助客户合理地规划其家庭整体的财务资源后，再向客户提供具体的投资建议。这样的做法理论上是没有问题的，而且理财师确实做到了尽心尽职。但问题在于忽略了客户的感受，当一名客户为了一个他个人认为相对比较简单的家庭财务决策问题来向理财师进行咨询的时候，会很难理解为什么理财师需要了解如此众多的貌似和他所面对的这个问题"无关"的信息，这就导致了理财师在 KYC 过程中就遇到困难。因此，不少海外理财师往往会以"limited advice（有限建议）"为客户提供服务，即在客户提供的信息范围内，为客户提供有限（limited）的建议。这也是本书作者在 2009 年出版了《理财师实务手册》后不断反思和探索的一个问题。在《理财师实务手册》中，本书作者把理财规划服务作为财富管理服务唯一的入口，即但凡客户需要作家庭财务决策，理财师就以理财规划服务来帮助客户家庭的财务资源进行全面的规划，然后再有针对性地提出相关的建议。但在实践中，不少缺乏实操经验的理财师很有可能遇到以上所述的问题。因此，在本书的撰写时，作者把财富管理的入口增加到四个，针对客户当前急需要满足的不同的财富管理需求，直接先以相应的财富管理核心能力和服务体系来满足客户的需求，并在此基础上对客户进行引导，使其理解没有一个家庭财务决策是独立的，从而进一步帮助客户进行综合理财规划。

② 即前面所提到的"有限财务咨询建议"，当理财师单独解决这些问题时，其实也需要运用本书前面章节所介绍的各类财富管理核心能力。

作的激情。要做到这一点,理财师也需要在生活中注意休息,保持充足的睡眠,使自己有良好健康的身体,使自己能在和客户接触的时候有良好的精神状态。

（3）专业理财师应该在任何时候,都要由心而发地表现出一名专业理财人员的风范,这不仅是良好的客户关系建设的基础,也是自身长期职业生涯发展的需求。如果理财师把自己定位为一名销售人员,不管如何伪装,说话如何婉转充满技巧,客户不会感受不到；同样如果理财师从一开始就把自己的定位为"一名以帮助客户为己任的理财专业人士",客户同样能感受到,哪怕有时双方的观点可能并不一致。

（4）应更多地关心客户的需求。理财师更应该以帮助客户更好地解决当前的问题或者作好当前的家庭财务决定为目标,而系统性地收集、整理和分析其相关的家庭财务信息,并将这一目标和过程明确地告知客户,以获得客户的认同和配合。在这一过程中,理财师要切记不要以套客户信息的方式,来进行客户信息收集,因为理财师的这些套路和小心思,在客户面前是无处遁形的。同时,一个只知道高谈阔论,但忽视客户感受的理财师,即使自身的专业能力非常过硬,但最终还是无法得到客户真正的认同的。一名专业理财师在客户面前需要传递自己的工作是"以客户为中心"的诚意,但这种诚意并不只是表现在理财师是这样"告诉"客户的,而是通过在和客户沟通的过程中更深入地了解客户,尽可能地了解其家庭财务状况和需求,认真地进行笔录等一系列行为所表达出来的。

（5）应向客户明确其在客户家庭财务决定过程中的定位,以及合理规划其家庭财务资源以明确其未来的生活品质目标（即理财规划）在客户财富管理活动的中重要性。在行业发展的初级阶段,客户对专业理财师的定位通常是相当模糊的,更多的时候,客户会把理财师当作"能为其获得超额收益的投资顾问",或者只是一名"销售人员"。专业理财师应向客户明确自身的定位,例如,理财师在客户投资行为中"帮助客户搭建家庭投资架构"中的定位,在"帮助客户搭建家庭财务保障保全体系"中的定位,等等。同样,因为这些家庭财务决定在很多时候不是独立的,那么理财师就要向客户解释自己将如何利用综合理财规划的手段去合理地规划其现在和未来的财务资源,全面衡量家庭各类财务问题和目标所涉及的各种因素,助其作好家庭财务决定以及采取的工作方式和方法。

（6）应如实告知客户自己的专业边界和能力范围,即能为客户提供和不能为客户提供的服务。没有一个专业人士是全能的,客户应该理解,专业理财师则更加没有必要去假装或默认自己并不胜任的角色,比如投资顾问或者资产管理者等。专业理财师应综合利用各种社会资源,帮助客户一起作好家庭财务决定。如果遇到自己无法解决的问题时,要对客户如实告知,并且向客户介绍可以帮助他解决问题的渠道或者专业人士,如律师、会计师、公证处等。

第十八章 综合理财规划服务的基本步骤

第二节 收集并了解客户的财务信息

理财规划服务的第二个步骤是收集客户信息，了解客户的目标和期望以及当前亟须解决的问题。

根据台湾理财顾问认证协会对理财规划的定义：理财规划就是规划我们现在及未来的财务资源，使其能够满足人生不同阶段之需求，以及达到预定的目标，使我们能够财务独立自主。这个定义中谈到了"我们现在及未来的财务资源"。这些资源是客户实现其人生不同阶段的财务目标的根本，可以说没有这些资源，无论客户自己还是专业理财师都将面临"巧妇难为无米之炊"的尴尬。理财师在提供专业理财服务的过程中，最主要的任务还是对客户的财务资源进行有效地规划和配置。因此，在建立和界定了和客户的关系后，理财师接下来需要做的事情就是收集并分析客户现在的财务状况和生活状况，明确客户亟须解决的问题和目标，以及其他相关信息，并据此在后面的服务中提出专业意见和建议。

对于客户家庭财务信息的处理方式，理财师的工作主要是由三个主要环节组成的，它们分别是收集、整理和分析。在本书提出的理财规划服务八步骤中将其分为第二和第三两个步骤。

当前行业中，不少理财师认为收集客户家庭财务信息的工作很难。按理说，作为专业服务的提供者，收集客户信息是天经地义的事情，比如一名律师如果不能了解具体的案情和客户的信息和想法的话，就肯定无法为客户提供专业的法律建议；如果一名医生不知道客户的具体症状或者家族病史的话，也势必无法为病人治病，等等。而理财师收集客户信息为什么就难了呢？固然这里有国人"财不露白"的传统思想的原因，但更多的可能是理财师自身的因素。主要的因素包括：

（1）如果一名理财师是以营销产品为主要工作目的的，那么在了解客户这一环节中，就会存在"心虚"的心理状态，因为自身的工作目的并不是为了帮助客户解决家庭财务问题，而是自身的营销业绩指标。在心虚的状态下，遇到客户不是很情愿与其分享具体的家庭财务信息的时候，这些理财师往往会用变通的方式，即"你不告诉我也可以，那么我就开始介绍产品"，希望客户能自己去建立产品和需求的关系。所以这样的理财师也就实实在在地变成了一名产品销售人员，而不是专业服务的提供者。因为同样作为专业服务的提供者，律师有可能因为客户不愿告诉他具体的情况，而不接这个案子；而医生更是不会在不了解病人的症状的情况下，贸然为客户开处方。因此，理财师在面对客户的时候，首先要端正自身的工作目的，树立"通过专业服务，全力帮助每一位所遇到的客户"的营销或服务理念，这样才不会因为"心虚"而不敢开口去了解客户。

（2）不少新入行的理财师可能因为业内前辈"传帮带"过程中口耳相传的"中国

人（客户）是不会告诉我们家庭财务状况的"，而担心自己收集客户家庭财务信息被客户认为是"刺探隐私"。事实上，这些所谓的"业内前辈"如果在其工作过程中是不深入了解客户的，其工作方式也是有极大的瑕疵的，而且必定成就有限，对这种所谓的"经验之谈"，不听也罢。如果一名理财师不能主动收集客户的家庭财务信息，那么其建议必然是没有针对性的，也无法和客户建立关系；哪怕只是做产品销售工作，那么也无法有效地建立起所建议的产品和客户之间的关系；进而就无法对客户产生影响力，无论理财师是想卖产品给客户还是想为客户提供长期的财富管理服务，都会变得难上加难。

（3）在现实中，客户确实是不会无缘无故地告诉外人家里有多少资产，也有部分客户可能因为资产来路不正因此不愿披露自身的财务状况，但客户是否愿意披露是一件事，理财师是否主动去了解，是另一回事。如果理财师不去了解客户的财务信息，又将如何得知哪些客户是会披露，哪些不会的呢？事实上，只要理财师以"帮助客户解决家庭财务问题"为目标，开口去了解客户，那么客户就会分为两种，一种是愿意披露的，另一种是不会披露的，而前者对理财师长期职业生涯发展而言，显然更有价值；但理财师往往被后者所影响，而放弃了对更好的工作方式和习惯的追求。

（4）一些理财师在客户信息收集的技能上确实存在很大的问题。主要体现在没有一套系统的了解客户的程序。[①] 在海外行业发展的过程中，这个问题主要是通过对服务流程的硬性规定并为之提供相应的工具而得以解决的。在海外发达国家对财富管理行业的监管中，了解你的客户（KYC）不仅限于客户的风险属性，而是以满足产品建议的适当性原则。理财师还需对客户的家庭财务状况和生活状况进行更为全面的了解，因此各财富管理机构也会设计相应的了解客户的表格（如《客户家庭财务信息问卷表格》等），或者对客户信息快速分析处理的软件，帮助一线理财师比较有效率地满足KYC的相关监管规定和业务需求。在一定程度上，这些表格和工具的使用，在很大程度上也强化了理财师在客户面谈工作中的技能，因为这些表格和软件的使用在理财师客户面谈工作中，有了一个系统性收集客户信息的框架和先后顺序，而不至于出现"问了一个问题，而不知下个问题该问什么"的现象。

目前我国财富管理行业尚未进入监管序列，对相关的金融产品销售或者私募产品资金募集的监管也相对比较宽泛，而没有具体的营销行为及其流程的相关规定，因此，财富管理机构及其理财师只需做完客户的风险属性测试，并在产品建议过程中满足投资者适当性原则，基本上就满足了KYC的监管要求。因此，这一外部环境也导致了理

[①] 由于本书作者在过去15年中始终有从事理财师的教育培训工作，在实务培训中往往会安排实战演练，客户面谈和KYC是其中非常重要的内容，并因此得以观察大量的一线理财师在客户面谈和KYC的实际情况。发现不少理财师往往想到什么就问什么，而没有一套相对标准化的流程程序，例如，上一个问题在问客户过去两年做过一些什么投资，客户稍微谈一点自己的感受，就被客户的话题带跑；然后接下来就没有了方向，于是随便问一个问题，比如"您的孩子多大了"之类的问题。以本书作者的观察来看，这还是一个比较普遍的现象，因此认为强化一线理财师了解客户的技能并对其进行相关的心理建设，是当前行业亟须解决的一个问题。

财师及其所属机构不会刻意去设计（风险属性测试以外的）《客户家庭财务信息问卷调查表》；而理财师则因为既没有硬性的内外部监管要求，同时也没有主动设计相关的问卷调查工具，导致了客户面谈的效率低下，且客户信息收集技能的匮乏，这种情况势必影响理财师对客户提供建议的针对性，这也是各财富管理机构及其理财师必须予以重视的一个环节。

综上所述，客户家庭财务信息收集工作本身涉及一名理财师的工作方式和习惯，客户面谈和客户信息收集的技能也是每一名理财师在成长过程中必须具备的基本素养。

第三节 客户家庭财务状况的整理和分析

专业理财师在收集客户家庭财务信息工作完成后，接下来就是对客户家庭财务状况的整理和分析工作，并且初步就客户的理财目标进行评估，分析其家庭财务资源和其理财目标的匹配情况。

一、客户家庭财务状况的整理

客户家庭财务信息的整理工作，最主要的就是把客户的收入、支出、储蓄、资产、负债、投资保险等信息进行归类，以便于进一步地进行分析。

以企业经营为例，企业通常会有流水账，但流水账是无法一窥企业经营的健康状况的，所以要进一步进行分析；而分析的时候，首先要根据会计准则来做报表，比如资产负债表、收支损益表、现金流量表等，然后形成相应的财务分析指标进行进一步的分析。

在现实中，除了部分有记账习惯的家庭，很多客户对自己的收支流水都不一定很清晰，更谈不上对家庭财务的健康分析。因此，家庭财务信息的收集、整理和分析过程，不仅是理财师专业能力的体现，对客户而言，也是帮助他们真正了解自己家庭财务状况的一次体验。

在财富管理实践中，家庭财务信息整理工作借鉴了部分企业财务会计的方法，例如理财师也会根据客户所提供的信息，为客户提供资产负债表。企业的收支损益表，对家庭而言是收支储蓄表，但在家庭财富管理工作中，理财师还会把客户的资产配置情况和持有的保单情况进行归类处理。

二、客户家庭财务信息分析

客户家庭财务信息分析的工作可分为两个部分，一个是家庭财务现状的分析，另一个是在正常情况下，客户实现既定家庭财务目标的可行性分析。

家庭财务现状的分析，主要是根据整理分类后的财务信息，通过各种财务指标来体现客户家庭财务现状的健康状况，和企业财务分析也有类似之处。在现实中，不少理财师往往偏重财务信息的整理（如制作几个主要的表格），真正的分析内容却相对空洞，并不足以表现家庭财务分析的专业性。就像去医院，病人可能去拍X光、做B超，或者验血，但这些体检结果并不是分析的全部，医生的综合诊断才是分析。因此理财师需要在对客户信息的整理的基础上，对客户的资产负债结构、收入结构、支出结构、收支储蓄结构、风险属性、流动性状况、信用和债务管理现状、资产配置、家庭财务保障方面进行综合分析，以量化分析和定性分析，指出客户当前的家庭财务状况可能存在哪些问题，并明确未来客户家庭财务决策活动可以进一步优化的方向，即帮助客户了解"自己现在在哪里"。

主要的分析内容包括：(1) 资产结构分析；(2) 负债结构分析；(3) 流动性（应急能力）分析；(4) 信用和债务管理能力分析；(5) 收支结构分析；(6) 储蓄结构分析；(7) 投资（资产配置）合理性分析；(8) 家庭财务保障分析等。

同时，基于这些分析的内容，理财师还需对客户的家庭财务状况进行初步的建议，但无须直接给出具体的落地建议。例如，客户当前的资产配置情况是否合理，理财师从专业角度对"一个普通家庭应该如何获得投资收益和控制风险"的观点等。在这里需要提醒理财师的是，如果客户只是希望从理财师处获得一个投资方面的决策建议，在经过了对其家庭投资情况的分析后，理财师可能会直接开始提出自己的专业建议（即投资架构的搭建）；但在为客户提供综合理财规划服务的场景下，理财师的投资建议是在其对客户家庭财务资源进行了合理规划的基础上，综合各方面考虑才得以作出的建议，因此，在对客户家庭财务状况进行分析的环节里，更多的可能还是指出客户当前投资情况的问题，以及可以优化的方向，而非在财务分析环节就开始提出具体的建议。

家庭财务信息分析的第二部分内容，是对客户在提供家庭财务信息时提出的财务目标进行基本评估和分析的内容。

在财富管理实践中，在理财师的引导下，客户会主动提出一些他们可能想实现的家庭财务目标，其中包括对子女教育的想法、对子女婚嫁创业等方面的财务支持、退休的时间，以及部分和生活品质相关的目标，例如购车买房等。同时，往往还包括了客户当前亟须得以解决的家庭财务决策，而有一些目标可能使客户的家庭财务状况发生非常重大的改变。

例如，一个年轻的中产家庭想生第二孩，希望理财师从家庭财务角度来提出一些看法和建议。类似这样的问题，在家庭财务方面就不是单单生一个孩子这么简单了，因为还涉及新生儿未来的抚养、教育、培养、婚嫁等一系列的支出，在收入方面，也可能因为母亲需要待产、生育、哺乳，以及在相当长一个时间段里对家中两位小孩进行照顾而在收入方面受到影响等，这些因素对一个中产年轻家庭的财务状况和生活品质而言，显然会产生重大影响，因此，这不仅仅是一个生儿育女的家庭决策，同样也是一个非常重要的家庭财务决策。

理财师在面对这样一个客户家庭财务决策时，首先要帮助客户了解如果不生二孩，其家庭的财务状况和生活品质可能是怎样的，然后再将新生儿降生后，家庭的各项财务状况和生活品质进行模拟，相互比对之下，帮助客户了解这一家庭财务决策对其未来的家庭财务所产生的影响，例如：他们到底要为这个孩子牺牲多少生活品质，能不能、愿不愿意做出这样的牺牲；年轻的母亲在生完第二孩后，是立刻复出去工作呢，还是第三年或是第五年就复出去工作呢，还是索性不再工作、在家照顾两个小孩呢；等等。

同样的，客户也有可能因为一项对家庭而言较大的财务支出（如买一个度假别墅）而举棋不定，那么理财师首先要帮助客户来了解："如果不作此项决策，其家庭财务状况是怎样的"，这样才能体现出此项家庭财务决策对家庭未来的财务状况的影响。

在这里需要再一次提醒理财师，综合理财规划服务在很大程度上就是在客户家庭现在以及未来有限的财务资源的约束下，帮助客户合理规划家庭财务资源，并帮助客户实现其人生不同阶段目标的专业服务。

因此，客户家庭财务状况分析的第二部分，其实也正是理财师帮助客户进行家庭财务资源规划的初级阶段，即对客户基本财务目标在其财务资源约束下是否能得以实现进行初步的评估和分析。在这个环节，涉及理财师一项非常重要的能力，即通过"全生涯模拟仿真法"来体现客户未来的财务资源的运用和规划。

在现实中，不少理财师会通过一些货币时间价值类的计算解决客户的一些简单问题，诸如退休时需要多少钱，储蓄若干年后、能不能付首付，要为子女教育金准备多少年等，甚至不仅要给客户计算结果，还往往把公式一起列出来，显示自己的"专业"。

事实上，利用货币时间价值简单计算出客户需要多少钱，需要在其间储蓄多少钱，需要准备多少钱，在很大程度上属于一种线性的计算，也就是在不考虑其他因素的前提下的简单计算，没有考虑客户不同财务目标之间的关系，使得其在理财规划这种综合金融服务中有着非常大的局限性。[①]

因为绝大多数普通人一生所获得的财务资源是有限的，当对某一个财务目标和需求过多投入的时候，势必造成会出现其他财务目标无法达成的情况。例如，当父母愿意为子女无条件付出的时候，有可能无法保障自身的退休生活品质；同样，当一个家庭没有考虑未来的家庭现金流情况而贸然去利用大额房贷来购房，有可能在未来数年

[①] 这种现象主要和国内几个主要专业理财师认证教育的内容有一定关系。基本上每一种认证教育内容都包含了货币时间价值的计算，但因为全生涯模拟仿真法在认证考试过程中，无法出题，因此，货币时间价值的计算就成为认证考试中受到应考理财师非常重视的内容之一。同时，有的理财师认证教育甚至不包含全生涯模拟仿真法这一理财规划服务的核心能力的教学内容，这也是本书作者认为我国理财规划教育在过去十多年误入迷途的一个方面。

内使自己家庭出现流动性问题。

因此当专业理财师要对客户的财务目标进行评估和分析的时候，通常会使用现金流模拟仿真的方法，列支客户未来历年的各项主要收入和支出预算，观察其投资性资产以及所需要的投资报酬率的变动情况。这种方法通常会模拟客户人生不同阶段的现金流，通常也被叫作"全生涯模拟仿真法"。

全生涯模拟仿真法包含了现金流量分析和投资性资产额度模拟分析两个部分，是检验客户是否达成其理财目标的重要分析手段，也是比较能全面地展示客户未来历年收入支出情况，现金流状况和投资性资产的变化状况的一种分析工具。

全生涯模拟仿真法的基本原理，是通过对把客户个人或者家庭未来几十年主要收入大类和支出大类的现金流模拟出来，并且计算出每一年的净现金流，这项工作展示的是客户未来总体的家庭现金流状况。其中，既有对未来各项收入的模拟，也有对未来生活品质的预期（主要支出项目其实代表的就是客户未来的生活品质），以及客户未来每年的储蓄或者净流出情况（这部分主要是由每年的净现金流表现出来）。

在拥有了客户每一年的净现金流后，理财师可以结合客户当前的财务资源（即可配置投资性资产），计算出模拟阶段的内部报酬率（IRR），其中内部报酬率在很大程度上代表的是以客户现在以及未来的财务资源，实现其所有的理财目标所需要的投资报酬率（以下简称"所需投资报酬率"）。然后结合内部报酬率和每年的净现金流，可计算出客户家庭未来历年的可配置投资性资产。

在两种情况下，代表了客户未来的理财目标不可行，其中一个是内部报酬率偏高，超过了以客户的风险属性能够获得的长期投资报酬率，因为客户作为投资者，其风险承受能力和容忍态度是不同的，因此一个在风险属性上相对保守的客户，如果需要一个较高的所需投资报酬率的话，可能有违投资者适当性原则；另一个则是客户未来历年可配置投资性资产中出现负数，在这种情况下，表明客户家庭可能出现流动性问题。上述两种情况的任何一种出现时，理财师就需要向客户指出其未来的理财目标需要进行调整。

全生涯模拟仿真法既是一种分析方法，也是理财师对客户家庭的财务资源进行综合规划的方法和工具。在实践中，目前市场上已经出现可用于综合理财规划的软件工具，但对大多数理财师而言，Windows Excel 也不失为一个比较直观、简便和经济的工具。

在对客户家庭财务状况分析的环节，理财师只需对客户提出的家庭未来的各项财务目标以现金流模拟的形式进行评估，并得出"这些财务目标是否可行"，或者"以当前的财务状况，对未来可能增加的重大支出是否留有一定空间"等初步结论即可。同时，理财师还需提醒客户：可能存在一些其最初未能想到，但相对又比较刚性的需求，将会在后面的"调整并明确家庭财务目标"的环节中予以补充和明确。

第四节 调整并明确客户的财务目标

专业理财师在经过了上述三个工作步骤后,对客户的家庭财务状况已经有了较为清晰和深入的了解,其中也通过对客户未来历年的现金流的模拟分析,了解了客户对未来的生活品质目标的预期,以及未来家庭财务资源配置的基本情况。接下来的步骤,就是理财师对客户的财务资源以及未来的家庭财务目标进行综合规划的环节了。

理财师对客户家庭财务资源的规划,在很大程度上是以"明确客户的财务目标"而体现出来的。在现实生活中,客户对自身家庭的未来都会有一定的憧憬,但对这些目标是否能得以实现,并没有一个明确的概念,因此理财师需要帮助客户了解自身目标的可行性和合理性。同时,客户可能还存在一些当前并没有想到但却极为刚性的需求,理财师则需要对此予以补充。但所有的财务目标都会受到家庭财务资源的约束,因此,理财师需要帮助客户对各类财务目标进行调整,并就"实现这些财务目标的有效路径和方法"提供建议。所谓"明确客户的财务目标",也就是在这样一个语境下,对客户的财务目标进行评估,并通过对客户财务资源的合理规划,和客户一起确立具备可行性和合理性的明确、可量化的财务目标。

一、财务目标的内容

人的一生有各种各样的目标,而且同一个人在人生的不同阶段也会有不同的目标。财务目标是人生目标的一种,财务目标的有效性主要体现在:不仅有在何时做何事的需求和心愿,还有相应的财力去实现;同时,在实现的过程中,尽可能地减少各种潜在的不确定性因素,或者说风险的影响。前者常被人称之为"财务自由",后者则常被称为"财务安全"。

事实上,因为每个人和家庭的财务资源不一样,而且大多数人一生的财务资源其实是有限的,所谓的财务自由并不是一个无限的概念,因此,自身财务资源的运用效率提高到最高,在自己的能力范围内实现自己的财务目标,也不失为一种有效的财务自由。

财务安全则是实现财务自由的保证。本书在前面"搭建家庭财务保障保全体系能力"的章节中,提到了诸多的影响客户家庭财务状况的风险,在投资架构中也提到了如何通过资产配置来降低客户投资组合的系统性风险,利用投资组合配置原则来降低投资标的的非系统性风险,以及利用投资组合管理策略来降低客户在投资过程中的行为偏差,这些都会是提高财务安全性的有效措施。在综合理财规划服务过程中,理财师将进一步对客户家庭的流动性风险进行防范,对历年各项支出予以控制,并且在此过程中对物价上涨因素予以充分的考量;这些都是财务安全的范畴。因此,可以说,理财规划服务一方面是对客户的家庭财务资源和生活品质的规划，另一方面则是财务安全的预防措施。

二、财务目标确定的原则

由于受制于有限的财务资源，财务目标既不是客户"一厢情愿"的结果，也不是理财师随意确定的计划。财务目标的确定，必须遵循一定的原则。

理财师在帮助在明确客户的财务目标的时候，需要使其符合 SMART 原则。SMART 是明确的（specific），量化的、可以衡量的（measurable），可达成的（attainable），现实的（realistic），有时限性的（time-binding），5 个英文单词的首字母缩写。

财务目标要具体明确。财务目标在很大程度上是代表了客户的一个家庭财务决定，比如在什么时候、用多少财务资源（多少钱）做什么事情，要得到的结果是什么，有时还涉及其支出的频率。客户寻求专业理财服务，在很大程度上是因为其不清楚自己能否达成这样的财务目标，会不会引发自己不希望出现的后果，如何去做才算科学合理，因此，当专业理财师在提供理财服务时，需要和客户一起就上述的这些内容进行评估，最后明确客户所能达成的目标，以及其他相关注意事项。

财务目标必须具备合理性和可行性。客户家庭"现在的以及未来的财务资源"是其财务目标得以实现的最重要的基础。也因为这个原因，一些客户认为财富管理就是实现"钱生钱"，只要自己有了钱，很多原来不能实现的愿望也能实现，于是就把财富管理活动局限在投资活动的范畴中，往往还忽视投资中的风险，使得投资变成投机。事实上，通过改善自身的财务状况，使家庭财务更加健康，资产结构和投资目标更加合理，往往能带来更多的利益，较投机收益更具有稳健性和确定性。因此，专业理财师需要通过对客户家庭已有的财务资源进行全面的了解，并和客户一起对其未来的财务资源进行合理的假设，使客户了解自身可以运用的财务资源，在确定财务目标的过程中，了解自身的期望将受制于有限的财务资源。财务目标的合理性和可行性同样也告诉我们要尊重金融实务中客观规律的存在，例如，客户要追求高收益低风险甚至无风险的投资结果，也是有悖于客观规律的。

同时，财务目标要兼顾不同期限和先后顺序。一般来说，任何客户的财务目标都不止一个，而且这些目标也不可能同时实现。所以，理财师在区分客户短期、中期和长期目标基础上，应结合客户的具体情况对客户具体的财务目标按照重要程度和急迫程度进行重新排列，从而在理财计划中确定实现的步骤以及财务资源的配置。

对于客户财务目标的明确，上述 5 个要求缺一不可。客户对自己的未来可能有一定的想法，但可能不一定确切，也不知道是否可以实现，在什么样的条件下实现。综合理财规划服务的任务之一就是帮助客户非常清晰地了解自己的资源可以达到怎样的一个生活水准：能不能买车，何时买，多少钱；多长时间可以换车，可换多少钱的车；何时买房，买多少钱的房子，花多少钱装修，以后是否可以换房，换成什么样的房子；

何时退休,退休以后可以享受到怎样的生活水准,什么时候钱会用完等。因此,明确客户的目标的过程就是"在客户家庭有限的财务资源的约束下,对其未来的生活品质进行规划"的过程。

"Smart"在英文里是"聪明的"意思。理财师为客户明确的财务目标也必须是"聪明的"。"聪明的"理财目标代表了对未来生活的合理预期,对各种经济变量的合理假设,对风险的有效规避,以及对客户本身拥有的各类资源的有效配置。为客户制定明确的目标是理财师最重要的工作之一,也是专业理财服务的价值体现。因为有了具体的目标,客户才能了解为什么需要努力工作,为什么需要储蓄;有了具体的目标,客户才知道投资是为了什么,才能对投资回报率有一个正确的预期。只有客户的目标是"聪明的",理财师才能对客户具体的情况提出专业的合理建议,才能为客户制定合理可操作的理财方案。

综上所述,理财师通过帮助客户评估其自身期望目标的可行性,并在此基础上进行合理的补充和调整,这一个过程本身也是理财规划最为核心的组成部分之一。在现实中,客户往往只想到一些眼前可以看到并且比较重大的财务目标,因此在提出未来的财务目标过程中,往往有遗漏,而理财师则通常在财富管理实践中有更多的经验,因此能够提醒并帮助客户更为全面地考虑到其他各方面的支出和收入。

在进行这一环节的工作时,理财师最常用的方法依然是全生涯模拟仿真法,本书会在第二十章进行较为详细的介绍。

第五节 有针对性地为客户提供综合理财规划建议

在经过对客户家庭财务资源的合理规划,调整并明确了客户人生不同阶段需求的财务目标(包括现在亟须解决的家庭财务决策)后,理财师需要就要向客户提出具体落地的专业建议。这些建议的内容主要包括:(1)针对客户当前所考虑的财务决定的建议,并向客户介绍这一决策和其他财务目标之间的关系和影响;(2)对经过合理规划后的各项财务目标(包括时间、金额、预算、频次等)进行归纳和总结,并向客户提出具体的财富管理活动的建议;(3)客户家庭投资架构的搭建,并在此基础上提供针对客户现阶段的资产配置的调整建议,以及各类投资产品的推荐;(4)针对现阶段客户潜在的家庭财务风险,逐一提供预防措施和风险管理工具的建议,形成客户家庭的财务保障保全体系;(5)提供财富管理传承方面的相关安排和具体建议;(6)针对实施该综合理财规划的相关安排和建议;(7)持续财富管理服务的相关安排和建议等。

一、对当前客户关心的财务决策的建议

在任何情况下,理财师都需要特别关注客户当前所亟须解决的家庭财务问题。这些问题通常包括两类,一类和未来的家庭收支有较大的关系,如上述的购房买车、生二胎、子女海外留学、退休规划等,还有一类是投资或家庭财务风险管理的相关决策。事实上,往往正是因为这些原因,客户才向理财师寻求专业帮助。

无论是哪一类问题,理财师需始终要在服务过程中向客户明确:综合理财规划服务本身就是帮助客户解决这些具体的家庭财务问题的一种方式或者工具,因为通过综合理财规划服务,可以从比较全面的角度去分析这些家庭财务问题可能对其家庭财务资源配置和其他家庭财务目标产生的影响,然后有针对性地帮助客户作好这些家庭财务决策。事实上,综合理财规划服务的实用性也是在这里体现出来。综合理财规划对客户和理财师而言,都是解决客户当前家庭财务问题的一种方式或者工具,而非一种停留在形式上的所谓"服务",也只有在理财师运用这一方式(或工具)帮助客户解决具体问题的过程中,综合理财规划对客户才是有意义的,否则,一份貌似大而全的理财规划报告书,其本身对目前还并不是很了解理财规划是什么的客户而言,并没有多大的意义。所以,综合理财规划的建议首先要从客户当前所关心的家庭财务问题入手。

在实践中,对涉及家庭未来重大支出的家庭财务决策问题和投资或家庭风险管理方面的决策问题,存在不同的处理方式。

当理财师所面对的客户当前比较关心的家庭财务问题是投资或家庭财务风险管理方面的相关决策时,无须在客户家庭财务信息分析的环节,进行财务资源和财务目标的规划(即前面所述家庭财务分析的第二部分),而是直接进入"对客户当前所关心的问题提供建议"的环节。这个环节的主要工作就是在客户家庭财务分析的基础上,对客户没有想到的财务目标进行补充,并通过相应的调整,明确客户家庭未来可以实现的各项财务目标,然后在此基础上,通过投资规划、家庭财务保障规划和家庭财富传承安排规划帮助客户作好相关的决策。

而在客户当前所关心的问题涉及未来家庭重大支出的情况下,因为要帮助客户理解该类支出决策对家庭财务的影响,所以在财务分析的环节中,要对该类支出没有发生前的家庭财务状况进行分析(前文所述的家庭财务分析第二部分),然后在"对客户当前所关心的问题提供建议"的这一环节,对客户没有想到的财务目标进行补充,并评估该支出项对客户未来家庭财务状况的影响,然后再进行调整并明确客户家庭未来可以实现的各项财务目标。

以前文所提到的"生二胎"为例,理财师在家庭财务分析第二部分把客户家庭"不生二胎情形下"的家庭财务状况,已向客户进行了展示,并得到了初步的模拟结果。那么在这个环节,理财师只需要在相应的年份,增加或减少相关的家庭收支的预

算和频次,即可对"该类财务目标对家庭未来的财务状况的影响"进行评估。

具体的做法是:理财师可在原来的初步模拟的基础上,在新生儿出生前后的不同时期对历年的家庭支出预算进行增加和减少,比如在计划出生的年份增加相应的生育支出、不同阶段的教育(如学龄前的幼儿教育、整个义务教育阶段以及高中和大学的教育等)支出、大学毕业后父母可能给予的财务支持(如创业支持、婚嫁支出、二代出生后的财务支持等),以及未来的财富传承安排等;与此同时,也可以调整新生儿母亲在待产、哺乳期、照顾幼儿阶段可能会出现的收入减少的情况。

这部分工作可以先完全根据客户的意愿来进行模拟,当客户的意愿通过这些家庭财务现金流的增加或者减少得以全部呈现后,理财师可以和客户一起来观察所产生的内部报酬率(IRR)和家庭可配置投资性资产的情况。如果内部报酬率偏高,或者可配置投资性资产在某一年为负,即说明客户的目标无法实现,因此需要对这些目标进行调整,并最终得以明确。如果相反,内部报酬率依然很低,而且未来历年的可配置投资性资产全部为正,那么说明客户家庭的财务资源不仅可以实现所有的家庭财务目标,甚至还有空间进一步提升家庭生活品质。

因此,当理财师面对客户"涉及未来家庭重大支出"的家庭财务决策问题时,需要在前面家庭财务状况分析的基础上,综合考虑到该家庭财务决策对客户家庭财务资源和各项财务目标(其中包括了理财师所补充的各项财务目标)的影响,并进行相应的调整,从而明确了客户家庭未来可以实现的各项财务目标。

综上所述,无论客户当前所关心的问题是"涉及未来家庭重大收支"的,还是涉及投资或者家庭风险管理的相关决策的,在这个环节,理财师以全生涯模拟仿真法为手段,对客户家庭现在以及未来的财务资源进行合理的规划,并使得客户家庭未来的各项财务目标得以明确:这也是综合理财规划服务中最为核心的内容。

二、对客户家庭各类财务目标的归纳和总结

在现实生活中,一个家庭的财务目标其实也体现了其对未来生活品质的憧憬和期望,因此,一些海外发达国家的同行把理财规划又称作生活品质规划。

那么这些生活品质具体包括了什么内容呢?它应当包含但不仅限于经过理财师调整后的所有的主要支出项目,例如:(1)"根据您可预见到的家庭财务资源以及在生活品质上作出的调整,我们认为您家庭里生第二胎是切实可行的";(2)明年可以用30万元购买一辆私家车;(3)以后每10年换购一辆新车,支出均为25万元,出售旧车所得可以加入购买新车的预算里;(4)未来10年的固定支出增长率设定为3%左右,10年后增加至3.5%;(5)孩子学费每年的增长率为4%,在他25岁时,提供50万元的创业基金或结婚赞助;(6)可以每年外出旅游,明年的旅游支出为18000元,在未来10年,旅游支出增长率在3%左右,10年后,调整至3.5%,直至75岁;等等。

在实践中，理财师应对上述财务目标进行详细的归纳和总结，并在综合理财规划报告书中一一详列，使客户对未来能享受到的生活品质有一定的了解并充满期待。

三、针对现阶段的家庭财务保障保全规划以及具体工具的建议

尽管在理财师的帮助下，客户已经明确了其家庭未来各项财务目标，并对其充满了期待，但现实往往是残酷的，没有家庭财务风险保障保全体系的保驾护航，未来的种种不确定性时时刻刻都会威胁到这些财务目标是否能真正得以实现，因此对客户而言，构建家庭财务保障保全体系的重要性就体现出来了。

通过综合理财规划，理财师对客户的家庭财务保障保全体系的搭建显然更具针对性。主要体现在两个方面：一是通过全生涯模拟仿真法，可以相对比较精确地计算出在夫妻一方收入中断的情况下，可能产生的家庭财务缺口，这个财务缺口也将成为遗属所需要的寿险保额的衡量指标；二是通过全生涯模拟仿真法，可以帮助客户了解保费或其他家庭财务保障工具（如家族信托等）支出对其未来家庭财务的影响，从而帮助客户更加坚定地作出正确的决定。这两项功能在综合理财规划服务中的运用，本书会通过后面的案例，进行更为详细和直观的介绍。

没有财务保障的理财规划是没有根基的，任何一种潜在的风险都可能使得美好的目标和为之精心准备的规划沦为泡影。和传统销售模式相比，理财规划服务更加倾向于从专业角度评估客户的风险，用数据和事实来证明家庭财务保障保全体系的重要性，以理性和亲情相结合的方式，帮助客户完善家庭财务保障，以保证其人生不同阶段的生活品质。

四、针对家庭现阶段的投资规划以及具体产品的建议

本书在第二部分"针对客户投资需求场景的方法论和服务体系"中较为详细地介绍了理财师如何帮助客户家庭制定其投资活动的"顶层设计"，并在此基础上帮助客户作好投资决策。该部分的内容主要是针对客户相对比较单一的投资决定，客户家庭的流动性需求和在投资方面的风险属性成为其搭建投资架构过程中非常重要的考虑因素。

在综合理财规划服务中，理财师不仅会考虑到上述两大因素对投资架构的影响，理财师在运用全生涯模拟仿真法对客户进行财务资源规划时所得到的内部报酬率将进一步提升理财师进行投资规划的针对性，因为该内部报酬率代表了以客户家庭的财务资源，实现所有的财务目标所需要的最低投资报酬率。

夏文庆于2009年出版的《理财师实务手册》[①]展示了综合理财规划中的投资规划

---

① 夏文庆：《理财师实务手册》，北京大学出版社2009年版。

和其他各项工作之间的关系，如图18-1所示。

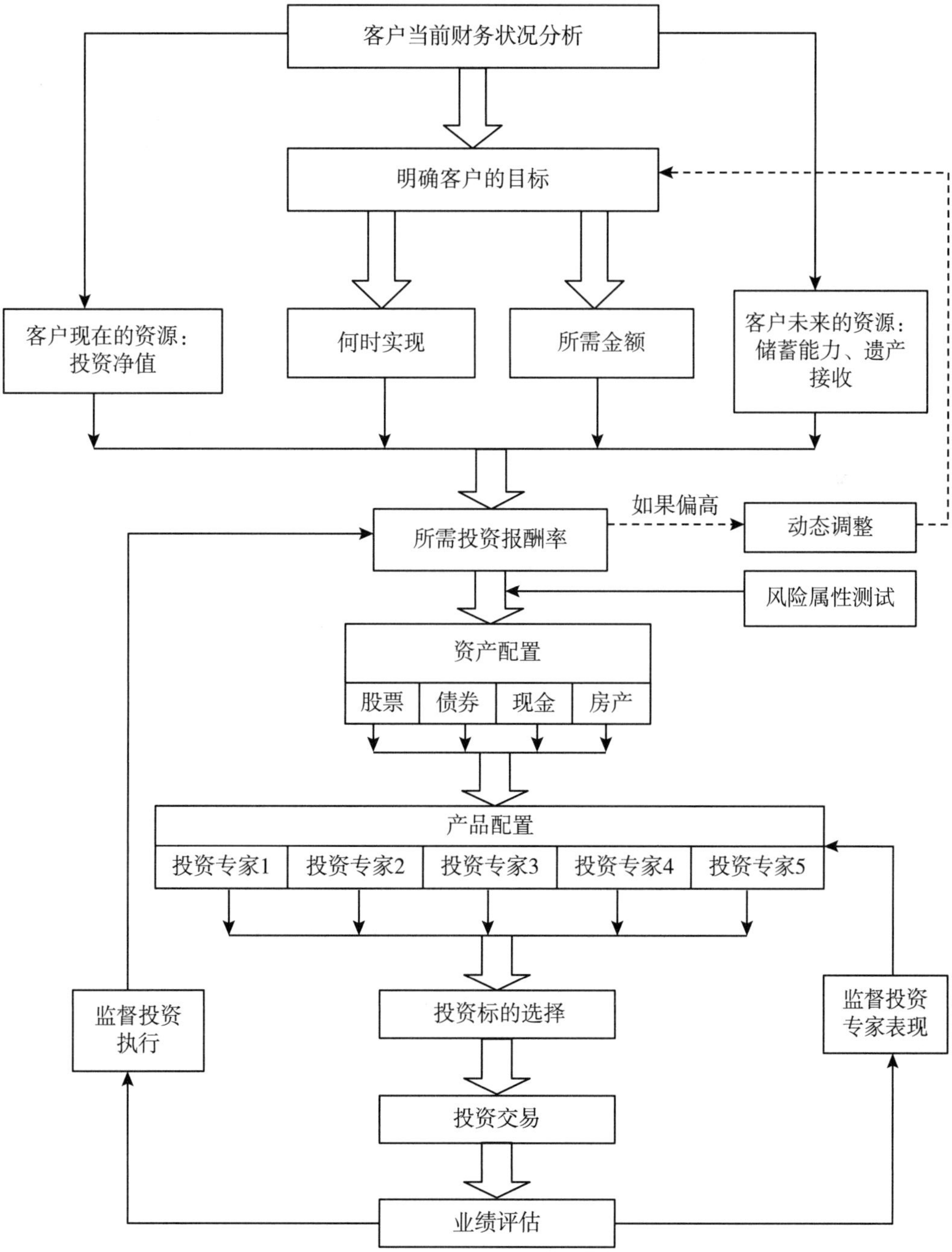

图18-1 综合理财规划服务中的投资规划和其他各项工作之间的关系

在图18-1中，同样可以看到理财师在综合理财规划服务中帮助客户搭建投资架构的具体步骤：

（1）首先理财师应对客户家庭的财务状况和生活状况进行分析和评估，明确客户家庭未来的各项财务目标（如所需金额、何时实现、频次等），在此过程中，同时了解客户现在的财务资源（主要为客户当前的可配置投资性资产）和未来的财务资源（如未来的储蓄、接受遗产或馈赠、社保养老金等）。

（2）根据客户现在的资源、未来的资源、所需金额，和离目标年数，通过全生涯模拟仿真法的计算，计算出客户满足所有人生不同阶段的需求所需的最低投资报酬率（即内部报酬率），并在此基础上，设定不同阶段的预期投资报酬率。

（3）根据设定的现阶段投资报酬率，提供相应的资产配置策略。

（4）验证该资产配置策略是否符合客户的投资偏好，如果不符，[1] 可再次对目前的收支情况或未来的财务目标加以调整，以获得更加适合客户实际情况的投资报酬率和资产配置。

（5）最后，根据资产配置提出投资方式和金融产品的配置建议，建立投资组合。由不同领域的资产管理专家在各类资本市场进行日常的交易和投资，一个资产类别可以由不同风格的投资专家组成，这些投资专家就是理财师可以运用的资产管理资源。

以上的各个步骤是理财师为客户建立投资架构的过程，但理财师的工作并未结束。在把客户资源交由投资专家进行投资后，理财师还需担负以下两个方面的监察任务（即投后管理服务）：

（1）监察投资组合的整体业绩是否和预期的投资报酬率相一致，如果前者低于后者，有可能对各项财务目标的实现产生负面影响，理财师有可能和客户一起对未来的财务目标进行及时的调整；如果资产配置中各类资产表现不一，那么就需要进行资产再配置。

（2）监察各投资专家在投资过程中的表现，这个表现不只是业绩的好坏，其中还包括投资专家是否违背了对客户的承诺，是否遵守其披露的投资原则，是否有主要资产管理人的人事更迭等，以决定是否需要更换投资专家及其代表的金融产品。

综上所述，在综合理财规划服务中，投资规划不是独立的，而是基于对客户家庭财务状况分析和对未来的财务目标设定，对客户现在的和未来的财务资源进行具体规划的结果。

第六节　以书面报告书的形式呈递各项综合规划建议

在前面的章节中，本书介绍了理财师在对客户的财务信息进行了分析和评估，调

---

[1] 在财富管理实践中，客户风险属性测试的结果有可能和其对不同资产类别的接受程度不吻合，例如在风险属性测试过程中，一名投资者有可能被认为是"平衡型"甚至"积极型"的投资者，但在现实中，他有可能就是极度厌恶股票类资产，因此理财师有必要在服务的过程中，明确客户是否对所建议的资产配置策略有异议，如果客户在这方面不愿妥协的话，那么预期收益率有可能需要进行调整，随之需要调整的还有客户的财务目标。

第十八章 综合理财规划服务的基本步骤

整并明确了其人生不同阶段需求的财务目标后,理财师就会向客户提出自己的专业建议。而这些对客户财务信息的分析,以及对客户提出的建议通常是以理财规划方案或者理财规划报告书的形式呈递给客户的。

一份专业理财规划报告书的构成要素,包括了以下 15 项内容:(1) 一封给客户的信(向客户表示感谢以及一些和理财规划书相关的注意事项);(2) 理财规划报告书的封面;(3) 理财规划报告书的摘要;(4) 目录;(5) 客户家庭基本信息以及寻求专业理财规划服务的目的;(6) 家庭财务状况分析;(7) 理财目标的评估和调整;(8) 明确人生不同阶段的理财目标(全生涯模拟仿真结果);(9) 综合理财规划建议及其归纳总结(也被称为"综合理财规划建议方案");(10) 具体方案执行细节的规划和时间表;(11) 法律声明文件(双方义务和责任、免责声明等);(12) 相关信息披露(理财师的资历、执业资格、专业领域、相关利益冲突信息披露、佣金和费用信息披露等);(13) 执行确认书(客户接受并愿意执行规划方案的确认文件);(14) 持续理财规划服务协议(客户愿意接受持续理财规划服务的确认文件);(15) 附录(所推荐的产品和服务介绍,全生涯模拟仿真现金流量表、风险属性测试的结果、公司和服务介绍等)。其中,第(9)项内容是非常重要的关键内容之一。综合理财规划建议方案不仅包括了对客户当前需要解决的问题的具体建议,还包括了对其他财务目标的具体建议以及保险、投资等方案。

综合理财规划建议方案的内容包括但不限于以下这些规划内容:(1) 家庭流动性规划;(2) 家庭消费支出规划;(3) 退休养老规划;(4) 教育规划;(5) 风险管理规划(家庭财务保障保全体系的搭建);(6) 投资规划(投资架构的搭建);(7) 税务筹划;(8) 财富分配和传承规划;(9) 其他特别规划内容等。

在理财规划报告书文本制作完毕后,理财师应与客户联系确定交付方案的时间和地点,在解说理财规划报告书时,理财师应简明扼要地对方案进行总括性介绍。在帮助客户建立起对方案的整体印象后,理财师可开始对理财方案进行具体的分项说明。在方案说明过程中,理财师应根据情况主动引导客户提出问题并作出回答。对于方案重点问题则应当详细阐述,并提请客户——确认。

在这个过程中,理财师应注意以下几个方面的要求:(1) 使用通俗易懂的语言使客户清楚地了解理财规划书的内容和方案建议;(2) 在对客户的财务状况进行综合评估时,明确地指出存在的问题以及这些问题在规划书中是否已有相关的建议;(3) 对各类假设情况要具体说明;① (4) 对客户接受建议方案后可能会有的各类风险要尽可能地披露;无论是保险还是投资规划均需要理财师在解说时强化其理念的重要

---

① 当前不少理财师在撰写理财规划报告书时,往往将各种假设条件集中放在报告书最前面,这通常是进行论文写作时常用的格式之一,无所谓对错;但理财规划报告书还是和学术论文有所区别,因为它毕竟是给普通客户看的,如果集中放在报告书前面的内容里,无论是理财师解说报告书的时候,还是客户自己在阅读的时候,都可能会产生不便。因此,本书建议把每一部分的假设都放在具体的内容里,帮助客户清楚地了解到:这是最后得出分析或者规划结果的假设条件。

性;(5)在介绍具体建议方案时,要把客户的需求放在第一位,要清醒地认识到只有当这些建议方案或者产品推介能满足客户的需求时,客户才有可能接受;(6)控制客户的预期,以避免客户盲目乐观的情绪;(7)应尽量和客户的实际情况联系起来,但需避免各种误导性的建议;(8)应尽可能地鼓励客户多问问题,同时对客户的问题进行耐心解释;(9)给客户足够的时间消化并理解理财规划书的内容和建议;(10)建议客户和家人讨论理财规划书的内容和建议;(11)对方案中所涉及的其他需要对客户进行如实告知的内容,如风险、方案实施成本、免责条款等。

第七节 帮助客户执行具体的理财规划建议及建档

在实践中,综合理财规划服务是一项综合性强且相对比较复杂的服务,客户面对各个方面的建议可能会产生"畏难""一时无处着手"的情绪,这时需要理财师及时地为客户进行总结和归纳,并且对接下来要做的事情进行细致的安排。其中包括:(1)始终不要忘记综合理财规划服务是从哪里开始的,先从客户当前正在思考的财务问题入手,总结这些问题将如何得到解决;(2)总结全生涯模拟仿真的过程和结果,让客户了解综合理财规划服务的完整性和专业性;(3)如果在服务过程中,需要和其他服务客户的专业人士进行沟通,如律师和会计师等,需要向客户提出帮忙约见的要求;(4)在理财规划报告书中和客户约定递送和解说全生涯理财规划报告书的时间,并约定具体实施的时间,如表18-1所示。

表18-1　　　　　综合理财规划建议方案的执行时间的规划

序号	执行事项	起始日期	终止日期	执行人	完成情况
1	呈递理财规划报告书	20××-08-09	20××-08-10	理财师	☑
2	阅读理财规划报告书	20××-08-10	20××-08-15	客户	☐
3	解释和讨论理财规划报告书	20××-08-16	20××-08-16	理财师、客户	☐
4	敲定理财规划具体方案	20××-08-16	20××-08-16	理财师、客户	☐
5	部分建议的调整和执行	20××-08-17	20××-08-20		☐
6	约见信托公司和律师	20××-08-18	20××-08-19	客户、信托公司、律师、理财师	☐
7	开始记账	20××-09-01		客户	☐
8	签订信托协议	20××-09-20	20××-09-28	客户以及相关人等	☐
9	逐步注入信托资产	20××-10-02	20××-12-29	客户、理财师	☐
10	半年期定期检视	20××-01-05	20××-01-05	客户、理财师	☐

在理财规划方案的具体实施过程中,必然会产生大量的文件资料,例如会议记录、财务分析报告、授权书、介绍信等。理财师应当对这些文件资料进行存档管理,形成客户档案。一般来说,财富管理机构的内部操作合规流程也应作出类似的规定。

在实施过程中,保存客户的记录和相关文件是相当重要的。一方面,这些标明了日期的资料记录了客户的要求和承诺、理财师或者所在机构向客户提供的建议以及与整个业务过程相关的重要信息。如果以后发生了针对理财师或者所在公司的法律纠纷,这些资料就可以作为有力的证据,从而使理财师和所在机构能免于承担不必要的法律责任。另一方面,这些信息是真实而详细的记录,很多内容可能将来还会反复使用,既可能用于方案实施后给客户提供后续服务,也可以作为理财师或财富管理机构的经验加以总结和归纳,供以后的工作中研究学习。

文档可以以书面形式保存,也可以以电子文档形式保存。重要的文件应更新并备份,以防丢失,尤其是电子文档,在计算机故障或遭遇病毒时容易损坏。

第八节 为客户提供长期持续的服务

在行业内,不乏一些从业人员由于对理财规划服务的认知较浅,于是就草率地作出了"理财规划无用论""理财规划是没有用的,因为随着客户的情况以及外部的环境的改变,现在作的理财规划,到时候可能一点用处都没有"等结论。

在现实生活中,一名客户确实在人生不同阶段会面临各种内外部的变化,其中包括但不限于:(1)收入情况发生改变;(2)有计划外的大额支出;(3)投资回报短期发生较大的波动;(4)意外或特殊事件的发生对家庭财务产生影响;(5)不同人生阶段的理财重点的改变;(6)法律、法规及其他社会制度(如公积金、养老金制度、个人所得税改革等)的改变等。

但上述"理财规划无用论"严重低估了综合理财规划服务的现实意义。事实上,理财师通过对客户家庭财务资源的合理规划,明确了客户未来的各类财务支出预算(财务目标),在很大程度上是为客户勾画了一幅蓝图。随着内外部环境的改变,理财师将以这幅"蓝图"为基准,能帮助客户了解这些变化对其原来的家庭财务状况的影响。

实践中的财富管理服务应该是长期而持续的。对客户而言,通过理财师长期而持续的服务,使其在人生不同阶段的家庭财务决策,如重大消费支出、投资等决策,都得以充分的分析和评估,这样就保证了其人生不同阶段的需求都能够得到充分的考虑并在财务资源的配置上取得一定的平衡。与此同时,理财师也在此过程中体现出其真正的专业价值。

---

① 夏文庆:《理财师实务手册》,北京大学出版社 2009 年版,第 445 页。

在实践中，持续财富管理服务也不只是一年一次的例行公事。理财师可能需要同时服务于几十名甚至数百名客户，但对客户而言，理财师是唯一的。理财师须在服务过程中让客户感受到理财师全心全意的服务，这就要求理财师能把每一个客户放在心上。事实上，理财师并不需要很频繁地接触客户，但当客户有需要的时候，理财师要让客户感受到理财师一直在身边。客户的需要有时并不是在客户通知理财师的时候才出现的，理财师应时刻感受所有客户的需要，例如在股市大跌的时候，理财师有没有作出一定的反应？虽然理财师在服务过程中始终在强调长期投资的理念，但在股市大跌的时候，客户可能是非常忧心的，理财师就应该主动联系客户，对客户进行心理建设。同样，在法律法规或者一些社会制度和政策发生改变的时候，客户可能根本没有关注到，理财师同样应该和受到影响的客户进行联系，告知这些变化，而不是等到一年一度的年度理财规划面谈时才提及。因此理财师的服务一定是"长期而持续"的。

通常持续金融理财服务的内容包括：（1）定期的宏观经济和金融市场分析报告；（2）定期刊物；（3）不定期解读政治、经济和市场事件的快报；（4）定期（年度或半年度）客户理财规划会议；（5）客户主动提出的面谈等。

其中，定期客户理财规划会议是持续财富管理服务的核心，因为理财师将在这一过程中，主动邀约客户进行定期会面，在此过程中，理财师将不仅向客户了解过去一个周期中的家庭财务状况和生活状况的变化，也会告知客户外部环境的一些变化及其对客户的影响。同时，向客户汇报其投资组合运营的状态，如果需要对资产配置策略和投资组合进行调整，则向客户提供相应的建议，并帮助客户进行具体的执行。

第十九章

收集、整理和分析客户当前的财务状况

收集、整理和分析客户的家庭财务信息，是综合理财规划服务的前提。没有客户提供的具体信息，理财师的任何建议都是没有针对性的。

第一节 客户家庭财务信息的收集

一、客户信息收集的内容

理财师为客户提供全方位理财规划服务，需要比较系统地收集客户的财务信息。这些信息包括：（1）客户基本信息：姓名、出生年月日（年龄）、联系方式（地址、电话、电邮地址等）、职业、工作单位及职位、配偶的基本信息、子女信息（年龄、年级等）等；（2）目前的家庭主要财务状况：资产、负债、投资情况，收入、支出、储蓄情况，保险保障情况，退休金和公积金缴纳情况；（3）客户当前亟须解决的问题和未来的财务目标；（4）风险属性测试；（5）理财价值观和态度的分析。

上述五项内容包括了很多信息，如资产可能被分类为自用性资产、投资性资产和流动性资产，收入信息也可能因为税率的不同而包括了客户的薪酬收入、公司分红、年终奖、劳务收入等。

客户家庭财务信息收集，对无论中外的理财师而言，都是一件必须要做，但难度较大的事情。一方面，理财师缺乏对客户的了解，所提供的建议就缺乏了针对性；另一方面，无论中外的客户群体都存在一些并不愿主动披露家庭财务信息的客户。在这种情况下，理财师的工作方式和技巧就显得非常重要了。

对于这一问题解决路径的思考和实践的结果，主要是两个，一个是"场景化"，即"围绕客户当前所要解决的家庭财务问题，就解决该问题所涉及的信息进行收集"；另一个是"信息互换"，最好是能使用相应的表格或者软件系统工具。

二、客户家庭财务信息收集过程中的"信息互换"思想

所谓"信息互换",如果用英文单词进行表达的话,就是"data 和 information 的互换"。data 意为"数据",而且通常指那些"没有经过分析处理的数据",而 information 则有"经过处理后的信息"的含义。财富管理实践告诉我们,绝大多数客户对其家庭财务情况是了解的,比如自己拥有多少金额的股票基金,多少金额的存款或者贷款等;但从专业财富管理服务的角度来看,这些信息并未真实地表现客户的家庭财务状况,比如客户当前的资产配置比例是怎样的?客户用于投资、自用和流动性的资产情况是怎样的?客户的信用和债务管理是否恰当等,因此,客户所知道的这些信息就像没有经过处理和分析的"data",而理财师能为客户提供的恰恰就是以其专业能力帮助客户进行各类家庭财务信息的归类和整理,对其进行专业的分析,并向客户提供更为真实的家庭财务状况及其相关"信息"。

如果能在客户家庭财务信息收集过程中,一方面围绕客户的财富管理需求场景展开信息收集,另一方面能够将收集到的每一次信息及时快速地进行整理和分析,并向客户提供其所不知的信息的话,显然不仅能使客户体验得到进一步的优化和提升,同时,也会引导客户提供更为全面的"数据",毕竟客户才是最希望了解自己真实的家庭财务状况的人。

所以,在客户家庭财务信息收集工具的设计过程中,财富管理机构及其理财师应该把所需要收集的信息进行归类,以便于理财师在信息收集过程中,通过简单的计算,对客户所提供的"data",及时地进行分析和反馈,以提升和丰富客户在信息披露过程中的参与感和体验,并获得更为完整的客户家庭财务信息。

比如,在家庭财富管理中,理财师通常会把客户的资产负债根据其用途分为三大类:自用性资产和负债、投资性资产和负债以及流动性资产和负债。

流动性资产顾名思义是流动性较强的资产,主要是以现金的方式存在。自用性资产主要是客户用于维持目前生活品质的资产,如自用住房、家具、私家车等;同时,虽然同样有增值的特征的一些资产,如度假别墅、艺术品收藏等,但因为主要用于生活品质所需,不是用于投资和交易,同样可归为自用性资产。投资性资产负债的信息收集和分析是理财师在整个金融理财服务中非常重要的一个内容。因为流动性资产主要用于支付客户近期生活支出以及填补家庭现金流缺口,而自用性资产被客户目前的生活品质捆绑已经体现在客户的生活品质中,因此投资性资产就成了客户需要增值保值,用以满足其未来人生不同阶段的需求的最主要的资产。

因此,在客户家庭财务信息收集的过程中,如果能在工具的设计过程中就考虑到"信息互换",理财师在依次收集了客户家庭各类资产后,就可以简单地加总并计算出客户当前各类家庭资产的占比情况,并告知客户,其资产负债情况是否合理,信用管

第十九章 收集、整理和分析客户当前的财务状况

理情况是否健康，需要注意什么等信息。

同样，也可以把客户当前的投资信息按资产类别进行归类，当理财师收集了客户当前的投资产品信息和其他直接投资的情况，就可以及时向客户提供当前的资产配置的大致情况。而理财师向客户提供的这些信息，往往是客户自己并不了解的。

信息科技高度发达的今天，用于财富管理服务的软件和系统也得到了快速发展。然而，一套软件系统如果不能和理财师的工作流程、业务需求和实操场景结合起来，将是没有生命力的。而在软件系统的设计过程中，如果充分考虑到"场景化"和"信息互换"这两个重要环节，信息技术的快速整理、分析功能，无疑将使得财富管理服务中的客户家庭财务信息收集工作进入到一个崭新的阶段：效率更高、客户体验更好。

比如，对客户家庭财务信息进行收集的过程中，软件系统不仅能根据输入的客户信息，更为高效准确地形成资产负债表、收支储蓄结构表等表格，还能形成较为完整的书面"家庭财务健诊报告书"；与此同时，如果软件系统对接产品大数据的话，客户所持有的投资品种的金额、涨跌幅度均能比较直观地展示出来；在客户所关心的家庭财务目标方面，当理财师得知客户对子女教育很重视，并以后希望自己的孩子可以去留学时，那么只要把客户子女现在所处于的学程阶段输入进去，然后点击就可以出一张未来标准化的每个学程阶段的费用支出，让客户看看有没有异议，然后可以根据客户的具体需求来进行调整，并一键就可以产生一份子女的教育金现金流需求报告等。这些功能显然能使得理财师的客户信息收集工作更为高效和准确，并使客户拥有了更好的体验。

当前各财富管理机构对"客户画像"显得比较热衷，但问题是，如果仅仅对客户在本机构的资产情况或者交易情况进行统计，所谓的"客户画像"是不完整的，原因也很简单，财富管理实践经验告诉我们，大多数客户的家庭资产会分布在不同的金融服务机构中。而通过理财师对每一位客户比较完整的信息收集工作，在软件系统中将形成更为真实和完整的大数据，如果再对这些数据进行分析处理，显然，"客户画像"就会变得更加真实可靠。

三、《家庭财务信息收集表》的"场景化"设计和运用

在家庭财务信息收集的过程中，一些理财师因为对所收集的内容没有一个系统性的准备，因此，往往出现"东一榔头，西一棒槌"的情况，比如上一分钟还在问客户的资产情况，而且资产信息还没收集完，就开始问客户是否有孩子，客户回答了，就开始问客户是否为孩子的教育金做准备，出现这种情况，很多时候是因为理财师没想好接下来问什么，然后又怕冷场，所以，先找个问题问了再说。这种现象在一定程度上体现出"客户家庭财务信息收集工具"的重要性。

现实中，虽然财富管理软件系统在行业中尚未得以普及，但现在很多金融服务机构也会有诸如《客户家庭财务信息表》之类的信息收集工具；然而，在设计这些工具

的时候，很多时候没有考虑到理财师信息收集工作的业务实操场景，而只是非常格式化地把客户信息收集的内容按一定的顺序进行排列，比如：先是客户基本信息，然后是资产负债信息、收支信息、保险信息和投资信息等。这样的问卷设计显然就没有一个由浅入深的过程，使得客户和理财师都会感到信息收集的过程是枯燥的、呆板的，无论理财师还是客户的体验就会差了很多。

事实上，一份《家庭财务信息表》的设计，也就是理财师了解客户的面谈的过程和步骤的设计。一份《客户家庭财务信息表》的内容以及收集的步骤包括：

（1）封面。除了客户《家庭财务信息表》的标题外，也可以把公司简略的隐私保密政策放在上面，以使客户降低一点"过于防范"的心理。

（2）基本信息。包括了客户和子女以及需要赡养的家庭成员的信息，以及联系方式（包括家庭住址、电话、邮箱地址、微信号等）。

（3）客户当前所关心的家庭财务问题。比如近期是否有投资、家庭财务保障、财富传承这方面的想法，或者是否有结婚、生育、换购自住房或私家车等家庭重大支出？或者当下正在考虑什么家庭财务决定？客户来见理财师，通常不会是没有理由的，因此，理财师需尽快进入到客户需求场景的了解和识别过程中，以便围绕解决客户当前所关心的问题，展开家庭财务信息收集工作。

（4）以下信息的收集可以围绕客户当前所关心的问题而展开。

其一，与家庭财务资源和财务目标规划有关的问题。

①了解"客户期望的生活品质"信息。这部分的信息也可以被理解为客户未来的财务目标，其中包括了每年用于旅游的预算、子女教育和财务支持的预算、换购自住房和装修，或换购私家车方面的频率和预算等。

②实现"期望生活品质"的家庭财务资源。包括现有各类资产价值以及资产持有的形式等信息（见表19-1），由于一些客户的资产持有方式已经非常多元化，因此，虽然表19-1中把客户家庭的资产持有形式进行了归类，但还需要更具体的细分表格来记录客户家庭所持有的资产信息。表19-2、表19-3和表19-4分别示范了房产、金融产品、股票这三种主要投资性资产的信息收集表格。当前家庭各类收入（包括薪酬收入、投资收入、存款利息、房租等）和未来可能会产生的收入（比如公司股票期权行权所得、接受遗产等），也将是客户实现"期望生活品质"的家庭财务资源（见表19-5）。

表19-1　　　　　　　　客户资产负债信息收集表格示范　　　　　　年　月

科目	资产	负债	备注
流动性资产负债			
活期存款			

续表

科目	资产	负债	备注
货币基金			
消费信用债务	—		
投资性资产和负债			
定期存款			
国债			
银行理财产品			
公募型基金			
私募型产品			
其他证券和衍生品			
投资性房产			
寿险现金价值			
个人养老金账户			
住房公积金账户			
海外资产			
其他投资资产			
投资性负债	—		
自用性资产负债			
自用住宅			
其他生活品质资产			
自用性负债			

表 19-2　　　　　客户房产投资情况信息收集表格示范

投资情况	自住房	度假房	投资房
产权所有人			
购买日期			
买入价			
现价			
租赁收入			

表 19-3　　　　　　　客户金融产品投资情况信息收集表格示范

产品类别	购入价	市价	净值	平均收益率
公募基金				
私募型产品				

表 19-4　　　　　　　客户房产投资情况信息收集表格示范

股票名	购入价	市价	股票类型	平均收益率

股票类型包括主板、创业板、科创板、B 股等。

表 19-5　　　　　　客户现在和未来收入情况信息收集表格示范

收入种类	税前	税后	预期增长率	备注
薪酬收入				
经营收入				
利息收入				
资本所得				
分红所得				
公司股票期权				
遗产				
其他所得				

③当前的家庭债务情况。在了解客户家庭资产情况的同时,理财师还需了解客户家庭的负债情况(见表19-6)。

表19-6　　　　　　　客户家庭的负债情况信息收集表格示范

负债情况	自住房	度假房	投资房
贷款人			
贷款日期			
还贷年限			
贷款种类			
公积金			
商业贷款			
利率结构	浮动/固定	浮动/固定	浮动/固定
贷款利率			
现有利率			
月还贷额			
剩余本金			

④当前的家庭财务支出。包括家庭基本生活支出(衣食住行娱乐等)、生活品质支出(教育、赡养、旅游、家政服务、医疗保健等)以及理财支出(保费、财务顾问费、贷款利息等),如表19-7所示。

表19-7　　　　　　　客户当前支出情况信息收集表格示范

支出类别	支出项目	支出金额(元)	占总支出比例
社会性支出	工资薪金税务及社会保障支出		
	配偶工资薪金税务及社会保障支出		
社会性支出小计			
消费性支出	衣		
	食		
	住		
	行		
	养(父母赡养与子女负担)		
	娱(包含旅游支出)		
	医		

续表

支出类别	支出项目	支出金额（元）	占总支出比例
	其他（婚姻生育及其他支出）		
消费性支出小计			
理财性支出	房贷利息		
	车贷利息		
	其他贷款利息		
	保险支出		
理财性支出小计			
支出总合计			

⑤如果想把客户的家庭基本支出了解得更详细一点，也可以用更详细的支出表（见表19-8）。事实上，在实际工作中，除了客户有记账习惯，绝大多数客户可能并不了解具体的金额。虽然客户未来的家庭支出预算基于当前的支出情况，但预算支出将会是一个总的金额。所以理财师没有必要在初次接触时就对此类细节了解得非常详细，只需了解客户在几项大类中的总支出即可。

表19-8　　　　　　　　　家庭支出信息收集表格示范

支出类别	支出科目	年支出	占总支出比例
衣	置衣费		
	洗衣费		
合计		—	—
食	外出就餐支出		
	饮食采购支出		
	社交餐饮支出		
合计		—	—
住	家政服务支出		
	房租支出		
	房贷		
	物业管理费		
	水费		
	电费		

续表

支出类别	支出科目	年支出	占总支出比例
	煤气费		
	电话费		
	网络服务费		
	有线电视服务费		
合计		—	—
行	公交费用		
	停车费		
	汽油费		
	汽车保养费		
	汽车贷款		
	私家车各类杂费		
合计		—	—
养	父母赡养费		
	子女教育支出		
	子女培育支出		
合计		—	—
娱	旅游支出		
	交际支出		
	娱乐支出		
合计		—	—
医	医疗支出		
	保健支出		
合计		—	—
保	保险支出		
合计		—	—
其他			
总支出		—	—

⑥客户对家庭财务资源分配的态度：即如果家庭财务资源不足以实现客户全部的"期望生活品质"的话，那么哪一些财务目标是可以做出妥协和调整的？这项内容可以通过财务目标的排序选择来完成，如表19-9所示。

表 19-9　　客户对家庭财务资源配置的态度示范

下列的目标对您有多重要？（√）

目标	重要性		
• 退休后维持一贯向往的生活方式	高	中	低
• 获得定时、可靠的现金收入，应付基本生活支出	高	中	低
拥有一定的经济能力，应付计划中的资本支出（例如：购置房屋、汽车等）	高	中	低
- 拥有一定的经济能力，应付突发事故	高	中	低
- 假以时日，相对于所承担的风险，赚取合理的投资回报	高	中	低
- 为一旦退休积谷防饥	高	中	低

您可能需要作出某种程度的妥协，如果有需要，您是否愿意作出下列的妥协？（√）

	愿意程度		
降低目前的生活水平	愿意	需要考虑	不愿意
降低日后的生活水平	愿意	需要考虑	不愿意
减少遗产数目	愿意	需要考虑	不愿意
改变计划中的支出	愿意	需要考虑	不愿意
延迟退休（假如您正在工作）	愿意	需要考虑	不愿意
减少退休收入	愿意	需要考虑	不愿意
为增加投资回报，承担较大的风险	愿意		不愿意

其二，与客户家庭投资决策有关的问题。

①投资经验。了解客户曾经有过的投资经验和现在的投资情况。现实工作中，了解客户过往的投资经验，可帮助理财师了解客户对各投资品种的真实想法；而了解客户当前的投资情况，这部分信息可以直接填入到客户资产负债信息的相关栏目中（见表 19-1~表 19-4）。

②风险属性。当前每家机构都会制定投资者风险属性测试的问卷，以应对"投资适当性管理"的有关监管规定。其中通常包括"您有多少年投资于风险投资品种的经验""您计划的投资期限是多长"等问题。在实际工作中，理财师可以尝试将风险属性测试和客户《家庭财务信息表》结合起来使用。在此过程中，理财师也可以比较有针对性地对客户进行投资财商教育，比如，为什么"投资期限和风险承受能力有关""为什么长期投资可以降低投资风险"等。①

③短期家庭流动性需求。主要了解客户在未来三年中的大额支出和当前的家庭支

---

① 在现实中，部分客户对"风险属性测试问卷"中一些问题的含义并不清晰和了解，其实是需要理财师的协助的，而理财师也正好趁这个机会，告诉客户一些投资理财相关的基本知识。对客户进行财商教育在任何时候都是理财师非常重要的工作之一，一方面通过财商教育，理财师可以树立起自己的专业形象；另一方面，也可以通过财商教育为自己向客户提供的方法论和服务体系进行铺垫。因此，理财师不要错过风险属性测试这一过程中出现的财商教育机会。

第十九章 收集、整理和分析客户当前的财务状况

出情况,该部分信息主要是为了帮助客户明确投资架构中流动性需求的具体金额。理财师可把相应的信息分别填入客户"期望的生活品质"表19-6和表19-8中。

其三,如果是和家庭财务风险管理相关的问题。

①当前家庭已经采取的风险管理措施。主要内容包括客户现有的保单、意定监护公证、遗嘱、保险金信托、家族信托安排等(见图19-1)。

②现有保单详情。

③现有保险金信托情况。

④现有家族信托基本情况。

⑤现有遗嘱基本情况。

⑥现有意定监护公证情况等。

⑦在财富管理实践中,上述信息不乏在客户看来比较敏感的信息,因此,理财师不必强求,只需了解有或没有,并以本书第三部分《构建家庭财务保障保全体系的能力》中的风险识别、风险评估等工作环节加以引导,提醒客户家庭财务风险管理的重要性。

> 现有保障:要实现您未来不同人生阶段的生活品质目标,其中最重要的工作之一就是保证家庭主要收入来源的持续性,但我们都知道未来是不确定的,试想一下,如果家庭主要收入中断了,您的配偶、孩子、房贷……该怎么办?
> □ 当您的家庭发生紧急情况时,您已经准备好了应急费用?
> □ 当家庭成员因罹患重大疾病而需要大笔医疗费用的时候,您的家庭是否有足够的准备?
> □ 当家庭主要收入来源者因意外或者疾病而身故的时候,您的家庭是否已经准备好了家人的生活费用、父母的赡养费用、子女的教育费用?
> □ 当您年老的时候,您已经准备好了基本的退休金可以确保稳定的生活?
> □ 在您准备给子女的婚嫁大礼时,是否考虑到了子女婚前财产保护的问题?您具体的安排是什么?
> □ 您有没有考虑过企业经营风险传导到家庭的风险,有没有采取具体的措施?
> □ 您和配偶是否已经准备了遗嘱?
> □ 您和配偶是否已经准备了意定监护公证?
> □ 您所经营的企业的《公司章程》或《合伙协议》中是否有和您的财富传承安排相冲突的条款?

图19-1 家庭风险管理情况收集示范模板

(5)客户声明。这也是客户《家庭财务信息收集表》最后一项内容,即由客户表示"自愿告诉理财师上述家庭财务信息,以便于理财师提供家庭财富管理建议,并保

证这些信息均属实"。在实践中，客户信息收集阶段，《家庭财务信息收集表》通常是不需要让客户签名的，而是在客户接受了理财师的专业建议，并且会根据相关建议进入执行阶段时，再让客户和其他文件一起来签名。

综上所述，家庭财务信息收集是理财师绕不过去的一个工作环节，由于信息收集过程的烦琐和部分客户缺乏披露家庭财务信息的意愿，理财师的工作步骤和相关工具的设计和面谈技巧是其中的关键。其中必须注意以下事项：

（1）财富管理机构及其理财师在家庭财务信息收集工具的设计过程中，要体现客户面谈中客户财务信息收集的流程和步骤，即先问什么，后问什么？如何由浅入深？具体的内容可以考虑本章节所介绍的"场景化"和"信息互换"的设计思路。

（2）在设计家庭财务信息收集工具的时候，可以把财务信息整理和分析的格式考虑进去。比如在收集客户家庭资产负债信息的时候，把资产负债信息根据资产负债表的形式，先进行归类。比如，当理财师完成了客户家庭资产负债信息的收集的时候，客户的资产负债表也基本上完成了。

（3）对所要收集的客户家庭财务信息进行梳理，形成不同的客户信息段落，并在每一段落的信息收集前，设计相应的介绍和问题。比如，在问投资性资产的过程中，我们首先要告诉客户我们为什么要了解这部分信息，然后问客户："您在过去两年中做过一些什么样的投资？"或如图19-1所示的家庭风险管理问题，等。

（4）理财师在问某一个段落的问题时，在这部分的问题里要尽可能地把问题集中在该段落的内容中，而不要串到另一类问题中，比如问资产信息收集过程中就只问资产信息，而不要提任何收入或者支出之类的问题。

（5）在客户家庭财务信息收集工具的设计过程中，要尽可能把所要获得的信息放在表格中，这样，在客户没有想到的情况下，理财师也可以对客户进行提醒。比如，客户在回答了过往所投资的房产后，确定客户没有其他的房产投资了，就可以根据表格的设计，问客户："您除了房产投资，还投资过基金吗？"

同时，在客户信息收集的过程中，理财师也要准备好相应的反对意见的处理方式和话术。不要认为信息收集前理财师就已经介绍了信息收集的初衷，或者客户已经开启了信息收集模式，就想当然地认为客户会坚持到底。事实上，理财师必须要时刻准备好回答诸如"为什么要了解这些信息啊""为什么要了解得这么详细啊"等这样一些质疑。

事实上，理财师从来不是为了收集客户信息而收集，因为客户信息收集工作本身就是为了能更加有针对性地为客户提供服务和建议，因此，理财师自始至终都需要有这样的心理准备，这样就不会对客户的"质疑"产生消极的情绪；同时，任何人在做一件事情的时候，通常内心里会有"我能从中得到什么"的想法，因此，在面对这样的"质疑"时，理财师只需要重申了解客户这部分信息的初衷（告诉客户能从中获得什么）即可，比如客户问："为什么要对我当前的投资信息问得这么详细"，理财师就可以告诉他们，在了解了这些信息后，我们就可以向其展示当前的资产配置情况以及当前的投资状况是否合理的分析结果;同时,也为我们接下来要为其提供的投资建议打下基础等。

与此同时,当客户发出这些"质疑"时,理财师也应该敏锐地感受到客户的情绪,这和理财师客户信息收集工作的节奏、效率和互动情况都有一定的关系,因此,理财师需要对自身的工作状态和面谈技巧有所调整和加强。

第二节 客户家庭财务信息的整理

客户家庭财务信息整理的目的是要把客户提供的信息进行分类处理,形成相关的财务表格,使理财师在进行客户家庭财务信息分析的时候,能够更加有针对性。

客户的家庭财务信息整理体现在以下六项主要内容:(1)资产负债表;(2)收入结构表;(3)保险配置情况;(4)支出结构表;(5)收支储蓄结构表;(6)资产配置情况。

一、资产负债表的制作

家庭财务信息中的资产负债信息可以整理成资产负债表。和公司会计中的资产负债表相似,家庭资产负债表包括了资产、负债、净资产等三大部分的内容。但在此基础上,家庭财务管理通常把资产(负债)分为三大类:流动性资产(负债)、投资性资产(负债)和自用性资产(负债)。总资产减去总负债即家庭的净资产。表19-10所展示的即为一个典型的资产负债表的参考样板。

表19-10 ×××家庭资产负债表(截至20××年×月×日)

资产	金额(元)	占比(%)	负债及净值	金额(元)	金额(%)
现金			信用卡欠款		
活期存款			小额消费信贷		
其他流动性资产			其他消费性负债		
流动性资产合计			消费性负债合计		
定期存款			金融投资借款		
银行理财产品			实业投资借款		
公募基金投资			投资性房地产按揭贷款		
私募产品投资			其他投资性负债		
证券投资			投资性负债合计		

续表

资产	金额（元）	占比（%）	负债及净值	金额（元）	金额（%）
投资性房地产			住房按揭贷款		
其他可配置投资性资产			汽车按揭贷款		
不可配置投资性资产			其他自用性负债		
投资性资产合计			自用性负债合计		
自用房产			负债总计		
自用汽车					
其他自用性资产			净资产总计		
自用性资产合计					
资产总计			负债和净值总计		

在制作家庭资产负债表时，需注意以下几个方面的重点：（1）须有表格抬头，如"×××先生家庭资产负债表"；（2）须有截止日期，如"截至20××年×月×日"；（3）金额和占比分别标明单位"元"或者"万元"，百分比；（4）表内金额均为该类资产截至标明日期的价值；（5）各类资产占比均为该类资产占总资产的比例；（6）各类负债占比均为该类负债占总负债的比例；（7）净资产总计为总资产减去总负债。其中，投资性资产还被划分为"可配置投资性资产"和"不可配置投资性资产"。后者主要包含了客户目前无法变现和无法进行资产配置的资产，比如客户及其配偶的公积金账户余额、养老金账户余额、保单现金价值、未上市（或未解禁）公司股权等。之所以会有这两类投资性资产的划分，主要是因为：在进行全生涯模拟仿真过程中，将会涉及客户的投资性资产，并可以通过投资性资产额度是否为负，来了解客户的财务目标是否可行；如果此时投资性资产包括了不可配置投资性资产的话，未来可能会出现流动性问题：因为在某些年份，投资性资产金额可能低于不可配置投资性资产金额，在这种情况下，客户家庭可能会出现流动性危机。

因此，在全生涯模拟仿真中，投资性资产的金额仅为可配置性投资性资产，而不可配置的投资性资产，则会在它们可变现或者到期后，再作为一次性的收入归到可配置投资性资产里。

表19-10仅为一个参考模板，随着我国金融体系的逐步成熟，客户持有资产的形式越来越多样化，客户可能还拥有不在参考模板中的、其他的可配置的投资性资产，比如客户家庭还有可能拥有互联网金融投资、股指期货或者国债等投资品种，为了更加清晰地体现客户所拥有的资产，也可以在上述参考样板中一一插入到可配置投资性资产的范畴里去。同时，表19-10并没有把客户所拥有的投资品种的细节全部插入到资产负债表里，因为资产负债表主要想表现的是资产和负债的结构，也就是哪一类资

第十九章 收集、整理和分析客户当前的财务状况

产占多少比例,而具体的投资品种的细节,可以在资产配置归类中进行具体的体现。

二、收入结构表的制作

收入结构表主要为了表现客户家庭的收入结构,同时,在分析的时候,可以通过家庭的收入结构来分析家庭主要的收入来源者,并为家庭财务保障规划埋下伏笔。表 19-11 即为一个家庭收入结构表的模板。

表 19-11　　　　　　　　　家庭收入结构表

收入来源	收入种别	收入类型	税前收入（元）	税后收入（元）	税后收入比例
客户	工作收入	工资薪金			
		年终奖			
		劳务报酬			
		稿酬			
	客户工作收入小计				
客户配偶	工作收入				
	配偶工作收入小计				
共同	理财收入	利息（理财收入）			
		股息/红利（理财收入）			
		财产租赁（理财收入）			
		其他（理财收入）			
	经营性工作收入	特许权使用费			
		承包承租经营			
		独资/合资企业经营			
	共同收入小计				
	家庭收入总合计				
	其中：工作收入合计				
	理财收入合计				

表 19-11 中,罗列了一个家庭的两项主要收入,一项是客户夫妇各自的工作收入项,另一项是共同收入。共同收入中包括了理财收入,即夫妻共同财产通过投资获得的收益和夫妻共同经营所得。当然在实际工作中,客户有什么收入,就展示什么收入,如果没有的收入种类,比如说劳务收入、稿酬收入等,那就没有必要全部都展示出来。比如,上述模板中,因为配偶没有除了薪酬收入以外的其他收入,因此,就可以简略

配偶收入中的内容。

假设客户的配偶是不工作的,客户自身的工作收入占到家庭总收入的80%,理财收入占比20%。如果客户的收入中断,显然对家庭收入的影响非常大。理财师当然就需在分析的过程中,向客户及时指出来(风险识别),让客户对潜在风险有一定的了解,也为后面为客户提供家庭财务保障建议埋下伏笔。当然这样的风险对客户家庭的影响到底达到什么样的程度,还要看家庭的其他财务状况,这就需要进入到风险评估的环节了。

三、人寿保险配置表

由于收入结构能比较明确地显示出客户家庭潜在的财务风险,因此,在收入结构表的后面,可以向客户展示其家庭当前的保险配置情况。理财师可以利用收入结构表反映出来的情况,及时和客户进行家庭财务保障方面的沟通。

一张保险配置表的基本内容和本书第十章《如何预防因为人身风险所引发的家庭财务风险》中谈到的内容相似(见表19-12)。

表19-12　　　　客户当前人寿保险配置情况表

已配置的险种	保险公司	被保险人	保额	保障期间	缴费方式和期间	保费	投保人	身故受益人
定期寿险	×××保险公司	客户	220万元	至60岁	每年,至60岁	7040元	客户	配偶100%
定期重大疾病险	×××保险公司	配偶	48万元	30年	每年,30年	4040元	配偶	客户100%
定期重大疾病险	×××保险公司	客户	48万元	30年	每年,30年	5000元	客户	配偶100%
高端医疗险	×××保险公司	客户	最高保险额度200万元	至75岁	每年,至75岁	16842元	客户	—

在客户信息收集和整理阶段,一般情况下,不需要对客户已经配置的产品急切地做出反应,不管客户的家庭是否有保险,或者保险是否已经配置得很完善,在这个阶段,最主要的目的还是看客户的保险意识以及是否对其潜在的风险有了一定的准备。通俗一点讲,就是客户信息收集整理的过程就像拍了一张X光片,在拍X光片的时候,放射科的医师是不会告诉病人结果的,结果要等到病人去医生那里,才会由医生进行分析并告诉其结果。所以,在对客户的家庭财务情况进行具体的分析(风险评估)以前,理财师不要急于告诉客户,"你们家需要保险"或者"你们家保险做得很完善了"

这样的结果。当然，如果客户确实有比较强的保险意识，而且也对自身家庭的风险做了一定的准备，那么对客户进行鼓励、赞美还是必须的。

四、支出结构表

制作支出结构表的目的是帮助客户了解自己每年的支出去了哪里（见表19-13）。

表19-13　　　　　　　　　　客户家庭支出结构表

支出类别	支出项目	支出金额（元）	占总支出比例（%）
社会性支出	工资薪金税务及社会保障支出	147948	41.26
社会性支出小计		147948	41.26
消费性支出	衣	10000	2.79
	食	48000	13.39
	住	12000	3.35
	行	5000	1.39
	养（父母赡养与子女负担）	10000	2.79
	娱（包含旅游支出）	40000	11.16
	医	21000	5.86
	其他（婚姻生育及其他支出）	52000	14.50
消费性支出小计		198000	55.22
理财性支出	房贷利息		
	车贷利息		
	其他贷款利息		
	保障支出	12600	3.51
理财性支出小计		12600	3.51
支出总合计		358548	100.00

在表19-13中，家庭的支出分为了三大类，分别是社会性支出、消费性支出和理财性支出。

社会性支出主要表现的是客户家庭的纳税情况，看是否有进行税务筹划的空间；消费性支出显然是家庭的主要支出，帮助客户意识到自己家庭各项消费支出的比例；如果有入不敷出的情况的话，那就需要从中找出那些比较高或者没有太大必要的支出。

比如，上述模板中，客户最大的消费支出是其他类（占到14.5%，比家里每年用在吃上面的还多），那么就要问清楚是什么支出，是不是一次性的，还是有什么其他的消费活动，比如每年奢侈品牌或者养生方面的支出等。

理财性支出在一定程度上体现的是家庭的理财积极性。比如，有没有在低利率环境里通过贷款（或者房贷）扩大资产基数，或者有没有在保险方面有一定的准备，顺便也可以看看客户是否有未来为持续财富管理服务付费的空间。

客户有没有记账习惯对家庭支出结构表尤为重要。但大多数家庭似乎是没有记账习惯的，那么在收集的时候，可以尽量宽容一些，让客户提供一个大概的数字，但通过家庭支出结构表，客户是可以了解到支出的种类，以及自己在哪一方面的支出比较多，因此，也可以把它作为财商教育的一部分。

同时，记账的目的还是在于合理地控制家庭支出，避免出现入不敷出的情况；因此单纯的流水账其实意义是不大的。在家庭财富管理中，记账需要和家庭的支出预算结合起来，这样记账的功能才会真正发挥出来。一些资深理财师为客户进行退休规划的时候，会把客户每年主要支出的预算提供给客户，并要求客户在专业财富管理服务开始的第一年进行记账，以了解客户更为真实的支出情况，同时对当年的各类家庭资产的预算和实际支出进行跟踪；这样客户在花钱的时候，就会有一定程度上的节制，其财务资源规划和配置的初衷才能得以实现。

五、收支储蓄结构表

顾名思义，收支储蓄结构表主要是为了表现客户家庭的收入、支出、储蓄以及储蓄运用的结构（见表19-14）。

表19-14　　　　　　　　　　客户家庭收支储蓄表

收入项目	金额（元）	支出项目	金额（元）	储蓄项目	金额（元）
工作收入（税前）	600000				
社会性支出（1）	-147948	消费性支出	-198000		
工作（可支配）收入	452052	生活支出	-198000	生活储蓄	254052
利息收入	120000				
股息/分红、财产租赁及其他理财收入（税前）	150000				
社会性支出（2）	0	理财性支出	-12600		
理财收入	150000	理财支出	-12600	理财储蓄	137400
税后总收入	602052	总支出	-210600	净储蓄	391452

第十九章　收集、整理和分析客户当前的财务状况

续表

收入项目	金额（元）	支出项目	金额（元）	储蓄项目	金额（元）
储蓄运用					
贷款本金	120000				
长期目标定额储蓄	100000				
其他					
自由储蓄	171452				

在表 19-14 中，对一个家庭的收入、支出和储蓄的情况进行了分类。

第一部分是工作收入、生活支出以及生活储蓄，可支配工作收入来自工作收入减去社会性支出，也就是税赋；可支配收入减去消费性支出，等于生活储蓄，得出该家庭的生活储蓄为 254052 元。

第二部分储蓄来自理财收入，减去相应的社会性支出后，得到的是理财收入，理财收入减去理财支出后就是理财储蓄（137400 元），将理财储蓄和工作储蓄相加就可以得到家庭在本年度的总储蓄（391452 元）。

收支储蓄结构表的第三部分是储蓄的运用，其中包括了该家庭偿付贷款的本金，还有为长期目标已经制定的储蓄计划，比如基金定投、期缴年金保险等，剩下的部分就是还可以自由支配或者自由配置的储蓄金额（171452 元）。

图 19-2、图 19-3 展示了家庭收支和储蓄的构成以及运用。

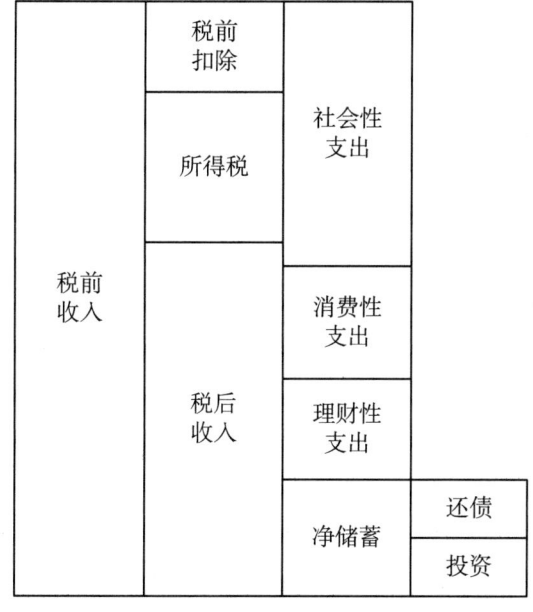

图 19-2　家庭收支储蓄的构成

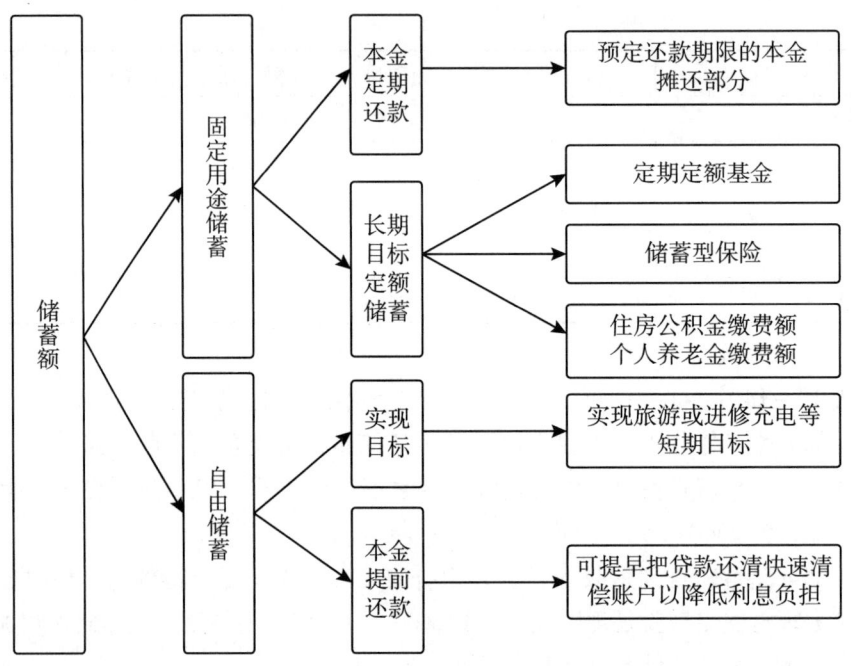

图 19-3 家庭储蓄的运用

图 19-3 很好地解释了客户在很多时候"我知道自己是赚了一点钱，但怎么好像看不到钱"的问题，通常这种情况的出现是因为这些储蓄已经被支配掉了。

其中还有一个需要注意的是，理财收入还包括了资本利得的部分，比如炒股赚钱了，基金投资上涨了，因此，在市场好的年份，理财收入和理财储蓄的占比会比较大，当然这是好现象，但有些时候也要提醒客户不要太乐观，因为市场还是有波动的，这些当年的资本利得还没有形成一个长期的收入。在市场不好的时候，还有可能有资本亏损的情况出现。

六、资产配置图

客户当前的资产配置情况，也是理财师要整理的非常重要的一部分家庭财务信息，资产配置图主要反映的是客户当前的投资状况是否健康的问题。在现实工作中，我们经常会遇到不是很健康的投资方式，比如：（1）根据对市场的判断，把大部分资产都押宝在某一类或者相关性极高的两类风险资产中；（2）大部分资产都是低风险或者无风险资产；（3）将大部分资产都配置在私募型的产品中，比如过去几年很多客户把大部分的资产都投资于当时有刚性兑付的非标固收类产品等。

这些情况在一定程度上，都有可能使得投资风险大大增加。在本书第二部分"针对客户投资需求场景的方法论和服务体系"的内容中，特别强调了分散投资对降低客户投资风险的重要性，其中利用各类资产之间的低相关性来降低投资系统性风险是非

第十九章 收集、整理和分析客户当前的财务状况

常重要的环节。因此,向客户展示其当前的资产配置情况,也非常有必要。

在实际工作中,经常有一些理财师在分析客户当前的资产配置情况时,把客户投资的各个品种列出来,比如基金、银行理财、保险等。然后在客户投资基金比较多的情况下,就说客户的"投资比较单一"。事实上,上述这些都是产品而已,而并非资产大类。客户可以利用基金产品对各类资产进行投资,比如股票基金、债券基金、国际股票基金等,如果客户利用基金这样一种投资方式,投资了各大类资产,那么客户的投资其实一点都不单一。因此,在这里再一次地强调:资产配置不是产品配置,资产配置是不同资产类别的配置。

目前我国个人或者家庭比较常用的资产类别包括了:(1)股票;(2)债券;(3)不动产;(4)货币;(5)黄金;(6)海外的上述资产;(7)另类资产等。

客户家庭的投资性资产分为可配置投资性资产和不可配置投资性资产,通常情况下,总资产和可配置投资性资产的情况都需要分别向客户展示出来,以帮助客户了解自己现在可以配置的投资性资产是什么样的情况,如图19-4所示。

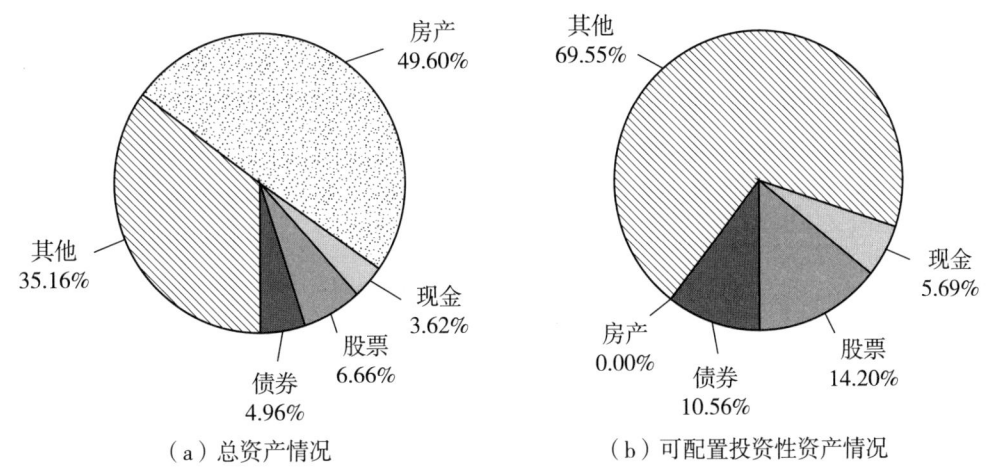

(a)总资产情况　　　　　　(b)可配置投资性资产情况

图19-4　客户家庭总资产和可配置投资性资产的资产配置情况示范模板

在图19-4中,可以看到客户总资产和可配置投资性资产的配置情况不太一样,在总资产的配置情况中,家里的自住型房产的占比最高,达到49.6%。而在可配置投资性资产中,占比最大的是其他类,接近七成。

在专业财富管理实践中,一些无法进行资产历史跟踪的资产、民间借贷、由单个项目或者多个项目组成的非标类固收产品或私募股权产品等,通常会被归类到"其他类"或者"另类投资"中,虽然这些投资可能不乏有一定投资价值的品种,但是如果在一个家庭的可配置投资性资产的组合中占到近七成的比例,显然理财师就需要对这个类别的资产进行进一步的分析,并在对客户家庭提供投资架构建议时,提供专业的意见。

综上所述，理财师可以通过资产负债表、收入结构表、支出结构表、收支储蓄结构表、保险配置情况表以及资产配置情况图等图表的制作，对客户所提供的家庭财务信息进行整理分类。该工作环节为理财师的客户家庭财务分析工作打下了基础。值得再次强调的是，在客户信息的整理阶段，虽然已经逐步向理财师和客户展示了一些情况，但这也都只是在做验血、拍X光、做CT的阶段，不要急于根据片面的信息，就提出相关建议，因为理财师需要在对客户的家庭财务信息进行专业全面的分析后，才会向客户提供具体、有针对性的专业建议。

第三节　当前客户家庭财务信息的分析

客户家庭财务信息的分析，主要包含两个目的，一个是帮助客户真实地了解自己当前的家庭财务健康状况，另一个是为理财师的专业建议明确方向，因为理财师的每一个建议都需要基于客户现实存在的问题。

在现实工作中，一些理财师在对客户家庭财务信息进行分析的时候，将上一节提到的几张财务表格当作了家庭财务信息分析的重头戏，然后再提供类似验血单一样表格（见表19-15）①，分析的内容可能就几句话草草了事。这样的话，就无法真正体现理财师在家庭财务分析过程中的专业性，同时，也无法为未来的具体建议埋下伏笔。这也是本书把家庭财务信息的整理和分析环节分开处理的主要原因之一。

表19-15　　　　　"验血单"式的"家庭财务信息分析"

家庭财务分析与诊断-家庭财务诊断

家庭财务比率	定义	实际数	合理范围
流动比率	流动资产/流动负债	4	2~10
资产负债率	总负债/总资产	15.49%	≤60%
紧急预备金倍数	流动资产/月支出	6.49	3~6
财务自由度	年理财收入/年支出	14.36%	40%~100%
财务负担率	年本息支出/年收入	17.57%	≤40%
平均投资报酬率	年理财收入/生息资产	2.87%	4%~10%
保险覆盖率	寿险保额/税后工作收入	0	10%以上
储蓄率	储蓄/总收入	49.99%	20%~60%

客户家庭财务信息的分析工作，需要理财师在对客户信息整理的基础上，对客户

---

①　在实际工作中，这样的表格并不是不可以用，但主要用于对家庭财务分析内容的归纳总结。如果以这样的表格作为客户家庭财务分析的全部，其向客户展示的内容是不够的。

第十九章 收集、整理和分析客户当前的财务状况

的资产负债结构、收入结构、支出结构、收支储蓄结构、风险属性、流动性状况、信用和债务管理现状、资产配置、家庭财务保障方面进行综合分析，以量化分析和定性分析帮助客户了解"自己现在在哪里"。

在对客户进行家庭财务分析时，通常会运用到类似商务会计和公司财务分析的一些原理和指标，比如资产负债比率、偿付比率、收支比率等，同时也会包含一些家庭财富管理的专业术语，如流动性资产、投资资产和自用资产的含义和区别、家庭现金储备的重要性和经验值等。因此在分析过程中，理财师需要向客户解释各种比率关系和专业术语的含义，否则，对缺乏金融或会计知识的客户而言，是没有任何意义的。

同时，这些分析结果很多时候只是一个数值而已，单纯地利用经验数值告诉客户是"偏高了"还是"偏低了"同样也是不够的。

家庭财务分析中的一些指标是有相关性的，很多时候不同的指标分析可能都指向客户财务状况中的同一个问题，这时候理财师需要对客户做一个总结，引起客户的重视，如"多方面的指标都显示：您的家庭支出有调整的空间"等。

理财师可以通过对客户当前的资产结构、家庭流动性情况、信用和负债管理、收支储蓄结构、家庭财务保障、家庭投资情况等六个主要方面，结合相关的财务指标，进行家庭财务现状的分析。①

一、家庭资产结构分析

资产结构分析所用到的数据在客户的资产负债表中。客户家庭资产以用途进行划分，可分为流动性资产、投资性资产和自用性资产三大类。资产结构分析主要是体现每一类家庭资产当前所占总资产的比例。其中，流动性资产是服务于当前客户家庭的流动性所需的资产，自用性资产主要是客户用于维持目前生活品质的资产，而投资性资产是家庭为实现未来的财务目标而积累的财务资源。由于自用性资产被客户目前的生活品质捆绑，并已经体现在客户的生活品质中；而流动性资产主要用于支付近期的生活支出和填补家庭现金流缺口，因此投资性资产就成了客户需要增值保值，用以满足其人生不同阶段需求的最主要资产。

相关的指标包括：（1）投资资产比率 = 投资性资产/总资产 × 100%。

（2）自用资产比率 = 自用性资产/总资产 × 100%。

自用资产比率主要体现了客户家庭财务资源在生活品质方面的投入；自用资产比率越大，说明当前的生活品质所占用的家庭财务资源的占比越大，而投资资产比率越大说明理财积极度越高，由于家庭资产中，流动性资产的收益较低，自用性资产主要体现目前的生活品质，因此投资性资产是实现未来理财目标最可依赖的资源。如果投资资产比率较低，其他类资产比率一定比较高，是缺乏投资观念或消费可能不合理的

---

① 夏文庆：《理财师实务手册》，北京大学出版社2009年版，第185~202页。

表现；同时投资资产比率低下可能也意味着理财收入较少，这对实现未来的财务目标是一个非常大的障碍。因此，根据经验法则，客户家庭的投资资产比率应保持在50%以上，以保证其已有的财务资源能有较为适当的增长率。

二、家庭流动性情况分析

家庭流动性情况主要反映的是客户家庭针对当前各项生活支出所需，以及收入中断情况下的应对能力，涉及的指标（比率）包括：

$$流动资产比率 = 流动性资产/总资产 \times 100\%$$

该比率表现了流动性资产占总资产的比例，相关数据存在于《家庭资产负债表》中。对客户家庭而言，在近期没有重大资本支出计划的情况下，流动资产比率不宜过大，如果过大则可能投资效率不高，因为流动性资产主要是以现金货币为主，收益率较低，无法抵御通货膨胀；如果过小，则可能使得客户在有意外支出时出现流动性的问题。

同时，还涉及的指标（比率）有：

$$现金储备比率 = 流动性资产/平均月支出 \times 100\%$$

该比率同样体现的是客户家庭流动性的问题，相关数据来自《家庭资产负债表》和《家庭收入结构表》；其中现金储备可以6~12个月的家庭月平均支出加上短期的大额资本支出（即投资架构中的流动性账户总额）为基数，酌情增加；该指标是检验客户家庭资产流动性的最主要的指标。

三、信用和债务管理情况分析

信用和债务管理方面的情况分析，涉及以下五项指标：

（1）资产负债率 = 总负债/总资产 × 100%。

（2）偿付比率 = 净资产/总资产 × 100%。资产负债率和偿付比率表现的均为资产抵付负债的情况，相关数据来自《家庭资产负债表》。资产负债率越高，说明财务负担也就越大，如果收入不稳定或收入中断，流动性风险较大。根据经验法则，资产负债率的合理区间在20%~50%之间，偿付比率在50%以上为宜。

（3）消费借贷率 = 消费负债/流动性资产 × 100%。该比率用于衡量消费信贷成数的合理性，相关数据来自《家庭资产负债表》。由于消费负债主要体现在信用卡或者短期消费信贷中，而该类信贷的年利率往往超过20%，因此在任何情况下，均应尽快还清该类消费性贷款，不应为消费支付高昂的利息。

（4）自用贷款成数 = 自用资产负债/自用性资产 × 100%。该比率用于衡量自用资产的信贷合理性。自用贷款成数是自用资产负债（比如房贷、车贷等）占自用性资产的比率，相关数据来自《家庭资产负债表》。按照经验法则，自用贷款成数同样不宜超过 50%，尤其是在家庭收入突然中断且无任何保障措施或利率上行的情况下，均会有流动性的风险。

（5）财务负担率 = 年本息摊还额/税后工作收入 × 100%。财务负担率是客户贷款的年本息摊还额占年收入的比率，反映了客户家庭的还贷能力；相关数据来自《家庭收支储蓄结构表》。根据经验法则，财务负担率不宜超过 30%，尽量不超过 40%。

债务管理指标还包括用于投资的融资比率，该指标将在客户家庭投资和资产配置情况分析时加以说明。

四、收支储蓄情况分析

收支储蓄方面的情况分析，涉及以下六项指标。

（1）社会性支出比率 = 社会性支出/税前总收入 × 100%。社会性支出是指个人缴纳的各项税金及社会保障费用，依据国家相关规定必须缴纳，较为刚性；相关数据来自《家庭支出结构表》。如果该项支出比例过大（如超过 30%），就需要考虑是否有税务筹划的空间。

（2）消费支出比率 = 消费性支出/税后总收入 × 100%。消费支出比率是支出结构分析中较为重要的指标，相关数据来自《家庭支出结构表》。一般情况下，收入高者，其消费性支出也会较高，但根据经验法则，在没有贷款本息负担的情况下，消费性支出占税后总收入的比例以不超过 70% 为宜，在有贷款本息负担的情况下，以不超过 50% 为宜。

（3）理财性支出比率 = 理财性支出/税后总收入 × 100%。理财性支出比率可衡量客户的理财积极性，理财性支出包含了借贷利息的支出、保费支出和金融服务费用的支出，相关数据来自《家庭支出结构表》。该指标间接衡量客户的负债情况和保障情况，根据经验法则，理财性支出比率宜在 10% ~ 20% 之间。

（4）净储蓄率 = 净储蓄额/税后总收入 × 100%。

（5）自由储蓄率 = 自由储蓄额/税后总收入 × 100%。净储蓄率衡量的是客户家庭的储蓄能力，根据经验法则，净储蓄一般不低于家庭可支配收入（税后收入）的 25% 为宜。同时，客户对储蓄可能已经有一定安排，比如采用基金定投的方式进行长期投资储蓄，或者有一部分的储蓄已用于还贷，因此自由储蓄率衡量的是客户的储蓄效率是否还有提升的空间。

五、投资和资产配置情况分析

资产配置状况主要是将客户当前持有的资产或者金融产品根据资产大类进行归类，比如股票、债券、国际股票、黄金、另类资产等，并得到相应的比例。当前的资产配置状况有助于客户了解目前在各类资产中的投资比例，也能在一定程度上比较直观地帮助客户看清所承担的投资风险。由于资产配置建议涉及的因素较多,在家庭财务分析的过程中,不宜过早地提供资产配置的建议。

投资和资产配置方面,涉及的指标包括以下几项。

(1)投资收益率=理财收入/可配置投资性资产×100%。该比率表现的是客户在过去一年的投资表现。此处的理财收入包括了利息收入、股票或者基金分红、资本利得等几个通过投资行为获得的收入,相关数据来自《家庭收入结构表》和《家庭资产负债表》。投资收益率的高低在很大程度上被客户看重,但客户投资情况的好坏并不只是在投资收益率上得以充分体现。每年的投资收益有一定的随机性,和市场短期波动有较大的关系。即使客户在接受了专业财富管理服务后,投资收益也不是没有波动。因此,理财师在对客户进行分析的时候,要更加全面地通过各类指标的综合分析,体现客户家庭的投资状况。

(2)投资资产比率=投资性资产/总资产×100%;该项指标的相关数据来自《家庭资产负债表》。

(3)可配置投资性资产比率=可配置投资性资产/总资产×100%。如果投资资产比率较低,其他类资产比率一定比较高,这是缺乏投资观念或消费不合理的表现;同时投资资产比率低下也意味着理财收入较少,这对实现未来的财务目标来说是一个非常大的障碍。因此根据经验法则,投资资产比率应保持在50%以上为宜。

可配置投资性资产是客户家庭已经拥有的宝贵的财务资源,它的有效利用将会对未来的家庭财务状况产生重要的影响。可配置投资性资产比率将让客户清楚地看到资产的实际变现能力,以及可用于投资的资产的情况。可配置投资性资产应保持在30%以上为宜。

然而,在现实中,大多数年轻家庭的上述两项指标偏低是非常普遍的现象,比如,刚完成结婚、购房等目标后的家庭,甚至这些家庭在短期显然也无法将上述两项指标提升到适合的水平;但该指标存在的价值在于可以时刻提醒客户"需开源节流,以增加家庭未来的财务资源"的重要性。

(4)融资比率=投资负债/投资性资产×100%。该比率用于衡量投资杠杆的合理性,相关数据来自《家庭资产负债表》。该比率帮助客户了解在投资方面使用投资杠杆的情况,一方面帮助客户了解杠杆投资的风险,另一方面帮助客户了解是否有投资收益和融资成本倒挂的情况。财务杠杆具有两面性,如果在投资环境较差,或是利率高企而投资利息支出无法通过个税系统扣减的话,财务杠杆的杀伤力同样不容忽视。根据经验法则,普通家庭的融资比率以不高于50%为标准,根据经济环境和投资环境酌情减少。

(5)风险属性。风险属性通常包含了客户主观上对风险的容忍程度,也包含了客观上的风险承受能力。根据对客户进行风险属性测试,并根据测试的结果推荐金融产品,也是当前"投资者适当性管理"的合规要求。对理财师而言,风险属性的测试不只是一种测试,它也是对客户进行风险教育的一种重要而有效的手段。理财师不仅要在客户太过投机的时候,提示投资风险,同时也要在客户风险属性偏低的情况下,对客户进行正确的引导,因为在风险可控的前提下,适当承担一些投资风险获得合理收益,是抵御通胀的良方。在具体客户家庭财务状况分析的时候,理财师一方面要帮助客户展示其当前的投资状况是否和其测试的风险属性结果相匹配,如果不匹配的话,需要帮助客户了解其中可能存在的投资风险或者不投资的风险;另一方面如果理财师所处的金融机构有针对不同风险属性客户的资产配置比例的话,就可以将两者做一个比较,让客户看到其中的差异,为未来的投资组合调整埋下伏笔。

六、家庭财务风险管理情况分析

家庭财务风险管理方面的情况分析主要是看客户对各类常见的风险场景已经采取的应对措施。

家庭财务风险管理的内容在本书前面的章节已经做了较多的介绍,其中客户家庭常见的风险场景包括:因为人身风险所引发的家庭财务风险、由于企业经营风险传导到家庭的风险、因为婚姻问题所引发的家庭财务风险、财富传承中的不确定性等。而对上述风险采取的相关措施包括了一系列的金融和非金融工具,其中包括保单、保险金信托、家族信托、遗嘱、意定监护公证等。因此,理财师在客户家庭财务信息收集的过程中,应该了解客户是否已经通过对上述工具的准备而采取了相应的措施,并向客户提出如图19-3中所列出的相关问题。而在客户家庭财务分析环节,理财师则需要将这些工具的准备情况进行罗列:

(1) 相关保单的名称、保单种类(如定期身故险、重大疾病两全险)、被保险人、指定受益人、保额、缴费形式(期缴或趸交)、缴费期限、保障期限(或分红和年金支付期限)、保险人等。

(2) 保险金信托:相关保单的名称、设立时间、保单种类、被保险人、保额、缴费形式、缴费期限、保障期限(或年金支付期限)、保险人、信托公司等。

(3) 家族信托:家族信托名称、设立时间、委托人、受托人、保护人、信托财产金额以及客户愿意披露的其他信息。

(4) 遗嘱:遗嘱人、制定时间、立遗嘱的形式(公证遗嘱、自书遗嘱等)以及客户愿意披露的其他信息。

(5) 意定监护公证:制定时间、公证处以及客户愿意披露的相关信息。

(6) 涉及股权传承的情况:是否已经了解《公司章程》和客户进行财富传承的意愿有冲突等相关信息。

家庭财务风险管理情况分析同时还会运用到收入结构分析和理财性支出比率等相关指标。从一个家庭的收入种类和所占的比例分析中,家庭的主要收入来源一目了然,而这也是客户家庭潜在的"因为人身风险所引发的家庭财务风险"的切入点。理财性支出比率可衡量客户的理财积极性,并间接衡量客户的负债情况和保障情况。理财性支出过低，体现出客户相对消极的理财态度，也可能反映出其对保险的消极态度，理财师可以通过这个指标提示客户应该关注理财及其财务规划的重要性。

理财师在这一工作环节的主要目的，还是提醒客户搭建家庭财务保障保全体系和财富传承安排的重要性，而非直接提供相关的建议。客户家庭风险管理建议一定需要通过风险识别和风险评估后，才能有针对性地向客户提出，否则客户很多时候只会考虑风险发生的概率，而不去思考风险发生后对家庭财务带来的不可承受的后果，其采纳相关建议的意愿就无法得以保障。

综上所述，本章介绍了理财师如何在和客户建立并界定了关系后，收集、整理和分析客户家庭财务信息的一些具体内容和方法。在这个工作环节中，理财师通过这些信息的收集、整理和分析对客户进行财商教育；同时也为综合理财规划建议提供了具体的方向；因此这是理财师在财富管理服务中非常关键的一个环节。

第二十章

全生涯模拟仿真的原理和结果

在对客户家庭财务状况和生活状况进行了分析后，理财师将进入对客户的家庭财务资源进行规划的工作环节。

第一节 全生涯财务状况模拟仿真分析法的原理

全生涯模拟仿真法，通常也叫作"全生涯财务状况模拟仿真"，顾名思义，这是通过对客户未来的财务状况的量化模拟，以体现客户一生的财务资源的运用和配置。

全生涯模拟仿真包含"现金流量分析"和"可配置投资性资产"额度模拟分析两个部分，是检验客户是否达成其理财目标的重要分析手段，也是比较能全面地展示客户未来历年的收入和支出情况，现金流状况和可配置投资性资产的变化状况的一种分析工具。

全生涯模拟仿真的原理，是通过把客户个人或者家庭未来几十年主要收入大类和支出大类的现金流模拟出来，并且计算出每一年的净现金流；这项工作展示的是客户未来总体的家庭现金流状况。其中，既有对未来各项收入的模拟，也有对未来生活品质的预期（主要支出项目其实代表的就是客户未来的生活品质）；将每年的总收入减去每年的总支出，即可得出未来每年的净现金流，代表的是客户每年的储蓄或者净流出情况。

在拥有了客户每一年的净现金流后，理财师可以结合客户当前的财务资源（即可配置投资性资产），计算出模拟阶段的内部报酬率。

内部报酬率（internal rate of return，IRR）通常是指投资项目的净现值为零时的折现率。假设有一个投资项目，初始投入是100万元，未来每年获得的现金流是15万元，连续8年，那么这项投资每年的平均投资报酬率大概是多少呢？

所谓的投资项目净现值为零，就是把每年的现金流按一定的折算率折算到现在的价值（也就是现值），然后相加，再减去初始投资金额，如上题中的

100万元,如果题中的折算率低的话,相加后的每年现金流的现值可能会超过初始投资金额;如果高的话,可能低于100万元;如果所有产生的现金流减去初始金额正好等于零,那么此时的折算率就是内部报酬率。所以,IRR代表了该项投资处于经济保本点时的折现率。我们可以通过IRR内部报酬率的计算来获得上述假设投资项目的内部报酬率,答案是每年4.24%。

表 20-1 　　　　　　　　　　内部报酬率原理解释

指标	现金流
CF0	-100
CF1	15
CF2	15
CF3	15
CF4	15
CF5	15
CF6	15
CF7	15
CF8	15
IRR	4.24%

内部报酬率的概念可以运用到全生涯模拟仿真中来。如果理财师将客户未来历年的总收入减去总支出,即可得出每年的净现金流;客户目前的可配置投资性资产总额可被视作初始投资额CF0,规划后第一年的净现金流为CF1,第二年为CF2……以此类推。据此计算出来的结果,也就是IRR,其实代表的就是客户所有的财务资源(包括现在已经拥有的可配置投资性资产和历年的全部收入)满足客户所有的目标生活品质,所需要的最低投资报酬率。

计算完内部报酬率后,理财师可再通过下列公式计算出每一年期末可投资性资产的金额,从而可以观察历年的投资性资产波动情况:

$$X = 前一年的可配置投资性资产 \times (1 + IRR) + 当年净现金流$$

综上所述,全生涯模拟仿真法主要由以下四个主要内容组成:(1)未来家庭各项收支现金流的模拟展示;(2)未来每年净现金流的计算;(3)内部报酬率的计算;(4)每年投资性资产的金额计算和对波动情况的观察和分析。

由于客户未来的生涯可能很长,而且收入和支出的项目繁多,用财务计算器来计算未来每一年的净现金流量净值的内部报酬率有一定的局限,因此专业理财师基本上都是在用 Windows Excel 或专业理财软件来进行此项计算。[1]

通过 Excel 电子表格进行全生涯模拟仿真，理财师可以把各项数据进行公式设置，然后一个数据变化后，其他数据会自动进行计算和变化，这就为理财师和客户全面观察客户的家庭财务决策之间的关系和影响提供了有效的工具。在日后持续财富管理服务中，理财师也经常会遇到客户提出的一些新想法和新的财务目标，有了全生涯模拟仿真，理财师就能帮助客户比较快速和清晰地看到，自己的这些想法和目标对其家庭财务可能产生的影响。同时，也可以在此基础上，调整未来的生活品质以满足新的目标的实现。可以说，全生涯模拟仿真不仅对客户未来的生活品质进行量化分析和规划，同时，也为客户提供了一个随时对自己的家庭财务状况或者新想法、新目标进行量化分析的工具，这对一生财务资源有限而希望能做好每一个重要的家庭财务决定的客户人群有着非常重要的意义。

第二节　全生涯财务状况模拟仿真法的运用步骤

一、模拟环境设置和现金流模拟

在进行全生涯模拟仿真时，理财师首先要设置模拟环境，其中包括和客户家庭财务状况相关的收入和支出项目及其在未来的增长率假设、可配置投资性资产的金额等，由于 Excel 的广泛运用，且比较直观，在本章节中将介绍如何运用 Excel 来进行模拟环境设置和现金流的模拟，这也是全生涯模拟仿真的第一步。

客户现在以及未来的财务资源，包括客户当前已经可配置的投资性资产和未来可预期的固定和不固定收入；而这些财务资源将用于未来每一年的固定支出和不固定支出预算。因此，全生涯现金流模拟也反映了客户未来历年的现金流变化状况。每一年的净现金流可用以下公式表现出来：

每一年的净现金流 = 固定收入 + 非固定收入 − 固定支出 − 非固定支出

其中：

（1）固定收入是指在一个阶段里每年都进入家庭的收入，主要包括：

①客户相对比较固定的税后工作收入，和与此收入相关的收入增长率；②客户退休后可预期的退休工资，和与此收入相关的收入增长率；③其他固定收益，比如客户作为信托受益人的收入、年金保险收益等。

---

[1]　Excel 是一款功能强大的电子表格和数据分析应用程序，熟练操作 Excel 的能力是现代职场人必须拥有的技能之一，也是理财师必须拥有基本技能。如果以前不是经常使用 Excel 的，可以在微软网站（www.microsoft.com）下载基础知识教材进行学习。

（2）不固定收入是对于固定收入以外的收入的统称，范围比较广，包括：①遗产继承（这种通常是一次性的收入）；②固定资产变现（包括换房过程中的现有房产的出售以及投资性房产的出售等）；③不可配置投资性资产的变现（比如住房公积金余额、养老金余额、公司股权变现等）；④一次性的保险金收入（比如两全保险会在保险期满时一次性给付保险金）；⑤其他不固定收入等。

（3）固定支出是指在一个阶段里每年或者多频次可能流出家庭的支出，主要包括：①家庭基本支出（包括衣食住行方面的支出）及其增长率；②教育（子女和自己）支出及其增长率；③住房家居支出（包括购房、装修、家居支出）及其增长率；④房贷支出；⑤私家车支出（包括换购车等费用，日常开支包括在基本支出内）以及换车频次；⑥旅游支出及其阶段性增长率；⑦家政服务支出及其增长率；⑧赡养支出及其增长率；⑨医疗保健支出及其增长率；⑩保费支出；⑪其他固定支出等。

（4）不固定支出是指对于主要固定支出以外的支出项目的统称，通常是一次性或者低频次的支出，主要包括：①对子女阶段性的财务支持；②遗产；③生育费用；④父母年老后的医疗费用等。

当每年的现金流入减去每年的现金流出，即可得到每年预期的净现金流。

表20-2是一个全生涯模拟仿真电子表格"模拟环境设置"的第一部分，理财师可以在这个基础上，根据客户的情况进行基本的设置。

在表20-2中，从左到右，分别列出了客户夫妇各自的年龄，然后分别是"固定收入""固定家庭支出""不固定支出""不固定收入和支出"以及"历年净现金流"。在第二行，则分别列出上述收支的具体分类，不固定支出包括了医疗保健支出、按揭和贷款支出、住房家居支出、私家车支出、旅游休闲支出、子女教育和支持支出、赡养支出和保险支出等共八项内容，这些支出完全可以视客户的具体情况而定，比如有的家庭长期雇佣家政服务的，则可以在表内插入一列；而有一些支出是一次性的，那么为了全生涯模拟仿真表的紧凑性，可以合并处理，比如表20-2中的不固定收支项，就是做了合并处理；理财师可以根据客户的情况进行灵活处理。

表20-2　　　　全生涯模拟仿真电子表格"模拟环境设置"　　　　单位：元

年龄	收入		固定支出	不固定支出							不固定收支	历年净现金流
	王先生收入	王太太收入	家庭基本支出	医疗保健支出	按揭和贷款支出	住房家居支出	私家车支出	旅游休闲支出	子女教育和支持支出	赡养支出	保险支出		
	可配置投资性资产												1037000
35	388535	86008	-90000	-5000	-67670	-4100000		-15000	-21000	-6000	-1040	3150000	-681167

表20-2的第三行是"可配置投资性资产金额"（即表中的1037000元），因为稍

后计算内部报酬率时,需要将此金额放置在净现金流的第一行(即 CF0),所以在进行模拟环境设置时,可将此金额填入表中。

表 20-2 的第四行,分别将客户家庭的各类收支金额基数填入到具体的位置,各类收支金额基数通常根据客户当前的收支情况来确定;如客户和配偶的税后收入(分别是 388535 元和 86008 元)、家庭基本支出(90000 元)、医疗保健支出(5000 元)、按揭和贷款支出(67670 元)、旅游支出(15000 元)、子女教育支出(21000 元)、当前的保险支出(1040 元)等;如果客户在当年卖掉旧房购置了新居,那么可以在"不固定收支"栏下填入卖掉旧房得到的 3150000 万元,在"住房家居支出"栏下填入购买新房的支出 4100000 元。

所有的现金流入减去现金流出,可以得到当年净现金流,为 -681167 元。

全生涯模拟仿真需要考虑到各类收入的增长情况和通货膨胀因素。接下来,理财师需要针对每一类收支,设置预期增长率,并且计算第二年的每一类收支额度(如表 20-3 所示)。这样就能把收入增长的情况和通货膨胀因素综合地考虑进来。

表 20-3　　模拟环境设置各类收支的预期增长率　　单位:%

王先生退休前税前收入增长率	王先生退休后收入增长率	王太太退休前税前收入增长率	王太太退休后收入增长率	家庭基本支出增长率	医疗保健支出增长率	住房支出增长率	私家车支出增长率	旅游休闲支出增长率	子女教育扶持支出增长率	赡养支出增长率
3	3	3	3	3	8	5	5	5	3	5

在过往的理财师培训教育中,往往会以"通货膨胀率"(或 CPI)的假设,涵盖所有支出项的增长率,但这样的假设无法体现各类支出项的实际增长情况,比如在实际生活中,医疗保健支出的增长率和教育金支出的增长率可能远高于家庭基本支出或者购车的费用;同时,对宏观经济学中长期物价指数的假设,也缺乏相应的依据;因此,本书建议理财师在进行全生涯模拟仿真的时候,采用"支出预算增长率"的概念,不管未来物价指数出现怎样的变化,客户家庭的支出预算还是可以控制的,而且也是理财师和客户要共同努力去控制的。同样,在收入增长率上,建议理财师采用"预期收入增长率",比如在薪酬收入方面,可以根据客户的职业生涯发展的具体进程,对"预期薪酬收入增长率"进行假设。同时建议理财师为每一大类收支分别设定相应的预期增长率。

第二年的收支额度的具体计算公式为:

第二年的收支额度 = 收入(或支出)× (1 + r),其中,r = 增长率。

需要注意的地方是:每一类收支要根据设定的预期增长率分别纵向地进行计算,同时,对一次性或者低频次的不固定收支,可以先计算出来后再填入 Excel 电子表格内。这样就计算出了第二年各类收支的现金流和净现金流。

熟悉 Excel 的理财师应该会懂得如何通过设置公式①，快速计算第二年及以后每一年的各类收支。这样，理财师可以通过 Excel 表格计算出从规划次年到预寿年龄整个过程中未来每一年的现金流情况和净现金流（如表 20-4 所示）。如表 20-4 中，客户现年 35 岁，预寿年龄为 95 岁，理财师可以展示客户在未来 60 年中每一年的净现金流的情况，当一些比较重大的资本支出产生的时候，比如儿女婚嫁、购房换房等，当年的净现金流可以是负的。

二、可配置投资性资产金额模拟和分析

全生涯模拟仿真不仅能表现客户的现金流状况，同时还需要表现其家庭的可配置投资性资产的变化状况。

通常情况下，当客户当年的收入不足以支付当年的支出的时候，就要看这个家庭有没有足够的积累了。在前面的章节中提到每个家庭的资产分成三种，流动性资产、自用性资产和投资性资产。由于自用性资产代表了家庭的生活品质，基本上不会用来支付当年的现金流不足（事实上，如果真的走到这一步，说明家庭财务状况出现了很大的问题），而流动性资产额度通常比较小，因此，投资性资产就成为我们需要观察的主要对象。所以全生涯模拟仿真还包括了对投资性资产额度的模拟。

同时，投资性资产分成两类：一类是不可配置投资性资产，如家庭现金储备、住房公积金、基本养老金个人账户、企业年金和储蓄型保险现金价值等，这些资产流动性很低，不太可能随时变现，因此在全生涯模拟仿真的时候应以不固定收入的形式加以体现（如在退休时一次性获得的养老金余额以及投资性房产在出售前的房租收入，和出售后的一次性归入到可配置性投资性资产等）；一类是可配置投资性资产，这才是理财师在全生涯模拟仿真的过程中需要极其关注的资产。

投资性资产的模拟和分析分为两个部分：一是内部报酬率的计算；二是可配置投资性资产的计算和分析。

1. 内部报酬率的计算

根据前文所介绍的内部报酬率的基本原理，客户目前的可配置投资性资产可被视作初始投资额 CF0，规划后第一年的净现金流为 CF1，第二年为 CF2，……以此类推。

理财师应该理解内部报酬率原理在全生涯模拟仿真中的运用和我们平时在投资决定评估时的运用有所不同。在投资决定评估时，其初始投资设为负数。这是因为在做投资评估时，该初始投资是一个现金流出，而所有未来的收入都是和该支出有密切的关系的，即没有初始投资就没有未来收入。但内部报酬率在全生涯模拟仿真中的运用是

---

① 在第二年的收支单元格中写入公式，并锁定相应的预期收支增长率的单元格（如：$W$12），公式设置完毕后，点击回车键，即可得到第二年收支项的金额；然后用鼠标点击该单元格，并将鼠标放置在该单元格的右下角，看到空心十字架变成实心十字架后，单击鼠标右键，不要松开然后往下拖，直到模拟仿真的最后一年，松开鼠标右键。

第二十章 全生涯模拟仿真的原理和结果

表20-4 全生涯模拟仿真:历年现金流和净现金流量的模拟

年龄	收入 王先生收入	收入 王太太收入	固定支出 家庭基本支出	固定支出 医疗保健支出	固定支出 按揭和贷款支出	不固定支出 住房家居支出	不固定支出 私家车支出	不固定支出 旅游休闲支出	不固定支出 子女教育和支持支出	不固定支出 赡养支出	不固定支出 保险支出	不固定收支	历年净现金流
35	388535	86008	−90000	−5000									1037000
36	399279	88424	−92700	−5300	−67670	−4100000		−15000	−21000	−6000	−1040	3150000	−681167
37	410335	—	−119351	−6742	−67670			−15450	−21930	−6180	−1040		277433
38	416700	—	−122932	−7146	−81046		−300000	−7957	−29543	−6365	−1040		−191709
39	428244	—	−126620	−7575	−81046			−8195	−30766	−6556	−1040		159018
40	440124	—	−130418	−8029	−81046			−8441	−32042	−6753	−1040		164727
41	452348	88424	−134331	−8511	−67670			−8695	−46775	−6956	−1040		157165
42	464926	90913	−138361	−9022	−67670			−25126	−48836	−7164	−1040		248093
43	477880	93477	−142512	−9563	−67670			−25880	−50991	−7379	−1040		255496
44	491188	96117	−146787	−10137	−67670			−26656	−52876	−7601	−1040		263439
45	504892	98837	−151191	−10745	−67670	−403175		−27456	−55216	−7829	−1040		271170
46	519012	101639	−155726	−11390	−67670		−380473	−28280	−57662	−8063	−1040		−124097
47	533499	104442	−160398	−12073	−67670			−29128	−68776	−8305	−1040		−101857
48	548426	107124	−165210	−12798	−67670			−30002	−71882	−8555	−1040		286321
49	563785	109886	−170166	−13565	−67670			−30902	−75134	−8811	−1040		293985
50	579587	112730	−175271	−14379	−67670			−31829	−634238	−9076	−1040		−253913
51	595844	115661	−180529	−15242	−67670			−32784	−665768	−9348	−1040		−273944
52					−67670			−33768	−698870	−9628	−1040		−295242

注:可配置投资性资产

续表

年龄	收入		固定支出			不固定支出					不固定收支	历年净现金流
	王先生收入	王太太收入	家庭基本支出	医疗保健支出	按揭贷款支出	住房家居支出	私家车支出	旅游休闲支出	子女教育和支持支出	赡养支出	保险支出	
52	612570	118679	-185945	-16157	-67670			-34781	-745653	-9917	-1040		-329914
53	629777	121787	-191524	-17126	-67670			-35824	-782739	-10215	-1040		-354573
54	647481	124989	-197269	-18154	-67670			-36899	-821671	-10521	-1040		-380754
55	665694	128287	-203188	-19243		-541833		-38006	-835789	-10837	-1040	-1000000	-1855954
56	684430	131684	-209283	-20397			-463794	-39146	-877578	-11162	-1040		-806286
57	703705	135182	-215562	-21621				-40320	-921457	-11497	-1040		-372610
58	723533	138786	-222028	-22918				-41530	-967530	-11842	-1040		-404569
59	743932	142498	-228689	-24294				-42776	-1015906	-12197	-1040		-438471
60	764912	77666	-235550	-25751				-44059	-1066702	-12563	-1040		-543087
61	786495	79996	-242617	-27296				-45381		-12940		205913	744171
62	808332	82396	-249895	-28934				-46742		-13328		-1000000	-448171
63	830512	84868	-257392	-30670				-48144		-13728			565446
64	853326	87414	-265114	-32510				-49589		-14139			579388
65	189900	90036	-273067	-34461		-728179		-51076		-14564		737960	-83451
66	195597	92737	-281259	-36529			-565362	-52609		-15000		-257508	-919933
67	201465	95519	-289697	-38720				-54187		-15450		-265234	-366304
68	207509	98385	-298388	-41044				-55813		-15914		-273191	-378455

第二十章 全生涯模拟仿真的原理和结果

续表

年龄	收入		固定支出		不固定支出						不固定收支	历年净现金流
	王先生收入	王太太收入	家庭基本支出	医疗保健支出	按揭和贷款支出	住房家居支出	私家车支出	旅游休闲支出	子女教育和支持支出	赡养支出	保险支出		
69	213734	101337	-307339	-43506				-57487		-16391		-257508	-367162
70	220146	104377	-316560	-46117				-59212		-16883		-281386	-395634
71	226751	107508	-326056	-48884				-60988		-17390		2000000	2880941
72	233553	110733	-335838	-51817				-62818		-17911		2000000	2875903
73	240560	114055	-345913	-54926				-64702					-110926
74	247776	117477	-172957	-27463				-66643					98191
75	255210	121001	-178145	-29111		-978611		-68643					-878299
76	262866	124631	-183490	-30857			-689173	-70702					-586725
77	270752	128370	-188994	-32709				-72823					104596
78	278875	132221	-194664	-34671				-75008					106753
79	287241	136188	-200504	-36751				-77258					108915
80	295858	140273	-206519	-38956				-79576					111080
81	304734	144482	-212715	-41294				-81963					113244
82	313876	148816	-219096	-43771				-84422					115403
83	323292	153281	-225669	-46398				-86954					117551
84	332991	157879	-232439	-49182		-1315172		-89563					-1101121
85	342981	162615	-239412	-52133									119686
86	353270	167494	-246595	-55260									218909

347

续表

年龄	收入		固定支出			不固定支出						不固定收支	历年净现金流
	王先生收入	王太太收入	家庭基本支出	医疗保健支出	按揭和贷款支出	住房家居支出	私家车支出	旅游休闲支出	子女教育和支持支出	赡养支出	保险支出		
87	363868	172519	-253993	-58576									223818
88	374784	177694	-261612	-62091									228775
89	386028	183025	-269461	-65816									233776
90	397608	188516	-277545	-69765									238815
91	409537	194171	-285871	-73951									243886
92	421823	199996	-294447	-78388									248984
93	434477	205996	-303280	-83091									254102
94	447512	212176	-312379	-88077									259232
95	460937	218541	-321750	-93361									264367
96		225098	-231982	-49482								-8000000	-8056366

第二十章　全生涯模拟仿真的原理和结果

不同的。我们必须强调在每一年的净现金流的计算中，每一年的收支和投资性资产没有直接的关系。投资性资产不是导致收入的来源（收入主要来源于工作收入）。

而客户未来的净现金流中会出现正负不一的情况，比如当客户在某些年份有重大的资本支出时（比如涉及换购房的年份），净现金流就可能出现负数。如果客户未来的负的净现金流的现值之和大于正的净现金流之和时，表明客户未来的收入不足以满足其人生不同阶段的需求，必须加上客户已经拥有的投资性资产才能实现其所有的理财目标。因此客户现已拥有的可配置投资性资产应当设为正数，并作为初始现金流 CF0。所以，理财师才会模拟环境设置的时候，就在项目类别和第一年现金流之间插入一行，把投资性资产的额度输入到第一年的净现金流的上方单元格（见表 20－2 和表 20－5）。

表 20－5　可配置投资性资产金额　　　　　　　　　　　　　　单位：元

年龄	收入		固定支出	不固定支出								不固定收支	历年净现金流
	王先生收入	王太太收入	家庭基本支出	医疗保健支出	按揭和贷款支出	住房家居支出	私家车支出	旅游休闲支出	子女教育和支持支出	赡养支出	保险支出		
可配置投资性资产金额													1037000
35	388535	86008	-90000	-5000	-67670	-4100000		-15000	-21000	-6000	-1040	3150000	-681167

然后，理财师可点击一个预设的单元格，点击【插入】【函数】，跳出函数窗口，选择函数类别为"财务"，在下方窗口选择函数"IRR"（如图 20－1（a）所示），跳出"函数参数"窗口，点击"Value"旁的空格（如图 20－1（b）所示）。

（a）

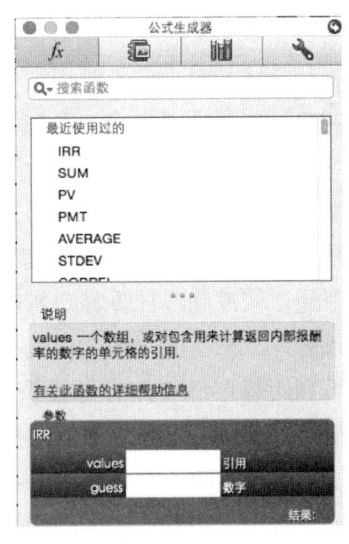

（b）

图 20－1　全生涯模拟仿真：内部报酬率的计算

回到 Excel 表格，由上往下选择投资性资产额度和整个净现金流的这一列；然后，再返回到"函数参数"窗口，点击"确定"或按回车键，得出 IRR 计算结果。

这里所得到的内部报酬率 IRR，就是根据客户现在以及未来的财务资源，以满足客户人生不同阶段的需求所需要的最低投资报酬率。

2. 投资性资产波动情况的模拟计算和分析

在获得了内部报酬率后，理财师可以在 Excel 表格中计算出历年的可配置投资性资产的波动情况。规划后第一年年末时的可配置投资性资产（X）的计算公式如下：

$$X = 规划时的可配置投资性资产 \times (1 + IRR) + 第一年净现金流$$

在 Excel 的具体操作上：在第一年的可配置投资性资产单元格中写入上述公式，并锁定内部报酬率的单元格（如 \$W\$32），公式设置完毕后，点击回车键，即可得到第一年可配置投资性资产的金额；然后用鼠标点击该单元格，并将鼠标放置在该单元格的右下角，看到空心十字架变成实心十字架后，单击鼠标右键，不要松开然后往下拖，直到模拟仿真的最后一年，松开鼠标右键。此时，历年的可配置性投资性资产的额度就全部计算出来了；而最后一年的可配置投资性资产应该为"0"。这是因为内部报酬率代表的是客户实现人生不同阶段的目标所需的最低投资报酬率，到模拟仿真的最后一年，所有资产全部耗尽或安排完毕，余额为零。

在计算出历年的可配置投资性资产后，理财师需检查历年的投资性资产是否为负，如果为负，反映了客户家庭资产中投资性资产的枯竭。如果发生这种情况，客户可能发生流动性问题，客户很有可能需要出售其自用资产弥补当年支出的现金缺口，这样就有可能会影响到客户的生活品质，因此，在全生涯模拟仿真过程中，任何一年的可配置投资性资产均不可为负。

此处有必要再强调一下：客户未来的净现金流可以为负，因为家庭每年收支遇到大额支出，正负是常态；但是可配置投资性资产的额度不能为负，一旦有这种情况发生，理财师需要就客户的主要理财目标进行调整。

内部报酬率代表了客户的可配置投资性资产满足未来所有现金流需求的最低的投资报酬率，即客户满足其未来人生不同阶段需求所需要的投资报酬率。由于在计算每一年的净现金流时，理财师充分考虑了客户的家庭收入及其收入增长率、各类支出及其预算增长率，以及每一个阶段实现客户目标所需的金额，因此内部报酬率的计算提供了一个能比较准确地计算客户所需报酬率的方法。

如果客户未来正的净现金流的现值之和大于负的净现金流之和时，其实表明了客户即使不利用现在已经拥有的投资性资产，也已能实现其未来人生不同阶段的需求。这时候的内部报酬率可能为负数或0。如果内部报酬率出现负数，则我们可以认为客户完全可以在保证其收入增长率的情况下提高其理财品质目标。有的时候当内部报酬率过于小的情况下，内部报酬率的结果也可能出现#NUM 的情况。在 1 + IRR 等于 0（即内部报酬率约等于-10%）的情况下，则内部报酬率的结果就会出现#DIV/0的错误信号。①

综上所述，在理财师运用Excel和内部报酬率进行全生涯净现金流和投资性资产仿真模拟的时候，当出现#DIV/0的结果时，客户的理财目标有可能设得过低或收入增长率设得过高了。当出现#NUM的结果时，则首先应检查作为初始现金流CF0的投资性资产是否设为正数，如果是正数的话，客户未来的财务目标同样有可能设得过低或收入增长率设得过高了。

即使没有出现#NUM或#DIV/0的现象，内部报酬率（代表客户所需要的投资报酬率）同样可能出现太高或太低的情况。因为内部报酬率在稍后会作为帮助客户设定未来不同阶段的目标预期报酬率的基准，会和客户的投资风险属性有一定的关系。

根据经验法则，普通家庭投资者比较适合的区间应该在3%~8%之间，超出这个范围，无论高低，都应该酌情进行调整。同时，理财师还需关注该客户的投资风险属性，即使预期报酬率是在上述合理区间内，可能对一名保守型的投资者而言，其投资组合所涉及的风险也会偏大。

如果内部报酬率偏低，意味着客户的财务目标均能实现，但也有可能因为客户的财务目标定得太低，而家庭的财务资源并未得以有效地支持其生活品质；因此理财师可能需要进一步调整客户的各项理财目标，尤其是客户自己没有想到的，但实实在在会发生的现金流，比如在子女年幼的时候，很多客户只是想到了他们的高等教育支出，却忘记了在孩子婚嫁的时候，自己可能还会对儿女有一定的财务支持；再比如，客户希望近年换房，准备好了首付，但没有想到房子还需要装修，不仅刚买下的时候需要装修，以后多少年都要装修，否则这个房子岂不是破败不堪？

因此，无论内部报酬率过高和过低，都需要理财师和客户进行充分的沟通，并确定未来各个阶段的预期报酬率。这个部分的内容，本书在后面的章节将进一步阐述。

第三节　全生涯财务状况模拟仿真表的其他运用

全生涯财务状况模拟仿真的制作过程，事实上也是理财师帮助客户进行家庭财务资源规划和未来的生活品质规划的过程，因此理财规划是帮助退休人士进行退休后的生活品质规划、新婚家庭进行婚后财务规划、离异人士开始新生活的规划等人生和财务规划的最重要的工具和方法之一。同时，全生涯模拟仿真还可以用于其他目的，比如：利用净现值原理计算客户和配偶的寿险保额，对客户未来的生活品质和理财规划

---

① 在用Excel做此项计算时，有时会出现#NUM或#DIV/0的现象。当计算结果出现#NUM的时候，表明公式或函数中含有无效的数值，可能输入了产生的数字太大或太小以至于无法在Excel中表示的公式。当计算结果出现#DIV/0时，表示在计算过程中，表明可能输入了执行显示零除（0）计算的公式，如=X/0。使用了对空白单元格或数据为零的单元格，作为执行除法操作的公式，或函数中的除数的单元格的引用都可能出现这样的现象。

进行敏感性分析，设定不同阶段的预期投资报酬率等。

一、计算人身风险下的家庭资金缺口和寿险保额

在本书第八章介绍"如何预防因为人身风险所引发的家庭财务风险"的内容中，特别强调了理财师需要帮助识别"因为家庭主要收入来源者意外或者疾病导致身故，从而使家庭收入大幅下跌甚至灭失的风险"。在识别的过程中，常用的方法包括生命价值法和遗属需求法。前者是把当事人未来的收入全部折合成现值，减去当事人个人支出的现值，就可以看到客户家庭的财务缺口；而遗属需求法，则是计算出在当事人收入缺失的情况下，其他家庭成员未来各项支出的现值，以表现客户家庭财务的缺口。

在以往的理财师专业教育中，往往会通过财务计算器来计算客户遗属各项所需金额的现值，这种计算方法显然非常烦琐，不直观明了，而且也无法把遗属的各项支出都进行计算，大多数情况下，大家也都只会计算基本家庭支出和子女教育支出。但是，如果用全生涯模拟仿真法来进行相关计算，就可以做到非常直接明了。

具体的做法，就是在识别当事人如果身故给家庭带来的风险时，先把当事人未来的收入归零，同时在各项支出中减去当事人的个人支出，比如在家庭基本支出中减掉1/3，旅游支出相应减少等，这时，因为 Excel 表的公式设置，未来历年的净现金流都会随之发生改变（如表20-6所示）。

表20-6　　　　利用全生涯模拟仿真进行风险识别　　　　单位：元

年龄	收入	固定支出	不固定支出						不固定收支	历年净现金流
	王太太收入	家庭基本支出	医疗保健支出	住房家居支出	私家车支出	旅游休闲支出	子女教育和支持支出	赡养支出		
	可配置投资性资产									1037000
35	86008	-63000	-3000	0		-10000	-21000	-6000	0	-16992
36	88424	-64890	-3180			-10300	-21930	-6180		-18056
37	90913	-66837	-3371		-300000	-10609	-17390	-6365		-313659
38	93477	-68842	-3573			-10927	-18132	-6556		-14553
39	96117	-70907	-3787			-11255	-18908	-6753		-15494
40	98837	-73034	-4015			-11593	-19719	-6956		-16479
41	101638	-75225	-4256			-11941	-20565	-7164		-17513
42	104443	-77482	-4511			-12299	-21450	-7379		-18678
43	107124	-79807	-4782			-12668	-29763	-7601		-27495

第二十章 全生涯模拟仿真的原理和结果

续表

年龄	收入	固定支出	不固定支出						不固定收支	历年净现金流
	王太太收入	家庭基本支出	医疗保健支出	住房家居支出	私家车支出	旅游休闲支出	子女教育和支持支出	赡养支出		
44	109885	-82201	-5068			-13048	-31099	-7829		-29360
45	112730	-84667	-5373	-403175		-13439	-32496	-8063		-434483
46	115661	-87207	-5695		-380473	-13842	-42512	-8305		-422373
47	118679	-89823	-6037			-14258	-44472	-8555		-44465
48	121787	-92518	-6399			-14685	-46524	-8811		-47150
49	124989	-95293	-6783			-15126	-593979	-9076		-595267
50	128287	-98152	-7190			-15580	-623678	-9348		-625660
51	131744	-101097	-7621			-16047	-654862	-9628		-657511
52	135183	-104129	-8078			-16528	-687605	-9917		-691075
53	138786	-107253	-8563			-17024	-721986	-10215		-726255
54	142498	-110471	-9077			-17535	-758085	-10521		-763191
55	145162	-113785	-9621	-541833		-18061		-10837	-500000	-1048976
56	149062	-117199	-10199		-463794	-18603		-11162		-471894
57	153016	-120715	-10811			-19161		-11497		-9167
58	156948	-124336	-11459			-19736		-11842		-10425
59	160976	-128066	-12147			-20328		-12197		-11762
60	98289	-131908	-12876			-20938		-12563		-79995
61	101238	-135865	-13648			-21566		-12940	287956	205175
62	104275	-139941	-14467			-22213		-13328		-85674
63	107403	-144139	-15335			-22879		-13728		-88678
64	110625	-148464	-16255			-23566		-14139		-91799
65	113944	-152918	-17230	-728179		-24273		-14564		-823219
66	117362	-157505	-18264		-565362	-25001		-15000	-128754	-792525
67	120883	-162230	-19360			-25751		-15450	-132617	-234525
68	124510	-167097	-20522			-26523		-15914	-136595	-242142
69	128245	-172110	-21753			-27319		-16391	-128754	-238083
70	132092	-177273	-23058			-28139		-16883	-140693	-253954
71	136055	-182592	-24442			-28983		-17390	3000000	2882649
72	140137	-188069	-25908			-29852		-17911	3000000	2878395

续表

年龄	收入	固定支出	不固定支出						不固定收支	历年净现金流
	王太太收入	家庭基本支出	医疗保健支出	住房家居支出	私家车支出	旅游休闲支出	子女教育和支持支出	赡养支出		
73	144341	-193711	-27463			-30748				-107581
74	148671	-96856	-13731			-31670				6414
75	153131	-99761	-14555	-978611		-32620				-972417
76	157725	-102754	-15429		-689173	-33599				-683230
77	162457	-105837	-16354			-34607				5659
78	167330	-109012	-17336			-35645				5338
79	172350	-112282	-18376			-36715				4978
80	177521	-115651	-19478			-37816				4576
81	182846	-119120	-20647			-38950				4129
82	188332	-122694	-21886			-40119				3633
83	193982	-126375	-23199			-41323				3086
84	199801	-130166	-24591			-42562				2482
85	205795	-134071	-26066	-1315172						-1269514
86	211969	-138093	-27630							46246
87	218328	-142236	-29288							46804
88	224878	-146503	-31045							47330
89	231624	-150898	-32908							47818
90	238573	-155425	-34883							48266
91	245730	-160088	-36975							48667
92	253102	-164890	-39194							49018
93	260695	-169837	-41546							49313
94	268516	-174932	-44038							49546
95	276572	-180180	-46681							49711
96	284869	-185585	-49482							49802

然后，再利用未来历年的现金流，假设一个预期报酬率（比如可以是5%，也可以是7%，当然如果未来拿到保险理赔金后，可以再进行理财规划来制定未来的生活品质和理财目标），净现值的计算方法如下（如图20-2（a）、图20-2（b）和表20-7所示）：

(1) 点击一个预设的单元格；

第二十章　全生涯模拟仿真的原理和结果

（2）点击【插入】【函数】，跳出函数窗口，选择函数类别为"财务"，在下方窗口选择函数"NPV"，跳出"函数参数"窗口，在 Rate 这一栏里填入相应的折算率，然后再点击"Value"旁的空格；

（3）回到 Excel 表格，由上往下选择投资性资产额度和整个净现金流的这一列；

（4）返回到"函数参数"窗口，点击"确定"或按回车键，得出 IRR 计算结果。

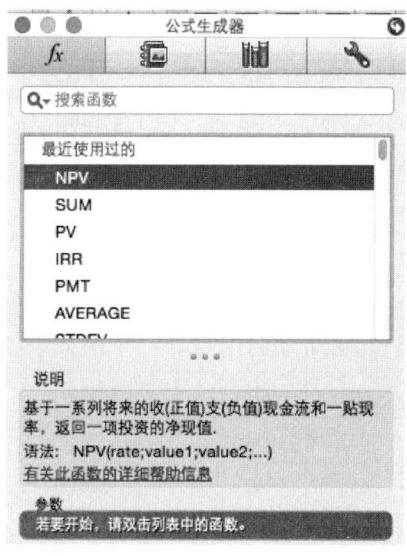

(a)

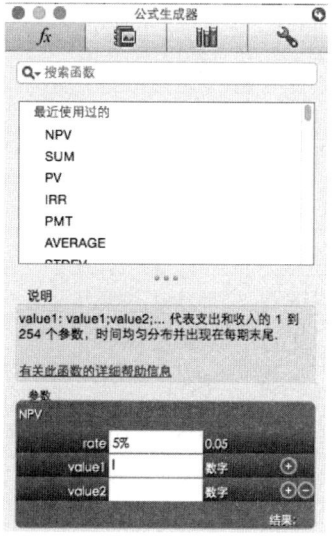

(b)

图 20-2　计算人身风险发生后的家庭财务缺口

表 20-7　　　　　　　　计算人身风险发生后的家庭财务缺口　　　　　　　　单位：元

年龄	收入	固定支出		不固定支出					不固定收支	历年净现金流	折算率和资金缺口
	王太太收入	家庭基本支出	医疗保健支出	住房家居支出	私家车支出	旅游休闲支出	子女教育和支持支出	旅游支出			
				可配置投资性资产						1037000	折算率
35	86008	-63000	-2000	0		-10000	-21000	-6000	0	-16992	5%
36	88424	-64890	-3180			-10300	-21930	-6180		-18056	资金缺口
37	90913	-86837	-3371		-300000	-10809	-17390	-6365		-14552	-2007898
35	86008	-63000	-3000	0		-10000	-21000	-6000	0	-16992	5%
36	88424	-64890	-3180			-10300	-21930	-6180		-18056	资金缺口
37	90913	-66837	-3371		-300000	-10609	-17390	-6365		-313659	-2007890
38	93477	-68842	-3573			-10927	-18132	-6556		-14553	
39	96117	-70907	-3787			-11255	-18908	-6753		-15494	

续表

年龄	收入	固定支出	不固定支出						不固定收支	历年净现金流	折算率和资金缺口
	王太太收入	家庭基本支出	医疗保健支出	住房家居支出	私家车支出	旅游休闲支出	子女教育和支持支出	旅游支出			
40	98837	-73034	-4015			-11593	-19719	-6956		-16479	
41	101638	-75225	-4256			-11941	-20565	-7164		-17513	
42	104443	-77482	-4511			-12299	-21450	-7379		-18678	
43	107124	-79807	-4782			-12668	-29763	-7601		-27495	
44	109885	-82201	-5068			-13048	-31099	-7829		-29360	
45	112730	-84667	-5373	-403175		-13439	-32496	-8063		-434483	
46	115661	-87207	-5695		-380473	-13842	-42512	-8305		-422373	
47	118679	-89823	-6037			-14258	-44472	-8555		-44465	
48	121787	-92518	-6399			-14685	-46524	-8811		-47150	
49	124989	-95293	-6783			-15126	-593979	-9076		-595267	
50	128287	-98152	-7190			-15580	-623768	-9348		-625660	
51	131744	-101097	-7621			-16047	-654862	-9628		-657511	
52	135183	-104129	-8078			-16528	-687605	-9917		-691075	
53	138786	-107253	-8563			-17024	-721986	-10215		-726255	
54	142498	-110471	-9077			-17535	-758085	-10521		-763191	
55	145162	-113785	-9621	-541833		-18061		-10837	-500000	-1048976	
56	149062	-117199	-10199		-463794	-18603		-11162		-471894	
57	153016	-120715	-10811			-19161		-11497		-9167	
58	156948	-124336	-11459			-19736		-11842		-10425	
59	160976	-128066	-12147			-20328		-12197		-11762	
60	98289	-131908	-12876			-20938		-12563		-79995	
61	101238	-135865	-13648			-21566		-12940	287956	205175	
62	104275	-139941	-14467			-22213		-13328		-85674	
63	107403	-144139	-15335			-22879		-13728		-88678	
64	110625	-148464	-16255			-23566		-14139		-91799	
65	113944	-152918	-17230	-728179		-24273		-14564		-823219	
66	117362	-157505	-18264		-565362	-25001		-15000	-128754	-792525	
67	120883	-162230	-19360			-25751		-15450	-132617	-234525	
68	124510	-167097	-20522			-26523		-15914	-136595	-242142	
69	128245	-172110	-21753			-27319		-16391	-128754	-238083	

第二十章 全生涯模拟仿真的原理和结果

续表

年龄	收入 王太太收入	固定支出 家庭基本支出	不固定支出 医疗保健支出	住房家居支出	私家车支出	旅游休闲支出	子女教育和支持支出	旅游支出	不固定收支	历年净现金流	折算率和资金缺口
70	132092	-177273	-23058			-28139		-16883	-140693	-253954	
71	136055	-182592	-24442			-28983		-17390	3000000	2882649	
72	140137	-188069	-25908			-29852		-17911	3000000	2878395	
73	144341	-193711	-27463			-30748				-107581	
74	148671	-96856	-13731			-31670				6414	
75	153131	-99761	-14555	-978611		-32620				-972417	
76	157725	-102754	-15429		-689173	-33599				-683230	
77	162457	-105837	-16354			-34607				5659	
78	167330	-109012	-17336			-35645				5338	
79	172350	-112282	-18376			-36715				4978	
80	177521	-115651	-19478			-37816				4576	
81	182846	-119120	-20647			-38950				4129	
82	188332	-122694	-21886			-40119				3633	
83	193982	-126375	-23199			-41323				3086	
84	199801	-130166	-24591			-42562				2482	
85	205795	-134071	-26066	-1315172						-1269514	
86	211969	-138093	-27630							46246	
87	218328	-142236	-29288							46804	
88	224878	-146503	-31045							47330	
89	231624	-150898	-32908							47818	
90	238573	-155425	-34883							48266	
91	245730	-160088	-36975							48667	
92	253102	-164890	-39194							49018	
93	260695	-169837	-41546							49313	
94	268516	-174932	-44038							49546	
95	276572	-180180	-46681							49711	
96	284869	-185585	-49482							49802	

从表20-7中可以看到，如果因为该客户身故而发生收入中断的情况下，家庭遗属的资金缺口达到约200.8万元。

以全生涯模拟仿真法来测算家庭财务保障工作中的遗属需求，一方面不需要非常复杂的计算，另一方面考虑了每类支出的增资率（这显然要比统一假设一个通货膨胀率要细致多了），同时，如当事人身故情况发生后，家庭各类支出的相应调整也清晰明了很多。

二、对未来的财务资源规划和生活品质规划进行敏感性分析

在表20-7所展示的情况下，如果客户家庭对购买200万元保额有保留态度，认为保费过高、希望只保100万元保额的话，理财师可以在全生涯模拟仿真表上进行生活品质（即各类支出预算）的调整，可以让客户看到，如果是配置100万元的保险的话，万一保险事故发生，家庭生活品质可能会发生的变化。在实践工作中，也确实发生过这样的情况，客户先是觉得计算出来的保额过高，然后希望降低保额，但当理财师把降低保额后家庭的生活品质发生的变化模拟出来的时候，客户又觉得生活品质可能偏低了，于是还是把保额保留在原来的额度上。

从上述介绍中，理财师应该能够感受到全生涯模拟仿真在敏感性分析时体现的作用。比如，客户也许希望看一下，如果自己努力工作，收入增长率能保持在5%的水平和原来保持在3%的水平有什么样的差异；在这种情况下，理财师只要改动客户的收入增长率，就可能看到客户净现金流的变化和内部报酬率以及投资资产情况的变化。

如果客户有一项意外支出，那么这项意外支出对家庭财务的影响又是如何的。比如一名退休人士有意提供一笔资金给子女，但又考虑到这笔钱是否会影响其自身的生活品质，理财师就可以利用全生涯模拟仿真法，非常快速地展现：在进行了这笔赠与后，该退休人士的生活品质将发生怎样的变化，使客户在了解了自己应该做出怎样的调整的情况下，然后再去做这样的一个对子女进行财务支持的决定。

当理财师为客户提供家族信托建议的时候，也可以利用全生涯模拟仿真来对客户家庭未来数十年各项收支的现金流进行模拟，同时确定适合客户风险属性的投资报酬率，以及根据客户家庭支出情况来确定每年的信托受益的发放，从而体现出家族信托照料家人的功能。

同样的，在前面章节所提到的"年轻家庭二胎计划"对其家庭生活品质的影响，也可利用全生涯模拟仿真法来展示不同情况下的家庭财务状况，比如年轻的母亲是否以后成为全职太太在家照顾子女，或是在两年后回职场上班等。

全生涯模拟仿真的作用还不止如此，它还能展示客户的风险保障成本或财富管理相关的经济成本对其家庭财务的影响。比如理财师在为客户搭建了家庭财务保障保全体系后，势必会有相应的经济成本，如保费或者家族信托管理费等，在现实生活中，确实存在客户因为经济成本的原因而疏于对家庭潜在的财务风险的防范工作，而当风险发生后却后悔不已。

理财师在对客户家庭财务资源和财务目标进行规划后，将就规划后的具体情况，

向客户提供综合理财规划建议，并通过全生涯模拟仿真帮助客户了解这些家庭财富管理工作的经济成本对客户家庭财务的长期影响。比如在全生涯模拟仿真表中加入相应的保费、信托管理费、持续财富管理服务费等支出后，比较内部报酬率的前后变化。如果客户在增加了相应支出后，其预期报酬率依然在客户的风险容忍度之内的话，那么也就意味着，通过这些相应的措施，客户可以将家庭不可控的潜在风险，转化为相对可控的投资风险。

三、设定不同阶段的投资目标（预期报酬率）

内部报酬率是客户的全生涯家庭财务资源满足其生活品质目标的最低的预期收益率，内部收益率越高，在实际的投资过程中持续获得高收益的难度就越大。同时，内部报酬率是整个模拟阶段（如35～100岁）的收益率，如果假设客户的内部报酬率是8%的话，对有一定风险承受能力和风险容忍态度的客户而言，现阶段可能不是很大的问题，但随着年龄的上升，客户的投资行为的意愿也可能会随之而降低，因此，在客户进入到老年，比如75～80岁以后，客户的预期报酬率不应该设定得那么高，可能是当时的无风险资产利率的水平，比如4%左右。假如模拟阶段的整个周期是35～100岁，那么至少有20年的预期报酬率假设在4%左右，这样一来，前面阶段的预期报酬率显然就需要调高了，但调高后的预期收益率是否和客户的风险属性相吻合呢？这是理财师必须要考虑的问题。

因此，理财师同样可以在完成的全生涯模拟仿真基础上，对未来各个阶段的投资预期报酬率进行设定。比如在内部报酬率的基础上，用三个阶段来进行投资组合预期报酬率的设定，分别是：（1）退休前；（2）退休后75～80岁前（有时根据客户情况也可以设定为70岁）；（3）75～80岁后。

比如表20-8中所展示的情况，假设客户的风险属性是平衡型的投资者，在做全生涯模拟仿真时，在生活品质的设定方面留有一定的余量，计算出的内部报酬率为6.67%。理财师可以在投资性资产的边上另外再插入一列，并设定预期报酬率如下：（1）72岁后：一般情况下，是先设定最后阶段的预期报酬率，假设设定的是4%；（2）退休后（65～72岁）：为6.5%；（3）退休前：8%。

然后，再利用设定的不同阶段的预期报酬率，来计算历年的期末投资性资产。规划后第一年年末时的可配置投资性资产（Y）的计算公式如下：

Y = 规划时的可配置投资性资产 × (1 + 设定的预期报酬率) + 第一年净现金流

同样可以利用Excel设定公式，快速计算出每一年的投资性资产。

表20-8 利用全生涯模拟仿真设定不同阶段的预期投资报酬率

年龄	收入			固定支出			不固定支出					不固定收支	历年净现金流	历年投资性资产波动情况	投资回报率设定
	王先生收入	王太太收入		家庭基本支出	医疗保健支出	按揭和贷款支出	住房家居支出	私家车支出	旅游休闲支出	子女教育和支持支出	赡养支出	保险支出				
							可配置投资性资产								
35	388535	86008		-90000	-5000	-67670	-4100000		-15000	-21000	-6000	-34940	3150000	1037000	1037000	8%
36	406879	88424		-93600	-5400	-67670			-15750	-21930	-6180	-34940		-715067	404893	8%
37	421081	—		-121680	-6998	-81046		-300000	-8269	-29543	-6365	-34940		249833	687117	8%
38	441036	—		-126547	-7558	-81046			-8682	-30766	-6556	-34940	-50000	-217761	524326	8%
39	461993	—		-131609	-8163	-81046			-9116	-32042	-6753	-34940		144940	711212	8%
40	484001	88424		-136873	-8816	-81046			-9572	-46775	-6956	-34940		158324	926433	8%
41	507114	88424		-142348	-9521	-67670			-25126	-48836	-7164	-34940		159023	1159570	8%
42	531386	90913		-148042	-10283	-67670			-26383	-50991	-7379	-34940		259932	1512268	8%
43	556877	93477		-153964	-11106	-67670			-27702	-52876	-7601	-34940		276611	1909861	8%
44	583646	96117		-160123	-11994	-67670			-29087	-55216	-7829	-34940		294496	2357145	8%
45	611758	98837		-166527	-12954	-67670	-671958		-30541	-57662	-8063	-34940		312905	2858622	8%
46	641281	101639		-173189	-13990	-67670		-380473	-32068	-68776	-8305	-34940		-339721	2747591	8%
47	672285	104442		-180116	-15109	-67670			-33672	-71882	-8555	-34940		-36491	2930907	8%
48	704845	107124		-187321	-16318	-67670			-35355	-75134	-8811	-34940		364784	3530164	8%
49	739038	109886		-194814	-17623	-67670			-37123	-634238	-9076	-34940		386420	4198997	8%
50	774947	112730		-202606	-19033	-67670			-38979	-665768	-9348	-34940		-146559	4388357	8%
51	811528	115661		-210710	-20556	-67670			-40928	-698870	-9628	-34940		-150667	4588759	8%
														-156113	4799747	8%

第二十章　全生涯模拟仿真的原理和结果

续表

年龄	收入		固定支出				不固定支出						不固定收支	历年净现金流	历年投资性资产波动情况	投资回报率设定
	王先生收入	王太太收入	家庭基本支出	医疗保健支出	按揭和贷款支出	住房家居支出	私家车支出	旅游休闲支出	子女教育和支持支出	赡养支出	保险支出					
52	849909	118679	-219139	-22200	-67670			-42974	-745653	-9917	-34940		-173905	5009822	8%
53	890215	121787	-227904	-23976	-67670			-45123	-782739	-10215	-34940		-180565	5230042	8%
54	932543	124989	-237021	-25894	-67670			-47379	-821671	-10521	-34940		-187564	5460882	8%
55	976993	128287	-246501	-27966		-903056		-49748	-835789	-10837	-34940	-1000000	-2003557	3894195	8%
56	1023674	131684	-256361	-30203			-772990	-52236	-877578	-11162	-34940		-880112	3325619	8%
57	1072696	135182	-266616	-32619				-54847	-921457	-11497	-34940		-114098	3477570	8%
58	1124177	138786	-277280	-35229				-57590	-967530	-11842	-34940		-121448	3634328	8%
59	1177434	142498	-288372	-38047				-60469	-1015906	-12197	-34940		-129999	3795075	8%
60	1232399	77666	-299907	-41091				-63493	-1066702	-12563	-34940	205913	-2717	4095964	6.5%
61	1290120	79996	-311903	-44378				-66667		-12940	-34940		899288	5261490	6.5%
62	1350737	82396	-324379	-47928				-70001		-13328	-34940	-1000000	-57443	5546044	6.5%
63	1414393	84868	-337354	-51763				-73501		-13728	-34940		987976	6894513	6.5%
64	1481241	87414	-350848	-55904				-77176		-14139	-34940		1035648	8378304	6.5%
65	189900	90036	-364882	-60376		-1213631		-81035		-14564		737960	-716591	8206303	6.50%
66	195597	92737	-379478	-65206			-942270	-85086		-15000		-257508	-1456215	7283497	6.50%
67	201465	95519	-394657	-70422				-89341		-15450		-265234	-538120	7218805	6.50%
68	207509	98385	-410443	-76056				-93808		-15914		-273191	-563518	7124509	6.50%
69	213734	101337	-426861	-82141				-98498		-16391		-257508	-566329	7021273	6.50%

续表

年龄	收入		固定支出		不固定支出							不固定收支	历年净现金流	历年投资性资产波动情况	投资回报率设定
	王先生收入	王太太收入	家庭基本支出	医疗保健支出	按揭和贷款支出	住房家居支出	私家车支出	旅游休闲支出	子女教育和支持支出	赡养支出	保险支出				
70	220146	104377	-443935	-88712				-103423		-16883		-281386	-609817	6867839	6.50%
71	226751	107508	-461692	-95809				-108594		-17390		3000000	2650773	9965021	6.50%
72	233553	110733	-480160	-103474				-114024		-17911		3000000	2628717	13241465	4%
73	240560	114055	-499367	-111752				-119725					-376228	13394895	4%
74	247776	117477	-249683	-55876				-125711					-66017	13864674	4%
75	255210	121001	-259671	-60346		-1631019		-131997					-1706821	12712440	4%
76	262866	124631	-270057	-65174			-1148622	-138597					-1234953	11985985	4%
77	270752	128370	-280860	-70387				-145527					-97652	12367772	4%
78	278875	132221	-292094	-76018				-152803					-109820	12752663	4%
79	287241	136188	-303778	-82100				-160443					-122892	13139877	4%
80	295858	140273	-315929	-88668				-168465					-136931	13528541	4%
81	304734	144482	-328566	-95761				-176889					-152001	13917682	4%
82	313876	148816	-341709	-103422				-185733					-168172	14306217	4%
83	323292	153281	-355377	-111696				-195020					-185520	14692946	4%
84	332991	157879	-369592	-120632				-204771					-204125	15076539	4%
85	342981	162615	-384376	-130282		-2191953							-2201015	13478585	4%
86	353270	167494	-399751	-140705									-19692	13998037	4%
87	363868	172519	-415741	-151961									-31316	14526642	4%

第二十章　全生涯模拟仿真的原理和结果

续表

年龄	收入		固定支出		不固定支出					不固定收支	历年净现金流	历年投资性资产波动情况	投资回报率设定
	王先生收入	王太太收入	家庭基本支出	医疗保健支出	按揭和贷款支出	住房家居支出	私家车支出	旅游休闲支出	子女教育和支持支出	赡养支出	保险支出			
88	374784	177694	-432371	-164118									-44010	15063698	4%
89	386028	183025	-449665	-177248									-57860	15608386	4%
90	397608	188516	-467652	-191427									-72955	16159766	4%
91	409537	194171	-486358	-206742									-89392	16716765	4%
92	421823	199996	-505812	-223281									-107274	17278162	4%
93	434477	205996	-526045	-241143									-126715	17842573	4%
94	447512	212176	-547087	-260435									-147834	18408442	4%
95	460937	218541	-568970	-281270									-170761	18974019	4%
96		225098	-414210	-151886								-20000000	-20340998	-608019	

从表20-8中可以看到：65岁以前，客户可以按8%的预期收益率来进行投资；72岁前，以预期收益率6.5%的目标进行投资，而72岁后，则采用相对比较消极的投资策略，预期收益率为4%。如果客户到模拟期结束（95岁）还依然健在，客户计划给子女的遗产约为2000万元，理财师和客户在进行具体的理财规划时可以就这种情况予以明确。

第二十一章

从一个家族信托案例看理财规划服务的专业价值

近年来，随着我国财富管理行业的发展，一方面客户对财富管理的需求越来越高，而理财师则从以前简单的投资产品的推荐，到现在普遍都在和客户讨论资产配置的问题；而本书的内容则更是把资产配置提升到"投资架构""为客户家庭投资行为进行顶层设计"的高度；另一方面我们也看到不少律师、会计师跨界来做财富管理服务，希望利用自身在法律税务上的专业优势，为客户提供家庭财富管理相关的服务。

然而，财富管理要成为一个独立的行业，应该拥有非常清晰的行业定位，同时，作为这样一个行业的从业人员，要非常清楚我们和其他行业的专业人士的职能划分，要拥有自身的核心能力。在本书前面的章节里，介绍了理财师在客户投资行为中的定位、方法论和相应的服务体系，在客户家庭财务保障和保全体系建设及财富传承安排中的定位、专业价值和服务体系等内容；为了帮助理财师更加直观地理解综合理财规划服务以及前面所论述的各项财富管理核心能力在客户家庭财富管理中的运用，本章将以一个具体案例综合介绍理财师在客户家庭财富管理工作中的专业价值。

【**案例 21－1　王建国先生的综合理财规划**】

1. 家庭背景资料[①]

王建国先生现年 57 岁，某上市企业副总裁；妻子李丹女士已离职在家多年，年初刚过完自己的 50 岁生日，已开始领取社保养老金。育有一子一女，儿子王子良（27 岁），留学回国后已成婚生子；女儿王子君（19 岁），刚就读大一，目前在美国某大学就读传媒系。王先生父母已经离世，李女士的母亲今年 75 岁，自己有退休工资和医保，但夫妇对其照顾有加，定期都有探视。

作为职业经理人，王先生因为持有企业股权，并且在企业上市、限售期过后逐步减持变现，基本上实现了财务自由。王先生本希望在 60 岁正式退

[①]　案例中所有客户及其家属的姓名均为化名，如有雷同，纯属巧合。

休,和太太环游世界,享受职业生涯结束后的快乐生活。

然而,最近其子王子良获得老同学的邀请,辞去原来的工作,加入该老同学创办的互联网创业公司,除了自身非常看好这个创业项目,同时,也希望趁公司在进行A轮融资时,说动老爸投资2000万元到该公司,并获得相应的股权。

王先生自己本是商界老兵,在了解了公司的核心竞争力和估值后,也觉得有一定的投资价值。但同时,也非常清楚创业公司的风险还是很大的。投资这笔钱后,万一有去无回,那么对自己的退休后的生活品质有多大的影响?

另外,投资儿子投身的事业,未来不管成功与否,基本上都算是给过儿子的了,但自己还有一个宝贝女儿,既然因为儿子投了这样一笔钱,那么女儿怎么办?现在是否就应该考虑财富传承的问题?

同时,如果现在就考虑给女儿一笔钱的话,那么女儿以后还会结婚,有可能存在个人财产和婚后财产混同的情况。儿子虽然已经结婚生子,但潜在的婚姻问题所引发的家庭财务风险也存在不确定性。

王先生的风险属性经测试为积极型客户,有较高风险承受能力和容忍态度,对风险和收益的关系也比较清晰。

2. 资产负债状况

在对王先生进行家庭财务信息的收集后,王先生家庭截至20××年××月××日的资产负债情况整理如表21-1所示。

表21-1　　　　　案例王建国先生家庭的资产负债表

资产	金额(元)	占比(%)	负债及净值	金额(元)	金额(%)
现金	10000	0.01	信用卡欠款	0	0
活期存款	150000	0.21	小额消费信贷	0	0
其他流动性资产	40000	0.06	其他消费性负债	0	0
流动性资产合计	200000	0.29	消费性负债合计	0	0
银行理财产品	3000000	4.29	金融投资借款	0	0
3年期定期存款	500000	0.71	实业投资借款	0	0
股票投资	10000000	14.29	投资性房地产按揭贷款	3000000	100
私募产品投资	25000000	35.71	其他投资性负债	0	0
公募基金投资	300000	0.43	投资性负债合计	3000000	100
其他可配置投资性资产	0	0.00	汽车按揭贷款	0	0
可配置投资性资产小计	38800000	55.43			
投资性房地产	12000000	17.14	住房按揭贷款	0	0
其他不可配置投资性资产	300000	0.43	其他自用性负债	0	0
不可配置投资性资产小计	12300000	17.57			

第二十一章 从一个家族信托案例看理财规划服务的专业价值

续表

资产	金额（元）	占比（%）	负债及净值	金额（元）	金额（%）
投资性资产合计	51100000	73.00	自用性负债合计	0	0
自用房产	15000000	21.43	负债总计	3000000	100
自用汽车	700000	1.00	净资产总计	67000000	
其他自用性资产	3000000	4.29			
自用性资产合计	18700000	26.71			
资产总计	70000000	100.00			

王先生在所在公司的股权过了限售期后，已经将手上的股权全部变现。目前投资性资产约合存款5110万元、流动性资产为20万元，用于生活品质的自用性资产，其中包括一部分的收藏，共计1870万元。总计7000万元，净资产6700万元。在负债方面，前几年投资了一个投资性房产，运用了商业贷款，目前余额300万元左右，利率为6%，等额本金还10年。

因为王先生在公司股票限售期满之时便在同一年里把股票变现，因此目前的投资中，2500万元基本上投资的是类固收产品，近期就要到期。银行理财产品则均为短期产品，流动性并不是很弱。

根据王先生提供的信息，截至20××年××月××日王先生家庭的收入情况如表21-2所示。

表21-2 案例王建国先生家庭的收入结构表

收入来源	收入种别	收入类型	税前收入（元）	税后收入（元）	税后收入比例（%）
王建国	工作收入	工资薪金	780000	603488	16.84
		年终奖	400000	301005	8.40
	工作收入小计		1180000	904493	25.24
配偶	退休收入	退休收入	34800	34800	0.97
	配偶工作收入小计		34800	34800	0.97
共同	理财收入	利息	157500	157500	4.40
		股息/红利	325000	292500	8.16
		财产租赁（房租收入）	240000	193920	5.41
		其他（理财收入）	2000000	2000000	55.82
	经营收入	经营收入	0	0	0.00
	共同收入小计		2722500	2643920	73.79

续表

收入来源	收入种别	收入类型	税前收入（元）	税后收入（元）	税后收入比例（%）
	家庭收入总合计		3937300	3583213	100
	其中：工作收入合计		1180000	904493	25.24
	理财收入合计		2722500	2643920	73.79

可以看到，王先生当年的收入达到了358.3万元，其中来自工作收入和王太太退休工作的部分只占到26.21%，而理财收入达到了73.79%。但需要注意的是，王先生在两年后会退休，而退休工资仅为每月5500元左右。李女士今年50岁，正好符合拿社会退休工资的标准，每月退休工资为2900元。

王先生家庭的支出情况如表21-3所示。

表21-3　　　　　案例王建国先生家庭的支出结构表

支出类别	支出项目	支出金额（元）	占总支出比例（%）
社会性支出	王建国工资薪金税务及社会保障支出	176512	7.30
	王建国年终奖税务支出	98995	4.09
	投资收入的税务支出	78580	3.25
社会性支出小计		354087	14.64
消费性支出	衣	100000	4.14
	食	150000	6.20
	住	50000	2.07
	行	60000	2.48
	娱（不包含旅游支出）	60000	2.48
	其他日常基本支出	120000	4.96
	医疗保健（不含高端医疗险）	50000	2.07
	赡养义务	60000	2.48
	子女负担	700000	28.95
	家政服务	60000	2.48
	旅游支出	300000	12.41
	其他消费支出		
消费性支出小计		1710000	70.72
理财性支出	投资房贷利息	173857	7.19

第二十一章 从一个家族信托案例看理财规划服务的专业价值

续表

支出类别	支出项目	支出金额（元）	占总支出比例（%）
	保险支出	180000	7.44
	其他理财支出		0.00
理财性支出小计		353857	14.63
支出总合计		2417944	100.00

从支出结构表看，王先生夫妇及其家人每年的开支很大，其日常基本支出（衣食住行娱以及其他）达到了54万元。而其他有明目的支出，如医疗保健、赡养义务、子女负担（女儿在美国留学的费用非常高，占到了家庭支出的28.88%）、旅游支出、家政服务等，再加上房贷利息、保险支出（夫妇两位购买了高端医疗险）的支出，全年支出共计242.41万元左右。不算社会性支出的话，也达到了207万元，其中还没有包括投资性房贷的本金支出。

王先生家庭的收支储蓄结构表如表21-4所示。

表21-4 案例王建国家庭的收支储蓄结构

收入项目	金额（元）	支出项目	金额（元）	储蓄项目	金额（元）	储蓄运用	金额（元）
工作收入（税前）	939293					房贷、车贷及其他贷款本金	225817
社会性支出（1）	275507	消费性支出	1710000			长期目标定额储蓄	0
工作（可支配）收入小计	663785	生活支出小计	1710000	生活储蓄	1046215		
利息收入	2157500						
股息/分红、财产租赁及其他理财收入	565000	保费支出	180000				
社会性支出（2）	78580	投资性房贷利息	173857				
理财收入小计	2643920	理财支出小计	353857	理财储蓄	2290063	负债减少	225817
税后总收入	3307705	总支出	2063857	净储蓄	1243848	自由储蓄	1018032

可以清楚地看到王先生家里收支储蓄情况。其中光靠王先生的工作收入无法完全覆盖高昂的家庭生活支出。生活储蓄达到负 104 万元左右，但既然这么敢花钱，是因为已经积累了巨额的家庭财富，其理财储蓄高达 229 万元，所以，每年可能还会增加 124.4 万元左右的储蓄，而这部分储蓄中，还包括了 22.5 万元的投资房贷的本金，因此自由储蓄为 101.8 万元左右。

以上是关于王先生家庭的一些背景资料，为了内容不重复，本书将对王先生家庭进行财务状况分析的内容，放在和"理财规划书的制作"相关内容里。本章将以全生涯模拟仿真法介绍综合理财规划服务在类似王先生的家庭财富管理工作中的运用。

第一节 全生涯模拟仿真法在家庭财务分析中的运用

就王先生的情况来看，其当前所面对的家庭财务决策主要是两个，一个是对"是否要投资其子王子良的创业公司"进行评估；另一个是王先生夫妇自身的退休规划。由于前一个家庭财务决策是一项"计划外"的大额资本支出，因此，在进行家庭财务分析的环节，就需要先来看一下，如果没有儿子希望自己投资创业公司这件事，那么王先生家庭的生活品质可以是怎样的？该项工作可以通过制作全生涯模拟仿真表，对王先生家庭的财务资源和其他的财务目标，先进行一次模拟，以评估其家庭的财务资源是否有做此次投资的空间。

根据前面章节的介绍，全生涯模拟仿真表的制作过程包括以下五个步骤。

第一步：设置模拟环境。

第二步：列出未来不同阶段（历年）的各项收入、支出。

第三步：计算历年的净现金流。

第四步：计算客户所需投资报酬率，并评估是否太高或者太保守。

第五步：计算历年的可配置投资性资产额度，观察是否出现投资性资产为负的情况。

一、设置模拟环境

在模拟环境的设置环节，理财师需先对客户未来的各项收支的基数及其增长率进行假设。

（1）从 Excel 表格的最左面开始设置年份和客户的年龄，以及模拟期限（见表 21-5）。

①年份：规划过程中的年度设置和公历有所不同，如 2018 年为理财规划首年，是指自 2018 年理财规划正式开始实施后的一年。

②年龄和模拟期限：当前中国的人均寿命在不断上涨，一般情况下，理财师可以设置客户的年龄至 95 岁，乃至 100 岁。如果夫妻的年龄差别比较大，则需要分别表现出来，在本案例中，李女士比王先生年轻 7 岁左右，假设的模拟周期，均为 95 岁。理

第二十一章 从一个家族信托案例看理财规划服务的专业价值

财师在设定年份的时候,通常会用一些比较鲜明的颜色,把主要的年份标识出来,比如,王先生希望在60岁退休,女儿预计在毕业三年后结婚等。

表 21-5　　　　　　　　　全生涯模拟仿真环境设置:年龄和年份

年份	客户年龄	配偶年龄
2018	57	50
年份	客户年龄	配偶年龄
2018	57	50
2019	58	51
2020	59	52
2021	60	53
2022	61	54
2023	62	55
2024	63	56
2025	64	57
2026	65	58
2027	66	59
2028	67	60
2029	68	61
2030	69	62
2031	70	63
2032	71	64
2033	72	65
2034	73	66
2035	74	67
2036	75	68
2037	76	69
2038	77	70
2039	78	71
2040	79	72

续表

年份	客户年龄	配偶年龄
2041	80	73
2042	81	74
2043	82	75
2044	83	76
2045	84	77
2046	85	78
2047	86	79
2048	87	80
2049	88	81
2050	89	82
2051	90	83
2052	91	84
2053	92	85
2054	93	86
2055	94	87
2056	95	88
2057		89
2058		90
2059		91
2060		92
2061		93
2062		94
2063		95

（2）设定家庭每一收支大类、模拟首年的基准额度以及未来的增长率。通常理财师可以根据客户的具体情况来制定家庭收支大类。比如有的客户已经退休，那么工作收入可以没有；有的家庭孩子已经独立，那么子女教育也不一定有；总之客户千人千面，理财师在工作的时候，切记不要用模板生搬硬套。

①收入及其增长率的假设（见表21-6）。在本案例中，王先生已经临近退休，税

第二十一章 从一个家族信托案例看理财规划服务的专业价值

后工资增长率假设为3%。当前国内退休工资的增幅一般比较大，但保守起见，可以假设为5%。同时，把客户上一年的收入904493元，和太太李丹的退休工资34800元，作为规划首年的基准；王先生家庭还有一处投资房，未来这个房产将在女儿回国后送给女儿，当年儿子子良在结婚时，父母也是同样赠与了一套房产和400万元现金；女儿也会享受同样的财务支持或者馈赠。因此这套投资房在资产负债表中是归类在"不可配置投资性资产"中，而在全生涯模拟仿真中，在赠与发生前，这套房产的价值会在其租金收入上体现出来。这套房产当前的税后租金收入为193920元，并且在制定租房协议时约定每年增长5%。

表 21-6 全生涯模拟仿真环境设置：收入基数及其增长率

年份	客户年龄	配偶年龄	客户收入增长率	客户退休收入增长率	配偶退休收入增长率	投资房收入增长率
2018	57	50	3%	5%	5%	5%

年份	客户年龄	配偶年龄	收入（元）			
			客户收入		配偶收入	投资房收入
			退休前	退休后	退休后	
2018	57	50	904493		34800	193920

② 各项支出及其预算上涨率的假设（见表21-7）。

表 21-7 全生涯模拟仿真环境设置：支出基数及其增长率

日常基本支出增长率	医疗保健支出增长率	保险支出	住房支出增长率	房贷支出	私家车支出增长率	家政支出增长率	旅游休闲支出增长率	子女教育支出增长率	子女财务支持支出增长率	赡养支出增长率
3%	8%		3%		3%	5%	5%	5%	5%	5%

支出（元）										
日常基本支出	医疗保健	医疗保险支出	住房家居	投资房贷支出	私家车	家政服务	旅游休闲	子女教育和财务支持		赡养支出
								女儿	儿子	
(540000)	(50000)	(180000)		(399674)	(60000)	(300000)	(700000)	(20000)		(20000)

客户家庭各项支出可以客户当前的生活状况而确定，同时需要考虑价格上涨因素的影响。预测长期的消费价格指数或其他宏观经济数据，在家庭财富管理工作的意义

并不大,而且超出了绝大多数理财师的专业能力;但是理财师可以和客户一起,对其未来的各项财务支出设定预算额和增长率,在这种情况下,其增长率是可控的。如果未来某一年因为通胀率较高,可能超出该预算增长率,那么客户就需要在预算金额范围内,对自己的支出加以控制,这样的话,规划的意义才能真正体现出来。在本案例中,王先生家庭各项支出的基准和增长率假设如下:

(1)家庭日常基本支出为 54 万元,未来的增长率为 3%;(2)医疗保健支出基准为当年的 54000 元,增长率为 8%;(3)当年没有住房家居的装修计划,但在王先生 60 岁退休年,有花费现值为 100 万元的装修计划;以后每十年装修一次;增长率为 3%;(4)当年没有私家车换购计划,但在王先生 60 岁退休年,有花费现值为 200 万元的换购计划;以后每八年换购一次;增长率为 3%;(5)家政服务的费用基准为 6 万元,以后每年增长率为 5%;(6)旅游休闲支出基准为 30 万元,每年按 5% 增长;(7)儿子已经成家立业,但作为祖父母,王先生夫妇每年可能会花 2 万元在孙子身上,预计 20 年,每年按 5% 增长;(8)再接下来就是一双儿女的财务支持。女儿现在还在读大学,学费和生活费基准为每年 70 万元,每年按 5% 增长;对未来的外孙子女,王先生夫妇会同样按孙子的待遇进行支持;(9)赡养方面,王先生夫妇每年也会在岳母那里花费 2 万元左右,增长率为 5%;(10)房贷支出每年本息为 40 万元左右,还有 10 年;保费支出为每年 18 万元,为均衡保费,缴费 20 年;这两个部分的支出都没有增长。

二、模拟未来每年的各项收支规划

客户家庭未来各项收支的模拟其实就是对客户家庭的财务资源和财务目标进行规划的过程。理财师需要在这一环节,列出不同阶段的各项收入和支出,并对每种支出进行规划,即购房规划、购车规划、子女教育或者财务支持等,并用现金流额度和时间这两个维度表现出来——在什么时候,花多少钱,实现什么样的目标。

1. 收入的规划

这里首先是先填入王先生和王太太当年的收入,然后在第二年的位置单元格里设置公式,比如"=C9×(1+$C$3)",注意 C3 单元格是退休前收入增长率(我们假设是 3%,并且用 $ 来锁定),公式设置完毕后,点击回车键,即可得到第二年收入项的金额;然后用鼠标点击该单元格,并将鼠标放置在该单元格的右下角,看到空心十字架变成实心十字架后,单击鼠标右键,不要松开然后往下拖,直到工作期的最后一年(59 岁)的位置,松开鼠标右键,即可得到退休前所有年份的薪酬收入情况。退休后的收入也一样,先填入退休第一年的收入,王先生的退休收入替代率只有 6% 左右,从年薪近百万,直降到 5500 元一个月,然后在退休第二年的单元格上填入设置公式"=D12×(1+$D$3)";然后按回车键,得到结果后,并用上述 Excel 的功能,把退休后的收入模拟到客户 95 岁。李女士当前已经退休,退休工资为 2900 元一个月,因此,

第二十一章 从一个家族信托案例看理财规划服务的专业价值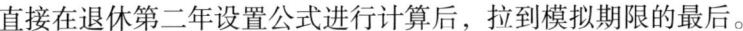

直接在退休第二年设置公式进行计算后,拉到模拟期限的最后。

同样,前文介绍了王先生对所持有的投资房产的计划,这套房产目前在出租,租金收入为每月2万元,税后收入每年193920元,假设未来每年增长5%;到2026年,也就是预计女儿回国三年后赠与女儿。这样就完成了对王先生家庭收入的模拟(见表21-8)。

表21-8　　　　　　　　　全生涯模拟仿真之"收入模拟"

年份	客户年龄	配偶年龄	客户收入增长率	客户退休收入增长率	配偶退休收入增长率	投资房收入
2018	57	50	3%	5%	5%	5%

年份	客户年龄	配偶年龄	收入(元)			
			客户收入		配偶收入	投资房收入
			退休前	退休后	退休后	
2018	57	50	904493		34800	193920
2019	58	51	931628		36540	203616
2020	59	52	959577		38367	213797
2021	60	53		66000	40285	224487
2022	61	54		69300	42300	235711
2023	62	55		72765	44415	247497
2024	63	56		76403	46635	259871
2025	64	57		80223	48967	272865
2026	65	58		84235	51415	286508
2027	66	59		88446	53986	
2028	67	60		92869	56686	
2029	68	61		97512	59520	
2030	69	62		102388	62496	
2031	70	63		107507	65621	
2032	71	64		112882	68902	
2033	72	65		118527	72347	
2034	73	66		124453	75964	
2035	74	67		130675	79762	

续表

年份	客户年龄	配偶年龄	客户收入增长率	客户退休收入增长率	配偶退休收入增长率	投资房收入
2018	57	50	3%	5%	5%	5%

年份	客户年龄	配偶年龄	收入（元）			投资房收入
			客户收入		配偶收入	
			退休前	退休后	退休后	
2036	75	68		137209	83750	
2037	76	69		144070	87938	
2038	77	70		151273	92335	
2039	78	71		158837	96951	
2040	79	72		166779	101799	
2041	80	73		175118	106889	

此处需要提醒理财师的是：在假设客户的增长率时必须搞清楚是税前收入还是税后收入。如果是税前收入的话，由于收入提高后，所涉及的相关税率是不同的，比如当前个人工资薪酬所得税是以七级超额累进的方式计算应纳税额的，即税前收入增长率和税后收入增长率是不同的。使用理财规划软件在这方面比较有优势，无论采用税前增长率还是税后增长率，由软件自动形成历年的税后收入，效率颇高；但如果采用Excel电子表格并采用税前增长率的话，就需要用计算器一年一年去计算，并且可能还要考虑到新个税法下的"专项附加扣除"①，工作效率可能就不理想了。

与此同时，如果理财师在制作过程中希望模拟环境更加精确和符合实际情况的话，也可以采用阶段性的假设，如：相对年轻的客户退休前的收入以当年的收入为基数，未来十年里每年增长率为10%，其后为5%。

2. 各项财务目标预算的规划

客户家庭未来各项支出的模拟，反映的是其未来的财务目标。因此，在模拟过程中，每一列支出的模拟，其实也是在帮助客户规划其单项的财务目标。在此过程中，理财师可以根据客户的具体情况和意愿，反映客户及其家人在不同家庭生命周期中的支出情况。

---

① 2018年8月31日，关于修改个人所得税法的决定经十三届全国人大常委会第五次会议表决通过，并于2019年1月1日正式实施。在扣除基本减除费用标准和"三险一金"等专项扣除外，还增加了专项附加扣除项目，其中包括子女教育、继续教育、大病医疗、住房贷款利息或者住房租金、赡养老人等支出。

第二十一章 从一个家族信托案例看理财规划服务的专业价值

（1）家庭日常基本支出的计划。家庭日常基本支出包括家庭基本的衣、食、住、行、娱乐等方面的支出，并在家庭支出结构表里已经表现出来，王先生家庭当年支出共计54万元，并以此金额作为家庭日常基本支出的基数。同时，假设该支出预算以后会以每年3%的增长率增长到王先生80岁，之后，由于逐步年迈，活动性降低，假设其基本支出降低25%（见表21-9），然后再以3%增长，直至王先生95岁模拟期满。此后，考虑到家庭支出只需支持李女士一个人的生活品质，因此在原来的基础上再降低25%。

表21-9　　　　　全生涯模拟仿真家庭之"家庭基本支出的规划"

年份	客户年龄	配偶年龄	日常基本支出增长率
2018	57	50	3%

年份	客户年龄	配偶年龄	支出（元）
			日常基本支出
2018	57	50	(540000)
2019	58	51	(556200)
2020	59	52	(572886)
2021	60	53	(590073)
2022	61	54	(607775)
2023	62	55	(626008)
2024	63	56	(644788)
2025	64	57	(664132)
2026	65	58	(684056)
2027	66	59	(704578)
2028	67	60	(725715)
2029	68	61	(747486)
2030	69	62	(769911)
2031	70	63	(793008)
2032	71	64	(816798)
2033	72	65	(841302)
2034	73	66	(866541)
2035	74	67	(892538)

续表

年份	客户年龄	配偶年龄	支出（元）
			日常基本支出
2036	75	68	（919314）
2037	76	69	（946893）
2038	77	70	（975300）
2039	78	71	（1004559）
2040	79	72	（1034696）
2041	80	73	（799303）
2042	81	74	（823282）
2043	82	75	（847980）
2044	83	76	（873419）
2045	84	77	（899622）
2046	85	78	（926611）
2047	86	79	（954409）
2048	87	80	（983041）
2049	88	81	（1012533）
2050	89	82	（1042909）
2051	90	83	（1074196）
2052	91	84	（1106422）
2053	92	85	（1139614）
2054	93	86	（1173803）
2055	94	87	（1209017）
2056	95	88	（1245287）
2057		89	（933965）
2058		90	（961984）
2059		91	（990844）
2060		92	（1020569）
2061		93	（1051186）
2062		94	（1082722）
2063		95	（1115204）

第二十一章 从一个家族信托案例看理财规划服务的专业价值

（2）医疗保健支出的规划。在医疗保健方面，王先生家庭的财务目标主要由以下几个部分组成（见表21-10）。

王先生夫妇拥有社会保障医疗保险；每年由专门的中医师对其家人进行长期调理，这部分支出被列为家庭医疗保健支出，每年约为5万元，并以每年8%的增长率增长，在王先生95岁模拟期满的时候，家庭的医疗保健支出将下调25%；与此同时，王先生夫妇还拥有高端医疗商业保险，在保障周期最高能覆盖2000万元的医疗费用。夫妇两人的保费缴费周期还剩20年，接下来享受保费豁免的权益，保费额度为18万元1年；从77岁开始，用五年的时间准备一笔用于两人大病治疗的专项基金，每年的准备金额为现值40万元，增长率为8%；届时每年为186.4万元左右。

表21-10　　　　全生涯模拟仿真之"家庭医疗保健支出规划"

年份	客户年龄	配偶年龄	日常基本支出增长率	医疗保健支出增长率	保险支出
2018	57	50	3%	8%	

年份	客户年龄	配偶年龄	支出（元）		
			日常基本支出	医疗保健	医疗保险支出
2018	57	50	(540000)	(50000)	(180000)
2019	58	51	(556200)	(54000)	(180000)
2020	59	52	(572886)	(58320)	(180000)
2021	60	53	(590073)	(62986)	(180000)
2022	61	54	(607775)	(68024)	(180000)
2023	62	55	(626008)	(73466)	(180000)
2024	63	56	(644788)	(79344)	(180000)
2025	64	57	(664132)	(85691)	(180000)
2026	65	58	(684056)	(92547)	(180000)
2027	66	59	(704578)	(99950)	(180000)
2028	67	60	(725715)	(107946)	(180000)
2029	68	61	(747486)	(116582)	(180000)
2030	69	62	(769911)	(125909)	(180000)
2031	70	63	(793008)	(135981)	(180000)

续表

年份	客户年龄	配偶年龄	支出（元）		
			日常基本支出	医疗保健	医疗保险支出
2032	71	64	(816798)	(146860)	(180000)
2033	72	65	(841302)	(158608)	(180000)
2034	73	66	(866541)	(171297)	(180000)
2035	74	67	(892538)	(185001)	(180000)
2036	75	68	(919314)	(199801)	(180000)
2037	76	69	(946893)	(215785)	(180000)
2038	77	70	(975300)	(233048)	(1864383)
2039	78	71	(1004559)	(251692)	(1864383)
2040	79	72	(1034696)	(271827)	(1864383)
2041	80	73	(799303)	(293573)	(1864383)
2042	81	74	(823282)	(317059)	(1864383)
2043	82	75	(847980)	(342424)	
2044	83	76	(873419)	(369818)	
2045	84	77	(899622)	(399403)	
2046	85	78	(926611)	(431355)	
2047	86	79	(954409)	(465864)	
2048	87	80	(983041)	(503133)	
2049	88	81	(1012533)	(543383)	
2050	89	82	(1042909)	(586854)	
2051	90	83	(1074196)	(633802)	
2052	91	84	(1106422)	(684507)	
2053	92	85	(1139614)	(739267)	
2054	93	86	(1173803)	(798409)	
2055	94	87	(1209017)	(862281)	
2056	95	88	(1245287)	(931264)	
2057		89	(933965)	(605321)	
2058		90	(961984)	(302661)	

续表

年份	客户年龄	配偶年龄	支出（元）		
			日常基本支出	医疗保健	医疗保险支出
2059		91	(990844)	(151330)	
2060		92	(1020569)	(75665)	
2061		93	(1051186)	(37833)	
2062		94	(1082722)	(18916)	
2063		95	(1115204)	(9458)	

（3）住房家居规划。本案例王建国先生两年前刚刚换购了一套别墅，并希望能在此养老。在此后没有换购房的计划，但房子时间长了肯定会需要装修，因此，王先生的住房家居规划主要还是在于装修支出（见表21-11），其他支出诸如增加电器或者家具支出，由家庭基本生活支出预算支付。在王先生60岁退休年，有花费现值为100万元的装修计划；以后每十年装修一次，增长率为3%；100万元的现值，相当于：①2021年的109.2727万元；②2031年的146.8534万元；③2041年的197.3585万元；④2051年的265.2335万元。

同时，大家可以看到王先生家庭还有一套投资房产，目前的贷款余额为300万元左右，还本付息（等额本息）尚需十年，每年支出近40万元左右。

表21-11　　　　全生涯模拟仿真之"家庭住房家居支出规划"

年份	客户年龄	配偶年龄	住房支出增长率	房贷支出
2018	57	50	3%	

年份	客户年龄	配偶年龄	支出（元）	
			住房家居	投资房贷支出
2018	57	50		(399674)
2019	58	51		(399674)
2020	59	52		(399674)
2021	60	53	(1092727)	(399674)
2022	61	54		(399674)
2023	62	55		(399674)

续表

年份	客户年龄	配偶年龄	支出（元）	
			住房家居	投资房贷支出
2024	63	56		(399674)
2025	64	57		(399674)
2026	65	58		(399674)
2027	66	59		(399674)
2028	67	60		
2029	68	61		
2030	69	62		
2031	70	63	(1468534)	
2032	71	64		
2033	72	65		
2034	73	66		
2035	74	67		
2036	75	68		
2037	76	69		
2038	77	70		
2039	78	71		
2040	79	72		
2041	80	73	(1973587)	
2042	81	74		
2043	82	75		
2044	83	76		
2045	84	77		
2046	85	78		
2047	86	79		
2048	87	80		
2049	88	81		
2050	89	82		

第二十一章 从一个家族信托案例看理财规划服务的专业价值

续表

年份	客户年龄	配偶年龄	支出（元）	
			住房家居	投资房贷支出
2051	90	83	(2652335)	
2052	91	84		
2053	92	85		
2054	93	86		
2055	94	87		
2056	95	88		
2057		89		
2058		90		
2059		91		
2060		92		
2061		93		
2062		94		
2063		95		

（4）私家车规划。本案例王先生的座驾是公司专车，而王太太的车也还比较新，但在王先生60岁退休年，有花费200万元的换购车计划；以后每八年换购一次；换购费用为现值100万元，增长率为3%（其他的车辆保险和维修费用全部从日常家庭基本支出中支付，而且王先生夫妇目前表示以后不会请专职司机，但年老需要，因此76岁起雇用一名专职司机，该费用放在"家政服务"这一项支出里）；因此，王先生家庭的私家车计划（见表21-12）如下：①2021年支出200万元；②2029年支出146.8534万元；③2037年支出180.6111万元。

表21-12　　　　　　全生涯模拟仿真之"私家车换购规划"

年份	客户年龄	配偶年龄	私家车支出增长率
2018	57	50	3%
年份	客户年龄	配偶年龄	私家车
2018	57	50	
2019	58	51	

续表

年份	客户年龄	配偶年龄	私家车
2020	59	52	
2021	60	53	(2000000)
2022	61	54	
2023	62	55	
2024	63	56	
2025	64	57	
2026	65	58	
2027	66	59	
2028	67	60	
2029	68	61	(1468534)
2030	69	62	
2031	70	63	
2032	71	64	
2033	72	65	
2034	73	66	
2035	74	67	
2036	75	68	
2037	76	69	(1806111)
2038	77	70	
2039	78	71	
2040	79	72	
2041	80	73	
2042	81	74	
2043	82	75	
2044	83	76	
2045	84	77	(2427262)
2046	85	78	
2047	86	79	
2048	87	80	

第二十一章 从一个家族信托案例看理财规划服务的专业价值

续表

年份	客户年龄	配偶年龄	私家车
2049	88	81	
2050	89	82	
2051	90	83	
2052	91	84	
2053	92	85	
2054	93	86	
2055	94	87	
2056	95	88	
2057		89	
2058		90	
2059		91	
2060		92	
2061		93	
2062		94	
2063		95	

（5）家政服务费用规划。本案例王先生家庭目前有一位阿姨常驻在王家，吃住全包以外，每月工资5000元，王家准备给她每年5%的工资涨幅。如果未来这个费用和市场脱轨时，会按市场价支付工资。同时准备在76岁时雇用一名专职司机，工资和阿姨一样，因此在76岁那年，家政服务会翻一倍（见表21-13）。

表21-13　　　　　　　全生涯模拟仿真之"家政服务费用规划"

年份	客户年龄	配偶年龄	家政支出增长率
2018	57	50	5%

年份	客户年龄	配偶年龄	家政服务
2018	57	50	(60000)
2019	58	51	(63000)

续表

年份	客户年龄	配偶年龄	家政服务
2020	59	52	(66150)
2021	60	53	(69458)
2022	61	54	(72930)
2023	62	55	(76577)
2024	63	56	(80406)
2025	64	57	(84426)
2026	65	58	(88647)
2027	66	59	(93080)
2028	67	60	(97734)
2029	68	61	(102620)
2030	69	62	(107751)
2031	70	63	(113139)
2032	71	64	(118796)
2033	72	65	(124736)
2034	73	66	(130972)
2035	74	67	(137521)
2036	75	68	(144397)
2037	76	69	(303234)
2038	77	70	(318396)
2039	78	71	(334316)
2040	79	72	(351031)
2041	80	73	(368583)
2042	81	74	(387012)
2043	82	75	(406363)
2044	83	76	(426681)
2045	84	77	(448015)
2046	85	78	(470415)

第二十一章 从一个家族信托案例看理财规划服务的专业价值

续表

年份	客户年龄	配偶年龄	家政服务
2047	86	79	(493936)
2048	87	80	(518633)
2049	88	81	(544565)
2050	89	82	(571793)
2051	90	83	(600383)
2052	91	84	(630402)
2053	92	85	(661922)
2054	93	86	(695018)
2055	94	87	(729769)
2056	95	88	(766257)
2057		89	(804570)
2058		90	(844799)
2059		91	(887039)
2060		92	(931391)
2061		93	(977960)
2062		94	(1026858)
2063		95	(1078201)

（6）旅游休闲支出规划。本案例王先生家庭过去几年的旅游费用主要用在机票、酒店和美食上，旅游费用支出在30万元左右。因此，旅游支出的预算基准定在30万元，以后每年增长5%，王先生夫妇对未来的旅游休闲计划进行了如下安排（如表21-14所示）：①未来三年，每年预算现值30万元，按5%增长；②60岁退休至79岁，每年预算50万元，按5%增长；③80岁以后，在原有的基础上减半，但依然按5%增长，至王先生90岁。

表21-14　　　　　　全生涯模拟仿真之"家庭旅游休闲支出规划"

年份	客户年龄	配偶年龄	旅游休闲支出增长率
2018	57	50	5%

年份	客户年龄	配偶年龄	旅游休闲
2018	57	50	(300000)

续表

年份	客户年龄	配偶年龄	旅游休闲
2018	57	50	(300000)
2019	58	51	(315000)
2020	59	52	(330750)
2021	60	53	(525000)
2022	61	54	(551250)
2023	62	55	(578813)
2024	63	56	(607753)
2025	64	57	(638141)
2026	65	58	(670048)
2027	66	59	(703550)
2028	67	60	(738728)
2029	68	61	(775664)
2030	69	62	(814447)
2031	70	63	(855170)
2032	71	64	(897928)
2033	72	65	(942825)
2034	73	66	(989966)
2035	74	67	(1039464)
2036	75	68	(1091437)
2037	76	69	(1146009)
2038	77	70	(1203310)
2039	78	71	(1263475)
2040	79	72	(1326649)
2041	80	73	(696491)
2042	81	74	(731315)
2043	82	75	(767881)
2044	83	76	(806275)

续表

年份	客户年龄	配偶年龄	旅游休闲
2045	84	77	(846589)
2046	85	78	(888918)
2047	86	79	(933364)
2048	87	80	(980032)
2049	88	81	(1029034)
2050	89	82	(1080486)
2051	90	83	(1134510)
2052	91	84	
2053	92	85	
2054	93	86	
2055	94	87	
2056	95	88	
2057		89	
2058		90	
2059		91	
2060		92	
2061		93	
2062		94	
2063		95	

（7）子女教育和财务支持支出规划。本案例王先生对子女教育和支持方面的态度相对比较开放，认为父母要对孩子尽职，要给他们最好的教育和比较好的生活品质，但不需要对孩子的生活横加干涉。对于第三代，子女们也要尽到自己的责任，而不能事事都靠父母。因此，对一双儿女的财务支持规划如下（见表21-15）。

表 21-15　　全生涯模拟仿真之"子女教育和财务支持支出规划"

年份	客户年龄	配偶年龄	子女教育支出增长率	子女财务支持支出增长率
2018	57	50	5%	5%

年份	客户年龄	配偶年龄	子女教育和财务支持	
			女儿	儿子
2018	57	50	(700000)	(20000)
2019	58	51	(735000)	(21000)
2020	59	52	(771750)	(22050)
2021	60	53	(810338)	(23153)
2022	61	54	(850854)	(24310)
2023	62	55	(893397)	(25526)
2024	63	56		(26802)
2025	64	57		(28142)
2026	65	58	(25139805)	(29549)
2027	66	59		(31027)
2028	67	60	(1000000)	(32578)
2029	68	61	(34207)	(34207)
2030	69	62	(35917)	(35917)
2031	70	63	(37713)	(37713)
2032	71	64	(39599)	(39599)
2033	72	65	(41579)	(41579)
2034	73	66	(43657)	(43657)
2035	74	67	(45840)	(45840)
2036	75	68	(48132)	(48132)
2037	76	69	(50539)	(50539)
2038	77	70	(53066)	(53066)
2039	78	71	(55719)	
2040	79	72	(58505)	
2041	80	73	(61430)	

第二十一章 从一个家族信托案例看理财规划服务的专业价值

续表

年份	客户年龄	配偶年龄	子女教育和财务支持	
			女儿	儿子
2042	81	74	(64502)	
2043	82	75	(67727)	
2044	83	76	(71113)	
2045	84	77	(74669)	
2046	85	78	(78403)	
2047	86	79	(82323)	
2048	87	80	(86439)	
2049	88	81	(90761)	
2050	89	82		
2051	90	83		
2052	91	84		
2053	92	85		
2054	93	86		
2055	94	87		
2056	95	88		
2057		89		
2058		90		
2059		91		
2060		92		
2061		93		
2062		94		
2063		95		

①儿子家庭的财务支持。在儿子从国外学成归来后，在成家时，父母曾给予了一套婚房和400万元现金，去年在孙子出生时，又给了100万元作为见面礼；当前儿子自己的财务状况由自己做主。但作为爷爷奶奶，王先生夫妇每年大约花2万元给孙子逢年过节买一些礼物或者压岁钱。其他的并不干涉。因此对儿子家庭的财务支持仅为2万元，每年按5%增长，持续20年。

②女儿的教育和财务支持。在王先生夫妇眼里，儿子女儿是要一碗水端平的，儿子有什么或者曾经给过什么，女儿也会一样。因为有儿子王子良的榜样，因此王先生夫妇对女儿王子君的支持计划如下：a. 王子君在国外某校就读大一，学费为 7 万元美金，其他的生活费、旅游费用以及父母过去看她时的开销，每年总计在 70 万元人民币左右。女儿计划在该校本硕连读一共留学 6 年，每年开支增长率为 5%。

b. 在女儿大学毕业回国三年后，把投资房收回来过户给女儿，同时准备 500 万元现金作为女儿的婚嫁金，假设这套房产以后每年的平均增长率保守估计为 5%，那么这套房产届时会价值 1861.6 万元（该项支出在"不固定收支项"里体现出来）。

c. 待外孙女或者外孙出生时，再赠与 100 万元算是给第三代的见面礼。

d. 以后如现在给孙子的待遇一样，每年花现值 2 万元在外孙女或者外孙的身上，每年增长率为 5%，持续 20 年。如果未来有对第三代的额外财务支持，计入家庭日常基本支出中去。

（8）对岳母的赡养规划。本案例王先生夫妇对岳母（家里唯一健在的长辈）还是照顾有加。岳母一方面不想和女儿一起住，同时一个人居住又觉得有点孤独，因此近期主动提出要去养老院养老。王先生夫妇也觉得这样自己更加放心，因此也联系了一家全国性连锁的养老院，软硬条件都很不错，老人看了也觉得满意，老人家坚持由自己来负担其中的费用，但王先生夫妇觉得还是要补贴一点，因此年度的费用将增加到 2 万元。对岳母未来的大病治疗方面，王先生也希望做出和自己夫妇类似的安排，因此，在赡养支出方面规划如下（见表 21 - 16）。

①在未来 20 年，每年支出现值 2 万元，每年按 5% 的增长率增长；支持老人家到 95 岁；②在岳母 77 岁时，用 5 年的时间准备一笔用于大病治疗和养老送终的专项基金，每年的准备金额为现值 20 万元，增长率为 8%；届时每年 25.2 万元左右这部分支出作为不固定收支中的一部分来列项。

表 21 - 16　全生涯模拟仿真之"赡养支出规划"和"不固定收支规划"

年份	客户年龄	配偶年龄	赡养支出增长率	不固定收支
2018	57	50	5%	

年份	客户年龄	配偶年龄	赡养支出	不固定收支 / 可配置投资性资产
2018	57	50	(20000)	
2019	58	51	(21000)	
2020	59	52	(22050)	(251942)
2021	60	53	(23153)	(251942)

第二十一章 从一个家族信托案例看理财规划服务的专业价值

续表

年份	客户年龄	配偶年龄	赡养支出	不固定收支 可配置投资性资产
2022	61	54	(24310)	(251942)
2023	62	55	(25526)	(251942)
2024	63	56	(26802)	(251942)
2025	64	57	(28142)	
2026	65	58	(29549)	18615939
2027	66	59	(31027)	
2028	67	60	(52500)	
2029	68	61	(55125)	
2030	69	62	(57881)	
2031	70	63	(60775)	
2032	71	64	(63814)	
2033	72	65	(67005)	
2034	73	66	(70355)	
2035	74	67	(73873)	
2036	75	68	(77566)	
2037	76	69	(81445)	7959893
2038	77	70		
2039	78	71		
2040	79	72		
2041	80	73		
2042	81	74		
2043	82	75		
2044	83	76		
2045	84	77		
2046	85	78		
2047	86	79		
2048	87	80		

续表

年份	客户年龄	配偶年龄	赡养支出	不固定收支 可配置投资性资产
2049	88	81		
2050	89	82		
2051	90	83		
2052	91	84		
2053	92	85		
2054	93	86		
2055	94	87		
2056	95	88		
2057		89		
2058		90		
2059		91		
2060		92		
2061		93		
2062		94		
2063		95		(40000000)

（9）不固定收支规划。如前所述，"不固定收支"是指那些低频次的甚至一次性的收支。在王先生的案例中，主要包括四项内容（见表21-16）。

①岳母的五年大病治疗和养老送终专项基金，连续五年，现值20万元，增长率为8%；②在女儿回国三年后把投资房变现或过户给女儿，届时，按每年5%的增长率增长的房产价值1816.5万元；③在岳母95岁模拟期满时，可能会接受岳母现值300万元的房产，如果按5%的年增长率增长的话，届时价值为796万元左右；④在李女士95岁模拟期满时，为子女留下共计4000万元的遗产，如果王先生夫妇比模拟期更为长寿的话，这笔资金也可以用来保障后面的生活品质。

通过上述10个方面的规划，基本已经罗列了客户未来历年主要的收支现金流。在此过程中，如果以每项收支而论，都是（纵向地）线性的；单凭这些信息，无法体现客户家庭财务资源规划和运用的有效性，比如以客户的财务资源能否支持这样的生活品质。那么接下来，理财师就需要（横向地）就上述每项收支计算每年的净现金流，以观察客户家庭每年的储蓄和净现金流出情况。

第二十一章 从一个家族信托案例看理财规划服务的专业价值

三、计算历年净现金流

根据前文所述，客户家庭每一年的净现金流可用以下公式计算出来：

每一年的净现金流 = 固定收入 + 非固定收入 − 固定支出 − 非固定支出

历年的净现金流可正可负，正数代表当年的储蓄金额，负数代表当年的收入不足以支付当年的支出，需要从投资性资产中支取。

在经过了上述 10 项主要收支的规划后，理财师将每年所有的收入减去所有的支出，即可以得到每年的净现金流（如表 21-17 所示）；从中可见王先生家庭当前的收入也已经不足以支付每年的支出了。

表 21-17　　全生涯模拟仿真之"家庭每年净现金流计算"

年份	客户年龄	配偶年龄	可配置投资性资产
2018	57	50	38800000

年份	客户年龄	配偶年龄	历年净现金流
2018	57	50	(1136461)
2019	58	51	(1173090)
2020	59	52	(1463832)
2021	60	53	(5697729)
2022	61	54	(2683760)
2023	62	55	(2766252)
2024	63	56	(1914601)
2025	64	57	(1706292)
2026	65	58	(8275777)
2027	66	59	(2100452)
2028	67	60	(2785646)
2029	68	61	(3357493)
2030	69	62	(1962850)
2031	70	63	(3508905)
2032	71	64	(2121610)

续表

年份	客户年龄	配偶年龄	历年净现金流
2033	72	65	(2206760)
2034	73	66	(2296030)
2035	74	67	(2389640)
2036	75	68	(2487821)
2037	76	69	3411345
2038	77	70	(4456960)
2039	78	71	(4518355)
2040	79	72	(4638513)
2041	80	73	(5775342)
2042	81	74	(3891446)
2043	82	75	(2121462)
2044	83	76	(2220848)
2045	84	77	(2325517)
2046	85	78	(2435782)
2047	86	79	(2551980)
2048	87	80	(2674467)
2049	88	81	(2803623)
2050	89	82	(2844556)
2051	90	83	(5635867)
2052	91	84	(1939003)
2053	92	85	(2034360)
2054	93	86	(2135464)
2055	94	87	(2242713)
2056	95	88	(2356537)
2057			89	(2110532)
2058			90	(1864452)
2059			91	(1771972)

第二十一章 从一个家族信托案例看理财规划服务的专业价值

续表

年份	客户年龄	配偶年龄	历年净现金流
2060		92	(1757522)
2061		93	(1783371)
2062		94	(1830707)
2063		95	(41890184)

四、计算内部报酬率

拥有了每一年的净现金流后,理财师就可以着手计算这一组现金流的内部报酬率。理财师在 Excel 表上具体操作的时候,需要做以下几个步骤:

(1)需在项目类别和第一年现金流之间插入一行,把投资性资产的额度输入到第一年的净现金流的上方单元格(如表 21-18 所示);在本案例中,王先生家庭的可配置投资性资产为 3880 万元。

表 21-18　　　　全生涯模拟仿真之"明确可配置投资性资产"

年份	客户年龄	配偶年龄	历年净现金流
	可配置投资性资产		38800000
2018	57	50	(1136461)
2019	58	51	(1173090)
2020	59	52	(1463832)
2021	60	53	(4647729)

(2)点击一个预设的单元格(如表 21-19 所示,在"所需投资报酬率"下方的单元格)。

表 21-19　　　　全生涯模拟仿真之"内部报酬率的计算"

年份	客户年龄	配偶年龄	可配置投资性资产	所需投资报酬率
2018	57	50	38800000	6.94%
年份	客户年龄	配偶年龄	历年净现金流	历年投资性资产波动情况
	可配置投资性资产		38800000	38800000

续表

年份	客户年龄	配偶年龄	历年净现金流	历年投资性资产波动情况
2018	57	50	（1136461）	40355096
2019	58	51	（1173090）	41981440
2020	59	52	（1463832）	43429862
2021	60	53	（5697729）	40744864

（3）点击【插入】→【函数】，跳出函数窗口，选择函数类别为"财务"，在下方窗口选择函数"IRR"，跳出"函数参数"窗口，点击"Value"旁的空格。

（4）回到 Excel 表格，由上往下选择投资性资产额度和整个净现金流的这一列。

（5）再返回到"函数参数"窗口，点击"确定"或按回车键，得出 IRR 计算结果。

该内部报酬率代表了王先生的可配置投资性资产满足未来所有现金流需求的最低的投资报酬率，即客户满足其未来人生不同阶段需求所需要的投资报酬率。在本案例中，内部报酬率的计算结果为 6.94%。

五、计算并观察历年的可配置投资性资产额度

理财师在获得了内部报酬率后，就可以在 Excel 表格中计算出历年的可配置投资性资产的波动情况。规划后第一年年末时的可配置投资性资产（X）的计算公式如下：

$$X = 规划时的可配置投资性资产 \times (1 + IRR) + 第一年净现金流$$

在 Excel 的具体操作上，当规划后第一年年末的可配置投资性资产计算出来后，可以在该单元格上设置公式，锁定内部报酬率单元格（如：$W$32），公式设置完毕后，按回车键，即可获得规划后第一年年末时的可配置投资性资产金额（如表 21-20 中的客户 57 岁这一年的金额 40355096 元）。然后点击该单元格，并将鼠标光标放置在该单元格的右下角，看到空心十字架变成实心十字架后，单击鼠标右键，不要松开然后往下拖，直到模拟仿真的最后一年，松开鼠标右键。此时，历年的可配置性投资性资产的额度就全部计算出来了（如表 21-20 所示）；而最后一年的可配置投资性资产应该为"0"。这是因为内部报酬率代表的是客户实现人生不同阶段的目标所需的最低投资报酬率，到模拟仿真的最后一年，所有资产全部耗尽或安排完毕，余额为零。

表 21-20 全生涯模拟仿真之"家庭未来每年可配置投资性资产的模拟和计算"

年份	客户年龄	配偶年龄	可配置投资性资产	所需投资报酬率
2018	57	50	38800000	6.94%

第二十一章 从一个家族信托案例看理财规划服务的专业价值

续表

年份	客户年龄	配偶年龄	历年净现金流	历年投资性资产波动情况
	可配置投资性资产		38800000	38800000
2018	57	50	(1136461)	40355096
2019	58	51	(1173090)	41981440
2020	59	52	(1463832)	43429862
2021	60	53	(5697729)	40744864
2022	61	54	(2683760)	40887576
2023	62	55	(2766252)	40957696
2024	63	56	(1914601)	41884332
2025	64	57	(1706292)	43083556
2026	65	58	(8275777)	37796487
2027	66	59	(2100452)	38317978
2028	67	60	(2785646)	38190451
2029	68	61	(3357393)	37482330
2030	69	62	(1962850)	38119631
2031	70	63	(3508905)	37255085
2032	71	64	(2121610)	37717862
2033	72	65	(2206760)	38127591
2034	73	66	(2296030)	38476473
2035	74	67	(2389640)	38755947
2036	75	68	(2487821)	38956628
2037	76	69	3411345	45070395
2038	77	70	(4456960)	43739970
2039	78	71	(4518355)	42255857
2040	79	72	(4638513)	40548634
2041	80	73	(5775342)	37586152
2042	81	74	(3891446)	36302058
2043	82	75	(2121462)	36698871
2044	83	76	(2220848)	37023824

续表

年份	客户年龄	配偶年龄	历年净现金流	历年投资性资产波动情况
2045	84	77	(2325517)	37266651
2046	85	78	(2435782)	37416057
2047	86	79	(2551980)	37459630
2048	87	80	(2674467)	37383739
2049	88	81	(2803623)	37173427
2050	89	82	(2844556)	36907593
2051	90	83	(5635867)	33832007
2052	91	84	(1939003)	34239931
2053	92	85	(2034360)	34580796
2054	93	86	(2135464)	34844203
2055	94	87	(2242713)	35018633
2056	95	88	(2356537)	35091340
2057		89	(2110532)	35415096
2058		90	(1864452)	36007389
2059		91	(1771972)	36733251
2060		92	(1757522)	37523916
2061		93	(1783371)	38343581
2062		94	(1830707)	39172768
2063		95	(41890184)	0

在计算出历年的可配置投资性资产后，理财师需检查历年的投资性资产是否为负，如果任何一年为负，反映了客户家庭资产中投资性资产在当年已出现枯竭，而其后的所有数据都毫无意义可言。如果发生这种情况，客户可能发生流动性问题，客户很有可能需要出售其自用资产弥补当年支出的现金缺口，这样就有可能会影响到客户的生活品质，因此，这里需要再强调一次，在全生涯模拟仿真过程中，任何一年的可配置投资性资产均不可为负，一旦有这种情况发生，理财师需要就客户的主要理财目标进行调整。

在本案例中，在内部报酬率为6.94%的情况下，历年所有的投资性资产均为正数，因此，这个规划结果是有效的；即在王先生家庭每年获得6.94%的投资回报率的情况下，以其所拥有的财务资源，是可以实现上述所有的财务目标的。同时，这一结果和

第二十一章 从一个家族信托案例看理财规划服务的专业价值

王先生的风险属性测试结果（积极型客户）比较起来，应该说"尚有一定的规划空间"。

六、敏感性分析和财务目标调整

本案例中，如果王先生对儿子的创业公司进行了股权投资，而结果不如预期，全部打了水漂，那么对未来的家庭生活品质又将产生怎样的影响呢？凡事都需要通过比较才能得到最后的结果，而比较是需要基准的，那么在财富管理实践中，理财师对王先生家庭在没有该股权投资的情况下，所进行的财务资源和财务目标的规划，就成为比较的基准。

在这种情况下，理财师只需简单地从可配置性投资性资产 3880 万元中拿出 2000 万元，可配置投资性资产降低到 1880 万元，由于前面所有的步骤均设置了公式，因此，理财师和客户可以即时观察到 Excel 表的自动计算结果：内部报酬率将大幅上升至 13.83%！

如果希望在 80 岁后的预期收益降低到 4% 的话①，那么在 80 岁前的预期收益率需要 14.8%（如表 21-21 所示）。这个结果对王先生而言，显然还是有较大压力的，除非他愿意为此降低自身的生活品质。

表 21-21　　　　　　　　全生涯模拟仿真之"敏感性分析"

年份	客户年龄	配偶年龄	可配置投资性资产	所需投资报酬率	80 岁前的预期报酬率	80 岁后的预期报酬率
2018	57	50	18800000	13.83%	14.80%	4.00%

年份	客户年龄	配偶年龄	历年净现金流	历年投资性资产波动情况	阶段性收益率模拟	
				18800000	18800000	18800000
2018	57	50	(1136461)	20263214	20445939	
2019	58	51	(1173090)	21892132	22298848	
2020	59	52	(1463832)	23455557	24135246	
2021	60	53	(5697729)	21001276	22009533	
2022	61	54	(2683760)	21221584	22583184	

---

① 本书第二十章第三节《全生涯模拟仿真的原理和运用》中曾介绍，根据经验法则，随着投资者年龄增长，其投资活跃度将随之降低，因此理财师往往需要在内部报酬率的基础上，帮助客户设定个不同阶段的投资预期报酬率，此处是将王先生 80 岁后的预期收益率降至 4%，以观察客户实现所有财务目标所需要的预期投资报酬率。

续表

年份	客户年龄	配偶年龄	历年净现金流	历年投资性资产波动情况	阶段性收益率模拟	
2023	62	55	(2766252)	21389864	23159243	
2024	63	56	(1914601)	22433066	24672210	
2025	64	57	(1706292)	23828831	26617405	
2026	65	58	(8275777)	18848118	22281003	
2027	66	59	(2100452)	19353994	23478140	
2028	67	60	(2785646)	19244629	24167258	
2029	68	61	(3357393)	18548394	24386619	
2030	69	62	(1962850)	19150426	26032989	
2031	70	63	(3508905)	18289653	26376966	
2032	71	64	(2121610)	18697147	28159147	
2033	72	65	(2206760)	19075839	30119941	
2034	73	66	(2296030)	19417627	32281663	
2035	74	67	(2389640)	19713068	34669709	
2036	75	68	(2487821)	19951181	37313005	
2037	76	69	3411345	26121387	46246675	
2038	77	70	(4456960)	25276507	48634223	
2039	78	71	(4518355)	24253402	51313733	
2040	79	72	(4638513)	22968662	54269652	
2041	80	73	(5775342)	20369440	56526219	
2042	81	74	(3891446)	19294692		54895822
2043	82	75	(2121462)	19841310		54970193
2044	83	76	(2220848)	20364130		54948152
2045	84	77	(2325517)	20854576		54820561
2046	85	78	(2435782)	21302577		54577601
2047	86	79	(2551980)	21696329		54208725
2048	87	80	(2674467)	22022043		53702608
2049	88	81	(2803623)	22263640		53047089

第二十一章 从一个家族信托案例看理财规划服务的专业价值

续表

年份	客户年龄	配偶年龄	历年净现金流	历年投资性资产波动情况	阶段性收益率模拟
2050	89	82	(2844556)	22497713	52324416
2051	90	83	(5635867)	19972842	48781526
2052	91	84	(1939003)	20795695	48793784
2053	92	85	(2034360)	21636976	48711175
2054	93	86	(2135464)	22493486	48524159
2055	94	87	(2242713)	23361185	48222412
2056	95	88	(2356537)	24235046	47794772
2057		89	(2110532)	25475750	47596031
2058		90	(1864452)	27134099	47635420
2059		91	(1771972)	29114246	47768865
2060		92	(1757522)	31382658	47922098
2061		93	(1783371)	33938900	48055611
2062		94	(1830707)	36801282	48147128
2063		95	(41890184)	0	8182829

在王先生坚持不降低生活品质的要求下，在经过多次的模拟（如股权投资金额为1500万元），最后王先生认为此次股权投资相对比较合适的金额为1000万元。在这种情况下，王先生家庭所需要的投资回报率为：（1）现阶段80岁前每年10.3%；（2）80岁后，每年4%。

模拟期满时，王先生家庭还将剩余1089万元左右（如表21-22所示）。这样，来自投资方面的压力和所涉及的投资风险就小了很多。

表21-22　　　　全生涯模拟仿真之"目标调整后的情况"

年份	客户年龄	配偶年龄	可配置投资性资产	所需投资报酬率	80岁前的预期报酬率	80岁后的预期报酬率
2018	57	50	28800000	9.31%	10.30%	4.00%

续表

年份	客户年龄	配偶年龄	历年净现金流	历年投资性资产波动情况	阶段性收益率模拟	
	可配置投资性资产		28800000	28800000	28800000	
2018	57	50	(1136461)	30344665	30629939	
2019	58	51	(1173090)	31996501	32611733	
2020	59	52	(1463832)	33511371	34506910	
2021	60	53	(5697729)	30933371	32363392	
2022	61	54	(2683760)	31129342	33013061	
2023	62	55	(2766252)	31261065	33647155	
2024	63	56	(1914601)	32256702	35198211	
2025	64	57	(1706292)	33553336	37117334	
2026	65	58	(8275777)	28401194	32664642	
2027	66	59	(2100452)	28944741	33928648	
2028	67	60	(2785646)	28853695	34637653	
2029	68	61	(3357393)	28182426	34847938	
2030	69	62	(1962850)	28843209	36474425	
2031	70	63	(3508905)	28019452	36722386	
2032	71	64	(2121610)	28506303	38383182	
2033	72	65	(2206760)	28953327	40129890	
2034	73	66	(2296030)	29352697	41967238	
2035	74	67	(2389640)	29695636	43900224	
2036	75	68	(2487821)	29972320	45934127	
2037	76	69	3411345	36173928	54076687	
2038	77	70	(4456960)	35084566	55189626	
2039	78	71	(4518355)	33832396	56355802	
2040	79	72	(4638513)	32343498	57521936	
2041	80	73	(5775342)	29579162	57671353	
2042	81	74	(3891446)	28441378		56086762
2043	82	75	(2121462)	28967655		56208770

第二十一章　从一个家族信托案例看理财规划服务的专业价值

续表

年份	客户年龄	配偶年龄	历年净现金流	历年投资性资产波动情况	阶段性收益率模拟
2044	83	76	(2220848)	29443541	56236273
2045	84	77	(2325517)	29859060	56160207
2046	85	78	(2435782)	30202996	55970833
2047	86	79	(2551980)	30462753	55657686
2048	87	80	(2674467)	30624205	55209527
2049	88	81	(2803623)	30671531	54614285
2050	89	82	(2844556)	30682330	53954300
2051	90	83	(5635867)	27902824	50476605
2052	91	84	(1939003)	28561424	50556666
2053	92	85	(2034360)	29185980	50544573
2054	93	86	(2135464)	29767575	50430892
2055	94	87	(2242713)	30296063	50205415
2056	95	88	(2356537)	30759928	49857095
2057		89	(2110532)	31512980	49740847
2058		90	(1864452)	32582218	49866028
2059		91	(1771972)	33843476	50088698
2060		92	(1757522)	35236601	50334724
2061		93	(1783371)	36733569	50564742
2062		94	(1830707)	38322560	50756625
2063		95	(41890184)	(0)	10896705

从上述家庭财务规划和分析过程中，理财师可得到以下结论：

（1）王先生家庭在家庭生活品质不受影响的情况下，对该项股权投资，是有一定空间的，但投资金额可能不是 2000 万元，而是最好在 1000 万元左右，这样的话，对投资收益率的要求相对来说要低一些。当然，如果该项投资成功的话，对家庭财务状况无疑是锦上添花，但家庭财富管理工作不能只考虑投资成功，而不考虑万一投资失败对家庭财务和生活品质的影响。

（2）此次的天使投资金额颇大，占到了王先生家庭可投资性资产的 25.77%，符合高净值客户另类投资20%～30%的原则（当然它的非系统性风险还是比较高的），但一方面有助于儿子的事业发展，另一方面如果投资失败的话，王先生夫妇的退休生活和女儿的权益方面没有太大影响。

（3）在未来几年家里对资产的流动性要求还是比较高的，比如每年的家庭支出比较大，退休当年又要换车又要装修，还要准备岳母的专项基金，因此对投资收益（每年10.3%）的要求颇高。

（4）以王先生家庭各成员的关系而言，女儿对此次投资的态度也很重要，因为女儿以后也完全有可能提出类似的要求，而家庭则无法再做一次这样的投资。同时还有一个问题需要考虑的是，无论此次投资是否成功，女儿未来的权益如何保证？因为财务资源的分配不均，导致亲情丧失，这在很多家庭都曾经发生过类似的问题，而这是为人父母最不想看到的。当然这次投资和儿子在公司里的地位以及事业发展有很大的关系，全家包括女儿和太太在内，在这个是否要投资、以什么样的方式投资这些问题上需达成共识。

从上述案例分析中，理财师和客户既看到了理财规划服务尤其是全生涯模拟仿真法的运用价值，同时，也看到仅仅为客户做财务资源和财务目标的规划是不够的，因为问题还没有真正地得到解决。因此，在综合理财规划服务中，理财师将继续就"女儿的利益如何得到平衡和保护""王先生家庭的理财目标如何不受到企业经营风险的干扰""投资收益将会通过什么样的方式获得"等方面的问题，为客户提供合理可操作的理财方案。

第二节　通过综合理财规划服务降低家庭财务风险

一、识别客户理财目标得以实现的风险因素

通过前面对王先生家庭的财务分析和财务资源的规划，理财师通过综合理财规划服务帮助客户了解了：每个家庭在做一个家庭投资决策之前，不管对投资标的前景如何看好，都需要做好最坏的思想准备，尤其是在做王先生当前要做的股权投资，因为这类投资（其实有点类似于实业投资了）的非系统性风险非常大，一旦企业没有如预期的那样成功，那么这些钱完全是可能打水漂的，这也是为什么这类投资被称为"风险投资"的原因。因此，理财师需要帮助客户具体地识别风险，评估这些风险可能对家庭财务形成的影响，并帮助客户尽早地规避和转移风险。

事实上，分析了王先生的家庭财务状况后，未来影响其家庭财务状况和生活品质的潜在风险，还包括以下几个方面：

（1）投资风险：股权投资单笔投资金额较高，非系统性风险较大；根据理财师对

第二十一章 从一个家族信托案例看理财规划服务的专业价值

其风险承受能力的分析,如果投资额降为1000万元的话,对其家庭生活品质的影响还不是很大。但其他可配置投资性资产所需要的投资报酬率为10.3%,因此搭建好投资架构变得非常重要。

(2)潜在的子女婚姻问题可能对家庭财务的影响:虽然儿子现在婚姻状况良好,以前赠与儿子的房产是在儿子一人名下,但婚前赠与的400万元现金,婚前财产和夫妻共同财产的混同已经不可避免;同时,女儿还未成婚,而且在学成回国后,王先生夫妇会有较大的财务赠与,这些财产(包括房产和现金)应该有一定的婚前财产的保全措施。

(3)女儿财富权益的保障:尤其是当前这笔股权投资的归属问题需要得以明确;并得到家庭所有成员的认同。如果万一此次股权投资失败,家里是无法再拿同等金额为女儿的事业发展再做一次类似的投资。因此,女儿要和此次投资有利益共享关系,在这一点上,要和女儿进行深入沟通,达成一致。

(4)潜在的企业经营风险传导到家庭的影响:此次的股权投资,在一定意义上算是一次实业投资。儿子因为该笔融资的成功在公司里将扮演更加重要的角色。但还是要防止企业经营风险传导到家庭,除了严格防范家庭财产和公司财产混同,还要注意不要以个人财产进行无限连带责任担保。

(5)女儿因为人身风险所引发的家庭财务风险:女儿目前尚在留学期间,有相应的留学生医疗保险,加上年纪还很小,家里也有钱,因此没有特别关注潜在的罹患重大疾病或者可能对家庭造成的影响。因此,对这一风险应当做出相应的防范措施。

就上述五个方面需要进一步解决的问题和潜在的风险,王先生家庭建立家族信托的需求就凸显出来了。

二、家族信托在案例中的运用

在本书第三部分"构建家庭财务风险保障和保全体系的能力"和第四部分"帮助客户进行财富传承安排的能力"中,已经多次介绍了家族信托在家庭财富管理中的运用。

根据《中华人民共和国信托法》对信托的定义:信托是指委托人基于对受托人的信任,将其财产权委托给受托人,由受托人按委托人的意愿以自己的名义,为受益人的利益或者特定目的,进行管理或者处分的行为。根据本案例中王先生家庭的情况分析,家族信托资产的独立性、信托契约的灵活性,无疑使其成为王先生家庭进行财富管理和风险管理最重要的一项工具选择。

首先,信托财产独立于委托人的其他财产。一旦王先生的家族资产成为信托资产后,只要委托人王先生不是唯一受益人的信托,存续信托财产不作为其遗产或破产清算财产。这将有效地在家族资产和企业风险之间建立防火墙。其次,信托财产独立于受益人的自有财产。作为家族主要成员,王先生夫妇和一双子女甚至第三代都有可能成为信托受益人，受益人虽然对信托财产享有受益权，但这只是一种利益请求权，在信托存续期内，受益人并不享有信托财产的所有权。因此可避免子女挥霍其家族资产，或和婚后夫妻共同财产混同等潜在风险。同时，对儿子家庭而言，投资于创业公司的股权资产属于信托资产，如果发生婚姻问题，该笔股权投资不属于财产分割范畴。而对女儿未来的财务支持，房产会直接过户到女儿一人名下，婚前现金赠与抑或留在信托账户内进行单独管理，也可以通过年金保单＋遗嘱＋协议的方式进行婚前财产的保全；当然，也可以视女儿的意愿，直接以现金的方式进行赠与，因为毕竟爱情无价，父母尽到自己的责任就好；也体现了王先生夫妇对一双子女一视同仁的意愿。最后，信托财产当然也独立于受托人。

综上所述，信托财产的独立性能在很大程度使得信托财产独立于信托各方当事人的债权人，并达到债务隔离的功能。同时，受益人的受益权体现在按照信托文件规定（信托文件约定信托终止时信托财产归属于其他人的除外）向受托人主张支付信托利益，及在信托终止后获得信托财产实际所有权的期待权。这样的话，如果用信托资产投资于儿子的创业公司，这部分资产未来的收益，将不是儿子所独有，因此女儿的权益也在一定程度上得以保护。至少有利于说服女儿，达成投资的共识。

家族信托的灵活性也同样可以体现在王先生家庭案例中。因为女儿尚未成婚，父母有意在其学成归来后，对其进行财务支持和赠与，这些待遇和儿子当年是一样的；同时，对岳母的赡养义务、第三代的抚养，甚至未来的财富传承都可以在信托协议中一一进行明确，准确地表达王先生夫妇的意愿。

最后，家族信托的存续期限要长于委托人的自然寿命，如果王先生夫妇有此愿意，信托可以在其过世后，依然存续，让后人继续享受前辈余荫。

综上所述，我们认为王先生家庭应该建立一个家族信托，通过家族信托持有全部或者部分家庭资产，并通过家族信托完成王先生儿子公司的股权投资。

具体的信托架构可设计如下（见图21-1）。

委托人：王建国先生

受托人：××信托公司

受益人：王建国、李丹、王子良、王子君

财务顾问：上海××投资咨询有限公司

信托财产：包括但不限于××（未上市）公司股权[①]、银行大额存单、国债、银行理财产品、现金、公募基金、私募基金、资管产品、QDII产品等。

---

① 虽然在财富管理实践中，当前大多数信托公司（受托人）并不接受未上市公司股权作为信托财产，但相信随着信托行业和财富管理行业的进一步健康发展，本书作者对"信托资产可用于投资未上市公司股权"充满信心，而且认为在不久的将来就能实现。

第二十一章　从一个家族信托案例看理财规划服务的专业价值

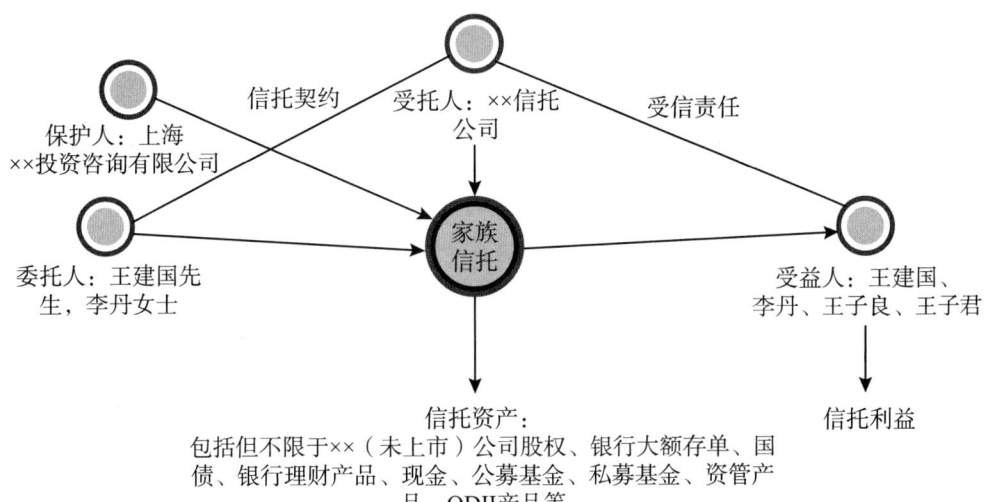

图 21-1　案例王建国先生家庭家族信托架构设计

在具体操作时，根据王先生的资产情况和流动性需求，理财师可建议王先生把当前的资产分为两个部分：（1）出资 3500 万元建立一个家族信托，其中 1000 万元信托资产投资于儿子的创业公司股权，另外 2500 万元进行投资架构的搭建；这部分投资在短期（3 年内）可以不从信托中支付任何利益，使其在投资过程中，无须对流动性有更多的考虑。（2）非信托资产账户将留下 380 万元，作为家庭流动性储备。因为毕竟王先生即使在退休前的工作收入也已不足以覆盖其生活品质所需。

在为王先生搭建投资架构的时候，信托资产和非信托资产应该被视为一个整体，并进行资产配置，但非信托账户的流动性需求较高，因此，应该配置在流动性较高，短期波动较小，甚至是无风险资产中，预期收益率为 4.5%，可以根据每年的流动性需求，制定相应的投资计划。而信托资产在前三年中，对流动性没有具体的要求，因此，可以投资一些长期投资收益高但短期波动偏大的资产。

三、信托管理费和财务顾问费对客户的影响

在对客户提出相关建议后，理财师还需要对"建立信托后的其他因素"进行评估，比如目前信托管理费和财务顾问费对王先生家庭的影响等。

因此，理财师可在支出大类中再新增一栏，为"信托管理和财务顾问费用"，收费标准为信托财产的 0.5% 和总投资性资产的 0.5%，并明确这部分费用由信托账户进行支付。

此时，如果再一次对全生涯模拟仿真表进行观察，就会发现：因为非信托账户开始三年是以 4.5% 的预期报酬率进行投资的，因此前三年的实际投资报酬率并没有 10.5%。因此，在模拟期的最后一年，出现了信托账户归零的现象，这也表明，最后

一年对子女的 4000 万元财富传承可能需要通过非信托账户进行支付,那么信托在回避遗产税义务方面可能就没有起到应有的作用。因此,理财师可以根据客户的风险属性,重新设定不同阶段的预期投资报酬率,建议在原来 80 岁前预期报酬率从 10.5% 调整到 11%。这样的话,模拟结果显示,到了李女士 95 岁之时,除了给子女的 4000 万元,信托和非信托账户的余额应该还有近 2000 万元左右(如表 21 – 23 所示)。

在财富管理实践中,即使王先生的投资风险属性为积极型客户,但在长期投资过程中,希望获得每年 11% 的投资收益,可能需要承受较大的投资风险;理财师需要在帮助客户进行投资架构搭建的过程中,提醒客户关注到这些风险的存在。如果客户希望获得更为稳健的长期投资收益,那么可能还是有必要进一步调整其家庭生活品质目标,比如进一步降低部分支出项目的增长率,或者对一些非刚性的理财目标进行调整。具体的方法就是在全生涯模拟仿真表上调整相关的数据,前面已经做了相关论述,在此不再赘述。

表 21 – 23　　　全生涯模拟仿真之 "评估管理费用对家庭财务的影响"

年份	客户年龄	配偶年龄	托管费和财务咨询费	可配置投资性资产	所需投资报酬率	80 岁前的预期报酬率	80 岁后的预期报酬率
2018	57	50		28800000	9.86%	11.00%	4.50%
年份	客户年龄	配偶年龄	信托管理和财务咨询费	历年净现金流	历年投资性资产波动情况	信托资产	非信托资产
				28800000	28800000	25000000	3800000
2018	57	50	(106000)	(1242461)	30397533	27644000	2834539
2019	58	51	(124047)	(1297137)	32097923	30560793	1789003
2020	59	52	(143859)	(1607691)	33655437	33778621	405677
2021	60	53	(166865)	(5864594)	31109636	31629675	450301
2022	61	54	(155897)	(2839657)	31337728	32269283	499834
2023	62	55	(158847)	(2925099)	31502869	32893804	554816
2024	63	56	(161695)	(2076296)	32533099	34435827	615846
2025	64	57	(169100)	(1875392)	33865825	36348376	683589
2026	65	58	(178324)	(8454101)	28751263	31892596	758784
2027	66	59	(155669)	(2256121)	29330329	33144660	842250
2028	67	60	(161512)	(2947158)	29275461	33843415	934898
2029	68	61	(164543)	(3521936)	28640404	34044254	1037736

第二十一章 从一个家族信托案例看理财规划服务的专业价值

续表

年份	客户年龄	配偶年龄	信托管理和财务咨询费	历年净现金流	历年投资性资产波动情况	信托资产	非信托资产
2030	69	62	(165033)	(2127883)	29336777	35661240	1151887
2031	70	63	(172547)	(3681452)	28548251	35902524	1278595
2032	71	64	(173120)	(2294729)	29068690	37557072	1419240
2033	72	65	(180689)	(2387449)	29547731	39300901	1575357
2034	73	66	(188628)	(2484658)	29976801	41139343	1748646
2035	74	67	(196953)	(2586593)	30346247	43078078	1940997
2036	75	68	(205685)	(2693506)	30645211	45123160	2154507
2037	76	69	(214843)	3196502	36863664	53283209	2391502
2038	77	70	(254459)	(4711419)	35787404	54432944	2654568
2039	78	71	(258892)	(4777247)	34539185	55643321	2946570
2040	79	72	(263484)	(4901997)	33043128	56862089	3270693
2041	80	73	(267957)	(6043299)	30258240	57073619	3630469
2042	81	74	(267216)	(4158661)	29083371	55483271	3793840
2043	82	75	(258447)	(2379909)	29571399	55600109	3964563
2044	83	76	(258178)	(2479026)	30008435	55623087	4142968
2045	84	77	(257401)	(2582917)	30384676	55543209	4329402
2046	85	78	(256069)	(2691851)	30689084	55350802	4524225
2047	86	79	(254133)	(2806113)	30909249	55035475	4727815
2048	87	80	(251538)	(2926005)	31031233	54586067	4940567
2049	88	81	(248227)	(3051851)	31039399	53990589	5162892
2050	89	82	(244138)	(3088695)	31011527	53331471	5395222
2051	90	83	(239681)	(5875548)	28194053	49855839	5638007
2052	91	84	(221089)	(2160092)	28814202	49939259	5891718
2053	92	85	(220238)	(2254598)	29400998	49931929	6156845
2054	93	86	(218875)	(2354339)	29945918	49824526	6433903
2055	94	87	(216953)	(2459666)	30439245	49606964	6723429
2056	95	88	(214418)	(2570954)	30869932	49268323	7025983

续表

年份	客户年龄	配偶年龄	信托管理和财务咨询费	历年净现金流	历年投资性资产波动情况	信托资产	非信托资产
2057		89	（211212）	（2321743）	31592300	49163654	7342152
2058		90	（209108）	（2073560）	32634085	49302459	7672549
2059		91	（208150）	（1980121）	33872040	49540948	8017814
2060		92	（207616）	（1965137）	35247054	49805153	8378615
2061		93	（207133）	（1990503）	36732295	50055882	8755653
2062		94	（206501）	（2037209）	38317290	50271188	9149658
2063		95	（205608）	（42095792）	（0）	10437599	9561392

第二十二章

专业理财规划报告书的撰写

在前面的章节中,本书介绍了理财师对客户的财务信息进行了整理和分析,对客户当前所关心的家庭财务问题进行了评估,并以此为切入点对客户的家庭财务资源进行了规划,明确并调整了客户人生不同阶段的财务目标,接下来,理财师就会需要向客户提出自己的建议。而这些对客户财务信息的分析,以及对客户提出的建议通常以理财规划方案或者理财规划报告书的形式呈递给客户。这也是本书所提出的理财规划八个步骤中的第六步。

在第十八章理财规划服务步骤的介绍中,介绍了一份专业理财规划书的构成要素,包括了以下15项内容:(1)一封给客户的信(向客户表示感谢以及一些和理财规划书相关的注意事项);(2)理财规划报告书的封面;(3)理财规划报告书的摘要;(4)目录;(5)客户家庭基本信息以及寻求专业理财规划服务的目的;(6)家庭财务状况分析;(7)理财目标的评估和调整;(8)明确人生不同阶段的理财目标(全生涯模拟仿真结果);(9)综合理财规划建议及其归纳总结;(10)具体方案执行细节的规划和时间表;(11)法律声明文件(双方义务和责任、免责声明等);(12)相关信息披露(理财师的资历、执业资格、专业领域、相关利益冲突信息披露、佣金和费用信息披露等);(13)执行确认书(客户接受并愿意执行规划方案的确认文件);(14)持续理财规划服务协议(客户愿意接受持续理财规划服务的确认文件);(15)附录(所推荐的产品和服务介绍,全生涯模拟仿真现金流量表、风险属性测试的结果、公司和服务介绍等)。

本章将就理财师在撰写理财规划报告书中的一些常见问题[①]进行解析;并介绍一份专业理财规划报告书应该拥有的结构和特点;最后,同样以第二十一章中王先生的案例,来介绍理财师撰写一份专业理财规划报告书的细节。

---

① 本书作者在过去超过十年的时间里,几乎每年都会受到一些机构或者媒体的邀请,担任各类理财大赛的评委,因此,有机会得以阅读过大量的参赛理财师撰写的理财规划报告书,并从中观察到一些具有一定普遍性的问题,本节内容将就这些被观察到的问题进行粗略的解析。

第一节 《理财规划报告书》中的常见问题

当前，一些理财师撰写《理财规划报告书》的过程中，从专业理财师认证课程中学到的撰写流程、格式以及内容对其的影响，还是比较大的。但如何真正了解这些学到的方法，使其变成自己的，或者说真正去面对客户的东西，则还有较大提升的空间。

第一个常见问题是一些理财师写的理财规划报告书一上来就有两个格式化的内容，一个是声明，还有一个是假设（见图22-1）。

目 录

第一部分 声明 2
第二部分 摘要 3
第三部分 基本状况介绍 4
　　一、确认规划需求与限制 4
第四部分 宏观经济数据假设 5
　　一、宏观经济环境 6
　　二、基本假设 6
第五部分 家庭财务报表编制与财务诊断 7

图22-1 理财规划报告书常见问题之"格式化声明"

声明的内容通常是"本理财规划书的内容都是根据您所提供的资料，基于可接受的假设、合理的估计以及您的具体情况而制定的""本理财师不对保本和收益有任何的承诺""您的信息将被严格保密""本理财规划报告不收取任何费用"等，虽然这些显得很正式，但说不上"很友好"。

另外一个就是"宏观经济数据假设"或者"假设"（见图22-2），通常是先从一些宏观经济报告中抄上一段当前宏观经济的数据，比如上个月或者季度的GDP、PMP等，然后，通胀率的假设、房贷利率的假设、个人五险一金的缴纳比例，有时还会放入资产大类的预期收益率、标准差以及相关系数，但却没有数据来源和假设逻辑。

- 目前的宏观经济持续成长，经济成长率预估为7%，通货膨胀率预估为4%。投资收益率为6.5%，工薪收入增长率为5%，支出增长率为5%；
- 利率水平持续稳定，商业房贷利率3-5年（含）利率为5.75%，5年以上利率为5.9%，住房公积金贷款5年以上利率为4%
- 货币利率为4%，视为无风险利率，债券平均收益率为7%，标准差为8%，股票平均收益率为10%，标准差为20%，货币与债券及股票无相关，股票与债权的相关系数为0.2。

一、宏观经济环境

4月份，规模以上工业企业实现利润总额4795亿元，同比增长2.6%，而3月份则由下降0.4%。

1-4月份，在规模以上工业企业中，国有控股企业实现利润总额3525.3亿元，同比下降24.7%；集体企业实现利润总额144.2亿元，下降1.5%；股份制企业实现利润总额11149.4亿元，下降3.4%；外商及港澳台商投资企业实现利润总额4484.4亿元，增长6.4%；私营企业实现利润总额6105.4亿元，增长6.1%。

1-4月份，采矿业实现利润总额864.6亿元，同比下降60.7%；制造业实现利润总额14822.1亿元，增长6.2%；电力、热力、燃气及水生产和供应业实现利润总额1654.6亿元，增长17.3%。

1-4月份，在41个工业大类行业中，30个行业利润总额同比增长，10个

图22-2 理财规划报告书常见问题之"格式化假设"

第二十二章 专业理财规划报告书的撰写

事实上，无论理财师自己还是阅读者（或客户），都可能对这部分内容"无感"，其背后的主要原因是这些内容和理财规划报告书整体的关系没有得到明确，同时，这些内容非常琐碎，无法快速地进行解释和展开，也就无法有效地建立其与理财规划报告的关系，和与客户家庭财务状况的关系。最后只剩下"因为格式是这样的，所以我们也没办法"这样一条逻辑和理由。所谓"鸡肋鸡肋，食之无味，弃之可惜"，事实上这两个部分的内容真的不如鸡肋，弃之无妨。

上述的两个部分内容，在理财规划报告书中并不是不需要，但肯定不是完全需要。需要的内容，在具体需要的地方进行介绍；需要有假设的地方，有针对性地进行假设，自然可以更好地表现，比如把声明转化为一份更有人情味的"给客户的信件"，比如在后面全生涯模拟环境设置的时候进行具体的假设等，都可以比较好地展现出来，没有必要放置这么两大段内容在开篇的地方。

第二个常见问题是对客户家庭财务信息的处理环节。一些理财师在撰写《理财规划报告书》时，要不就是只有简单的对客户家庭财务状况的陈述，而没有整理（制作表格）的过程；要不就是把整理当作了分析，而分析的部分往往又是非常简单草率。

在财富管理实践中，《理财规划报告书》是理财师整个理财规划服务的一个书面表现形式，其中确实需要相应的格式，但更重要的是整个理财规划书的整体逻辑和结构，以及内容之间的关系。客户信息的收集工作通常是在《理财规划报告书》以外做的，在理财规划报告书中，主要是以"客户基本信息"的方式体现出来；而整理则是把几张重要的家庭财务表格以比较严谨的格式展现出来，并有一定的文字介绍；最后理财师对客户家庭财务信息进行分析的环节，则是要从流动性、信用和债务管理、资产结构和投资、收支储蓄结构、家庭财务保障等方面进行综合的分析，以体现客户家庭财务的当前健康状况和合理性。客户家庭财务信息的整理和分析，是理财师指出客户当前家庭财务状况问题的重要环节，也是为理财师稍后的一系列建议埋下伏笔的地方；它和后面的具体规划和建议必须保持一致，而不是为了做而做！鉴于这个问题的重要性，本书特别强调了对客户家庭财务信息的处理包括收集、整理和分析三个步骤。

第三个常见问题是各项家庭财务规划之间的关系。一些《理财规划报告书》中的各项规划都是线性的，通常是通过货币时间价值的计算，然后告诉客户"您现在有多少钱""每年以一个假设的预期报酬率进行投资的话，届时会有多少钱""中间要不要做一些储蓄"等，而没有突出这些家庭财务目标之间的关系。同时，一些理财师在面对客户众多的理财目标时，很多理财师也就通过线性的计算告诉客户"这个或者那个目标是能够实现的"，但没有完整的数据链和量化分析来展示"当假设条件没有实现的时候，客户应该如何进行调整"的过程。事实上，本书一直在强调全生涯模拟仿真的重要性，正是解决这一问题的最为简单直接的方法。

同时，客户在面谈的过程中，可能考虑到的财务目标不是很完整，比如可能会提到"两年以后有购房的决定""明年有换车的目标"等，但忽略了其他众多的财务目标。在这种情况下，理财师是有责任对一些客户没有考虑到的财务目标进行补充。

比如两年后买入的房产就不需要阶段性地进行装修吗？家具不需要换吗？同样明年换购了一辆私家车后，就一直开到80岁吗？期间就不需要换购新车吗？即使这些客户考虑到的财务目标确实都能实现，但客户是否还有提升生活品质的空间呢？所以，当所有的财务目标不放在一起考虑的时候，就无法体现理财规划服务提升客户财务资源运用效率的价值。

第四个常见问题是在对客户的投资、家庭财务保障等方面提出具体建议时，忘记了客户原来的投资和保障产品的作用，似乎一切都要推倒重来，而不是在客户具体的情况下进行调整。

第五个常见问题是对持续理财规划服务的内容，通常是一句"定期检视"的套话就草草收场，而没有突出持续理财规划服务的重要性和理财师在持续理财规划服务中的价值体现和具体的策略以及方法等。

上述问题的存在，都会在一定程度上对理财师的专业服务价值和客户在阅读《理财规划报告书》时的体验带来负面影响；也希望理财师能在未来的工作中有则改之，无则加勉。在接下来的章节中，将进一步介绍一份专业的《理财规划报告书》应该具有什么样的特点？

第二节 《理财规划报告书》需要拥有什么特点

在撰写《理财规划报告书》时，理财师首先需要面对的问题就是：它的读者是谁？他们能否读懂这份理财规划书？因此可读性很重要；同时，理财规划师要向这些读者传达什么样的一些信息？这些信息内容被传达的相应的次序和逻辑是怎么样的？一份专业的《理财规划报告书》需要拥有以下五个主要方面的特点，分别是：可读性；实用性；逻辑性；一致性；专业性。①

一、《理财规划报告书》必须具有可读性

在《理财规划报告书》撰写过程中一个最容易犯的"简单"错误，就是为了显示"专业性"而忽略了"它的读者是谁"的问题。不同于专业的财会报告，理财规划书的读者在绝大多数情况下，是并不具备专业能力和知识的普通客户，因此，首先要让他们有兴趣看，并能看得懂。

比如前面提到的"宏观经济数据假设"，或者所谓的"法律声明"，如果这些假设数据不能和具体的理财规划的内容结合起来，谁会去读这满满一页的数据呢？谁又会一上来希望读到那些冰冷的"法律声明"呢？

---

① 中国银行业协会银行业专业人员职业资格考试办公室：《个人理财（中级）》，中国金融出版社2015年版。

第二十二章 专业理财规划报告书的撰写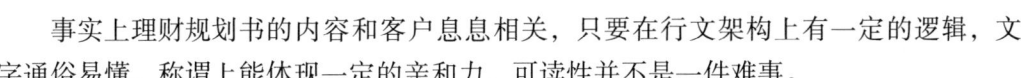

事实上理财规划书的内容和客户息息相关，只要在行文架构上有一定的逻辑，文字通俗易懂，称谓上能体现一定的亲和力，可读性并不是一件难事。

实践经验证明，很多客户是因为理财规划书的内容直接针对其本身的家庭情况，或正在面对的家庭财务问题，而产生阅读的兴趣。如果在客户拿到《理财规划报告书》，打开第一页时看到的是一封致该客户及其家庭的一封信，而不是一整页的假设或法律声明；在《理财规划报告书》上，通篇均称客户为"您"，理财师的这份用心，一定能使客户得到较好的阅读体验。

作为一份专业服务的书面文件，《理财规划报告书》不可避免地会出现专业术语。如果理财师能用一些相对通俗易懂的文字来进行介绍和分析这些专业术语，如对客户的家庭财务信息进行分析时，不只是简单地告诉客户这些财务比率是什么，而是告诉客户：这些数据代表了什么意思，客户家庭的现状如何，应该如何去完善；同样会让客户感受到不仅是得到了服务，也得到了知识，这也是很多客户希望看到的。《理财规划报告书》通常会包含一些投资教育、风险教育、家庭财务保障等财商教育的内容，这不仅是为客户提供这方面的知识，同时也是在告诉客户理财师的立场和理念，以期和客户达成共识。

二、《理财规划报告书》必须具有实用性

有一些对理财规划服务抱有怀疑态度的人士会认为"未来是不确定的，那么这些理财规划书有什么用"，但事实上，理财规划服务的目的就是要向客户展示，如果这些不确定的事件发生的话，客户应该在哪些方面可以做相应的调整，而《理财规划报告书》要把"理财规划服务是如何消除这种不确定性的"功能体现出来。

综合理财规划服务的概念在中国还是一个比较初级的发展阶段。很多时候客户并不是很清楚理财规划服务能给自己带来什么。因此在这样的情况下，理财规划服务就不只是按既定的标准程序走一个过场，而是针对客户比较明确的、客户当前比较关心的家庭财务决定进行分析和规划，并且着重强调这些家庭财务决定对家庭整体财务状况、现在以及未来的其他理财目标的影响。比如，在王建国先生的案例中，客户关心的问题是其家庭是否应该对儿子的创业公司进行股权投资，并希望同时对自己的退休生活进行安排。因此，《理财规划报告书》就需要始终以这两个客户最关心的问题作为切入点和核心内容，能够告诉该客户：他和家人在他退休后能享受什么样的生活品质，比如：每年的家庭休闲旅游方面的预算可以是多少，可以为自己和岳母准备的大病医疗专项基金的额度以及准备方式，对子女的支持程度等方面的具体内容，而不只是告诉客户他退休的时候需要多少钱，现在应该做些什么投资而已；同时，对其股权投资对其家庭财务状况的影响进行分析，据此对其投资金额以及其他的风险防范措施提出明确的建议。这样的《理财规划报告书》，才能使客户在阅读的过程中感受到：自己所关心的问题是如何通过理财规划服务得以解决的，理财师的专业服务以及《理财规划

报告书》的实用性就较为充分地体现出来了。

三、《理财规划报告书》需要一定的逻辑性

一份专业的理财规划书必须逻辑分明，条理清晰，很难想象一份逻辑混乱、次序颠倒，或者各个模块没有关联的理财规划书，能获得客户的尊重和信赖。

理财师可以通过相对统一的格式来解决逻辑性的问题，在第十九章中，本书介绍了综合理财规划的四项主要核心内容：目前家庭财务状况的整理和分析；理财目标的评估和分析；调整目标和明确目标；综合规划建议。

上述4项主要内容一定要有相互关联，在每个部分的结束和开头都需要承上启下，在具体内容上始终围绕客户所关心的主要规划内容，让客户感受到自己所面临的财务决定经过了认真缜密的分析，并从规划内容中得到了相应的结论。

四、《理财规划报告书》的内容前后应具有一致性

理财规划书应前后一致，有针对性地对客户的财务状况和生活状况提出专业建议。一份专业的理财规划方案应在下列事项中保持一致：内容和客户提供的相关信息保持一致；内容和双方在沟通过程中达成的共识保持一致；所提供的建议和对客户财务状况的分析和评估保持一致；所提供的投资建议和客户的风险属性保持一致；理财师和客户双方就承担的义务、责任、风险和费用的认识，保持一致。

客户所提供的信息是整个综合理财规划服务的根本，《理财规划报告书》的内容必须与其保持一致。但理财师也应该关注到，有的时候客户的一些想法可能超出其能力范围，在这种情况下理财师在沟通的时候就应该对客户解释清楚，并帮助其做合理的调整。

理财师应该注意到，《理财规划报告书》的每一个模块都不是独立的，它们都有一定的关联性。比如，理财师在对客户的家庭财务状况进行分析的时候会得到一些结论，甚至提供一些方向上的建议，而在最后提供整体规划建议的时候一定要和这些结论和建议保持一致。

客户和理财师在理财规划服务中会进行非常深入的沟通，理财师也会对客户存在的一些错误的想法进行纠正和引导，《理财规划报告书》应该和双方在沟通的过程中达成的共识保持一致。

五、《理财规划报告书》应体现专业性

《理财规划报告书》的专业性是多方面的。理财师应该认识到现行法律法规和各项规章制度对自身执业的限制，同时也应该认识到自身专业能力的局限对整个理财规划

建议的影响。中国金融服务业目前还处在分业经营、分业监管的格局，而理财规划服务又是一项综合的金融服务。理财师在提供一些专业信息的时候应该关注到自身的专业资格，如在提供保险产品推荐的时候，是否拥有保险从业的资格等；同时，理财师在为客户服务的过程中难免会遇到自己不甚精通的领域，如税务，法律等。在这个时候，理财师应清楚认识到：给客户的每一个不够专业的建议，都有可能造成客户在财务上的损失；同时也为自己和客户的长期关系埋下隐患。因此，理财师应该对自己在每个理财规划服务所涉及领域的专业度有清醒的认识。即使理财师通过自己的努力通过了一系列的资格考试，如会计师资格或者律师资格等，但因为这往往并不是理财师的主业，在提供这些方面的专业建议时，应考虑到自身经验的缺乏，多向这些领域的专业人士咨询，甚至把专业人士介绍给这些客户，使客户获得更加专业的服务。

同时，《理财规划报告书》的专业性同样体现在细节上。从打印、装订、内容、完整性和逻辑性方面都能体现出一个理财师的专业态度。每一份《理财规划报告书》都可能多达几十页，任何一个细节上的疏忽都可能造成客户对理财师专业度的质疑。其中包括写错客户的名字、错别字、计算数据和客户资讯出错等，任何一次错误都会带来尴尬，理财师应在向客户递交《理财规划报告书》前，再三校对，同时也可安排同事或助理做再校对的工作。

第三节　如何做好《理财规划报告书》的"开场白"

美国心理学家洛钦斯提出了首因效应，首因效应是指人际交往中给人留下的第一印象至关重要，对印象的形成影响很大。事实上理财师除了在和客户的第一次见面接触的过程中要关注首因效应，在《理财规划报告书》的呈递过程中，客户对《理财规划报告书》的第一印象也是非常重要的。当客户拿到《理财规划报告书》，就像理财师在他的舞台上开始讲述，他为客户制定的家庭财务规划的"开场白"。这部分的内容通常包括了四个部分，它们分别是：来自理财师的一封信；封面；一份理财规划摘要；目录。

一、客户信件

如果去想象一下理财师向客户呈递《理财规划报告书》的场景，客户接到手上的可能是一个文件夹，而打开文件夹，首先看到的是理财师给客户的一封信，然后是一本装订工整的《理财规划报告书》。以王建国先生为例，参考模板如下：

尊敬王建国先生，您好，非常高兴能有这样的机会向您提供综合理财规划服务。

综合理财规划服务是通过对您和家庭现在以及未来的财务资源的规划，使其满足您人生不同阶段的理财目标的专业服务。根据您所提供的家庭财务信息，现在所面临的财务决定（比如能否对子女的创业公司进行股权投资等方面的财务决定），以及对未来生活目标的想法（比如您退休后的生活品质安排），我们为您制定了《理财规划报告书》（如附件所示）。

该规划书的主要内容包括了对您目前的家庭财务状况的分析，未来生活品质及其理财目标的规划，以及如何达成这些目标的具体建议。在该规划书中，我们主要采用了您所提供的家庭财务信息。虽然事先我们已经彼此进行了较为充分的沟通，但我们仍然可能对这些信息有误解的地方，从而导致理财建议不符合您的实际情况，因此，如果有这样的问题，请及时告知，我们将及时进行调整。

在该规划书中，我们对您家庭未来的财务状况进行了模拟分析，其中包括我们在讨论中达成共识的一些假设。由于未来确实存在不确定性，因此，当这些假设条件出现比较大的偏离时，我们会和您保持积极沟通，并适时地做出调整。

由于财富管理服务是一项综合性的服务，其中包含了各种领域（包括法律、税务、投资等方面）的专业知识，我们已经在撰写《理财规划报告书》的时候，考虑到大多数普通客户在可读性方面的要求，并会向您进行面对面的解释；同时，如果有需要的话，也会为您推荐这些领域的专家为您提供专业服务。

由于财富管理服务中的一些建议会涉及金融监管，因此，在本《理财规划报告书》也附有专门的法律以及合规声明，以保证我们在提供此项服务过程中的合规性，使您获得公正客观的专业建议。

由于您的家庭财务状况是在不断变化中的，因此，我们的这些建议有一定的时限性，它将在您收到后的××日内有效。

再次感谢您给予我们这次服务的机会，我们将竭力为您做好您家庭财富管理的各项工作，以帮助您在正确的时间，以正确的方式和心态做好每一个重要的家庭财务决定。

此致

平安

理财师：×××
××年××月××日

客户信件的目的从上述参考模板的内容来看是显而易见的，通过这份信件对客户的信任表示感谢，同时，也突出了客户所提供信息的真实性和完整性的重要性；最后，理财规划建议的期限，一方面是为了保证理财规划建议能顺利实施落地，另一方面，也可能是未来对财富管理服务的监管内容之一，这在海外发达国家已经相当普遍。

上述模板仅为参考之用，理财师可以在此基础上，根据客户的具体情况进行调整，显示自己的风格。尤其是当客户已经有一些关注的财务问题时，可以把这些问题写在上面，让客户感受到专业财富管理服务的个性化和针对性。

二、《理财规划报告书》的封面

作为专业服务文件,《理财规划报告书》自然需要一个封面。封面可以简洁,也可以有图案,但图案太丰富的话,彩印成本较高,如果用黑白的打印,不仅不能把原来的图案生动地体现出来,而且显得凌乱,也同样费墨。

封面上可以打上客户的名字和客户编号,理财师的名字和工作编号,制作完成日期等。

三、《理财规划报告书》的摘要

一份《理财规划报告书》通常多达几十页,当客户接过理财规划书,一方面会对理财师的用心和专业表示赞叹,但另一方面也可能产生阅读的负担。因此理财师需要为客户准备一份摘要。

摘要可以包括以下七个方面的主要内容:客户寻求综合理财规划服务的目的;客户目前的家庭财务状况的分析重点;客户当前考虑的家庭财务问题的分析结果和建议;客户其他人生不同阶段的理财目标的规划和建议;客户家庭潜在的家庭财务风险以及相关的建议;要实现以上所有理财目标,客户家庭可配置投资性资产阶段性的投资报酬率,以及现阶段投资架构设计及产品配置计划;持续财富管理服务的安排。

一些教科书会认为摘要只需一页,但从实际工作经验来看,一页《理财规划报告书》的摘要往往不足以涵盖所有的部分,理财师不必太过于拘泥形式。但摘要还是需要尽可能简洁明了,因为客户全程参与了综合理财规划服务的整个过程,对理财规划的过程和结果是有一定的了解的。

在《理财规划报告书》的实际撰写过程中,摘要和目录可以在整个《理财规划报告书》的主要内容完成后再进行整理。理财师可以先把主要内容中觉得重要的内容,按前面讲到的顺序,一一复制粘贴到摘要中,然后再用更精练的语言进行优化,务必使得摘要简洁明了。

以下是以王建国先生的情况为例,所制作的一个摘要模板。

摘要:

1. 王建国先生,您现年57岁,太太李丹女士50岁,儿子王子良27岁,已经财务独立,女儿王子君19岁,当前正在×国×大学就读大一。

2. 您目前比较关心的家庭财务决策包括:未来的退休财务规划;关于投资儿子创业公司股权的问题,以及和上述决策有关的家庭财务资源的规划和运用的问题。

3. 截至去年年底,您家庭的资产总计7000万元,投资性房贷300万元,净资产为6700万元,其中可配置性投资性资产达到3880万元。

4. 您家庭在去年的税后收入达到358.3万元,其中来自工作收入和李女士退休工资的部分只占到26.21%，而理财收入达到了73.79%；您计划在两年后退休，而届时的退休工资仅为每月5500元左右。李女士当前的每月退休工资为2900元。

5. 您的家庭在去年全年税后支出共计207万元，根据我们的量化分析结果显示：光靠工作收入已无法覆盖全年生活支出，但因为理财性收入达到229万元，因此，去年的净储蓄依然达到124.4万元。

6. 经过对您的家庭财务信息的分析，我们认为：

a. 在家庭的流动性方面，虽然当年的工作收入已无法覆盖家庭整体支出，但在现金储备上还是比较充裕；不过我们建议您在现金管理方面还需要有一定的优化和改善，尽可能把流动性账户和投资账户分开管理，就目前的情况来看，可以把流动性账户的金额提高到月支出的6倍，也就是85.5万元，同时每年年初把一年的重大支出预算划拨到流动性账户，以保证每年的生活品质不会因为流动性问题而受到影响，同时也保证了投资账户不受到流动性的干扰。

b. 在信用和债务管理方面，虽然还有300万元的投资房贷，但融资比例、偿付比例和财务负担率均在可接受范围之内，整体因为信贷所引发的风险在可控范围之内。

c. 在收支储蓄结构方面，显然家庭支出较高，但因为已经累积了巨额的家庭财富及其带来的理财性收入较高，因此自由储蓄率依然相对比较健康。

d. 在投资方面，投资性资产比例（73%）和可配置性投资性资产比例（55.43%）相对较高，理财积极度也相对较高，但资产配置方面仍需关注部分产品（尤其是非标类固收产品）的非系统风险较高，而且另类投资配置比例较大，可能导致在系统性风险发生时出现较大的风险，存在一定的优化空间。

e. 对家庭财务保障方面的工作，虽然有巨额财富作为后盾，同时也购买了高端医疗险，但还是需要重点关注因为人身风险所引发的家庭财务风险、子女的婚姻问题以及财富传承问题可能引发的家庭财务风险。

7. 同时，我们和您一起对您家庭的财务状况进行了模拟仿真，模拟期限为：规划第一年至您和夫人分别达到95岁。根据模拟仿真的情况来看，如果在您不调整家庭生活品质目标的前提下，您投资于儿子创业公司股权的金额不宜超过1000万元人民币（具体分析和建议请阅读本理财规划报告书的第三、第四部分）。

8. 在一定的假设条件下，我们和您共同明确了未来退休后的以下八项主要生活品质目标：

a. 家庭日常基本支出规划：当年共计54万元；以后会以每年3%的增长率增长，到您80岁、95岁模拟期满时，均有所调整。

b. 医疗保健支出规划：在拥有社会医保的情况下，每年的医疗保健支出每年约为5万元，并以每年8%的增长率增长；从您77岁开始，用5年的时间准备一笔用于两人大病治疗的专项基金，每年的准备金额为现值40万元，增长率为8%；届时每年为186.4万元左右；与此同时，您夫妇还拥有高端医疗保险，在保障周期最高能覆盖2000万元的医疗费用。

第二十二章 专业理财规划报告书的撰写

c. 家居装修支出规划：在您60岁退休当年，有花费现值为100万元的装修计划；以后每十年装修一次；增长率为3%。

d. 私家车支出计划：在您60岁退休年，有花费200万元的换购计划；以后每八年换购一次；换购费用为现值100万元，增长率为3%，并从76岁起雇佣一名专职司机。

e. 家政服务支出规划：目前的家政工人每月工资5000元，以后每年5%的工资涨幅；同时准备在76岁时雇佣一名专职司机。

f. 旅游休闲支出规划：未来三年，每年预算现值30万元，按5%增长，您60岁退休年至79岁，每年预算50万元，按5%增长；在您80岁以后，在原有的基础上减半，但依然按5%增长，至90岁。

g. 子女财务支持支出规划：女儿王子君目前的留学费用和生活费用每年总计在70万元人民币；计划留学6年，每年开支增长率为5%。在女儿大学毕业回国三年后，把投资房收回来过户给女儿，同时准备500万元现金作为女儿的婚嫁金；待外孙女或者外孙出生时，再赠与100万元人民币。对家庭第三代的财务支持为每年2万元，每年按5%增长，持续20年。在李女士95岁模拟期满时，为子女留下共计4000万元的遗产。

h. 对岳母的赡养费用支出规划：在未来20年，每年支出现值2万元，每年按5%的增长率增长；支持老人家到95岁；在岳母77岁时，用5年的时间准备一笔用于大病治疗和养老送终的专项基金，每年的准备金额为现值20万元，增长率为8%。

9. 为了保证您未来的财务目标能够一一得以实现，我们从您对家庭财务安全方面的顾虑出发，对家庭潜在的各类风险进行了风险识别和风险评估，并在此基础上提出了家庭财务保障保全体系的具体建议。其中包括对女儿王子君的重大疾病保险和高端医疗险方面的建议，以及通过成立家族信托来实现照料家人和风险隔离等建议（具体分析和建议请阅读本理财规划报告书的第五部分）。

10. 在进行了上述分析后，我们建议您出资3500万元成立一个家族信托，上述信托财产在前三年不做任何分红，另留下380万元作为非信托资产账户，作为未来三年的家庭流动性储备（具体的家族信托架构，请见本理财规划书的第六部分）。

11. 信托财产中，1000万元信托资产投资于儿子王子良的创业公司股权，另外2500万元通过投资架构的搭建，以获得长期而稳定的投资收益和投资建议。在考虑了信托管理费用和理财师的财务顾问费用对您家庭财务的影响后，您家庭的可配置投资性资产在您80岁以前的目标预期报酬率为每年11%，其后为每年4.5%（具体的投资建议，请见本理财规划报告书的第七部分）。

12. 根据您的具体情况，我们建议每12个月进行一次定期检讨，暂时预约××年××月××日为下次检讨日期，其间若家庭事业有重大变化，请随时联系我们。

由于王建国先生案例中的情况相对比较复杂，客户所关心的问题主要是退休后的生活品质规划，和是否投资儿子创业公司股权的问题，因此，投资架构的搭建、家庭财务保障保全体系以及财富传承方面的具体建议，在模板中就没有非常明确的写明。

模板永远都是死的,理财师需要在实际工作中,找到自己想要表达的重点,然后把这些重点及内在逻辑一一地呈现出来,这样才能将自己的专业价值真正体现出来。

四、目录的制作

采用微软 Office Word 2003 版本制作目录的步骤如下:

(1) 理财师需要把各部分的内容标题设为同一格式,可以使用"样式和格式",或直接对标题进行设置,在设置格式时,把《理财规划报告书》每个部分的标题的段落格式设置为"段前分页"。

(2) 点击"插入"给文档插入页码。

(3) 右键单击"视图"→"文档结构图",文档左侧出现结构图,检查《理财规划报告书》的标题格式是否有误,检查无误后,把鼠标的光标放在文档的第一页最前面的标题(通常是"您的基本家庭信息")的左侧;也就是整个文档最前面。

(4) 右键单击"插入"→"引用"→"索引和目录",跳出对话框;单击"目录",可以采用默认设置,或在"显示页码""页码右对齐"打勾,点击"确定",这时可以看到目录已被插入到文档里。

(5) 在目录上方,键入"目录"两个字,字体和段落和主标题样式保持一致。

(6) 右键单击"文件"→"页面设置",跳出对话框,单击"版式",在"页眉和页脚"栏中勾选"首页不同",单击"确定"。

(7) 右键单击"插入"→"页码",跳出对话框,去掉"首页显示页码"的勾选,单击左下方"格式",跳出另一个对话框,在最下方"起始页码"中设置为"0",点击确定关闭"格式"对话框,点击"确定"关闭"页码"对话框。

(8) 右键单击"插入"→"引用"→"索引和目录",跳出对话框;单击"目录",去掉右侧"使用链接而不使用页码"的勾选,点击"确定"。

(9) 把光标放在目录的内容页面,左键单击,跳出快捷菜单,单击"更新域",跳出"更新目录"对话框,选择"只更新页码",点击"确定"。

目录制作步骤的前五步是插入目录,后四步是为了把目录页的页码取消。现在 Windows 在不断地更新升级过程中,但其步骤大同小异。如果在文档内容结构上有所改变,也可以按上述提到的方式对目录进行更新。

第四节 《理财规划报告书》"主干"的编写

《理财规划报告书》的"主干"即核心内容,包括了以下五个方面信息:客户家庭基本信息以及寻求专业理财规划服务的目的;家庭信息和财务状况的整理和分析;客户当前所关心的家庭财务问题的分析和建议;明确客户家庭未来的家庭财务目标;综

第二十二章　专业理财规划报告书的撰写

合理财规划建议（包括投资架构的搭建、家庭财务保障保全体系的搭建、财富传承的安排等）及其归纳总结。

一、客户家庭基本信息

《理财规划报告书》核心内容的第一部分就是"客户家庭的基本信息"。这些信息包括：家庭主要成员的姓名、出生年月日；子女的学程阶段；居住地址、联系方式、邮箱地址、联系电话；需要理财规划服务的原因；目前比较关心的理财重点以及中、长期理财目标。

如果客户披露了职业、职务、工作单位或者健康状况的，也可以放在这部分内容中。

在这个环节，理财师首先要厘清家庭的主要成员，并简单扼要地描述客户的基本信息；其次，在描述客户的需求和目标的时候，只需要做客观的描述，而不需要对此有任何的分析和评估；最后，在制定《理财规划报告书》之前、后都要就以上这些资讯和客户一一核对，如果有遗漏的需要做笔记并承诺尽快进行修正。

以王建国先生的情况为例，这部分的内容可以以这样的方式来表现。

一、您的家庭基本信息

王建国先生，您现年57岁，目前担任××股份副总裁。太太李丹女士现年50岁。儿子王子良今年27岁，已经结婚生子，财务独立；您的女儿王子君今年19岁，目前在美国××大学就读大学一年级。您家庭的基本情况如下表所示。

家庭基本情况

姓名	王建国先生		李丹女士
出生日期	1961年1月1日		1968年1月1日
子女姓名	王子良	27岁	已结婚生子、财务独立
	王子君	19岁	就读大一，计划留学6年
手机	1358××××××		1358××××××
邮箱	×××@163.com		
住址	××市××区××路××号		

目前您比较关注或感到困惑的财务问题包括。

◇ 您计划在60岁正式退休，希望在退休前完成未来的各项财务规划。

◇ 儿子子良希望您投资其所在创业公司的公司股权，您个人看好该项目，但希望无论投资成败均不影响到家庭以及自己退休后的生活品质。

◇ 在此过程中，保证女儿王子君的利益。

◇ 尽早发现潜在的各种家庭财务风险并且采取相应的预防措施。

◇ 需求妥当的投资方式，使得家庭财产在保证购买力的情况下，得以增值保值。

您希望我们为您进行全面的财务状况分析和评估，帮助您解决以上这些问题，同时明确根据您现在和未来的财务资源可以达成的人生不同阶段的理财目标，并提供合理、可操作的综合理财规划建议，以帮助您在正确的时间，以正确的方式和心态做好每一个重要的财务决定。

二、客户家庭财务现状分析

客户家庭目前的财务状况是《理财规划报告书》中必不可少的内容。家庭财务状况的分析是基于客户所提供的家庭财务信息整理的结果（即资产负债表、收入结构表、支出结构表、收支储蓄表等）进行专业分析的过程。理财规划书所要展示的是这些表格，以及资产负债结构分析、收支储蓄结构和综合分析的结果。所以，在理财规划书的制作过程中，这个环节要以书面方式向客户展示两个重要的内容，一是各类整理后的家庭财务信息表格，二是分析的结果。

在前面的章节中，本书已经介绍了家庭财务表格的编制过程以及分析的内容，本章节还是以王建国先生家庭为例，来展现家庭财务现状的分析结果。

二、您家庭财务现状的基本分析

（一）资产与负债状况分析

根据您提供的家庭财务数据，我们对您的家庭资产与负债情况进行了整理，截至20××年××月××日，您家庭的资产负债情况如下表所示。

王建国家庭资产负债表（截至20××年××月××日）

资产	金额（元）	占比（%）	负债及净值	金额（元）	金额（%）
现金	10000	0.01	信用卡欠款	0	0
活期存款	150000	0.21	小额消费信贷	0	0
其他流动性资产	40000	0.06	其他消费性负债	0	0
流动性资产合计	200000	0.29	消费性负债合计	0	0
银行理财产品	3000000	4.29	金融投资借款	0	0
3年期定期存款	500000	0.71	实业投资借款	0	0
股票投资	10000000	14.29	投资性房地产按揭贷款	3000000	100
私募产品投资	25000000	35.71	其他投资性负债	0	0
公募基金投资	300000	0.43	投资性负债合计	3000000	100
其他可配置投资性资产	0	0.00	汽车按揭贷款	0	0

续表

资产	金额（元）	占比（%）	负债及净值	金额（元）	金额（%）
可配置投资性资产小计	38800000	55.43			
投资性房地产	12000000	17.14	住房按揭贷款	0	0
其他不可配置投资性资产	300000	0.43	其他自用性负债	0	0
不可配置投资性资产小计	12300000	17.57			
投资性资产合计	51100000	73.00	自用性负债合计	0	0
自用房产	15000000	21.43	负债总计	3000000	100
自用汽车	700000	1.00	净资产总计	67000000	
其他自用性资产	3000000	4.29			
自用性资产合计	18700000	26.71			
资产总计	70000000	100.00			

资产负债结构分析：

投资资产比率 = 投资性资产/总资产 = 73%

自用资产比率 = 自用性资产/总资产 = 26.71%

自用性资产主要体现了您家庭财务资源在生活品质方面的投入；投资资产比率表现了投资性资产占总资产的比率。投资性资产比率越大说明理财积极度越高，由于流动性资产的收益较低，自用性资产主要体现目前的生活品质，因此投资性资产是实现未来理财目标最可依赖的资源。如果投资资产比率较低，其他类资产比率一定比较高，是缺乏投资观念或消费可能不合理的表现；同时投资资产比率低下可能也意味着理财收入较少，这对实现未来的财务目标是一个非常大的障碍。因此投资资产比率应保持在50%以上，以保证已有的财务资源能有较为适当的增长率。

您的投资性资产比率占到总资产的73%，显示出您成功的职业生涯为家庭积累了丰富的财务资源，这也将成为您未来退休生活品质的强大保障。

资产负债率 = 总负债/总资产 = 4.29%

偿付比率 = 净资产/总资产 = 95.71%

融资比率 = 投资负债/投资性资产 = 5.87%

资产负债率，是总负债占总资产的比例；偿付比率，即为净资产占总资产的比例。两者表现的均为负债和财务负担情况。根据经验法则，资产负债率宜在20%至50%之间。资产负债率越高，说明财务负担可能就越大，如果收入不稳定或收入中断，流动性风险较大。融资比率，是投资负债占投资性资产的比例。一般融资比率以不高于50%为标准，根据经济环境和投资环境酌情减少。财务杠杆具有两面性，如果在投资环境较差，或是利率高企而投资利息支出无法通过个税系统扣减的话，财务杠杆的杀伤力也是不容忽视的。

分析显示您目前的债务主要就是投资性房贷，占投资性资产的比例仅为5.87%，资产负债率则仅为4.29%，偿付比率则高达95.71%。就目前的家庭资产负债结构而言，负债属于较低水平，信用风险相对还是在可控范围之内。

（二）收支储蓄结构分析

1. 家庭收入情况

根据您提供的家庭财务数据，我们对您家庭的收入情况进行了整理，截至20××年××月××日，您家庭的收入情况如下表所示。

王建国家庭收入结构（截至20××年××月××日）

收入来源	收入种别	收入类型	税前收入（元）	税后收入（元）	税后收入比例（%）
王建国	工作收入	工资薪金	780000	603488	16.84
		年终奖	400000	301005	8.40
	工作收入小计		1180000	904493	25.24
配偶	退休收入	退休收入	34800	34800	0.97
	配偶工作收入小计		34800	34800	0.97
共同	理财收入	利息	157500	157500	4.40
		股息/红利	325000	292500	8.16
		财产租赁（房租收入）	240000	193920	5.41
		其他（理财收入）	2000000	2000000	55.82
	经营收入	经营收入	0	0	0.00
	共同收入小计		2722500	2643920	73.79
	家庭收入总合计		3937300	3583213	100
	其中：工作收入合计		1180000	904493	25.24
	理财收入合计		2722500	2643920	73.79

您家庭的收入结构表显示，家庭当前的收入达到了358.3万元，其中来自工作收入和您太太退休工资的部分只占到26.21%，而理财收入达到了73.79%。应该说家庭生活品质支出已经不再单纯地依靠工作收入。但值得提醒的是，您在两年后会退休，而退休工资仅为每月5500元左右。这在一定程度有可能对家庭财务收入带来压力。

2. 家庭支出情况

根据您提供的家庭财务数据，我们对您家庭的支出情况进行了整理，截至20××年××月××日，您家庭的支出结构情况如下表所示。

第二十二章 专业理财规划报告书的撰写

王建国先生家庭支出结构（截至20××年××月××日）

支出类别	支出项目	支出金额（元）	占总支出比例（%）
社会性支出	王建国工资薪金税务及社会保障支出	176512	7.30
	王建国年终奖税务支出	98995	4.09
	投资收入的税务支出	78580	3.25
社会性支出小计		354087	14.64
消费性支出	衣	100000	4.14
	食	150000	6.20
	住	50000	2.07
	行	60000	2.48
	娱（不包含旅游支出）	60000	2.48
	其他日常基本支出	120000	4.96
	医疗保健（不含高端医疗险）	50000	2.07
	赡养义务	60000	2.48
	子女负担	700000	28.95
	家政服务	60000	2.48
	旅游支出	300000	12.41
	其他消费支出		
消费性支出小计		1710000	70.72
理财性支出	投资房贷利息	173857	7.19
	保险支出	180000	7.44
	其他理财支出		0.00
理财性支出小计		353857	14.63
支出总合计		2417944	100.00

上述支出结构表显示：

税后消费率＝消费性支出/税后总收入＝47.72%

消费率是支出结构分析中较为重要的指标。一般情况下收入高者，其消费性支出也会较高，但根据经验法则，在没有贷款本息负担的情况下，消费性支出占总收入的比例（即消费率）以不超过70%为宜，在有贷款本息负担的情况下，以不超过50%为宜。

您的消费支出情况属于高收入高消费，虽然整体消费支出情况尚属健康。但不可否认的是，您的工作收入已经不足以支付家庭的生活所需，尤其在您退休后，家庭收入将大幅下降，因此如何通过长期而稳健的投资方式，对已有的家庭财务资源进行增值保值，未来的投资收益将成为保障家庭未来生活品质的重要基础。

税后理财性支出比率＝理财性支出/税后总收入＝9.88%

理财性支出比率可衡量一个家庭的理财积极性，并间接衡量客户的负债情况和保障情况。根据经验法则，理财性支出比率通常应在10%～20%之间。

您的理财性支出比率接近正常范围，但仍需关注家庭财务中各类潜在的风险保障需求，利用各种社会资源和专业人士的能力，提升财务资源的使用效率。

3. 家庭收支储蓄结构情况。

根据您提供的家庭财务数据，我们对您家庭的收支储蓄情况进行了整理，截至20××年××月××日，您家庭的收支储蓄结构情况如下表所示。

王建国先生家庭收支储蓄结构（截至20××年××月××日）

收入项目	金额（元）	支出项目	金额（元）	储蓄项目	金额（元）	储蓄运用	金额（元）
工作收入（税前）	939293					房贷、车贷及其他贷款本金	225817
社会性支出（1）	275507	消费性支出	1710000			长期目标定额储蓄	0
工作（可支配）收入小计	663785	生活支出小计	1710000	生活储蓄	1046215		
利息收入	2157500						
股息/分红、财产租赁及其他理财收入	565000	保费支出	180000				
社会性支出（2）	78580	投资性房贷利息	173857				
理财收入小计	2643920	理财支出小计	353857	理财储蓄	2290063	负债减少	225817
税后总收入	3307705	总支出	2063857	净储蓄	1243848	自由储蓄	1018032

净储蓄率＝净储蓄额/税后总收入＝37.6%

自由储蓄率＝自由储蓄额/税后总收入＝30.78%

根据经验法则，净储蓄一般不低于家庭税后收入的25%。

因此就当前而言，您的净储蓄情况还是属于健康范围之内。但我们也观察到您的工作收入和太太的退休收入已经无法覆盖家庭的消费性支出。这对于即将退休或者已经退休的人士属于相对正常的现象。我们也希望您能关注到理财收入的稳健增长对家庭未来生活品质的重要性。

(三) 您的家庭财务综合分析

根据以上对您的资产、负债、收入、支出、资产配置、家庭理财积极程度等各方面的分析,我们在您家庭的流动性方面、信用和债务管理方面、收支储蓄结构方面、资产配置及其投资以及家庭财务保障方面得到以下结论。

1. 流动性方面

(1) 目前您家庭的流动资产(资产负债表显示是20万元)是家庭月平均支出(以消费性支出171万元计,平均月度支出为14.25万元)的1.4倍左右,分析显示家庭资产流动性略显不足。

(2) 由于家庭资产的流动性需求和投资需求属于不同的范畴,我们认为家庭现金储备的投资方式应该和投资性资产的投资方式有严格的区分。因此强烈建议增加家庭现金储备。

(3) 根据您家庭的情况,我们建议家庭现金储备的金额约为6个月的家庭月平均支出,即85.5万元;如有短期的大额资本支出,还需酌情增加。

2. 信用和债务管理方面

目前您主要的债务为投资性房贷,每月还本付息额度为33306元左右,占税后总收入的1%不到;其他的指标,包括资产负债率、偿付比率、融资比率等,均显示您家庭在信用和债务管理方面目前尚属健康的范畴;但值得提醒您的是,在您退休后,家庭收入将大幅降低,主要收入将来自投资收益,届时需要考虑投资性房贷的融资成本是否能得以覆盖的问题。

3. 收支储蓄方面

(1) 目前您家庭生活品质支出已经不再单纯地依靠工作收入。

(2) 但因为已经拥有了相对雄厚的家庭资产和持续的收入,因此在消费支出方面属于高收入高消费的情况,各项指标包括消费性支出比率、税后消费率均显示您的家庭在消费支出方面属于健康状态。

(3) 在投资状况理想的情况下,家庭尚有一定的储蓄。

(4) 理财性支出比率接近正常范围,但仍需关注家庭财务中各类潜在的风险保障需求,利用各种社会资源和专业人士的能力,提升财务资源的使用效率。

4. 投资方面(资产配置状况)

您目前家庭在资产配置方面的情况如下图表所示。

资产配置情况

总资产配置情况		可配置投资性资产配置情况	
资产类别	金额(元)	资产类别	金额(元)
货币	3700000	货币	3500000

续表

总资产配置情况		可配置投资性资产配置情况	
资产类别	金额（元）	资产类别	金额（元）
中国股票	10300000	中国股票	10300000
房产	12000000	另类投资	25000000
另类投资	25000000	总计：	38800000
其他	19000000		
总计：	70000000		

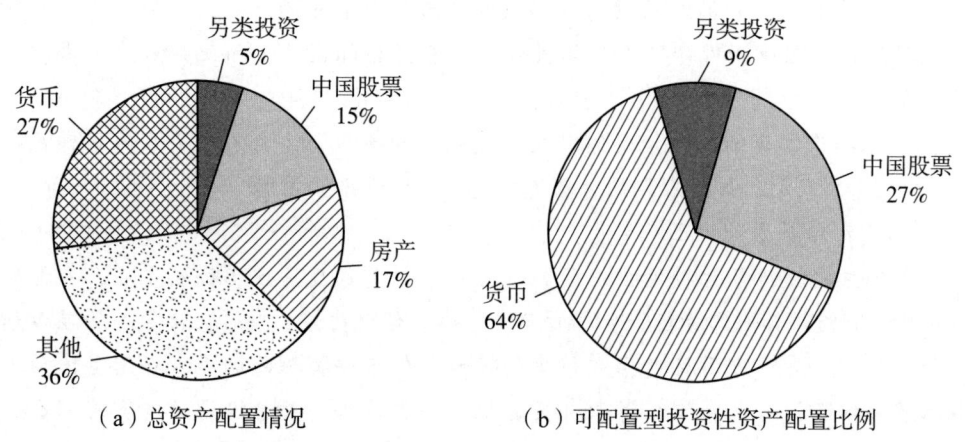

（a）总资产配置情况　　　　　（b）可配置型投资性资产配置比例

从上述对您目前资产配置状况的整理情况来看，您在投资性资产比率方面还是比较健康的，但以非标固收类资产为主的另类投资的比例偏大，此类投资在"刚兑文化"盛行的几年里应该还是有一定的投资价值，但问题在于一方面这两年整个金融行业面对"资管新规"的出台和具体实施，刚性兑付有极大的概率被打破，另一方面该类产品本身非系统性风险较大，即万一所投资的项目出现问题，整个投资就会出现"血本无归"的情况，因此，我们在本理财规划报告书后面的章节，为您重新设计了以"在保障资金购买力前提下进行增值保值"为目的的家庭投资架构。

5. 家庭财务保障方面

在和您沟通的过程中，您对家庭财务中的潜在风险还是比较关注的，具体表现为三个方面：（1）对医疗保健、大病治疗方面，您关注得比较多，因此和太太购买了高端医疗险，同时，也希望未来能建立一个大病医疗专项基金为大病治疗做好准备；（2）对子女婚前财产在未来万一发生婚姻问题时可能出现的风险，有所顾虑；（3）对创业公司股权投资万一失败后所产生的对家庭财务的影响，有所顾虑。

在本理财规划报告书中，我们将就这些问题进行详细的解答，以帮助您建立一个家庭财务保障保全体系。

综上所述，客户家庭财务分析不只是走个过场，而是要和整个《理财规划报告书》

第二十二章 专业理财规划报告书的撰写

乃至理财师所有提供的服务和建议相匹配。因为只有这样,综合理财规划服务和《理财规划报告书》才是一个整体,在这个过程中显示出它的完整性。

三、对客户当前所关心的家庭财务问题的分析和建议

《理财规划报告书》的第三部分,即为"对客户当前所关心的家庭财务问题的分析和建议"。该部分的内容可以作为"家庭财务状况分析"的第二部分,也可以成为一个独立的部分,理财师可以根据该问题的重要性和客户的情况进行相应的处理。

在前面的章节中,本书介绍了理财师一项非常核心的技能:即通过制作全生涯模拟仿真表,对客户的理财目标进行评估分析。

在整个服务的过程中,理财师很多时候和客户一起来观察和调整全生涯模拟仿真的具体内容,因此,在《理财规划报告书》中,只需去展示规划的结果。这部分的内容包括了以下三个部分:全生涯模拟仿真的原理介绍;模拟环境的设置;分析结果的阐述和理财师基于分析结果的初步建议。

在介绍上述三个部分的内容时,全生涯模拟仿真的原理可能会需要尽可能地简单扼要,以客户听得懂的表述来进行介绍;在模拟环境的设置介绍中,就需要把客户的具体的家庭财务信息代入其中,这样就有了针对性;而分析结果的阐述和基于分析结果的初步建议,就可以以客户现在所关心的问题作为切入点。比如在王建国先生的《理财规划报告书》中,理财师可以以客户退休后的生活品质规划作为切入点,退休后的生活品质是刚需,把退休后的生活品质作为一个基本的生活品质规划是再恰当不过了;而客户是否要投资儿子的创业公司股权,则是属于"计划外"的大额资本支出或者投资,因此,先做退休规划,然后再来考虑是否要投资创业公司股权对未来生活品质的影响,逻辑上就讲得通了。

因此,在王先生的理财规划报告书中,理财师可以把具体模拟环境的设置和生活品质规划都放进了第三部分"退休生活品质规划"中,而投资创业公司股权对家庭财务的影响则是由第四部分进行分析和呈现。以下为这部分内容的参考模板:

三、您的退休生活品质规划

您此次接受理财规划服务的目的为:

(1) 您计划在60岁正式退休,希望在退休前完成未来的各项财务规划;

(2) 儿子子良希望您投资其所在创业公司的公司股权,您个人看好该项目,但希望无论投资成败均不影响到家庭以及自己退休后的生活品质;

(3) 在此过程中,保证女儿王子君的利益;

(4) 发现潜在的各种家庭财务风险并且进行有效预防;

(5) 需求妥当的投资方式,使得家庭财产在保证购买力的情况下,得以增值保值。

从理财师的角度而言,要对以上财务决定进行分析、规划和建议,必须从全方位的角度,从您家庭生命周期中不同阶段的不同需求进行规划,因为您的任何一个财务

财富管理核心能力

决定都不是独立的：如您做的创业公司股权投资的成败可能影响到您自身的退休规划，您对子女的其他财务支持规划也可能影响您的生活品质，因此，我们在您所提出的理财目标以外，对人生不同阶段的一些需求进行了补充，比如在医疗支出方面、私家车支出规划、家居装修、家政服务以及其他不固定支出计划等方面，综合起来进行了全面的模拟和规划，我们称之为"全生涯模拟仿真"。

我们首先会根据您家庭当前的收入和支出的现状，然后就收支增长方面进行假设，并进一步对每一类主要支出（或财务目标）进行规划，您认为希望实现的每个目标都可能会涉及一系列支出和一系列收入的组合。为了完成所有的目标，势必同时要对全生涯的支出和收入以及我们现有的投资性资产进行模拟和匹配性的检验。

通过全生涯模拟仿真，我们将建立和明确您家庭未来不同人生阶段每一大项支出的财务目标，展示每一年的收支储蓄情况和投资性资产的变化情况，同时，我们也可以借这一过程来明确未来各个阶段所需要的投资收益率，为投资规划的制定提供可靠的依据；当然最重要的还是通过全生涯模拟仿真，最后我们将比较全面地展示每一项财务目标之间的关系，为未来的家庭财务决策提供一个进行量化分析的工具。

（一）未来各人生阶段财务目标的假设和规划

您和家庭现在以及未来的财务资源，包括家庭当前已经可配置投资性资产和未来可预期的固定和不固定收入；而这些财务资源将用于未来每一年的各项支出预算。因此，全生涯现金流量模拟也反映了您家庭未来每年的现金流变化状况。每一年的净现金流量可用以下公式表现出来：

每一年的净现金流量＝固定收入＋非固定收入－固定支出－非固定支出

在计算出每年的净现金流的基础上，我们就可以计算出"根据您所拥有的财务资源，实现所有的财务目标所需要的投资报酬率"，并据此展示您可配置投资性资产的波动情况，从中了解各类财务目标之间、收入和支出之间的影响和关系。

在进行全生涯模拟仿真时，我们需要以您家庭当前的财务状况（即收支情况）作为基准，对各项收支未来的增长率进行假设，并以时间和金额两个维度为您家庭未来的生活品质进行规划，我们称之为"模拟环境的设置"。以下就是我们为您未来各人生阶段财务目标进行的假设和规划：

1. 可配置投资性资产

根据您提供的家庭财务信息，您家庭当前的可配置投资性资产为3880万元。

2. 模拟期限

您的退休年龄为65岁，李女士的退休年龄为50岁；模拟预寿年龄为95岁；规划过程中的年度设置和公历有所不同，如20××年为理财规划首年，是指自20××年理财规划正式开始实施后的一年。

3. 家庭各类固定（高频次）收入假设和规划

您家庭未来的收入包括以下几个部分：

您退休前的税后工作收入，基准为904493元/年，假设增长率为3%，至您60岁退休为止；您和太太退休后可预期的退休工资，分别为 66000 元/年，和 34800 元/年，假设未来的收入增长率为 5%；您的投资房产作为不可配置投资性资产，在其过户给女儿前，其价值表现在它每年的租金收入上，基准为税后 193920 元/年，假设未来以 5% 增长，直至计划中过户给女儿的时候即 2027 年；其他的投资性资产收入将体现在具体的投资收益率上，因此在此不列项。

4. 家庭基本支出的假设和规划

家庭基本支出是指那些在日常生活中必不可少的支出项目，并且这些项目的支出伴随终身。我们设定的基准为您当前的家庭基本支出：540000 元/年，假设这部分支出每年的增长率为 3%；到您 80 那年，活动性降低，基本支出降低 25%，接下来再以 3% 增长，到您 95 岁模拟期满时，在原来的基础上再降低 25%，因为李女士一个人的生活所需，日常基本支出会有所下降。

5. 医疗保健支出的假设和规划

在医疗保健方面，您的家庭考虑得比较周全，除了社保医疗，还包括以下三个部分的规划：

（1）您家庭用于长期医疗保健方面的费用每年约为 50000 元，假设以每年 8% 的增长率增长；在您 95 岁模拟期满的时候，李女士个人的医疗保健支出将下调 25%；（2）您和太太两人均拥有高端医疗保险，在保障周期最高能覆盖 2000 万元的医疗费用。夫妇两人的保费缴费周期还剩 20 年，接下来享受保费豁免的权益，保费额度为每年 18 万元；（3）从您 77 岁开始，用 5 年的时间准备一笔用于两人大病治疗的专项基金，每年的准备金额为现值 40 万元，假设增长率为 8%；届时每年为 186.4 万元左右。

6. 住房家居支出的假设和规划

您家庭两年前刚刚换购了一套别墅，并希望在此养老。在此后没有换购房的计划；但房子时间长了肯定会需要装修，在您 60 岁退休年，有花费现值为 100 万元的装修计划；以后每十年装修一次；增长率为 3%；由于该增长率在其中的作用，100 万元的现值，相当于：2021 年的 109.2727 元；2031 年的 146.8534 元；2041 年的 197.3585 元；2051 年的 265.2335 元。

同时，您家庭还有一套投资房产，目前的贷款余额为 300 万元左右，还有十年还完，每年支出近 40 万元左右。

7. 私家车支出的假设和规划

目前您平时用的座驾是公司专车，而李女士的车也还比较新，但在您 60 岁退休年，有花费 200 万元的换购计划；以后每八年换购一次；换购费用为现值 100 万元，增长率为 3%（其他的车辆保险和维修费用全部在日常基本支出中支付，同时，从 76 岁起雇佣一名专职司机，该费用放在"家政服务"这一项支出里）；因此，您家庭的私家车计划在以下三个年份的支出预算如下：2021 年：200 万元；2029 年：146.85 万元；2037 年：180.61 万元。

8. 家政服务支出的假设和规划。

目前有一位阿姨常驻在王家，吃住全包以外，每月工资5000元，您准备给她每年5%的工资涨幅。如果未来这个费用和市场脱轨时，会按市场价支付工资。同时准备在76岁时雇佣一名专职司机，工资和阿姨一样，因此在76岁那年，家政服务支出会翻一倍。

9. 旅游休闲支出的假设和规划

您当前的旅游费用在30万元左右。因此，旅游支出的预算基准定在30万元；未来三年，每年预算现值30万元，按5%增长；在您60岁退休年至79岁期间，每年预算50万元，按5%增长；在您80岁以后，在原有的基础上减半，但依然按5%增长，至您90岁。

10. 对子女财务支持支出的假设和规划

我们非常认同您"父母要对孩子尽职，要给他们最好的教育和比较好的生活品质，但不需要对孩子的生活横加干涉；同时对于第三代，子女们也要尽到自己的责任，而不能事事都靠父母"的子女教育观点。您和太太希望对一双儿女及其家庭未来的财务支持规划做出如下安排：

儿子家庭的财务支持：每年大约花2万元给孙子逢年过节买一些礼物或者压岁钱。每年按5%增长，持续20年。

女儿的教育和财务支持：留学费用每年70万元人民币，共计6年，每年增长率为5%。大学毕业回国三年后，把投资房收回来过户给女儿，同时准备500万元现金作为女儿的婚嫁金。待外孙女或者外孙出生时，再赠与100万元人民币算是给第三代的见面礼（这些都是儿子子良的同等待遇）。并且以后如现在给孙子的待遇一样，每年花现值2万元在外孙女或者外孙的身上，每年增长率为5%，持续20年。

在李女士95岁模拟期满时，为子女留下共计4000万元左右的遗产，如果您夫妇比模拟期更为长寿的话，这笔资金也可以用来保障后面的生活品质。

11. 对岳母赡养支出的假设和规划

您计划在未来20年，每年在岳母赡养方面的支出为现值2万元，每年按5%的增长率增长；支持老人家到95岁；在岳母77岁时，用5年的时间准备一笔用于大病治疗和养老送终的专项基金，每年的准备金额为现值20万元，增长率为8%；在岳母95岁模拟期满时，可能会接受岳母现值300万元的遗产，如果按5%的年增长率增长的话，届时价值为796万元左右。

（二）全生涯模拟仿真的初步结果

通过对上述财务目标在假设条件下的模拟，我们计算得到的满足您家庭未来人生各个阶段需求所需要的最低投资报酬率为每年6.94%（具体的全生涯模拟仿真表请见规划报告书的附录1）。在您的可配置投资性资产每年预期投资报酬率为6.94%的情况下，我们观察到未来所有年份的投资性资产均为正数，即您可以实现上述的各项财务目标。

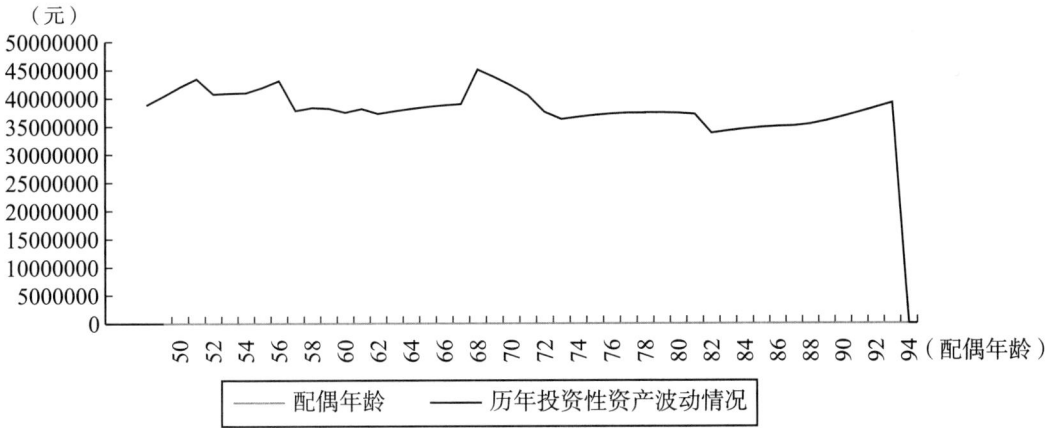

同时，我们也认为和您的风险属性测试结果（积极型）比较起来，在财务资源的运用效率上还有一定的规划空间。因此接下来，我们在此基础上对您家庭投资子良创业公司股权的情况进行了敏感性分析。

在这里，理财师将承上启下地引入了本理财规划报告书的第四部分："对创业公司股权投资的分析和建议"。

四、对"投资创业公司股权"的财务决定的分析

通过全生涯模拟仿真，您已经认识到自己家庭在获得相应的投资收益的前提下，在退休前后可以享受到的生活品质。这样的全生涯模拟仿真也可以被视为您家庭未来在面对计划外的大额支出时，衡量其对您家庭财务状况和生活品质影响的有效工具。

目前您就在面对"是否要投资子良所在创业公司股权"的问题。您此次的投资金额计划是 2000 万元人民币。至于这个投资决策的成败，我们无从判断；但可以通过前面为您做出的全生涯模拟仿真工具，为您评估"在什么样的情况下，您的家庭生活品质将不受到该项投资失败的影响"。

如果按原计划投资，该项投资万一失败的话，在您的可配置投资性资产中，将减少 2000 万元。于是，我们在可配置投资性资产中减少 2000 万元，变成 1880 万元，然后，在原来的生活品质规划保持不变的情况下，计算得到的结果是，您所需要的最低年投资回报率为 13.83%（具体全生涯模拟仿真表如规划报告书的附录 2 所示）。

同时，根据经验法则，因为年龄和投资活跃度有一定的负相关性，年龄越大，投资活跃度可能相对越低。因此，假设您在 80 岁后，投资收益率降低到 4% 的话，我们的模拟分析显示，您 80 岁前的投资收益率将需要达到 14.8%。

如果要达到这样的预期报酬率的话，您所承受的风险也将越大。虽然您的风险属性属于积极型，但我们认为这样层面的投资风险未必符合您的风险承受能力和风险容忍态度。

因此，我们对投资 1500 万元和 1000 万元进行了同样的敏感性分析。最后，我们在您坚持希望不降低生活品质的情况下，共同认为投资金额为 1000 万元，可能对您是比

较适合的（具体全生涯模拟仿真表见附录3）。在投资1000万元的情况下，哪怕这笔钱有去无回，您家庭投资性资产所需的最低投资报酬率为9.31%；如果您80岁后希望降低投资活跃度，投资收益率为每年4%的情况下，您80岁以前所需的投资报酬率为10.3%，而您的各项生活品支出则依然保持您所希望的预算额度。

对这一方案进行模拟分析，在模拟期满时，还将剩余1090万元。这样的话，对于投资方面的压力和所涉及的投资风险就小了很多。在本理财规划报告书后面的内容，我们将进一步提供和投资相关的具体建议。

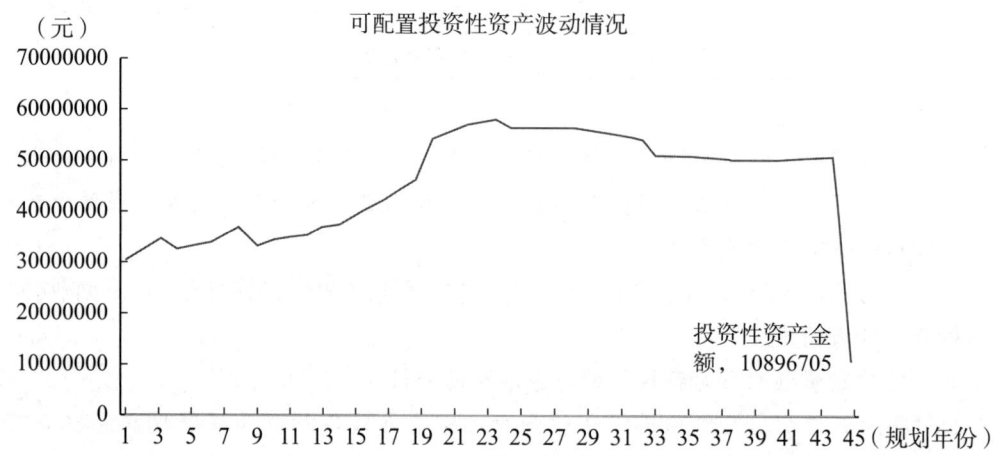

以上是对王先生家庭当前最为关心的两个问题：退休后的生活品质目标和投资创业公司股权方面的分析、规划和建议，从中可以看到，在投资创业公司股权的问题上，理财师把这一家庭财务决定的影响及其结果进行了呈现，而规划过程则更多的是在完成理财规划报告书以前和客户沟通的过程中完成的。

四、家庭财务保障保全体系的搭建和建议

根据《理财规划报告书》的行文结构，在上述规划完成后，接下来，就是具体的家庭财务保障保全体系和投资架构的建议了。其背后的逻辑就是：既然目标已经得以明确，接下来客户同样需要了解"阻碍其家庭实现这些财务目标的风险有哪些"，以及具体如何来转移和规避其中的不确定性；因为任何没有风险管理的家庭理财规划都如海滩上的沙雕，海潮涌来退去的时候，可能什么都没有留下。

在实际的规划和操作中，客户家庭的家庭财务保障保全体系可以很复杂：规划的复杂性主要体现在客户家庭诸多的家庭财务风险保障保全的需求，操作的复杂性在于家庭财务保障保全体系的搭建可能涉及保单、家族信托、保险金信托等金融工具，以及遗嘱、意定监护公证等非金融工具的使用，同时，还可能牵涉律师、信托公司、会计师的协作。

第二十二章 专业理财规划报告书的撰写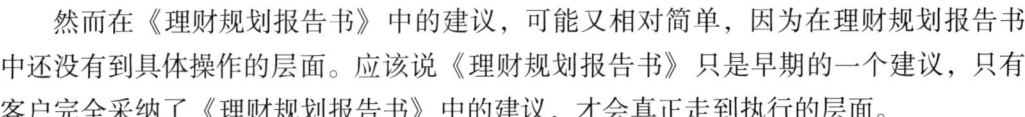

然而在《理财规划报告书》中的建议,可能又相对简单,因为在理财规划报告书中还没有到具体操作的层面。应该说《理财规划报告书》只是早期的一个建议,只有客户完全采纳了《理财规划报告书》中的建议,才会真正走到执行的层面。

以下依然以王建国先生的情况为例,提供这部分的参考模板,如下所示:

五、家庭财务保障保全体系的搭建

所谓"人无远虑,必有近忧",一个人或一个家庭不可能永远都凡事顺心顺利,人生也始终充满各种风险和不确定性,就像以前很多客户会"把投资当作财富管理的全部"一样,很多人也会把保险当作家庭财务风险管理的全部,当然,保险产品是转移风险的非常重要的工具之一,但肯定不是唯一的手段!同时,个人或者一个家庭的财务风险也不只是因为人身风险(意外和疾病)所导致的,在现实生活中,我们看到企业风险有可能传导至家庭财务风险,婚姻破裂也可能导致家庭财务风险,很多不当的行为都可能导致家庭财务风险。

在和您的沟通过程中,我们发现您的风险意识还是比较强的。您主要对以下四个方面的风险,有比较多的关注:

- 对创业公司股权投资万一失败后所产生的对家庭财务的影响,有所顾虑(这部分的顾虑通过前面的分析,应该已经得到考虑)。
- 因为家庭成员潜在的人身风险(意外或者疾病)所引发的大额医疗费用的顾虑。
- 对一双子女婚前财产在未来万一发生婚姻问题时可能出现的家庭财务风险,有所顾虑。
- 希望对女儿子君在家族财富中的权益有一定的保障措施。

我们很高兴您有这样的风险管理意识,因为作为专业理财师,我们深知一个家庭财务保障保全体系对家庭财富管理工作的重要性。

家庭财务保障保全体系是针对客户家庭财务的"安全性"需求,在理财师和客户共同识别家庭潜在的财务风险、并评估了其对家庭财务的损害程度的基础上,运用理财师的金融、法律、税务等方面的专业知识、外部资源以及金融和非金融工具,为客户提供的家庭财务风险管理体系。

我们把财富管理中风险管理方面的工作分为四个主要步骤:

(1)风险识别;(2)风险评估;(3)搭建家庭财务保障保全体系;(4)评估风险管理效果。

以下,我们就您所关注的风险问题,以上述四项内容所构成的服务体系,为您提供相应的建议。

5.1 您家庭潜在风险识别和评估

应该说您对家庭四个方面风险的顾虑是非常真实的。接下来我们将对上述风险进行一一的识别。

财富管理核心能力

1. 因为人身风险所引发的家庭财务风险

根据我们在长期财富管理工作中的实务经验，常见的因为人身风险所引发的家庭财务风险主要包括以下三个方面：

- 第一种风险：当家庭主要收入来源者，因为意外或疾病导致身故，使家庭收入大幅减少甚至灭失的风险；

风险评估：我们认为这部分的风险因为您的职业生涯已经接近尾声，同时家庭也已经积累了巨额的财富，因此，无论是您、李女士以及女儿子君如果万一涉及这样的风险，对家庭财务的影响相对比较小。

- 第二种风险：家庭成员罹患重大疾病，需要支付大笔医药治疗费用，使得家庭出现巨大的流动性缺口的风险；

风险评估：通过我们前面所明确的生活品质目标，您的家庭目前对您自己、李女士，以及岳母在这方面已经有了相对比较充分的准备；但女儿子君虽然在美国有留学生医疗保险，但在这部分的保障还不是很充分，因此，我们强烈建议您作为投保人为女儿子君进行重大疾病方面的保障。

- 第三种风险：家庭主要家庭来源者因疾病或意外失能（即没有身故，但失去了收入），还需要支付高额医疗费用和保持家庭生活品质的风险；

风险评估：就目前而言，在经过了家庭理财规划以及为女儿子君配置了重大疾病险之后，这一类风险对家庭的影响因素已经大为降低。但为了慎重起见，我们建议为女儿子君购买高端医疗保障的保险，以保证万一风险出现的时候，可以得到比较好的医疗资源。

2. 因为婚姻问题所引发的家庭财务风险

您和太太李女士恩爱有加，是典型的模范夫妻。至于儿女们的婚姻是否能得以长久，虽然您已经为他们做出了非常好的榜样，但这确实也是需要时间去检验的。您所担心的是，万一出现这一类的问题，您婚前对儿女们的财务支持，也就他们的婚前财产是否能得以保障？我们认为婚前财产主要可以通过以下几种方式进行相应的保护：

- 婚前财产公证
- 婚前约定或婚姻财产协议
- 保险＋遗嘱
- 信托＋婚姻财产协议
- 其他相关安排

本理财规划报告书稍后会就这个问题，提出相应的解决方案。

3. 因为企业经营风险传导到家庭的风险

该类风险主要出现在创业者和企业主的家庭比较普遍。我们通常对此类客户在以下几个方面进行提醒：

- 企业经营和家庭财务的隔离墙从企业法律形态的选择开始，尽可能形成企业和家庭的防火墙；

- 在此基础上，企业主应规范公司财务制度，避免企业资金和家庭财产的混同，最后被判定人格混同，这样的话，原来的企业法律形态的防火墙就会失效；
- 企业主应厘清公司独立人格特征。当客户在为企业提供财务资源的时候，无论是拿现金出来，还是以家庭财产做抵押，应理解这一决策貌似企业经营决策，但其实是家庭财务决策，因此要评估这一决策对家庭财务的影响；
- 在企业融资过程中需要理性面对，远离高利贷、民间借贷等可能牵涉家庭成员未来生活品质的融资方式；同时，尽可能不要个人承担无限连带责任；
- 应尽早做好家庭财务保障保全体系的建设工作，在创富的同时，也为未来的家庭生活品质和风险防范做好预防工作。比如在拥有了一定财富之后，可以通过赠与、购买保险产品、设计信托架构等方式锁定对子女的财务支持，以及未来自身的生活品质。在企业经营过程中，万一不得已建立了债务债权关系，再去做这一切，难免会把事情搞得很复杂；
- 保险和信托都是具有自身法律属性的工具，确实在特定情况下，可以做到资产隔离乃至风险隔离的作用，比如事先利用保险的特质，或者信托资产的独立性，在资产的控制权利和受益人的整体利益之间进行权衡；为家人的生活品质所需进行相应的安排。但总体上并不是用来在债权债务关系确立后，恶意躲避债务或者其他义务的。

就您家庭而言，您个人在公司从创业到上市的过程中经历过各种艰难险阻，应该对上述问题有很深刻的认识。当前您的儿子子良已经进入一家创业公司，其在公司的地位也会因为您此次的股权投资而得以提升。因此，我们也建议您就上述内容提醒子良予以关注。

4. 降低在财富传承过程中的不确定性

在和您沟通的过程中，我们非常认同您的子女教育观。同时在对子女的财务支持和财富传承过程中，您也非常有原则地按他们人生不同阶段的需求予以实质性的财务支持。在提出此次理财规划服务需求的过程中，您始终关注到女儿子君的权益能得到充分的保障的问题，在很大程度上可以看到您对一双儿女的平等态度。在前面明确您家庭未来各阶段的理财目标的过程中，您的这一态度已被充分地考虑进去。但就女儿在此次子良创业公司股权投资中可能要扮演的共担风险、共享收益的角色，我们稍后会在您的家庭财务保障保全体系的搭建过程中，提出相关的建议。

5.2 对您家庭财务保障保全体系建设的具体建议

针对上述所提及的各大类风险，我们提出以下建议：

1. 建议您和太太建立一个家族信托

根据对您在家庭财务保障保全方面的具体需求，我们建议您建立一个家族信托。

根据《中华人民共和国信托法》对信托的定义：信托是指委托人基于对受托人的信任，将其财产权委托给受托人，由受托人按委托人的意愿以自己的名义，为受益人的利益或者特定目的，进行管理或者处分的行为。

根据您家庭的具体情况，家族信托资产的独立性、信托契约的灵活性，无疑使其成为您家庭进行财富管理和风险管理非常适合的工具选择：

- 信托财产独立于委托人的其他财产。一旦家族资产成为信托财产后，只要委托人不是唯一受益人的信托，存续信托财产将不作为其遗产或破产清算财产；这将有效地为家族资产建立了防火墙，同时，也为未来可能出台的遗产税规划打下基础；
- 信托财产独立于受益人的自有财产。作为家族主要成员，您和太太、子女乃至第三代都有可能成为信托受益人，受益人虽然对信托财产享有受益权，但这只是一种利益请求权，在信托存续期内，受益人并不享有信托财产的所有权。因此可避免子女挥霍其家族资产，或和婚后夫妻共同财产混同等潜在风险。同时，对儿子王子良家庭而言，投资于创业公司的股权资产属于信托资产，如果发生婚姻问题，该笔股权投资不属于财产分割范畴。而对女儿王子君未来的财务支持，房产会直接过户到女儿一人名下，婚前现金赠与抑或留在信托账户内进行单独管理，也可以通过"年金保单＋遗嘱＋协议"的方式进行婚前财产的保全（当然，也可以视子君的意愿，直接以现金的方式进行赠与，因为毕竟爱情无价，父母尽到自己的责任就好）；也体现了您和太太对一双子女一视同仁的意愿；
- 信托财产当然也独立于受托人（信托公司）。

综上所述，信托财产的独立性能在很大程度使得信托财产独立于信托各方当事人的债权人，并达到债务隔离的功能。同时，受益人的受益权体现在按照信托文件规定（信托文件约定信托终止时信托财产归属于其他人的除外）向受托人主张支付信托利益，及在信托终止后获得信托财产实际所有权的期待权。这样的话，如果用信托资产投资于子良的创业公司，这部分资产未来的收益，将不是儿子王子良所独有，因此女儿的权益也在一定程度上得以保护。至少有利于说服女儿，达成投资的共识。

同时，因为王子君尚未成婚，您和太太有意在其学成归来后，对其进行财务支持和赠与，这些待遇和子良当年是一样的；同时，对岳母的赡养义务、第三代的抚养，甚至未来的财富传承都可以在信托协议中一一进行明确，因此家族信托的灵活性也同样可以体现出来，准确地表达您和太太的意愿。

最后，家族信托的存续期限要长于委托人的自然寿命，如果您和太太有此意愿，信托可以在百年之后，依然存续，让后人继续享受前辈余荫。

综上所述，我们认为您家庭应该建立一个家族信托，通过家族信托持有部分家庭资产，并通过家族信托完成子良公司的股权投资。

对未来的家族信托涉及和信托公司的沟通，以及律师的参与，在此我们只提供一个初步的架构建议，具体操作和实施将视最后的沟通协商的结果而定。您的家族信托的基本架构可以设计为：

- 委托人：王建国先生
- 受托人：××信托公司
- 受益人：王建国、李丹、王子良、王子君、同时可包括对第三代的财务支持
- 财务顾问：上海××投资咨询有限公司

第二十二章 专业理财规划报告书的撰写

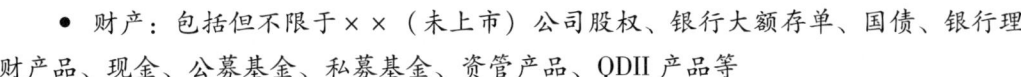

- 财产：包括但不限于××（未上市）公司股权、银行大额存单、国债、银行理财产品、现金、公募基金、私募基金、资管产品、QDII 产品等

同时，在具体操作时，根据您家庭目前的资产情况和流动性需求，我们建议您把当前的资产分为两个部分：

（1）出资3500万元建立一个家族信托，其中1000万元信托资产投资于子良的创业公司股权，另外2500万元进行投资架构的搭建；我们稍后会为您的这一信托资产投资搭建投资架构。这部分投资在短期（3年内）可以不从信托中支付任何利益，使其在投资过程中，无需对家庭流动性有过多的考虑。

（2）留下380万元作为非信托资产账户。作为未来三年的家庭流动性储备。

尽管如此，我们认为信托资产和非信托资产在搭建投资架构的时候应该被视为一个整体，并进行资产配置和具体资产管理资源的选择；总体而言，非信托账户的流动性需求较高，因此，应该配置在流动性较高，短期波动较小，甚至无风险资产中，预期收益率为4.5%，可以根据每年的流动性需求，制定相应的投资计划。而信托资产在前三年中，因为对流动性没有具体的要求，所以可以投资一些投资收益偏高，但短期波动较大的资产。

2. 为女儿子君配置重大疾病保险和高端医疗险

根据分析显示，就目前而言，您的家庭主要成员"因为家庭主要收入来源者身故所引发的家庭财务风险"相对比较小，同时您也对自己、太太以及岳母的大病医疗基金做了积极的准备，因此，潜在的由于家族成员的人身风险产生的家庭财务风险的影响得到很大程度的降低。就目前而言，唯一需要考虑的就是尚未经济独立的女儿子君的潜在人身风险所带来的影响。

我们建议：您作为投保人为王子君购买一份终身重大疾病险，以及一份高端医疗保险。具体建议如下表所示：

潜在风险	建议配置的险种	被保险人	保额	保障期间	缴费方式和期间	保费	投保人
假如子君罹患重大疾病	××终身重大疾病险	王子君	50万元	终身	每年，20年	6900元	王建国
假如子君失能	××高端医疗险（含美国）	王子君	最高保险额度6300万元	每年	每年，至75岁	65485元	王子君

上述建议和您在沟通过程中已经达成共识：

- 由您作为投保人为子君进行重大疾病保障，您和太太李女士分别为身故受益人，各自占比50%；
- 由于所推荐的高端医疗险投保人和被保险人必须为同一人，因此，投保人为王子君；
- 在为您家庭进行财务信息分析时，您的流动性资产中尚有20万元，由于在规划信托资产账户和非信托账户时，非信托账户中将预留380万元作为您家庭的流动性资产账户，而该20万元将能基本覆盖未来三年子君的保险支出；
- 您认为在三年后，每年的"家庭基本支出预算"还是有较大空间，因此，这两笔保险支出每年从家庭基本支出中进行支付。因此不影响其他的生活开支。

3. 针对财富传承安排中的特别建议

针对财富传承过程中的不确定性，在我们和您夫妇的沟通过程中，我们特别强调了遗嘱和意定监护公证的重要性，因此，强烈建议您尽早对此作出相应的安排。同时，特别提醒您：在子良的创业公司股权开始实施的过程中，关注《公司章程》对股权继承和转让的相关条款，尽可能在协商的过程中，考虑到未来财富传承的安排。

5.3 风险管理效果的评估

根据上述的分析和建议，我们认为您当前所顾虑的主要风险基本上得到关注并进行了一定程度的转移：

- 通过对您家庭现在以及未来的各类财务资源的科学规划，建议您对创业公司股权的投资金额不宜超过1000万元，这样的话，万一投资失败的话，不至于影响对未来各项财务目标和生活品质；
- 通过对女儿子君重大疾病险和高端医疗险的配置，以及在未来生活品质规划的过程中，对您和李女士以及岳母的大病医疗专项基金的拨备，您家庭中潜在的"因为人身风险所引发的家庭财务风险"在较大程度上得到了转移；
- 通过家族信托架构的设计，对女儿子君的权益在此次以家族资产投资子良创业公司股权的决策中，得到了一定程度的保障；对一双子女婚前财产在未来万一发生婚姻问题时可能出现的家庭财务风险，均有一定程度的保障和保全作用；并在所投资的企业和家族资产之间建立了一堵防火墙。

同时，我们还考虑了上述建议中的信托管理费用和财务顾问服务费用对您家庭的影响。

经过计算分析显示，在增加了上述费用后，在原来80岁前10.5%的预期报酬率的基础上，可能需要上涨到11%。而80岁后的预期报酬率需要达到4.5%。模拟结果显示，到了李女士95岁之时，除了给一双子女的4000万元，信托账户的余额还有2000万元左右。

我们认为虽然您的风险属性为积极型，要长期稳定地实现上述投资目标，一方面需要理解在投资过程中可能承受的市场短期的波动，另一方面也可以在原有的基础上略微降低一点生活品质，使得投资压力得到一定程度的缓解。在本理财规划报告书的下一个章节，我们将就您家族资产的投资架构的搭建提供相应的建议。

第二十二章 专业理财规划报告书的撰写

五、投资架构的搭建和建议

根据《理财规划报告书》的结构逻辑，理财师帮助客户家庭搭建投资架构并提供相关投资建议的工作，通常是放在所有建议的最后。此时，客户的家庭财务资源已经得以规划；未来一系列的财务目标得以明确；对未来家庭财务可能会产生较大影响的潜在风险采取了一定的预防和转移措施，并评估了采取这些措施可能带来的财务成本及其对家庭财务的影响；当这些工作完成后，理财师就能比较有针对性地综合客户家庭对财务资源及其投资收益的需求，提出具体的投资方面的建议了。

《理财规划报告书》中的投资建议包括了以下三个方面的内容：

- 明确客户未来不同阶段的投资预期报酬率：凡事都需要目标，有了具体的目标，客户的家庭财富管理工作才会有针对性，投资也是如此；
- 投资理念教育：这部分的内容，主要是把"我们认为您的家庭应该如何去投资"，即向客户一一说明普通家庭的投资逻辑、原理和原则，这样客户才能理解理财师向他提出的建议是具有极强的逻辑性和专业性的。当然也会有部分客户在服务过程中提出一些异议，这个时候，理财师应该耐心地、以客户能理解的叙述方式进一步消除客户的顾虑；
- 对现阶段的资产配置比例和产品配置的建议：这个部分的内容必须要具体并可实施，即一定要具体到具体的产品、具体的金额和占比、产品信息以及其他需要关注的事项，比如，现在有的产品每天的购买金额有所限制，或者私募产品开放赎回申购的日期等。

由于当前我国财富管理行业还在发展的早期阶段，不少客户对财富管理服务和投顾服务，或者资产管理服务混为一谈，总认为"理财师帮我理财，当然就是帮我赚钱的人"，因此，在财富管理服务中，理财师必须向客户明确自己在其家庭财富管理活动中的定位、方法论和服务体系。在《理财规划报告书》的投资建议环节，理财师同样需要以书面的形式，重申自己在客户家庭投资活动中的定位、投资理念以及服务体系。事实上，资本市场的价格走势从来就是不确定的，客户的投资组合短期的波动不可避免，客户的情绪也会受之影响，只有在客户和理财师的投资理念相对较为一致的情况下，其投资策略和规划的实施，才有可能不受市场短期波动过多的影响。

以下是以王先生家庭的情况为例提供的一个参考模板。该模板主要就一份《理财规划报告书》应该呈现的格式和内容，为理财师提供参考；其中涉及的资产配置比例和产品的选择均为"虚拟"，不具备任何实际操作的价值。

六、投资架构的搭建

通过对您家庭的财务状况的分析、未来生活品质和财务目标的规划，以及针对对您家庭可能产生影响的各项潜在风险因素所采取的措施的建议，您家庭现在已经积累下来的财富以及这些财富未来通过投资获得的投资收益，将成为您实现所有的财务目标的最重要的财务资源。

根据前面的分析结果，您家庭的投资性资产在未来不同阶段所需要的投资报酬率为：

现在至80岁：11%/每年；80岁以后：4.5%/每年。

（以上年龄以王先生的年龄为准）

本章节将就您家庭资产应该如何投资，投资的逻辑、原理和原则进行一一的介绍，并对您家庭信托账户和非信托账户的资金提出具体投资建议。

巴菲特曾说：人一生成功的投资，不需要卓越的智商、不同寻常的商业契机和内部消息，需要的是一个（充满智慧的）做投资的架构，并且不要把情绪带到投资过程中来。这句话对我们的意义重大，因为我们坚信专业财富管理从业者在客户投资行为中的定位，就是帮助客户搭建这样的一个投资架构，并在客户的投资过程中，提供长期的专业陪伴服务。

我们认为：一个家庭的投资架构包括以下四个方面的内容：

（1）设定投资目标：普通家庭投资者应该认识到因为物价上涨所带来的使已有财务资源的贬值影响，并因此认识到投资目标是以"保障已有财务资源购买力"为前提的，这也成为普通家庭投资者根据其风险承受能力和容忍态度，而需要配置一定比例的风险性资产的重要原因；

（2）根据客户的具体情况，对其可以长期投资的资金进行资产配置，资产配置是资产大类的配置，比如中国和国际股票、固定收益、货币、另类投资等各类资产中的比例；

（3）根据客户应该在各类资产中的相应比例进行产品配置，再结合该类资产中的不同的投资方式和投资风格，向客户推荐相应的资产管理资源或金融产品，形成一个投资组合；

（4）制定投资组合管理策略，明确在面对短期市场波动的时候，我们相应的投资组合管理策略和方法，以保证投资策略不受到情绪的影响。

上述四项内容，也将形成您未来进行投资决策的"顶层设计"。

投资架构搭建的目的就是"通过投资获得长期而稳健的投资收益"。我们假设未来充满不确定性，而且无人可以每次都准确地对市场走势做出预判；因此，对普通家庭投资者而言，与其通过证券价格短期的波动去获得收益（即投机），不如通过长期投资以获得各类资产长期的投资收益。下图显示了我国股票和债券市场、国际股票市场和伦敦金价自2003年至2019年底的走势，其中的虚线是假设物价以每年7%的增长率增长的曲线，最下面这条线是我国CPI在同期的走势。从中可以看到，我国A股、国际股票和伦敦金价均超过了假设物价上涨率（7%），而债券基金的投资收益也超过了6%。

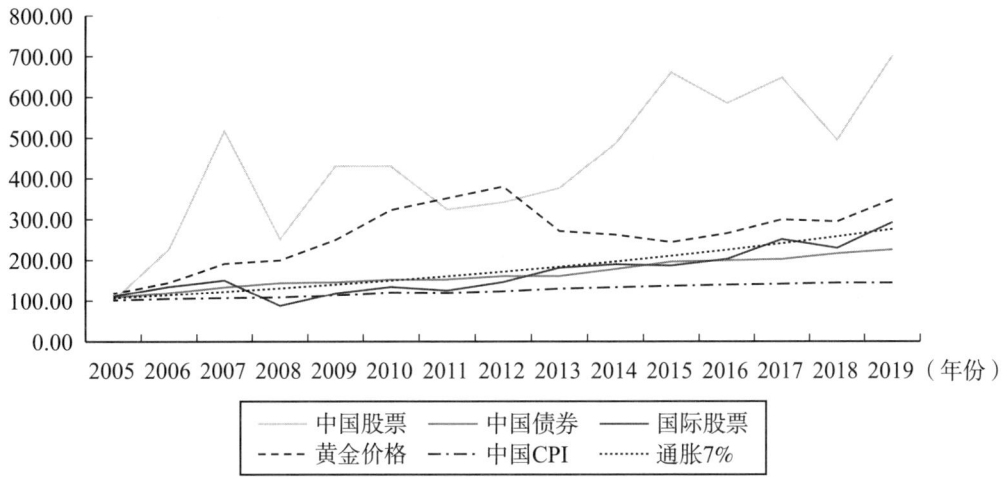

（2003年至2019年，各大类资产走势和假设物价上涨率（7%）的对比，数据来源：A股基金：中证股票型基金指数（H11021）；中国债券：中证债券型基金指数（H11023）；国际股票：MSCI World Standard（Large–Mid Cap）Gross（990110）；黄金价格：伦敦金价）

在此基础上，针对普通家庭在投资过程中可能遇到的各类主要投资风险，我们在投资前就将采取相应的预防措施，尽管不是所有的投资风险都得以消灭，（事实上）资金在投资的过程中也会随着市场的涨跌有一定的波动，但这些预防措施能够在一定程度上降低各类投资风险，并在长期的投资中增加获得所需要的投资报酬率的概率。

事实上，谁都知道投资有风险，那么对普通家庭投资者而言，具体有哪些投资风险呢？我们把投资风险分为两大类，分别是：

（1）因为价格波动所造成的投资风险；此类风险同样还可以细分为两大类风险，一类是系统性风险，另一类是非系统性风险。前者主要是因为经济和金融环境、政治因素或者重大事件导致的某一类资产价格集体下跌的情况，如"911"恐怖袭击，或者2008年席卷全球的金融危机，或者像2016年初，因为熔断机制出现问题导致了A股市场集体下跌，各种股票无一幸免的情况等；后者主要是因为个别投资标的本身出现了问题，比如企业经营出现问题导致股票下跌、债券违约等风险。

（2）因为投资者的投资行为导致的投资风险。其中包括但不限于：①流动性风险，比如，在投资标的刚经历暴跌，却急着用钱，不得不赎回的风险；同样，流动性风险还可以体现在投资者将资金投资于流动性比较差的资产（如不动产或者有一定期限的信托产品），导致需要用钱时不得不以较低价格出售或者无法兑现；②投资标的过于集中的风险，比如投资者将全部或者大部分的资产均投资于股票，如果遭遇股票大跌，那么家庭资产就会遭受较大的损失；普通小康家庭乐于通过房产投资，同样也有资金过度集中的风险；投资行为学中所提到的过度自信（over confident），往往是投资标的过于集中背后的主要动力；③杠杆过高。通过信贷资金进行投资可以盘活财务资源，可以使得投资收益放大，不失为一种投资策略；但在杠杆率过高的情况下，由于市场的不确定性，一旦市场发生变化，如投资标的大跌，或者利率上升都可能造成投资成本上升，亏损放大，以至于不得不割肉平仓的情况发生。

诸如此类的风险还很多，对专业理财师而言，在为客户搭建投资架构的过程中，建立有效的风控机制是一项非常重要的工作。具体而言，建立有效的风控机制就是一方面要控制因为价格波动所造成的投资组合的波动，另一方面通过专业服务，帮助我们的客户以正确的心态做好投资决定，降低因为投资行为带来的投资风险。

理财师将如何帮助您控制投资风险呢？我们把投资架构的作用归纳成如下四点：

(1) 通过区分流动性账户和投资账户，使得长期投资资金避免投资者家庭流动性需求的干扰，并以长期投资的预期降低"因为投资行为偏差而导致的投资风险"。

(2) 通过资产配置分散各资产大类的系统性风险。

(3) 通过集合类产品配置降低非系统性风险。

(4) 通过制定投资组合管理策略和理财师的专业陪伴服务，降低您在面对市场短期波动时，因为投资行为的偏差而产生的投资风险。

以下，是我们对您的家庭的投资架构具体建议：

6.1 针对流动性账户的投资建议

在进行投资架构搭建的第一项工作，就是我们需要先把未来2~3年要用的钱（大额支出，如购房、买车）和这些长期投资的资金分开来。

就如我们在前面进行家庭财务状况分析时所指出的，一个家庭的资产要分为三类，第一类叫作投资性资产，是用于增值保值的（是在保障其购买力的前提下进行增值保值的资产），第二类叫作自用性资产，这是用于生活品质的资产；第三类叫作流动性资产。

流动性资产在上述未来可能要用的钱以外，还应包含基本的日常储备金。工薪阶层的话，通常是以6~12个月的生活支出作为现金储备的，特殊情况的可以适当增加；退休人士有可能是未来2~3年的收入缺口（所有的收入减去支出）。

也正是因为这个原因，我们在您的家族信托账户以外另外设置了一个非信托账户，来应对未来三年的流动性需求，同时，也让您的长期投资资金在投资过程中能够降低受到家庭流动性需求的干扰。

我们建议您在未来三年，以相对保守的方式投资非信托账户的380万元，投资方式可以采用银行定期存款、三年期国债、银行理财产品、大额存单等。

根据您在未来三年的流动性需求，具体的投资比例如下表所示：

非信托账户（流动性资产账户）投资建议			
投资标的	投资期限	投资金额（元）	占比（%）
低风险银行理财产品	7天~180天	1600000	42.11
大额存单	1年	50000	13.16

续表

非信托账户（流动性资产账户）投资建议			
投资标的	投资期限	投资金额（元）	占比（％）
大额存单	2年	1200000	31.58
货币基金	货币基金	500000	13.16
总计		3800000	100.00

其中值得提醒您的是，短期理财产品是过去十年中最受投资者喜爱的投资品种之一，受到"刚性兑付"文化的影响，绝大多数非保本银行理财产品也基本上都按预期报酬率进行到期兑付，而且其收益率也往往较定期储蓄要高。然而随着资管新规的正式实施的来临，银行理财产品也被要求进行净值化管理，银行理财产品的产品形态已经和过往有了非常大的差异。商业银行的资产管理部门通常会根据客户风险属性，制定不同的投资策略，设计不同风险等级（通常是1~5级）的银行理财产品，并在产品说明书上明确说明该产品的投向、可能面临的风险以及风险等级。大部分风险等级较低的产品（如二级风险以下的产品），投资于固定收益类资产的比例较高，但这些资产也会随着债券市场的波动而出现净值的波动。但固定收益类资产投资是商业银行资产管理部门比较有专业优势的领域，风险等级较低的产品总体上风险相对可控，收益方面也可能比定期储蓄高一些。因此，我们建议您配置160万元在风险等级相对较低的理财产品，投资期限可以根据当时的收益情况和您的流动性需求另行决定，我们会帮助您时刻关注市场环境的变化，对每一款产品进行分析诊断。

大额存单利率以市场化利率发行，普遍在基准利率的基础上上浮，收益较定期存款要高一些，但也属于存款类金融产品，大额存单可转让、提前支取和赎回，与定期存款相比，大额存单的流动性更好。

货币型基金是一种投资于货币市场开放式基金。货币型基金主要投资于剩余期限在397天以内（含397天）的债券、期限在一年以内（含一年）的央票、债券回购、银行定期存款、大额存单、现金等货币市场工具。风险较低，流动性强。

这些投资方式在国内商业银行可以一站式地获得解决；并在每年年初按计划重新进行投资组合的配置。

6.2 对信托资产的投资建议

您在家族信托中的总资产为3500万元，其中1000万元将投资子良所在的创业公司股权。我们为您家庭设计投资架构第二项工作，就是为2500万元信托资金未来的投资活动提供决策依据。

（一）资产配置建议

通过全生涯理财规划，我们已经设定了未来家族信托资产的投资目标80岁以前为11%，80岁后是4.5%。这是我们根据您家庭未来的财务目标，规划了您现在以及未来的家庭财务资源后的结果。要实现上述投资目标，低风险或者无风险资产的收益显然无法让您的财务目标得以实现，因此，您的投资组合中，也将适当地配置风险性资产；而要控制这些风险性资产短期可能存在的波动，资产配置以及投资组合配置（或者产品配置）的逻辑就显得非常重要。

资产配置首先是资产类别的配置，而不是直接的产品配置；资产配置是先根据不同资产类别的特点（如长期平均收益率、标准差、不同资产的相关性），科学地进行配置，获得各类资产的相关比例。产品配置是根据各类资产的相关比例，以不同的投资方式（或投资产品），以投资效率为目标，以风险控制为手段，把客户资金投资到不同的资产类别中。因此，先要有资产配置策略，然后再明确每一类资产的具体投资方式和资产管理资源（或金融产品）的配置。

资产配置需要先来决定有哪些资产具有较低甚至为负的相关性，因为相关性较低的资产配置在一起，才有可能对冲其中某一类资产的大幅波动；然后，我们利用各类资产的历史收益率、波动特点以及相关性计算出每一大类资产的具体比例，这样每一类资产的额度都会受到资产配置比例的限制，这使得客户家庭的投资决定更加有规划且具有纪律性。

出于满足客户的需求，我们长期跟踪一系列具有一定代表性的资产大类的收益、风险和彼此之间的相关性。目前我们采用的风险资产大类包括四种，即中国A股、国际股票、伦敦金价以及中国债券，具体跟踪的指数和历史收益数据采样区间为下表所示：

资产类别/采样数据	指数样本	历史数据区间
中国A股	中证股票型基金指数 H11021	自2005年1月至2019年12月
中国债券	金思维投资境内债券类公募基金指数	
黄金	London Gold Price	
国际股票	MS Global Standard（Large + Mid Cap）990100	

这些资产大类在历史数据（月度收益率）采样区间里的相关系数如下表所示：

资产类别	中国A股	中国债券	国际股票	黄金
中国A股	1	0.2798	0.3869	0.1708
中国债券		1	0.1230	0.1319
国际股票			1	−0.1206
黄金				1

第二十二章 专业理财规划报告书的撰写

我们对本年度上述各类资产的预期收益率参数设置如下表所示：

单位：%

资产类别	本年度预期收益率参数	本年度标准差参数
中国A股	17.40	18.05
中国债券	5.06	2.87
国际股票	9.13	11.35
黄金	9.85	17.43

除了上述参数，我们同时对您进行了风险承受能力和容忍态度的测试，您的风险属性测试结果为积极型。

我们根据马科维茨投资组合理论和B&L模型的原理研发的鑫舟资产配置模型，对积极型投资者的常规资产配置比例如下表所示：

规划后第一年信托账户资产配置比例	
资产类别	积极型（%）
无风险资产	7.43
中国A股	39.96
中国债券	23.61
黄金	12.58
国际股票	16.42

资料来源：20××年度鑫舟资产配置策略。

根据我们的测算，上述投资组合的预期收益率为11.04%，目标标准差为9%。

与此同时，因为您的信托账户投资金额较大，我们认为可以增加一类"另类投资"的资产组别，并配置15%的资金（375万元）在另类资产中，来增加投资的多元性。一方面，这些另类资产就目前市场上的金融产品体系而言，包括了固收类的资管产品（如以信托、券商资管、私募基金等方式发行的固收类产品）、量化对冲策略产品、私募股权基金等。之所以这些产品也在我们推荐的范围内，主要是因为它们可能存在阶段性的投资价值；但另一方面，因为它们没有历史业绩的跟踪，同时有些投资品种含有较高的非系统性风险，比如以融资项目为主的固收类产品，一旦项目出现问题，而刚性兑付又被打破，就会出现较高的风险。

经调整后，对您信托财产账户的资产配置建议如下表所示：

规划后第一年信托账户资产配置比例

资产类别	常规配置（积极型）（%）	考虑另类投资（%）	投资金额（万元）
无风险资产	7.43	6.32	158
中国A股	39.96	33.97	850
中国债券	23.61	20.07	500
黄金	12.58	10.69	267
国际股票	16.42	13.96	350
另类投资	0	15.00	375
总计	100.00	100.00	2500

注：基本策略引用了20××年鑫舟资产配置策略，并对具体的投资金额进行了整额调整。

（二）投资方式和投资品种建议

在明确了各资产类别的配置比例和配置金额后，投资架构搭建的第三项工作，即根据相关比例去决定投资方式和具体的投资品种。在具体的投资品种配置的背后，应该存在相应的逻辑，而这些逻辑背后最主要的目标，就是降低投资组合在投资过程中的非系统性风险。

普通家庭投资者能采用的投资方式无非两种，一种是自己直接投资于各大类资产，比如直接进行股票交易、购买企业债券等；另一种是通过金融产品，利用投资经理及其团队的专业能力，投资到每一类资产。

直接投资的优点显而易见，就是自己对投资过程的全盘控制；但缺点更多，其中包括了普通投资者在市场趋势分析、交易能力、行为偏差控制等方面和专业团队相比，还是有较大的差距；其中最重要的缺陷还是在于资金毕竟有限，所持有的资产或者证券的数量相对较少，因此在分散非系统性风险方面，远不如专业投资经理及其团队所拥有的资金规模所带来的分散效应。

目前国内金融产品体系中，间接投资的金融产品主要分为公募和私募两种。公募型产品是向公众公开发行，投资金额门槛较低，流动性较强；但因为有公共产品的特征，一旦出现巨额亏损，投资者人数众多，造成的社会影响就会较大，因此在信息披露、投资规范等方面，公募型产品的监管通常比较严格，发生极端风险的概率相对较低。

而私募型产品是向特定人群发行，这些特定人群通常是指"对私募型产品有一定风险识别以及承担此类产品风险能力"的投资者，也被称为"合格投资者"。目前合格投资者投资于国内单一私募证券和股权型产品的金额门槛基本上为100万元以上。同时因为在投资过程中的监管，其产品信息远不如公募型产品透明公开。

鉴于公募和私募产品的特点，我们认为普通家庭投资者无论投资性资产的金额的多寡，都应该先配置公募型产品，然后在资金量允许的情况下，再选择私募型产品以增加投资的多元性。

在过去十年里,我们根据国内的金融产品体系为普通家庭投资者设计的家庭财富金字塔如下图所示。

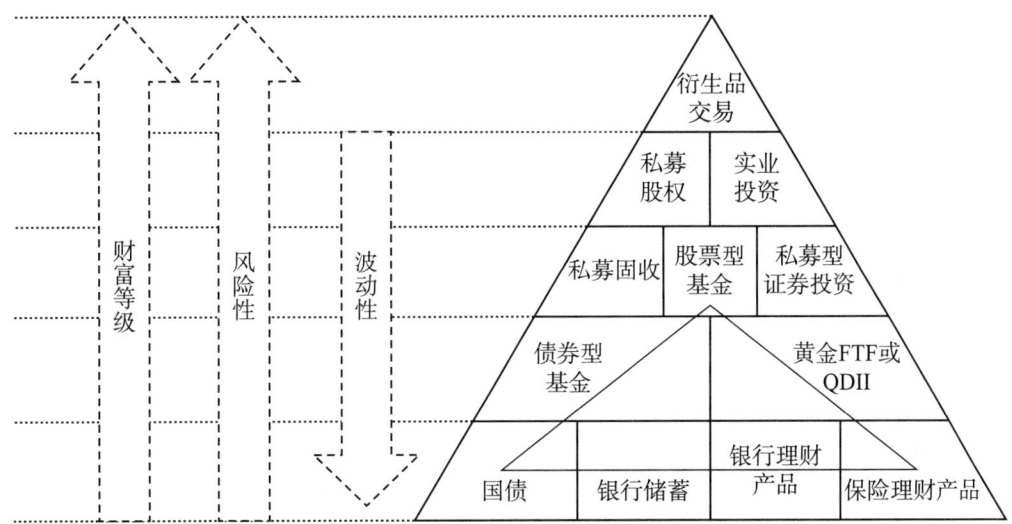

在古代埃及文中,金字塔也被称为层级金字塔,是梯形分层的。建筑师以巨型大理石块,以递减的方式层层向上排列,这显然是最稳定的结构。我们认为普通家庭的财富结构也应该是这样的结构:底部夯实,向上层层排列。

在金字塔的底部,我们通常会以国债、定期存款、大额存单等无风险投资品种,还有相对低风险的银行理财产品、保险系理财产品、货币基金等产品。金字塔底部的资产,是家庭财富的基石,而上述产品的优点就是收益稳定,几乎没有什么波动,但缺点也很明显,就是我们前面所讲过的"不足以抵御因为物价上涨所带来的资产贬值的风险"。

因此,我们会建议在财富金字塔第三层的中间部位,投资一些股票类的资产,通常包括了国内股票和国际股票类,对普通家庭或者普通投资者而言,我们认为公募基金可能是最好的投资方式。

同时,因为股票资产在短期可能存在的不确定性,我们还需要适当配置债券和黄金类的投资,因为这两类资产理论上和股票资产的相关性较低,在大多数时候,可以对冲部分来自股票资产的系统性风险。我们依然会以公募基金的方式去投资这两类资产。这两类资产在财富金字塔的第二层。

由此,底部的低风险或者无风险资产、第二层的债券基金和黄金ETF或者黄金类QDII产品,第三层中间部位的股票型基金和投资全球股票的QDII产品,形成了一个内部的小金字塔。而这个小金字塔已经能满足绝大多数资金量较低的投资者的配置需求。

鉴于您家庭的信托资产金额较大,因此,我们在股票、国际股票、债券的投资中,将考虑配置一定的私募证券型投资品种（即第三层右侧）。

在财富金字塔第三层和第四层中，还有私募固收类产品和私募股权投资基金，我们将其归类为另类资产。它们中的一些产品不乏一定的投资价值，但因为其私募属性，资金门槛较高，其中只投于单个融资项目或者私募股权项目，非系统性风险也较大，因此，可能更适合一些资金量较大，具有较强风险承受能力的投资者，以增加投资的多元性。

财富金字塔是以风险等级和投资者资金量由低到高向上递增的。最上面是衍生品投资，包括期货投资、股指期货投资等。其共同特征是保证金交易，即只要支付一定比例的保证金就可进行全额交易，不需实际上的本金转移，合约的了结一般也采用现金差价结算的方式进行，只有在满期日以实物交割方式履约的合约才需要买方交足贷款。因此，金融衍生产品交易具有杠杆效应。但如果标的物的价格走势和投资者的判断相反，就有可能本金全失。而出现这样的情况的概率比上市公司倒闭导致股票价值全失的概率要大很多，因此我们建议普通投资者在进行衍生品投资时，需要慎之又慎，但在投资专家的协助下进行一些风险对冲，则是可以考虑的。

在金融产品配置的过程中，我们认为投资者一定要注意不同投资经理的风格多样性，不要押注在某一个投资经理的身上，因为他们也是人，都可能会犯错，也常常会因为市场风格和自身的投资风格不匹配而导致业绩低迷。

在实际投资过程中，事实上每一款产品可以被看作不同的投资方式，比如股票型公募基金，即是一种投资方式，而且因为股票型基金经理的投资风格和投向的不同，就会产生很多种不同风格的股票基金，如果我们根据他们的投资风格进行配置，这样就能在一定程度上降低股票市场投资风格转换带来的风险和影响。因此，在投资品种的选择过程中，还有两个原则，一个是"单个产品不超过该大类资产总投资金额50%"的原则，另一个是"投资风格分散原则"。这两个原则本质上都是为了降低单一投资品种的风险。

综上所述，财富金字塔集合了国内投资者可以配置的主要资产大类，以及投资方式和产品配置的原则。对您家庭的投资性资产的建议也将以上述金字塔结构及其背后的逻辑进行相应的配置。

在具体的产品配置过程中，除了投资儿子子良创业公司股权的1000万元，我们把您家庭的信托资产分为两个部分，分别是：核心投资组合，共计2125万元；另类投资组合：共计375万元。

（三）针对核心投资组合的具体建议

根据上述的投资方式选择的建议以及投资品种选择的原则，我们对您家庭2125万元的核心投资组合建议如下：

1. 无（低）风险资产，占比7.43%，投资金额约158万元

根据我们的建议，未来三年的家庭流动性不足的部分会由非信托账户的资金进行补充，因此，在信托财产中的无（低）风险资产主要是货币基金、两年期大额保单、

第二十二章 专业理财规划报告书的撰写

银行理财产品、国债等四类产品组成。其中银行理财产品分别为180天、45天和7天的产品组成。该部分投资受到资管新规的影响较大，在打破刚性兑付、实行净值化管理后，投资方式和过去几年会有较大的不同，但目前正值过渡期，而且投资周期均较短，该类产品依然有一定的投资价值。我们会密切注意银行理财产品的政策性变化，随时进行调整。

具体的投资产品和金额建议如下：

产品名称	投资占比（%）	金额（万元）
××收益宝货币A	1.32	33
××银行大额存单（2年期）	2.00	50
××银行短期理财产品（7～180天）	1.00	25
3年期国债	2.00	50
总计	6.32	158

2. 中国A股，占比34%，投资金额为850万元

作为风险性资产的主要投资标的，中国A股是国内投资者不可或缺的配置品种。根据中证中国股票型基金指数（H11021），自2003年至2017年，算术平均年化收益率达到23.03%，复合年化收益也达到14.52%，但很多投资者在股票基金的投资依然以亏损收场，最重要的原因还是因为该类资产短期波动较大，以及投资者的投资方式出现的问题。根据产品配置的相关原则，我们建议您的信托财产在A股方面的投资以多只公募证券投资基金为主要配置对象，以多元化的投资风格形成对A股投资的核心资产；根据评级机构晨星中国的"股票投资风格箱"的分类，该类产品的投资风格包括了大盘成长、大盘平衡、大盘价值、中盘平衡、中盘成长，其中也包括了沪深300指数和中证500指数的被动投资品种；所推荐的基金在晨星评级中均为三年四星以上的评级。同时，配置风格上有一定差异、业界具有良好口碑的三只私募股票基金，形成一个风格多样化、分散的股票投资组合。具体的产品和金额的建议如下：

投资风格	基金代码	产品名称	投资占比（%）	金额（万元）
大盘成长	××××××	××策略回报混合	2.00	50
大盘成长	××××××	×××成长	2.00	50
大盘平衡	××××××	××价值发现混合	2.00	50
大盘价值	××××××	××沪深300价值指数	2.50	62.5
大盘价值	××××××	××大盘价值基金	2.00	50
中盘平衡	××××××	×××量化先行混合	2.00	50
中盘平衡	××××××	××中证500指数增强	2.50	62.5

续表

投资风格	基金代码	产品名称	投资占比（%）	金额（万元）
中盘成长	××××××	×××优选混合	2.00	50
中盘成长	××××××	××××中小盘量化基金	2.00	50
主题基金（大消费）	××××××	××大消费主题基金	1.50	37.5
主题基金（科技）	××××××	××科技 ETF	1.50	37.5
私募股票基金	××××××	××XFOF 基金 2 期	4.00	100
私募股票基金	××××××	××投资精英 B	4.00	100
私募股票基金	××××××	×××1 号	4.00	100
总计			34.00	850

（具体的产品信息请见规划报告书的附录）

3. 中国债券，占比20%，投资金额为500万元

债券基金是国内投资者投资债券的主要方式，直接投资于标准化债券的投资者相对较少。根据金思维投资境内债券类公募基金指数，自2005年至2019年，算术平均年收益率为5.66%，复合年化收益为5.58%，短期波动相对股票而言较低，两者的相关性也较低。您家庭的信托资产在债券方面的投资，我们建议采用投向主要为信用债、普债和利率债的债券基金品种。具体的投资产品和金额建议如下：

投资风格	基金代码	产品名称	投资占比（%）	金额（万元）
普债基金	××××××	××产业债基金	1.50	37.5
普债基金	××××××	××债券-A/B	1.50	37.5
纯债基金	××××××	××中债7~10年国开债指数	1.50	37.5
纯债基金	××××××	××纯债A	2.00	50
纯债基金	××××××	××信用债基金	1.50	37.5
私募债券型基金	××××××	××信托××信用债	4.00	100
私募债券型基金	××××××	××债券型私募基金	4.00	100
私募债券型基金	××××××	×××固定收益投资	4.00	100
总计			20.00	500

4. 黄金品种，占比约10.68%，投资金额为267万元

黄金类资产在宏观经济低迷或者负面的政经类事件发生时，往往有不错的表现，和全球股票类的资产相关性较低，根据伦敦金价自2003年至2019间的表现来看，算术平均年收益率达到10.23%，复合年化收益率为9.14%。和中国A股和国际股票的相关性较低。黄金类资产的金融避险属性可以在"黑天鹅"出现的时候，在一定程度上

对其他资产类别的下跌形成对冲，降低整个投资组合的下行风险，而其金属属性又使其在经济周期的过热期，伴随贵金属商品需求的增长，同样有一定的表现。国内投资者投资黄金的方式包括在银行购买实物黄金或者纸黄金以及投资黄金 ETF 和黄金 QDII 产品或者黄金 T+D。我们所建议的品种包括纸黄金、国内黄金 ETF 和配置国外黄金 ETF 的 QDII 产品，以期对冲国内黄金定价的风险。具体的投资产品和金额建议如下：

投资种类	基金代码	产品名称	投资占比（%）	金额（万元）
国内黄金 ETF	××××××	××X 黄金 ETF 联接	2.50	62.5
国内黄金 ETF	××××××	×××黄金 ETF 联接	2.50	62.5
国外黄金 ETF	××××××	××全球黄金 QDII	3.18	79.5
纸黄金		纸黄金	2.50	62.5
总计			10.68	267

（具体的产品信息请见规划报告书的附录）

5. 国际股票，占比 13.96%，投资金额约 350 万元

如果只是单一地进行国内资产的投资，整个投资组合受到国内宏观经济走势和金融市场的影响颇大，因此，我们认为国际股票资产也应该成为您的投资组合的主要配置品种之一：一方面可以降低国内宏观经济和金融市场的系统性风险，另一方面也可以享受到全球科技进步、经济增长的成果。国内投资者受到汇率管制，大多数投资者在海外没有账户，但可以通过 QDII 产品进行投资。QDII 基金是指在境内设立，经有关部门批准从事境外证券市场的股票、债券等有价证券业务的证券投资基金。这是在货币没有实现完全可自由兑换、资本项目尚未开放的情况下，有限度地允许境内投资者投资境外证券市场的一项过渡性的制度安排。

我们跟踪的摩根士丹利全球（不包含中国）大中盘股票指数（MSCI World ex China Gross Standard Large + Mid Cap）自 2003 年至 2019 年的算术平均年度收益率为 11.14%，复合收益率为 9.33%，和中国 A 股和债券以及黄金资产的表现呈现出较低的相关性。我们建议的投资产品和金额建议如下：

投资风格	基金代码	产品名称	投资占比（%）	金额（万元）
全球股票	××××××	×××全球配置	1.50	37.5
全球股票	××××××	××全球精选股票	1.50	37.5
香港股票	××××××	××恒生指数联接	1.00	25
香港股票	××××××	××香港中小盘	1.00	25
德国股票	××××××	××德国 30（DAX）联接	1.00	25
美国股票	××××××	××标普 500 指数	1.50	37.5

续表

投资风格	基金代码	产品名称	投资占比（%）	金额（万元）
美国股票	××××××	××纳斯达克100指数	1.46	36.5
新兴市场股票	××××××	××金砖四国指数	1.00	25
全球股票（私募）	××××××	××××全球多资产量化	4.00	100
总计			13.96	349

（具体的产品信息请见规划报告书的附录）

（四）针对另类投资组合的具体建议

因为您的资金量比较大，我们同时配置了15%的信托资金（合计500万元）在另类投资上。此类投资没有资产大类的历史跟踪业绩，和其他资产大类的相关性也无法体现，因此没有归入资产配置模型的计算过程中；但因为存在阶段性投资价值，因此，我们归入另类投资的组别，以增加投资组合的多元性。在推荐的产品中，包括了量化对冲、混合周期CTA和短周期CTA、私募股权投资基金和固定收益类的产品。具体的投资产品和金额的建议如下：

主要投向	基金代码	产品名称	投资占比（%）	金额（万元）
量化对冲FOF		××混合策略量化	4.00	100
混合周期CTA		××资本1期	4.00	100
私募股权		×××创新基金	4.00	100
固收		××××十二号	3.00	75
总计			15.00	375

其中量化对冲策略产品，是"量化"和"对冲"两个概念的结合。"量化"指借助统计方法、数学模型来指导投资，其本质是定性投资的数量化实践。"对冲"指通过管理并降低组合系统风险以应对金融市场变化，获取相对稳定的收益。

CTA策略产品，指通过商品期货等市场来管理资产的基金，通过预判期货及其他衍生品价格的未来走势，进而决定做多、做空或者多空双向的投资操作。按照持仓周期的长短，趋势跟踪策略分为短期趋势跟踪策略和中长期趋势跟踪策略。短期趋势跟踪是指跟踪商品日间趋势或周趋势策略；中长期趋势跟踪则是指跟踪商品月度趋势的策略。混合型则采用复合策略进行投资，以此避免对于单一策略过于依赖导致的风险水平上升。

CTA基金与股票、债券、大宗商品、其他类对冲基金都表现出低相关性。在传统大类资产组合配置的基础上，配置一定比例的CTA基金，能使整体资产组合实现增强收益、降低风险的双重效果。

同时，为您建议了一只私募股权类的投资基金，该基金的核心业务定位于初创期风险投资和扩展期成长投资，重点投资于运作主体在中国及市场与中国相关的创新、成长型企业。截至目前，该基金已经注资企业200余家，其中32家分别在美国纽交所、纳斯达克、香港联交所、上交所、深交所中小板和创业板上市，另有20家公司通过并购方式实现退出。

为您推荐的固收类产品类型为房地产融资项目，业绩比较基准8%，投资期限12个月。最新信用评级为AA+的上市公司为本项目担保方。旗下建筑公司为国家特一级资质；连续多年位列中房协房企榜单前30强。

（具体产品信息请见本报告书的附录）

在配置了上述产品后，您的信托资金的资产配置和我们推荐的资产配置的差异，如下图所示：

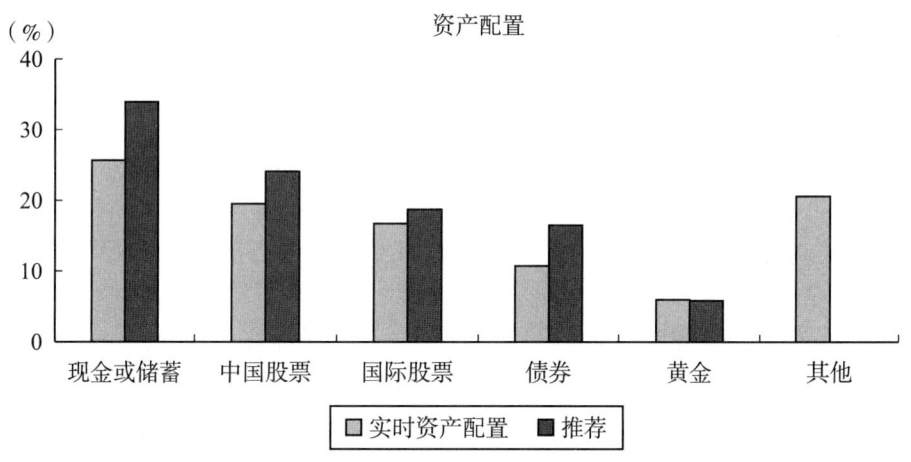

6.3 投资组合管理策略的制定

在对您的投资性资产进行了资产配置和产品组合配置后，考虑到未来资本市场以及证券价格依然有极大的不确定性，为了能在投资过程中避免情绪对投资行为的影响，制定相关的投资组合管理策略也是投资架构搭建的一个非常重要的环节。

在制定投资组合管理策略前，您应该认识到在资产配置和投资组合配置的过程中，我们已经充分考虑到了系统性风险对每一类资产在投资过程中的影响，并以无风险资产加四类风险资产的方式，进行了一定程度上的分散；同时，通过投资组合配置的逻辑和方法对非系统性风险进行了一定程度上的分散，我们相信这些努力会在一定程度上降低整个投资组合的短期波动性，但可能无法完全消除各类资产的波动性，而很多投资行为的偏差就是因为这些短期的市场趋势造成的"贪和怕"引起的。

为了让您在投资过程中尽可能地降低情绪对投资行为的影响，我们建议您采用恒定混合投资组合管理策略，作为未来对投资组合进行调整的依据。

恒定混合投资组合管理策略就是对投资组合定期地或定额地进行再平衡，以保持投资组合中各类资产的比例相对固定。也就是说，在各类资产的市场表现出现变化时，比如某一类资产大涨或大跌，在涨幅超过约定的比例时，对该类资产进行减仓；反之，则加仓。

恒定混合投资组合管理策略背后的逻辑和市场趋势无关，也就避免了投资者或者理财师对市场未来的走势妄加猜测，但我们都知道当某一类风险资产（比如股票）因为大涨而使其资产配置比例也大幅上涨时，整个投资组合未来的投资风险也增加了，因此，我们需要通过减仓来实现资产配置比例的再平衡；反之，如果某一类资产因为大跌导致了其资产配置比例也大幅下跌，而其他类的资产有可能出现超配，超配的资产会使投资组合潜在的风险上升，同时有可能使得投资组合无法实现预期的收益，那么应该通过降低其他类资产的配置比例，对跌幅较大的资产进行加仓，这样的话，通过恒定混合投资组合管理策略也实现了"高卖低买"的投资精神。

根据我们在沟通过程中的共识，我们将在任何一类资产涨跌幅超过3%的情况下，对整个的投资组合进行再平衡。

在未来的投资过程中，我们也将作为您的财务顾问，通过财富规划系统软件设置预警，每天对投资组合净值自动进行检视，当资产配置比例出现较大的偏离时，我们会主动和您进行沟通，并对资产配置的调整提出相应的建议。

除此之外，我们也将通过持续的财富管理服务，定期对您的投资情况进行汇报说明，在出现比较极端的政经大事件时，向您汇报我们对这些事件对您投资组合可能产生的影响。

至此，一份专业《理财规划报告书》的"主干"（即核心内容）就接近尾声了。"核心内容"是针对客户当前所关心的家庭财务问题，所展开的对其现在以及未来的家庭财务资源和财务目标的规划，并根据规划的结果，对客户提出具体的建议。在王建国先生案例中，理财师通过《理财规划报告书》，对王建国先生现在特别关注的两个问题：退休规划和创业公司股权投资的影响作出了正面的回答，也在此过程中，对王先生未来的生活品质和包括财富传承在内的财务目标进行了综合规划；同时对王先生实现上述目标可能存在的家庭潜在风险进行了一一的识别评估，并提出了相应的建议；最后，还为其家庭未来的投资活动制定了投资架构。

然而，以上所有的建议都散落在不同的章节里，因此最后理财师应对所有的建议都进行归纳总结，以帮助客户对理财师的建议有整体的了解。所以主干的最后一个部分的内容，应该是"综合理财规划建议的总结"。在具体的王建国先生的案例里，参考模板如下：

七、对您综合理财规划建议的总结

本次服务针对您以下的目标进行了综合的规划：

◇ 您计划在60岁正式退休，希望在退休前完成未来的各项财务规划

◇ 儿子王子良希望您投资其所在创业公司的公司股权，您个人看好该项目，但希

第二十二章 专业理财规划报告书的撰写

望无论投资成败均不影响到家庭以及自己退休后的生活品质

◇ 在此过程中，保证女儿王子君的利益

◇ 发现潜在的各种家庭财务风险并且进行有效预防

◇ 需求妥当的投资方式，使得家庭财产在保证购买力的情况下，得以增值保值

我们对您家庭未来的财务决策建议，如下所示：

（一）在一定的假设条件下，我们认为您可以实现退休后的以下八项主要生活品质目标包括：

1. 家庭日常基本支出规划：当年共计 54 万元；以后会以每年 3% 的增长率增长，直至您 80 岁，基本支出降低 25%；然后到您 95 岁模拟期满时，在原来的基础上再降低 25%。

2. 医疗保健支出规划：在拥有社会医保的情况下，每年的医疗保健支出每年约为 5 万元，并以每年 8% 的增长率增长，在您 95 岁模拟期满的时候，王太太个人的医疗保健支出将下调 25%；从您 77 岁开始，用 5 年的时间准备一笔用于夫妻两人大病治疗的专项基金，每年的准备金额为现值 40 万元，增长率为 8%；届时为每年 186.4 万元左右；与此同时，您夫妇还拥有高端医疗保险，在保障周期最高能覆盖 2000 万元的医疗费用。

3. 家居装修支出规划：在您 60 岁退休年，有花费现值为 100 万元的装修计划；以后每十年装修一次；增长率为 3%。

4. 私家车支出计划：在您 60 岁退休年，有花费 200 万元的换购计划；以后每八年换购一次；换购费用为现值 100 万，增长率为 3%，并在 76 岁起雇佣一名专职司机。

5. 家政服务支出规划：目前的家政工人每月工资 5000 元，以后每年 5% 的工资涨幅；同时准备在您 76 岁时雇佣一名专职司机，工资和阿姨一样，届时家政服务费用翻一倍。

6. 旅游休闲支出规划：未来三年，每年预算现值 30 万元，按 5% 增长；在您 60 岁退休年至 79 岁期间，每年预算 50 万元，按 5% 增长；您 80 岁以后，在前一年的支出水平上减半，但依然按 5% 增长，至您 90 岁。

7. 子女财务支持支出规划：女儿王子君目前的留学费用和生活费用每年总计在 70 万元人民币左右。一共计划留学 6 年，每年开支增长率为 5%。在女儿大学毕业回国三年后，把投资房收回来过户给女儿，同时准备 500 万元现金作为女儿的婚嫁金；待外孙女或者外孙出生时，再赠与 100 万元人民币。对家庭第三代的财务支持为 2 万元，每年按 5% 增长，持续 20 年。在王太太 95 岁模拟期满时，为子女留下共计 4000 万元的遗产。

8. 对岳母的赡养费用支出规划：在未来 20 年，每年支出现值 2 万元，每年按 5% 的增长率增长；支持老人家到 95 岁；在岳母 77 岁时，用 5 年的时间准备一笔用于大病治疗和养老送终的专项基金，每年的准备金额为现值 20 万元，增长率为 8%。

上述八项内容既是您家庭未来的财务目标，也是未来您家庭每年在各大类支出方

面的预算基准。由于未来还存在很多不确定性，但这些基准将成为您家庭衡量任何不确定性对您家庭产生的影响的量化标准和依据。

（二）为了保证您未来的财务目标能够得以一一实现，我们从您对家庭财务安全方面的顾虑出发，对家庭潜在的各类风险进行了风险识别和风险评估，并在此基础上提出了家庭财务保障保全体系的具体建议。其中包括：

a. 对女儿王子君的重大疾病保险和高端医疗险方面的建议如下：

潜在风险	建议配置的险种	被保险人	保额	保障期间	缴费方式和期间	保费	投保人
假如子君罹患重大疾病	××终身重大疾病险	王子君	50万元	终身	每年，20年	6900元	王建国
假如子君失能	××高端医疗险（含美国）	王子君	最高保险额度6300万元	每年	每年，至75岁	65485元	王子君

b. 建议您出资3500万元成立一个家族信托，实现照料家人和风险隔离等建议。信托结构如下：

- 委托人：王建国先生
- 受托人：××信托公司
- 受益人：王建国、李丹、王子良、王子君
- 财务顾问：上海××投资咨询有限公司
- 信托财产：包括但不限于××（未上市）公司股权、银行大额存单、国债、银行理财产品、现金、公募基金、私募基金、资管产品、QDII产品等

（具体的信托协议内容，将由您、您的理财师、专业律师、信托公司各方一起协商制定）。

（三）在规划了您的财务目标和可运用的各项财务资源后，您家庭的可配置投资性资产在您80岁以前的目标预期报酬率为每年11%，其后为每年4.5%，本理财规划报告书为您提供了未来作为家庭投资决策"顶层设计"的投资架构；具体建议如下：

a. 您家庭目前的可配置投资性资产为3880万元，我们建议分为两个部分，其中包括380万元作为家庭流动性账户，以满足未来三年家庭的流动性需求；另外3500万元在今年各项固收类私募产品到期后，装入家庭信托，成为信托财产。

b. 非信托账户（流动性资产账户）的具体的投资建议如下：

非信托账户（流动性资产账户）投资建议

投资标的	投资期限	投资金额（元）	占比（%）
低风险银行理财产品	7 天~180 天	1600000	42.11
大额存单	1 年	50000	13.16
大额存单	2 年	1200000	31.58
货币基金	货币基金	500000	13.16
总计		3800000	100.00

c. 在 3500 万元信托资产中，1000 万元信托资产投资于子良的创业公司股权。

d. 另外 2500 万元信托资产的资产配置建议如下：

规划后第一年信托账户资产配置比例

资产类别	常规配置（积极型）（%）	考虑另类投资（%）	投资金额（万元）
无风险资产	7.43	6.32	158
中国 A 股	39.96	33.97	850
中国债券	23.61	20.07	500
黄金	12.58	10.69	267
国际股票	16.42	13.96	350
另类投资	0	15.00	375
总计	100.00	100.00	2500

e. 其中无（低）风险资产的配置建议如下：

产品名称	投资占比（%）	金额（万元）
××收益宝货币 A	1.32	33
××银行大额存单（2 年期）	2.00	50
××银行短期理财产品（7~180 天）	1.00	25
3 年期国债	2.00	50
总计	6.32	158

f. 在中国 A 股方面的投资，具体的产品和金额的建议如下：

投资风格	基金代码	产品名称	投资占比（%）	金额（万元）
大盘成长	××××××	××策略回报混合	2.00	50
大盘成长	××××××	×××成长	2.00	50
大盘平衡	××××××	××价值发现混合	2.00	50
大盘价值	××××××	××沪深300价值指数	2.50	62.5
大盘价值	××××××	××大盘价值基金	2.00	50
中盘平衡	××××××	×××量化先行混合	2.00	50
中盘平衡	××××××	××中证500指数增强	2.50	62.5
中盘成长	××××××	×××优选混合	2.00	50
中盘成长	××××××	×××中小盘量化基金	2.00	50
主题基金（大消费）	××××××	××大消费主题基金	1.50	37.5
主题基金（科技）	××××××	××科技ETF	1.50	37.5
私募股票基金	××××××	×××FOF基金2期	4.00	100
私募股票基金	××××××	××投资精英B	4.00	100
私募股票基金	××××××	×××1号	4.00	100
总计			34.00	850

g. 在中国债券方面的投资，具体的投资产品和金额建议如下：

投资风格	基金代码	产品名称	投资占比（%）	金额（万元）
普债基金	××××××	××产业债基金	1.50	37.5
普债基金	××××××	××债券-A/B	1.50	37.5
纯债基金	××××××	××中债7~10年国开债指数	1.50	37.5
纯债基金	××××××	××纯债A	2.00	50
纯债基金	××××××	××信用债基金	1.50	37.5
私募债券型基金	××××××	××信托××信用债	4.00	100
私募债券型基金	××××××	××债券型私募基金	4.00	100
私募债券型基金	××××××	×××固定收益投资	4.00	100
总计			20.00	500

h. 在黄金方面的投资，具体的投资产品和金额建议如下：

第二十二章 专业理财规划报告书的撰写

投资种类	基金代码	产品名称	投资占比（%）	金额（万元）
国内黄金ETF	××××××	×××黄金ETF联接	2.50	62.5
国内黄金ETF	××××××	×××黄金ETF联接	2.50	62.5
国外黄金ETF	××××××	××全球黄金QDII	3.18	79.5
纸黄金		纸黄金	2.50	62.5
总计			10.68	267

i. 在国际股票方面的投资，具体的投资产品和金额建议如下：

投资风格	基金代码	产品名称	投资占比（%）	金额（万元）
全球股票	××××××	×××全球配置	1.50	37.5
全球股票	××××××	××全球精选股票	1.50	37.5
香港股票	××××××	××恒生指数联接	1.00	25
香港股票	××××××	××香港中小盘	1.00	25
德国股票	××××××	××德国30（DAX）联接	1.00	25
美国股票	××××××	××标普500指数	1.50	37.5
美国股票	××××××	××纳斯达克100指数	1.46	36.5
新兴市场股票	××××××	××金砖四国指数	1.00	25
全球股票（私募）	××××××	×××全球多资产量化	4.00	100
总计			13.96	349

j. 在另类投资组合的投资：具体的投资产品和金额的建议如下：

主要投向	基金代码	产品名称	投资占比（%）	金额（万元）
量化对冲FOF		××混合策略量化	4.00	100
混合周期CTA		××资本1期	4.00	100
私募股权		×××创新基金	4.00	100
固收		××××十二号	3.00	75
总计			15.00	375

（上述所有投资产品配置的具体逻辑请见本理财规划报告书第六部分具体产品信息请见本报告书的附录）

k. 为了能在投资过程中避免情绪对投资行为的影响，我们将采用恒定混合投资组合管理策略，在任何一类资产涨跌幅超过3%的情况下，对整个的投资组合进行再平衡。在未来的投资过程中，我们也将通过财富规划系统软件设置预警，每天对投资组合净值自动进行检视，当资产配置比例出现较大的偏离时，我们会主动和您进行沟通，并对资产配置的调整。

（四）建议家族信托在前三年不分红。具体的信托分红标准将在信托签订协议时和律师以及信托公司共同制定。我们为您制定的全生涯模拟仿真表每年的净现金流额度，可作为分红额度的依据。

（五）根据上述规划建议，您在规划首年的各项支出预算如下所示：
1. 日常基本支出：54万元
2. 医疗保健支出：5万元
3. 医疗保险支出：25万元（包含王子君的保费）
4. 投资房贷支出：40万元
5. 家政服务支出：6万元
6. 旅游休闲支出：30万元
7. 女儿教育支出：70万元
8. 孙子礼物支出：2万元
9. 岳母赡养支出：2万元
10. 信托管理和财务咨询费支出（由信托资产支付）：10.6万元

（六）规划首年的净现金流目标为：-124.2万元。

（七）信托资产目标额度为：2764.4万元（不包括1000万元股权投资）。

（八）非信托资产账户目标：283.4万元。

（上述目标以万元为单位，具体的数据可参考规划报告书附录4中的全生涯模拟仿真表）

至此，《理财规划报告书》的第二部分核心内容，才真正地完成了。其中的内容包括：客户家庭基本信息以及寻求专业理财规划服务的目的；家庭信息和财务状况的整理和分析；理财目标的评估和调整（王先生案例中，我们以退休规划为契机，进行了全生涯的财务目标规划）；明确人生不同阶段的理财目标（在王先生案例中，理财师通过全生涯模拟仿真明确了其家庭在人生不同阶段的财务目标，并且明确了王先生第二个当前关心的问题即投资其子子良创业公司股权的金额）；综合理财规划建议（包括投资架构的搭建、家庭财务保障保全体系的搭建、财富传承的安排等），及其归纳总结。

第五节　一份专业的《理财规划报告书》如何"收官"

一份专业《理财规划报告书》的"收官"内容，包括但不限于以下六个方面的内容：

1. 具体方案执行细节的规划和时间表
2. 相关信息披露
3. 法律声明文件
4. 持续理财规划服务的介绍和协议
5. 执行确认书
6. 附录（所推荐的产品和服务介绍，全生涯模拟仿真现金流量表、风险属性测试的结果、公司和服务介绍等）

接下来一一和大家做个介绍。

一、具体方案执行细节的规划和时间表

当一份《理财规划报告书》具体介绍了理财师对客户家庭财务状况的分析、对客户财务资源和财务目标提供的规划和建议等内容后，接下来的工作就是要"落地"（实施）了。在实际工作中，综合理财规划建议涉及方方面面，客户一看之下，有可能会产生畏难畏烦的情绪，其理财规划的实施可能就会无休止地被拖延。因此，为客户制定一份具体的执行方案和时间表，就是告诉客户："综合理财规划已经完成了，接下来，我们一起来确定一个落地的时间表，然后一步一步地去完成，可以吗？"

这个部分不用特别复杂，尽可能要简单明白，但其中要包含至少以下三项内容：（1）接下来要做的事项；（2）时间范围（没有时间的概念，就没有落地的动作）；（3）主要执行人和参与人。

以王建国先生的《理财规划报告书》为例，这部分的参考模板如下：

八、具体方案执行细节的规划和时间表

本次服务针对您的财务目标和财务资源进行了全方位的规划，但规划和建议的及时落地和执行，将在一定程度上影响到您家庭财务资源的有效运用。为了帮助您及时、有效地完成具体规划的执行，我们初步制定了以下的时间表，如果在此过程中，您有任何的异议，请随时和我们取得联系，我们将及时对此进行调整和完善。

序号	执行事项	起始日期	终止日期	执行人	完成情况
1	呈递理财规划报告书	20××-08-09	20××-08-10	理财师	☑
2	阅读理财规划报告书	20××-08-10	20××-08-15	王建国夫妇	☐
3	解释和讨论理财规划报告书	20××-08-16	20××-08-16	理财师、王建国夫妇	☐
4	根据讨论结果，并做相应的调整；最后明确理财规划具体实施方案	20××-08-16	20××-08-16	理财师、王建国夫妇	☐

续表

序号	执行事项	起始日期	终止日期	执行人	完成情况
5	部分建议的调整和执行	20××-08-17	20××-08-20	理财师、王建国夫妇、王子君等	□
6	约见信托公司和律师	20××-08-18	20××-08-19	王建国夫妇、信托公司、律师、理财师	□
7	开始记账	20××-09-01		王建国夫妇	□
8	签订信托协议	20××-09-20	20××-09-28	王建国、李丹、王子良、王子君等	□
9	逐步注入信托资产	20××-10-02	20××-12-29	王建国夫妇、理财师	□
10	半年期定期检视	20××-01-05	20××-01-05	王建国夫妇、理财师	□

在财富管理实践中，理财师为客户准备了《理财规划报告书》后，后续还有很多工作。比如，客户在认真阅读了《理财规划报告书》后，可能会产生新的想法；因此，理财师需要给客户认真阅读《理财规划报告书》的时间；同时还要留出进一步和客户讨论的时间，并在客户非常明确自己的实施意愿后，再开始逐步实施。

二、相关信息披露

《理财规划报告书》中的"相关信息披露"的内容包括以下几个方面：

（1）在规划过程中，前面没有详尽说明的一些参数的来源，比如：资产大类跟踪的历史数据，社保养老金和公积金账户的计算假设，社会平均工资的假设和依据等。如果前面没有讲清楚的，就在这里进行补充，如果讲清楚的，则不必拘泥。

（2）理财师及其所属服务机构的具体介绍。

（3）利益披露：服务费用的披露；由第三方如基金公司或保险公司支付的佣金的披露；其他的额外奖励的披露。

利益披露通常是以理财师所属的金融服务机构的名义进行披露，理财师个人所得则无须披露，只需要告知客户其薪酬结构即可。该部分的内容，每家机构甚至每名理财师的情况都有不同，因此本书没有提供模板。

三、法律声明文件

一份《理财规划报告书》应包含一份"法律声明"。由于法律声明的专业性极强，建议每家财富管理机构通过常年服务律师及其律所进行编写。以王先生的《理财规划报告书》为例，参考模板如下：

十、法律声明

在执行任何本理财规划书的建议之前，请您务必仔细阅读并透彻理解本声明。

- 本理财规划报告书只适用于前列之客户及其家庭，本公司及其员工将不对第三者负任何责任；
- 本理财规划报告书是基于您和本公司理财师在整个服务过程中所提供之家庭财务信息编写而成，我们假设这些数据均为最近的、正确的及完整的；
- 假如重大财务信息有遗漏或改变的情况，请您及时通知本公司的理财师，并考虑本理财规划报告书之建议是否仍然适合您的需要。本公司及其员工将不对任何客户财务和生活状况之改变而未被告知所造成的后果负任何责任；
- 我们已做出最大的努力去确保税务，法律等相关资料的准确性。但具体的在各个专业领域的建议，可能超出我们的专业范围。请您及时咨询在这些领域的相关专业人士，如有需要，本公司可为您推荐介绍；
- 对所推荐投资组合是否能够实现预期报酬率，皆根据各个资产类别的过去业绩表现数据而评估出来。本公司及其员工并不保证任何投资建议或资产组合的业绩表现；
- 本理财规划报告书中的评估及建议，皆以我们认为是可靠的研究资料为基础；但本公司及其员工并不对资料来源的准确性及完整性，或根据此等资料所作的建议负任何责任；
- 本理财规划报告书之建议只适用于由理财规划报告书完成日起之30天内有效。假如超过这个期限，您应与我们的理财师联络，并讨论此理财规划报告书是否还适用。

四、持续理财规划服务的介绍和协议

面对客户家庭未来的不确定性，综合理财规划服务本身就是针对未来的不确定性而形成的一套"评估计划外的事情对家庭财务的影响"的机制。当未来的不确定性发生的时候，客户是不知所措，抑或是了解它们对自身家庭财务的影响，并在理财师的帮助下，以正确的方式和心态做好家庭财务的调整，在这个过程中，理财规划服务的作用是显而易见的。

也正因为此，持续理财规划服务的重要性就体现出来了。同时，这也是理财师未来能够以服务费用为主要收入模式的最重要的原因。

在王先生的《理财规划报告书》中，参考模板如下：

财富管理核心能力

十一、持续财富管理服务

通过此次综合理财规划服务，帮助您和您的家庭在一定程度上解决了当前亟须解决的家庭财务问题，并在此过程中，明确了对您家庭的财务资源进行了规划，明确了您未来人生不同阶段的财务目标；同时对各种潜在的风险采取了一定的预防措施，这是一个良好的开端。虽然我们都知道，无论是在投资过程中，或是来自家庭情况的变化，未来的不确定性依然存在，但好在每次这样的不确定性发生的时候，我们已经拥有了一套可以量化的方法和机制，去评估其对家庭财务影响和您的生活品质的影响，有助于您和家庭做好每一个家庭财务决策。

根据以往的经验，影响未来家庭的不确定性包括：收入情况发生改变；投资回报短期发生较大的波动；法律、法规及其他社会制度的改变可能对客户产生的影响；不同人生阶段的理财重点的改变；意外或特殊事件的发生对家庭财务发生的影响等。

虽然我们在此综合理财规划服务中，已经考虑到部分上述的变化和不确定性，但人生无常，我们都不可避免地要面对一些计划外发生的变故。我们希望通过为您提供持续的财富管理服务，主动地帮助您接收最新的法规修改、投资市场、经济环境的改变以及您家庭状况的改变信息，同时，随时向您提供您做财务决定时所需的各类咨询和建议，以确保您和您的家庭能够最终实现人生不同阶段的既定目标；也使得您能更有效并花更少的时间在管理您的家庭财务事务上。

您在××财富的理财师及其团队将为您提供：

- 每年两次的定期检视和理财规划会议，并提供定期《理财规划报告书》，展示您达成各项目标的进度以及投资情况；
- 对您的投资组合进行日常跟踪，并在资产配置比例发生约定偏离的时候，及时向您进行汇报，并且提供资产配置和投资组合调整建议；
- 在市场发生重大事件时，及时提供其对您家庭财务的影响的解读；
- 当社会制度发生了影响您家庭财务的变革时，为您提供及时专业的财富管理咨询；
- 当您家庭出现了计划外的变化时，帮助您和家庭能安心地做出合理的选择和财务决策；
- 时刻关注各类社会资源的变化，及时为您提供"新的或者可以帮助您达成目标"的各类产品和服务；
- 为您的日常家庭财富管理活动提供建议，例如：家庭预算、管理您的现金流量，这将有效地帮助您进行持续的财富管理，以支持您的长期财务规划；
- 其他附加价值服务，如客户沙龙、投资策略会以及投资研报等。

该项持续的财富管理服务将按年收取费用；具体的持续理财规划服务协议，请见本报告书的附录。

持续理财规划服务是理财师确保客户人生不同阶段的需求得到满足的重要手段；同时它也是理财师获得持续服务性收入的主要来源。长期的服务关系在初始理财规划服务后就应该得到确立，但在确立这种关系的时候，理财师及其所属金融服务机构和客户必须就彼此的权利、义务和责任做出明确的规定,《持续财富管理服务协议》正是体现各方法律关系的一份正式合约。

根据我国《民法典》中关于合同的八大提示性条款,一份《持续理财规划服务协议》的内容应包括:

- 各方当事人的名称,或者姓名和住所;
- 服务的内容(包括理财师及其所属金融服务机构对客户的承诺,诸如:首次复检会议、制作投资报告的数量和频率、提供定期刊物及解读市场事件的快报的数量和频率、年度理财规划会议以及年度持续理财规划服务报告等);
- 服务费用的披露;
- 合约的期限;
- 履行的地点和方式;
- 违约责任;
- 解决争议的方法。

五、执行确认书

在客户检视了所有《理财规划报告书》的内容和建议后,客户需要决定是否接受理财师的方案建议和产品推介。在这个过程中,理财师可能被要求对理财规划书中的某一些细节加以解释,或者对一些方案进行更改,然后就可能进入实质性的执行过程。在执行前,客户需要对具体的执行内容进行确认,这将加强客户对整个理财规划方案的理解,并对其自身的投资行为和预期有一定的规范和控制作用。理财师应该把一份"执行确认书"附在《理财规划报告书》中,使客户在阅读《理财规划报告书》的同时能够对需要确认的内容有所了解。"执行确认书"一般以客户的名义拟定,以第一人称"我"或者"我们"对执行内容进行确认,并以客户的亲笔签名和签署日期结束。

一份"执行确认书"的内容包括:

- (客户的)姓名和地址;
- 确认已阅读、明白并保留一份理财规划书之副本;
- 确认由××金融服务机构于[　　]年[　　]月[　　]日预备的理财规划书中有关(客户的)财务近况、生活模式、理财目标及其他信息皆为正确无虞;
- 确认已经过系统性的风险偏好的测试,并同意测试结果能正确代表(客户)对投资风险的主观态度和承受能力;
- 确认为达到该规划书中所列各项理财目标,需要配合每年××的年投资报酬率,并已了解所建议的投资组合之报酬率可能出现的波动范围;
- 确认接受该规划书所提出的各项建议和产品推介可能会涉及的各类风险已被详细披露,并明白预期投资报酬率并不能被保证;
- 确认已阅读并理解该规划书中之"费用及收费"部分(该部分已详细列明各项

服务的收费），同意接受并承诺会在规定期限内支付以上费用；
- 确认已阅读并理解该规划书中之"利益披露及法律声明"部分，并无异议；
- 确认该规划书的时效性受到彼此约定之约束；
- 确认该规划书的内容为量身定制，客户拥有唯一使用权；
- 确认将根据该规划书中的下列建议进行执行（把具体的方案建议和产品推介进行罗列）；
- 客户签名并签署日期。

六、附录

理财师在撰写《理财规划报告书》时，出于正文的逻辑性和紧凑性的考量，须把部分的内容放在附录中呈现；比如：所推荐的产品和服务介绍，全生涯模拟仿真现金流量表、风险属性测试的结果等。

附录一

民政局离婚协议范本

离婚协议书

男方：某某，男，汉族，____年____月____日生，住址，联系电话，身份证号码：

女方：某某，女，汉族，____年____月____日生，住址，联系电话，身份证号码：

男方与女方于年月认识，于____年____月____日在登记结婚，婚后于____年____月____日生育一儿子/女儿，名。因致使夫妻感情破裂，已无和好可能，现经夫妻双方自愿协商达成一致意见，订立离婚协议如下：

一、男女双方自愿离婚。

二、子女抚养、抚养费及探望权：

儿子/女儿由女方抚养，随同女方生活，抚养费（含托养费、教育费、医疗费）由男方全部负责，男方应于____年____月____日前一次性支付____元给女方作为女儿的抚养费（男方每月支付抚养费____元，男方应于每月的1～5日前将女儿的抚养费交到女方手中或指定的××银行账号：____）。

在不影响孩子学习、生活的情况下，男方可随时探望女方抚养的孩子。（/男方每星期休息日可探望女儿一次或带女儿外出游玩，但应提前通知女方，女方应保证男方每周探望的时间不少于一天。）

三、夫妻共同财产的处理：

（1）存款：双方名下现有银行存款共____元，双方各分一半，为____元。分配方式：各自名下的存款保持不变，但男方/女方应于____年____月____日前一次性支付____元给女方/男方。

（2）房屋：夫妻共同所有的位于×××的房地产所有权归女方所有，房地产权证的业主姓名变更的手续自离婚后一个月内办理，男方必须协助女方办理变更的一切手续，过户费用由女方负责。女方应于____年____月____日前一次性补偿房屋差价____元给男方。

（3）其他财产：婚前双方各自的财产归各自所有，男女双方各自的私人生活用品及首饰归各自所有（附清单）。

四、债务的处理：

双方确认在婚姻关系存续期间没有发生任何共同债务，任何一方如对外负有债务的，由负债方自行承担。（　　方于____年____月____日向×××所借债务由方自行承担……）

五、一方隐瞒或转移夫妻共同财产的责任：

双方确认夫妻共同财产在上述第三条已作出明确列明。除上述房屋、家具、家电及银行存款外，并无其他财产，任何一方应保证以上所列婚内全部共同财产的真实性。

本协议书财产分割基于上列财产为基础。任何一方不得隐瞒、虚报、转移婚内共同财产或婚前财产。如任何一方有隐瞒、虚报除上述所列财产外的财产，或在签订本协议之前两年内有转移、抽逃财产的，另一方发现后有权取得对方所隐瞒、虚报、转移的财产的全部份额，并追究其隐瞒、虚报、转移财产的法律责任，虚报、转移、隐瞒方无权分割该财产。

六、经济帮助及精神赔偿：

因女方生活困难，男方同意一次性支付补偿经济帮助金____元给女方。鉴于男方要求离婚的原因，男方应一次性补偿女方精神损害费____元。上述男方应支付的款项，均应于____年____月____日前支付完毕。

七、违约责任的约定：

任何一方不按本协议约定期限履行支付款项义务的，应付违约金____元给对方（按_____支付违约金）。

八、协议生效时间的约定：

本协议一式三份，自婚姻登记机关颁发《离婚证》之日起生效，男、女双方各执一份，婚姻登记机关存档一份。

九、如本协议生效后在执行中发生争议的，双方应协商解决，协商不成，任何一方均可向×××人民法院起诉。

男方签名：

____年____月____日

女方签名：

____年____月____日

附录二

遗嘱范本

立遗嘱时间：
立遗嘱地点：
遗嘱人：<u>王××</u>，男，生于____年____月____日，身份证号：_____
住所：____市____区____路____号____室；
见证人：_____，性别：____，身份证号：_____
住所：_____；联系方式：_____
见证人：_____，性别：____，身份证号：_____
住所：_____；联系方式：_____

遗嘱人因常年超负荷工作，且患有心脏病和糖尿病，身体随时可能发生意外，故特立此遗嘱，表明立遗嘱人对自己所有的财产在立遗嘱人去世之后的处理意愿。特请_____先生、_____女士为见证人。

一、关于本遗嘱的法律效力

1. 本遗嘱是遗嘱人依据《中华人民共和国民法典》等相关法律制定；
2. 订立本遗嘱时，遗嘱人身体状况良好、精神状况正常、具有完全民事行为能力；
3. 本遗嘱中的所有内容均为遗嘱人真实意思表示，未受到胁迫和欺骗；
4. 本遗嘱所处分的财产为遗嘱人合法取得并拥有处分权的个人财产；
5. 在本遗嘱订立前，遗嘱人没有就本遗嘱涉及的财产与他人订立遗赠或者抚养协议。

二、遗嘱人和配偶<u>李某</u>（生于____年____月____日；身份证号：_____）在遗嘱设立日，共同拥有的财产包括：

（一）产权房产 2 套：其中包括：

1. 位于：____市____区____路____号____室；现为自住房产，无贷款。
2. 位于：____市____区____路____号____室；目前尚有房屋按揭，贷款余额截止到 2019 年×月×日，为<u>叁佰万元（3000000 万元）</u>。

（二）银行存款和其他银行理财产品。

1. ××银行××支行定期存款壹佰柒拾万元（1700000 元）及其利息。
2. ××银行理财产品，共计壹佰陆拾万元（1600000 元）及其利息。
3. 活期存款，共计拾贰万元（120000 元）及其利息。

（三）基金产品。

×××货币基金，共计伍拾万元（500000元）及其收益。

（四）艺术收藏品。

1. ×××草书真迹一幅。

2. ×××山水画真迹一幅。

3. ××××油画原作一幅。

4. 翡翠雕件5座。

（五）家用汽车一辆，为2014年××牌××型号。

（六）自住房全套红木家具、家电和家居摆设，共计×××件。

（七）遗嘱人和配偶李某共有、但仅登记在遗嘱人名下的"××××有限公司"的68%的股权。

三、遗产分配意见

为了家庭和睦，在遗嘱人万一过世的情况下，在财产分割上不发生纠纷，先对遗嘱人的配偶李某各自的财产加以明确，并对各项财产中属于遗嘱人个人财产的份额提出如下的处理意见：

（一）李某和本人结婚××年，她相夫教子，生活上对立遗嘱人关怀备至，对夫妻共有的财产应先行明确她所有的部分。

（二）在立遗嘱人过世后，李某将获得自住房产（××市××路×××号××××室）所有份额，并有自由处置的权利。

（三）所有的银行存款和银行理财产品、货币基金全额归属李某。

（四）所有的在××市××区××路×××号××××室的家具、家电和家居摆设等均由李某继承。

（五）艺术品收藏中的××××油画原作一幅、翡翠雕件5座由李某继承。

四、对财产以及其他事务的处理意见

经遗嘱人与配偶李某协商同意，在上述遗产分配到位的前提下，下列财产的分割如下：

（一）位于××市××区××路×××号××幢××××室的产权房一套，由女儿王某君（生于＿＿＿年＿＿＿月＿＿＿日；身份证号：＿＿＿＿＿＿）继承。

（二）艺术品收藏中的×××草书真迹一幅由儿子王某良（生于＿＿＿年＿＿＿月＿＿＿日；身份证号：＿＿＿＿＿＿）继承。

（三）艺术品收藏中的×××山水画真迹一幅由女儿王某君继承。

（四）遗嘱人和配偶李某拥有的但仅登记在遗嘱人名下的"××××有限公司"的68%的股权，由儿子王某良继承，其他人不得对此提出任何主张。

本遗嘱指定张××先生为遗嘱执行人，男，现年43岁，住址××市××区×××路×××号×××室，和立遗嘱人的关系为：舅甥关系。

本遗嘱一式五份，经公证机关公证后，分别由配偶李某，子王某良，女王某君各执一份，执行人张××一份，并由××市××区公证处保管一份。

遗嘱人：王××（签名盖章）
—————

见证人：×××（签名盖章）
—————

见证人：×××（签名盖章）
—————

遗嘱执行人：张××（签名盖章）
—————

××××年××月××日

参考文献

[1] 菲利普·L. 凯瑞特. 投机的艺术 [M]. 天津：社会科学院出版社2012年版。

[2] 滋维博迪, 亚历克斯凯恩, 艾伦·J. 马库斯著. 汪昌云, 张永冀等译. 投资学（第九版）[M]. 北京：机械工业出版社2012年版。

[3] 余家鸿, 吴鹏, 李玥. 探秘资管前沿"风险平价量化投资" [M]. 北京：中信出版集团股份有限公司2018年版。

[4] 戴维·霍瑟萨尔著. 郭本禹等译. 心理学史（History of Psychology）[M]. 北京：人民邮电出版社2011年版。

[5] 陈志武. 金融的逻辑 [M]. 北京：国际文化出版社2009年版。

[6] 主编夏文庆, 副主编王伟强, 刘技学. 中国理财师职业生态2018 [M]. 北京：机械工业出版社2018年版。

[7] 夏文庆. 理财师实务手册 [M]. 北京：北京大学出版社2009年版。

[8] 曾祥霞, 贾明军, 刘长坤, 陈云. 大额保单操作实务 [M]. 北京：法律出版社2016年版。

[9] 中国银行业协会银行业专业人员职业资格考试办公室. 个人理财（中级）[M]. 北京：中国金融出版社2015年版。

[10] 冉昊. 论两大法系财产法结构的共通性——英美法系双重所有权与大陆法系无权债券二元划分的功能类比 [J]. 环球法律评论, 2006（1）.

[11] 不动产婚内共同还贷及增值的计算 [J]. 民事审判指导与参考, 2016年第1辑。

[12] 海鹏飞, 潘敏峰. 我宁愿从未这么有钱 [J]. 南方人物周刊, 2012年11月。

[13] 王冉. 警惕C轮死 [J]. 创业家, 2015年第3期。

[14] 查志刚. 论信托法中信托利益冲突与平衡 [J]. 金融理论与实践, 2007年11月。

[15] 张峰. 浅议股票期权在离婚财产中的分割 [N]. 经济导报, 2015-08-28（E1）.

[16] 44年前存单, 还能取出钱吗？[N]. 海峡导报, 2017-08-21.

[17] 贝恩公司和招商银行联合发布. 2019年中国私人财富报告 [R]. 2019年。

[18] 波士顿咨询公司和建设银行发布. 中国私人银行报告2019 [R]. 2019年。

[19] 中国证券投资基金业协会. 中国证券投资基金业年报2019 [R]. 北京：中国财政经济出版社2019年版。

［20］华宝证券.2018年中国金融产品年度报告［R］.2018年。

［21］民政部.2018年民政事业发展统计公报［R］.2018年。

［22］中国建设银行和波士顿咨询公司联合发布.中国私人银行2019：守正创新，匠心致远［R］.2019年。

［23］《中华人民共和国民法典》.2020年5月28日，十三届全国人大三次会议表决通过了《中华人民共和国民法典》，自2021年1月1日起施行。

［24］M. Cull, The rise of the financial planning industry, Australian Accounting, Business and Finance Journal, Vol 3, Article 4, University of Western Sydney.

［25］Cull M. The Rise of the Financial Planning Industry［J］. Australasian Accounting Business & Finance Journal, 2009, 3（1）.

［26］Brandon Jr, E. D., & Welch, H. O. The History of Financial Planning：The Transformation of Financial Services［J］. John Wiley & Sons, 2009.

［27］Brandon E. D, Welch H. O, Tuttle M. W. History of Financial Planning［J］. 2009.

后　　记

从 2017 年开始着手录制《夏文庆老师的五一班：财富管理核心能力》视频课程，用了一年半的时间完成了视频录制的工作；接着又花了整整两年的时间不断地修改书稿；其间，不断地有新的想法涌现，然后一遍又一遍地理顺所有的思路，字斟句酌地把这些想法表达出来，最后再去调整书中的表述结构，以求达到前后内容的统一性和完整性；今天，2020 年 12 月 30 日，《财富管理核心能力》终于完稿了。

回国至今已经近 15 个年头，亲身参与了中国财富管理行业从"0"到"1"的过程，并且有幸陪伴中国第一代理财从业人员一路成长的历程，与其同喜，与其同悲。这 15 年也是我人生当中非常美好的阶段，每天勤于思考、工作不辍但又乐此不疲；为自己所思所想所得感到兴奋，为自己在专业上每一个哪怕是小小的进步，感到高兴；家人和朋友的相伴，创业伙伴们齐心的付出和努力，投资人的支持……所以，无以回报，《财富管理核心能力》这本书，应该是我对家人、所有身边的小伙伴、朋友们，以及过往一切的美好，所能给出的一份小小的心意和回报，因为它毕竟凝聚了我多年的心血。

何飞鹏先生在他的《自慢Ⅱ：以身相殉》中曾说："创业始于愤怒"，因为"全世界都错了，才值得创业"。我认为在过去十多年中，我和所有的行业同仁都在创业，为中国的财富管理行业创业！

撰写《财富管理核心能力》最原始的动力，也来自"全世界都错了"，其中包括我自己。毫无疑问，我国财富管理行业还处于一个发展的早期阶段，金融供给侧改革大战略下监管政策对市场短期的宽容，市场各方参与者的趋利行为，虽然使得行业在这个阶段出现了一定程度的"繁荣"，但行业发展顶层设计和监管引导的缺失，行业定位、社会分工以及专业边界的模糊，从业人员培训培养体系的"碎片化"，同样使行业不断出现各种不如人意的现象，并深刻影响着行业发展的进程，成为长期发展的隐患。

在财富管理理论体系研究方面，虽然也有一些朋友笔耕不辍，书店里各类理财书籍也琳琅满目；但站在行业发展高度，对财富管理和专业财富管理服务进行系统性研究的著作却甚为罕见，成为一个亟须填补的空白。

而我个人在 2009 年出版的《理财师实务手册》，同样存在主观性的问题。书中将理财规划服务作为专业财富管理服务的唯一入口，虽然在方向和内容上没有大错，但把发达国家经历了几十年才形成的一种服务模式，作为我国财富管理行业发展的起点，显然在一定程度上忽视了行业发展早期阶段的特点，这也是我一直没有再版

后 记

该书，并希望通过《财富管理核心能力》一书，对以前"过于乐观"的错误进行修正的原因。

面对行业当前的"错"与"问题"，我认为去探索问题的根源，远比盲目地去寻求答案更为重要。回溯到本源，就会发现，财富管理行业存在的基础和定位，在社会上，甚至在行业内，都是一个颇为模糊的概念，比如：财富管理行业对客户而言，存在的必要性是什么？财富管理行业和其他专业领域的社会分工有哪些区别？财富管理的专业性和价值又将如何展现出来，等等，事实上，这些问题至关重要，但竟然是不清晰的。

长期的实践经验告诉我们：几乎每一个普通家庭都在不同程度地进行财富管理活动，但普通家庭受制于其有限的知识和能力，因此在面对一些重要的家庭财务决策问题时，需要专业的财富管理服务来辅助其更好地解决问题，这才是财富管理行业最根本的定位。

事实上，任何行业存在的价值和专业性都必须从帮助客户解决具体问题的过程中体现出来。过往有不少朋友把财富管理服务定位于"帮助客户解决金融产品信息不对称的问题"，这确实也是在帮助客户解决财富管理活动中的问题，因此在行业发展初期可能也会有一定的价值；但金融产品本身并不是解决问题的根本，而只是工具而已。就如厨师烹饪时的方法不对，再好的食材也可能被糟蹋了一样，如果客户的理财理念和家庭财富管理活动本身有问题，那么单纯地帮助客户解决产品信息不对称的问题，对客户的实际价值是有限的。更何况，如果理财师在为客户提供金融产品的时候，还承受着沉重的销售业绩压力。在这种情况下，专业财富管理服务的价值就更无法体现出来了。因此，我认为，帮助客户解决具体问题的方法论和服务体系，远比为客户提供金融产品重要得多。

于是，对"普通家庭在财富管理活动中可能存在的问题和对专业服务的需求场景"的归纳总结，使我的财富管理理论体系研究和本书有了一个扎实的起点和方向：当我们了解了客户可能需要专业服务的场景，然后去帮助客户认真寻求具体解决问题的方法，并在此过程中形成我们的服务体系，后面的一切就变得顺理成章了。

曾经有位年轻的朋友说："以输出为导向的学习，是最有效的。"我深以为然。在《财富管理核心能力》这本书的写作过程中，对我自己也是一个学习和成长的过程。很多没有想到的问题，在写作过程中就冒出来，然后就去寻求答案；同时，还有很多新的想法和新的表达方式，不断地涌现，以至于已经成稿的内容又调整了两年之久。但这一切都是值得的，至少我始终坚信：这一份努力，能使很多从业人员，我们的理财师，少走很多年的弯路。

十五年前，我为自己的公司写下了公司使命："改善一代中国人的理财方式和习惯"。这项使命在公司发展的过程中，始终扮演着"衡量器"的角色，即当公司面对任何重大的决策时，公司使命就成为方向选择的最后衡量标准。也正是因为这样的使命，让我们没有盲目地去寻求商业上的成功，而是扎扎实实地做了很多行业基础建设的工

财富管理核心能力

作。其中，为理财师社群提供力所能及的服务，始终是最为重要的一项工作。因为我深知，要实现这样的使命，仅靠一个人，或者一家公司是不可能完成的；而数以万计的理财师则是行业面向亿万客户的窗口，真正去改善一代中国人的理财方式和习惯的，一定是他们！

理财师们每天都在向客户输出他们的观点和建议，他们解决客户财务问题的具体方法和建议，将对这些客户的家庭财务决策产生至关重要的影响；而他们针对客户不同需求的专业服务体系，则为这些方法和建议提供了有效的保障。我希望理财师在学习本书的内容时，能将其和自己的工作场景结合起来，因为以输出为导向的学习，确实是最有效的。

行笔至此，拿出《理财师实务手册》，看了一下我当时写的"后记"。当时我写道："完稿后的心情没有丝毫轻松的感觉……"，因为有很多担心：不仅担心自己的心血化为乌有，更担心行业还要走很多弯路，多少理财师将因此背负客户的指责，多少优秀的人才将离开这个行业，担心这本书所讲的点点星火是否能得以燎原，点燃每位理财师心中为客户提供有价值服务的激情……

然而，此时此刻，我的心里似乎已经没有了那么多的担心，因为在过去十多年里，我认识到：行业自有其发展的节奏，就像每个家庭里的孩子有自己成长的节奏，父母是急不来的；同时，我也看到很多很多优秀的理财师的成长，他们当中很多是我的学生；他们学习了财富管理核心能力的系列课程，在他们的工作中进行实践，并且坚信他们所选择的道路。资管新规后，我看到了行业和很多财富机构的调整和转型，我也希望这本书的内容，能为机构的业务转型，在战略层面提供一些启发。

感谢家人对我义无反顾的支持，你们是我最强大的后盾，并让我时刻感到幸福；感谢在鑫舟发展过程中，每一位曾经为它付出心血和努力的小伙伴，我们共同奋斗的日日夜夜是我人生中不可磨灭的美好记忆；感谢鑫舟的投资人好买财富和益盟股份长期以来的支持，让我相信，有使命感的公司一样会得到有共同使命的公司的认同；感谢中国理财师职业化发展联盟的小伙伴们，对行业发展的热情使我们走到一起，也让更多理财师走到一起，相信我们终将成为推动行业健康发展的先进力量；感谢每一个曾经邀请我做培训的金融机构，在很长的时间里，培训收入是鑫舟最重要的现金流，支持了我们高成本的财富 FinTech 的研发工作，也希望这本书的内容，能为你们的财富管理业务转型提供更多的选择；感谢经济科学出版社的出版人和编辑人员为此书的最终出版提供了最好的服务。

最后，要感谢的，是数以万计的、见过面或没有见过面的理财师们，不管我说了多少你们当前的情况有多少值得改进的空间，相信我，你们才是我心里每天念念不忘的人，在我坐在电脑前写下这六十万字的每个瞬间，我都是在和你们对话，而且我相信，你们职业生涯发展的成功，是这个行业获得社会认同、最终能健康发展的重要保障。

后　记

　　是的，我就是在读"获奖感言"，《财富管理核心能力》应该是我过往二十多年职业生涯中最大的奖项。

　　最后，希望"改善一代中国人的理财方式和习惯"也成为所有财富管理机构和行业同仁所追求的目标和使命！

夏文庆

2020 年 10 月 10 日于上海